Schuldrecht AT

Leistungsstörungsrecht

Hemmer/Wüst/Tyroller

Ihre Online-Recherche: So leicht ist es, bequem von überall – zu Hause, im Zug, in der Uni – zu recherchieren. Ob Sie einen Gesetzestext suchen, Entscheidungen aus allen Gerichtsbarkeiten, zitierte und zitierende Rechtsprechung, Normen, Kommentare oder Aufsätze – **juris by hemmer** bietet Ihnen weitreichend verlinkte Informationen auf dem aktuellen Stand des Rechts.

Erfahrung trifft Erfahrung

juris verfügt inzwischen über mehr als dreißig Jahre Erfahrung in der Bereitstellung und Aufbereitung von Rechtsinformationen und war der erste, der digitale Rechtsinformationen angeboten hat. hemmer bildet seit 1976 Juristen aus. Das umfassende Lernprogramm des Marktführers bereitet gezielt auf die Staatsexamina vor. Jetzt ergänzt durch die intuitive Online-Recherche von juris.

Nutzen Sie die durch das Kooperationsmodell von **juris by hemmer** geschaffene Möglichkeit: Für die Scheine, vor dem Examen die neuesten Entscheidungen abrufen, schnelle Vorbereitung auf die mündliche Prüfung, bequemes Nachlesen der Originalentscheidung passend zur Life&LAW und den hemmer-Skripten. So erleichtern Sie sich durch frühzeitigen Umgang mit Onlinedatenbanken die spätere Praxis. Schon für Referendare ist die Online-Recherche unentbehrlich. Erst recht für den Anwalt oder im Staatsdienst ist der schnelle Zugriff obligatorisch. hemmer hat ein umfassendes juris-Paket geschnürt: Über 800.000 Entscheidungen, der juris PraxisKommentar zum BGB und Fachzeitschriften zu unterschiedlichen Rechtsgebieten ermöglichen eine Voll-Recherche!

Das „juris by hemmer"-Angebot für hemmer.club-Mitglieder

So einfach ist es, **juris by hemmer** kennenzulernen:

***Ihr Vorteil:** 6 Monate kostenfrei für alle Teilnehmer/-innen des hemmer Haupt-, Klausuren- oder Individualkurses oder des Assessorkurses, die sich während dieser Kursteilnahme anmelden und gleichzeitig hemmer.club-Mitglied sind. Die Mitgliedschaft im hemmer.club ist kostenlos.

Danach nur 2,90 € monatlich, solange Sie Jurastudent oder Rechtsreferendar sind. Voraussetzung ist auch dann die Mitgliedschaft im hemmer.club. Auch für alle hemmer.club-Mitglieder, die nicht (mehr) Kursteilnehmer sind, gilt unser Angebot: nur 2,90 € monatlich, solange Sie Jurastudent oder Rechtsreferendar sind. Kündigung jederzeit zum Monatsende möglich.

Jetzt anmelden unter „juris by hemmer": www.hemmer.de

Juristisches Repetitorium hemmer

Vorbereitung auf das erste Staatsexamen

Kursorte im Überblick

Augsburg
Wüst
Mergentheimer Str. 44
97082 Würzburg
Tel.: (0931) 79 78 230
Fax: (0931) 79 78 234
Mail: augsburg@hemmer.de

Bayreuth
Daxhammer/d´Alquen
Parkweg 7
97944 Boxberg
Tel.: (07930) 99 23 38
Fax: (07930) 99 22 51
Mail: bayreuth@hemmer.de

Berlin-Dahlem
Gast
Schumannstraße 18
10117 Berlin
Tel.: (030) 240 45 738
Fax: (030) 240 47 671
Mail: mitte@hemmer-berlin.de

Berlin-Mitte
Gast
Schumannstraße 18
10117 Berlin
Tel.: (030) 240 45 738
Fax: (030) 240 47 671
Mail: mitte@hemmer-berlin.de

Bielefeld
Lück
Salzstr. 14/15
48143 Münster
Tel.: (0251) 67 49 89 70
Fax.: (0251) 67 49 89 71
Mail: bielefeld@hemmer.de

Bochum
Schlömer/Sperl
Salzstr. 14/15
48143 Münster
Tel.: (0251) 67 49 89 70
Fax.: (0251) 67 49 89 71
Mail: bochum@hemmer.de

Bonn
Ronneberg/Clobes/Geron
Meckenheimer Allee 148
53115 Bonn
Tel.: (0228) 91 14 125
Fax: (0228) 91 14 141
Mail: bonn@hemmer.de

Bremen
Kulke/Hermann
Mergentheimer Str. 44
97082 Würzburg
Tel.: (0931) 79 78 257
Fax: (0931) 79 78 240
Mail: bremen@hemmer.de

Dresden
Stock
Zweinaundorfer Str. 2
04318 Leipzig
Tel.: (0341) 6 88 44 90
Fax: (0341) 6 88 44 96
Mail: dresden@hemmer.de

Düsseldorf
Ronneberg/Clobes/Geron
Meckenheimer Allee 148
53113 Bonn
Tel.: (0228) 91 14 125
Fax: (0228) 91 14 141
Mail: duesseldorf@hemmer.de

Erlangen
Grieger/Tyroller
Mergentheimer Str. 44
97082 Würzburg
Tel.: (0931) 79 78 230
Fax: (0931) 79 78 234
Mail: erlangen@hemmer.de

Frankfurt/M.
Geron
Dreifaltigkeitsweg 49
53489 Sinzig
Tel.: (02642) 61 44
Fax: (02642) 61 44
Mail: frankfurt.main@hemmer.de

Frankfurt/O.
Gast
Schumannstraße 18
10117 Berlin
Tel.: (030) 240 45 738
Fax: (030) 240 47 671
Mail: mitte@hemmer-berlin.de

Freiburg
Behler/Rausch
Rohrbacher Str. 3
69115 Heidelberg
Tel.: (06221) 65 33 66
Fax: (06221) 65 33 30
Mail: freiburg@hemmer.de

Gießen
Sperl
Parkweg 7
97944 Boxberg
Tel.: (07930) 99 23 38
Fax: (07930) 99 22 51
Mail: giessen@hemmer.de

Göttingen
Schlömer/Sperl
Kirchhofgärten 22
74635 Kupferzell
Tel.: (07944) 94 11 05
Fax: (07944) 94 11 08
Mail: goettingen@hemmer.de

Greifswald
Burke/Lück
Buchbinderstr. 17
18055 Rostock
Tel.: (0381) 3 77 74 00
Fax: (0381) 3 77 74 01
Mail: greifswald@hemmer.de

Halle
Ra. J. Luke
Rödelstr. 13
04229 Leipzig
Tel.: (0341) 49 25 54 70
Fax: (0341) 49 25 54 71
Mail: halle@hemmer.de

Hamburg
Schlömer/Sperl
Steinhöft 5-7
20459 Hamburg
Tel.: (040) 317 669 17
Fax: (040) 317 669 20
Mail: hamburg@hemmer.de

Hannover
Daxhammer/Sperl
Matzenhecke 23
97204 Höchberg
Tel.: (0931) 400 337
Fax: (0931) 404 3109
Mail: hannover@hemmer.de

Heidelberg
Behler/Rausch
Rohrbacher Str. 3
69115 Heidelberg
Tel.: (06221) 65 33 66
Fax: (06221) 65 33 30
Mail: heidelberg@hemmer.de

Jena
Richard Weber
c/o Kanzlei Luke
Rödelstr. 13
04229 Leipzig
Mail: halle@hemmer.de

Kiel
Schlömer/Sperl
Kirchhofgärten 22
74635 Kupferzell
Tel.: (07944) 94 11 05
Fax: (07944) 94 11 08
Mail: kiel@hemmer.de

Köln
Ronneberg/Clobes/Geron
Meckenheimer Allee 148
53113 Bonn
Tel.: (0228) 91 14 125
Fax: (0228) 91 14 141
Mail: koeln@hemmer.de

Konstanz
Guldin/Kaiser
Hindenburgstr. 15
78467 Konstanz
Tel.: (07531) 69 63 63
Fax: (07531) 69 63 64
Mail: konstanz@hemmer.de

Leipzig
Ra. J. Luke
Rödelstr. 13
04229 Leipzig
Tel.: (0341) 49 25 54 70
Fax: (0341) 49 25 54 71
Mail: leipzig@hemmer.de

Mainz
Geron
Dreifaltigkeitsweg 49
53489 Sinzig
Tel.: (02642) 61 44
Fax: (02642) 61 44
Mail: mainz@hemmer.de

Mannheim
Behler/Rausch
Rohrbacher Str. 3
69115 Heidelberg
Tel.: (06221) 65 33 66
Fax: (06221) 65 33 30
Mail: mannheim@hemmer.de

Marburg
Sperl
Parkweg 7
97944 Boxberg
Tel.: (07930) 99 23 38
Fax: (07930) 99 22 51
Mail: marburg@hemmer.de

München
Wüst
Mergentheimer Str. 44
97082 Würzburg
Tel.: (0931) 79 78 230
Fax: (0931) 79 78 234
Mail: muenchen@hemmer.de

Münster
Schlömer/Sperl
Salzstr. 14/15
48143 Münster
Tel.: (0251) 67 49 89 70
Fax.: (0251) 67 49 89 71
Mail: muenster@hemmer.de

Osnabrück
Fethke
Liebknechtstr. 35
99086 Erfurt
Tel.: (0541) 18 55 21 79
Fax.: ---
Mail: osnabrueck@hemmer.de

Passau
Rath/Wenzl
Mergentheimer Str. 44
97082 Würzburg
Tel.: (0931) 79 78 230
Fax: (0931) 79 78 234
Mail: passau@hemmer.de

Potsdam
Gast
Schumannstraße 18
10117 Berlin
Tel.: (030) 240 45 738
Fax: (030) 240 47 671
Mail: mitte@hemmer-berlin.de

Regensburg
Daxhammer/d´Alquen
Parkweg 7
97944 Boxberg
Tel.: (07930) 99 23 38
Fax: (07930) 99 22 51
Mail: regensburg@hemmer.de

Rostock
Burke/Lück
Buchbinderstr. 17
18055 Rostock
Tel.: (0381) 3777 400
Fax: (0381) 3777 401
Mail: rostock@hemmer.de

Saarbrücken
Bold/Hein/Issa
Preslesstraße 2
66987 Thaleischweiler-Fröschen
Tel.: (06334) 98 42 83
Fax: (06334) 98 42 83
Mail: saarbruecken@hemmer.de

Trier
Geron
Dreifaltigkeitsweg 49
53489 Sinzig
Tel.: (02642) 61 44
Fax: (02642) 61 44
Mail: trier@hemmer.de

Tübingen
Guldin/Kaiser
Hindenburgstr. 15
78465 Konstanz
Tel.: (07531) 69 63 63
Fax: (07531) 69 63 64
Mail: tuebingen@hemmer.de

Würzburg - ZENTRALE -
Mergentheimer Str. 44
97082 Würzburg
Tel.: (0931) 79 78 230
Fax: (0931) 79 78 234
Mail: wuerzburg@hemmer.de

Assessorkursorte im Überblick

Bayern
Würzburg/München/Nürnberg/Regensburg/Postversand

RA I. Gold
Mergentheimer Str. 44
97082 Würzburg
Tel.: (0931) 79 78 2-50
Fax: (0931) 79 78 2-51
Mail: assessor@hemmer.de

Baden-Württemberg
Konstanz/Tübingen/Postversand

Rae F. Guldin/B. Kaiser
Hindenburgstr. 15
78467 Konstanz
Tel.: (07531) 69 63 63
Fax: (07531) 69 63 64
Mail: konstanz@hemmer.de

Stuttgart

Rae R. Rödl / A. Baier
Mergentheimerstr. 44
97082 Würzburg
Tel. 0931-7978230
Fax. 0931-7978234
Mail: stuttgart@hemmer.de

Berlin/Potsdam/Brandenburg
Berlin

RA L. Gast
Schumannstr. 18
10117 Berlin
Tel.: (030) 24 04 57 38
Fax: (030) 24 04 76 71
Mail: mitte@hemmer-berlin.de

Bremen/Hamburg
Hamburg/Postversand

Rae M. Sperl/Clobes/Dr.Schlömer
Kirchhofgärten 22
74635 Kupferzell
Tel.: (07944) 94 11 05
Fax: (07944) 94 11 08
Mail: assessor-nord@hemmer.de

Hessen
Frankfurt

RA A. Geron
Dreifaltigkeitsweg 49
53489 Sinzig
Tel.: (02642) 61 44
Fax: (02642) 61 44
Mail: frankfurt.main@hemmer.de

Mecklenburg-Vorpommern
Postversand

Ludger Burke/Johannes Lück
Buchbinderstr. 17
18055 Rostock
Tel.: (0381) 37 77 40 0
Fax: (0381) 37 77 40 1
Mail: rostock@hemmer.de

Rheinland-Pfalz
Postversand

RA A. Geron
Dreifaltigkeitsweg 49
53489 Sinzig
Tel.: (02642) 61 44
Fax: (02642) 61 44
Mail: trier@hemmer.de

Niedersachsen
Hannover

RAe M. Sperl/Dr. Schlömer
Steinhöft 5 - 7
20459 Hamburg
Tel.: (040) 317 669 17
Fax: (040) 317 669 20
Mail: assessor-nord@hemmer.de

Hannover Postversand

RAe M. Sperl/Clobes/Dr. Schlömer
Kirchhofgärten 22
74635 Kupferzell
Tel.: (07944) 94 11 05
Fax: (07944) 94 11 08
Mail: assessor-nord@hemmer.de

Nordrhein-Westfalen
Köln/Bonn/Dortmund/Düsseldorf/Postversand

Dr. A. Ronneberg
Meckenheimer Allee 148
53113 Bonn
Tel.: (0228) 91 14 125
Fax: (0228) 91 14 141
Mail: koeln@hemmer.de

Schleswig-Holstein
Postversand

RAe M. Sperl/Clobes/Dr. Schlömer
Kirchhofgärten 22
74635 Kupferzell
Tel.: (07944) 94 11 05
Fax: (07944) 94 11 08
Mail: assessor-nord@hemmer.de

Thüringen
Postversand

RA Stock, RA Hunger & Kollegen
Zweinaundorfer Str. 2
04318 Leipzig
Tel.: (0341) 6 88 44 90 oder -93
Fax: (0341) 6 88 44 96
Mail: dresden@hemmer.de

Sachsen
Dresden/Leipzig/Postversand

RA Stock, RA Hunger & Kollegen
Zweinaundorfer Str. 2
04318 Leipzig
Tel.: (0341) 6 88 44 90 oder -93
Fax: (0341) 6 88 44 96
Mail: dresden@hemmer.de

Sachsen-Anhalt
Postversand

RA Stock, RA Hunger & Kollegen
Zweinaundorfer Str. 2
04318 Leipzig
Tel.: (0341) 6 88 44 90 oder -93
Fax: (0341) 6 88 44 96
Mail: dresden@hemmer.de

Schuldrecht AT mit der **hemmer-Methode**

Wer in vier Jahren sein Studium abschließen will, kann sich einen Irrtum in Bezug auf Stoffauswahl und -aneignung nicht leisten. Hoffen Sie nicht auf leichte Rezepte und den einfachen Rechtsprechungsfall. Hüten Sie sich vor Übervereinfachung beim Lernen. Stellen Sie deswegen frühzeitig die Weichen richtig.

Die Schuldrechtsreform hat das wichtigste Prüfungsgebiet der juristischen Staatsexamina komplett neu strukturiert. Im Band **Schuldrecht AT** stellen wir Ihnen das neue Leistungsstörungsrecht in gewohnter hemmer-Methode klausurtypisch aufbereitet dar. Im Band **Schuldrecht II (BT I)** werden die Änderungen im Kauf- und Werkvertragsrecht dargestellt. Der Band **Schuldrecht III (BT II)** ergänzt diesen Band um die Besonderheiten anderer Vertragstypen.

Die **hemmer-Methode** vermittelt Ihnen die **erste richtige Einordnung** und das **Problembewusstsein**, welches Sie brauchen, um an einer Klausur bzw. dem Ersteller nicht vorbeizuschreiben. Häufig ist dem Studenten nicht klar, warum er schlechte Klausuren schreibt. Wir geben Ihnen **gezielte Tipps**! Vertrauen Sie auf unsere **Expertenkniffe**.

Durch die ständige Diskussion mit unseren Kursteilnehmern ist uns als erfahrenen Repetitoren klar geworden, welche **Probleme** der Student hat, sein **Wissen anzuwenden**. Wir haben aber auch von unseren Kursteilnehmern profitiert und von ihnen erfahren, welche **Argumentationsketten** in der Prüfung zum Erfolg geführt haben.

Die **hemmer-Methode** gibt **jahrelange Erfahrung** weiter, erspart Ihnen viele schmerzliche Irrtümer, setzt richtungsweisende Maßstäbe und begleitet Sie als **Gebrauchsanweisung** in Ihrer Ausbildung:

1. Grundwissen:

Die **Grundwissenskripten** sind für den Studenten in den ersten Semestern gedacht. In den Theoriebänden Grundwissen werden leicht verständlich und kurz die wichtigsten Rechtsinstitute vorgestellt und das notwendige Grundwissen vermittelt. Die Skripten werden durch den jeweiligen Band unserer **Reihe „Die wichtigsten Fälle“** ergänzt.

2. Basics:

Das Grundwerk für Studium und Examen. Es schafft schnell **Einordnungswissen** und mittels der hemmer-Methode richtiges Problembewusstsein für Klausur und Hausarbeit. Wichtig ist, **wann und wie** Wissen in der Klausur angewendet wird.

3. Skriptenreihe:

Vertiefendes Prüfungswissen: Über 1.000 Klausuren wurden auf ihre „essentials" abgeklopft.

Anwendungsorientiert werden die für die Prüfung nötigen Zusammenhänge umfassend aufgezeigt und wiederkehrende Argumentationsketten eingeübt.

Gleichzeitig wird durch die **hemmer-Methode** auf **anspruchsvollem Niveau** vermittelt, nach welchen Kriterien Prüfungsfälle beurteilt werden. Mit dem Verstehen wächst die Zustimmung zu Ihrem Studium. Spaß und Motivation beim Lernen entstehen erst durch Verständnis.

Lernen Sie, durch Verstehen am juristischen Sprachspiel teilzunehmen. Wir schaffen den „background“, mit dem Sie die innere Struktur von Klausur und Hausarbeit erkennen: **„Problem erkannt, Gefahr gebannt“**. Profitieren Sie von unserem **strategischen Wissen**. Wir werden Sie mit unserem know-how auf das Anforderungsprofil einstimmen, das Sie in Klausur und Hausarbeit erwartet. Die Theoriebände Grundwissen, die Basics, die Skriptenreihe und der Hauptkurs sind als **modernes, offenes und flexibles Lernsystem** aufeinander abgestimmt und ergänzen sich ideal. Die **studentenfreundliche Preisgestaltung** ermöglicht den **Erwerb als Gesamtwerk**.

4. Hauptkurs:

Schulung am examenstypischen Fall mit der Assoziationsmethode. Trainieren Sie unter professioneller Anleitung, was Sie im Examen erwartet und wie Sie bestmöglich mit dem Examensfall umgehen.

Nur wer die Dramaturgie eines Falles verstanden hat, ist in Klausur und Hausarbeit auf der sicheren Seite! Häufig hören wir von unseren Kursteilnehmern: **„Erst jetzt hat Jura richtig Spaß gemacht“**.

Die Ergebnisse unserer Kursteilnehmer geben uns Recht. Maßstab ist der Erfolg. Die Examensergebnisse zeigen, dass unsere Kursteilnehmer überdurchschnittlich abschneiden.

Die Examensergebnisse unserer Kursteilnehmer können auch Ansporn für Sie sein, intelligent zu lernen: Wer nur auf vier Punkte lernt, landet leicht bei drei.
Lassen Sie sich aber nicht von diesen Supernoten verschrecken, sehen Sie dieses Niveau als Ansporn für Ihre Ausbildung.

Wir hoffen, als Repetitoren mit unserem Gesamtangebot bei der Konkretisierung des Rechts mitzuwirken und wünschen Ihnen **viel Spaß beim Durcharbeiten** unserer Skripten.

Wir würden uns freuen, mit Ihnen als Hauptkursteilnehmer mit der **hemmer-Methode** gemeinsam Verständnis an der Juristerei zu trainieren. Nur wer erlernt, was ihn im Examen erwartet, lernt richtig!

So leicht ist es, uns kennenzulernen: Probehören ist jederzeit in den jeweiligen Kursorten möglich.

Karl-Edmund Hemmer & Achim Wüst

Schuldrecht AT

Leistungsstörungsrecht

Hemmer/Wüst/Tyroller

Hemmer/Wüst Verlagsgesellschaft
Hemmer/Wüst/Tyroller, Schuldrecht AT, Leistungsstörungsrecht

ISBN 978-3-86193-830-9

12. Auflage 2019

gedruckt auf chlorfrei gebleichtem Papier
von Schleunungdruck GmbH, Marktheidenfeld

Kommentare

Baumbach/Hopt	Kommentar zum Handelsgesetzbuch
Münchener Kommentar	Kommentar zum Bürgerlichen Gesetzbuch
Palandt	Kommentar zum Bürgerlichen Gesetzbuch,
Thomas/Putzo	Kommentar zur Zivilprozessordnung,

Lehrbücher

Dauner-Lieb/Arnold	Das neue Schuldrecht, Fälle und Lösungen
Huber/Faust	Schuldrechtsmodernisierung,
Lorenz/Riehm	Lehrbuch zum neuen Schuldrecht,
Medicus/Petersen	Bürgerliches Recht
Reinicke/Tiedtke	Kaufrecht

Weitere Nachweise (insbesondere auf Aufsätze) in den Fußnoten.

§ 1 EINLEITUNG: DIE MODERNISIERUNG DES SCHULDRECHTS UND WEITERE REFORMEN

Wegen der weit reichenden Änderungen, die das „Gesetz zur Modernisierung des Schuldrechts“ (SchRModG) mit sich brachte, soll der Blick zunächst kurz auf dessen „Entstehungsgeschichte“ gerichtet werden.

hemmer-Methode: Für die Lösung von Fällen, sei es in der Praxis oder in der Klausur, ist die Auseinandersetzung mit der Gesetzgebungsgeschichte freilich wenig interessant. Allerdings wird man sich vor entsprechenden Fragen in der mündlichen Prüfung kaum schützen können. Deshalb hier die kurze Übersicht. Vertieftes Wissen kann hierbei niemand von Ihnen verlangen. Schließlich sind Sie (angehender) Jurist und kein Historiker!

A) Internationaler Hintergrund

Anlass: Umsetzung dreier EG-Richtlinien

Anlass für die seit dem Inkrafttreten des BGB am 01.01.1900 umfangreichste Reform des Schuldrechts war die Umsetzung einiger EG-Richtlinien. 1

Hierbei handelte es sich um die Verbrauchsgüterkaufrichtlinie[1], die Richtlinie zur Bekämpfung des Zahlungsverzugs im Geschäftsverkehr[2] und die Richtlinie über den elektronischen Geschäftsverkehr.[3]

Allerdings handelte es sich nur um einen äußeren Anlass. Die Umsetzung dieser Richtlinien wäre weitgehend auch ohne die vorgenommenen Änderungen des BGB möglich gewesen. Zur Umsetzung der Richtlinie über den Verbrauchsgüterkauf wäre die Schaffung eines neuen Nebengesetzes denkbar gewesen, was ja bei Schaffung v.a. des VerbrKrG, des HaustürWG und des FernAbsG ebenso praktiziert wurde.

Ein weiteres Motiv war die Angleichung an das Regelungsmodell des UN-Kaufrechts. 2

Dieses kennt anders als das deutsche Recht kein eigenständiges Gewährleistungsrecht. Vielmehr geht es von einem allgemeinen Begriff der Nichterfüllung aus und unterscheidet für die sich daraus ergebenden Rechtsfolgen nicht danach, ob die Nichterfüllung in der Lieferung einer fehlerhaften Sache, einem Rechtsmangel, der Lieferung eines aliud oder in einer sonstigen Pflichtverletzung des Verkäufers liegt. Das UN-Kaufrecht gewährt dem Käufer auch einen Nachbesserungsanspruch, sofern dies dem Verkäufer zumutbar ist.

Die Verbrauchsgüterkaufrichtlinie griff viele dieser Gedanken auf, sodass es nahe lag, eine Angleichung an das UN-Kaufrecht auch in Bereichen vorzunehmen, die von den Richtlinien nicht unmittelbar betroffen wurden.

hemmer-Methode: Die Frage, ob die Modernisierung des Schuldrechts den Vorgaben der Verbrauchsgüterkaufrichtlinie entspricht, können Sie vertieft nachlesen bei DOEHNER, „Die Modernisierung des Schuldrechts vor dem Hintergrund der Verbrauchsgüterkaufrichtlinie“.[4]

1 RL 1999/44/EG vom 25. Mai 1999.

2 RL 2000/35/EG vom 29. Juni 2000.

3 RL 2000/31/EG vom 08. Juni 2000.

4 Schriften zu Wirtschaftsrecht und Wirtschaftspolitik Bd. 188, 2004.

B) Die deutsche Geschichte der Modernisierung des Schuldrechts

Die Geschichte der Modernisierung des Schuldrechts[5] geht zurück bis ins Jahr 1978. Der damalige Bundesjustizminister Hans-Jochen Vogel hatte das Projekt im Jahr 1978 erstmals im Deutschen Bundestag und auf dem 52. Deutschen Juristentag vorgestellt. 3

Im Jahr 1984 wurde vom Bundesjustizministerium eine Schuldrechtskommission eingesetzt, die 1991 ihren Abschlussbericht zur Überarbeitung des Schuldrechts vorlegte, der einen Entwurf zur Änderung des Verjährungsrechts, des Allgemeinen Leistungsstörungsrechts, des Kaufrechts und des Werkvertragsrechts enthielt.[6]

Eine ernsthafte Auseinandersetzung mit dem Thema Modernisierung des Schuldrechts fand auf politischer Ebene zunächst jedoch nicht statt. Die Regierung Gerhard Schröders griff das Thema allerdings bereitwillig auf und nahm die ablaufenden Fristen für die Umsetzung obiger EG-Richtlinien zum äußeren Anlass der Reform. Auf diese Weise wurde ein fester Zeitplan zum Abschluss des Projektes am 01.01.2002 vorgegeben.

Das Bundesjustizministerium stellte im August 2000 den „Diskussionsentwurf eines Schuldrechtsmodernisierungsgesetzes“ *(DE)* vor. Dieser wurde seitens der Wissenschaft zum Teil scharf kritisiert. 4

Auch unter Berücksichtigung und Würdigung dieser Kritik führte die weitere Arbeit des Ministeriums zu einer „Konsolidierten Fassung“ (KF) des Diskussionsentwurfes, die wesentliche Mängel der ursprünglichen Fassung beseitigte. Aber auch die Kritik an der neuen Fassung hielt sich hartnäckig.

Die Bundesregierung brachte im Mai 2001 den „Entwurf eines Gesetzes zur Modernisierung des Schuldrechts“[7] als Gesetzesentwurf (RE) in den Bundestag ein. Änderungsvorschläge des Bundesrates im Gesetzgebungsverfahren führten dann nochmals zu einigen Änderungen. Schließlich wurde das Gesetz zur Modernisierung des Schuldrechts endgültig vom Bundestag am 11.10.2001 beschlossen[8] und trat am 01.01.2002 in Kraft.[9]

C) Allgemeine Regelungsgedanken der Modernisierung des Schuldrechts

Neben der Umsetzung der EG-Richtlinien und der Angleichung an das UN-Kaufrecht spielten noch einige andere Gedanken bei der Schaffung der Modernisierung des Schuldrechts eine Rolle.

1. Pflichtverletzung als zentraler Begriff des Leistungsstörungsrechts; Verbesserung der Systematik

1. Gerade im allgemeinen Leistungsstörungsrecht sollte die Systematik der Regelungen grundlegend überarbeitet werden. Vorschriften, die im Wesentlichen die gleiche Rechtsfolge vorsahen, jedoch an völlig unterschiedlichen Stellen aufzufinden waren, sollten klar und übersichtlich zusammengefasst werden. Insbesondere wollte man die oft unnötige Differenzierung des Gesetzes zwischen den verschiedenen Arten der Leistungsstörung aufgeben und so weit wie möglich einheitliche Regelungen für Pflichtverletzungen schaffen. 5

5 Vgl. Zimmermann, „Schuldrechtsmodernisierung?“, JZ 2001, 171-181.

6 Vgl. dazu Rolland, NJW 1992, 2376 ff.

7 BT-Drucks. 14/6040.

8 BT-Drucks. 14/7052.

9 Weitere Hinweise zu der Entwicklung des SchRModG, insbesondere wichtige Literaturhinweise finden sich bei Palandt, Einl. v. § 241 BGB, Rn. 21 ff.

Der Begriff der Pflichtverletzung wurde ins Zentrum der vertraglichen Haftung gerückt. Demgegenüber war die Unmöglichkeit der Leistung – obwohl praktisch kaum relevant – für das alte Schuldrecht systematisch das zentrale Institut.

2. Gesetzliche Normierung richterrechtlicher Institute und Klärung umstrittener Detailfragen

2. Des Weiteren war das frühere Schuldrecht nicht nur vom geschriebenen Gesetz, sondern vor allem vom Richter- und Gewohnheitsrecht geprägt. Schon bald wurden Institute wie c.i.c., pVV, Wegfall der Geschäftsgrundlage (WGG) etc. geschaffen. *6*

Dem Reformgeber war es ein Anliegen, diesen Instituten eine gesetzliche Form zu geben, sie gewissermaßen in Gesetzesform zu „gießen", vgl. nur § 313 BGB als Normierung des WGG.

Ebenso wurden einige umstrittene Detailfragen, die die Erschaffer des BGB nicht gesehen haben, (und oft auch nicht sehen konnten) und die sich erst bei Anwendung des BGB in der Praxis herausbildeten, vom Reformgeber entschieden.

3. Integrierung der Nebengesetze in das BGB

3. Ferner sollte der Zersplitterung des Bürgerlichen Rechts aufgrund der immer zahlreicher werdenden Nebengesetze entgegengewirkt werden. So wurden AGBG, HaustürWG, VerbrKrG, TeilzWRG und das erst vor kurzem geschaffene FernAbsG in das BGB integriert. *7*

4. Ausräumung von Unbilligkeiten des bisherigen Rechts

4. Wie bei jeder Gesetzesreform sollten freilich auch Mängel einzelner Vorschriften ausgeräumt werden, die zu unbilligen Ergebnissen geführt haben. So hat der Gesetzgeber nun das Nebeneinander von Rücktritt und Schadensersatz statt der Leistung zugelassen, § 325 BGB. *8*

D) Gesetz zur Umsetzung der Verbraucherrechterichtlinie

Gesetz zur Umsetzung der Verbraucherrechterichtlinie

Am 20.09.2013 wurde das Gesetz zur Umsetzung der Verbraucherrechterichtlinie und zur Änderung des Gesetzes zur Regelung der Wohnungsvermittlung im Deutschen Bundestag beschlossen.[10] *8a*

Geltung seit 13.06.2014

Dieses Gesetz, das am 13.06.2014 in Kraft getreten ist, dient der Umsetzung der Richtlinie 2011/83/EU des Europäischen Parlaments und des Rates vom 25. Oktober 2011 über die Rechte der Verbraucher, zur Abänderung der Richtlinie 93/13/EWG des Rates und der Richtlinie 1999/44/EG des Europäischen Parlaments und des Rates sowie zur Aufhebung der Richtlinie 85/577/EWG des Rates und der Richtlinie 97/7/EG des Europäischen Parlaments und des Rates.[11]

Durch dieses Gesetz wurden wichtige Änderungen im Allgemeinen Schuldrecht zum Widerruf von verbraucherschützenden Verträgen und auch im besonderen Schuldrecht vorgenommen.

E) Gesetz zur Umsetzung der Wohnimmobilienkredit-Richtlinie und zur Änderung handelsrechtlicher Vorschriften (WohnImmoKredRLUG)

Am 11.03.2016 wurde vom Bundestag das Gesetz zur Umsetzung der Wohnimmobilienkreditrichtlinie und zur Änderung handelsrechtlicher Vorschriften (**WohnImmoKredRLUG**) beschlossen und im Bundesgesetzblatt am 16.03.2016 verkündet.[12] Es ist **am 21.03.2016 in Kraft getreten**.[13] *8b*

10 Vgl. dazu **Tyroller, Life&Law 04/2014, 296 ff. sowie 06/2014, 452 ff.**

11 ABl. L 304 vom 22.11.2011, S. 64.

12 BGBl. Teil I 2016 Nr. 12 vom 16.3.2016, S. 396 ff.

13 Vgl. dazu **Tyroller, Life&Law 06/2016, 423 ff. sowie 08/2016, 569 ff.**

Dieses Gesetz dient der Umsetzung der Richtlinie 2014/17/EU des Europäischen Parlaments und des Rates vom 4. Februar 2014 über Wohnimmobilienkreditverträge für Verbraucher und der Änderung der Richtlinien 2008/48/EG und 2013/36/EU sowie der Verordnung (EU) Nr. 1093/2010.[14]

Die Vorgaben der Wohnimmobilienkreditrichtlinie wurden in ihrem zivilrechtlichen Teil im Bürgerlichen Gesetzbuch umgesetzt. Die Regelungen erfolgten im Titel „Darlehensvertrag; Finanzierungshilfen und Ratenlieferungsverträge zwischen einem Unternehmer und einem Verbraucher“ (§§ 488 bis 513 des Bürgerlichen Gesetzbuchs) und im Untertitel „Vermittlung von Verbraucherdarlehensverträgen und entgeltlichen Finanzierungshilfen“ (§§ 655a bis 655e des Bürgerlichen Gesetzbuchs). Die Informationspflichten wurden in Art. 247 des Einführungsgesetzes zum Bürgerlichen Gesetzbuche (EGBGB) geregelt.

Unentgeltliche Darlehen und unentgeltliche Finanzierungshilfen

Nicht von der Umsetzungspflicht erfasst war die Einführung der **§§ 514, 515 BGB** für unentgeltliche Darlehensverträge und unentgeltliche Finanzierungshilfen zwischen einem Unternehmer und einem Verbraucher. Hintergrund ist die seit längerem andauernde historische Niedrigzinsphase, die dazu geführt hat, dass Unternehmer vielfach dazu übergegangen sind, ihren Kunden eine sog. „0 %-Finanzierung“ zu gewähren oder zu vermitteln.

Hierbei handelt es sich um Darlehensverträge, die Unternehmer als Darlehensgeber Verbrauchern als Darlehensnehmern unentgeltlich gewähren (§ 514 BGB), sowie um entsprechende unentgeltliche Finanzierungshilfen (§ 515 BGB). Auch solche unentgeltlichen Darlehensverträge und Finanzierungshilfen begründen finanzielle Verpflichtungen, die nach Ansicht des Gesetzgebers die Anwendung bestimmter verbraucherschützender Vorschriften des Verbraucherkreditrechts geboten erscheinen lassen.

Da aber eine vollständige Erstreckung des Verbraucherdarlehensrechts auf unentgeltliche Kredite weder erforderlich noch sachgerecht ist, wurden in §§ 514, 515 BGB eigene Regelungen aufgenommen und in § 514 I BGB nur auf einzelne Vorschriften des Verbraucherdarlehensrechts verwiesen. Erstaunlich ist, dass nach § 514 II BGB bzw. §§ 515, 514 II BGB dem Verbraucher auch ein Widerrufsrecht zusteht, wenn er von einem Unternehmer ein unentgeltliches Darlehen bzw. eine unentgeltliche Finanzierungshilfe erhält. Diese Änderung hat dazu geführt, dass ein neuer § 356d BGB ins Gesetz eingefügt wurde, der den Beginn der Widerrufsfrist bei unentgeltlichen Darlehensverträgen und unentgeltlichen Finanzierungshilfen regelt.

F) Gesetz zur Reform des Bauvertragsrechts und zur Änderung der kaufrechtlichen Mängelhaftung

Gesetz zur Reform des Bauvertragsrechts und zur Änderung der kaufrechtlichen Mängelhaftung vom 01.01.2018

Am 01.01.2018 ist das Gesetz zur Reform des Bauvertragsrechts und zur Änderung der kaufrechtlichen Mängelhaftung in Kraft getreten. Für Schuldverhältnisse, die vor dem 01.01.2018 entstanden sind, gelten gem. **Art. 229 § 39 EGBGB** die neuen Regelungen nicht. 8c

hemmer-Methode: Zu den Änderungen im kaufrechtlichen Mängelrecht lesen Sie ausführlich Tyroller, Life&Law 10/2016, 727 ff. Die einzigen zwei Änderungen im Vergleich zum Gesetzesentwurf finden Sie in einem kurzen „Update“ in Life&Law 05/2017, 297 f.
Zu den Änderungen im Werkvertragsrecht vgl. ausführlich Tyroller, Life&Law 06/2017, 425 ff.

14 ABl. L 60 vom 28.2.2014, S. 34.

Hintergrund des Reformvorhabens bzgl. des kaufrechtlichen Mängelrechts

Hintergrund der Reform des kaufrechtlichen Mängelrechts war die Entscheidung des EuGH vom 16.11.2011 auf Vorlage des BGH[15] und des AG Schorndorf,[16] wonach der Verkäufer einer beweglichen Sache im Rahmen einer Nacherfüllung gegenüber dem Verbraucher verpflichtet sein kann, die bereits in eine andere Sache eingebaute mangelhafte Kaufsache auszubauen und die Ersatzsache einzubauen oder die Kosten für beides zu tragen.[17]

Im Anschluss daran hat der BGH § 439 I Alt. 2 BGB richtlinienkonform dahingehend ausgelegt, dass der kaufrechtliche Nacherfüllungsanspruch beim Verbrauchsgüterkauf auch die Kosten für Aus- und Einbau bei Lieferung mangelhafter Sachen umfasst.[18]

Für einen Kaufvertrag zwischen Unternehmern galt dies nach der Rechtsprechung des BGH jedoch nicht.[19] Dies bedeutete für einen Werkunternehmer, der mangelhaftes Baumaterial gekauft und dieses in Unkenntnis des Mangels bei einem Dritten verbaut hat, dass er diesem aus dem geschlossenen Werkvertrag zum Ausbau des mangelhaften und zum Einbau von mangelfreiem Baumaterial verpflichtet war. Von dem Verkäufer konnte der Werkunternehmer dagegen nach dem bis zum 31.12.2017 geltenden Recht nur die Lieferung des dafür benötigten neuen Baumaterials verlangen. Die Aus- und Einbaukosten musste er – von den Fällen eines schuldhaften Verhaltens des Verkäufers abgesehen – selbst tragen.

In § 439 III BGB wurde das Recht der Mängelhaftung an die Rechtsprechung des EuGH angepasst. Außerdem wurde die Rechtssituation von Werkunternehmern, die mangelhaftes Baumaterial gekauft und im Rahmen eines Werkvertrags verbaut haben, verbessert, da diese bislang auf den Verbrauchsgüterkauf beschränkte Regelung durch Normierung in § 439 III BGB – also außerhalb der §§ 474 ff. BGB – nun auch für Verträge zwischen Unternehmern gilt.

Zudem wurde in § 475 IV BGB die Rechtsprechung des EuGH[20] und des BGH[21] zum Leistungsverweigerungsrecht des Verkäufers bei absoluter Unverhältnismäßigkeit der Nacherfüllung ins Gesetz aufgenommen.

Reformvorhaben bzgl. des Baurechts

Im „baurechtlichen Teil“ dieses Gesetzesentwurfs wurde der Werkvertrag um die Vorschriften für den Bauvertrag (**§§ 650a ff. BGB**) und den Verbraucherbauvertrag (**§§ 650i ff. BGB**) ergänzt.

Außerdem wurden als werkvertragsähnliche Verträge der Architekten- und Ingenieurvertrag (**§§ 650p ff. BGB**) und der Bauträgervertrag (**§§ 650u f. BGB**) in Titel 9 eingefügt.

---

15 BGH, **Life&Law 05/2009, 291 ff.** = NJW 2009, 1660 ff. = **juris**byhemmer. (**Wenn dieses Logo hinter einer Fundstelle abgedruckt wird, finden Sie die Entscheidung online unter „juris by hemmer“: www.hemmer.de**).

16 AG Schorndorf, Beschluss vom 25.02.2009, 2 C 818/08.

17 EuGH, **Life&Law 08/2011, 537 ff.** = NJW 2011, 2269 ff. = **juris**byhemmer.

18 BGH, **Life&Law 04/2012, 239 ff.** = NJW 2012, 1073 ff. = **juris**byhemmer.

19 BGH, **Life&Law 01/2013, 1 ff.** = NJW 2013, 220 ff. = **juris**byhemmer.

20 EuGH, **Life&Law 08/2011, 537 ff.** = NJW 2011, 2269 ff. = **juris**byhemmer.

21 BGH, **Life&Law 04/2012, 239 ff.** = **juris**byhemmer.

§ 2 UNMÖGLICHKEIT

A) Allgemeines

Eine unmögliche Leistung kann von niemandem geschuldet werden (impossibilium nulla est obligatio[22]). Wenn der Schuldner eine Leistung wegen Unmöglichkeit der Leistungspflicht nicht erbringen kann, macht es keinen Sinn, dem Gläubiger einen durchsetzbaren Anspruch auf diese Leistung zuzusprechen. 9

***Bsp.:** Die vom Verkäufer V nach § 433 I S. 1 BGB zu übereignende und zu übergebende chinesische Ming-Vase ist beim Transport durch V in tausend Stücke zerbrochen.*

Ein Anspruch des K gegen V aus § 433 I S. 1 BGB macht keinen Sinn. Spätestens bei der Zwangsvollstreckung müsste festgestellt werden, dass V die Vase gar nicht mehr hat. Eine nach § 894 ZPO fingierte dingliche Einigungserklärung des V würde damit ins Leere gehen; auch könnte der Gerichtsvollzieher die Vase dem V nicht nach § 897 ZPO wegnehmen, da die Vase nicht mehr existiert.

Definition Unmöglichkeit

Unmöglichkeit ist die dauerhafte Nichterbringbarkeit des Leistungserfolges durch eine Leistungshandlung des Schuldners.

Ausschluss der Leistungspflicht nach § 275 I - III BGB

Ausgehend von dieser Selbstverständlichkeit ordnet § 275 I - III BGB den Ausschluss der Leistungspflicht im Falle der Unmöglichkeit an. Liegt Unmöglichkeit vor, erlischt der unmögliche Primäranspruch bzw. entsteht erst gar nicht.[23] 10

Ob an Stelle des erloschenen Primäranspruches Sekundäransprüche des Gläubigers auf Schadensersatz treten, ist eine hiervon streng zu unterscheidende Frage. Dies bestimmt sich nach den §§ 283, 280; 311a II BGB, vgl. die (deklaratorische und daher bei der Zitierung verzichtbare) Verweisung des § 275 IV BGB.

hemmer-Methode: Haben Sie in der Klausur das Bestehen des evtl. unmöglichen Primäranspruches zu prüfen, spielt einzig und allein § 275 BGB eine Rolle, da hier die Auswirkung der Unmöglichkeit auf den unmöglichen Primäranspruch geregelt wird.[24] 11
Beachten Sie aber, dass sich der Ausschluss des Primäranspruches auf die jeweilige Gegenleistung nach § 326 BGB auswirken kann. Dies hat für die Gegenleistung mit § 275 BGB direkt nichts zu tun, da diese ja nicht unmöglich geworden ist.
Ein evtl. Erlöschen der Gegenleistung nach § 326 BGB beruht auf dem Gegenseitigkeitsverhältnis (Synallagma) zwischen Leistung und Gegenleistung. Merken Sie sich als Gedächtnisstütze deshalb folgenden Leitsatz: § 275 I - III BGB regelt die Leistungsgefahr, § 326 I BGB die Preisgefahr.

§ 275 BGB ist also als Einwendung gegen den Primäranspruch zu prüfen. Ist in der Klausur nach dem Primäranspruch gefragt, empfiehlt sich folgendes Grobschema:

22 Der Grundsatz findet sich bereits im römischen Recht (Digesten 50, 17, 185).

23 Zur Unterscheidung zwischen anfänglicher und nachträglicher Unmöglichkeit vgl. unten, Rn. 21 ff.

24 Palandt, § 275, Rn. 3.

Prüfungsstandort des § 275 BGB:

1. **Primäranspruch entstanden?**

   V.a. wirksamer Vertragsschluss; **§ 275 I - III BGB** als rechtshindernde Einwendung bei anfänglicher Unmöglichkeit

2. **Primäranspruch erloschen?**

   § 275 I - III BGB als rechtsvernichtende Einwendung bei nachträglicher Unmöglichkeit

Definition der Unmöglichkeit

Unmöglichkeit ist die dauerhafte Nichterbringbarkeit des Leistungserfolges durch eine Leistungshandlung des Schuldners. Abzustellen ist also darauf, ob der Schuldner den Leistungserfolg noch herbeiführen kann. Welcher Art dieser Leistungserfolg ist, hängt von Art und Umfang der geschuldeten Leistung ab. So schuldet der Verkäufer einer Sache deren Übereignung und Übergabe an den Käufer, § 433 I S. 1 BGB. 12

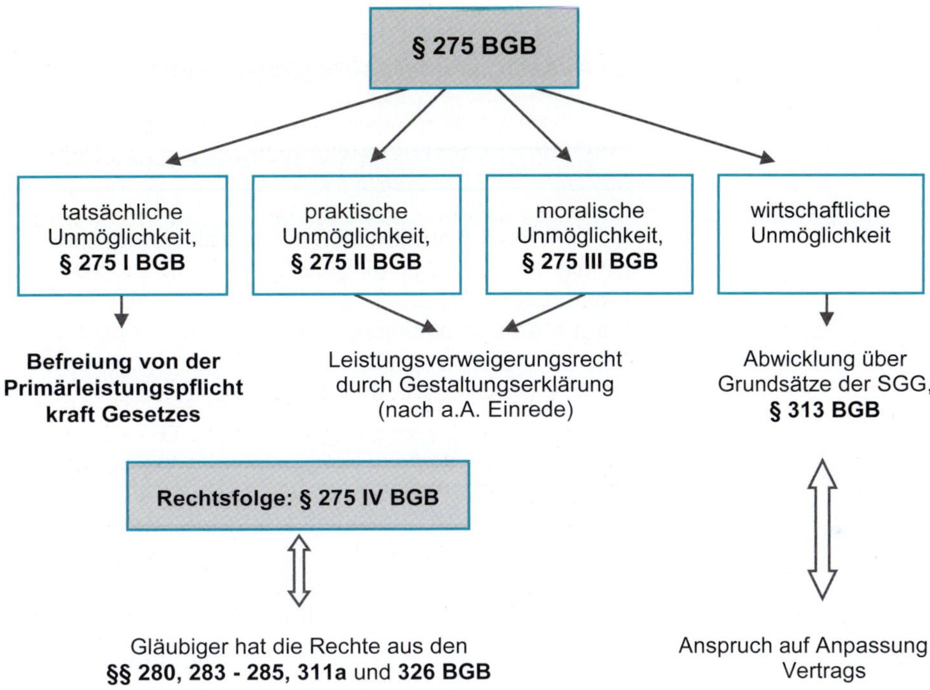

§ 275 II, III BGB: Unzumutbarkeit der Leistung für den Schuldner

§ 275 II und III BGB behandeln Fälle, in denen der Leistungserfolg vom Schuldner eigentlich noch herbeigeführt werden kann, dies dem Schuldner jedoch unzumutbar ist. § 275 II BGB betrifft den Fall wirtschaftlicher Unzumutbarkeit („praktische bzw. faktische Unmöglichkeit“)[25], § 275 III BGB die Unzumutbarkeit aus persönlichen/ideologischen Gründen („moralische Unmöglichkeit“).[26] 13

Liegt ein Fall des § 275 II bzw. III BGB vor, so entfällt die Leistungspflicht erst, wenn der Schuldner die Leistung aus diesem Grunde verweigert hat. Der Primäranspruch erlischt also erst, wenn sich der Schuldner auf § 275 II, III BGB beruft.[27]

Keine Unmöglichkeit, wenn bereits Erfüllung eingetreten ist

Unbedingt zu beachten ist, dass Unmöglichkeit begrifflich ausscheidet, wenn der Schuldner den Leistungserfolg bereits herbeigeführt hat, wenn er also i.S.d. §§ 362 ff. BGB erfüllt hat. Dann ist die geschuldete Leistungspflicht bereits wegen Erfüllung erloschen und kann nicht mehr unmöglich werden. 14

25 Palandt, § 275, Rn. 22, 26 ff.

26 Palandt, § 275, Rn. 30.

27 Palandt, § 275, Rn. 26 und Rn. 32.

Bsp.: *Da der Käufer K sich in Annahmeverzug (§§ 293 ff. BGB) befindet, führt Verkäufer V einen rechtmäßigen Selbsthilfeverkauf i.S.d. § 373 HGB durch und übereignet die Ware an den Dritten D.*

Die Übereignung der geschuldeten Ware an den Dritten D könnte eine (subjektive) Unmöglichkeit i.S.d. § 275 I BGB darstellen. Denn nach dem Verlust des Eigentums an der Ware kann V diese dem K nicht mehr übereignen, er kann den Leistungserfolg nicht mehr herbeiführen.

Jedoch tritt bei rechtmäßigem Selbsthilfeverkauf die Erfüllung des Anspruches gegen den Verkäufer aus § 433 I S. 1 BGB ein.[28] Beim Selbsthilfeverkauf handelt es sich um ein Erfüllungssurrogat. Da durch den Selbsthilfeverkauf Erfüllung des Anspruches des K gegen V aus § 433 I S. 1 BGB eingetreten ist, ist dieser Anspruch erloschen. Weil nur ein tatsächlich bestehender Anspruch unmöglich werden kann, kommt Unmöglichkeit wegen der Übereignung an D nicht in Betracht!

hemmer-Methode: Diese Konstellation wurde bereits mehrfach im Examen abgeprüft. Wer hier das schuldrechtliche Grundverständnis nicht hat, gerät schnell in falsches Fahrwasser.

B) Ausschluss der unmöglichen Leistungspflicht[29]

I. „Wirkliche Unmöglichkeit", § 275 I BGB

„Wirkliche Unmöglichkeit"

§ 275 I BGB normiert den Grundfall der Unmöglichkeit und ist vorrangig vor § 275 II, III BGB zu prüfen. Da nur bei § 275 I BGB der Leistungserfolg durch den Schuldner wirklich nicht erbringbar ist, kann man von „wirklicher Unmöglichkeit" sprechen. 15

Nahezu alle Arten der Unmöglichkeit umfasst

§ 275 I BGB umfasst nahezu alle denkbaren Formen der Unmöglichkeit.

- ⇨ objektive **und** subjektive **Unmöglichkeit** 16
- ⇨ anfängliche **und** nachträgliche **Unmöglichkeit**
- ⇨ nicht zu vertretende **und** zu vertretende **Unmöglichkeit**
- ⇨ teilweise **und** vollständige **Unmöglichkeit**

hemmer-Methode: Nicht geregelt wurde die vorübergehende Unmöglichkeit, deren Behandlung bleibt also weiterhin Rechtsprechung und Literatur überlassen. Vgl. dazu unten, Rn. 33 ff.

Unterscheidung für § 275 I BGB eigentlich ohne Bedeutung

Für den Ausschluss der Primärleistungspflicht nach § 275 I BGB spielt eine Unterscheidung der verschiedenen Unmöglichkeitsarten keine Rolle (Ausnahme: teilweise/vollständige Unmöglichkeit). Dennoch erscheint es angebracht, die jeweils einschlägige Unmöglichkeitsform in der Klausur zu benennen. 17

hemmer-Methode: Maßgebend wird die Art der Unmöglichkeit erst auf der Ebene der Sekundäransprüche des Gläubigers, s.u. Rn. 277 ff.

1. Objektive und subjektive Unmöglichkeit

Objektive Unmöglichkeit

Um einen Fall objektiver Unmöglichkeit handelt es sich, wenn der geschuldete Leistungserfolg von niemandem erbracht werden kann (§ 275 I BGB: für jedermann unmöglich).[30] 18

28 Baumbach/Hopt, § 373, Rn. 13.

29 Vgl. dazu auch Schulze/Ebers, „Streitfragen zum neuen Schuldrecht", JuS 2004, 265-272 (267 ff.).

30 Palandt, § 275, Rn. 13.

Bsp.: *Der zu übereignende Pkw wird vor der Übergabe durch Blitzschlag vollständig zerstört.*

Subjektive Unmöglichkeit

Von subjektiver Unmöglichkeit (= „Unvermögen“) spricht man demgegenüber, wenn die Herbeiführung des Leistungserfolges für den Schuldner unmöglich ist, für mindestens einen Dritten jedoch nicht.[31] *19*

Bsp.: *V hat K seinen Gebrauchtwagen verkauft. V verschenkt und übereignet den Wagen jedoch an D. Dieser ist nicht bereit, den Wagen wieder zurückzugeben.*

Die Pflicht des V aus § 433 I S. 1 BGB, K den Wagen zu übereignen und zu übergeben, wurde i.S.d. § 275 I BGB unmöglich: V hat das Eigentum an dem Pkw an D verloren, weshalb er nicht mehr an K übereignen kann. V ist auch nicht mehr Besitzer, weshalb eine Übergabe durch ihn nicht möglich ist.

Da D nicht bereit ist, den Wagen wieder zurückzugeben, liegt ein Fall des § 275 I BGB vor.

hemmer-Methode: Wäre D für einen völlig überzogenen Preis zur Rückübereignung des Wagens bereit, so läge ein Fall des § 275 II BGB vor (vgl. Rn. 41 ff.).

Es handelt sich um einen Fall subjektiver Unmöglichkeit. Denn D könnte durch Übereignung und Übergabe an K den Leistungserfolg herbeiführen. Der Leistungserfolg ist also gerade nicht für niemanden erbringbar.

hemmer-Methode: Es ist also nicht richtig zu behaupten, subjektive Unmöglichkeit setze voraus, dass der Leistungserfolg nur für den Schuldner nicht erbringbar ist. Dann müsste die Leistung für jeden Dritten möglich sein. Dies ist aber gerade nicht erforderlich; subjektive Unmöglichkeit liegt auch dann vor, wenn die Leistung nur von einem Dritten erbracht werden kann.

Besonderheiten bei höchstpersönlicher Leistungspflicht

Ist die Erbringung einer höchstpersönlichen Leistung geschuldet, führt individuelles Unvermögen zugleich zur objektiven Unmöglichkeit. Eine subjektive stellt dann immer auch eine objektive Unmöglichkeit dar. *20*

Bsp.: *Der weltberühmte Tenor Jose C. wird für einen Konzert verpflichtet. Bei einem Unfall werden die Stimmbänder des Sängers verletzt, er kann nie wieder singen.*

Unproblematisch liegt ein Fall des Unvermögens vor, da der Schuldner (Jose C.) die geschuldete Leistung (Singen bei dem Konzert) nicht erbringen kann.

Da die Leistungspflicht aber an die Person des Schuldners geknüpft ist, also eine höchstpersönliche Leistungspflicht vorliegt, führt dies zum Vorliegen objektiver Unmöglichkeit. Der Leistungserfolg schließt die Person des Schuldners ein und kann von niemandem erbracht werden. Geschuldet ist nicht nur der Gesang als solcher, sondern gerade der Gesang von Jose C.

Unterscheidung für § 275 I BGB bedeutungslos

§ 275 I BGB erfasst die objektive wie die subjektive Unmöglichkeit, sodass deren Unterscheidung an dieser Stelle keine entscheidende Bedeutung zukommt.

2. Anfängliche und nachträgliche Unmöglichkeit

Differenzierung nach Zeitpunkt der Unmöglichkeit

Hinsichtlich des Zeitpunkts der Unmöglichkeit lässt sich zwischen anfänglicher und nachträglicher Unmöglichkeit unterscheiden. Für die Anwendbarkeit des § 275 BGB spielt diese Differenzierung allerdings keine Rolle: *21*

31 Palandt, § 275, Rn. 23.

Etwas Unmögliches kann nicht geschuldet sein, egal zu welchem Zeitpunkt die Unmöglichkeit eingetreten ist.

hemmer-Methode: Von Bedeutung ist die Differenzierung aber auf der Ebene der Sekundäransprüche:
Bei anfänglicher Unmöglichkeit kommt ein Anspruch des Gläubigers auf Schadensersatz statt der Leistung nur nach § 311a II BGB in Betracht; bei nachträglicher Unmöglichkeit ist §§ 280 I, III, 283 BGB die richtige Anspruchsgrundlage.

Maßgeblich: Zeitpunkt der Entstehung des Schuldverhältnisses

Abzustellen ist dabei auf den Zeitpunkt des Entstehens des Schuldverhältnisses, i.d.R. also des Vertragsschlusses.[32] 22

Tritt das die Unmöglichkeit auslösende Ereignis (z.B. der Blitzschlag, der den zu übereignenden Pkw zerstört) vorher auf, liegt anfängliche, anderenfalls nachträgliche Unmöglichkeit vor. Dass auf diesen Zeitpunkt abzustellen ist, ergibt sich aus dem klaren Wortlaut des § 311a I BGB. Daher ist auch der Gegenauffassung, die auf den Zeitpunkt des Fälligwerdens der Leistung abstellen will, nicht zu folgen.

Der Zeitpunkt des Vertragsschlusses ist auch dann entscheidend, wenn der Vertrag unter einer aufschiebenden Bedingung bzw. Befristung geschlossen wurde.

Vertrag bleibt im Übrigen wirksam

Die anfängliche Unmöglichkeit einer vertraglichen Leistungspflicht schließt zwar deren Wirksamkeit nach § 275 BGB aus; auf die Wirksamkeit des Vertrages im Übrigen hat sie jedoch keine Auswirkungen, § 311a I BGB.

hemmer-Methode: Aus § 311a I BGB ergibt sich nicht etwa, dass die anfänglich unmögliche Leistungspflicht wirksam sei. Gemeint ist: Die unmögliche Leistungspflicht ist nach § 275 I - III BGB unwirksam. Im Übrigen bleibt aber der Vertrag wirksam, § 311a I BGB. Wegen § 311a I BGB kommt es daher zu einem Vertrag ohne Primärleistungspflichten.[33]

3. Nicht zu vertretende und zu vertretende Unmöglichkeit

Vertretenmüssen für Ausschluss der Primärleistungspflicht unerheblich

Ob der Schuldner die Unmöglichkeit zu vertreten hat oder nicht, spielt für den Ausschluss der Leistungspflicht bei § 275 BGB keine Rolle. Bei Vorliegen der Voraussetzungen des § 275 BGB ist der Primäranspruch auch dann ausgeschlossen, wenn der Schuldner das die Unmöglichkeit verursachende Ereignis zu vertreten hat. 23

> ***Bsp.:*** *Der von V zu übereignende Pkw wird aufgebrochen und gestohlen.*
>
> ***Abwandlung:*** *Der Pkw wird gestohlen, weil V den Schlüssel im Zündschloss stecken gelassen hat.*
>
> In beiden Fällen liegt ein Fall subjektiver Unmöglichkeit vor, der zum Ausschluss des Anspruches des Gläubigers nach § 275 I BGB führt. Der Anspruch erlischt also unabhängig vom Vertretenmüssen des V.

hemmer-Methode: Eine unmögliche Leistung kann nicht geschuldet werden, egal ob der Schuldner die Unmöglichkeit zu vertreten hat oder nicht! Das Vertretenmüssen spielt also für das „Freiwerden" i.R.d. § 275 BGB keine Rolle, sondern erst bei den Sekundäransprüchen.

---

32 Palandt, § 311a, Rn. 4; Tettinger, „Anfänglich oder Nachträglich? - Das zwischen Angebot und Vertragsschluss eintretende Leistungshindernis", ZGS 2006, Heft 12, 452 ff.

33 Dauner-Lieb, Das neue Schuldrecht, S.44; Canaris, „Die Reform des Rechts der Leistungsstörungen", JZ 2001, 499-528 (506); Palandt, § 311a, Rn. 5.

4. Teilweise und vollständige Unmöglichkeit

Bei vollständiger Unmöglichkeit besteht ein Leistungshindernis hinsichtlich der ganzen Leistung, bei der Teilunmöglichkeit ist nur ein Teil der Leistung nicht erbringbar. *24*

§ 275 I BGB: „soweit“

Nach § 275 I BGB ist der Primäranspruch ausgeschlossen, soweit die Unmöglichkeit besteht. Die vollständige Unmöglichkeit führt dementsprechend zum vollständigen, die teilweise Unmöglichkeit nur zum Ausschluss des unmöglichen Teils der Leistungspflicht.[34]

> ***Bsp.:*** *Von den 50 zu übereignenden Bildern wurden zehn Bilder bei einem Brand zerstört.*
>
> Der Gläubiger behält bezüglich der unversehrten 40 Bilder seinen Primäranspruch. Hinsichtlich der übrigen zehn Bilder ist der Leistungsanspruch allerdings nach § 275 I BGB ausgeschlossen.

hemmer-Methode: Besonderheiten ergeben sich erst auf der Ebene der Sekundärrechte, vgl. unten, Rn. 314 ff., 335.

5. Sonderfälle der Unmöglichkeit

Besondere Konstellationen der Unmöglichkeit im Examen beliebt

Untergang bzw. Diebstahl der zu übereignenden Sache bilden die allen Examenskandidaten bekannten Fälle der Unmöglichkeit. Neben der sog. physischen Unmöglichkeit (Leistung ist nach den Naturgesetzen nicht möglich, z.B.: zu übereignendes Pferd ist gestorben) und der juristischen Unmöglichkeit (Leistung ist aus rechtlichen Gründen nicht möglich, da z.B. der Verkäufer nicht Eigentümer der Kaufsache ist) gibt es aber noch weitere Fälle der Unmöglichkeit. *25*

Im Examen besonders beliebt sind solche Konstellationen, die sich auf den ersten Blick nicht als Unmöglichkeitsfälle erkennen lassen.

Diese Fallgruppen kommen vorrangig bei § 275 I BGB in Betracht und werden daher an dieser Stelle besprochen.

a) Zweckerreichung

Leistungserfolg tritt ein, jedoch nicht durch Leistungshandlung des Schuldners

Bei der sog. Zweckerreichung tritt der geschuldete Leistungserfolg zwar ein, jedoch nicht durch eine Leistungshandlung des Schuldners. Damit kann der Leistungserfolg durch den Schuldner nicht mehr erbracht werden, es handelt sich um einen Fall objektiver Unmöglichkeit, die zum Ausschluss der Leistungspflicht nach § 275 I BGB führt.[35] *26*

> ***Bsp.:*** *Das freizuschleppende Schiff kommt von selbst wieder frei.*
>
> Der geschuldete Leistungserfolg ist zwar eingetreten; dies ist jedoch nicht durch eine Handlung des Schuldners geschehen. Da der Leistungserfolg nun durch eine Handlung des Schuldners nicht mehr erbracht werden kann, liegt objektive Unmöglichkeit i.S.d. § 275 I BGB vor. Der Schuldner ist zum Freischleppen also nicht mehr verpflichtet.

*Klassiker des neuen Schuldrechts ⇨ **Selbstvornahme** der Nacherfüllung*

Bereits jetzt schon Klassiker des reformierten Schuldrechts sind die Fälle, in denen zum Beispiel der Käufer einer mangelhaften Sache diese bei einem Dritten in Reparatur gibt und Ersatz der angefallenen Kosten vom Verkäufer verlangt.

In diesem Fall wird dem Verkäufer die Nacherfüllung infolge Zweckerreichung unmöglich.

34 Palandt, § 275, Rn. 7.

35 Palandt, § 275, Rn. 18.

hemmer-Methode: Das Problem der sog. Selbstvornahme stellt sich immer dann - und nur dann -, wenn der Käufer eine Handlung vornimmt, die eigentlich dem Verkäufer i.R. seiner Nacherfüllungspflicht nach § 439 BGB obliegt und dies zur Folge hat, dass dem Verkäufer die Nacherfüllung wegen sog. Zweckerreichung nach § 275 I BGB unmöglich wird.
Daran fehlt es freilich beim bloßen Deckungskauf – etwa dann, wenn sich der Käufer eines Autos mit defektem Kühler einen Ersatzkühler kauft – jedenfalls solange, wie der Käufer den Ersatzkühler nicht auch einbaut. Denn der Verkäufer ist in diesem Fall keineswegs daran gehindert, einen neuen Kühler zu liefern und ggf. einzubauen, kann also weiterhin nacherfüllen. Was der Käufer dann mit dem zusätzlich angeschafften Kühler macht, ist seine Angelegenheit. Unmöglichkeit in Form der sog. „Zweckerreichung" liegt dann jedenfalls nicht vor.[36]
Vorsicht: Kann der Käufer beim Gattungskauf vom Verkäufer Nacherfüllung in Form der Nachlieferung verlangen, so führt die Selbstreparatur durch den Käufer ebenfalls nicht zur Unmöglichkeit der Nacherfüllung durch Zweckerreichung (§ 275 I BGB), da der Anspruch des Käufers auf Nachlieferung in rechtlicher Hinsicht – und nur darauf kommt es an - unberührt bleibt.[37]

Dennoch erfolgt die Lösung dieses Falles nicht über das allgemeine Schuldrecht, da ansonsten das System des Mängelrechts, insbesondere mit seinem Vorrang der Fristsetzung, ausgehöhlt würde.

hemmer-Methode: Diese Problematik wird ausführlich behandelt in Hemmer/Wüst, Schuldrecht BT I, Rn. 171 ff.
Der BGH hat der in der Literatur vor allem von S. Lorenz vertretenen Ansicht, diesen Fall über §§ 275 I, 326 II S. 2 BGB zu lösen, schon mehrfach eine Absage erteilt (vgl. dazu auch Rn. 108).[38]
Diese Rechtsprechung überträgt der BGH auch konsequent auf die Selbstvornahme der Mängelbeseitigung im Mietrecht.[39]

Examensrelevant: Erfüllungsübernahme

Examensrelevant ist die Unmöglichkeit wegen Zweckerreichung im Zusammenhang mit gescheiterten Schuldübernahmen. *27*

***Bsp.:** D schuldet der B-Bank aus Darlehensvertrag die Rückzahlung von 15.000,- €. D und sein Onkel O vereinbaren, dass O die Darlehensschuld des D übernehmen solle. Als D dies der B-Bank mitteilt, lehnt die B-Bank die Genehmigung der Schuldübernahme ab, weil die Vermögensverhältnisse des O ungewiss sind. D zahlt im Folgenden die 15.000,- € an die B-Bank zurück, weil O eine Zahlung an die Bank trotz Aufforderung durch D ablehnt. Hat D einen Anspruch gegen O?*

1. In Betracht kommt ein Anspruch des D gegen O auf Befreiung des D von der Zahlungspflicht gegenüber der B-Bank, also auf eine i.S.d. § 267 BGB befreiende Zahlung des O an die B-Bank, sog. Befreiungsanspruch.

§ 415 III BGB

a) Dieser könnte sich aufgrund der Vereinbarung zwischen D und O ergeben. In der Vereinbarung, die Schuld des anderen übernehmen zu wollen, ist im Zweifel die Begründung eines solchen Befreiungsanspruches zu sehen, solange der Gläubiger die Schuldübernahme nicht genehmigt hat, § 415 III S. 1 BGB bzw. die Genehmigung endgültig verweigert hat, § 415 III S. 2 BGB. Da die B-Bank als Gläubigerin die zwischen D und O vereinbarte Schuldübernahme nicht genehmigt hat, ist ein solcher Befreiungsanspruch des D gegen O entstanden.

Erlöschen wg. Unmöglichkeit

b) Dieser Befreiungsanspruch könnte jedoch wegen Unmöglichkeit nach § 275 I BGB erloschen sein.

---

36 BVerfG, ZGS 2006, 470-474 = **juris**byhemmer.

37 Vgl. Lorenz, „Nacherfüllungsanspruch und Obliegenheit des Käufers: Zur Reichweite des Rechts der zweiten Andienung", NJW 2006, 1175-1179 (1177).

38 Lesen Sie dazu BGH, NJW 2006, 988-990 = **juris**byhemmer; **BGH, Life&Law 01/2006, 1 ff.** = NJW 2005, 3211-3213; **BGH, Life&Law 06/2005, 351 ff.** = NJW 2005, 1348-1351. **Unser Service-Angebot an Sie: kostenlos hemmer-club-Mitglied werden (www.hemmer-club.de) und Entscheidungen der Life&Law lesen und downloaden.**

39 Vgl. dazu **BGH, Life&Law 04/2008, 287 ff.** = NJW 2008, 1216-1218 = **juris**byhemmer.

Unmöglichkeit ist die dauerhafte Nichterbringbarkeit des Leistungserfolges durch den Schuldner. Nach Zahlung der 15.000,- € durch D wurde D von seiner Verpflichtung gegenüber der B-Bank befreit, § 362 I BGB. Damit ist der von O dem D geschuldete Leistungserfolg zwar eingetreten, jedoch nicht durch eine Leistungshandlung des O. Dementsprechend ist die von O geschuldete Befreiung des D nicht mehr durch ihn erbringbar, der Befreiungsanspruch ist i.S.d. § 275 I BGB unmöglich geworden; es liegt ein Fall der sog. Zweckerreichung vor.

Im Ergebnis ist der Befreiungsanspruch des D gegen O erloschen.

2. Jedoch könnten D gegen O Sekundäransprüche zustehen.

D stünde gegen O ein Schadensersatzanspruch i.H.v. 15.000,- € nach §§ 280 I, III, 283 BGB zu, wenn O die Unmöglichkeit zu vertreten hätte, § 280 I S. 2 BGB.

Dies ergibt sich jedenfalls aus § 287 S. 2 BGB, da O sich im Zeitpunkt der Zahlung des D an die B-Bank gegenüber D im Schuldnerverzug mit der Freistellung befand. Die Aufforderung des D an O stellt die den Verzug auslösende Mahnung dar, § 286 I S. 1 BGB.

b) Zweckfortfall

Wegfallen/Untauglichwerden des Leistungssubstrats

Ein Fall der Unmöglichkeit i.S.d. § 275 I BGB liegt auch dann vor, wenn das sog. Leistungssubstrat wegfällt oder untauglich ist. Denn der geschuldete Leistungserfolg bezieht sich hierbei auf ein bestimmtes Objekt (sog. Leistungssubstrat), weshalb der Leistungserfolg objektiv nicht erbringbar ist, wenn das Leistungssubstrat wegfällt bzw. untauglich wird.[40] 28

Bsp.: *freizuschleppendes Schiff sinkt; zu streichendes Haus brennt ab.*

c) Zweckstörung

Keine Unmöglichkeit bei sog. Zweckstörung

I.d.R. um keinen Fall der Unmöglichkeit handelt es sich bei Fällen der sog. Zweckstörung (auch: Zweckverfehlung). 29

Hierbei hat der Gläubiger an der Leistung kein Interesse mehr, weil ein bestimmtes Ereignis nicht, früher oder anders als erwartet eingetreten ist; die Leistung ist also für den Gläubiger sinnlos geworden.[41]

Ganz ausnahmsweise Unmöglichkeit, wenn Zweck zum Inhalt der Leistung gemacht wurde

Ein Fall der Unmöglichkeit liegt ausnahmsweise dann vor, wenn der mit der Leistung verfolgte Zweck zum Inhalt des geschuldeten Leistungserfolges gemacht wurde. Dies wird nur in seltenen Fällen zu bejahen sein. Im Normalfall kann der Leistungserfolg weiterhin eintreten, es handelt sich um keinen Fall der Unmöglichkeit.

Lösung über SGG

Die Lösung der Zweckstörungsfälle ist dann über das Institut der Störung der Geschäftsgrundlage zu suchen, § 313 BGB.[42]

Bsp.: *Der Bezirksliga-Fußballverein F mietet sich einen Reisebus zum Spitzenspiel der Bundesliga. Vorstandsmitglied V deutet dem Busunternehmer B dabei an, dass die Reise diesen Zweck hat. Das Spiel fällt wegen Regens aus. V beruft sich für den Verein auf die Befreiung von der Leistungspflicht wegen Unmöglichkeit.*

1. Der Anspruch des B gegen F aus dem Werkvertrag auf Zahlung der Vergütung ist mit Vertragsschluss entstanden, § 631 I BGB.

---

40 Palandt, § 275, Rn. 19.

41 Palandt, § 275, Rn. 20.

42 Dazu unten, Rn. 607 ff.; vgl. dazu auch Rösler, „Grundfälle zur Störung der Geschäftsgrundlage", JuS 2004, 1058-1062 (1062).

2. Ein Erlöschen der Zahlungspflicht nach § 275 BGB kommt nicht in Betracht, da die Zahlung der geschuldeten Vergütung für den F-Verein nicht unmöglich geworden ist. § 275 BGB betrifft nur das Erlöschen des unmöglich gewordenen Anspruches.

3. Ein Erlöschen kommt jedoch nach § 326 I S. 1 HS 1 BGB in Betracht. Danach führt der Ausschluss von der Leistungspflicht zum Erlöschen der Gegenleistung.

Dies setzt voraus, dass die Pflicht des B zur Erbringung der Werkleistung durch den Ausfall des Fußballspieles unmöglich geworden ist. Dies ist zu verneinen: Eine dauerhafte Nichterbringbarkeit des Leistungserfolges durch B wäre nur dann anzunehmen, wenn der Besuch des Spieles als Zweck der Beförderung zum Inhalt der Leistungspflicht des B gemacht worden wäre. Dies kann bei einer bloßen Andeutung seitens F nicht angenommen werden; es wäre eine ausdrückliche Vereinbarung erforderlich gewesen.

Damit liegt kein Fall einer Unmöglichkeit nach § 275 BGB vor, sondern vielmehr eine bloße Zweckstörung. Es kommt also ein Erlöschen des Vergütungsanspruches nach § 326 I S. 1 HS 1 BGB nicht in Betracht. B muss weiterhin die Vereinsmitglieder befördern, F muss weiterhin die Vergütung zahlen.

hemmer-Methode: § 275 BGB und § 326 I S. 1 HS 1 BGB zu vertauschen, ist einer der größten Fehler, die in einer Leistungsstörungsrechtklausur vorstellbar sind.
Machen Sie sich klar: § 275 BGB führt zum Ausschluss des unmöglichen Anspruches, § 326 I S. 1 HS 1 BGB zum Ausschluss der Gegenleistung. Dazu ausführlich unten, Rn. 74 ff.

d) Zeitliche Unmöglichkeit beim absoluten Fixgeschäft[43]

Einen weiteren Sonderfall der Unmöglichkeit stellt die – sehr examensrelevante[44] – sog. zeitliche Unmöglichkeit dar. Es handelt sich um Konstellationen der Unmöglichkeit durch Zeitablauf. 30

Grds. allenfalls Schuldnerverzug

Grundsätzlich führt das Verstreichenlassen einer vereinbarten Leistungsfrist allenfalls zum Schuldnerverzug i.S.d. § 286 BGB. Bei der zeitlichen Unmöglichkeit tritt mit dem Verstreichen des vereinbarten Leistungszeitpunktes bzw. -zeitraumes jedoch Unmöglichkeit ein; Schuldnerverzug kommt dann mangels eines wirksamen Primäranspruches nicht in Betracht.[45]

Bsp.: *Das bestellte Hochzeitsessen wird erst drei Tage nach der Hochzeitsfeier geliefert.*

Mit Verstreichen des vereinbarten Liefertermins scheint auf den ersten Blick Schuldnerverzug eingetreten zu sein. Mangels Bestehen einer Leistungspflicht wäre dies aber dann nicht der Fall, wenn mit diesem Zeitpunkt die Leistungspflicht nach § 275 I BGB unmöglich geworden und damit erloschen wäre.

Bei absolutem Fixgeschäft führt Zeitablauf zur Unmöglichkeit und nicht zum Schuldnerverzug

aa) Ob es sich um einen Fall zeitlicher Unmöglichkeit oder (nur) um Schuldnerverzug handelt, bestimmt sich danach, ob ein sog. absolutes Fixgeschäft vereinbart wurde oder nicht. Beim absoluten Fixgeschäft vereinbaren die Parteien, dass die Erbringung der Leistung nach dem vereinbarten Termin nicht mehr möglich ist. 31

43 Vgl. Palandt, § 275, Rn. 15 und § 271, Rn. 16.

44 Vgl. die Klausur Nr. 1 im bayerischen Ersten Staatsexamen 2001/II, in der zwischen absolutem und relativem Fixgeschäft abzugrenzen war; vgl. auch den Examensreport in **Life&Law 05/2002**.

45 Vgl. unten, Rn. 132 f.; darüber hinaus Palandt, § 286, Rn. 5.

Unmöglichkeit ist die dauerhafte Nichterbringbarkeit des Leistungserfolges; beim absoluten Fixgeschäft ist der zu erbringende Leistungserfolg nicht nur z.B. das Übereignen der verkauften Ware, sondern das Übereignen der Ware bis zu einem bestimmten Zeitpunkt. Der Zeitpunkt der Leistungserbringung wird also durch Vereinbarung der Parteien zum Bestandteil des geschuldeten Leistungserfolges gemacht.

Verstreicht dieser Zeitpunkt, ist die Erbringung des Leistungserfolges nicht mehr möglich, Unmöglichkeit i.S.d. § 275 I BGB tritt ein.

Ermittlung durch Auslegung, §§ 133, 157 BGB

Ob ein solches absolutes Fixgeschäft vereinbart wurde, muss im Regelfall mangels ausdrücklicher Vereinbarung der Auslegung nach den §§ 133, 157 BGB entnommen werden. Hierbei spielt das dem Gläubiger erkennbare Interesse des Schuldners an der rechtzeitigen Leistung eine maßgebliche Rolle:

Ein absolutes Fixgeschäft liegt daher vor, wenn die Einhaltung der Leistungszeit nach Vertragszweck und jeweiliger Interessenlage so wesentlich ist, dass eine verspätete Leistung keine Erfüllung mehr darstellt, die Leistung also nicht mehr nachholbar ist.

Mit Ablauf der Leistungszeit tritt damit Unmöglichkeit ein.

hemmer-Methode: Schuldnerverzug ist mangels einer wirksamen Primärpflicht (Erlöschen nach § 275 I BGB!) gar nicht mehr möglich.

Im obigen Beispielsfall war das Interesse des Bestellers an rechtzeitiger Lieferung so wesentlich, dass diese Bestandteil der Primärpflicht wurde; eine Lieferung des Hochzeitsessens nach dem vereinbarten Termin war keine Erfüllung i.S.d. § 362 I BGB mehr. Damit trat mit der Beendigung der Hochzeitsfeier Unmöglichkeit und nicht Schuldnerverzug ein.

Relatives Fixgeschäft: Nach Zeitablauf nicht automatisch Unmöglichkeit

bb) Beim relativen Fixgeschäft bleibt die Leistung mit Verstreichen der Leistungszeit noch möglich, es tritt keine Unmöglichkeit ein. Hier können die Voraussetzungen des Schuldnerverzuges also – im Unterschied zur Situation beim absoluten Fixgeschäft – gegeben sein. 32

Beim relativen Fixgeschäft hat die rechtzeitige Leistung nach der Parteivereinbarung besondere Bedeutung, während die verspätete Leistung aber immer noch möglich ist.

Das Geschäft „steht und fällt“ mit der rechtzeitigen Leistung. Hier ist Unmöglichkeitsrecht nicht anwendbar; ein erleichtertes Rücktrittsrecht (ohne erforderliche Nachfristsetzung) des Gläubigers ergibt sich dann über § 323 II Nr. 2 BGB. Besonderheiten sind im kaufmännischen Verkehr nach § 376 HGB zu beachten.

Zur zeitlichen Unmöglichkeit noch folgender Beispielsfall:

Grundfall: *A bestellt für 11.30 Uhr ein Taxi zum Flughafen, weil er die 13.00 Uhr Maschine bekommen möchte, was er dem Taxiunternehmen auch rechtzeitig mitteilt. Taxifahrer T verschläft und kommt erst um 13:05 Uhr.*

Abwandlung: *T kommt erst um 11:45. Er könnte A noch bis 12:00 Uhr zum Flughafen bringen.*

Grundfall: A hat das Taxi bestellt, um rechtzeitig zum Flughafen zu gelangen. Um 13:05 Uhr ergab die Taxifahrt für ihn keinen Sinn mehr. Es lag ein absolutes Fixgeschäft vor; jedenfalls um 13:05 war der Leistungserfolg durch T nicht mehr erbringbar, die Leistungspflicht des T wurde unmöglich, § 275 I BGB.

Abwandlung: Zwar hatte sich T hier um fünfzehn Minuten verspätet und konnte dementsprechend die Leistungshandlung nur mit zeitlicher Verzögerung beginnen.

Da er A aber noch bis 12:00 Uhr zum Flughafen bringen kann, ist die Taxifahrt noch zur Erreichung des vereinbarten Vertragszweckes (rechtzeitiges Gelangen zum Flughafen, um den 13:00 Uhr-Flug zu erreichen) geeignet, die Leistung ist weiterhin möglich. Ein Fall der Unmöglichkeit liegt trotz der Verspätung der Leistungshandlung nicht vor, da der Leistungserfolg noch erbringbar ist.

Absolutes / relatives Fixgeschäft

Fixgeschäft

absolutes	**relatives**
Nachholbarkeit (-)	**Nachholbarkeit (+)**
⇨ Unmöglichkeit (+)	⇨ Unmöglichkeit (-)
⇨ Schadensersatz nach §§ 283 S. 1, 280 I, III BGB	⇨ Schadensersatz wegen Verzögerung der Leistung nach §§ 280 I, II, 286 BGB oder §§ 281 I S. 1, 280 I, III BGB
⇨ Rücktritt gem. § 326 V BGB	⇨ Rücktritt: § 323 I i.V.m. II Nr. 2 BGB
	beachte: **§ 376 HGB**

e) Vorübergehende Unmöglichkeit

Problematisch: vorübergehende Unmöglichkeit als Fall des § 275 I BGB?

Von einer vorübergehenden Unmöglichkeit ist die Rede, wenn damit zu rechnen ist, dass ein zunächst eingetretenes Leistungshindernis später wieder wegfällt.[46] Ob es sich hierbei um Unmöglichkeit i.S.d. § 275 I BGB handelt, ist problematisch. 33

Bsp.: *X hat beim Schuhfabrikanten S die Fertigung von 500 Paar Basketballschuhen „Aeroflott 0815" bestellt. S kann nicht liefern, weil das benötigte Leder aufgrund eines Bürgerkrieges im exportierenden Land nicht beschaffbar ist.*

Abwandlung: *S kann nicht liefern, weil Tierschutzaktivisten das Betriebsgelände besetzt haben.*

§ 275 BGB setzt dauerhafte Unmöglichkeit voraus

aa) § 275 BGB ist nur bei dauerhafter Unmöglichkeit einschlägig.[47] Würde man nämlich bei vorübergehender Unmöglichkeit von einem Ausschluss der Leistungspflicht nach § 275 I - III BGB ausgehen, müsste die Leistungspflicht bei nachträglichem Wegfall des Leistungshindernisses wieder aufleben; dies ließe sich dogmatisch schwer konstruieren. 34

hemmer-Methode: Nach der zunächst geplanten Neufassung des § 275 BGB sollte dies durch Einfügung des Wortes „solange" aber der Fall sein: Nur für den Zeitraum des Bestehens des Leistungshindernisses sollte die Leistungspflicht ausgeschlossen sein.

Gleichstellung mit dauerhafter Unmöglichkeit

Es sind aber die Fälle zu beachten, in denen ein eigentlich nur vorübergehendes Leistungshindernis einem dauerhaften Leistungshindernis gleichzustellen ist.[48] Dann ist § 275 BGB anwendbar, es liegt ein Fall der Unmöglichkeit vor. 35

46 Hierzu Griedel, „Gedanken zur vorübergehenden Unmöglichkeit", **Life&Law 05/2003, 369 ff**.

47 Palandt, § 275, Rn. 11.

48 Palandt, § 275, Rn. 11.

Von einer solchen Gleichstellung ist auszugehen, wenn aufgrund des vorübergehenden Leistungshindernisses die Erreichung des Geschäftszweckes gefährdet ist und dem Gläubiger das Abwarten bis zum eventuellen Wegfall des Leistungshindernisses nicht zugemutet werden kann, § 242 BGB.[49]

hemmer-Methode: Entscheidend ist also vor allem das Kriterium der Unzumutbarkeit für den Gläubiger.

Grundfall: Fraglich ist, ob der Anspruch des X gegen S aus §§ 650 S. 1, 433 I S. 1 BGB auf Lieferung der 500 Paar Schuhe nach § 275 I BGB erloschen ist. *35a*

Leistungshindernis (+)

1. Der Umstand, dass das Leder aufgrund eines Krieges nicht beschaffbar ist, stellt für S ein Leistungshindernis dar. Unerheblich ist, ob S sich die Schuhe von einem Dritten beschaffen konnte, da der Vertrag mit X auf die Herstellung durch S selbst gerichtet ist, §§ 133, 157 BGB. Hieran ist S gehindert.

Jedoch nur vorübergehendes Leistungshindernis

2. Voraussetzung für § 275 I BGB ist aber das Vorliegen eines dauerhaften Leistungshindernisses. Es ist für S jedoch nicht auf Dauer unmöglich, die geschuldeten Schuhe herzustellen, da irgendwann in der Zukunft der Krieg beendet sein wird. Damit handelt es sich lediglich um ein vorübergehendes Leistungshindernis, das grundsätzlich nicht zur Anwendung des § 275 I BGB führt.

Aber: Gleichstellung mit dauerhaftem Leistungshindernis, § 275 I BGB (+)

3. Jedoch kommt eine Gleichstellung mit einem dauerhaften Leistungshindernis in Betracht. Dies wäre anzunehmen, wenn es für X als Gläubiger des Leistungsanspruches unzumutbar wäre, den eventuellen Wegfall des Leistungshindernisses abzuwarten (vgl. oben).

Für X würde es sich als große Unsicherheit darstellen, darauf zu warten, ob und wann der Krieg im exportierenden Land beendet sein wird. Zumindest müsste er mit einer erheblichen zeitlichen Verzögerung rechnen. Es ist ihm nicht zumutbar, mit dieser Unsicherheit belastet zu sein. Daher ist das vorliegende vorübergehende Leistungshindernis der dauerhaften Unmöglichkeit i.S.d. § 275 I BGB gleichzustellen. Die Leistungspflicht des S gegenüber X auf Lieferung der Schuhe ist erloschen.

hemmer-Methode: Vertretbar erscheint auch, die Gleichstellung der vorübergehenden mit der dauerhaften Unmöglichkeit generell abzulehnen. Denn der Gläubiger hat nach § 323 I BGB die Möglichkeit, nach erfolglosem Ablauf einer gesetzten Nachfrist vom Vertrag zurückzutreten.
Diese erleichterte Rücktrittsmöglichkeit (ein Verschulden des Schuldners ist nach § 323 I BGB gerade nicht erforderlich!) schließt die Gefahr aus, dass der Gläubiger in unzumutbarer Weise an dem Vertrag mit dem vorübergehend nicht leistungsfähigen Schuldner festgehalten wird.
In der Klausur erscheint es allerdings sachgerecht, dass Sie zunächst die h.M. zur vorübergehenden Unmöglichkeit weiter vertreten.

Abwandlung: Die Besetzung der Fabrik stellt ein lediglich vorübergehendes Leistungshindernis dar. Hier kommt eine Gleichstellung mit der für § 275 BGB erforderlichen dauerhaften Unmöglichkeit nicht in Betracht, da davon auszugehen ist, dass das Leistungshindernis in naher Zukunft wieder wegfallen wird. Die erforderliche Unzumutbarkeit für den Gläubiger X ist nicht gegeben.

Maßgeblich: Zeitpunkt des Eintritts des Leistungshindernisses

Maßgebender Zeitpunkt für die Abgrenzung von dauerhafter und vorübergehender Unmöglichkeit ist der Zeitpunkt des Eintritts des Leistungshindernisses.[50] § 275 BGB ist daher auch dann anzuwenden, wenn ein dauerhaftes Leistungshindernis wider Erwarten nachträglich wegfällt; der Primäranspruch bleibt nach § 275 I - III BGB ausgeschlossen, es bleibt bei der einmal eingetretenen Unmöglichkeit. *36*

---

49 Vgl. zuletzt OLG Karlsruhe, ZGS 2004, 477-480 (478); BGHZ 47, 48-53 (50); BGHZ 83, 197-206 (200); **alle Entscheidungen = juris**byhemmer.

50 Palandt, § 275, Rn. 12.

bb) Liegt ein Fall bloßer vorübergehender Unmöglichkeit vor, kommen verschiedene Reaktionsmöglichkeiten des Gläubigers in Betracht. 37

Rücktrittsmöglichkeit nach § 323 I BGB

(1) Beim gegenseitigen Vertrag kann der Gläubiger dem Schuldner eine angemessene Nachfrist für die Leistung setzen und bei deren erfolglosem Ablauf nach § 323 I BGB vom Vertrag zurücktreten. Diese Möglichkeit besteht immer, da § 323 I BGB ein Vertretenmüssen durch den Schuldner nicht voraussetzt.[51]

hemmer-Methode: Ein direkter Fall des § 326 V BGB liegt nicht vor, da die Leistungspflicht des Schuldners bei vorübergehender Unmöglichkeit gerade nicht nach § 275 I - III BGB ausgeschlossen ist; dies setzt § 326 V BGB nach seinem eindeutigen Wortlaut aber voraus. Die für die Analogie erforderliche vergleichbare Interessenlage lässt sich aus der Sinnlosigkeit der Nachfristsetzung begründen, da der Schuldner innerhalb der Frist nicht leisten kann. Die erforderliche Regelungslücke fehlt aber, wenn man diesen Fall von § 323 II Nr. 3 BGB als erfasst ansieht. Vertretbar erscheinen beide Lösungswege.

Bei Vertretenmüssen des Schuldners: SE nach § 281 BGB

(2) Ebenfalls kommt ein Anspruch des Gläubigers auf Schadensersatz statt der Leistung gem. der §§ 280 I, III, 281 I BGB in Betracht. Voraussetzung hierfür ist allerdings gem. §§ 281 I S. 1, 280 I S. 2 BGB, dass der Schuldner die Nichtleistung zu vertreten hat. Dies ist bei der vorübergehenden Unmöglichkeit anzunehmen, wenn den Schuldner für das Leistungshindernis ein Vertretenmüssen i.S.d. §§ 276 ff. BGB trifft. 38

***Bsp.:** Wie oben (Rn. 35a); S kann in dieser Fallvariante nicht leisten, weil der (sonst zuverlässige) Arbeiter A fahrlässig eine Palette mit Farben umgestoßen hat und wegen der Dämpfe vorübergehend in der Fabrik nicht gearbeitet werden kann.*

1. Es handelt sich um einen Fall vorübergehender Unmöglichkeit, § 275 BGB ist nicht einschlägig. Da für eine Unzumutbarkeit des Festhaltens am Vertrag für X keine Anhaltspunkte bestehen, scheidet auch eine Gleichstellung mit dauerhafter Unmöglichkeit aus.

2. X könnte S eine angemessene Nachfrist setzen und im Falle ihres erfolglosen Ablaufs nach §§ 280 I, III, 281 I BGB Schadensersatz statt der Leistung verlangen. Dazu müsste S allerdings die Nichtleistung gem. §§ 281 I S. 1, 280 I S. 2 BGB zu vertreten haben.

S ist das fahrlässige Verhalten seines Erfüllungsgehilfen A gem. § 278 BGB zuzurechnen. Ob A sonst als zuverlässig gilt, ist hierfür unerheblich. Hierin besteht gerade der Unterschied zur deliktischen Haftung des A nach § 831 I BGB, bei der § 831 I S. 2 BGB eine Entlastungsmöglichkeit („Exkulpation“) vorsieht.

hemmer-Methode: Beim Vergleich von § 278 S. 1 BGB und § 831 BGB müssen Sie unbedingt vorsichtig sein. 39
§ 278 S. 1 BGB ist eine Zurechnungsnorm, die fremde zu vertretende Pflichtverletzungen zurechnet. § 831 BGB ist dagegen eine deliktische Anspruchsgrundlage, die eine Haftung für vermutetes Eigenverschulden begründet.

6. Rechtsfolge des § 275 I BGB

§ 275 I BGB führt – wie bereits erwähnt – zum „Ausschluss der Leistungspflicht“, stellt also eine Einwendung i.e.S. gegen den Primäranspruch dar. Besteht die Unmöglichkeit von Anfang an, entsteht der Primäranspruch erst gar nicht, es handelt sich um eine rechtshindernde Einwendung. Tritt die Unmöglichkeit nachträglich ein, erlischt der Primäranspruch ab diesem Zeitpunkt, § 275 I BGB gibt eine rechtsvernichtende Einwendung. 40

51 Vgl. im Einzelnen unten, Rn. 473 f.

hemmer-Methode: § 275 I BGB ist also nur unter dem Prüfungspunkt „Anspruch erloschen“ zu prüfen, wenn ein Fall nachträglicher Unmöglichkeit vorliegt bzw. in Betracht kommt. Geht es um eine anfängliche Unmöglichkeit, muss die Prüfung bereits unter dem Punkt „Anspruch entstanden“ erfolgen, vgl. die Übersicht in Rn. 11.

II. „Faktische Unmöglichkeit“, § 275 II BGB[52]

Behebung des Leistungshindernisses möglich, aber Aufwand für Schuldner unzumutbar

Bei der faktischen oder auch praktischen Unmöglichkeit geht es um Fälle, in denen die Behebung des Leistungshindernisses zwar theoretisch möglich wäre, dies jedoch von keinem Gläubiger ernsthaft erwartet werden kann.[53] 41

Bsp.: V hat K einen Ring verkauft. Bei einer Bootstour fällt der Ring über Bord und liegt nun auf dem Grund des Baggersees. 41a

Abwandlung: V und K wissen, dass der Ring auf dem Meeresgrund liegt und schließen dennoch den Kaufvertrag. Da K sehr an dem Ring gelegen ist, soll V ihn wieder „an die Oberfläche holen“.

In beiden Fällen verweigert V die Lieferung des Ringes. Anspruch des K aus § 433 I S. 1 BGB? (Lösung unten, Rn. 46) 42

1. Voraussetzungen

Grobes Missverhältnis erforderlich

Erforderlich ist nach § 275 II S. 1 BGB ein grobes Missverhältnis des erforderlichen Aufwands des Schuldners zum Leistungsinteresse des Gläubigers. 43

Aufwand des Schuldners

Der Gesetzgeber hat bewusst den Begriff des Aufwands und nicht den der Aufwendungen (vgl. § 670 BGB) verwendet. Er umfasst nicht nur Aufwendungen in Geld, sondern auch Tätigkeiten und sonstige persönliche Leistungen.[54]

Der erforderliche Aufwand des Schuldners ist dabei objektiv zu bestimmen. Subjektive Leistungserschwerungen spielen i.R.d. § 275 II BGB keine Rolle.

Leistungsinteresse des Gläubigers orientiert sich am Wert bzw. Preis der Leistung

Das Leistungsinteresse des Gläubigers bemisst sich mindestens nach der Höhe des Verkehrswertes der Leistung, bei gegenseitigen Verträgen auch nach dem Betrag der Gegenleistung.[55] 44

hemmer-Methode: Beachten Sie daher, dass bei Verteuerungen der Leistung (z.B. Rohölpreise) niemals ein Fall des § 275 II BGB vorliegen kann. Denn mit dem zunehmenden Aufwand des Schuldners wächst in gleichem Verhältnis auch das Leistungsinteresse des Gläubigers an. Sound: Es kann in den Fällen einer Verteuerung schon gar kein Missverhältnis entstehen; geschweige denn ein „grobes“!
In derartigen Fällen kann aber unter bestimmten Voraussetzungen ein Fall der sog. „wirtschaftlichen Unmöglichkeit“ (vgl. Rn. 47) vorliegen.[56]

Hat der Gläubiger ein darüber hinausgehendes Leistungsinteresse bei Vertragsschluss bekundet und wurde dieses vom Schuldner - auch stillschweigend - gebilligt, so kann das Leistungsinteresse im Einzelfall höher anzusetzen sein.

---

52 Lesen Sie dazu auch Löhnig, „Die Voraussetzungen des Leistungsverweigerungsrechts nach § 275 II BGB“, ZGS 2005, Heft 12, 459-462.

53 BT-Drucks. 14/6040, S. 129.

54 BT-Drucks. 14/6040, S. 130.

55 Palandt, § 275, Rn. 27.

56 Zur Abgrenzung vgl. auch Rösler, „Grundfälle zur Störung der Geschäftsgrundlage“, JuS 2004, 1058-1062 (1062).

Bsp.: *Käufer K stellt bei den Vertragsverhandlungen klar, dass er die gekaufte Ware unbedingt benötige, da er sonst seine Produktion vorübergehend einstellen müsse. V sagt, das gehe in Ordnung.*

hemmer-Methode: Es ist im Ergebnis danach zu fragen, ob ein „vernünftiger Gläubiger“ ein nachvollziehbares berechtigtes Interesse an der Erfüllung der Leistungspflicht haben darf.

Grobes Missverhältnis

Wann ein grobes Missverhältnis zwischen Aufwand des Schuldners und Leistungsinteresse des Gläubigers vorliegt, ist letztlich eine Wertungsfrage. Eines ist aber unstrittig: Bloße Unwirtschaftlichkeit genügt für § 275 II BGB auf keinen Fall.[57] *45*

Das Gesetz nennt jedoch einige Belange, die in diese Wertung einzubeziehen sind:

Vertretenmüssen des Schuldners

Hat der Schuldner das Leistungshindernis zu vertreten[58], sind ihm nach § 275 II S. 2 BGB höhere Anstrengungen zuzumuten. Liegt also ein Grenzfall vor, führt das Vertretenmüssen des Leistungshindernisses durch den Schuldner zur Verneinung eines groben Missverhältnisses. In der anzustellenden Wertung ist das Vertretenmüssen zu Lasten des Schuldners zu berücksichtigen.[59]

hemmer-Methode: Es handelt sich um eine gewisse Abkehr von der Aussage, dass die Unmöglichkeit vom Vertretenmüssen des Schuldners unabhängig ist. Dies gilt zwar auch weiterhin, jedoch ist das Vertretenmüssen i.R.d. Abwägung des § 275 II BGB von Bedeutung.

Inhalt des Schuldverhältnisses

Nicht übersehen werden darf, dass der Inhalt des Schuldverhältnisses wesentliche Anhaltspunkte für den dem Schuldner noch zuzumutenden Aufwand bietet, vgl. den Wortlaut des § 275 II S. 1 BGB. Maßgeblich ist also auch, was genau der Inhalt der vereinbarten Leistungspflicht des Schuldners ist. Schließt diese bereits die Erbringung erhöhter Anstrengungen ein, kann von einem groben Missverhältnis nicht die Rede sein. Denn der Schuldner hat sich bewusst auf diese Anstrengungen durch den Abschluss des Vertrages eingelassen. *46*

Lösung zu Bsp. Rn. 41a: Fraglich ist, ob V dem K zur Übereignung und Übergabe des Ringes gem. § 433 I S. 1 BGB verpflichtet ist. Der Anspruch ist mit Vertragsschluss wirksam entstanden; er könnte jedoch nach § 275 BGB erloschen sein.

Wirkliche Unmöglichkeit (-)

1. In Betracht kommt der Ausschluss der Leistungspflicht nach § 275 I BGB. V kann K den Ring zwar noch übereignen, (es soll in derartigen Fällen die bloße dingliche Einigung für eine Übereignung nach § 929 S. 1 BGB genügen), jedoch ist eine Übergabe i.S.d. § 433 I S. 1 BGB dem V nur noch unter erschwerten Bedingungen möglich. Denn Übergabe in diesem Sinne erfordert die Verschaffung unmittelbaren Besitzes i.S.d. § 854 I, II BGB und ist nicht deckungsgleich mit der Übergabe i.S.d. § 929 S. 1 BGB.[60]

§ 275 I BGB (-), da Leistungserfolg noch erbringbar

Allerdings ist die Erbringung des Leistungserfolges V theoretisch noch möglich; er kann unter Einsatz moderner Technik den Ring am Grund des Baggersees suchen und auffinden lassen. Damit liegt kein Fall des § 275 I BGB vor.

2. Es könnte jedoch ein Fall des § 275 II BGB vorliegen.

V würde, müsste er den Ring vom Grund des Baggersees bergen lassen, ein hoher Aufwand i.S.d. § 275 II S. 1 BGB abverlangt. Dieses könnte mit dem Leistungsinteresse des K in grobem Missverhältnis stehen.

---

57 Löhnig, „Die Voraussetzungen des Leistungsverweigerungsrechts nach § 275 II BGB“, ZGS 2005, 459-462 (461).

58 Zum Begriff des Vertretenmüssens vgl. unten, Rn. 170 ff.

59 Palandt, § 275, Rn. 28.

60 Palandt, § 433, Rn. 13.

Praktische Unmöglichkeit (+)

Dies ist zu bejahen. Der erforderliche Aufwand des V übersteigt das Leistungsinteresse des K bei weitem, sodass V eine Verpflichtung zu Übereignung und Übergabe nach § 433 I S. 1 BGB nicht zugemutet werden kann. Da V die Einrede des § 275 II BGB erhoben hat, ist seine Leistungspflicht ausgeschlossen. K hat keinen Primäranspruch gegen V aus § 433 I S. 1 BGB.

Abwandlung: Wieder könnte es sich um einen Fall des § 275 II BGB handeln.

Allerdings ist zu berücksichtigen, dass die Parteien von dem Liegen des Ringes auf dem Grund des Baggersees Kenntnis hatten. Damit wurde bei der Vereinbarung der Pflicht des V aus § 433 I S. 1 BGB die von diesem zu erbringenden erhöhten Anstrengungen berücksichtigt. Nach dem Inhalt des Schuldverhältnisses war K also zur Übereignung und Übergabe des auf dem Grund des Baggersees befindlichen Ringes verpflichtet. Ein grobes Missverhältnis i.S.d. § 275 II S. 1 BGB liegt nicht vor, da hinsichtlich des dem Schuldner zuzumutenden Aufwandes insbesondere auf den Inhalt des Schuldverhältnisses abzustellen ist. Ein Leistungsverweigerungsrecht steht V nicht zu.

hemmer-Methode: Dieses Ergebnis resultiert aus der Privatautonomie der Parteien. Es muss möglich sein, einen Anspruch auf eine Leistung auch dann zu begründen, wenn zu deren Erbringung hohe Anstrengungen des Schuldners erforderlich sind.
Haben beide Vertragsparteien von den besonderen Umständen Kenntnis, machen sie diese im Regelfall – zumindest konkludent – zum Inhalt des Schuldverhältnisses. § 275 II S. 1 BGB kommt daher letztlich nur in Betracht, wenn die Umstände, die den besonderen Aufwand des Schuldners begründen, dem Schuldner bei Vertragsschluss unbekannt waren oder nachträglich eingetreten sind.

§ 275 II BGB erfasst nicht die wirtschaftliche Unmöglichkeit

Nicht erfasst von § 275 II BGB soll nach der amtlichen Gesetzesbegründung die sog. „wirtschaftliche Unmöglichkeit“ sein.[61] 47

Bsp.: *Ein abzuschleppendes Schiff sinkt vor Eintreffen des Abschleppkahns und liegt nun in 30 m Tiefe auf dem Meeresgrund. Die vom Schuldner aufzuwendenden Kosten für Bergung und Reparatur steigen daher um 60 %, sodass der vorher vereinbarte Werklohn natürlich bei weitem nicht mehr kostendeckend ist. Der Abschleppunternehmer verweigert die Leistung. Anspruch des Bestellers auf Abschleppen, § 631 I BGB?*

Unproblematisch ist das Entstehen des Anspruches aus § 631 I BGB durch wirksamen Vertragsschluss. Fraglich ist allein, ob der Primäranspruch des Bestellers nachträglich nach § 275 I - III BGB erloschen ist.

1. Ein Fall des § 275 I BGB liegt nicht vor, da der geschuldete Leistungserfolg noch erbringbar ist. § 275 I BGB betrifft nur die Fälle unüberwindbarer Leistungshindernisse.

2. Es könnte dem Abschleppunternehmer jedoch ein Leistungsverweigerungsrecht nach § 275 II BGB zustehen. Von einem solchen hätte er auch durch Verweigerung der Leistung Gebrauch gemacht; der Primäranspruch wäre erloschen.

Laut amtl. Begründung: nicht § 275 II BGB, sondern SGG gem. § 313 BGB

Auch bei der Fallgruppe der wirtschaftlichen Unmöglichkeit geht es darum, dass dem Schuldner unter wirtschaftlichen Gesichtspunkten ein nicht zumutbarer hoher Aufwand abverlangt wird. Dennoch soll die wirtschaftliche Unmöglichkeit von § 275 II BGB nicht erfasst sein; es sei auf das (subsidiäre) Institut der Störung der Geschäftsgrundlage zurückzugreifen, § 313 BGB.[62]

Dies soll daraus folgen, dass es bei § 275 II BGB um das Leistungsinteresse des Gläubigers geht, während bei der wirtschaftlichen Unmöglichkeit vor allem die Interessen des Schuldners zu berücksichtigen seien.

61 BT-Drucks. 14/6040, S. 130; Palandt, § 275, Rn. 21; Rösler, „Grundfälle zur Störung der Geschäftsgrundlage“, JuS 2004, 1058 (1060).

62 Palandt, § 275, Rn. 21.

hemmer-Methode: Diese Begründung erscheint sehr fraglich, denn: Bei § 275 II BGB ist doch gerade das Interesse des Schuldners, den unzumutbar erhöhten Aufwand nicht leisten zu müssen, zu berücksichtigen. Um nichts anderes geht es bei der wirtschaftlichen Unmöglichkeit.[63]

Hintergrund wohl eher: § 313 BGB flexibler

Hintergrund für die Unanwendbarkeit des § 275 II BGB dürfte ein anderer sein: Bei der wirtschaftlichen Unmöglichkeit kann es sein, dass der Schuldner durchaus zur Erbringung der erhöhten Anstrengungen bereit ist, allerdings nur gegen Zahlung eines entsprechend erhöhten Entgeltes.

Eine derartige Vertragsanpassung kann nur nach § 313 BGB bewirkt werden. Um in flexibler Weise auf die konkrete Interessenlage im Einzelfall reagieren zu können, ist die Anwendung des § 313 BGB daher sachgerechter als die des § 275 II BGB, dem letztlich ein „Alles-oder-Nichts-Prinzip" zugrunde liegt.

§ 313 BGB, wenn Anstrengungen unter der Schwelle des § 275 II BGB

Diese Überlegung muss für die Abgrenzung von § 275 II BGB und wirtschaftlicher Unmöglichkeit (§ 313 BGB) zugrunde gelegt werden. Nur wenn die dem Schuldner abverlangten Anstrengungen unter der Schwelle des groben Missverhältnisses i.S.d. § 275 II BGB liegen, kommt ein von § 313 BGB erfasster Fall der wirtschaftlichen Unmöglichkeit in Betracht.

Zur Kontrolle kann man danach fragen, ob es denkbar ist, dass der Schuldner den erhöhten Aufwand bei entsprechender Erhöhung der Gegenleistung akzeptieren würde. Dann liegt eher keine faktische (§ 275 II BGB), sondern nur eine wirtschaftliche (§ 313 BGB) Unmöglichkeit vor. Es sind dann weiter die Voraussetzungen des § 313 BGB zu prüfen.[64]

hemmer-Methode: Obwohl dogmatisch aufgrund der unterschiedlichen einschlägigen Rechtsnormen weiterhin streng zwischen praktischer und wirtschaftlicher Unmöglichkeit unterschieden werden muss, ist die Grenze fließend. Man sollte § 275 II BGB nur in besonders krassen, ungewöhnlichen Fallkonstellationen (obiges Beispiel mit dem Ring auf dem Grund des Baggersees o.Ä.) anwenden, da § 313 BGB oft sachgerechtere Ergebnisse erzielt.

2. Rechtsfolge

Kein Ausschluss kraft Gesetzes, sondern von Geltendmachung des LVerwR abhängig

Bei § 275 II BGB tritt der „Ausschluss der Leistungspflicht" nicht – wie bei § 275 I BGB – bereits kraft Gesetzes ein. Erforderlich ist neben den obigen Voraussetzungen, dass der Schuldner von seinem Leistungsverweigerungsrecht nach § 275 II BGB Gebrauch macht, also eine entsprechende Einrede erhebt.[65] 48

Wie auch sonst im Falle von Einreden prüft das Gericht die Voraussetzungen des § 275 II BGB nicht von Amts wegen, sondern nur auf entsprechenden Vortrag des Schuldners, die Einrede bereits erhoben zu haben bzw. auf Einrede des Schuldners im Prozess.

Rechtsfolge: Ausschluss des Primäranspruches

Anders als bei den üblichen Einreden (z.B.: Verjährungseinrede, § 214 I BGB) führt das Leistungsverweigerungsrecht nach § 275 II BGB jedoch nicht nur zur Undurchsetzbarkeit des weiterhin bestehenden Primäranspruches, sondern zu dessen „Ausschluss", d.h. zu dessen Erlöschen bzw. Nichtentstehen.[66]

63 Zum Problem vgl. auch Dauner-Lieb, Das neue Schuldrecht, S.57 ff.

64 Dazu ausführlich unten, Rn. 607 ff.

65 Palandt, § 275, Rn. 32.

66 Vgl. Palandt, § 275, Rn. 32.

Nach a.A. Gestaltungsrecht

Aus diesem Grund vertritt eine im Vordringen befindliche Ansicht, dass es sich bei § 275 II BGB um ein Gestaltungsrecht handelt.

Bzgl. anfänglicher/nachträglicher Unmöglichkeit auf Leistungshindernis abzustellen

Zur Abgrenzung von anfänglicher und nachträglicher Unmöglichkeit ist zu beachten, dass nicht auf den Zeitpunkt der Geltendmachung des Leistungsverweigerungsrechtes durch den Schuldner, sondern auf den Zeitpunkt des Vorliegens der Voraussetzungen des § 275 II BGB abzustellen ist. 49

Lagen die Voraussetzungen des § 275 II BGB also bereits bei Vertragsschluss vor, verweigert der Schuldner die Leistung aber erst danach (dies wird der Regelfall sein!), handelt es sich um anfängliche Unmöglichkeit.

hemmer-Methode: Noch einmal: Diese Differenzierung spielt für die Frage des Ausschlusses der Leistungspflicht keine Rolle. Relevant wird die Unterscheidung anfänglich/nachträglich jedoch für die Sekundäransprüche. So ist bei anfänglicher Unmöglichkeit § 311a II BGB einschlägig, bei nachträglicher Unmöglichkeit kommen die §§ 280 I, III, 283 BGB zur Anwendung.

Wenn Schuldner sich nicht auf § 275 II BGB beruft, ist er so zu behandeln, als läge kein Leistungshindernis vor

Macht der Schuldner von seinem Leistungsverweigerungsrecht keinen Gebrauch, so ist er so zu behandeln, als ob ein Leistungshindernis nicht bestünde. Er ist zur Primärleistung verpflichtet; er kann sich gegen die Annahme des Schuldnerverzuges nicht mit dem Vortrag wehren, er habe die Leistungsverzögerung aufgrund des Leistungshindernisses nicht zu vertreten, vgl. § 286 IV BGB.

Es wäre ein widersprüchliches Verhalten, einerseits die Leistung trotz des Leistungshindernisses erbringen zu wollen und sich andererseits hinsichtlich der Leistungsverzögerung auf das Hindernis zu berufen.

hemmer-Methode: Sofern der Schuldner die Einrede aber erhebt (nach a.A: das Gestaltungsrecht ausübt), scheidet Schuldnerverzug bereits ab dem Zeitpunkt des Vorliegens der Voraussetzungen des Leistungsverweigerungsrechtes aus, vgl. unten, Rn. 139 ff.

3. Anwendbarkeit des § 275 II BGB auf § 1004 I S. 1 BGB

§ 275 II BGB gilt für alle Leistungsansprüche

Nach h.M. findet § 275 II BGB auf alle Leistungsansprüche Anwendung. Ausweislich der Gesetzesbegründung gilt dies auch für solche Leistungsansprüche, die ihren Ursprung nicht in einem Vertragsverhältnis haben, sondern auf gesetzlicher Verpflichtung beruhen.[67] 50

§ 275 II S. 1 BGB gilt daher auch für § 1004 I S. 1 BGB

Wenn also eine Störungsbeseitigung wirtschaftlich in einem krassen Missverhältnis zur Beeinträchtigung steht, so ist der Anspruch aus § 1004 I S. 1 BGB auf Einrede des Störers hin gem. § 275 II S. 1 BGB ausgeschlossen.[68]

hemmer-Methode: Offen gelassen wurde vom BGH die Frage, ob im Fall der Unverhältnismäßigkeit gem. § 251 II S. 1 BGB analog eine verschuldensunabhängige Pflicht zum Ersatz des durch die Eigentumsbeeinträchtigung eingetretenen Wertverlustes besteht oder ob eine solche nur unter den Voraussetzungen der §§ 280 I, III, 283 BGB bzw. § 311a II BGB besteht.

---

67 Vgl. auch Palandt, § 275, Rn. 3; Die Gesetzesbegründung verweist ausdrücklich auch auf sachenrechtliche Ansprüche, bei denen eine Begrenzung bislang über § 251 II S. 1 BGB vorgenommen worden ist. Nach ständiger Rechtsprechung des BGH vor der Schuldrechtsreform ergab sich eine derartige Einrede aus § 251 II S. 1 BGB. Darin kommt der Grundsatz der Unzumutbarkeit zum Ausdruck. Die Beseitigung ist als unzumutbar in diesem Sinne bezeichnet worden, wenn sie mit Aufwendungen verbunden ist, die in keiner Relation zu dem Nachteil des Beeinträchtigten stehen (BGHZ 143, 1-9 (6) = **juris**byhemmer.).

68 So jetzt auch ausdrücklich **BGH, Life&Law 09/2008, 589 ff.** = NJW 2008, 3122-3123 = **juris**byhemmer.

III. „Moralische bzw. psychologische Unmöglichkeit“, § 275 III BGB

Nur bei persönlicher Leistungspflicht

§ 275 III BGB ist nach seinem Wortlaut nur auf solche Leistungspflichten anwendbar, die der Schuldner persönlich, also in eigener Person, zu erbringen hat. Hierunter fällt vor allem die Hauptleistungspflicht von Dienstverpflichteten und Arbeitnehmern, vgl. § 613 S. 1 BGB. 51

Maßgeblich ist letztlich der konkrete Inhalt der Leistungspflicht, der durch Auslegung nach den §§ 133, 157 BGB zu ermitteln ist. So kommt eine persönliche Leistungsverpflichtung insbesondere auch bei Werk- und Geschäftsbesorgungsverträgen in Betracht.[69]

Bsp.: *Der Schützenverein S e.V. hat zur Feier seines 125-jährigen Bestehens die berühmte Sängerin Daisy Day engagiert. Einen Tag vor dem Auftritt teilt diese dem Vorstandsmitglied H mit, ihr Kind sei lebensgefährlich erkrankt und sie weigere sich deshalb aufzutreten. Hat der Verein einen Anspruch auf den Auftritt der Sängerin?*

Anspruch entstanden (+)

1. Der Anspruch wurde durch Vertragsschluss wirksam begründet, es handelt sich um einen Werkvertrag i.S.d. §§ 631 ff. BGB. Der Verein S e.V. ist als eingetragener Verein rechtsfähig und kann damit Träger eines solchen Anspruches sein.[70]

§ 275 I BGB (-), da überwindliches Leistungshindernis

2. Ein Erlöschen des Anspruches nach § 275 I BGB scheidet aus, da es sich lediglich um ein überwindliches Leistungshindernis handelt. Der Leistungserfolg ist auch nach der Erkrankung des Kindes der D weiterhin erbringbar, eine „wirkliche“ Unmöglichkeit kommt nicht in Betracht.

Auch § 275 II BGB (-)

3. Auch § 275 II BGB ist nicht einschlägig, da es nicht um einen erhöhten Aufwand geht, welcher der D bei einem Auftritt abverlangt würde.

§ 275 III BGB?

4. Jedoch könnte D ein Leistungsverweigerungsrecht nach § 275 III BGB zustehen; von einem solchen hätte sie auch Gebrauch gemacht, der Primäranspruch des S e.V. gegen D wäre erloschen.

hemmer-Methode: Beachten Sie, dass im Arbeitsrecht bei einer akuten Pflegesituation mit § 2 I PflegezeitG[71] eine lex specialis zu § 275 III BGB existiert.

Persönliche Leistungspflicht erforderlich

Voraussetzung ist das Vorliegen einer persönlichen Leistungspflicht. Hiervon kann bei einem Werkvertrag nicht ohne weiteres ausgegangen werden; eine Auslegungsregel wie in § 613 S. 1 BGB existiert hier gerade nicht. So kann beispielsweise ein beauftragter Maler die geschuldeten Arbeiten auch durch einen Angestellten durchführen lassen, ohne sich vertragswidrig zu verhalten.

Ob eine persönliche Leistungspflicht vorliegt, richtet sich nach der Vereinbarung der Parteien, die im Wege der Auslegung nach den §§ 133, 157 BGB zu ermitteln ist. Hier ist maßgebend auf das erkennbare Interesse des S e.V. abzustellen: D wurde engagiert, weil sie eine berühmte Sängerin ist. Es läge nicht im Interesse des S e.V., würde D den Auftritt von einer dritten Person durchführen lassen. Damit wurde eine persönliche Leistungspflicht der D vereinbart. (Fortsetzung unten, Rn. 53)

Unzumutbarkeit der Leistung

Die von § 275 III BGB vorausgesetzte Unzumutbarkeit der Leistung für den Schuldner ist im Wege einer Abwägung der Leistung entgegenstehenden Hindernisse und des Leistungsinteresses des Gläubigers zu ermitteln. 52

Seitens des Schuldners sind insbesondere auch persönliche Umstände zu berücksichtigen, da es gerade um die persönliche Leistungspflicht des Schuldners geht.[72]

69 BT-Drucks. 14/6040, S. 130.

70 Siehe auch Hemmer/Wüst, Gesellschaftsrecht, Rn. 343 ff.

71 Arbeitsgesetze Ordnungsnummer 26.

72 BT-Drucks. 14/6040, S. 130.

In die Abwägung einzustellen sind auch etwaige Gewissenskonflikte des Schuldners; diese haben umso mehr Gewicht, je mehr sie für Außenstehende nachvollziehbar sind und je weniger sie für den Schuldner bei Vertragsschluss voraussehbar waren.[73] Eine richterliche Überprüfung der Vernünftigkeit einer Gewissensentscheidung verbietet allerdings Art. 4 I GG, der insofern mittelbare Drittwirkung auch zwischen Privatpersonen entfaltet.

hemmer-Methode: Das Problem von leistungshindernden Gewissensentscheidungen ist besonders im Arbeitsrecht klausurrelevant. Dort geht es allerdings i.d.R. nicht um die Unmöglichkeit der (persönlichen, § 613 S. 1 BGB) Arbeitsleistung sondern darum, ob der Arbeitgeber sein Direktionsrecht nach billigem Ermessen (§ 106 GewO) ausgeübt hat. Ist dies aufgrund eines Verstoßes gegen Art. 4 I GG nicht der Fall, ist die Weigerung des Arbeitnehmers, der angewiesenen Arbeit nachzukommen, keine zur Kündigung berechtigende Arbeitsverweigerung. Nach Ansicht des BAG ist der rechtssystematische Ausgangspunkt für die Frage der Pflichtverletzung eines Arbeitnehmers aber nicht § 275 III BGB, sondern primär der insoweit vorrangige § 106 GewO. Hat der Arbeitgeber sein Weisungsrecht nicht wirksam ausgeübt, liegt mit Nichtbeachtung der Weisung schon keine Pflichtverletzung vor. Hat der Arbeitgeber hingegen sein Weisungsrecht nach billigem Ermessen wirksam ausgeübt, so kann dem Arbeitnehmer im Einzelfall dennoch gem. § 275 III BGB ein Leistungsverweigerungsrecht zustehen.[74]

[Fortsetzung zum obigen Beispielsfall:] Zur Feststellung einer Unzumutbarkeit für D i.S.d. § 275 III BGB hat eine Abwägung stattzufinden, bei der die der Leistung entgegenstehenden Interessen der D und das Leistungsinteresse des S e.V. einander gegenüberzustellen sind. Aufgrund der besonderen Belastungssituation, die die schwere Erkrankung des Kindes der D für diese mit sich bringt, überwiegt das Interesse der D. 53

Damit ist eine Unzumutbarkeit i.S.d. § 275 III BGB gegeben, mit der Geltendmachung des Leistungsverweigerungsrechts durch D ist der Anspruch des S e.V. aus § 631 I BGB auf den Auftritt erloschen.

Rechtsfolge: wie § 275 II BGB

Als Rechtsfolge sieht § 275 III BGB wie § 275 II BGB ein Leistungsverweigerungsrecht des Schuldners vor.

Macht er von diesem Gebrauch, erlischt der Primäranspruch bzw. entsteht von vornherein nicht. Es gilt das zu § 275 II BGB Gesagte entsprechend.[75]

IV. Unmöglichkeit bei Gattungsschulden

Besonders examensrelevant ist die Unmöglichkeit bei Gattungsschulden. Von einer Gattungsschuld ist die Rede, wenn der Schuldner einen nur der Gattung nach bestimmten Leistungsgegenstand zu erbringen hat, während bei der Stückschuld ein ganz konkreter Gegenstand geschuldet wird. 54

Bsp.: A bestellt beim Versandhaus Q einen Pullover (Gattungsschuld des Q); V verkauft dem K seinen gebrauchten Mercedes CLK (Stückschuld des V).

1. Fälle der Unmöglichkeit bei der Gattungsschuld

Problematisch ist, wann bei einer Gattungsschuld Unmöglichkeit vorliegen kann. 55

73 Welche Abwägungskriterien in den Vordergrund treten können, zeigt Palandt, § 275, Rn. 30.

74 **BAG, Life&Law 12/2011, 872 ff.** = NZA 2011, 1087-1092 = **juris**byhemmer.

75 Siehe oben Rn. 48 ff.

Bsp. 1 (RGZ 57, 116 ff.)[76]*: K hat bei V 10 t eines bestimmten Saatmehls gekauft. Dieses wird nach einem Geheimverfahren nur in der Mühle des M hergestellt. Die Mühle brennt nach Vertragsschluss mit allen Vorräten ab.*

M hat zuvor mindestens 100 t des Saatmehls an Dritte verkauft. K macht geltend, V könne das geschuldete Saatmehl ja von diesen Dritten zurückkaufen.

***Bsp. 2:** Der Großhändler X hat Y einen Traktor der Marke „Xenon 2" verkauft. X bemerkt, dass er nur noch einen dieser Traktoren vorrätig hat. Bevor er ihn an Y übereignen kann, wird der Traktor durch Blitzschlag zerstört.*

In beiden Fällen scheint auf den ersten Blick ein Fall der Unmöglichkeit i.S.v. § 275 I BGB gegeben zu sein. Andererseits kann der Leistungserfolg in beiden Fällen noch mit anderen Gegenständen erbracht werden.

§ 276 I BGB: „Beschaffungsrisiko"

a) Einen Hinweis auf die Behandlung der Unmöglichkeit bei Gattungsschulden ergibt sich aus § 276 I S. 1 BGB, der die Verantwortlichkeit des Schuldners regelt. *56*

Danach kann sich eine strengere Haftung aus dem Inhalt des Schuldverhältnisses ergeben, insbesondere wenn der Schuldner ein Beschaffungsrisiko übernommen hat.[77] Allerdings kann diese Regelung nur begrenzt herangezogen werden, da durch § 276 BGB vorrangig das Vertretenmüssen des Schuldners geregelt wird; dieses spielt erst auf der Ebene von Sekundäransprüchen eine Rolle.

b) Unmöglichkeit ist die Nichterbringbarkeit des Leistungserfolges. *57*
Der Inhalt des Schuldverhältnisses bestimmt die geschuldete Pflicht. Da bei einer Gattungsschuld mehrere erfüllungstaugliche Gegenstände existieren, bleibt die Erbringung des Leistungserfolges auch dann möglich, wenn einzelne Gattungsgegenstände untergehen.

Gattungsschulden sind Beschaffungsschulden. Der Schuldner ist zur Leistung eines der erfüllungstauglichen Gegenstände verpflichtet. Diese Pflicht wird ihm nicht unmöglich, wenn einer dieser Gegenstände nicht mehr geleistet werden kann: Der Schuldner kann ja noch auf andere Gegenstände zurückgreifen.

Unmöglichkeit i.S.d. § 275 I BGB ist jedenfalls dann zu bejahen, wenn kein erfüllungstauglicher Gegenstand mehr vorhanden ist, wenn also die gesamte Gattung untergegangen ist.

Angenommen, M hätte in Beispiel 1 seine Produktion gerade erst gestartet und noch kein Saatmehl an Dritte verkauft. Da durch das Abbrennen der Mühle die geschuldete Gattung nun vollständig untergegangen ist und die Produktion von M auch nicht in absehbarer Zeit wieder aufgenommen werden kann, liegt ein Fall des § 275 I BGB vor.

Die Parteien können den Inhalt des Schuldverhältnisses aber auch *58*
auf einen Teil der Gattung beschränken. Bei einer solchen sog. Vorratsschuld (= beschränkte Gattungsschuld) muss der Schuldner nur aus dem jeweiligen Vorrat leisten; geht dieser unter, erlischt seine Leistungspflicht nach § 275 I BGB. Ob eine Vorratsschuld vereinbart wurde, ist durch Auslegung zu ermitteln.[78]

***Bsp.:** V verkauft K 20 t Hundefutter aus der Ladung eines Frachters. Der Frachter sinkt und die gesamte Ladung geht verloren.*

76 Vgl. auch Medicus, BR, Rn. 257.

77 Zur Übernahme des Beschaffungsrisikos Palandt, § 276, Rn. 30.

78 Palandt, § 276, Rn. 31.

Hier haben die Parteien lediglich eine Vorratsschuld des V vereinbart: V sollte nur verpflichtet sein, die 20 t aus der Ladung des Frachters zu leisten. Da die Ladung des Frachters vollständig verloren wurde, ist dies dem V nicht mehr möglich, seine Leistungspflicht aus § 433 I S. 1 BGB ist gem. § 275 I BGB erloschen.

Vorratsschulden können insbesondere dann angenommen werden, wenn direkt beim Erzeuger gekauft wird. Nach den §§ 133, 157 BGB soll dieser nur verpflichtet sein, die Leistung aus seinem eigenen Güterbestand zu erbringen. Ist ihm das nicht möglich, liegt ein Fall des § 275 I BGB vor.

Bsp.: *B baut auf seinem Acker selbst Kartoffeln an. D bestellt bei B fünf Sack Kartoffeln. Aufgrund eines Brandes werden der Acker und alle Vorräte des B zerstört.*

Lösung zu Bsp. 1: Es wäre denkbar, die Leistungsverpflichtung des V dahin gehend auszulegen, dass sich die Verpflichtung des V darauf beschränkt, das Saatmehl von M zu beschaffen, es aber nicht von Dritten zurückkaufen zu müssen. Wäre die Leistungspflicht des V derart zu konkretisieren, läge ein Fall des § 275 I BGB vor, da diese Leistung dem V nicht mehr möglich wäre.

Eine derartige Auslegung erscheint aber sehr konstruiert, da K und V bei Vertragsschluss gar nicht an die Möglichkeit gedacht haben, die Mühle könnte abbrennen. Bei einem unvorhergesehenen Leistungshindernis wie im vorliegenden Fall erscheint es deshalb sachgerechter, nicht einen Fall des § 275 I BGB, sondern einen Fall des § 275 II BGB anzunehmen.

Im Ergebnis heißt das: V ist zur Beschaffung des Saatmehls verpflichtet, dies ist ihm (aufgrund der Möglichkeit des Rückkaufs bei Dritten) auch möglich; es liegt daher kein Fall des § 275 I BGB vor. Allerdings wird ihm die Leistungsverpflichtung in unzumutbarer Weise erschwert, sodass ihm ein Leistungsverweigerungsrecht nach § 275 II BGB zusteht.

Lösung zu Bsp. 2: Wiederum liegt kein Fall des § 275 I BGB vor, da X noch einen anderen Traktor der gleichen Marke liefern kann. Ein Leistungsverweigerungsrecht nach § 275 II BGB scheidet allerdings aus, da sich die Beschaffung eines neuen Traktors durch X von einem Dritten nicht als unzumutbarer Aufwand für diesen darstellt.

Denn X hat durch die Eingehung der Gattungsverpflichtung auch das Beschaffungsrisiko übernommen, vgl. § 276 I S. 1 BGB; er trägt die Gefahr, dass der zur Erfüllung gedachte Traktor vor der Leistung untergeht.

§ 275 II BGB (+), wenn kein typisches Beschaffungsrisiko

Wenn kein typisches Beschaffungshindernis vorliegt, wird der Schuldner aber auf Einrede frei, § 275 II BGB. Dies gilt bspw. bei Bürgerkrieg, Flucht, Katastrophen etc. 59

§ 275 I BGB (+) bei absolutem Fixgeschäft

Beim Vorliegen eines absoluten Fixgeschäfts (vgl. Rn. 30 ff.) liegt auch bei der Gattungsschuld ein Fall wirklicher Unmöglichkeit i.S.d. § 275 I BGB vor, da hier der Zeitablauf zur Unmöglichkeit führt und es keine Rolle spielen kann, ob eine Stück- oder Gattungsschuld vorlag.

hemmer-Methode: Hierbei handelt es sich um Risiken, die nicht den Ausfluss des übernommenen Beschaffungsrisikos darstellen: Diese genannten Risiken treffen nämlich den Stückschuldner genauso wie den Gattungsschuldner.

2. Übergang der Leistungsgefahr auf den Gläubiger

Der Gattungsschuldner trägt also die Gefahr des zufälligen Untergangs der zur Leistung bestimmten Sache, sog. Leistungsgefahr; er bleibt grundsätzlich zur Primärleistung verpflichtet. 60

a) Konkretisierung, § 243 II BGB

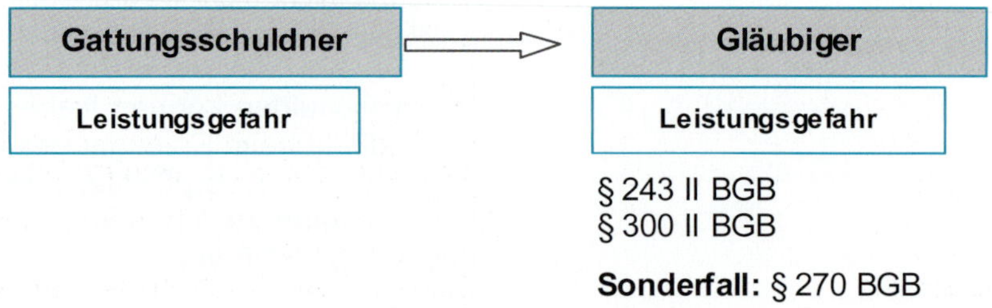

Gattungsschuld wird zur Stückschuld

Hat der Schuldner das seinerseits Erforderliche i.S.d. § 243 II BGB getan, wird die Gattungsschuld zur Stückschuld[79], sog. **Konkretisierung**. 61

Geht danach die zur Leistung bestimmte Sache unter, erlischt die Pflicht des Schuldners nach § 275 I BGB, die Leistungsgefahr geht auf den Gläubiger über. Denn mit der Konkretisierung beschränkt sich die Leistungspflicht auf den vom Schuldner ausgewählten Gegenstand, sodass dessen Untergehen eine Unmöglichkeit darstellt.

Mittlerer Art und Güte, § 243 I BGB

aa) Der Schuldner ist in der Wahl des zu leistenden Gegenstandes nicht völlig frei. Es muss sich nicht nur um einen Gegenstand aus der geschuldeten Gattung handeln, vielmehr muss dieser auch mittlerer Art und Güte sein, § 243 I BGB. 62

Wählt er einen Gegenstand aus, der unterdurchschnittlich schlecht ist, scheidet § 243 II BGB aus, die Gattungsschuld bleibt eine Gattungsschuld.

§ 243 I, II BGB (+) bei überdurchschnittlicher Ware

Freilich ist § 243 II BGB auch dann einschlägig, wenn der Schuldner überdurchschnittlich gute Ware auswählt.[80]

bb) Wann der Schuldner das „seinerseits Erforderliche“ getan hat, bestimmt sich vor allem danach, ob eine Hol-, Schick- oder Bringschuld vorliegt.[81] 63

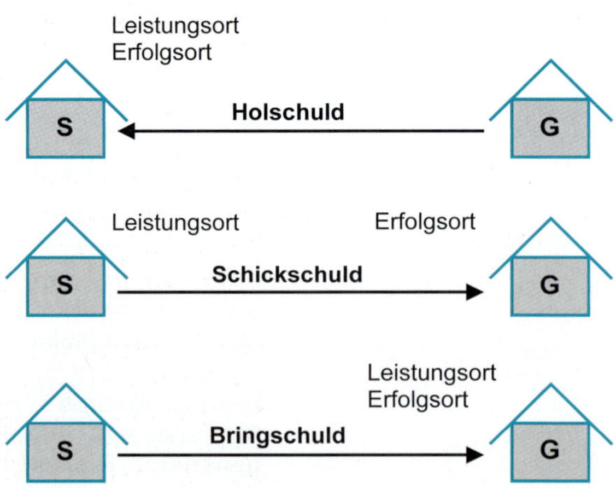

Holschuld

Bei der **Holschuld** muss der Gläubiger die Ware abholen. Ort der Leistungshandlung (sog. Leistungsort) sowie Ort des Leistungserfolges (sog. Erfolgsort) ist der Wohnsitz des Schuldners. Dies ist der gesetzliche Regelfall, § 269 I BGB. 64

79 Palandt, 61. Auflage, § 243, Rn. 7.

80 Palandt, § 243, Rn. 4.

81 Palandt, § 243, Rn. 5.

hemmer-Methode: Beachten Sie, dass das Gesetz den Leistungsort verwirrender Weise auch „Erfüllungsort" nennt, vgl. z.B. §§ 447 I, 448 I BGB; § 29 ZPO.

Bei der Holschuld tritt Konkretisierung nach § 243 II BGB ein, wenn der Schuldner eine Sache mittlerer Art und Güte ausgewählt und dem Gläubiger zumindest mündlich angeboten hat.[82] Wurde ein fester Abholtermin vereinbart, ist die Mitteilung an den Gläubiger entbehrlich.

Schickschuld

Bei der **Schickschuld** ist der Schuldner zum Versenden der Ware verpflichtet. Leistungsort ist der Wohnsitz des Schuldners, Erfolgsort der Wohnsitz des Gläubigers. 65

Konkretisierung tritt ein, sobald der Schuldner die Sache mittlerer Art und Güte an die Transportperson übergeben hat[83] (z.B. Aufgabe des Paketes bei der Post).

Bringschuld

Liegt eine **Bringschuld** vor, ist sowohl Leistungs- als auch Erfolgsort der Wohnsitz des Gläubigers. 66

Konkretisierung tritt ein, wenn der Schuldner die Sache mittlerer Art und Güte am Wohnsitz des Gläubigers in Annahmeverzug begründender Weise tatsächlich angeboten hat.[84]

Voraussetzung ist also, dass der Gläubiger durch das Leistungsangebot bei Nichtannahme in Annahmeverzug i.S.d. §§ 293 ff. BGB gerät[85]; ferner muss ein tatsächliches Angebot i.S.d. § 294 BGB vorliegen, die Erleichterungen der §§ 295 f. BGB gelten nicht.

hemmer-Methode: Diese Schachtelprüfung ist besonders examensrelevant. Bei der Frage der Unmöglichkeit müssen Sie, sofern eine Gattungsschuld vorliegt, deren Konkretisierung zu einer Stückschuld nach § 243 II BGB prüfen. Handelt es sich um eine Bringschuld, müssen die Voraussetzungen des Annahmeverzuges geprüft werden!

Ermittlung der Art der Schuld

Ob eine Hol-, Schick- oder Bringschuld vorliegt, bestimmt sich vorrangig nach der Vereinbarung der Parteien. Nur wenn eine solche – auch durch Auslegung nach den §§ 133, 157 BGB – nicht zu ermitteln ist, ist die Auslegungsregel des § 269 I BGB einschlägig, es liegt dann eine Holschuld vor. 67

Regelmäßig problematisch ist die Abgrenzung von Schick- und Bringschuld. Aufgrund der Verlängerung der Leistungsgefahr für den Schuldner ist eine Bringschuld nur in besonderen Fällen anzunehmen, v.a. wenn die Lieferung einen besonderen Service des Schuldners darstellt oder es sich um einen besonders wertvollen Gegenstand handelt.

hemmer-Methode: Als Faustregel gilt: „Im Zweifel Schickschuld". Denn der Schuldner will nicht über Gebühr lange die Leistungsgefahr tragen müssen. Klausurtaktisch ist eher von einer Schickschuld auszugehen, da nur bei einer solchen § 447 I BGB Anwendung findet. Hier kann ein Schwerpunkt der Klausur liegen, den Sie sich nicht „abschneiden" sollten! Anders als im wirklichen Leben gilt: Probleme schaffen, nicht wegschaffen.

Rückgängigmachung der Konkretisierung (str.)

Umstritten ist die Frage, ob eine Konkretisierung rückgängig gemacht werden kann. 67a

---

82 Palandt, § 243, Rn. 5.

83 RGZ 57, 141.

84 Palandt, § 243, Rn. 5.

85 Zu den Voraussetzungen des Annahmeverzuges vgl. unten, Rn. 89 ff.

BGH: Einmal konkretisiert, immer konkretisiert

Nach **h.M.** ist die **Rückgängigmachung** der Konkretisierung grds. **ausgeschlossen**. Ausnahmen können sich nur aus dem Einwand des Rechtsmissbrauchs ergeben.[86]

hemmer-Methode: „Einmal konkretisiert, immer konkretisiert!"

a.A.: Rückgängigmachung bis Preisgefahrübergang bleibt möglich

Nach a.A. soll die Konkretisierung rückgängig gemacht werden können, solange noch nicht die Preisgefahr auf den Gläubiger übergegangen ist.[87] Erst nachdem die Preisgefahr auf den Gläubiger übergegangen ist und diesem damit die Sache endgültig zugeordnet ist, sei die Konkretisierung nicht mehr rückgängig zu machen.[88]

b) Übergang der Leistungsgefahr bei Annahmeverzug, § 300 II BGB

Gläubiger trägt Gefahr zufälligen Untergangs ab Annahmeverzug

Befindet sich der Gläubiger im Annahmeverzug, geht ebenfalls die Leistungsgefahr auf ihn über.[89] Das bedeutet: Geht die angebotene Gattungssache jetzt unter, erlischt die Leistungspflicht des Schuldners nach § 275 I BGB. Mit Eintritt des Annahmeverzuges trifft den Gläubiger die Gefahr zufälligen Untergangs der angebotenen Sache, er verliert nach § 275 I BGB seinen Primäranspruch. 68

Allerdings ist dann in aller Regel bereits eine Konkretisierung nach § 243 II BGB erfolgt, weshalb für § 300 II BGB kaum ein spezifischer Anwendungsbereich verbleibt.

hemmer-Methode: § 300 II BGB ist von Bedeutung, wenn bei einer Bringschuld ein tatsächliches Angebot nach § 295 BGB oder § 296 BGB entbehrlich ist. Da der Schuldner das seinerseits Erforderliche i.S.d. § 243 II BGB nur getan hat, wenn er die Sache tatsächlich i.S.d. § 294 BGB angeboten hat, scheidet § 243 II BGB aus. Da aber auch ohne dieses tatsächliche Angebot wegen §§ 295, 296 BGB Annahmeverzug eingetreten ist, ist § 300 II BGB einschlägig.

c) Sonderfall: Geldschuld, § 270 BGB

Einen Sonderstatus nimmt die Geldschuld ein. Hierbei handelt es sich um eine Wertverschaffungsschuld und nicht um eine Sachschuld. 69

Das bedeutet zugleich, dass die Geldschuld keine Gattungsschuld, sondern eine Schuld eigener Art ist.[90]

Sound: Es gibt nicht „Geld" von mittlerer Art und Güte (§ 243 I BGB).

Dennoch wird die Geldschuld wie eine Gattungsschuld behandelt.

Nach § 270 I BGB hat der Schuldner – sofern nichts anderes vereinbart ist – das Geld auf seine Gefahr dem Gläubiger zu übermitteln, er trägt also die Leistungsgefahr wie bei einer Bringschuld. Die Leistungsgefahr kann nach § 243 II BGB nicht auf den Gläubiger übergehen, da Geldzeichen mittlerer Art und Güte i.S.d. § 243 I BGB nicht vorstellbar sind.

86 Palandt, § 243, Rn. 7; BGH, NJW 1982, 873 = **juris**byhemmer.

87 Zum Preisgefahrübergang vgl. Rn. 79 ff.

88 Vgl. zu diesem neueren Ansatz: Canaris, „Die Bedeutung des Übergangs der Gegenleistungsgefahr i.R.v. § 243 II BGB und § 275 II BGB", JuS 2007, 793-798.

89 Palandt, § 300, Rn. 3.

90 Palandt, § 243, Rn. 2 und § 245, Rn. 12

Ein Übergang der Leistungsgefahr kommt allerdings nach § 300 II BGB in Betracht.

hemmer-Methode: Durch den Einwurf von 650,- € in den privaten Hausbriefkasten tritt nach Ansicht des AG Köln keine Erfüllung ein.[91] Eine Geldschuld ist nämlich erst dann erfüllt, wenn der geschuldete Geldbetrag in die Verfügungsgewalt des Gläubigers gelangt ist. Der Briefkasten ist zur Aufnahme von größeren Geldbeträgen aber weder gedacht noch geeignet.[92]

Bsp.: S ist gegenüber G zur Zahlung von 300,- € verpflichtet. S steckt drei Hundert-Euro-Scheine in ein Briefkuvert und sendet es an G ab. Der Umschlag geht auf dem Weg verloren und kommt nie bei G an. Hat G gegen S weiterhin einen Anspruch auf Zahlung der 300,- €?

Der Schuldner einer Geldschuld muss – wie bei einer Bringschuld – das Geld dem Gläubiger in Annahmeverzug begründender Weise tatsächlich anbieten. Bis zu diesem Zeitpunkt der „Übermittlung" trägt er die Leistungsgefahr, vgl. § 270 I BGB.[93]

Da auch § 300 II BGB, der auf Geldschulden anwendbar ist, mangels Annahmeverzuges des G nicht einschlägig ist, traf die Leistungsgefahr im Zeitpunkt des Untergangs der Scheine noch den S. Daher scheidet eine Leistungsbefreiung nach § 275 I BGB aus, G hat gegen S weiterhin einen Zahlungsanspruch i.H.v. 300,- €.

hemmer-Methode: Trotz der Ähnlichkeit mit der Bringschuld wird die Geldschuld nicht als Bring-, sondern als „qualifizierte Schickschuld" bezeichnet. Denn hinsichtlich der Verzögerungsgefahr gilt dasselbe wie bei einer Schickschuld:[94] Eine den Schuldnerverzug ausschließende Leistungshandlung liegt bereits mit Absenden des Geldes vor.

<u>Zusammenfassung: Unmöglichkeit bei der Gattungsschuld</u>

I. Wirkliche Unmöglichkeit, § 275 I BGB

1. Ganze Gattung bzw. Vorrat (bei beschränkter GS) geht unter

2. Untergang nach Konkretisierung, § 243 II BGB

3. Untergang im Annahmeverzug, § 300 II BGB

4. Zeitablauf bei absolutem Fixgeschäft

II. Faktische Unmöglichkeit, § 275 II BGB

1. Grundsatz:

⇨ **Gattungsschulden sind Beschaffungsschulden,** d.h. der Schuldner kann sich grds. nicht auf § 275 II BGB berufen

2. Ausnahme:

⇨ atypische Beschaffungshindernisse (Bürgerkrieg, Katastrophen etc.) geben dem Schuldner die Einrede gem. § 275 II BGB

Exkurs: Kann § 439 I BGB analog angewandt werden, wenn die Kaufsache vor Gefahrübergang untergegangen ist?

Seit längerer Zeit besteht in der Literatur Streit darüber, ob es einen Nachlieferungsanspruch beim Stückkauf gibt.

91 **AG Köln, Life&Law 10/2006, 653 ff.** = NJW 2006, 1600 = **juris**byhemmer.

92 Zur Vertiefung vgl. Wiese, „Gefährliche Hausbriefkästen", NJW 2006, 1569 ff.

93 Zum Begriff der Übermittlung, Palandt, § 270, Rn. 5.

94 Palandt, § 270, Rn. 1.

Nachlieferungsanspruch beim Stückkauf anerkannt von h.M.

Die bislang erschienenen Urteile sowie die h.M. bejahen dies innerhalb der Grenzen der „Ersetzbarkeit", d.h. bei einer gleichwertigen und gleichartigen Ersatzsache, die dem Käuferinteresse genügt. Dies ist in der Regel bei einer vertretbaren Sache i.S.v. § 91 BGB gegeben.[95]

hemmer-Methode: Lesen Sie hierzu ausführlich Fest/Tyroller, „Das Problem – Nachlieferung beim Stückkauf", in Life&Law 02/2005, 133 ff.

Einige Autoren sehen hierin einen Wertungswiderspruch bzw. Inkonsequenz zu den Fällen, in denen der Kaufgegenstand vor Gefahrübergang untergeht.[96.]

Denn in beiden Konstellationen habe der Käufer ein vergleichbares Interesse an der Lieferung einer anderen vergleichbaren Sache und der Verkäufer ein nicht zu unterscheidendes Interesse am Erwerb eines durchsetzbaren Anspruchs auf die Gegenleistung.

***<u>Aber</u>*: *Keine Analogie des § 439 I Alt. 2 BGB bei Unmöglichkeit vor Übergabe*

Die h.L. lehnt aber einen Lieferungsanspruch in Analogie zu § 439 I Alt. 2 BGB in den Fällen des Untergangs vor Gefahrübergang zu Recht ab. Der Nacherfüllungsanspruch surrogiert den ursprünglichen Erfüllungsanspruch in den Fällen einer Schlechtleistung. Er entsteht folglich nur, wenn hypothetisch der ursprüngliche Erfüllungsanspruch noch bestehen würde.

In den Fällen des Untergangs des Kaufgegenstandes vor Übergabe ist dies jedoch nicht der Fall. Denn der ursprüngliche Erfüllungsanspruch ist gemäß § 275 I BGB ausgeschlossen. Grund für das Entstehen des Nacherfüllungsanspruchs im Sinne eines modifizierten Erfüllungsanspruchs ist die Übergabe einer mangelhaften Sache an den Käufer. Dies zeigt sich sowohl an dem Einleitungssatz des § 437 BGB als auch an dem, dem Käufer in § 439 I BGB eingeräumten, Wahlrecht zwischen Nachbesserung und Nachlieferung.

Fehlt es an der Übergabe, besteht kein Anknüpfungspunkt für die inhaltlichen Modifikationen gegenüber dem ursprünglichen Erfüllungsanspruch. Es bleibt somit dabei, dass dieser nach § 275 I BGB erloschen ist. Der Natur des Nacherfüllungsanspruchs widerspräche es nach alledem grundlegend, würde dieser beim Untergang der Kaufsache vor Übergabe – ohne Bestehen der erforderlichen Grundlage in Form des Erfüllungsanspruchs – neu geschaffen.

Die Verletzung unterschiedlicher Hauptleistungspflichten und der Entstehungsgrund des Nacherfüllungsanspruchs zeigen, dass die Konstellationen bis auf das Interesse des Käufers am Erhalt der Leistung und das Interesse des Verkäufers am Erwerb des Anspruchs auf die Gegenleistung schwerlich vergleichbar sind. Außerdem steht der Verkäufer in den Fällen einer Schlechtleistung nicht schlechter, sondern – zu Recht – anders.[97]

hemmer-Methode: Somit liegt kein Wertungswiderspruch vor, der zu einer entsprechenden Anwendung des § 439 I BGB berechtigen würde.

Exkurs Ende

95 Ausführlich Canaris, „Die Nacherfüllung durch Lieferung einer mangelfreien Sache beim Stückkauf", JZ 2003, 831-838 (834 f.); Balthasar/Bolten, ZGS 2004, 411 (412); anders Ackermann, JZ 2002, 378-385 (381), der auf eine „objektive" Austauschbarkeit der Sache abstellen will; in diese Richtung tendieren auch Tiedtke/Schmitt, JuS 2005, 583-587.

96 Ackermann, JZ 2002, 378-385 (381) und ders., JZ 2003, 1154-1156; ihm folgend Balthasar/Bolten, ZGS 2004, 411 ff.

97 So auch Canaris, JZ 2003, 1154-1156 sowie Fest, ZGS 2005, 18 ff.

C) Auswirkungen der Unmöglichkeit auf die Gegenleistung

Kennzeichnend für einen sog. gegenseitigen Vertrag ist das Gegenseitigkeitsverhältnis mindestens eines Paares wechselseitiger Leistungspflichten, sog. Synallagma.[98] 70

Typisches Beispiel ist der Kaufvertrag: Hier stehen die Verschaffungspflicht des Verkäufers nach § 433 I BGB und die Kaufpreiszahlungspflicht des Käufers nach § 433 II BGB in einem Verhältnis von Leistung und Gegenleistung, also in einem Gegenseitigkeitsverhältnis.

Der Kaufvertrag ist somit ein gegenseitiger Vertrag.[99]

Grundsatz: Gegenleistung entfällt, § 326 I S. 1 HS 1 BGB

Ist eine der im Synallagma stehenden Leistungspflichten nach § 275 I - III BGB ausgeschlossen, muss sich dies auf die Gegenleistungspflicht auswirken. Diesen Fragenkreis regelt § 326 BGB: Grundsätzlich entfällt dann auch die Gegenleistung, § 326 I S. 1 HS 1 BGB.[100]

I. Abgrenzung § 275 BGB - § 326 BGB

Die Abgrenzung ergibt sich aus dem Wortlaut und der Systematik des Gesetzes: 71

§ 275 I - III BGB: Unmöglich gewordene Leistungspflicht erlischt

⇨ § 275 I - III BGB regelt das Entfallen der unmöglich gewordenen **Leistung**spflicht. Die Vorschrift gibt eine rechtshindernde bzw. rechtsvernichtende Einwendung nur gegen diejenige Leistungspflicht, der ein Leistungshindernis i.S.d. § 275 I - III BGB entgegensteht (bei § 275 II, III BGB ist zusätzlich die Geltendmachung des Leistungsverweigerungsrechtes erforderlich).

§ 326 I S. 1 HS 1 BGB: Gegenleistung erlischt

⇨ § 326 BGB betrifft dagegen das Entfallen der **Gegenleistung**spflicht, also derjenigen Pflicht, die zur unmöglich gewordenen Leistungspflicht im Synallagma steht. § 326 I S. 1 HS 1 BGB fordert gerade nicht, dass die Gegenleistung selbst unmöglich ist (häufiger Fehler!). Sollte das nämlich der Fall sein, bestimmt sich ihr Erlöschen bzw. Nichtentstehen bereits nach § 275 I - III BGB.

Bsp.: Der verkaufte Sportwagen wird vor der Übereignung bei einem vom Verkäufer unverschuldeten Unfall zerstört. Muss der Käufer den Kaufpreis zahlen? 72

Der Anspruch des Verkäufers auf Kaufpreiszahlung aus § 433 II BGB ist durch wirksamen Vertragsschluss nach den §§ 145 ff. BGB entstanden.

Er könnte jedoch infolge der Zerstörung der Kaufsache nachträglich erloschen sein.

1. Ein Erlöschen des Kaufpreiszahlungsanspruches nach § 275 I BGB kommt nicht in Betracht. Denn § 275 BGB betrifft nur den Fortbestand bzw. das Entstehen der unmöglichen Leistungspflicht. Der nach § 433 II BGB vom Käufer geschuldete Leistungserfolg ist die Bezahlung des Kaufpreises. Dieser Leistungserfolg ist aber weiterhin noch erbringbar. Die Kaufpreiszahlungspflicht ist nicht unmöglich, § 275 I BGB scheidet aus.

2. Vielmehr könnte die Pflicht zur Kaufpreiszahlung nach § 326 I S. 1 HS 1 BGB erloschen sein. Dies wäre der Fall, wenn es sich bei ihr um eine Gegenleistung zu einer nach § 275 I - III BGB ausgeschlossenen Leistungspflicht handeln würde.

98 Der synallagmatische Vertrag: Palandt, Einf. vor § 320, Rn. 5 ff.

99 Zur genauen Bestimmung des Gegenseitigkeitsverhältnisses vgl. unten, Rn. 76 ff.

100 Palandt, § 275, Rn. 2.

a) Die Pflicht des Verkäufers aus § 433 I S. 1 BGB ist aufgrund der Zerstörung des zu übereignenden Sportwagens unmöglich geworden; diese Leistungspflicht ist nach § 275 I BGB erloschen.

b) Da es sich bei der Kaufpreiszahlungspflicht gem. § 433 II BGB um die Gegenleistung zur unmöglich gewordenen Verschaffungspflicht des Verkäufers gem. § 433 I BGB handelt, ist sie nach § 326 I S. 1 HS 1 BGB erloschen (im Einzelnen vgl. unten). Somit besteht der Zahlungsanspruch des Verkäufers aus § 433 II BGB nicht mehr.

hemmer-Methode: Nach § 275 BGB erlischt (nur) diejenige Leistungspflicht, die selbst unmöglich geworden ist. § 326 BGB betrifft dagegen die Leistungsverpflichtung der anderen Seite, die zu dieser unmöglich gewordenen Leistungspflicht im Gegenseitigkeitsverhältnis steht.
Wird z.B. eine Kuh gegen ein Pferd getauscht und stirbt das Pferd vor seiner Übereignung, erlischt der Anspruch auf das Pferd nach § 275 I BGB, der Anspruch auf die Kuh hingegen nach § 326 I S. 1 HS 1 BGB.

Preisgefahr trägt Schuldner der Sachleistung (= Gläubiger der Gegenleistung)

§ 326 I BGB betrifft die sog. Preisgefahr (auch: Gegenleistungsgefahr): Wer trägt hinsichtlich der Gegenleistung die Gefahr, dass die Sachleistungspflicht nach § 275 I - III BGB ausgeschlossen ist? 73

Die Antwort lautet: Gem. § 326 I S. 1 HS 1 BGB grundsätzlich der Schuldner der Sachleistung, denn der Anspruch auf die Gegenleistung ist ausgeschlossen, er erhält die Gegenleistung nicht.[101]

II. Ausschluss der Gegenleistung, § 326 I S. 1 BGB 74

Prüfungsstandort des § 326 BGB:

1. Primäranspruch entstanden?

⇨ **§ 326 I S. 1 BGB** als rechtshindernde Einwendung bei anfänglicher Unmöglichkeit

2. Primäranspruch erloschen?

⇨ **§ 326 I S. 1 BGB** als rechtsvernichtende Einwendung bei nachträglicher Unmöglichkeit

Voraussetzungen des § 326 I S. 1 BGB im Überblick: 75

1. Gegenseitiger Vertrag

2. Ausschluss der synallagmatischen Hauptleistungspflicht nach § 275 I – III BGB

3. Kein Eingreifen von Ausnahmevorschrift:

⇨ Alleinige oder weit überwiegende Verantwortlichkeit des Gläubigers, § 326 II S. 1 Alt. 1 BGB

⇨ Annahmeverzug, § 326 II S. 1 Alt. 2 BGB

⇨ kein Übergang der Preisgefahr nach anderen Vorschriften: v.a. §§ 446, 447 BGB (Kaufrecht); §§ 644, 645 BGB (Werkvertrag); § 2380 BGB

⇨ **Gegenleistungspflicht entfällt, § 326 I S. 1 HS 1 BGB** (bei Teilunmöglichkeit: § 326 I S. 1 HS 2 BGB)

1. Gegenseitiger Vertrag

Gegenseitigkeitsverhältnis, Synallagma

Erste Voraussetzung ist das Vorliegen eines gegenseitigen Vertrages. Ein solcher liegt vor, wenn mindestens zwei wechselseitige Leistungspflichten in einem Gegenseitigkeitsverhältnis, sog. Synallagma, stehen. 76

101 Palandt, § 326, Rn. 2.

Ein solches ist zu bejahen, wenn ein Vertragsteil seine Leistung deshalb verspricht, um die Leistung des anderen Vertragsteiles zu erhalten, sog. „do ut des“-Beziehung.[102]

hemmer-Methode: Dieses Erfordernis ergibt sich nicht ausdrücklich aus § 326 BGB selbst, ist jedoch aus systematischen Gründen anzunehmen: Die Vorschrift steht im zweiten Titel, der mit „gegenseitiger Vertrag“ überschrieben ist. Zum anderen setzt § 326 BGB die Existenz einer Gegenleistungspflicht voraus, was nur in einem gegenseitigen Vertrag angenommen werden kann.

Zur Verdeutlichung einige Beispiele: 77

1) *Kaufvertrag*

2) Mietvertrag

3) Darlehensvertrag

zu 1): Beim Kaufvertrag stehen die Verschaffungspflicht des Verkäufers (§ 433 I BGB) und die Pflicht des Käufers zur Kaufpreiszahlung in einem Gegenseitigkeitsverhältnis.

Der eine Teil verspricht seine Leistung, um die andere Leistung zu erhalten (do ut des).

⇨ gegenseitiger Vertrag (+)[103]

zu 2): Beim Mietvertrag sind die Überlassungspflicht des Vermieters (§ 535 I BGB) und die Pflicht des Mieters zur Zahlung der Miete (§ 535 II BGB) synallagmatisch.

⇨ gegenseitiger Vertrag (+)[104]

zu 3): Beim Darlehensvertrag kommt es auf die konkrete Vereinbarung an:

a) Ist das Darlehen unverzinslich, liegt kein gegenseitiger Vertrag vor. Denn der Darlehensgeber verpflichtet sich nicht etwa deshalb, das Darlehen zu gewähren (§ 488 I S. 1 BGB), um es später wieder zurückzuerhalten (§ 488 I S. 2 Alt. 2 BGB). Die Darlehensverschaffungspflicht und die Darlehensrückzahlungspflicht stehen nicht im Synallagma.

b) Anders ist es beim verzinslichen Darlehen: Der Darlehensgeber verpflichtet sich zur Überlassung des Darlehens (§ 488 I S. 1 BGB), um die vom Darlehensnehmer geschuldeten Zinsen (§ 488 I S. 2 Alt. 1 BGB) zu erhalten. Beide Pflichten stehen in einer „do ut des“-Beziehung. Es handelt sich um einen gegenseitigen Vertrag.[105]

hemmer-Methode: Merken Sie sich: Nicht jeder Vertrag, der beiden Parteien Leistungspflichten auferlegt, ist deswegen schon gegenseitig i.S.d. §§ 320 ff. BGB. Vielmehr muss mindestens ein Paar von wechselseitigen Leistungspflichten vorhanden sein, die zueinander im Gegenseitigkeitsverhältnis stehen.
Vereinfacht lässt sich Folgendes merken: Jeder entgeltliche Vertrag ist ein gegenseitiger Vertrag!

2. Ausschluss der synallagmatischen Hauptleistungspflicht, § 275 I - III BGB

Synallagmatische Hauptleistungspflicht muss unmöglich werden

§ 326 I BGB ist nur anwendbar, wenn die im Gegenseitigkeitsverhältnis stehende Pflicht unmöglich, d.h. nach § 275 I - III BGB ausgeschlossen ist. 78

102 Palandt, Einf. vor § 320, Rn. 5.
103 Zum Synallagma beim Kaufvertrag: Palandt, § 433, Rn. 2.
104 Palandt, § 535, Rn. 14.
105 Palandt, § 488, Rn. 5 und 18.

Es muss sich gerade um die synallagmatische Leistungspflicht handeln.[106] Nicht ausreichend ist, dass die Pflicht aus einem gegenseitigen Vertrag stammt. Denn gegenseitige Verträge enthalten regelmäßig auch Leistungspflichten, die nicht in einem Synallagma stehen.

Bsp.: *Pflicht des Mieters zur Rückgabe der Mietsache, § 546 I BGB.*

Zwar ist der Mietvertrag ein gegenseitiger Vertrag. Jedoch ist die Rückgabepflicht des Mieters nach § 546 I BGB nicht synallagmatisch, sondern einseitig: Der Vermieter überlässt dem Mieter nicht deshalb die Wohnung, um sie zurückzuerhalten (§ 546 I BGB), sondern um den Mietzins zu erhalten (§ 535 II BGB). Die Rückgabepflicht steht nicht im Gegenseitigkeitsverhältnis. Wird sie nach § 275 I - III BGB unmöglich, ist § 326 BGB nicht anwendbar.[107]

Bei § 275 II, III BGB: Schuldner muss Einrede erhoben haben

Handelt es sich um einen Fall der Unmöglichkeit wegen Unzumutbarkeit nach § 275 II, III BGB, so muss der Schuldner die entsprechende Einrede erhoben haben. Denn nur dann braucht der Schuldner nicht zu leisten i.S.v. § 326 I S. 1 HS 1 BGB.

Bsp.: *A kauft am Vormittag bei B ein Paar Skier der Marke „Snow-Beast", die er am Abend abholen will. B lässt daraufhin die Skier aus dem Lager kommen und stellt sie zur Abholung bereit. Am Nachmittag kommt es zu einem von B nicht zu vertretenden Brand, bei dem die Skier zerstört werden. B ist der Auffassung, A müsse trotzdem den Kaufpreis zahlen. Anspruch des B gegen A?*

Ein solcher Anspruch auf Kaufpreiszahlung gem. § 433 II BGB ist zunächst mit Vertragsschluss wirksam entstanden. Er könnte jedoch nachträglich gem. § 326 I S. 1 HS 1 BGB erloschen sein.

Gegenseitiger Vertrag (+)

1. Beim Kaufvertrag handelt es sich unproblematisch um einen gegenseitigen Vertrag i.S.d. §§ 320 ff. BGB. Im Synallagma stehen die Verschaffungspflicht des B (§ 433 I BGB) und die Kaufpreiszahlungspflicht des A (§ 433 II BGB).

Unmöglichkeit

2. Die Verschaffungspflicht des B könnte infolge des Brandes wegen Unmöglichkeit nach § 275 I BGB ausgeschlossen sein. Da es sich bei der Verschaffungspflicht um eine synallagmatische Hauptleistungspflicht handelt, wäre § 326 I S. 1 HS 1 BGB anwendbar.

a) Fraglich ist das Vorliegen einer Unmöglichkeit i.S.d. § 275 I BGB. Denn die Pflicht zur Übereignung und Übergabe der Skier aus § 433 I BGB stellt eine Gattungsschuld des B dar. Bei Gattungsschulden tritt eine Unmöglichkeit i.S.v. § 275 I BGB grundsätzlich nur dann ein, wenn aus der gesamten Gattung die Leistung nicht mehr erbracht werden kann, B trifft die sog. Leistungsgefahr. Es sind bei dem Brand aber nicht alle auf dem Markt befindlichen Skier der vereinbarten Gattung untergegangen.

b) Allerdings könnte sich die Leistungspflicht des B aus § 433 I BGB im Zeitpunkt des Brandes bereits auf das bereitgestellte Paar Skier beschränkt haben. Wäre dies der Fall, wäre die Leistungspflicht des B nach § 275 I BGB unmöglich geworden.

Ein solcher Übergang der Leistungsgefahr könnte aufgrund Konkretisierung nach § 243 II BGB eingetreten sein. Mit dieser wandelt sich die Gattungsschuld in eine Stückschuld um. B hätte dann nur noch die Lieferung des ausgesonderten Paars Skier geschuldet.

Konkretisieren

B hat Skier der Gattung „Snow-Beast" mittlerer Art und Güte i.S.v. § 243 I BGB ausgewählt. Da eine Holschuld vereinbart worden war, hat B mit dem Aussondern und Bereitstellen der Skier das „seinerseits Erforderliche" i.S.v. § 243 II BGB getan.[108] Da ein fester Abholtermin vereinbart war, musste B den A nicht gesondert zum Abholen auffordern. Also ist bereits vor dem Brand Konkretisierung nach § 243 II BGB eingetreten.

106 Palandt, § 323, Rn. 10.

107 Hemmer/Wüst, Schuldrecht BT II, Rn. 14.

108 Zur Konkretisierung vgl. bereits oben, Rn. 60 ff.

Da das bereitgestellte Paar Skier bei dem Brand zerstört wurde, ist B die Übereignung und Übergabe der Skier unmöglich geworden; seine Verschaffungspflicht aus § 433 I BGB ist nach § 275 I BGB erloschen.

§ 275 I BGB (+), § 326 I S. 1 HS 1 BGB (+)

3. Da Ausnahmevorschriften zu § 326 I S. 1 HS 1 BGB nicht ersichtlich sind[109], ist damit die Kaufpreiszahlungspflicht des A aus § 433 II BGB nach dieser Vorschrift erloschen.

Ergebnis: Ein Zahlungsanspruch des B gegen A aus § 433 II BGB besteht nicht.

hemmer-Methode: Bei der Frage des Erlöschens der Gegenleistungspflicht müssen Sie also – inzident – das Erlöschen der Sachleistungspflicht wegen Unmöglichkeit nach § 275 I - III BGB prüfen. Diese „Verschachtelung“ muss Ihnen unbedingt geläufig sein!

3. Ausnahmen zu § 326 I S. 1 BGB: Übergang der Preisgefahr auf den Gläubiger der Sachleistung

79

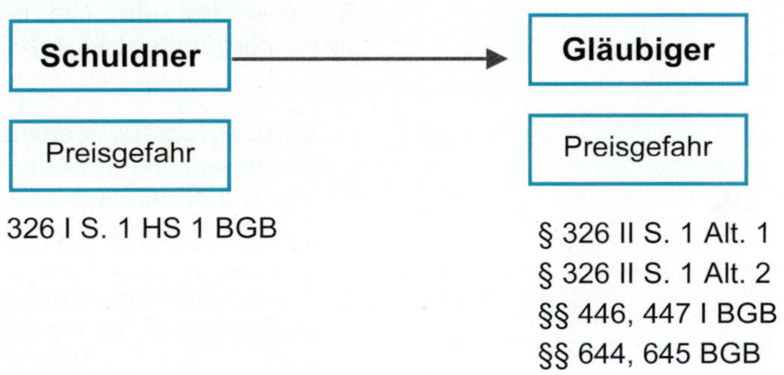

Das Entfallen der Gegenleistungspflicht bei Ausschluss der Sachleistungspflicht nach § 275 I - III BGB stellt den gesetzlichen Regelfall dar, § 326 I S. 1 BGB. Jedoch existieren hierzu Ausnahmevorschriften, die zum Übergang der Preisgefahr auf den Gläubiger der Sachleistung führen: Dieser muss die Gegenleistung erbringen, obwohl er die Sachleistung wegen § 275 I - III BGB nicht erhält.

Ein solcher Übergang der Preisgefahr kann auch vertraglich vereinbart werden.

***Bsp.:** A schließt mit B einen Vertrag über ein „Life Coaching“. B legte dem A am Telefon in privaten und beruflichen Lebensfragen die Karten und erteilte Ratschläge. Dabei versprach die B mittels Einsatzes ihrer „Energie“ den A bei seiner Partnersuche zu unterstützen. Neben der Erkenntnis aus den Karten wurden auch ein „Code“ und ein „Ritual“ mit Kerzen versprochen.*

Nach Ansicht des BGH ist das Versprechen einer Lebensberatung, die sich auf die magischen Kräfte gelegter Karten gründet, ist auf eine unmögliche Leistung gerichtet.

Diese Unmöglichkeit der Leistung steht einem Honoraranspruch nicht entgegen, weil die Parteien die Vorschrift des § 326 I S. 1 BGB abbedungen haben.

109 Dazu unten, Rn. 79 ff.

hemmer-Methode: Diese Entscheidung müssen Sie kennen. Lesen Sie dazu die Besprechung in BGH, Life&Law 04/2011, 217 ff. = NJW 2011, 756 ff. = jurisbyhemmer!

a) § 326 II S. 1 Alt. 1 BGB

§ 326 II S. 1 Alt. 1 BGB regelt den Fall, dass der Gläubiger der unmöglich gewordenen Sachleistungspflicht für die Unmöglichkeit „allein oder weit überwiegend verantwortlich" ist. 80

Anspruch auf Gegenleistung bleibt bestehen; § 326 II S. 1 Alt. 1 und 2 BGB als Anspruchserhaltungsnorm

Hat der Gläubiger die Unmöglichkeit der Sachleistung zu verantworten, so bleibt er zur Erbringung der Gegenleistung verpflichtet, der Anspruch auf die Gegenleistung erlischt also in Abweichung zu § 326 I S. 1 BGB nicht. § 326 II S. 1 Alt. 1 BGB stellt – ebenso wie § 326 II S. 1 Alt. 2 BGB – keine eigenständige Anspruchsgrundlage, sondern eine sog. Anspruchserhaltungsnorm dar: Anspruchsgrundlage bleibt weiterhin z.B. bei der Kaufpreiszahlungspflicht § 433 II BGB.[110]

hemmer-Methode: Die richtige Zitierweise der Anspruchsgrundlage muss also lauten: §§ 433 II, 326 II S. 1 Alt. 1 bzw. 2 BGB.

Bsp.: V verkauft K seinen gebrauchten Pkw. Bevor das Auto übergeben und übereignet werden konnte, wird es bei einem Verkehrsunfall zerstört, den K grob fahrlässig dadurch verschuldete, dass er mit seinem eigenen Auto V die Vorfahrt genommen hat. 81

1. Die Pflicht des V aus § 433 I S. 1 BGB, K den Pkw zu übereignen und zu übergeben, ist zunächst mit Vertragsschluss wirksam entstanden, jedoch infolge der Zerstörung des Pkw bei dem Unfall (nachträglich) unmöglich geworden. Damit ist der Anspruch des K gegen V aus § 433 I S. 1 BGB gem. § 275 I BGB erloschen.

2. Fraglich ist, ob auch der Anspruch des V gegen K auf Zahlung des Kaufpreises aus § 433 II BGB erloschen ist.

a) § 275 BGB ist hierbei nicht einschlägig (Todsünde in der Klausur!), da die Geldzahlung dem K weiterhin möglich ist.

b) Jedoch kommt ein Erlöschen nach § 326 I S. 1 HS 1 BGB in Betracht. Der Kaufvertrag ist ein gegenseitiger Vertrag; die Kaufpreiszahlungspflicht des K stellt die Gegenleistung zur Verschaffungspflicht des V nach § 433 I S. 1 BGB dar, sie steht mit dieser im sog. Synallagma.

Daher scheint die Kaufpreiszahlungspflicht des K grundsätzlich gem. § 326 I S. 1 HS 1 BGB erloschen zu sein.

Der Anspruch des V gegen K auf Kaufpreiszahlung aus § 433 II BGB bleibt jedoch erhalten, weil K für die Unmöglichkeit i.S.d. § 326 II S. 1 Alt. 1 BGB verantwortlich ist (dazu im Folgenden). Also besteht ein Zahlungsanspruch des V gegen K.

§§ 276, 278 BGB analog anwendbar

Wann der Gläubiger für den Umstand, der zur Unmöglichkeit i.S.d. § 275 I - III BGB geführt hat, verantwortlich ist, lässt sich dem Gesetz nicht entnehmen. Auch § 276 BGB regelt lediglich die Verantwortlichkeit des Schuldners. Nach h.M. sind jedoch die §§ 276 ff. BGB analog anzuwenden, sodass der Gläubiger analog § 278 BGB auch für ein Fehlverhalten seiner Hilfspersonen einzustehen hat. 81a

(+) bei Verletzung einer allgemeinen Rechtspflicht

Eine Verantwortlichkeit des Gläubigers i.S.d. § 326 II S. 1 Alt. 1 BGB ist jedenfalls dann anzunehmen, wenn der Gläubiger eine allgemeine Rechtspflicht verletzt hat, z.B. im Falle eines deliktischen Handelns i.S.d. §§ 823 ff. BGB.

110 Palandt, § 326, Rn. 8.

Gleiches gilt, wenn dem Gläubiger die schuldhafte Verletzung einer vertraglichen Pflicht (auch i.S.v. § 241 II BGB) vorzuwerfen ist. In diesen Fällen liegt bereits ein echtes Verschulden des Gläubigers vor.[111]

> ***Bsp.:*** *Der Käufer einer Sache schleicht sich nachts in das Lager des Verkäufers und zerstört dort vorsätzlich die noch nicht übereignete Kaufsache.*

Untechnisches Verschulden: Obliegenheitsverletzungen

Im Übrigen kommt - ähnlich wie bei § 254 BGB - bloß ein untechnisches Verschulden in Betracht: Hierbei handelt es sich nicht um einen Verstoß gegen eine Rechtspflicht, sondern gegen eine bloße Obliegenheit; man spricht auch von einem „Verschulden gegen sich selbst“. Umfang und Art dieser Obliegenheiten des Gläubigers sind letztlich § 242 BGB zu entnehmen: Einem loyalen Gläubiger obliegt es i.d.R., seine Fähigkeit zur Annahme der Leistung nicht zu beeinträchtigen. *82*

„weit überwiegend“

§ 326 II S. 1 Alt. 1 BGB betrifft auch den Fall, dass der Gläubiger die Unmöglichkeit weit überwiegend zu vertreten hat. Hiermit sind solche Konstellationen gemeint, in denen ein Mitverschuldensanteil des Schuldners zwar besteht, jedoch hinter den weit überwiegenden Verschuldensanteil des Gläubigers zurücktreten muss (anzunehmen bei einem Verschuldensanteil des Gläubigers von ca. 80 – 90 %[112]). Es sollte hiermit nicht die problematische Fallgruppe der beiderseits zu vertretenden Unmöglichkeit geregelt werden (dazu unten, Rn. 336 ff.). *83*

> Im obigen Beispiel mit dem Auto-Unfall (Rn. 81) liegt eine weit überwiegende Verantwortlichkeit des Gläubigers K vor, sodass V der Anspruch auf den Kaufpreis als Gegenleistung nach § 326 II S. 1 Alt. 1 BGB erhalten bleibt. Zwar ließe sich vertreten, dass aufgrund der allgemeinen Betriebsgefahr des Pkw des V diesen ebenfalls eine Verantwortlichkeit i.H.v. 10 - 15 % treffe. Diese muss jedoch hinter die überwiegende Verantwortlichkeit des K zurücktreten, sodass kein Fall beiderseits zu vertretender Unmöglichkeit, sondern ein Fall des § 326 II S. 1 Alt. 1 BGB vorliegt.

hemmer-Methode: Lassen Sie sich durch den Gesetzeswortlaut nicht verwirren. Der Gesetzgeber wollte die Fallgruppe der beiderseits zu vertretenden Unmöglichkeit auch weiterhin der Behandlung durch Rechtsprechung und Literatur überlassen. Fälle „weit überwiegender“ Verantwortlichkeit des Gläubigers sind nur solche, in denen der Mitverschuldensbeitrag des Schuldners gering und daher zu vernachlässigen ist.
Anders sieht dies teilweise das Schrifttum.[113] Dort wird zum Teil die völlig indiskutable Auffassung vertreten, das Problem der beiderseits zu vertretenden Unmöglichkeit sei durch die Schuldrechtsreform geregelt worden. Alle Fälle, die nicht unter § 326 II BGB subsumierbar seien, sollten unter § 326 I BGB fallen.
Dieser Ansatz bedeutet für den Schuldner der unmöglichen Leistung eine drastische, durch nichts zu rechtfertigende Schlechterstellung, die absolut unvertretbar ist.[114]
Zur beiderseits zu vertretenden Unmöglichkeit lesen Sie ausführlicher Rn. 336 ff. in diesem Skript!

---

111 Palandt, § 326, Rn. 9.

112 Palandt, § 326, Rn. 9.

113 Gruber, „Schuldrechtsmodernisierung 2001/2002 – Die beiderseits zu vertretende Unmöglichkeit“, JuS 2002, 1066-1071 (1067 und 1071).

114 Vgl. dazu z.B. den „vernichtenden“ Kommentar von v. Olshausen in JuS 2003, 312: „Man kann dem Gesetz zur Modernisierung des Schuldrechts viel Schlechtes nachsagen und tut dies ja auch mit Fug und Recht. Aber dass seine Verfasser für den Fall der beiderseits zu vertretenden Unmöglichkeit im gegenseitigen Vertrag sehenden Auges eine so abenteuerliche Lösung gebilligt hätten, wie sie Gruber aus dem Gesetz heraus- oder in dieses hineinliest und auch noch verteidigt, ist denn doch nicht anzunehmen“. ... „Jedenfalls dürfte für die Verfasser des Schuldrechtsmodernisierungsgesetzes die Rüge, bei ihrer Normierung die Fälle beiderseits zu vertretender Unmöglichkeit nicht richtig durchgerechnet und überdacht zu haben, erträglicher sein als der Vorwurf, sie willkürlich geregelt zu haben. Schlampigkeit ist eben milder zu beurteilen als Willkür“.

b) § 326 II S. 1 Alt. 2 BGB

Übergang der Preisgefahr mit Annahmeverzug

In seiner 2. Alternative regelt § 326 II S. 1 BGB den Fall, dass der Gläubiger sich im Zeitpunkt des Eintritts des zur Unmöglichkeit i.S.d. § 275 I - III BGB führenden Leistungshindernisses im Annahmeverzug befindet. Anders gesagt: Mit dem Annahmeverzug des Gläubigers der Sachleistung geht auf diesen die Preisgefahr über: Wird die Leistung nun unmöglich, bleibt er zur Gegenleistung verpflichtet. 84

Exkurs: Annahmeverzug, §§ 293 ff. BGB

Der Annahmeverzug ist streng vom Schuldnerverzug i.S.v. § 286 BGB zu unterscheiden. Es geht um die Nichtannahme der Leistung trotz ordnungsgemäßen Angebotes durch den Schuldner. 85

Anders als der Schuldnerverzug (vgl. § 286 IV BGB bzw. § 280 I S. 2 BGB) tritt Annahmeverzug auch ohne ein Vertretenmüssen des Gläubigers ein[115], es handelt sich um eine verschuldensunabhängige Obliegenheitsverletzung, die für den Schuldner auch keinen Schadensersatzanspruch begründet.

hemmer-Methode: Allerdings kann den Gläubiger auch eine echte Leistungspflicht zur Annahme der Leistung treffen, so z.B. im Kaufvertrag, vgl. § 433 II BGB a.E.
Er ist also dann zugleich Schuldner der Abnahmepflicht. Nimmt er die Ware schuldhaft nicht rechtzeitig ab, gerät er zugleich in Annahme- und Schuldnerverzug.

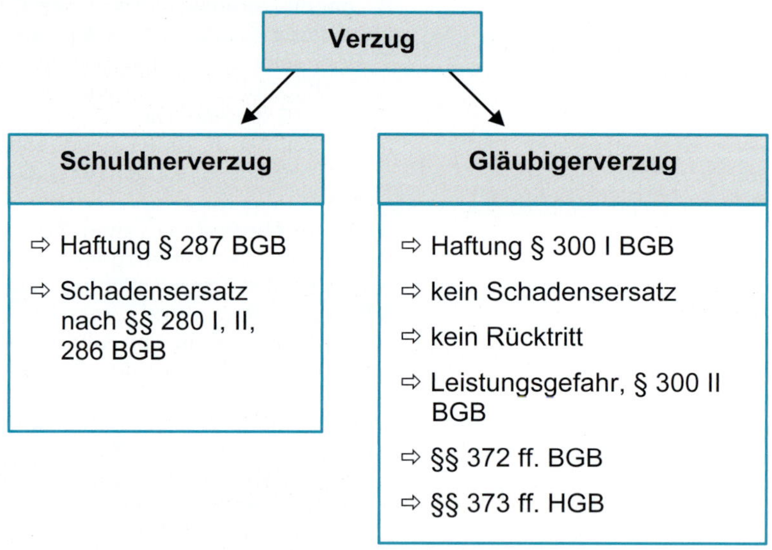

hemmer-Methode: Weitere Folgen der Leistungsverzögerung können der Anspruch auf Schadensersatz statt der Leistung nach § 281 BGB und das Rücktrittsrecht nach § 323 BGB sein.
Diese setzen jedoch keinen Schuldnerverzug voraus und wurden deshalb – um Missverständnissen vorzubeugen – nicht in die obige Übersicht aufgenommen.

Von Bedeutung ist der Annahmeverzug v.a. bei der Erhaltung der Gegenleistung trotz Unmöglichkeit der Sachleistung, § 326 II S. 1 Alt. 2 BGB. Wichtig ist auch die Haftungsmilderung zugunsten des Schuldners nach § 300 I BGB. 87

Daneben spielt der Annahmeverzug bei der Hinterlegung, § 372 BGB, und dem Selbsthilfeverkauf, § 383 BGB bzw. § 373 HGB, eine Rolle. 88

115 Palandt, § 293, Rn. 10.

aa) Voraussetzungen im Überblick

Voraussetzungen des Annahmeverzuges

(1) Wirksamer, erfüllbarer Anspruch 89

(2) Keine Unmöglichkeit der Leistung

(3) Tatsächliches Angebot bzw. Ausnahme, §§ 295 - 296 BGB; § 297 BGB beachten!

(4) Nichtannahme der Leistung durch den Gläubiger

bb) Die Voraussetzungen im Einzelnen:

(1) Wirksamer, erfüllbarer Anspruch

Wirksamkeit

Es muss überhaupt ein wirksamer Anspruch des Gläubigers bestehen. Ist das nicht der Fall, kann er bei Nichtannahme der Leistung auch nicht in Annahmeverzug geraten. Dies ist eine Selbstverständlichkeit, die von den §§ 293 ff. BGB nicht gesondert ausgesprochen wird. 90

Erfüllbarkeit

Ferner muss der Anspruch bereits erfüllbar sein. Der Schuldner muss also bereits leisten dürfen. Wann dies der Fall ist, richtet sich vorrangig nach der vertraglichen Vereinbarung. Fehlt eine solche, ist der Anspruch mit seiner Entstehung sofort erfüllbar, § 271 I BGB. 91

(2) Keine Unmöglichkeit der Leistung

War die Leistungspflicht bereits vor dem Angebot durch den Schuldner unmöglich, kann kein Annahmeverzug mehr eintreten: Es fehlt wegen § 275 I - III BGB bereits an einem wirksamen Anspruch des Gläubigers.[116] Für § 275 II, III BGB gilt dies freilich nur, wenn der Schuldner von seinem Leistungsverweigerungsrecht bereits Gebrauch gemacht hat. 92

Nichtannahme führt zur Unmöglichkeit

Davon zu unterscheiden sind die Fälle, in denen die Leistung gerade wegen der Nichtannahme durch den Gläubiger unmöglich wird. Diese Fälle sind allein nach Unmöglichkeitsrecht zu behandeln; Unmöglichkeit schließt Annahmeverzug aus, wenn die Leistung nicht mehr nachholbar ist. 93

Bsp. 1: *U hat beim Friseur T am 15.02. um 10:00 Uhr einen Termin. U steckt in einem Stau fest und kann nicht erscheinen.*

Mit Ablauf des vereinbarten Termins befindet sich U zwar im Annahmeverzug, indes liegt Unmöglichkeit der Verpflichtung des T nicht vor. Auch wenn die Dienstleistung hier Fixschuldcharakter hat, ist ihre Erbringung gleichwohl nicht unmöglich, da die Leistung nachholbar ist. Gleichwohl wird T von der Erbringung seiner Leistungspflicht gem. § 615 BGB frei und kann die Vergütung verlangen.

hemmer-Methode: Achtung! Grenzen Sie diesen Fall vom absoluten Fixgeschäft ab. Bei diesem tritt mit Verstreichen des Leistungszeitraums Unmöglichkeit ein. Diese Rechtsfolge ist aber nur dann gerechtfertigt, wenn die Erbringung der Leistungshandlung den geschuldeten Erfolg nicht mehr herbeiführen kann, die Durchführung also sinnlos geworden ist (das Hochzeitskleid kommt eine Woche nach der Hochzeit). Die Haare können dem Kunden sinnvollerweise aber weiterhin geschnitten werden.

116 Abgrenzung Verzug - Unmöglichkeit: Palandt, § 293, Rn. 3 ff.

Bsp. 2: Der Reisende kann die Reise nicht antreten, weil er sich einer erforderlichen Schutzimpfung nicht unterziehen kann.[117]

Hier ist der Reisevertrag undurchführbar geworden, sodass kein Annahmeverzug, sondern Unmöglichkeit vorliegt. Die §§ 293 ff. BGB gelten daher nicht. Unerheblich ist zudem, worauf das Leistungshindernis beruht. Diese Frage ist allenfalls bedeutsam für die Sekundärebene.

(3) Tatsächliches Angebot bzw. Ausnahme, §§ 295 - 296 BGB

Grundsätzlich tritt Annahmeverzug nur ein, wenn der Schuldner dem Gläubiger die Leistung tatsächlich i.S.v. § 294 BGB angeboten hat.

Ausnahmsweise ist jedoch nach § 295 BGB ein wörtliches Angebot ausreichend, nach § 296 BGB ist ein Angebot sogar gänzlich entbehrlich.

Tatsächliches Anbieten

(aa) Beim **tatsächlichen Angebot** muss dem Gläubiger die Leistung tatsächlich angeboten werden. Der Schuldner muss dem Gläubiger den Leistungsgegenstand dergestalt anbieten, dass er „nur noch zuzugreifen braucht".[118] Nicht erforderlich ist, dass der Schuldner dem Gläubiger „Auge in Auge" gegenüber tritt; es genügt beispielsweise, wenn der Verkäufer mit der Kaufsache in der Hand an der Tür des Gläubigers klingelt, unabhängig davon, ob dieser ihm öffnet. 94

„so, wie sie zu bewirken ist"

Die Leistung muss so, wie sie zu bewirken ist, angeboten werden. Der Schuldner hat also die richtige Leistung am richtigen Ort anzubieten. Das Leistungsangebot kann auch durch eine Hilfsperson, z.B. den Postboten erfolgen. 95

Richtiger Ort

⇨ Richtiger Ort ist der vereinbarte Ort des Leistungserfolges, sog. Erfolgsort. So hat der Schuldner auch bei einer Schickschuld die Leistung am Wohnsitz des Gläubigers anzubieten[119]; dass er mit Absenden der Ware bereits seine Leistungshandlung getätigt hat, ist für das tatsächliche Angebot i.S.d. § 294 BGB unbeachtlich.[120] 96

Richtiger Leistungsgegenstand

⇨ Es muss die richtige Leistung angeboten werden. Annahmeverzug tritt nicht ein, wenn der Schuldner einen völlig anderen Gegenstand anbietet (aliud). Ebenfalls tritt kein Annahmeverzug beim Angebot eines mangelhaften Leistungsgegenstandes ein: Die Leistung ist stets mangelfrei zu bewirken. Der Gläubiger, der z.B. eine sachmangelbehaftete Kaufsache (vgl. § 434 BGB) zurückweist, gerät also nicht in Annahmeverzug, § 434 I S. 2 BGB. Gleiches gilt, wenn die angebotene Gattungssache nicht mittlerer Art und Güte i.S.v. § 243 I BGB ist. 97

hemmer-Methode: Vertretbar ist es, in das Merkmal „so, wie sie zu bewirken ist" auch die richtige Leistungszeit hineinzulesen. Die Leistungspflicht muss im Zeitpunkt des Angebotes bereits erfüllbar sein. Dies wurde nach dem hier gewählten Prüfungsaufbau bereits vorab geprüft (vgl. oben, Rn. 90 f.).

Wörtliches Angebot, § 295 BGB

(bb) Gem. § 295 BGB genügt bereits ein **wörtliches Angebot** des Schuldners, wenn der Gläubiger bereits die Annahme der Leistung verweigert oder eine erforderliche Mitwirkungshandlung vorzunehmen hat. 98

117 BGHZ 60, 14-22 (17) = **juris**byhemmer.

118 BGHZ 90, 354-363 (359) = **juris**byhemmer.

119 Palandt, § 294, Rn. 3 f.

120 Palandt, § 294, Rn. 2.

Als solche Mitwirkungshandlung kommt insbesondere das Abholen bei der Holschuld oder die nähere Bestimmung der Leistung bei einem Leistungsbestimmungsrecht des Gläubigers nach § 315 BGB in Betracht. Klausurrelevant ist vor allem das Vorliegen einer Holschuld: Hier genügt zur Begründung des Annahmeverzuges bereits, dass der Schuldner den Gläubiger zum Abholen der Ware auffordert, § 295 S. 2 BGB.

Entbehrliches Angebot, § 296 BGB

(cc) Nicht einmal ein wörtliches Angebot ist erforderlich, wenn für die Mitwirkungshandlung des Gläubigers eine Zeit kalendermäßig bestimmt ist und der Gläubiger die Handlung nicht vorgenommen hat, § 296 S. 1 BGB. Das Erfordernis kalendermäßiger Bestimmtheit ist wie bei § 286 II Nr. 1 BGB zu verstehen (dazu unten, Rn. 157). *99*

***Bsp.:** V hat von seinem Bekannten B dessen Traktor gekauft. V soll den Traktor am 28.02. abholen. V vergisst den Termin. Annahmeverzug des V?*

Unproblematisch bestand ein wirksamer und erfüllbarer Anspruch des V gegen B auf Übereignung und Übergabe des Traktors, § 433 I S. 1 BGB. Dieser war auch nicht unmöglich.

B hat die Leistung (bislang) jedoch weder tatsächlich noch wörtlich angeboten, §§ 294, 295 BGB. Hier ist jedoch ein Angebot durch B entbehrlich: V hat zur Erbringung der Leistung durch B eine Mitwirkungshandlung vorzunehmen, nämlich den Traktor abzuholen. Da hierfür ein fester Termin kalendermäßig bestimmt war und V den Traktor nicht abgeholt hat, sind die Voraussetzungen des § 296 S. 1 BGB gegeben. Unbeachtlich ist ein möglicherweise fehlendes Verschulden seitens des V. Er ist in Annahmeverzug i.S.d. §§ 293 ff. BGB geraten.

Bestimmbarkeit ausreichend, § 296 S. 2 BGB

Nach § 296 S. 2 BGB ist es allerdings ausreichend, dass der Mitwirkungshandlung des Gläubigers ein Ereignis vorauszugehen hat und eine angemessene Zeit von dem Ereignis ab bestimmt ist.

***Bspe.:** „Innerhalb von drei Wochen nach Vertragsschluss" oder „zwei Wochen nach dem nächsten Sieg der Bayern im DFB-Pokal".*

Annahmeverzug tritt in derartigen Fällen freilich erst dann ein, wenn die angemessene Frist – gerechnet ab dem vereinbarten Ereignis – ohne Vornahme der Mitwirkungshandlung seitens des Gläubigers verstrichen ist.

(dd) Im Zeitpunkt des Angebots (bzw. bei § 296 BGB im für die Mitwirkungshandlung maßgeblichen Zeitpunkt) darf der Schuldner nicht außerstande sein, die Leistung zu erbringen.[121] *100*

Auf den ersten Blick scheint das Gesetz die Fälle der Unmöglichkeit der Leistungspflicht des Schuldners zu meinen. Allerdings ist bei Unmöglichkeit i.S.d. § 275 I - III BGB die Leistungspflicht bereits ausgeschlossen, sodass Annahmeverzug mangels eines wirksamen Anspruches ohnehin ausscheidet. § 297 BGB wäre überflüssig.

Daher sind von § 297 BGB andere Fälle erfasst:

Vorübergehende Unmöglichkeit

⇨ Zum einen die vorübergehende Unmöglichkeit, sofern sie nicht der dauerhaften Unmöglichkeit nach § 242 BGB gleichzustellen ist (vgl. oben, Rn. 35 f.). Hierbei handelt es sich um keinen Fall von § 275 I - III BGB, sodass § 297 BGB eigenständige Bedeutung hat. *101*

121 Palandt, § 296, Rn. 1.

Fehlende Leistungsbereitschaft des Schuldners

⇨ Zum anderen liegt ein wirksames Angebot nach h.M. auch dann nicht vor, wenn der Schuldner im maßgeblichen Zeitpunkt nicht zur Leistung bereit ist. § 297 BGB erfasst damit auch die Fälle fehlender Leistungsbereitschaft des Schuldners.[122] 102

Bsp.: *H nimmt bei Pianist P regelmäßig Klavierunterricht. P ist am vereinbarten Termin krank. H versäumt ohnedies den Unterricht, weil er ins Kino gegangen ist. P fordert von H Bezahlung.*

Da es sich bei dem Vertrag zwischen H und P um einen Dienstvertrag i.S.d. §§ 611 ff. BGB handelt, kommt als Anspruchsgrundlage § 615 S. 1 BGB i.V.m. § 611 I Alt. 2 BGB in Betracht. Ein solcher „Verzugslohn" setzt Annahmeverzug seitens des Dienstherrn, hier des H, voraus.

Es bestand ein wirksamer und erfüllbarer Anspruch des H gegen P auf den Klavierunterricht aus § 611 I Alt. 1 BGB. Dieser könnte nun aber durch Zeitablauf nach § 275 I BGB unmöglich geworden sein, wenn man der Dienstleistungspflicht des P Fixschuldcharakter beimessen würde. Dies ist jedoch zu verneinen, da die Klavierstunde jederzeit nachgeholt werden kann. Ein Fall der Unmöglichkeit liegt nicht vor. Auch die Krankheit des P bewirkt nicht die Unmöglichkeit seiner Leistungspflicht, da es sich hierbei lediglich um ein vorübergehendes Leistungshindernis handelt.

Ein tatsächliches oder wörtliches Angebot durch H war aufgrund der festen Terminvereinbarung nach § 296 S. 1 BGB entbehrlich.

Jedoch scheidet Annahmeverzug des H nach § 297 BGB aus: Im nach § 296 S. 1 BGB relevanten Zeitpunkt war P aufgrund seiner Krankheit nicht in der Lage, die geschuldete Leistung zu erbringen. Er hätte den Klavierunterricht selbst dann nicht geben können, wenn H nicht ins Kino gegangen wäre.

Damit lag kein Annahmeverzug des H vor; ein Anspruch auf Verzugslohn des P nach §§ 615 S. 1, 611 I Alt. 2 BGB scheidet aus.

(4) Nichtannahme der Leistung durch den Gläubiger

Annahmeverzug setzt schließlich voraus, dass der Gläubiger die Leistung nicht angenommen hat. Ein echtes Zurückweisen seitens des Gläubigers ist nicht erforderlich; eine Nichtannahme liegt auch vor, wenn der Gläubiger schlicht nichts unternimmt, um dem Schuldner die Erbringung des geschuldeten Leistungserfolges zu ermöglichen.[123] 103

Bsp.: *Käufer K öffnet dem Verkäufer V, der ihm die Kaufsache nach Hause bringen möchte, nicht die Tür.*

§ 298 BGB

Der Nichtannahme der Leistung steht es nach § 298 BGB gleich, wenn der Gläubiger zwar die Leistung annehmen, die Gegenleistung aber nicht erbringen will. Der Begriff der Gegenleistung ist hier nicht so streng wie in den §§ 320 ff. BGB zu verstehen; ausreichend ist irgendeine Leistungspflicht. Die wechselseitigen Pflichten müssen Zug-um-Zug abzuwickeln sein, dem Gläubiger muss also ein Zurückbehaltungsrecht, z.B. nach § 273 BGB, zustehen, vgl. § 274 BGB. 104

§ 299 BGB

Sofern eine feste Leistungszeit nicht bestimmt ist, kommt der Gläubiger allein aufgrund einer vorübergehenden Annahmeverhinderung nicht in Verzug, § 299 HS. 1 BGB. Dies gilt nicht, wenn der Schuldner ihm die Leistung angemessene Zeit vorher angekündigt hat, § 299 HS. 2 BGB. Hierbei handelt es sich letztlich um Billigkeitserwägungen, die anderenfalls direkt aus § 242 BGB herzuleiten wären. 105

122 Palandt, § 293, Rn. 9.

123 Palandt, § 293, Rn. 10.

Bsp.: Verkäufer V will Käufer K die verkaufte Flasche Rotwein vorbeibringen; trotz mehrfachen Klingelns öffnet niemand. Auf dem Rückweg wird die Flasche bei einem von V nicht verschuldeten Unfall zerstört. V fordert Bezahlung; K meint, er sei nur kurz Einkaufen gewesen und hätte ja nicht wissen können, dass V ausgerechnet heute vorbeikommen wolle. Anspruch des V?

Der Kaufpreisanspruch des V gegen K aus § 433 II BGB ist mit Vertragsschluss wirksam entstanden, könnte jedoch nach § 326 I S. 1 HS 1 BGB erloschen sein.

1. Der Kaufvertrag ist ein gegenseitiger Vertrag. Die Verschaffungspflicht des V gem. § 433 I S. 1 BGB als synallagmatische Hauptleistungspflicht ist infolge des Unfalls unmöglich geworden und damit nach § 275 I BGB erloschen. Dies führt gem. § 326 I S. 1 HS 1 BGB grundsätzlich zum Erlöschen der Kaufpreiszahlungspflicht aus § 433 II BGB.

2. Es könnte jedoch ein Fall des § 326 II S. 1 Alt. 2 BGB vorliegen. Dies wäre der Fall, wenn sich K im Zeitpunkt des Unfalls im Annahmeverzug mit dem Anspruch aus § 433 I S. 1 BGB befunden hätte.

a) Der Anspruch des K aus § 433 I S. 1 BGB war wirksam und erfüllbar; er war (zunächst) auch noch möglich. Ebenfalls liegt ein tatsächliches Angebot seitens des V vor, § 294 BGB.

b) Allerdings war K nur vorübergehend an der Annahme gehindert, da er lediglich einkaufen war. Damit scheidet gem. § 299 HS 1 BGB Annahmeverzug aus. Ein Fall des § 299 HS 2 BGB liegt nicht vor, da V dem K seine Leistung vorher nicht angekündigt hat.

Somit befand sich K im Zeitpunkt des Unfalls nicht im Annahmeverzug. § 326 II S. 1 Alt. 2 BGB ist daher nicht anwendbar; der Anspruch des V gegen K auf Kaufpreiszahlung nach § 433 II BGB ist gem. § 326 I S. 1 HS 1 BGB ausgeschlossen.

Exkurs Ende

Nochmals: Überblick zum Erlöschen der Gegenleistung nach § 326 I S. 1 BGB

Voraussetzungen des § 326 I S. 1 BGB im Überblick: 106

1. Gegenseitiger Vertrag

2. Ausschluss der synallagmatischen Hauptleistungspflicht nach § 275 I – III BGB

3. Kein Eingreifen von Ausnahmevorschrift:

- ⇨ Alleinige oder weit überwiegende Verantwortlichkeit des Gläubigers, § 326 II S. 1 Alt. 1 BGB
- ⇨ Annahmeverzug, § 326 II S. 1 Alt. 2 BGB
- ⇨ kein Übergang der Preisgefahr nach anderen Vorschriften: v.a. §§ 446, 447 BGB (Kaufrecht); §§ 644, 645 BGB (Werkvertrag); § 2380 BGB

⇨ **Gegenleistungspflicht entfällt, § 326 I S. 1 HS 1 BGB** (bei Teilunmöglichkeit: § 326 I S. 1 HS 2 BGB)

Nach § 326 II S. 1 Alt. 2 BGB geht also die Preisgefahr mit dem Annahmeverzug des Gläubigers auf diesen über; er muss die Gegenleistung erbringen, obwohl er die Sachleistung nicht erhält.

Kausalität nicht erforderlich, nur zeitliches Zusammenfallen. Bei § 275 II, III BGB auf Leistungshindernis abzustellen

Nicht erforderlich ist eine Kausalität zwischen Annahmeverzug und Unmöglichwerden der Sachleistung; es muss lediglich während des Annahmeverzuges des Gläubigers Unmöglichkeit eintreten. Ausreichend ist, dass während des Annahmeverzuges das Leistungshindernis i.S.d. § 275 II, III BGB eintritt, der Schuldner von seinem Leistungsverweigerungsrecht aber erst später Gebrauch macht. 107

Dies lässt sich dem Wortlaut des § 326 II S. 1 BGB, der auf den für die Unmöglichkeit relevanten Umstand abstellt, entnehmen.

Anrechnung nach § 326 II S. 2 BGB

Bleibt der Anspruch auf die Gegenleistung nach § 326 II S. 1 Alt. 1 oder Alt. 2 BGB erhalten, muss sich der Schuldner der unmöglich gewordenen (= Sach-)Leistung das anrechnen lassen, was er infolge seiner Leistungsbefreiung erspart hat sowie was er durch anderweitige Verwendung seiner Arbeitskraft erwirbt bzw. böswillig zu erwerben unterlässt, § 326 II S. 2 BGB. Diese Vorteile des Schuldners kürzen seinen Anspruch auf die Gegenleistung.[124] 108

hemmer-Methode: Strittig ist, ob diese Vorschrift auf die Selbstvornahme des Käufers vor Fristsetzung angewendet werden kann.
Nach der von S. Lorenz vertretenen Auffassung[125] soll § 326 II S. 2 BGB analog angewendet werden können. Durch die Selbstvornahme werde dem Verkäufer die Nacherfüllung durch Zweckerreichung unmöglich. Dies hat der Gläubiger des Nacherfüllungsanspruches aber allein zu vertreten, sodass der Anspruch auf den Kaufpreis gem. § 326 II S. 1 BGB bestehen bleibt. Allerdings erspart sich der Verkäufer die Aufwendungen, die er andernfalls gem. § 439 II BGB zu tragen hätte.
Der BGH hat die in der Literatur vor allem von S. Lorenz vertretene Ansicht, diesen Fall über §§ 275 I, 326 II S. 2 BGB zu lösen, schon mehrfach eine Absage erteilt.[126]
Tritt die Unmöglichkeit der Nacherfüllung nicht durch eine Selbstvornahme der Mängelbeseitigung des Käufers, sondern durch einen bestimmungswidrigen Gebrauch ein, so soll wegen des Ausschlusses des Rücktrittsrechts (§ 323 VI BGB) zur Vermeidung einer ungerechtfertigten Entlastung des Verkäufers einer mangelhaften Sache § 326 II S. 2 BGB dagegen analog angewendet werden.[127]
Lesen Sie zu dieser extrem examensrelevanten Problematik vertiefend Hemmer/Wüst, Schuldrecht BT I, Rn. 171 ff.

V.a.: Anrechnung des Erlöses aus Deckungsverkäufen

Von § 326 II S. 2 BGB erfasst ist auch die Konstellation, dass der Verkäufer einen sog. Deckungsverkauf vornimmt. Verkauft der Verkäufer bei Annahmeverzug des Käufers die Ware an einen Dritten und erzielt er einen Mindererlös, kann er die Differenz gegebenenfalls nach §§ 326 II S. 2, 433 II BGB geltend machen.

***Bsp.:** Kaufmann V verkauft an K 100 kg Tomaten zu 100,- €. K nimmt diese aber zum vereinbarten Zeitpunkt nicht ab. Um den Verderb der Tomaten zu verhindern, verkauft V sie für 60,- € an X. V verlangt nun von K die Differenz von 40,- €.* 108a

Ein solcher Anspruch könnte sich aus § 433 II BGB ergeben. Dieser Anspruch ist mit Vertragsschluss zwischen V und K i.H.v. 100,- € entstanden.

1. Der Anspruch könnte jedoch i.H.v. 60,- € durch Aufrechnung nach § 389 BGB erloschen sein. Dies setzt den Bestand einer Forderung des K gegen V voraus.

K hätte gegen V einen Anspruch auf Herausgabe des Mindererlöses i.H.v. 60,- € gehabt, wenn es sich bei dem Verkauf an X um einen rechtmäßigen Selbsthilfeverkauf i.S.v. § 373 II HGB gehandelt hätte. Denn dieser wäre nach § 373 III HGB für Rechnung des K erfolgt, sodass dieser den Erlös i.H.v. 60,- € nach § 667 BGB analog von V hätte verlangen können. In dem Verlangen des Differenzbetrages durch V wäre die nach § 388 BGB erforderliche Aufrechnungserklärung zu sehen.

124 Palandt, § 326, Rn. 13.

125 Lorenz, „Selbstvornahme der Mängelbeseitigung im Kaufrecht“, NJW 2003, 1417-1419 (1418 f.).

126 BGH, NJW 2006, 988-990 = **juris**byhemmer; **BGH, Life&Law 01/2006, 1 ff.** = NJW 2005, 3211-3213 = **juris**byhemmer; **BGH, Life&Law 06/2005, 351 ff.** = NJW 2005, 1348-1351 = **juris**byhemmer; Diese Rechtsprechung überträgt der BGH auch konsequent auf das Mietrecht, vgl. **BGH, Life&Law 05/2008, 287 ff.** = NJW 2008, 1216-1218 = **juris**byhemmer.

127 **OLG München, Life&Law 04/2007, 219 ff.** = ZGS 2007, 80 = **juris**byhemmer.

Zwar befand sich K im Zeitpunkt des Verkaufes in Annahmeverzug i.S.d. §§ 293 ff. BGB; auch ist § 373 HGB bereits deshalb anwendbar, weil V Kaufmann ist, § 345 HGB. Jedoch wurde der Verkauf durch V nicht gemäß § 373 II HGB durchgeführt: V hat die Ware selbst und nicht durch einen Handelsmakler bzw. eine zur öffentlichen Versteigerung befugte Person bewirkt. Damit lag kein rechtmäßiger Selbsthilfeverkauf vor, § 373 III HBG ist nicht anzuwenden.

Damit scheidet ein teilweises Erlöschen durch Aufrechnung aus.

2. Der Kaufpreisanspruch könnte jedoch nach § 326 I S. 1 HS 1 BGB erloschen sein.

a) Mit der Übereignung an X ist die synallagmatische Verschaffungspflicht des V diesem nachträglich subjektiv unmöglich geworden, § 275 I BGB. Im Zeitpunkt der Übereignung an X war die Leistungsgefahr jedenfalls nach § 300 II BGB infolge des Annahmeverzuges auf K übergegangen, die Gattungsschuld war zur Stückschuld geworden.

b) Allerdings könnte § 326 II S. 1 Alt. 2 BGB anspruchserhaltend eingreifen. K befand sich im Zeitpunkt des Unmöglichwerdens im Annahmeverzug mit der Leistung des V. Allerdings setzt § 326 II S. 1 Alt. 2 BGB ausdrücklich voraus, dass der Schuldner der Sachleistung, also V, die Unmöglichkeit nicht zu vertreten hat. Wäre dies der Fall, so wäre die Lösung nach den Regeln der beiderseits zu vertretenden Unmöglichkeit zu suchen.

In der gegen § 373 II HGB verstoßenden Übereignung an X könnte ein vorsätzliches oder zumindest fahrlässiges Verhalten des V gesehen werden. Dies ist vorliegend jedoch zu verneinen, da der Verderb der Tomaten drohte und V sie alsbald veräußern musste. Wäre die Ware bei V verdorben, hätte V gegen K auch einen Schadensersatzanspruch nach §§ 280 I, III, 283 BGB, da K sich im Schuldnerverzug mit seiner Abnahmeverpflichtung nach § 433 II BGB a.E. befand und daher die Unmöglichkeit infolge Verderbens der Tomaten nach § 287 S. 2 BGB zu vertreten hätte. V ist durch den freihändigen Verkauf an X letztlich nur seiner Schadensminderungspflicht gem. § 254 BGB nachgekommen. Hierin ist kein Verschulden des V zu sehen. Damit ist § 326 II S. 1 Alt. 2 BGB einschlägig.

V muss sich allerdings den durch den Verkauf an X erzielten Erlös nach § 326 II S. 2 BGB i.H.v. 60,- € anrechnen lassen. Hierbei handelt es sich um eine Verrechnung kraft Gesetzes, keine Aufrechnung.[128]

V kann daher von K Zahlung von 40,- € aus §§ 433 II, 326 I S. 1 Alt. 2, II S. 2 BGB verlangen.

hemmer-Methode: Bei einem rechtmäßigen Selbsthilfeverkauf wird die Pflicht des Verkäufers aus § 433 I S. 1 BGB nicht unmöglich; vielmehr wird sie durch den Drittverkauf erfüllt, da der Selbsthilfeverkauf in § 373 HGB bzw. in § 383 BGB ein Erfüllungssurrogat darstellt.

c) Vom Schuldner zu vertretende Unmöglichkeit

Vom Schuldner zu vertretende Unmöglichkeit: § 326 I S. 1 HS 1 BGB

Das Gesetz regelt nicht, wie sich eine vom Schuldner zu vertretende Unmöglichkeit auf die Gegenleistungspflicht des Gläubigers auswirkt. Auf den ersten Blick scheint diese gem. § 326 I S. 1 HS 1 BGB zu entfallen, da keine Ausnahmevorschrift ersichtlich ist. 109

Hängt von gewählter Art der Schadensberechnung ab

Allerdings kann der Gläubiger Schadensersatz statt der Leistung nach §§ 280 I, III, 283 BGB bzw. bei anfänglicher Unmöglichkeit nach § 311a II BGB verlangen. Dabei existieren zweierlei Arten der Schadensberechnung, zwischen denen der Gläubiger wählen kann; wählt er die sog. Surrogationsmethode bleibt er – entgegen § 326 I S. 1 HS 1 BGB – zur Gegenleistung verpflichtet (im Einzelnen ausführlich unten, Rn. 296 ff.).

128 Zur Abgrenzung Aufrechnung ⇔ Anrechnung vgl. Palandt, § 387, Rn. 2.

Zum problematischen Fall beiderseits zu vertretender Unmöglichkeit vgl. unten, Rn. 336 ff.

d) § 446 S. 1 und S. 3 BGB

Eine wichtige Ausnahme zu § 326 I S. 1 HS 1 BGB bildet § 446 BGB. Danach geht beim Kauf generell im Zeitpunkt der Übergabe der Kaufsache an den Käufer die Preisgefahr auf diesen über: Geht die Sache nun zufällig unter, muss er dennoch den Kaufpreis bezahlen. 110

Übergabe ist hierbei – wie bei § 433 I S. 1 BGB – als Verschaffung unmittelbaren Besitzes zu verstehen.[129]

§ 446 BGB nur bedeutsam, wenn Käufer nicht gleichzeitig Eigentümer wird

Zu beachten ist, dass § 446 BGB im Unmöglichkeitsrecht keine Rolle spielt, wenn der Käufer – wie im Regelfall – im Zeitpunkt der Übergabe auch Eigentümer der Kaufsache nach § 929 S. 1 BGB wird. Wird danach die Kaufsache zerstört, handelt es sich um keinen Fall der Unmöglichkeit der Verschaffungspflicht des Verkäufers gem. § 433 I S. 1 BGB: Diese hat der Verkäufer ja bereits erfüllt, sodass gem. § 362 I BGB keine Pflicht mehr besteht, die unmöglich werden kann!

Mangels unmöglicher Sachleistungspflicht kommt dann auch kein Ausschluss der Gegenleistungspflicht nach § 326 I S. 1 HS 1 BGB in Betracht. Dies hat aber mit der Gefahrtragungsregel des § 446 BGB nichts zu tun!

Erwerb unter Eigentumsvorbehalt und Grundstückserwerb sind wichtige Fälle des § 446 S. 1 BGB

Bedeutung hat § 446 S. 1 BGB also vor allem beim Kauf und Erwerb unter Eigentumsvorbehalt. Aber auch im Grundstücksrecht fallen Übergabe und Eigentumserwerb häufig auseinander.

hemmer-Methode: Von entscheidender Bedeutung ist § 446 BGB zur Beantwortung der Frage, ob ein Sachmangel der Kaufsache vorliegt: Hierfür kommt es auf den Zeitpunkt des Gefahrübergangs an, § 434 I S. 1 BGB. Gemeint ist der Zeitpunkt des Übergangs der Preisgefahr; dieser erfolgt beim Kauf gewöhnlicher Weise mit Übergabe der Kaufsache, § 446 S. 1 BGB.

Annahmeverzug verlagert Gefahrübergang vor, § 446 S. 3 BGB

Gemäß § 446 S. 3 BGB geht schon vor der Übergabe die Gefahr auf den Käufer über, sobald dieser in Annahmeverzug (§§ 293 ff. BGB) gerät.

e) § 447 I BGB[130] und die Besonderheiten beim Verbrauchsgüterkauf

aa) Versendungskauf, § 447 BGB

Übergang der Preisgefahr bei Versendungskauf

Besonders examensrelevant ist der Übergang der Preisgefahr auf den Käufer beim sog. **Versendungskauf**, § 447 I BGB. 111

Bereits im Zeitpunkt der Übergabe der Kaufsache an die Transportperson geht die Preisgefahr auf den Käufer über. Geht die Sache danach unter, muss der Käufer entgegen § 326 I S. 1 HS 1 BGB den Kaufpreis zahlen.

<u>Problem</u>: Unverschuldeter Untergang beim Transport durch eigene Fahrer

Bsp.: *Kaufmann K hat – um mit zwei Mitarbeitern einen guten Geschäftsabschluss zu feiern – beim Weinhändler W eine Magnum-Flasche Tignanello, Jahrgang 1997 für 500,- € gekauft, die W auf Verlangen des K diesem zusenden soll.*

---

129 Palandt, § 446, Rn. 6.

130 Vgl. hierzu zuletzt **BGH, Life&Law 12/2003, 840 ff.** = ZGS 2003, 438-439 = **juris**byhemmer; besprochen von Lorenz, ZGS 2003, 421 ff.

W beauftragt mit dem Transport seinen Angestellten C. Dieser wird auf der Fahrt zu K unverschuldet in einen Verkehrsunfall verwickelt, wobei die Rotweinflasche zu Bruch geht. W verlangt von K Zahlung.

1. Der Zahlungsanspruch aus § 433 II BGB ist mit Vertragsschluss wirksam entstanden.

2. Der Anspruch könnte jedoch nach § 326 I S. 1 HS 1 BGB erloschen sein.

a) Es handelt sich unproblematisch um einen gegenseitigen Vertrag. Die Verschaffungspflicht des W müsste auch wegen Unmöglichkeit ausgeschlossen sein; hier kommt allein § 275 I BGB in Betracht. Bei dem Kauf der Weinflasche handelt es sich um eine Gattungsschuld; durch Zerstörung nur einer Flasche dieser Gattung tritt noch keine Unmöglichkeit ein. Anders wäre das jedoch, wenn die Gattungsschuld vor dem Unfall zur Stückschuld nach § 243 II BGB geworden wäre. Dazu müsste W das seinerseits Erforderliche getan haben, was sich im Wesentlichen nach der Art der Schuld richtet.

Die Pflicht des W zur Übereignung und Übergabe des Weines ist als Schickschuld anzusehen, da W im Zweifel die Leistungsgefahr nicht bis zum Zeitpunkt des tatsächlichen Anbietens der Kaufsache am Wohnsitz des K tragen wollte. Da er eine Sache mittlerer Art und Güte ausgewählt, sowie diese an die Transportperson übergeben hat, ist Konkretisierung nach § 243 II BGB eingetreten. Unmöglichkeit gem. § 275 I BGB ist daher zu bejahen; dies führt grundsätzlich auch zum Erlöschen der Kaufpreiszahlungspflicht als Gegenleistung, § 326 I S. 1 HS. 1 BGB.

b) Zuvor könnte die Preisgefahr jedoch auf K nach § 447 I BGB übergegangen sein; dann bliebe er zur Kaufpreiszahlung verpflichtet.

Da laut Sachverhalt zwei Kaufleute beteiligt waren, liegt kein Verbrauchsgüterkauf i.S.d. § 474 I BGB vor. Damit ist § 447 BGB auch nicht durch § 475 II BGB ausgeschlossen (vgl. dazu auch Rn. 112).

Es wurde ein Versendungskauf i.S.d. § 447 I BGB vereinbart, da W die Kaufsache nach einem anderen Ort als dem Erfüllungsort versenden sollte. Mit „Erfüllungsort" ist der Ort der Leistungshandlung (auch: Leistungsort), nicht der Ort des Leistungserfolges (Erfolgsort) gemeint.

H.M.: Anwendung des § 447 I BGB auch beim Transport durch eigene Leute

Problematisch ist allerdings, ob § 447 I BGB auch auf den Transport durch eigene Leute Anwendung findet. Zwar existiert keine derartige Beschränkung im Wortlaut der Norm; jedoch beruht der Übergang der Preisgefahr gerade darauf, dass der Verkäufer die Ware aus seinem Machtbereich entlässt; dies geschieht beim Transport durch eigene Leute aber gerade nicht. Dennoch hält die h.M. § 447 I BGB auch beim Transport durch eigene Leute für anwendbar: Der Verkäufer, der eine ihm an sich nicht obliegende Leistung (den Transport) übernimmt, soll billigerweise die Preisgefahr nicht länger tragen, als bei Übergabe an eine fremde Transportperson.[131]

Somit ging im Zeitpunkt der Übergabe der Ware an C die Preisgefahr auf K über; entgegen § 326 I S. 1 HS 1 BGB muss er weiterhin den Kaufpreis entrichten. Der Anspruch des W gegen K auf Kaufpreiszahlung ist nicht erloschen.

hemmer-Methode: Hat eine dritte Person den Unfall verschuldet, so greift § 447 I BGB auch ein. Zwar geht nach § 447 BGB (ebenso wie bei § 446 BGB) die Gefahr nur dann über, wenn der Untergang zufällig erfolgte, also von keiner der Parteien zu vertreten war.[132] Das Verschulden der Transportperson kann dem Verkäufer aber nicht nach § 278 BGB zugerechnet werden, weil der Transport bei der Schickschuld nicht zum Pflichtenkreis des Verkäufers gehört.
Damit liegt ein unverschuldeter Untergang der Sache vor, sodass § 447 I BGB zur Anwendung kommt.

131 RGZ 96, 258; a.A. Medicus, BR, Rn. 275.

132 Vgl. Palandt, § 447, Rn. 15.

Dem W steht zwar ein Anspruch aus § 823 I BGB gegen die Transportperson zu, jedoch hat W keinen Schaden, weil er wegen § 447 I BGB den Kaufpreis von K erhält. K hat zwar einen Schaden (er muss den Kaufpreis zahlen, erhält jedoch die Kaufsache nicht), hat jedoch gegen den Dritten keinen Anspruch. Dies ist ein Fall der Drittschadensliquidation! Der Schaden des K wird zum Anspruch des W gezogen, und K kann von W Abtretung nach § 285 BGB verlangen.
Ist das Transportunternehmen Frachtführer i.S.d. §§ 407 ff. HGB, so ist dieser Fall in §§ 425, 421 I S. 2 HGB geregelt.[133]

Die weitere Problematik zeigt sich in folgender Abwandlung:

Bsp.: *Wie oben, jedoch verschuldet der Angestellte C den Unfall. W verlangt von K Zahlung.*

Fraglich ist wiederum ein etwaiges Erlöschen der Kaufpreiszahlungspflicht nach § 326 I S. 1 HS 1 BGB.

Nach § 447 BGB geht (ebenso wie bei § 446 BGB) die Gefahr nur dann über, wenn der Untergang zufällig erfolgte, also von keiner der Parteien zu vertreten war.[134]

hemmer-Methode: § 447 BGB ist also unanwendbar, wenn der Verkäufer die Leistungsstörung zu vertreten hat.

Zurechnung des Verschuldens eigener Transportleute, § 278 BGB

Dazu muss das Verschulden des C dem W nach § 278 S. 1, Alt. 2 BGB zuzurechnen sein. Erfüllungsgehilfe ist, wer mit Wissen und Wollen im Pflichtenkreis des Schuldners tätig ist.[135] Dies ist seitens des C fraglich, da W gar nicht zum Transport verpflichtet ist; als Leistungshandlung muss er die Ware lediglich der Transportperson übergeben. Problematisch ist daher, ob C überhaupt im Pflichtenkreis des W tätig war, was streng genommen zu verneinen sein müsste.

Allerdings ist der Verkäufer nach inzwischen h.M. dazu verpflichtet, im Umgang mit der verkauften Sache die verkehrserforderliche Sorgfalt an den Tag zu legen, solange er die Sache in seiner Obhut habe bzw. solange sich die Ware in seinem Machtbereich befinde.[136]

Der Verkäufer hat daher die Schutzpflicht nach § 241 II Var. 1 bzw. Var. 3 BGB, auf das Recht bzw. das Interesse des Käufers am Erhalt einer mangelfreien Leistung Rücksicht zu nehmen. In diesem Pflichtenkreis wurde der Fahrer des M auch tätig. Daher ist bezüglich dieser Obhutspflicht auch § 278 S. 1 Alt. 2 BGB anwendbar.

Entgegen dem Wortlaut des § 278 S. 1 BGB („Verschulden") führt § 278 S. 1 BGB nach inzwischen absolut h.M. nicht nur zu einer Zurechnung fremden Verschuldens, sondern auch zur Zurechnung der Pflichtverletzung des gesetzlichen Vertreters bzw. des Erfüllungsgehilfen.[137]

Für die h.M. spricht zudem, dass das Gesetz selbst im vergleichbaren Fall der Einschaltung von Gehilfen im Rahmen eines Auftrages in § 664 I S. 3 BGB eine Verschuldenszurechnung anordnet.

hemmer-Methode: Außerdem sprechen auch Wertungsgründe für die Anwendbarkeit des § 278 S. 1 Alt. 2 BGB beim Transport durch eigene Leute.
Würde man § 278 BGB als Zurechnungsnorm vorliegend nicht anwendet, so bestünde kein Gegenanspruch des A auf Schadensersatz. Trotzdem wäre A gegenüber M zur Zahlung des Kaufpreises gemäß § 433 II BGB verpflichtet.
Gegen dieses Ergebnis spricht aber, dass es den Käufer in einer nicht zu rechtfertigenden Weise benachteiligen würde. Immerhin besteht beim Transport durch ein fremdes Unternehmen, das schuldhaft die Ware zerstört, die Möglichkeit des Vorgehens über §§ 421, 425 HGB.

133 Vgl. dazu JRH, Hauptkurs Schuldrecht-AT, Fall 4.

134 Vgl. Palandt, § 447, Rn. 15.

135 Palandt, § 278, Rn. 7.

136 Oetker, JuS 2001, 833 (835); MüKo, § 447, Rn. 16, 23; Palandt, § 278 Rn. 15; Reinicke/Tiedtke KaufR Rn. 169; Soergel, § 447 , Rn. 37; Staudinger, § 447, Rn. 39.

137 Palandt, BGB, § 278 Rn. 18; Medicus/Lorenz, SchuldR AT, Rn. 383.

Erfolgt dagegen der Transport durch eigene Leute des Verkäufers, die die Ware schuldhaft zerstören, so besteht eine solche Möglichkeit nicht.
Allenfalls wäre nach den Grundsätzen der Drittschadensliquidation an die Abtretung von Ansprüchen gegen den Fahrer, also solchen aus § 280 I BGB wegen Pflichtverletzung des Arbeitsvertrages bzw. § 823 I BGB zu denken.
Bei leichter Fahrlässigkeit haftet der Fahrer aber aufgrund der Haftungsprivilegierung von Arbeitnehmern (sog. innerbetrieblicher Schadensausgleich) im *Innen*verhältnis zu seinem Arbeitgeber nicht, sodass dann ein Anspruch des Verkäufers gegen den eigenen Fahrer nicht besteht.
Da der Fahrer häufig auch nicht die notwendige Solvenz besitzt, kann eine Schlechterstellung des Käufers nur dadurch vermieden werden, dass der Verkäufer wie ein Transportunternehmer haftet. Entscheidend ist, dass der Verkäufer faktisch eine Doppelrolle hat. Er ist *zusätzlich* Transportperson, auch wenn kein besonderer Transportvertrag mit dem Käufer geschlossen wurde.
Diese wertungsmäßigen Überlegungen rechtfertigen es, § 278 BGB in der vorliegenden Konstellation anzuwenden.

Ergebnis: Da V die Unmöglichkeit zu vertreten hat, findet § 447 I BGB keine Anwendung.

K kann also Schadensersatz wegen Nichterfüllung verlangen, §§ 280 I, III, 283 BGB. Ob er die Gegenleistung noch erbringt, hängt von der gewählten Schadensberechnungsmethode ab. Wählt er Schadensersatz nach der Differenzmethode, besteht ein Anspruch des W gegen K auf Kaufpreiszahlung nicht.

hemmer-Methode: Nach einer M.M. in der Literatur ist dieser Lösungsweg auch nicht befriedigend. Beim Fremdtransport erlangt der Käufer nämlich einen direkten Schadensersatzanspruch gegen den Transporteur nach § 425 HGB. Die Anwendung von § 278 BGB würde beim Selbsttransport dagegen dazu führen, dass eine Leistungsstörung im Rahmen des Kaufvertrags vorläge, so dass der Käufer beim Untergang der Sache zurücktreten und bei ihrer Beschädigung Gewährleistungsrechte geltend machen könnte.
Die wünschenswerte Gleichstellung von Selbst- und Fremdtransport soll daher nicht durch die Anwendung von § 278 BGB beim Selbsttransport erreicht werden, sondern nur dadurch, dass der selbst oder mit eigenen Leuten transportierende Verkäufer der transportrechtlichen Haftung unterworfen wird. Dies ließe sich damit begründen, dass er von seiner Funktion her einem Spediteur vergleichbar ist und der Spediteur, der sich dafür entscheidet, den Transport im Wege des Selbsteintritts selbst durchzuführen, gem. § 458 S. 2 HGB der für einen Frachtführer geltenden Haftung unterworfen wird.
Führt der Verkäufer den Transport selbst oder mit eigenen Leuten durch und wird die Ware unterwegs durch sein oder das Verschulden seiner Leute beschädigt oder zerstört, soll dies nach dieser Ansicht auf den Kaufvertrag ohne Einfluss sein. Vielmehr könne der Käufer analog §§ 458 S. 2, 425 HGB vom Verkäufer Schadensersatz nach Frachtrecht fordern.[138]

bb) Besonderheiten beim Verbrauchsgüterkauf

Beim Vorliegen eines Verbrauchsgüterkaufes müssen Sie § 475 II BGB beachten: 112

Bei Selbstorganisation des Transportes durch den Verbraucher gilt § 447 I BGB

Grds. gilt § 447 I BGB beim Verbrauchsgüterkauf nicht. Nur für die Sonderkonstellation, dass der Verbraucher die Beförderung der Sache selbst organisiert, also den oder die möglichen Beförderer ohne Rückgriff auf einen Vorschlag des Unternehmers auswählt, ist § 447 I BGB anwendbar, vgl. § 475 II BGB. Der Beförderer ist in diesem speziellen Fall der Sphäre des Käufers zuzurechnen.

138 So Faust in BeckOK, BGB, § 447 Rn. 25 f.

Bsp.: *K kauft auf der Internetplattform eBay von Powerseller V ein Notebook zum privaten Gebrauch. V schreibt auf seiner Verkaufsseite, dass die Versendung durch Hermes-Versand erfolgen wird. Da K mit dem Hermes-Zusteller in seinem Wohnort schlechte Erfahrungen gemacht hat, bittet K den V, den Versand über DHL selbst organisieren zu dürfen.*

In diesem Fall, der die absolute Ausnahme darstellen wird, findet § 447 I BGB künftig auch beim Verbrauchsgüterkauf Anwendung.

hemmer-Methode: Beachten Sie aber, dass trotz § 475 II BGB der Verkäufer bei der Gattungsschickschuld mit der Absendung der mangelfreien Ware die Konkretisierung herbeiführt.[139] § 447 BGB regelt nämlich lediglich die Preis- bzw. Gegenleistungsgefahr. Die Frage, ob Konkretisierung eingetreten ist, ist allerdings eine Frage der Leistungsgefahr.
Beachten Sie außerdem, dass § 447 II BGB nach wie vor auf den Verbrauchsgüterkauf generell nicht angewendet werden kann, vgl. § 475 III S. 2 BGB.

f) §§ 644, 645 BGB

Weitere examensrelevante Ausnahmeregelungen zu § 326 I S. 1 BGB finden sich im Werkvertragsrecht in den §§ 644, 645 BGB. *113*

Übergang der Preisgefahr mit Abnahme des Werkes

Vor Abnahme des Werkes trägt der Unternehmer die Preisgefahr, vgl. § 644 I S. 1 BGB. Dies entspricht § 326 I S. 1 BGB, wonach der Schuldner die Preisgefahr zu tragen hat.

Allerdings ist dieser Regelung im Umkehrschluss zu entnehmen, dass nach Abnahme der Besteller die Preisgefahr trägt. Sobald das Werk abgenommen ist muss der Besteller die Vergütung auch dann entrichten, wenn das Werk zufällig untergeht.

§ 644 I S. 2 BGB: Annahmeverzug des Bestellers

§ 644 I S. 2 BGB betrifft den Gefahrübergang bei Annahmeverzug. Diese Rechtsfolge lässt sich im Fall der Unmöglichkeit des Leistungserfolges auch § 326 II S. 1 Alt. 2 BGB entnehmen.

Ungeschriebene Tatbestandsvoraussetzung des § 644 I S. 2 BGB ist nach allgemeiner Meinung, dass der Unternehmer die Leistungsstörung nicht zu vertreten haben darf.[140] Aufgrund des Annahmeverzugs des Bestellers hat der Werkunternehmer aber nur grobe Fahrlässigkeit und Vorsatz zu vertreten, § 300 I BGB.

§ 644 II BGB

§ 644 II BGB entspricht inhaltlich § 447 I BGB.

§ 645 II BGB

§ 645 II BGB stellt u.a. eine Verweisung auf § 326 II S. 1 Alt. 1 BGB dar.

§ 645 I BGB

§ 645 I BGB betrifft den Fall, dass das Werk (vor der Abnahme) untergeht, weil der Besteller (schuldlos; sonst gilt Abs. 2) fehlerhafte Stoffe geliefert oder fehlerhafte Anweisungen gegeben hat.

Hierzu folgender Beispielsfall: *114*

U soll ein Dach auf dem Haus des B errichten. Als der Dachstuhl fertig, das Dach aber noch nicht eingedeckt ist, brennt das Haus infolge einer Nachlässigkeit eines anderen am Bau beschäftigen Handwerkers H ab. Kann U von B die vereinbarte Vergütung verlangen?

U könnte einen Vergütungsanspruch gegen B gemäß § 631 BGB haben.

139 Vgl. hierzu Lorenz, ZGS 2003, 421 (422).

140 Palandt, §§ 644, 645, Rn. 6.

hemmer-Methode: Der Anspruch besteht von Anfang an. Fällig wird er dagegen erst mit Abnahme, § 641 I BGB. Der Unternehmer ist also vorleistungspflichtig.

Der Vergütungsanspruch könnte jedoch gemäß § 326 I S. 1 BGB erloschen sein.

a) Der Werkvertrag ist ein gegenseitiger Vertrag. Mit Abbrennen des Hauses ist die Herstellung des Werkes (= synallagmatische Hauptleistungspflicht) unmöglich geworden, § 275 I BGB. Gemäß § 326 I BGB hat U damit grundsätzlich den Anspruch auf die Vergütung verloren.

b) Die Unmöglichkeit hat vorliegend H zu vertreten. Da dieser aber nicht Erfüllungsgehilfe des B ist, muss sich B dieses Verschulden nicht über § 278 S. 1 Alt. 2 BGB zurechnen lassen. Somit greift nicht § 326 II Alt. 1 BGB anspruchserhaltend ein.

c) Fraglich ist jedoch, ob die Preisgefahr in Ausnahme zu § 326 I BGB schon auf den B übergegangen ist.

Es liegt keiner der in § 644, 645 BGB geregelten Fälle des Übergangs der Preisgefahr vor. Im Schrifttum wird jedoch teilweise vertreten, dass § 645 I BGB auf alle Fälle analog anzuwenden ist, in denen das Leistungshindernis vor Abnahme aus dem Gefahrenbereich des Bestellers stammt, sog. Sphärentheorie.[141]

Die h.M. und der BGH sind der Sphärentheorie jedoch nicht gefolgt. Die §§ 644, 645 BGB sollen nach dem Willen des Gesetzgebers gerade abschließend regeln, wer welche Gefahren zu tragen hat. Es ist auch nicht ersichtlich, dass die Fälle der Sphärentheorie vom Gesetzgeber übersehen wurden. Eine analoge Anwendung des § 645 I BGB entfällt. Eine solch weitgehende Überwälzung des Risikos auf den Besteller entspricht nicht der Systematik der gesetzlichen Gefahrtragung im Werkvertragsrecht.

Ergebnis: U verliert den Vergütungsanspruch gemäß § 326 I BGB.

hemmer-Methode: In Betracht kommt aber ein Anspruch des U gegen B auf Abtretung etwaiger Ansprüche gegen H nach den Grundsätzen der Drittschadensliquidation. B ist wegen §§ 946, 94 II, I BGB Eigentümer des Dachstuhls geworden und hat infolgedessen gegen H einen Anspruch aus § 823 I BGB wegen Eigentumsverletzung. *115*
Da B jedoch nicht an U zahlen muss, hat er keinen Schaden. Der Schaden liegt vielmehr bei U, der zwar den Dachstuhl errichtet, jedoch keinen Anspruch gegen B hat. Da hier wegen § 644 I S. 1 BGB ein Fall der zufälligen Schadensverlagerung vorliegt, kann U von B Abtretung des Anspruchs gegen H verlangen.

4. Rechtsfolge des § 326 I S. 1 BGB

a) Grundsatz

Liegen die Voraussetzungen des § 326 I S. 1 BGB vor, so entfällt der Anspruch auf die Gegenleistung. Bei anfänglicher Unmöglichkeit der Leistung entsteht eine Gegenleistung also erst gar nicht, bei nachträglicher Unmöglichkeit erlischt sie nachträglich. *116*

Rückzahlungsanspruch, § 326 IV BGB i.V.m. §§ 346 ff. BGB

Hat der Gläubiger der Sachleistung (= Schuldner der Gegenleistung) die Gegenleistung ganz oder teilweise bereits bewirkt, obwohl er hierzu nach § 326 I S. 1 BGB nicht bzw. nicht mehr verpflichtet ist, kann er nach § 326 IV BGB i.V.m. §§ 346 ff. BGB den zu viel gezahlten Betrag ipso iure, d.h. ohne Rücktrittserklärung zurückverlangen.

141 Palandt, §§ 644, 645, Rn. 9.

b) Erster Sonderfall: Teilunmöglichkeit

Ist die Sachleistung nur teilweise unmöglich geworden, wäre ein vollständiges Entfallen der Gegenleistung nicht sachgerecht. Daher entfällt gem. § 326 I S. 1 HS 2 BGB die Gegenleistung dann auch nur teilweise, wobei die Berechnung nach § 441 III BGB wie bei der Minderung beim Kauf durchzuführen ist. 117

Bsp.: *U verpflichtet sich, auf den drei Grundstücken des B jeweils ein Haus zu errichten (Wert: jeweils 200.000,- €) zum Gesamtpreis von 750.000,- €. Infolge starker Regenfälle wird ein wesentlicher Teil eines der Grundstücke abgetragen, sodass die Errichtung eines Hauses auf diesem unmöglich ist. Nachdem U die anderen beiden Häuser errichtet hat, verlangt er von B Zahlung der 750.000,- €.*

Ein solcher Anspruch könnte sich aus § 631 I Alt. 2 BGB ergeben. Der Vergütungsanspruch ist mit Vertragsschluss wirksam entstanden.

Da die Pflicht des U zur Werkleistung teilweise nach § 275 I BGB unmöglich geworden ist, entfällt der Vergütungsanspruch gem. § 326 I S. 1 HS 2 BGB ebenfalls nur teilweise.

Dabei ist die Berechnung nach § 441 III BGB durchzuführen:

Die zu errechnende Restvergütung verhält sich zu 750.000,- € wie der Wert der noch möglichen Werkleistung (400.000,- €) zu dem Wert der gesamten Werkleistung (600.000,- €), also zwei zu drei. Die zu zahlende Restvergütung beträgt 500.000,- €, vgl. § 441 III BGB.

Damit muss B an U nur 500.000,- € zahlen, § 326 I S. 1 HS 2 BGB. Zwar liegt grundsätzlich ein Fall des § 645 BGB vor, da das Werk teilweise wegen der Beschaffenheit des einen Grundstückes unausführbar ist. Jedoch hat U insoweit noch keine Aufwendungen getätigt, die er von B nach § 645 BGB ersetzt verlangen könnte.

Damit kann B von U Zahlung i.H.v. nur 500.000,- € verlangen.

c) Zweiter Sonderfall: Schlechtleistung

§ 326 I S. 1 HS 2 BGB (-) bei Schlechtleistung

Hat der Schuldner eine mangelhafte Leistung erbracht, ist er zur Nacherfüllung verpflichtet. Denn die mangelhafte Leistung stellt eine teilweise Nichterfüllung dar. Ist (z.B. bei einem unbehebbaren Mangel der Kaufsache) die Nacherfüllung unmöglich i.S.v. § 275 I - III BGB, handelt es sich um einen Fall der Teilunmöglichkeit. Der Anspruch auf die Gegenleistung müsste nach § 326 I S. 1 HS 2 BGB anteilig gekürzt werden. Dies käme einer Minderung kraft Gesetzes gleich. 118

Diese automatische anteilige Kürzung der Gegenleistung bei Unmöglichkeit der Nacherfüllung schließt § 326 I S. 2 BGB aus. Denn v.a. beim Kauf (§ 441 BGB) und beim Werkvertrag (§ 638 BGB) ist die Minderung als Gestaltungsrecht des Gläubigers vorgesehen. Dem würde eine Minderung kraft Gesetzes durch § 326 I S. 1 HS 2 BGB zuwiderlaufen.[142]

hemmer-Methode: Ohne § 326 I S. 2 BGB würde der Käufer also seines Wahlrechtes beraubt, wenn automatisch die Minderung eintritt. Unter Umständen will er ja gar nicht mindern, sondern zurücktreten. Rücktritt und Minderung schließen sich nun aber definitiv aus (vgl. § 437 Nr. 2 BGB: ...„oder“...).

Nach § 326 I S. 2 BGB gilt § 326 I S. 1 BGB nicht, wenn der Schuldner im Fall der nicht vertragsgemäßen Leistung die Nacherfüllung nicht zu erbringen braucht.

142 BT-Drucks, 14/6040, S. 189.

Diese Ausnahme setzt nach dem eindeutigen Wortlaut sowie nach ihrem Sinn und Zweck ganz eindeutig voraus, dass die Sache übergeben wurde.

Zuvor hat der Schuldner nämlich noch keine **Leistung** in diesem Sinne erbracht und der Gläubiger kann nicht **Nacherfüllung** verlangen, sondern die ursprüngliche Erfüllung.

Vor Übergabe ist § 326 I S. 1 BGB also anwendbar.[143]

Zu beachten ist diese Besonderheit v.a. deshalb, weil § 434 III BGB die Zuweniglieferung einem Sachmangel gleichstellt. Wenn von den 100 verkauften Weinflaschen 50 zu Bruch gehen, kommt keine anteilige Kürzung der Gegenleistung nach § 326 I S. 1 HS 2 BGB, sondern nur ein Minderungsrecht nach § 441 BGB in Betracht.

Findet eine automatische Kürzung der Gegenleistung nach § 326 I S. 1 HS 2 BGB nicht statt, ist der Gläubiger in aller Regel jedoch gem. § 326 V BGB zum Rücktritt vom Vertrag berechtigt, ohne dass er dem Schuldner eine Frist i.S.v. § 323 I BGB setzen muss.[144]

d) Abschließender Beispielsfall[145]:

Beispielsfall

Ausgangsfall: *A fordert von B (Betreiber eines Küchenstudios) die Rückzahlung einer Anzahlung i.H.v. 10.000,- €, die er bei Bestellung einer Küche, bestehend aus diversen Küchenmöbeln, einem Herd und einer Kühl- und Gefrierkombination der Marke „F“ (Festpreis 12.000,- €) gezahlt hat.* *118a*

Nachdem die bestellte Kühl- und Gefrierkombination nicht mehr lieferbar war, weil sie vom Hersteller nicht mehr gebaut wird, bot B an, die Küche mit einer gleichwertigen Kombination eines anderen Herstellers zu liefern. Dieses Angebot hat A aber abgelehnt, mit der Begründung, bei Vertragsschluss sei vereinbart worden, dass genau das bestellte Gerät geliefert werden soll. B habe bei Vertragsschluss erklärt, er könne genau dieses Gerät noch liefern, obwohl es nicht mehr hergestellt würde. Auf die Lieferung genau dieses Gerätes sei es ihm aber angekommen.

A erklärte daraufhin, sich vom Vertrag insgesamt lösen zu wollen, weil B die bestellte Kühl- und Gefrierkombination nicht liefern könne, obwohl er dies zugesagt habe.

B dagegen trägt vor, er habe sich bei Vertragsschluss die Möglichkeit vorbehalten, ein vergleichbares Ersatzgerät zu liefern. Er habe ausdrücklich darauf hingewiesen, dass er nicht 100 % versprechen könne, ob er genau dieses Gerät noch liefern könne.
Hat A Ansprüche auf Rückzahlung der geleisteten Anzahlung?

Anspruch aus §§ 346 I, 323 BGB

I. Ein Rückzahlungsanspruch des A gegen B könnte sich aus §§ 346 I, 323 I, V BGB ergeben.

Voraussetzung hierfür wäre, dass B eine fällige (d.h. durchsetzbare) Leistung insgesamt nicht erbracht hat (§ 323 I BGB) bzw. nur eine Teilleistung erbracht hat, an der der Gläubiger aber (alleine) kein Interesse hat (§ 323 V BGB).

Geht man davon aus, dass A und B keine Ersetzungsbefugnis des B hinsichtlich der bestellten Kühl- und Gefrierkombination vereinbart hatten, kann B (zumindest teilweise) seine vertraglich übernommene Leistungspflicht nicht erfüllen.

Geht man weiter davon aus, dass die von B geschuldete Leistung (Lieferung einer Küche) teilbar ist (Küchenmöbel, Herd, Kühlschrank), liegt ein Fall der teilweisen Unmöglichkeit vor. Gem. § 275 I BGB wird B dann insoweit von seiner Leistungspflicht frei, als sie ihm unmöglich ist.

143 Vgl. dazu Prof. Heinrich, ZGS 2003, 208 f. sowie Prof. Schulte-Nölke, ZGS 2003, 256 (257).

144 Zu diesem Rücktrittsrecht vgl. unten, Rn. 466 ff.

145 Vgl. dazu **LG Rottweil, Life&Law 01/2004, 6 ff.** = NJW 2003, 3139-3140 = **juris**byhemmer; besprochen von Lorenz, NJW 2003, 3097-3099.

Der Schuldner schuldet dann aber nur noch denjenigen „Teil" der (teilbaren) Leistung, der ihm möglich ist. Es handelt sich hierbei aber nicht um eine Teilleistung i.S.v. § 266 BGB, sondern um den (wegen § 275 I BGB) allein noch geschuldeten Rest der Gesamtleistung.

Ist dem Schuldner – wie hier – die Leistung teilweise unmöglich, stellt der noch geschuldete Rest der Gesamtleistung keine Teilleistung i.S.v. § 266 BGB dar.

Daraus folgt dann wiederum, dass der Gläubiger bei teilweiser Unmöglichkeit nicht direkt über § 323 V BGB (setzt ebenso Erbringbarkeit der Gesamtleistung voraus wie § 266 BGB), sondern nur über die Verweisung des § 326 V BGB vom Restschuldverhältnis zurücktreten kann.[146]

Ein Anspruch auf Rückzahlung der geleisteten Anzahlung gem. §§ 346 I, 323 I, V BGB scheidet nach alledem aus.

Anspruch aus §§ 346 I, 326 V BGB

II. Anspruch auf Rückzahlung gem. §§ 346 I, 326 IV, 326 I S. 1 BGB

Soweit B nicht zu leisten braucht (Kühl- und Gefrierkombination), ist der Anspruch auf die Gegenleistung bereits *ohne Rücktrittserklärung* des A gem. § 326 I S. 1 BGB entfallen.

In welcher Höhe der Anspruch auf die Gegenleistung bei teilweiser Unmöglichkeit entfällt, bestimmt sich dann nach den Grundsätzen zur Berechnung der Minderung. § 326 I S. 1 HS 2 BGB verweist auf § 441 III BGB.

Soweit danach eine nicht geschuldete Gegenleistung bereits erbracht worden ist, kann sie über § 326 IV BGB nach §§ 346 ff. BGB zurückgefordert werden.

Dies würde im Fall bedeuten, dass A von B die Anzahlung insoweit zurückfordern könnte, als sie die noch geschuldete Gegenleistung übersteigt.

Nachdem A aber die gesamte Anzahlung zurückfordert, ist zu prüfen, ob er aufgrund der teilweisen Unmöglichkeit der Leistung des B vom gesamten Vertrag zurücktreten konnte.

In Betracht kommt hier § 326 V BGB, der dem Gläubiger bei (teilweiser) Unmöglichkeit der Leistung des Schuldners in entsprechender Anwendung von § 323 BGB ein Rücktrittsrecht ohne vorherige erfolglose Fristsetzung einräumt.

Nachdem es bei Unmöglichkeit der Leistung weder um eine Fristsetzung, ihre Entbehrlichkeit noch um die Fälligkeit der Leistung gehen kann, handelt es sich letztlich nur um eine Verweisung auf § 323 V, VI BGB.

Das bedeutet wiederum, dass bei teilweiser Unmöglichkeit nach § 326 V BGB i.V.m. § 323 V S. 1 BGB für den Rücktritt vom Restvertrag ein Interessenfortfall des Gläubigers Voraussetzung ist.

Zu prüfen ist daher noch, ob das Interesse des A an der verbleibenden Restleistung (Küchenmöbel, Herd) gerade wegen des Ausbleibens der bestellten Kühl- und Gefrierkombination weggefallen ist.

Das dürfte hier nur schwer zu begründen sein, nachdem lt. Sachverhalt eine Ersetzbarkeit der bestellten Kühl- und Gefrierkombination durch gleichwertige Geräte bestand.

Nach alledem konnte A hier nicht vom gesamten Vertrag zurücktreten. Eine Rückforderung der gesamten Anzahlung über § 346 I BGB scheidet daher aus. Über §§ 346 I, 326 IV, 326 I S. 1 BGB kann A höchstens einen Teil der bereits erbrachten Anzahlung zurückfordern, soweit diese den noch geschuldeten Kaufpreis übersteigt.

146 Diese „Feinheiten" hatte das LG in seiner hier aufgegriffenen Entscheidung übersehen und fälschlicherweise § 323 V BGB direkt angewendet; dies erfolgte offensichtlich aufgrund nicht sauberer Differenzierung zwischen den Begriffen „Teilleistung" und „teilweise Unmöglichkeit"

§ 3 SEKUNDÄRANSPRÜCHE AUF SCHADENSERSATZ BEI PFLICHTVERLETZUNGEN IM SCHULDVERHÄLTNIS

Häufig entsteht einer Partei eines Schuldverhältnisses durch die 119
Leistungsstörung der anderen Seite ein Schaden, den sie von dieser ersetzt haben will. Die Frage nach Sekundäransprüchen auf Schadensersatz infolge von Leistungsstörungen macht neben der Prüfung des Primäranspruches dementsprechend einen wichtigen Teil von Klausuren aus dem Leistungsstörungsrecht aus.

Bsp.: *S versäumt es, wie vereinbart am 02.01.2017 die von G bei ihm bestellten Stühle zu liefern. G kann deshalb seine Kneipe nicht eröffnen.*
1. Hat G einen Anspruch gegen S auf Lieferung der Stühle? (Primäranspruch) ⇨ § 433 I S. 1 BGB.
2. Anspruch des G gegen S wegen des Gewinnausfalls? (Sekundäranspruch) ⇨ Schadensersatz z.B. nach §§ 280 I, II, 286 BGB.

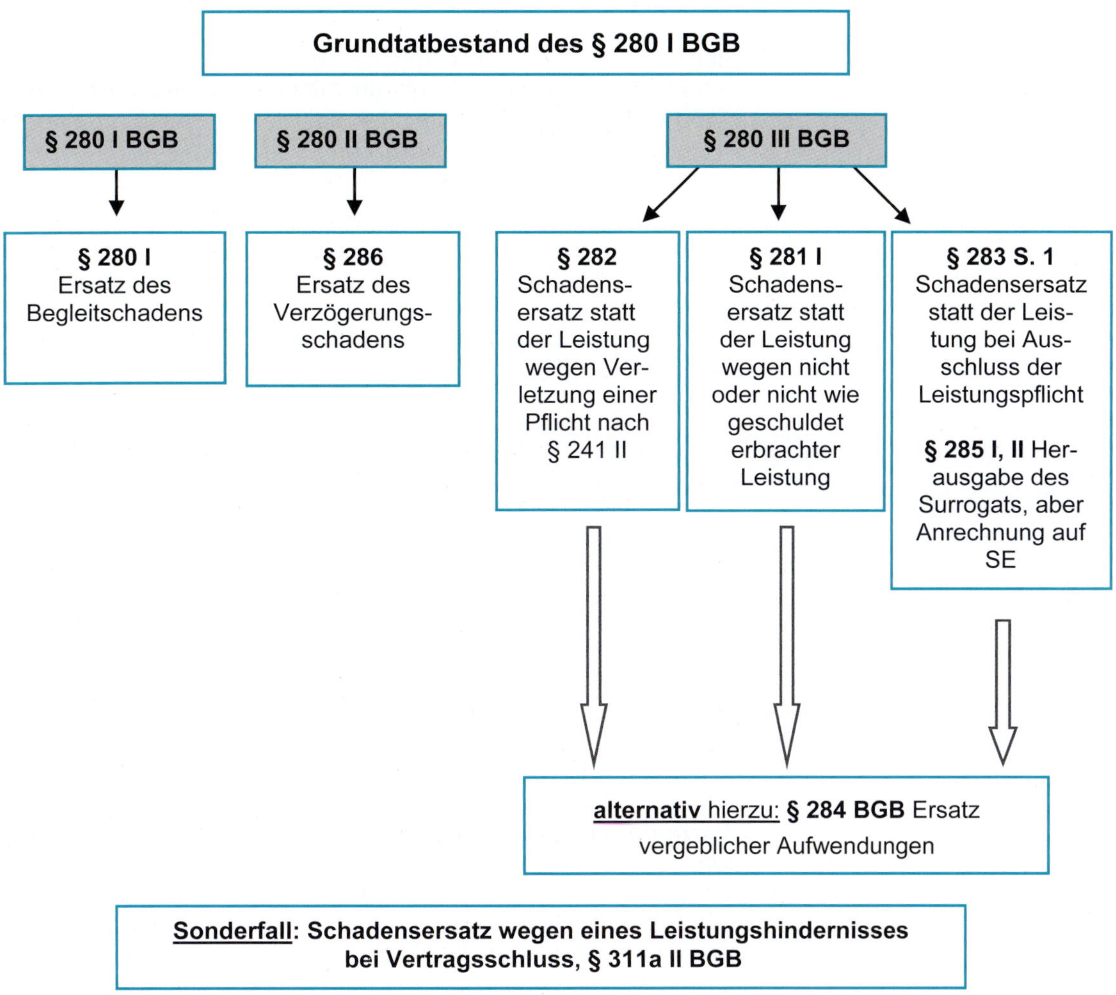

Das Verständnis der Systematik der anzuwendenden Normen und die Kenntnis ihrer Voraussetzungen sind für Studium und Examen unerlässlich. Die zentralen Normen sind § 280 BGB (allgemeine Anspruchsgrundlage für Schadensersatz wegen Pflichtverletzung), §§ 281 - 283 BGB (Schadensersatz statt der Leistung) und § 284 BGB (Ersatz vergeblicher Aufwendungen).

hemmer-Methode: Denken Sie von der Rechtsfolge her! In der Klausur wird nicht direkt nach den Voraussetzungen einer Anspruchsgrundlage gefragt. Ihnen wird lediglich das Anspruchsziel mitgeteilt („Kann G von S wegen des Gewinnausfalls Schadensersatz verlangen?“, vgl. oben).
Ihre Aufgabe ist es, zunächst die möglicherweise einschlägigen Normen, die dieses Anspruchsziel als Rechtsfolge vorsehen, überhaupt zu finden. Dies ist nur möglich, wenn Sie einem Anspruchsziel in einem bestimmten Kontext (z.B.: Schuldnerverzug) sofort eine Anspruchsgrundlage mit entsprechender Rechtsfolge zuordnen können.
Allein die rechtsfolgenorientierte Darstellung wird der Examenssituation gerecht. Dementsprechend bildet sie von Anfang an das Grundprinzip unserer Produkte, vgl. v.a. BGB-AT I - III!

A) Ersatz des Schadens neben der Leistung bzw. des Begleitschadens nach § 280 I, II BGB

§ 280 BGB als zentrale Anspruchsgrundlage bei Sekundäransprüchen

§ 280 BGB stellt die zentrale Norm für Ansprüche auf Schadenser- 120
satz wegen Pflichtverletzungen im Schuldverhältnis dar.

Hiernach ist der Schuldner, verletzt er eine Pflicht aus einem Schuldverhältnis, dem Gläubiger zum Ersatz des hieraus entstandenen Schadens verpflichtet, es sei denn, der Schuldner hat die Pflichtverletzung nicht zu vertreten.

Voraussetzungen des Anspruches aus § 280 I BGB im Überblick

Schuldverhältnis

↓

Pflichtverletzung des Schuldners

↓

Vertretenmüssen des Schuldners

↓

Haftungsausfüllend kausaler, ersatzfähiger Schaden

In § 280 I - III BGB werden drei verschiedene Schadensersatzarten 121
unterschieden: Schadensersatz statt der Leistung (§ 280 III BGB), Verzögerungsschäden (§ 280 II BGB) und Ersatz sonstiger Schäden.

Differenzierung: Schadensersatz statt der Leistung/Begleitschaden

Die §§ 280 ff. BGB differenzieren zwischen Ansprüchen auf Schadensersatz statt der Leistung, §§ 280 III, 281 - 283, 311a II BGB, und dem „gewöhnlichen“ Schadensersatzanspruch nach § 280 I BGB.

Aus § 280 III BGB ergibt sich, dass § 280 I BGB nur die Fälle des Schadensersatzes erfasst, die nicht Schadensersatz statt der Leistung darstellen. Im Falle des § 280 I BGB tritt also der Schadensersatzanspruch neben die Primärleistungspflicht, nicht an deren Stelle.

hemmer-Methode: Deshalb spricht man bei § 280 I BGB auch vom Schadensersatz neben der Leistung oder vom Ersatz des Begleitschadens.

I. Abgrenzung zwischen Schadensersatz statt und Schadensersatz neben der Leistung[147] 122

Übersicht zu den Schadensersatzarten:

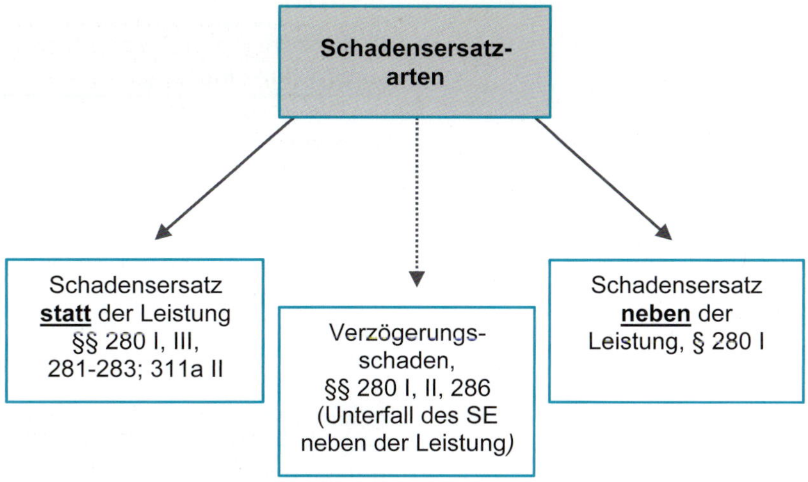

Diese drei Schadensersatzarten sind strikt zu trennen, da die jeweiligen Schadensarten nur unter unterschiedlichen Voraussetzungen ersetzt werden. 123

Beim **Schadensersatz statt der Leistung** muss regelmäßig eine Nachfrist für die Leistung gesetzt worden sein, vgl. § 281 I S. 1 BGB.

Schadensersatz ***statt*** *der Leistung*

Zum **Schadensersatz statt der Leistung** gehören alle Schadensposten, deren Ersatz an die Stelle des Erfüllungsanspruches treten würde, sodass sie funktional als Leistungsersatz anzusehen sind. Der Schadensersatzanspruch tritt an die Stelle der ursprünglich geschuldeten Leistung. Die Primärleistung wird nicht mehr erbracht. Stattdessen hat der Schuldner Schadensersatz zu leisten. Anspruchsgrundlagen auf Schadensersatz statt der Leistung sind die §§ 280 I, III, 281 – 283 BGB bzw. § 311a II S. 1 BGB.

Schadensersatz ***neben*** *der Leistung*

Zum **Schadensersatz neben der Leistung** gehören alle sonstigen Schadensposten, die auch nicht durch die ordnungsgemäße Leistung beseitigt werden können. Daher werden diese Schäden auch als Begleitschäden bezeichnet. Der Ersatz dieser sog. Begleitschäden setzt als Auffangtatbestand nur eine vom Schuldner zu vertretende Pflichtverletzung voraus, vgl. § 280 I BGB.

Verzögerungsschaden

Beim **Verzugsschaden** nach §§ 280 I, II, 286 BGB handelt es sich um einen spezialgesetzlich geregelten Sonderfall des Schadensersatzes neben der Leistung, der gemäß § 280 II BGB nur bei Vorliegen von Schuldnerverzug, d.h. grundsätzlich nur nach erfolgter Mahnung nach § 286 I BGB verlangt werden kann.

Verzögerungsschäden sind solche Schäden, die durch eine verspätete Leistung entstehen, d.h. sie können durch eine nachträgliche Leistung nicht mehr beseitigt werden. Der Ersatz richtet sich nach den §§ 280 I, II, 286 BGB.

hemmer-Methode: Die Aufgabe in der Klausur besteht darin, die begehrten Schadensposten in diese drei Schadensarten einzuordnen. Erst wenn feststeht, was für ein Schadensersatz begehrt wird, können die Voraussetzungen für seinen Ersatz festgelegt und geprüft werden.

147 Lesenswert hierzu auch Lorenz, „Schadensarten bei Pflichtverletzung", JuS 2008, 203-206.

Zum Schadensersatz statt der Leistung gehören alle Schadensposten, deren Ersatz an die Stelle des Erfüllungsanspruches treten würde, sodass sie funktional als Leistungsersatz anzusehen sind.
Zum Schadensersatz neben der Leistung gehören alle sonstigen Schadensposten, die auch nicht durch die ordnungsgemäße Leistung beseitigt werden können. Daher werden diese Schäden auch als Begleitschäden bezeichnet.

II. Zuordnung des Schadens zum Schadensersatz statt bzw. neben der Leistung[148] 124

Man kann sich für die Zuordnung zu § 280 I BGB (Schadensersatz neben der Leistung) bzw. zu §§ 280 I, III, 281, 283 BGB bzw. § 311a II BGB (Schadensersatz statt der Leistung) immer die Kontrollfrage stellen, ob beide Ansprüche (Schadensersatz und Erfüllung) nebeneinander bestehen können (Schadensersatz neben der Leistung bzw. Begleitschaden), bzw. ob der geltend gemachte Schaden durch eine ordnungsgemäße Nacherfüllung behoben werden könnte (Schadensersatz statt der Leistung).[149]

hemmer-Methode: Gerade im Mängelrecht ist diese Unterscheidung sehr wichtig für die Frage, auf welche Pflichtverletzung sich das Vertretenmüssen beziehen muss.
Lesen Sie dazu Hemmer/Wüst, Schuldrecht BT I, Rn. 282 ff.

Schadenstypologische Abgrenzung nach Äquivalenz- und Integritätsinteresse

1. Schadenstypologische Abgrenzung nach Äquivalenz- und Integritätsinteresse 124a

Nach der amtlichen Begründung des Gesetzes soll der Begriff Schadensersatz statt der Leistung an die Stelle des bisherigen Begriffs des „Schadensersatzes wegen Nichterfüllung“, also des positiven Interesses treten.

Es müsse gefragt werden, ob der Schadensposten **funktional** an die Stelle der Leistung tritt oder aber neben diese.[150]

a) Abgrenzung nach Schadenskategorien (Äquivalenz- bzw. Integritätsinteresse)

Schadensersatz statt der Leistung betrifft Äquivalenzinteresse

Eine stark an das alte Recht angelehnte Auffassung grenzt nach Schadenskategorien ab. Der Gläubiger hat mit seinem vertraglichen Erfüllungsanspruch einen Anspruch erworben, der sein Äquivalenzinteresse, also das Austauschinteresse, schützt. Bleibt die Leistung des Schuldners in irgendeiner Disziplin hinter der Zusage zurück, kommt ein auf das positive Interesse gerichteter Schadensersatzanspruch in Betracht.[151]

Danach wäre Schadensersatz **statt** der Leistung dann zu gewähren, wenn es um das Interesse des Käufers geht, eine vollwertige, zum vorausgesetzten Gebrauch taugliche Sache zu erhalten (**„Äquivalenzinteresse“**). Im Mängelrecht würde hierunter der sog. „Mangelschaden“ fallen, der in diesem Fall funktional an die Stelle der Leistung tritt.

---

148 Vgl. hierzu auch **Tyroller/Fürbass**, Schadensersatz „statt der Leistung“ oder doch „neben der Leistung“, in **Life&Law 09/2014, 686 ff.**

149 Vgl. dazu Reischl, „Grundfälle zum neuen Schuldrecht“, JuS 2003, 250-257; Bredemeyer, „Zur Abgrenzung der Schadensarten bei § 280 BGB“, ZGS 2010, 71 ff.; Ostendorf, „Die Abgrenzung zwischen Schadensersatz statt und neben der Leistung“, NJW 2010, 2833-2839.

150 Schmidt-Kessel in Prütting/Wegen/Weinrich, 8. Auflage, § 280 BGB, Rn. 41; Erman, § 280 BGB, Rn.15.

151 Bredemeyer, „Der Regelungsbereich von § 280 BGB“, ZGS 2010, 10 ff.

Schadensersatz neben der Leistung betrifft Integritätsinteresse

Zum Schadensersatz **neben** der Leistung würden dann zum Beispiel beim Kaufvertrag all diejenigen Schäden gehören, die der Käufer an anderen Rechtsgütern (und Vermögen) als der Kaufsache dadurch erleidet, dass er diese im Vertrauen auf ihre Mangelfreiheit in Betrieb genommen hat (**„Integritätsinteresse“** bzw. sog. „Mangelfolgeschaden“). In dieser Konstellation trete der Schaden funktional neben die Leistung.

b) Kritik

Kritik

Dieser Ansatz ist abzulehnen, da er nicht zielführend ist und zu widersprüchlichen Ergebnissen führt.

Widersprüchliche Ergebnisse

(1) Die Unterscheidung zwischen Mangel- und Mangelfolgeschäden ist nicht immer verlässlich.

Die Begriffe Äquivalenz- und Integritätsinteresse sind nahezu nicht objektivierbar, weshalb es sehr schwierig ist, mit abschließender Sicherheit festzustellen, ob ein Schadensposten als Äquivalent der Leistung an deren Stelle tritt. In der Literatur werden diese Begriffe daher sehr kritisch betrachtet, da diese „nicht zur Klärung, sondern zur Verwirrung“ führen.[152]

Auch das Gesetz spricht gegen eine derartige Abgrenzungsmethode. Die §§ 280, 281 BGB stellen gerade nicht darauf ab, ob ein Schaden am Vertragsgegenstand selbst oder an anderen Rechtsgütern des Geschädigten aufgetreten ist. Das Gesetz teilt die Schadensgruppen vielmehr unter dem Gesichtspunkt ein, ob eine Fristsetzung sinnvoll ist (dann § 281 BGB) oder eben nicht (dann § 280 BGB).[153]

Problem des Weiterfresserschadens so nicht erklärbar

(2) Besonders deutlich wird die Schwäche dieses Abgrenzungsansatzes beim Problem des sog. **„weiterfressenden Mangels“**.

Ein Weiterfressermangel ist ein Mangel, der bei Gefahrübergang auf einen Teil des Kaufgegenstandes begrenzt ist und nach Gefahrübergang die weitere Beschädigung oder Zerstörung der **Kaufsache selbst** herbeiführt.[154]

Da es sich beim **Weiterfresserschaden** um einen Schaden an der Kaufsache selbst handelt, ist damit eigentlich das **Äquivalenzinteresse** betroffen. Hat sich ein Mangel seit Gefahrübergang vergrößert oder sich auf andere Teile der Kaufsache ausgedehnt, so erstreckt sich die Nacherfüllung nämlich auch auf die hieraus resultierenden Schäden.[155]

Der Nacherfüllungsanspruch erfasst damit auch den Weiterfresserschaden (Motor), selbst wenn zunächst nur die Zylinderkopfdichtung defekt war. Da es sich um einen Schaden an der Kaufsache selbst handelte und dieser durch eine hypothetisch ordnungsgemäße Nacherfüllung hätte behoben werden können, muss es sich um einen Schaden handeln, der durch das endgültige Ausbleiben der Leistung entstanden ist. Im Kaufrecht handelt es sich daher um einen **Schaden statt der Leistung**.

152 Hirsch, JuS 2014, 97 (98); ebenso Lorenz in Festschrift für Leenen, 2012, S. 147 [150].

153 Hirsch, JuS 2014, 97 (98).

154 Masch/Herwig, ZGS 2005, 24, (25) m.w.N.

155 Reinicke/Tiedtke, Kaufrecht, Rn. 441; Brors, WM 2002, 1780 [1783 f.]; Bamberger/Roth/Faust, § 439 BGB, Rn. 15; Grigoleit, ZGS 2002, 78 ff.; so im Ergebnis auch Masch/Herwig, ZGS 2005, 24 [27 f.].

Allerdings bejaht die Rechtsprechung in diesen Fällen i.R.d § 823 I BGB auch das Vorliegen einer Eigentumsverletzung, wenn der ursprüngliche Mangelunwert mit dem Weiterfresserschaden nicht stoffgleich war, es also noch verletzungsfähiges Resteigentum gab.[156] Im Falle des § 823 I BGB ist jedoch stets das Integritätsinteresse betroffen. Der Weiterfresserschaden betrifft also zum einen die Äquivalenz von Leistung und Gegenleistung (also das positive Interesse) und stellt damit im Mängelrecht einen Schaden statt der Leistung dar. Gleichzeitig soll bei verletzungsfähigem Resteigentum eine Eigentumsverletzung und damit eine Verletzung des Integritätsinteresses vorliegen. Da im Deliktsrecht aber stets nur das negative Interesse ersetzt wird, kommt man mit den Begriffen Äquivalenzinteresse/Integritätsinteresse bzw. positives Interesse/negatives Interesse bei der Frage der Abgrenzung von Schadensersatz statt bzw. neben der Leistung nicht wirklich weiter.

(3) Unterstrichen wird diese Erkenntnis bei den Schäden, die infolge der Unmöglichkeit der Leistung eintreten. Unabhängig von der Schadenskategorie ist es im Hinblick auf § 275 BGB denknotwendig, dass alle durch die Unmöglichkeit verursachten Schadenspositionen als Schaden statt der Leistung ersetzt werden müssen.

Nach zutreffender Ansicht stellt sich die **Abgrenzungsfrage** zwischen Schadensersatz statt und neben der Leistung **nur in den Fällen des § 281 BGB und des § 282 BGB**. Bei Unmöglichkeit sind hingegen alle Schäden, die infolge der Unmöglichkeit eintreten, unter dem Gesichtspunkt des Schadensersatzes statt der Leistung gem. § 275 IV BGB i.V.m. §§ 280 I, III, 283 BGB (nachträgliche Unmöglichkeit) bzw. i.V.m. § 311a II BGB (anfängliche Unmöglichkeit) zu ersetzen (auch dies ist umstritten; vgl. dazu Rn. 125 ff.).

Abgrenzung nach dem Wortlaut bzw. Sinn und Zweck der Fristsetzung bzw. sog. „dynamische Abgrenzung“

2. Abgrenzung nach dem Wortlaut bzw. Sinn und Zweck der (Nach)-Fristsetzung bzw. sog. „dynamische Abgrenzung“ *124b*

Nach richtiger Ansicht ist daher die Abgrenzung nicht nach Schadenskategorien, sondern nach dem Wortlaut bzw. dem Sinn und Zweck der (Nach)Fristsetzung bzw. „dynamisch“ vorzunehmen.

a) Wortlaut: Schadensersatz „statt“ der Leistung *124c*

Wortlaut

Grenzt man nach dem Wortlaut „**statt** der Leistung“ ab und versteht dies i.S.v. „statt der Primärleistung“, würde nur der mangelbedingte Minderwert der Sache (ggf. der Reparaturaufwand) unter den Schadensersatz statt der Leistung fallen.[157]

Für die Zuordnung zu § 280 I BGB (Schadensersatz **neben** der Leistung) bzw. zu §§ 280 I, III, 281 BGB bzw. § 282 BGB (Schadensersatz **statt** der Leistung) sei immer die Kontrollfrage zu stellen, ob beide Ansprüche (Schadensersatz und Erfüllung) nebeneinander bestehen können (Schadensersatz neben der Leistung bzw. Begleitschaden), bzw. ob der geltend gemachte Schaden durch eine ordnungsgemäße Nacherfüllung behoben werden könnte (Schadensersatz statt der Leistung).[158]

156 Ausführlich Tyroller, „Das Problem des „weiterfressenden Mangels“ nach der Modernisierung des Schuldrechts“, **Life&Law 10/2005, 710 ff.**

157 Dass zumindest diese Posten unter § 281 BGB fallen, ist unstrittig, vgl. Palandt, § 280 BGB, Rn. 18 m.w.N.

158 Vgl. dazu Reischl, „Grundfälle zum neuen Schuldrecht“, JuS 2003, 250 [25]; Bredemeyer, „Zur Abgrenzung der Schadensarten bei § 280 BGB“, ZGS 2010, 71 ff.; Ostendorf, „Die Abgrenzung zwischen Schadensersatz statt und neben der Leistung“, NJW 2010, 2833 ff.

b) Sinn und Zweck der (Nach)Fristsetzung 124d

Sinn und Zweck

Die bereits weit verbreitete wohl herrschende Ansicht macht dies ähnlich, nähert sich dem Problem aber aus teleologischer Sicht.[159] Sie klammert sich also nicht an Begriffe wie „Mangelschaden", Mangelfolgeschaden", oder „Äquivalenzinteresse" und „Integritätsinteresse". Vielmehr sei entscheidend, ob das **Erfordernis der Nachfristsetzung sinnvoll sei oder nicht**.

Die maßgebliche Frage müsse also lauten: „Hätte eine gedachte (Nach)Erfüllung den (bereits eingetretenen) Schaden beseitigt?"[160] Hieran anknüpfend ist entscheidend, dass man sich die hypothetische Nacherfüllung zu einem Zeitpunkt vorstellt, zu dem der konkrete Schaden bereits eingetreten war.[161]

Kontrollfrage

Die Testfrage muss also wie folgt lauten: **„Ist der geltend gemachte Schaden zu einem Zeitpunkt eingetreten, in welchem die Leistung noch hätte erbracht werden können und wäre er entfallen, wenn die geschuldete Leistung noch erbracht worden wäre?"**[162]

hemmer-Methode: Teilweise wird diese Abgrenzungsformel dahingehend ergänzt, dass bezüglich der hypothetischen (Nach)Erfüllung auf den „letztmöglichen Zeitpunkt" abgestellt werden müsse.[163]
Dies überzeugt jedoch nicht. Leistung oder Nacherfüllung kann man sich auch zu einem früheren Zeitpunkt vorstellen, ohne dass sich hierdurch das Ergebnis ändert.[164] Dies wird umso deutlicher, wenn man sich vor Augen führt, dass es sich ohnehin nur um eine hypothetische Nacherfüllung handelt, deren Durchführbarkeit nicht entscheidend ist.

„Zauberformel" von Lorenz

Lorenz schließt sich in seiner sog. **„Zauberformel"**[165] dieser Abgrenzungsformel wie folgt an: Schadensersatz **statt** der Leistung ist der Schaden, der auf das endgültige Ausbleiben der Leistung zurückgeht (Untergang des Erfüllungsanspruchs).[166] Jeder vor dem endgültigen Ausbleiben der Leistung eingetretene Schaden ist Gegenstand des Schadensersatzes **neben** der Leistung (ggf. in Form des Verzögerungsschadens).

Das Ausbleiben der Leistung kann z.B. beruhen auf einem wirksamen Rücktritt (§§ 346, 349 BGB) oder der Unmöglichkeit der Leistung, § 275 I - III BGB. Grundlage dieser Formel ist das (zeitliche) Nacheinander von Schadensersatz neben der Leistung und Schadensersatz statt der Leistung.[167]

Maßgebliche „Zäsur" ist allein der Untergang des Erfüllungsanspruchs (= endgültiges Ausbleiben der Leistung). Alle Schäden, welche nach diesem Zeitpunkt eintreten, seien dem Schadensersatz statt der Leistung zuzuordnen, alle vorherigen Schäden dem Schadensersatz neben der Leistung.

---

159 Haas/Medicus/Rolland/Schäfer/Wendland, Das neue Schuldrecht, Kap. 5, Rn. 235 f.; Lorenz/Riehm, Rn. 185 f.; U. Huber, Festschrift für Schlechtriem, S. 521 ff. (525 ff.).

160 Staudinger, § 280 BGB, Rn. E 24.

161 Hirsch in JuS 2014, 97 (99).

162 Medicus/Lorenz, SchuldR AT, Rn. 352.

163 Lorenz, in: Egon Lorenz, Karlsruher Forum 2005 (2006), S. 5 ff. (42); Faust, in: Bamberger/Roth, 3. Aufl. (2012), § 437 BGB, Rn. 56.

164 Hirsch in JuS 2014, 97 (99).

165 Lorenz in Festschrift für Leenen, 2012, S. 147 [151 f.].

166 Lassen Sie sich nicht verwirren. Dem Grunde nach geht es hier um das Gleiche: Bleibt die Leistung endgültig aus, so ergibt eine (Nach-)Fristsetzung freilich keinen Sinn mehr. Lediglich die „Testfrage" lautet anders.

167 So auch Bach in ZGS 2013, 1 (2).

Dies bedeutet, dass ein und derselbe Schaden, je nachdem wann er eintritt, dem Schadensersatz neben der Leistung und dem Schadensersatz statt der Leistung zugeordnet werden kann: Wird eine Leistung verspätet erbracht, so ist der durch die Verzögerung entstandene Nutzungsausfallschaden endgültig eingetreten und wird durch die spätere Leistungserbringung nicht behoben, während der nach Rücktritt entstandene weitere Nutzungsausfallschaden auf das endgültige Ausbleiben der Leistung zurückzuführen und damit Bestandteil des Schadensersatzes statt der Leistung ist.[168]

Ansicht des BGH zum mangelbedingten Betriebsausfallschaden

3. Ansicht des BGH zum mangelbedingten Betriebsausfallschaden 124e

Der BGH hat sich zur generellen Frage, wie Schadensersatz neben und statt der Leistung abzugrenzen sind, noch nicht abschließend geäußert.

Als geklärt gilt zumindest die Frage, nach welchen Grundsätzen der mangelbedingte Betriebsausfallschaden zu ersetzen ist. Zu unterscheiden sind dabei drei Fälle.

1. Fall: Der Käufer erleidet infolge der mangelhaften Lieferung einen Nutzungsausfall

Nach der Rechtsprechung liegt ein Schadensposten neben der Leistung vor. Selbst wenn der Verkäufer nacherfüllt, bleibt der Nutzungsausfallschaden bestehen; der bereits endgültig entgangene Gewinn lässt sich nicht rückwirkend erzielen, er ist unwiederbringlich verloren.

Anspruchsgrundlage für den Ersatz des Schadens sind nach Ansicht des BGH die §§ 437 Nr. 3, 280 I BGB und nicht §§ 437 Nr. 3, 280 I, II, 286 BGB, da kein Verzugsschaden, sondern ein mangelbedingter Folgeschaden vorliegt.

Der Verkäufer wird vor einer verspäteten Mängelanzeige des Käufers ausreichend über § 254 II S. 1 BGB geschützt.[169]

2. Fall: Der Käufer erleidet infolge der Verzögerung der Nacherfüllung einen Nutzungsausfall

Auch hier stellt der Nutzungsausfallschaden einen Schadensposten neben der Leistung dar.

Kausal hierfür war die Verzögerung der Nacherfüllung, sodass als Anspruchsgrundlage die §§ 280 I, II, 286 BGB i.V.m. §§ 437 Nr. 1, 439 I BGB heranzuziehen sind.

3. Fall: Der Käufer erleidet nach erklärtem Rücktritt bis zur Ersatzbeschaffung einen Nutzungsausfall

Nach Ansicht des BGH liegt ab jetzt ein Schadensposten statt der Leistung vor. Mit Erklärung des Rücktritts erlischt der Leistungsanspruch des Käufers; daher sind alle Schäden für die Zeit nach Erklärung des Rücktritts schon sprachlich zwingend Schäden statt der Leistung.

Nach wirksam erklärtem Rücktritt gibt es keine Leistungspflicht mehr; für Schäden danach kann es daher auch keinen Anspruch auf Schadensersatz neben der Leistung geben.

168 Lorenz in Festschrift für Leenen, 2012, S. 147 [149].

169 Vgl. dazu BGH, **Life&Law 10/2009, 649 ff.** = NJW 2009, 2674 ff. = **juris**byhemmer.

Anspruchsgrundlage sind daher die §§ 437 Nr. 3, 280 I, III, 281 I BGB.[170]

4. Abgrenzung beim Deckungskauf 124f

Deckungskauf

Umstritten ist die Abgrenzung insbesondere bei Schäden, die dem Gläubiger durch einen Deckungskauf entstehen.

a) Ansicht des BGH

Ansicht des BGH

124g Mit Urteil vom 03.07.2013 hat sich der BGH im sog. „Biodieselfall" zum ersten Mal seit der Schuldrechtsmodernisierung mit der Frage befasst, unter welchen Voraussetzungen die Mehrkosten aus einem Deckungsgeschäft zu ersetzen sind.[171]

*Mehrkosten aus Deckungsgeschäft stellen einen **Schaden <u>statt</u> der Leistung** dar*

Mehrkosten eines Deckungsgeschäfts können grundsätzlich nur einen Schaden statt der Leistung darstellen und daher nur unter den Voraussetzungen von §§ 280 I, III, 281 BGB geltend gemacht werden.[172]

Verlangt der Käufer die Erstattung der Kosten eines Deckungskaufs, macht er keinen Begleitschaden wegen Verzögerung der Leistung geltend, sondern einen Schaden wegen Ausbleibens der geschuldeten Leistung.

Ein Deckungskauf ist daher eine endgültige Ersetzung der ursprünglich erwarteten Leistung durch eine gleichwertige andere; der Schaden ersetzt funktional die Leistung, so dass ein Schaden statt der Leistung vorliegt. Beschafft sich der Gläubiger die geschuldete Leistung am Markt, stellt er genau den Zustand her (und zwar in Natur), der bei einer Naturalleistung des Schuldners bestünde.

Der BGH stellt daher auf die Frage ab, ob eine Nacherfüllung den eingetretenen Schaden beseitigt hätte. Der wesentliche Unterschied zwischen dem einfachen Schadensersatz und dem Schadensersatz statt der Leistung liegt demnach darin, dass letzterer grundsätzlich erst nach erfolglosem Ablauf einer Frist zur Nacherfüllung verlangt werden kann. Für die Abgrenzung zwischen beiden Schadensarten ist daher maßgeblich, ob der betreffende Schaden durch die Nacherfüllung beseitigt wird. Ist dies der Fall, liege ein Schadensersatz statt der Leistung vor, da dem Verkäufer die Gelegenheit gegeben werden müsse, den Vertrag doch noch zu erfüllen.

Wäre der Gläubiger neben der erfolgreich geltend gemachten Vertragserfüllung berechtigt, zusätzlich einen Anspruch auf Erstattung der Mehrkosten des eigenen Deckungskaufs unter dem Gesichtspunkt des Verzugsschadens zu verlangen (§§ 280 I, II, 286 BGB), so würde er zum Nachteil des Schuldners so gestellt werden, als könnte er die Leistung zu dem vertraglich vereinbarten Preis doppelt verlangen. Dieses „Spiel"[173] ließe sich beliebig oft fortsetzen, sodass V auch die Kosten eines dritten, vierten etc. Deckungskaufs bezahlen müsste.

Dadurch wird deutlich, dass Kosten eines Deckungskaufs des Gläubigers, der an die Stelle der geschuldeten Leistung tritt, nicht neben dieser Leistung als Verzögerungsschaden geltend gemacht werden können.

170 Vgl. dazu BGH, **Life&Law 10/2010, 503 ff.** = **juris**byhemmer.

171 **BGH, Life&Law 10/2013, 723 ff.** = NJW 2009, 2674 ff. = **juris**byhemmer.

172 Palandt, § 286 BGB, Rn. 41; Grigoleit/Riehm, AcP 203 (2003), 727, 737; Ady, ZGS 2003, 13, 15; Tiedtke/Schmitt, BB 2005, 615, 617; Haberzettl, NJW 2007, 1328, 1329; Ostendorf, NJW 2010, 2833, 2838.

173 So Geisler, jurisPR-BGHZivilR 16/2013, Anm. 1 = **juris**byhemmer.

hemmer-Methode: Wie der Wortlaut von § 281 I BGB schon sagt, kann der Gläubiger nur alternativ Schadensersatz statt der Leistung verlangen. Der Gläubiger kann daher nicht beides verlangen. Deshalb erlischt der Anspruch des Gläubigers auf die Leistung ja auch, wenn er statt der Leistung Schadensersatz verlangt (§ 281 IV BGB). Umgekehrt schließt auch die Erfüllung, auf die K den V erfolgreich in Anspruch genommen hat, einen Anspruch auf Erstattung von (Mehr-)Kosten eines zuvor getätigten eigenen Deckungsgeschäftes aus.

b) Neuer Ansatz: Vorverlagerung des Schadenseintritts

Neuer Ansatz: Vorverlagerung des Schadenseintritts

Um im Fall des Deckungskaufs zu einem Schadensersatz statt der Leistung zu gelangen, wird in der Literatur ein neuer Ansatz vertreten. Es wird versucht, den Zeitpunkt der Schadensentstehung nach vorne zu verlagern.[174] 124h

Grundsätzlich entsteht ein Schaden dann, „wenn sich die Vermögenslage des Betroffenen im Vergleich zu seinem früheren Vermögensstand objektiv verschlechtert" hat.[175]

Schaden = Nichterbringung der Leistung

In Bezug auf den Deckungskauf bedeutet dies, dass der Schaden nicht erst in dem Zeitpunkt entsteht, in welchem der Käufer das Deckungsgeschäft tätigt. Der Schaden ist vielmehr bereits in der Nichterbringung der fälligen Leistung zu sehen, vgl. § 281 I S. 1 BGB.[176]

Hierbei handelt es sich jedoch um einen noch nicht endgültig eingetretenen Schaden. Es ist also auf den unmittelbar aus der Pflichtverletzung resultierenden Schaden abzustellen. Das Verhalten des Geschädigten (= Durchführung des Deckungsgeschäfts) muss in diesem Zusammenhang außer Acht gelassen werden. Hieraus folgt, dass das Deckungsgeschäft nicht der Schaden ist, sondern vielmehr den ersten Schritt zum Schadens**ersatz** statt der Leistung darstellt.

Für die Frage der Abgrenzung ist daher auf das letzte Stadium des Schadens abzustellen, bevor sich der Schaden durch ein aktives Verhalten des Geschädigten „verfestigt". Im Fall des Deckungskaufes liegt der eigentliche Schaden darin, dass der Kaufgegenstand nicht geliefert wurde, also in der Nichtleistung.

Stellt man die klassische Kontrollfrage (vgl. **Rn. 124d**), ob dieser Schaden (= Kaufgegenstand befindet sich noch nicht im Vermögen des Gläubigers) durch eine (vor dem Deckungskauf durchgeführte) Nacherfüllung beseitigt worden wäre, so würde die Antwort lauten: „Ja!" Liefert der Schuldner die geschuldete Leistung noch vor dem Erlöschen des Erfüllungsanspruchs, so entfällt der Schaden (Mehraufwand durch Deckungskauf) sehr wohl. Der Kaufgegenstand befindet sich dann im Vermögen des Gläubigers, weshalb dieser keinen Schaden erleidet.

Auch die klassische Abgrenzungsformel kommt somit zum (gewünschten) Resultat (Schadensersatz **statt** der Leistung), wenn man den Eintritt des Schadens zeitlich vorverlagert.

Diese Grundsätze gelten auch für den „vorzeitigen" Deckungskauf vor Fristablauf

hemmer-Methode: Diese Grundsätze finden nach zutreffender Ansicht auch beim vorzeitigen Deckungskauf vor Ablauf der gesetzten Frist Anwendung, wenn die Frist später erfolglos abläuft. Der Gläubiger trägt in diesem Fall lediglich das Risiko, die Ware zwei Mal zu erhalten.[177]

---

174 Hirsch, JuS 2014, 97 ff.

175 BGH, NJW 2009, 685.

176 Hirsch, JuS 2014, 97 (101).

177 Lesen Sie hierzu vertiefend Hellgardt, Die Ersatzfähigkeit des vorzeitigen Deckungskaufs, JuS 2016, 1057 ff.

III. Ersatz des Begleitschadens bei Unmöglichkeit, § 275 I, II, III BGB?

Unmöglichkeit schließt Primärleistungspflicht aus

Die Unmöglichkeit nach § 275 I BGB führt mit dem Zeitpunkt ihres Vorliegens zum Ausschluss der Primärleistungspflicht; in den Fällen von § 275 II, III BGB ist die Leistungspflicht nach Erhebung der Einrede ausgeschlossen. 125

Da der Primäranspruch nicht (mehr) besteht, kann ein Anspruch auf Ersatz des durch die Unmöglichkeit entstandenen Schadens nicht neben der Leistungspflicht stehen. Schadensersatz wegen Unmöglichkeit ist immer ein Schadensersatz statt der Leistung.

Bei Unmöglichkeit nur Anspruch statt der Leistung denkbar

Die Unmöglichkeit der Leistungspflicht kann somit nicht zu einem Anspruch aus § 280 I BGB führen; es kommt alleine ein Anspruch auf Schadensersatz statt der Leistung in Betracht, §§ 280 I, III, 283 BGB.

hemmer-Methode: Nur wenn durch das Unmöglichwerden auch noch andere Rechtsgüter verletzt werden, ist theoretisch ein Schadensersatz neben der Leistung gem. § 280 I BGB denkbar. Wenn z.B. der Verkäufer den verkauften Wagen in die Luft sprengt und dadurch die Hauswand des Käufers infolge der Flammen schwarz wird, so tritt durch die Unmöglichkeit der Erfüllung noch ein Begleitschaden ein. Die Pflichtverletzung ist hier aber genau genommen nicht das Unmöglichwerden der Leistung, sondern die Verletzung der Rücksichtnahmepflicht auf das Integritätsinteresse des Käufers. Dies ist aber eine nicht leistungsbezogene Pflichtverletzung gem. § 241 II Var. 2 BGB.

Unmöglichkeit als Pflichtverletzung?

Zum gleichen Ergebnis könnte man gelangen, wenn man die Unmöglichkeit der Leistungspflicht nicht als Pflichtverletzung i.S.v. § 280 I S. 1 BGB ansehen wollte.[178]

Pflichtverletzung als zentraler Anknüpfungspunkt der Leistungsstörung

Unter „Pflichtverletzung" i.S.d. § 280 I S. 1 BGB ist ein objektiv nicht dem Schuldverhältnis entsprechendes Verhalten des Schuldners zu verstehen. Für das Vorliegen einer Pflichtverletzung kommt es also nicht auf das Verschulden des Schuldners i.S.d. § 276 BGB an.

Bei der Subsumtion der Unmöglichkeit unter das Merkmal der Pflichtverletzung können sich daher eigenartige Konstellationen ergeben, die dem natürlichen Sprachgebrauch von „Pflichtverletzung" zu widersprechen scheinen.

> ***Bsp.:** V schuldet K aus Kaufvertrag die Übereignung seines Pkw. Eine Woche vor dem vereinbarten Lieferungstermin schlägt in die Garage des V ein Blitz ein, der Pkw brennt infolge des entstehenden Brandes vollständig aus.*

Abstellen auf den objektiven Aspekt der Nichtleistung

> Der Anspruch des K gegen V aus § 433 I S. 1 BGB ist unproblematisch nach § 275 I BGB erloschen. Es fällt nun aber schwer, diese Unmöglichkeit als Pflichtverletzung des V i.S.v. § 280 I S. 1 BGB zu begreifen. Dass V den Blitzschlag, als den die Unmöglichkeit auslösenden Umstand nicht i.S.d. §§ 276 f. BGB zu vertreten hatte, darf keine Rolle spielen: Pflichtverletzung meint nur die objektive Verletzung einer Pflicht; das Vertretenmüssen ist von diesem Merkmal strikt zu trennen.
>
> Versteht man „Pflichtverletzung" weit als jede Leistungsstörung, läge im vorliegenden Fall daher eine Pflichtverletzung des V vor. Der Anspruch aus § 280 I S. 1 BGB scheitert dann aber am fehlenden Vertretenmüssen, § 280 I S. 2 BGB.

178 Hierzu auch Dauner-Lieb, Das neue Schuldrecht, S. 25 f.

Richtig: Unmöglichkeit = Pflichtverletzung

Die Trennung von (objektiver) Pflichtverletzung und Vertretenmüssen in § 280 I S. 1 und 2 BGB verbietet es jedoch, nur die vom Schuldner zu vertretende Unmöglichkeit als Pflichtverletzung zu begreifen. 126

Die Unmöglichkeit vollständig aus dem Merkmal der Pflichtverletzung auszunehmen, würde ihrerseits den Motiven des Gesetzgebers widersprechen, der in § 280 I BGB alle Arten von Leistungsstörungen zusammenfassen wollte.

Eine Pflichtverletzung i.S.d. § 280 I S. 1 BGB liegt daher auch im Falle der Unmöglichkeit (§ 275 I - III BGB) vor. Dies lässt sich mit dem allgemeinsprachlichen Verständnis von „Pflichtverletzung" allenfalls insofern vereinbaren, als man die verletzte Pflicht nicht in der Unmöglichkeit, sondern in der Nichtleistung des Schuldners infolge der Unmöglichkeit sieht.[179] Das wiederum stößt an die Grenzen des Grundsatzes, dass niemand zur Erbringung einer unmöglichen Leistung verpflichtet sein kann (impossibilium nulla est obligatio).

SE bei Unmöglichkeit jedenfalls nur nach §§ 280 III, 283, 280 I BGB bzw. § 311 II BGB

Freilich handelt es sich hier um ein rein akademisches Problem: § 280 I BGB kann, selbst wenn das Nichtleisten wegen Unmöglichkeit eine Pflichtverletzung sein sollte, nicht einschlägig sein, da § 280 I BGB den Schadensersatz statt der Leistung nicht ersetzt (§ 280 III BGB), der Ersatz des Schadens infolge der Unmöglichkeit aber immer einen solchen darstellt, vgl. oben. Welche Ansicht man auch vertritt: Man kommt zum Schadensersatzanspruch bei Unmöglichkeit i.S.d. § 275 I - III BGB nur über §§ 280 I, III, 283 BGB bzw. § 311a II BGB.[180] 127

hemmer-Methode: Überstrapazieren Sie also nicht die Geduld Ihres Korrektors. Es ist kein Fall vorstellbar, in dem es darauf ankäme, ob bei Unmöglichkeit eine Pflichtverletzung i.S.d. § 280 I S. 1 BGB vorliegt oder nicht. Eine längere Diskussion der (Schein-)Problematik erübrigt sich also und hat in einer Klausur nichts verloren. Die relativ ausführliche Darstellung des Problems an dieser Stelle sollte lediglich zum besseren Verständnis beitragen.

IV. Ersatz des Verzögerungsschadens bei Schuldnerverzug, §§ 280 I, II, 286 BGB

Verzögerungsschaden setzt Schuldnerverzug voraus, §§ 280 II, 286 BGB

Eine Pflichtverletzung i.S.d. § 280 I S. 1 BGB liegt auch dann vor, wenn der Schuldner – allgemein gesprochen – in zeitlicher Hinsicht hinter seinen **Leistungs**pflichten aus dem Schuldverhältnis (§ 241 I BGB) zurückbleibt. 128

Der Gesetzgeber hielt es jedoch nicht für angemessen, bei jeder schuldhaften Nichtleistung trotz Fälligkeit ohne weiteres dem Gläubiger einen Anspruch auf Ersatz des durch die Leistungsverspätung entstandenen Schadens zu gewähren. Ein Schaden wegen Verzögerung der Leistung wird vielmehr gem. § 280 II BGB nur unter den zusätzlichen Voraussetzungen des Schuldnerverzuges nach § 286 BGB ersetzt.[181]

hemmer-Methode: Zur Frage, ob der mangelbedingte Nutzungsausfallschaden als Verzugsschaden oder als Mangelfolgeschaden gem. §§ 437 Nr. 3, 280 I BGB zu ersetzen ist, lesen Sie auch Hemmer/Wüst, Schuldrecht BT I, Rn. 287 sowie ausführlich Hemmer/Wüst, Der Streit- und Meinungsstand zum neuen Schuldrecht, Fall 1, Seite 1 bis 7.

179 Palandt, § 286, Rn. 6.

180 Vgl. auch Palandt, § 280, Rn. 13.

181 Zum Schadensersatz wegen Verzögerung der Leistung vgl. Palandt, § 280, Rn. 13.

Voraussetzungen des Schadensersatzanspruches nach §§ 280 I, II, 286 BGB: 129

1. Schuldverhältnis
2. Nichtleistung als Pflichtverletzung
3. Schuldnerverzug, §§ 280 II, 286 BGB
   - a) Wirksamer Anspruch
   - b) Nichtleistung
   - c) Fälligkeit
   - d) Einredefreiheit
   - e) Mahnung oder
     - Entbehrlichkeit nach § 286 II BGB oder
     - Ablauf von 30 Tagen, § 286 III BGB

   (a)–e): **§ 286 BGB**)
4. Keine Widerlegung des vermuteten Vertretenmüssens, § 280 I S. 2 BGB
5. Ersatzfähiger Schaden

1. Voraussetzungen des Schuldnerverzugs, §§ 280 II, 286 BGB

Schuldnerverzug lässt sich als schuldhafte Nichtleistung trotz Fälligkeit und Mahnung beschreiben.[182] 130

hemmer-Methode: Diese Definition sollte allerdings nur als Merkhilfe dienen, da sie in mehrfacher Hinsicht ungenau ist. Beispielsweise kann die Mahnung nach § 286 II BGB entbehrlich sein. Die Prüfung der Verzugsvoraussetzungen hat eng am Gesetzestext zu erfolgen.

a) Wirksamer Anspruch des Gläubigers

Wirksamer Anspruch erforderlich

Der Schuldner kann nur in Verzug mit einer tatsächlich bestehenden **Leistungs**pflicht kommen. Schuldnerverzug i.S.d. § 286 BGB setzt – davon geht das Gesetz als selbstverständlich aus – einen wirksamen Anspruch des Gläubigers gegen den Schuldner voraus. 131

Denn ohne einen wirksamen Anspruch ist ein fälliger Anspruch i.S.d. § 286 I S. 1 BGB nicht denkbar.[183]

> ***Bsp.:*** *Anspruch des Verkäufers gegen den Käufer auf Zahlung des Kaufpreises aus § 433 II BGB; Anspruch des Bestellers gegen den Werkunternehmer, das Werk herzustellen, aus § 631 I HS 1 BGB.*

Auch gesetzliche Ansprüche

Dabei ist unbeachtlich, ob der schuldrechtliche Anspruch vertraglicher oder gesetzlicher Natur ist.

> *Beispielsweise kann der nach § 823 I BGB zum Schadensersatz verpflichtete Schädiger gegenüber dem Geschädigten (= Gläubiger) mit der Schadensersatzleistungspflicht in Verzug kommen.*

Problem: dingliche Ansprüche

Die Anwendung des Allgemeinen Schuldrechts auf sog. **dingliche Ansprüche** ist hingegen problematisch.

hemmer-Methode: Unter einem dinglichen Anspruch (z.B. § 985 BGB bzw. § 894 BGB) versteht man einen Anspruch, der allein aufgrund eines dinglichen Rechts an einem Gegenstand besteht.
Das BGB selbst verwendet den Ausdruck „dinglicher Anspruch" in § 198 BGB und nennt dafür in § 197 I Nr. 2 BGB „Herausgabeansprüche aus Eigentum und anderen dinglichen Rechten".

182 Palandt, § 286, Rn. 3.

183 Palandt, § 286, Rn. 12.

Weitgehend unstreitig ist die Erkenntnis, dass der sog. **dingliche Anspruch kein Schuldverhältnis** i.S.d. §§ 241 ff. BGB darstellt. In Ermangelung einer gesetzlichen Verweisung können die Vorschriften des allgemeinen Schuldrechts auf dingliche Ansprüche richtiger Weise allenfalls **im Wege einer Analogie** angewendet werden.[184]

§ 1146 BGB

Vereinzelt wird für dingliche Ansprüche auf die Vorschriften des allgemeinen Schuldrechts verwiesen. So haftet ein hypothekenbelastetes Grundstück gem. § 1146 BGB für die Verzugszinsen.

§ 990 II BGB

Außerdem sind die Vorschriften zum Schuldnerverzug auf den dinglichen Anspruch aus § 985 BGB anwendbar, wenn der Besitzer hinsichtlich seines fehlenden Besitzrechts bösgläubig war, **§ 990 II BGB**. Diese Vorschrift bezieht sich aufgrund ihrer systematischen Stellung eindeutig nur auf den bösgläubigen Besitzer.

Mit § 985 BGB kann nur der bösgläubige unrechtmäßige Besitzer in Verzug gesetzt werden!

Im Umkehrschluss hierzu gerät also der gutgläubige unrechtmäßige Besitzer, der trotz Mahnung den Besitz nicht nach § 985 BGB herausgibt, **nicht (!)** in Schuldnerverzug. **§ 990 II BGB** lässt sich also **als „Freischaltungsnorm“** charakterisieren, die nur ausnahmsweise die Anwendung der Regelungen über den Verzug gestattet.[185]

hemmer-Methode: Ob auch §§ 280 I, III, 281 BGB auf § 985 BGB anwendbar sind, ist umstritten (vgl. dazu ausführlich Rn. 354b). Der BGH bejaht dies, wenn die Voraussetzungen der Haftungsverschärfung (Rechtshängigkeit oder Bösgläubigkeit) eingetreten sind. Die besseren Argumente sprechen jedoch dafür, § 281 BGB nur zu Lasten des bösgläubigen Besitzers anzuwenden. Begründet werden kann dies mit der Vorschrift des § 990 II BGB, wonach die Verzugsregeln nur im Verhältnis zum bösgläubigen Besitzer gelten. Zwar ist Verzug keine Tatbestandsvoraussetzung des § 281 BGB, jedoch ist kein Fall denkbar, in dem der Tatbestand des § 281 I BGB vorliegt, ohne dass sich der Schuldner auch im Verzug befindet.[186]

Auf § 888 I BGB kommt das Verzugsrecht nach Ansicht des BGH analog zur Anwendung

Auf § 888 I BGB soll nach Ansicht des BGH das Verzugsrecht ebenfalls analog zur Anwendung kommen. Dies ist aber – wie bei § 894 BGB – nur dann überzeugend, wenn der Zustimmungsschuldner hinsichtlich des Bestehens des Löschungsanspruchs bösgläubig ist, § 990 II BGB analog. Diese Bösgläubigkeit wird aber regelmäßig aufgrund der vorherigen Einsicht des Grundbuchs zu bejahen sein.[187]

Exkurs: Verhältnis Verzug ⇔ Unmöglichkeit

§ 275 I BGB lässt Anspruch erlöschen ⇨ Schuldnerverzug (-)

aa) Aus der Voraussetzung des wirksamen fälligen Anspruchs erklärt sich auch das Verhältnis von Unmöglichkeit und Verzug. 132

Sofern und sobald Unmöglichkeit der fraglichen Leistungspflicht i.S.d. § 275 I BGB vorliegt, erlischt die Primärleistungspflicht (aus der Sicht des Schuldners) bzw. der Primäranspruch (aus der Sicht des Gläubigers).

Ab dem Zeitpunkt der Unmöglichkeit fehlt es also an einem wirksamen Anspruch des Gläubigers, Schuldnerverzug ist nicht möglich.

hemmer-Methode: Dies schließt allerdings nicht aus, dass bis zum Eintritt der Unmöglichkeit Schuldnerverzug vorgelegen haben kann.[188] Einmal eingetretene Verzugsfolgen bleiben aber bestehen.

184 So zutreffend MüKo/Ernst, 7. Auflage 2016, Einleitung vor § 241 BGB, Rn. 32.

185 Gebauer/Huber, ZGS 2005, 103 (105).

186 Vgl. hierzu **BGH, Life&Law 11/2016, 747 ff.** = **juris**byhemmer sowie **Tyroller**, „Die Konkurrenzen im EBV (Teil 1)“, **Life&Law 02/2011, 128 (130 f.).**

187 Vgl. dazu **BGH, Life&Law 06/2016, 373 ff.** = **juris**byhemmer.

188 Palandt, § 286, Rn. 5.

Bei Berufung auf § 275 II, III BGB: kein Schuldnerverzug

Liegt ein Leistungshindernis i.S.d. § 275 II, III BGB vor, führt allein dessen Vorliegen nicht bereits zum Ausschluss der Leistungspflicht, da dem Schuldner die Möglichkeit gegeben sein soll, die überobligationsmäßige Leistung zu erbringen.

Beruft sich der Schuldner allerdings auf § 275 II, III BGB, so scheidet Schuldnerverzug ab diesem Zeitpunkt in jedem Fall aus. Denn in diesem Fall ist die Leistungspflicht des Schuldners ausgeschlossen, es besteht kein wirksamer Anspruch.

hemmer-Methode: Anders als bei den üblichen Einreden (z.B.: Verjährungseinrede, § 214 I BGB) führt das Leistungsverweigerungsrecht nach § 275 II BGB jedoch nicht nur zur Undurchsetzbarkeit des weiterhin bestehenden Primäranspruches, sondern zu dessen „Ausschluss", d.h. zu dessen Erlöschen bzw. Nichtentstehen. Aus diesem Grund vertritt eine im Vordringen befindliche Ansicht, dass es sich bei § 275 II BGB um ein Gestaltungsrecht handelt.
Zur Wirkung von Einreden auf den Verzug vgl. ausführlich unten ab Rn. 140 ff., insbesondere Rn. 148 ff.

Bsp.: *V hat dem K seinen gebrauchten Pkw verkauft. V liefert zum vereinbarten Zeitpunkt nicht, weshalb K ein wichtiger Geschäftstermin „durch die Lappen" geht. Später wird der Wagen bei einem Brand infolge einer Unachtsamkeit des V zerstört.*

Als Anspruchsgrundlage für einen Anspruch des K auf Ersatz des entgangenen Gewinns infolge des verpassten Geschäftstermins (§ 252 BGB) kommen §§ 280 I, II, 286 BGB in Betracht. Schuldnerverzug setzt einen wirksamen Anspruch des K gegen V aus § 433 I S. 1 BGB voraus. Dieser bestand bis zum Zeitpunkt der Zerstörung des Pkw, die die Unmöglichkeit und damit das Erlöschen der Leistungspflicht nach § 275 I BGB bewirkte.

Bis zur Zerstörung des Wagens lag also – vom Vorliegen der übrigen Voraussetzungen wird ausgegangen – Schuldnerverzug des V mit der Leistungspflicht nach § 433 I S. 1 BGB vor. Den entgangenen Gewinn kann K als durch die Verzögerung entstandenen Schaden geltend machen. Dass später Unmöglichkeit eintrat, ist für diesen Anspruch unbeachtlich!

hemmer-Methode: Die häufig anzutreffende Aussage „Unmöglichkeit schließt Schuldnerverzug aus" ist zwar plakativ, bringt Ihnen in der Klausur aber ein „Warum?" des Korrektors und den Verdacht ein, lediglich auswendig gelernt zu haben.
Sofern Unmöglichkeit und Verzug „zusammentreffen", gilt Folgendes:
1.) Eintritt der Unmöglichkeit ⇨ kein Anspruch wg. § 275 I (II, III) BGB.
2.) Wenn kein Anspruch ⇨ auch kein Schuldnerverzug.
Belasten Sie Ihr Gehirn nicht mit trivialen Merksätzen, die sich ohne Weiteres logisch herleiten lassen! Erst recht dann, wenn diese Merksätze ungenau sind und Sie zu einem falschen Ergebnis führen können!

Zeitliche Unmöglichkeit

bb) Zu beachten sind allerdings Fälle, bei denen allein durch die Nichtleistung zur vereinbarten Zeit Unmöglichkeit eintritt, sog. zeitliche Unmöglichkeit.[189] 133

Diese kommt nur beim absoluten, nicht jedoch beim relativen Fixgeschäft in Frage (zur Unterscheidung vgl. Rn. 30 ff.). Läuft die vereinbarte Leistungszeit ab, erlischt der Primäranspruch wegen Unmöglichkeit nach § 275 I BGB. Schuldnerverzug kommt dann mangels eines wirksamen Primäranspruches nicht in Betracht.[190]

Bsp.: *Zum Beginn der Eissaison am 01.05. bestellt A für seine neu zu eröffnende Eisdiele Tische und Stühle bei V. V liefert erst eine Woche später. A macht den Gewinnausfall während dieser Woche geltend.*

189 Dazu oben, Rn. 30 ff.

190 Palandt, § 286, Rn. 5.

1. Ein Schadensersatzanspruch könnte sich aus §§ 280 I, III, 283 BGB ergeben. Dazu müsste mit dem Ablauf des 01.05. aber die Pflicht des V zur Übereignung und Übergabe der Möbelstücke aus § 433 I S. 1 BGB unmöglich i.S.d. § 275 BGB geworden sein.

Ein solcher Fall zeitlicher Unmöglichkeit wäre bei Vorliegen eines absoluten Fixgeschäfts gegeben. A hatte hier zwar ein gesteigertes Interesse an rechtzeitiger Lieferung.

Da er die Möbelstücke aber auch für die Zeit nach dem 01.05. noch benötigte, war die verspätete Lieferung weiterhin möglich. Damit lag kein absolutes Fixgeschäft vor, ein Schadensersatzanspruch wegen Unmöglichkeit scheidet aus.

2. Mit dem 01.05. geriet V allerdings mit seiner Leistungspflicht nach § 433 I S. 1 BGB i.V.m. § 286 BGB in Verzug (die Mahnung war wegen Fristbestimmung entbehrlich, § 286 II Nr. 1 BGB). K kann den entgangenen Gewinn (§ 252 BGB) als Verzögerungsschaden nach §§ 280 I, II, 286 BGB ersetzt verlangen.

Ende des Exkurses

b) Nichtleistung des Schuldners

Nichtleistung: Leistungshandlung maßgeblich

Schuldnerverzug setzt die Nichtleistung durch den Schuldner voraus, vgl. § 286 I S. 1 BGB. Dabei ist unter Leistung die Vornahme der Leistungshandlung des Schuldners zu verstehen; darauf, ob der Leistungserfolg rechtzeitig bzw. überhaupt eintritt, kommt es nicht an. 134

Inhalt des Schuldverhältnisses maßgeblich

Welche Leistungshandlung der Schuldner zu erbringen hat, hängt maßgeblich vom Inhalt des Schuldverhältnisses ab; bei vertraglichen Schuldverhältnissen muss dieser vor allem durch Auslegung nach den §§ 133, 157 BGB ermittelt werden.

aa) Maßgeblichkeit des Leistungsorts

Klausurrelevant: Leistungsort

Eine wichtige Rolle hierbei spielt in der Klausur der Leistungsort (= Ort, an dem die Leistungshandlung vorzunehmen ist; im Gesetz verwirrend auch „Erfüllungsort" genannt, vgl. §§ 447 I, 448 I BGB, 29 ZPO). 135

Hierbei kann im Wesentlichen auf die Ausführungen zur Konkretisierung von Gattungsschulden nach § 243 II BGB verwiesen werden:[191]

Die Vornahme der – von der Art der Schuld, insbesondere dem Leistungsort abhängenden – Leistungshandlung führt zum Ausschluss des Schuldnerverzuges; eine Nichtleistung liegt dann nicht (mehr) vor.

hemmer-Methode: Hol-, Schick- und Bringschuld sind Ihnen aus dem Unmöglichkeitsrecht im Zusammenhang mit der Konkretisierung von Gattungsschulden nach § 243 II BGB bekannt. Das „seinerseits Erforderliche", das Sie in diesem Zusammenhang bei § 243 II BGB kennen gelernt haben, ist nichts anderes als der Inhalt der Leistungshandlung des Schuldners. Damit können Sie das dort Gelernte für das Problem der Nichtleistung beim Schuldnerverzug verwenden.

191 Vgl. oben, Rn. 61 ff.

bb) Geldschulden, § 270 BGB

Geldschuld als „qualifizierte Schickschuld"

Bsp.: *A schuldet B aus einem Darlehensvertrag Rückzahlung von 5.000,- €. Nach dem Darlehensvertrag war die Summe am 15.08. zurückzuzahlen. A schickt das Geld am 14.08. in einem Briefkuvert ab, es kommt am 17.08. an. B verlangt Verzugszinsen i.S.d. § 288 BGB.* 136

Der Anspruch auf Verzugszinsen i.S.d. § 288 BGB kommt nur für den Zeitraum des Schuldnerverzuges i.S.d. § 286 BGB in Betracht. Der Anspruch auf Darlehensrückzahlung aus § 488 I S. 2 BGB wurde am 15.08. fällig. Ein Verzug des Schuldners A mit dieser Leistungspflicht würde in jedem Fall ausscheiden, wenn A vor dem Fälligwerden der Forderung i.S.v. § 286 I S. 1 BGB geleistet hätte. Dabei ist unter Leistung grundsätzlich die Vornahme der Leistungshandlung des Schuldners zu verstehen.

Diese Regel gilt grds. auch für die Geldschuld. Geldleistungsschulden sind nämlich Schickschulden. Wegen **§§ 270 IV, 269 BGB** ist der Leistungsort beim Schuldner und der Erfolgsort am Wohnsitz des Gläubigers. Bei der **Schickschuld** ist der Schuldner daher zum rechtzeitigen Abschicken der geschuldeten Leistung verpflichtet.

§ 270 I BGB enthält aber für die Geldschuld eine besondere Gefahrtragungsregelung. Nach dieser Vorschrift hat der Schuldner Geld im Zweifel auf seine Gefahr und seine Kosten dem Gläubiger an dessen Wohnsitz zu übermitteln. Damit trägt der **Schuldner** die **Verlustgefahr**.

Im Umkehrschluss bedeutet dies aber auch, dass die **Verzögerungsgefahr** der **Gläubiger** trägt. Daher genügt die rechtzeitige Vornahme der Leistungshandlung (Absenden des Geldkuverts; Vornahme der Banküberweisung), um den Eintritt des Verzuges zu verhindern bzw. einen bereits eingetretenen Verzug wieder zu beenden.

Der Leistungserfolg, also bei einer Überweisung die Gutschrift auf dem Empfängerkonto bzw. im vorliegenden Fall der Zugang des Geldkuverts, gehört damit nicht mehr zur Leistungshandlung des Schuldners.[192]

Geldschulden sind damit wegen §§ 270 I, IV, 269 BGB Schickschulden mit der Gefahrtragung für das Verlustrisiko.

hemmer-Methode: Eingebürgert hat sich daher der Begriff der „qualifizierten Schickschuld".[193]
Beachten Sie bitte, dass bei Schickschulden das Risiko des „Transports" (bei Geldschulden spricht man besser von der Übermittlung) nicht vom Schuldner zu tragen ist, da er diese(n) nicht schuldet.
Konsequenterweise sind die vom Schuldner zur Übermittlung eingeschalteten Stellen, z.B. Bank- und Postunternehmen, nicht die Erfüllungsgehilfen (§ 278 S. 1 Alt. 2 BGB) des Schuldners.[194]

<u>Ergebnis</u>: Die geschuldete Leistungshandlung war daher das Absenden des geschuldeten Gegenstandes. Dies ist vorliegend am 14.08. geschehen. Damit hatte A rechtzeitig vor Fälligwerden geleistet, Schuldnerverzug scheidet aus; dementsprechend auch Verzugszinsen gem. § 288 BGB.[195]

192 Vgl. BGH, NJW 1959, 1176 ff.; BGH, NJW 1964, 499 ff.; BGHZ 44, 178 (179 f.); BGH, NJW 1969, 875 ff.; BGH, NJW 1971, 380; BGH, NJW 1998, 1302 = **juris**byhemmer; BGH, NJW-RR 2005, 581 = **juris**byhemmer.

193 MüKo/Krüger, 7. Auflage, § 270 BGB, Rn. 1 f., 16 f.

194 Lorenz, WuM 2013, 202 ff.; Schwab, NJW 2011, 2833 ff.

195 Palandt, § 270, Rn. 1 und 7.

(1) Rechtzeitige Leistung im unternehmerischen Überweisungsverkehr

Besonderheiten gelten aber aufgrund der Richtlinie 2000/35/EG[196] (Zahlungsverzugsrichtlinie „alt") bzw. deren Neufassung Richtlinie 2011/7/EU[197] („Zahlungsverzugsrichtlinie „neu") im **Geschäftsverkehr zwischen Unternehmern**. 136a

Berücksichtigung der Zahlungsverzugsrichtlinie

Nach Art. 3 I lit. c UA ii der Zahlungsverzugsrichtlinie „alt"[198] (bzw. jetzt Art. 3 I lit. b der Zahlungsverzugsrichtlinie „neu"[199]) kommt es für die Rechtzeitigkeit der Zahlung darauf an, dass der Gläubiger (ein Unternehmer) den Geldbetrag vom Schuldner (einem Unternehmer) erhalten hat.

EuGH: Rechtzeitige Gutschrift auf dem Empfängerkonto nötig!

Auf Vorlage des OLG Köln[200] hat der EuGH am 03.04.2008 entschieden,[201] dass der Gläubiger berechtigt ist, gegenüber dem Schuldner Zinsen insoweit geltend zu machen, als er „den fälligen Betrag nicht rechtzeitig **erhalten** hat". 136b

Die Richtlinie ist also so auszulegen, dass bei einer Zahlung durch Banküberweisung der geschuldete Betrag **dem Konto des Gläubigers rechtzeitig gutgeschrieben sein muss**, um das Entstehen von Verzugszinsen zu vermeiden.

Für die Vermeidung des Verzugseintritts kommt es daher im unternehmerischen Zahlungsverkehr nicht auf den Zeitpunkt des Überweisungsauftrags an, sondern auf den Zeitpunkt des Eingangs des Geldbetrages auf dem Konto des Gläubigers.

hemmer-Methode: Im unternehmerischen Zahlungsverkehr handelt es sich bei der Geldschuld demnach um eine „modifizierte Bringschuld".[202]
Bringschuld, weil die Gefahr der Verspätung - wie bei der Bringschuld - der Schuldner trägt. Modifiziert, weil der Leistungsort beim Schuldner bleibt (§§ 270 IV, 269 BGB).

(2) Auswirkungen des Urteils auf den nichtunternehmerischen Überweisungsverkehr

Problem: Gespaltene oder einheitliche Auslegung bei Verbraucherbeteiligung

Aufgrund der Zahlungsverzugsrichtlinie stellt sich daher die Frage, ob bei Verträgen, an denen ein Verbraucher beteiligt ist (hier gilt die Richtlinie nicht!), die deutschen Verzugsregeln nicht dennoch richtlinienorientiert, also einheitlich auszulegen sind.[203] 137

---

196 Richtlinie 2000/35/EG des Europäischen Parlaments und des Rates vom 29.06.2000 zur Bekämpfung von Zahlungsverzug im Geschäftsverkehr.

197 Richtlinie 2011/7/EU des Europäischen Parlaments und des Rates vom 16.02.2011 zur Bekämpfung von Zahlungsverzug im Geschäftsverkehr.

198 **Artikel 3 (Zinsen bei Zahlungsverzug):**
(1) Die Mitgliedstaaten stellen folgendes sicher:
a)…
b)…
c) Der Gläubiger ist berechtigt, bei Zahlungsverzug Zinsen insoweit geltend zu machen, als er
i)…
ii) den fälligen Betrag nicht rechtzeitig erhalten hat, es sei denn, dass der Schuldner für die Verzögerung nicht verantwortlich ist.

199 **Artikel 3 (Geschäftsverkehr zwischen Unternehmen):**
(1) Die Mitgliedstaaten stellen sicher, dass im Geschäftsverkehr zwischen Unternehmen der Gläubiger Anspruch auf Verzugszinsen hat, ohne dass es einer Mahnung bedarf, wenn folgende Bedingungen erfüllt sind:
a) …
b) der Gläubiger hat den fälligen Betrag nicht rechtzeitig erhalten, es sei denn, dass der Schuldner für den Zahlungsverzug nicht verantwortlich ist.

200 OLG Köln, ZGS 2007, 74 ff. = **juris**byhemmer.

201 **EuGH,** IBR 2008, 254 = **juris**byhemmer („Telecom GmbH gegen Deutsche Telekom AG").

202 Palandt, § 556b BGB, Rn. 4; Jauernig, § 270 BGB Rn. 7.

203 Vgl. dazu Torsten Jäger, „Überschießende Richtlinienumsetzung im Zivilrecht", Baden-Baden 2006, S. 106 f.

Nach e.A. einheitliche Auslegung

(a) Teilweise will eine v.a. in der Literatur vertretene Ansicht aus der Zahlungsverzugsrichtlinie[204] und der dazu ergangenen Rechtsprechung des EuGH herleiten, dass die Geldschuld generell als „modifizierte Bringschuld" anzusehen sei und daher die Zahlung rechtzeitig auf dem Empfängerkonto gutgeschrieben sein müsse.[205] 137a

Diese Sichtweise beruht auf der Überlegung, dass Schulden von Verbrauchern aus Geschäften mit Unternehmern zur **Vermeidung einer gespaltenen Auslegung des nationalen Rechts** in richtlinienkonformer Auslegung der §§ 270 I, IV, 269 BGB ebenso zu behandeln seien wie die von der Zahlungsverzugsrichtlinie erfassten Entgelte.

Für die Rechtzeitigkeit der Leistung sei daher generell, also auch außerhalb des Anwendungsbereichs der Richtlinie, nicht mehr auf die Erbringung der Leistungshandlung, sondern auf den Erhalt der Leistung abzustellen.

BGH vertritt gespaltene Lösung
⇨ keine Übertragung der Zahlungsverzugsrichtlinie auf den nicht-unternehmerischen Zahlungsverkehr

(b) Diese einheitliche Auslegung ist nach **Ansicht des BGH** verfehlt. Die Richtlinie, die der Bekämpfung des Zahlungsverzugs **im Geschäftsverkehr** dient, um sicherzustellen, dass der Binnenmarkt reibungslos funktioniert, und dadurch die Wettbewerbsfähigkeit von Unternehmen zu fördern, ist nur auf Zahlungen, die als Entgelt im Geschäftsverkehr zu leisten sind, anzuwenden.[206] 137b

Verträge mit Verbrauchern unterfallen daher nicht dem Anwendungsbereich der Richtlinie. Eine **Ausdehnung auf Verbraucher** ist nach ihrer Zielsetzung auch **nicht erwünscht**.

Ein hiervon abweichender Wille des deutschen Gesetzgebers, die Zahlungsverzugsrichtlinie zu Lasten von Verbrauchern umzusetzen, ist bei der Umsetzung der Zahlungsverzugsrichtlinien (RL 2000/35/EG und RL 2011/7/EU) nicht erkennbar geworden. Die Voraussetzungen einer richtlinienkonformen Auslegung sind daher offensichtlich nicht gegeben.

Die **RL 2000/35/EG** zur Bekämpfung von Zahlungsverzug im Geschäftsverkehr wurde durch das Gesetz zur Modernisierung des Schuldrechts vom 26.11.2001[207] z.B. in § 288 II BGB umgesetzt. Der Umsetzungsbedarf wurde im Gesetzgebungsverfahren als „gering" bzw. „äußerst gering" angesehen.[208] Hervorgehoben wurde, dass die Richtlinie nicht sämtliche Forderungen betrifft, sondern **nur** für Ansprüche auf Zahlung eines (vereinbarten) Entgelts **im Geschäftsverkehr** und damit nur im Verhältnis von Unternehmern untereinander und von Unternehmern zu öffentlichen Stellen gilt.

Im Gesetzgebungsverfahren zur Umsetzung der **RL 2011/7/EU** ist besonders deutlich geworden, dass die Rechtsstellung von Verbrauchern nicht verschlechtert werden sollte.

<u>Zusammenfassung</u>: Außerhalb des unternehmerischen Zahlungsverkehrs kommt es nach Ansicht des BGH auf die rechtzeitige Leistungshandlung und nicht auf den Eingang des Geldbetrages auf dem Gläubigerkonto an, weil Geldschulden gem. § 270 I BGB qualifizierte Schickschulden (vgl. §§ 270 IV, 269 BGB) sind.

204 Richtlinie 2000/35/EG bzw. Richtlinie 2011/7/EU.

205 Herresthal, NZM 2011, 833 (838).

206 Vgl. **BGH, Life&Law 03/2017, 147 ff.** = **juris**byhemmer.

207 BGBl. I S. 3138.

208 BT-Drucks. 14/6040, S. 81 f.

c) Fälligkeit

Schuldnerverzug setzt weiter die Fälligkeit des fraglichen Anspruchs voraus. Ein Anspruch ist ab dem Zeitpunkt fällig, ab dem der Gläubiger die Leistung verlangen kann; dies ist grundsätzlich sofort (§ 271 I BGB) der Fall, also mit dem Zeitpunkt des Entstehens des Anspruchs.[209] 138

Bei vertraglichen Ansprüchen kommt es daher grundsätzlich auf den Zeitpunkt des Vertragsschlusses, bei gesetzlichen Ansprüchen auf den Zeitpunkt des Vorliegens aller Anspruchsvoraussetzungen an.

> Im vorigen Fall war für die Leistung eine Zeit i.S.d. § 271 II BGB bestimmt; nach der Auslegungsregel des § 271 II BGB wurde der Darlehensrückzahlungsanspruch des B gegen A daher am 15.08. fällig.

Ist durch Vereinbarung der Anspruch gestundet, so ist er nicht fällig. Schuldnerverzug scheidet daher aus.

§ 193 BGB verschiebt Fälligkeit auf nächsten Werktag

Fällt der Tag, an dem eine Forderung fällig wird oder Verzug eintritt, auf einen Sonnabend, Sonntag oder Feiertag, so tritt gemäß § 193 BGB an die Stelle dieses Tages der nächste Werktag.[210]

Vertragliches Hinausschieben der Fälligkeit möglich

Vertraglich kann der Fälligkeitszeitpunkt aber hinausgeschoben werden.

Grenze: § 271a BGB

Nach **§ 271a I BGB**[211] ist dies bei einer Entgeltforderung aber nur bis zu 60 Tagen nach dem Empfang der Gegenleistung zulässig.

Ist der Schuldner ein öffentlicher Auftraggeber, so ist eine vertragliche Verlegung des Fälligkeitszeitpunkts grds. nur bis zu 30 Tagen möglich. Ein Hinausschieben der Fälligkeit von mehr als 60 Tagen ist stets unwirksam, § 271a II BGB.

Einschränkung gilt nicht gegenüber Verbraucher, § 271a V Nr. 2 BGB

Diese Einschränkung gilt nur gegenüber einem Schuldner, der Unternehmer ist. Ist der Schuldner ein Verbraucher, kann die Fälligkeit zu dessen Schutz auch länger hinausgeschoben werden, vgl. § 271a V Nr. 2 BGB.

Ein längeres Hinausschieben der Fälligkeit ist nur zulässig, wenn die Vereinbarung ausdrücklich getroffen wird und für den Gläubiger nicht grob unbillig ist.

hemmer-Methode: Werden Zahlungs-, Überprüfungs- oder Abnahmefristen in Allgemeinen Geschäftsbedingungen geregelt, so wird die zulässige Dauer gem. § 308 Nr. 1a, b BGB halbiert. Wenn der AGB-Verwender kein Verbraucher ist, so ist im Zweifel eine Frist von mehr als 15 Tagen (§ 308 Nr. 1b BGB) bzw. mehr als 30 Tagen (§ 308 Nr. 1a BGB) unangemessen lang.
An Klauseln in Allgemeinen Geschäftsbedingungen wird also ein strengerer Maßstab angelegt. So soll verhindert werden, dass sich vor allem marktmächtige Schuldner durch Klauseln in AGB zu Lasten ihrer Vertragspartner übermäßig lange Zahlungs-, Überprüfungs- und Abnahmefristen einräumen.
Die Formulierung „im Zweifel anzunehmen" ist an § 307 II BGB angelehnt. Wie dort obliegt es also dem Verwender der Klausel, besondere Gründe darzulegen, aus denen sich die Angemessenheit des längeren Zeitraums ergibt. Diese Zweifelsregelung ist allerdings beschränkt auf die Fälle, in denen der Verwender kein Verbraucher ist. Denn es besteht keine Notwendigkeit, auch einem Verbraucher bei der Vereinbarung von Zeiträumen von über 30 Tagen die Darlegungs- und Beweislast für die Angemessenheit einer solchen Klausel aufzuerlegen.

---

209 Palandt, § 286, Rn. 14.

210 BGH, NJW 2007, 1581-1584 = **juris**byhemmer.

211 § 271a BGB wurde durch das „Gesetz zur Bekämpfung von Zahlungsverzug im Geschäftsverkehr" mit Wirkung zum 29.07.2014 in das BGB eingefügt. Vgl. dazu **Tyroller**, „Gesetz zur Bekämpfung von Zahlungsverzug im Geschäftsverkehr", **Life&Law 01/2015, 51 ff.**

Ist vereinbart, dass die Entgeltforderung erst nach einer Überprüfung der Gegenleistung fällig wird, so darf für die Überprüfung grds. keine längere Frist als 30 Tage vereinbart werden, § 271a III BGB. Diese Vorschrift gilt nur für vertragliche Vereinbarungen über die Dauer eines Abnahme- und Überprüfungsverfahrens.

hemmer-Methode: Gesetzlich ist im deutschen Recht für die Fälligkeit bislang einzig im Werkvertragsrecht des BGB eine Überprüfung vorgesehen, die sog. „Abnahme“, § 640 I BGB. Das Werkvertragsrecht schreibt hierzu jedoch keine bestimmte Frist vor. Haben die Parteien keine Vereinbarung über den Zeitpunkt der Abnahme nach § 640 BGB getroffen, ist daher die Abnahme nach den allgemeinen Grundsätzen des § 271 I BGB sofort fällig.
Da dem Besteller aber ausreichend Zeit bleiben muss, die Werkleistung zu prüfen, darf vertraglich eine Prüfungsfrist vereinbart werden.
Da aber auch bei größeren Werken i.d.R. die Abnahme innerhalb weniger Tage erfolgen kann, darf die vereinbarte Abnahmefrist jedoch 30 Tage nicht überschreiten, § 271a III BGB. Sehen die Parteien bei einem umfangreichen oder komplexen Werk das Bedürfnis für eine längere Prüfdauer, so können sie insoweit ausnahmsweise eine ausdrückliche Abrede treffen.

§ 286 V BGB

Um eine Umgehung des § 271a BGB zu verhindern, wird in **§ 286 V BGB** bestimmt, dass § 271a I bis V BGB entsprechend gilt für eine Vereinbarung, durch welche zugunsten des Schuldners der Eintritt des Verzugs hinausgeschoben werden soll.

Für Entgeltforderungen gegenüber einem Unternehmer bedarf es danach einer ausdrücklichen Vereinbarung, wenn der Verzug mehr als 60 Tage nach Zugang einer Rechnung oder dem Empfang der Gegenleistung eintreten soll. Öffentliche Auftraggeber dürfen den Verzugseintritt nur dann über 30 Tage auf maximal 60 Tage hinauszögern, wenn dies sachlich gerechtfertigt ist und durch ausdrückliche Vereinbarung erfolgt.

Zu beachten ist, dass die Vereinbarung von Fälligkeitsfristen und von Fristen, die den Verzugseintritt hinauszögern, zusammengerechnet wird. Maßgeblich für die Fristberechnung der nach § 286 V BGB zulässigen Höchstfrist ist damit nicht das Ende der vereinbarten Leistungszeit, sondern der nach § 271a BGB maßgebliche Zeitpunkt.

Die in § 271a BGB genannten Höchstfristen sind also **„Insgesamt-Höchstfristen“**.

> ***Bsp.:*** *Die Parteien vereinbaren eine Zahlungsfrist von 50 Tagen nach Rechnungszugang. Außerdem treffen die Parteien eine Vereinbarung, nach der der Verzug erst 20 Tage nach dem Ende der Zahlungsfrist eintreten soll.*
>
> *Diese zweite Vereinbarung ist gem. §§ 286 V, 271a I S. 1 BGB grds. unwirksam, da der Verzug in diesem Fall insgesamt erst 70 Tage nach Rechnungszugang eintreten würde und damit die „Insgesamt-Höchstfrist“ von 60 Tagen überschritten wird. Die Vereinbarung wäre nur wirksam, wenn die Vereinbarung über den Verzugseintritt ausdrücklich erfolgt und nicht grob unbillig ist, §§ 286 V, 271a I S. 1 BGB a.E.*

d) Einredefreiheit des Anspruches

Stundung schiebt Fälligkeit hinaus

Problematisch ist die Auswirkung von Einreden auf den Schuldnerverzug. Jedenfalls kann der Schuldner bei Stundung des Anspruches nicht in Verzug geraten, da in diesem Fall der Zeitpunkt der Fälligkeit durch Parteivereinbarung hinausgeschoben wird (§ 271 I BGB gilt nur „im Zweifel“, vgl. auch § 271 II BGB). 139

Dann fehlt es bereits an einer fälligen Leistung, Schuldnerverzug ist für den Zeitraum der Stundung nicht möglich, auch wenn die Einrede der Stundung durch den Schuldner nicht erhoben wird.[212]

aa) Einredefreiheit als ungeschriebene Voraussetzung des Schuldnerverzuges

Erhebt der Schuldner eine ihm zustehende Einrede gegen den Anspruch des Gläubigers, ist der Anspruch nicht durchsetzbar, der Schuldner kann nicht zur Leistung verurteilt werden. 140

Nach ganz h.M. scheidet jedenfalls ab dem Zeitpunkt des Erhebens der Einrede der Schuldnerverzug aus: Kann der Schuldner nicht erfolgreich zur Leistung verurteilt werden, kann er auch Nachteile aus der Nichtleistung (in Form der Rechtsfolgen des Schuldnerverzuges) nicht zu tragen haben.[213]

H.M.: Bereits Vorliegen der Einredevoraussetzungen schließt Schuldnerverzug aus

Wäre jedoch auf den Zeitpunkt des Erhebens der Einrede durch den Schuldner abzustellen, müsste der Schuldner sofort bei Fälligkeit bzw. Mahnung die Einrede erheben, um nicht für den Zeitraum bis zur Erhebung der Einrede den Verzögerungsschaden nach §§ 280 I, II, 286 BGB ersetzen zu müssen.

Nach h.M. wirkt deshalb allein das Vorliegen der Voraussetzungen einer Einrede gegen den fraglichen Anspruch verzugsausschließend. Die Einredefreiheit des Anspruchs stellt somit eine ungeschriebene Voraussetzung des Schuldnerverzuges dar.

> ***Bsp.:*** *A geht gegenüber B rechtsgrundlos ein konstitutives Schuldanerkenntnis nach den §§ 780, 781 BGB ein, in dem sich A zur sofortigen Zahlung von 2.000,- € verpflichtet. Nach drei Tagen mahnt B den A, die Summe an ihn zu zahlen; nach weiteren drei Tagen verlangt er Zahlung von Verzugszinsen.*
>
> Zwar lag eine Nichtleistung auf einen wirksamen Anspruch trotz Fälligkeit und Mahnung vor; gegen den Anspruch aus dem Schuldanerkenntnis stand A jedoch die Einrede der ungerechtfertigten Bereicherung nach § 821 BGB zu. Das Vorliegen der Einredevoraussetzungen wirkt dabei selbst verzugsausschließend, ohne dass zunächst Einrede erhoben werden muss. Damit scheidet mangels Schuldnerverzugs ein Anspruch aus § 288 BGB aus, sofern A irgendwann später die Einrede des § 821 BGB erhebt (vgl. im Folgenden).

„ex-tunc-Wirkung" der Einredeerhebung?

Eine Einschränkung wird hinsichtlich dieses Grundsatzes jedoch gemacht, die häufig zu Missverständnissen führt: Das Vorliegen der Einredevoraussetzungen wirke nur dann verzugsausschließend, wenn der Schuldner irgendwann einmal – spätestens in der letzten Tatsachenverhandlung – die Einrede erhebt.[214] Dann wirke die Erhebung der Einrede im Hinblick auf den Ausschluss des Schuldnerverzuges auf den Zeitpunkt des Vorliegens der Einredevoraussetzungen zurück, es wird von einer ex-tunc-Wirkung der Einredeerhebung gesprochen. 141

Diese Auffassung beruht vor allem darauf, dass Einreden vor Gericht nicht von Amts wegen zu berücksichtigen sind, sondern von den Parteien in den Prozess eingeführt werden müssen. Diese rein prozessuale Frage rechtfertigt es aber noch nicht, von einer materiellrechtlichen ex-tunc-Wirkung zu sprechen.

212 Zur Stundung: Palandt, § 271, Rn. 12.

213 Palandt, § 286, Rn. 12.

214 Medicus, BR, Rn. 219a.

Schuldner soll Wahlmöglichkeit haben

Der eigentliche Hintergrund der h.M. ist folgender: Liegen die Voraussetzungen einer Einrede vor, ist es dem Schuldner freigestellt, ob er die Leistung dennoch erbringt oder aber sich auf die Einrede beruft. Ist er zur Erbringung der Leistung bereit, muss ihm auch die Verspätung der Leistung mit der Folge des Schuldnerverzuges angelastet werden können. Dies rechtfertigt die Annahme, dass das Vorliegen von Einredevoraussetzungen nur dann die oben beschriebene verzugsausschließende Wirkung hat, wenn der Schuldner von der Einrede auch tatsächlich Gebrauch macht. 142

hemmer-Methode: Versuchen Sie in der Klausur in jedem Fall, die Ihrer Arbeit zugrunde gelegte Ansicht zu begründen und beschränken Sie sich keinesfalls auf den Hinweis auf die „h.M."!

bb) Besonderheit bei §§ 273, 1000 BGB

Besonderheiten: §§ 273, 1000 BGB

Ebenfalls eine Einrede begründen die Zurückbehaltungsrechte nach § 273 BGB sowie nach § 1000 BGB. Hier ist allerdings von obigem Grundsatz abzuweichen, dass allein das Vorliegen der Einredevoraussetzungen bereits verzugsausschließend wirkt.[215] 143

Wg. Abwendungsbefugnis des Schuldners nach § 273 III BGB

Bei den Einreden nach § 273 BGB und § 1000 BGB besteht nämlich eine Besonderheit: Der Gläubiger kann nach § 273 III S. 1 BGB die Ausübung des Zurückbehaltungsrechts durch Sicherheitsleistung abwenden (§ 273 III BGB ist auch auf § 1000 BGB anwendbar) und dem Schuldner so die Einrede des § 273 BGB bzw. § 1000 BGB „nehmen".

Würde das Vorliegen der Voraussetzungen der §§ 273, 1000 BGB bereits verzugsausschließend und damit für den Gläubiger nachteilig wirken, hätte dieser nicht die Möglichkeit, durch Sicherheitsleistung auf die Erhebung der Einreden durch den Schuldner zu reagieren, da eine solche Erhebung ja gerade nicht erforderlich wäre. Der Gläubiger müsste sofort Sicherheit leisten; dies widerspricht aber dem Charakter des § 273 III BGB als Reaktionsmöglichkeit des Gläubigers auf die Einredeerhebung.

Ex-nunc-Wirkung

Deshalb nimmt die h.M. bei den Einreden nach § 273 BGB und nach § 1000 BGB an, dass sie verzugsausschließend nur ab dem Zeitpunkt ihrer Erhebung wirken („ex-nunc-Wirkung").

cc) Besonderheiten bei § 410 I S. 1 BGB

Bei Leistungsverweigerungsrecht des § 410 I S. 1 BGB wird Verzug auch nur ex-nunc beendet

Das Leistungsverweigerungsrecht nach § 410 I S. 1 BGB schließt den Eintritt des Verzugs nur (bzw. erst: ex nunc) aus, wenn es von dem Schuldner geltend gemacht wird. 144

Dies folgt aus der Vorschrift des § 410 I S. 2 BGB. Denn das Erfordernis der unverzüglichen Zurückweisung einer ohne Vorlage der Abtretungsurkunde ausgesprochenen Mahnung wäre sinnlos, wenn der Schuldner die Folgen des Verzugs jederzeit rückwirkend beseitigen könnte.[216]

215 Palandt, § 286, Rn. 13.

216 **BGH, Life&Law 03/2007, 156 ff.** = NJW 2007, 1269-1273 = **juris**byhemmer.

dd) Besonderheiten bei § 320 BGB

§ 273 III BGB auf § 320 BGB nicht anwendbar, § 320 I S. 3 BGB

Wiederum eine Besonderheit ergibt sich bei der Einrede des nichterfüllten (gegenseitigen) Vertrages nach § 320 BGB. Zwar handelt es sich auch hierbei um ein Zurückbehaltungsrecht; mit dem zu § 273 BGB und § 1000 BGB Gesagten hat dieses Problem aber nichts zu tun, da § 273 III BGB nach § 320 I S. 3 BGB gerade nicht anwendbar ist. 145

Bei § 320 BGB kommt es auf das Leistungsangebot des Gläubigers an

Bereits das Vorliegen der Voraussetzungen des § 320 BGB soll nach h.M. verzugsausschließend wirken, sofern der Gläubiger die ihm obliegende synallagmatische Leistung nicht angeboten hat. Hat er dies getan, kommt ein Ausschluss des Verzuges nach § 320 BGB nicht in Betracht.[217] 146

Mit dieser Modifikation des § 320 BGB hinsichtlich des Verzugsausschlusses wird dem Umstand Rechnung getragen, dass der Gläubiger, der die ihm obliegende Leistung anbietet, sich gerade vertragsgerecht verhält; so kann bei Klage auf die Primärleistung § 320 BGB nicht zur gänzlichen Abweisung der Klage, sondern nur zur Verurteilung Zug um Zug führen, § 274 BGB.

Einrede des § 320 BGB muss im Prozess vom Schuldner nicht erhoben werden

Im Prozess muss – und hier liegt die wesentliche Abweichung zu dem unter aa) Erwähnten – der Schuldner die Einrede des § 320 BGB allerdings nicht erheben, um den Ausschluss des Verzuges durch diese geltend zu machen. Vielmehr ist es Sache des Gläubigers, sein eigenes Leistungsangebot zu beweisen. Kann er dies nicht, scheidet Verzug wegen der (möglichen) Einrede des § 320 BGB aus.

Unterscheidung: Primärleistung/ Schuldnerverzug!

Zu beachten ist: Das eben Gesagte bezieht sich nur auf die Frage des Vorliegens des Schuldnerverzuges. Wird der Schuldner wegen der (synallagmatischen) Primärleistung verklagt, muss er die Einrede des § 320 BGB erheben. Dies führt zur Verurteilung Zug um Zug, § 274 BGB, und zwar unabhängig davon, ob ein früheres Leistungsangebot des Gläubigers vorliegt oder nicht. Dieses spielt nur für den Verzugsausschluss eine Rolle! 147

hemmer-Methode: Wer im normalen Fall der Prüfung des Anspruches auf die synallagmatische Primärleistung hier lange Ausführungen zur Erforderlichkeit des Leistungsgebotes für § 320 BGB macht, liegt nicht nur völlig falsch; er erweckt beim Korrektor außerdem den Eindruck, viel gelernt, aber wenig verstanden zu haben. Das sollten Sie unbedingt vermeiden!

ee) Aber: Keine Besonderheit bei § 321 I BGB

Bei §§ 273, 1000 BGB tritt wegen der Abwendungsbefugnis des Gläubigers gem. § 273 III BGB die verzugshindernde Wirkung nur ex nunc ab der Geltendmachung der Einrede ein (vgl. Rn. 143). 147a

Abwendungsbefugnis auch bei Unsicherheitseinrede, § 321 I S. 2 BGB

Fraglich ist, ob für die Einrede des § 321 I S. 1 BGB Vergleichbares gilt, denn gem. § 321 I S. 2 BGB hat auch hier der Gläubiger die Möglichkeit, die Einrede durch Sicherheitsleistung abzuwenden.

Nach M.M. wie bei § 273 BGB nur ex nunc-Wirkung

Daher nimmt ein Teil der Literatur eine den Verzugseintritt hindernde Wirkung der Unsicherheitseinrede erst dann an, wenn der Vorleistungspflichtige seine Absicht, die ihm obliegende Leistung wegen der Gefährdung der Gegenleistung zu verweigern, dem Vorleistungsberechtigten mitgeteilt und diesem damit Gelegenheit gegeben hat, die Gegenleistung zu bewirken oder Sicherheit zu leisten, um so das Leistungsverweigerungsrecht des Vorleistungspflichtigen auszuräumen.[218]

217 Vgl. zuletzt **BGH, Life&Law 10/2003, 669 ff.**

218 Soergel, § 321, Rn. 49; Roth, Die Einrede des Bürgerlichen Rechts, S. 192.

BGH: Trotz Abwendungsbefugnis gelten bei § 321 I BGB nicht die Grundsätze zu § 273 BGB

Der BGH hat bereits vor der Schuldrechtsreform zu § 321 BGB angenommen, dass der bloße Bestand der Einrede einen Verzug des einredeberechtigten Vertragsteils ausschließt.[219]

⇨ Ähnlichkeit zu § 320 BGB

Die Unsicherheitseinrede betrifft Leistungspflichten aus gegenseitigen Verträgen, also solche, die von vornherein in wechselseitiger Abhängigkeit voneinander stehen. Dieses Gegenseitigkeitsverhältnis ist der Grund dafür, dass schon das Bestehen der Einrede des nichterfüllten Vertrages gem. § 320 I BGB nach ständiger Rechtsprechung des BGH und nahezu einhelliger Ansicht in der Literatur den Eintritt des Schuldnerverzuges hindert.[220]

Entsprechendes gilt für das Einrederecht aus § 321 BGB. Die Verpflichtung zur Vorleistung betrifft lediglich die Modalitäten der Vertragsdurchführung und hebt die wechselseitige Abhängigkeit der Leistungspflichten aus dem gegenseitigen Vertrag nicht auf.

Fraglich ist allerdings, ob dies auch gelten kann, wenn der Vorleistungsberechtigte nicht erkennen kann, ob die Vorleistung gerade wegen einer Gefährdung des Gegenleistungsanspruchs zurückgehalten wird. Nur wenn er dies weiß, kann er aber von der ihm durch § 321 I S. 2 BGB eingeräumten Möglichkeit Gebrauch machen, die Einrede durch Sicherheitsleistung oder durch das Bewirken seiner Leistung abzuwenden.

Das zwingt nach Ansicht des BGH aber nicht dazu, die aus dem Bestehen der Einrede folgenden Wirkungen abweichend von § 320 BGB zu behandeln. Die Interessen des Vorleistungsberechtigten werden dadurch gewahrt, dass es dem anderen Vertragsteil auf Nachfrage oder auf eine Aufforderung zur Leistung hin obliegt, den Grund der Leistungsverweigerung zu nennen. Erfährt der Vorleistungspflichtige dann, dass die Vorleistung wegen Gefährdung der Gegenleistung zurückgehalten wird, hat er Gelegenheit, die Einrede abzuwenden. Äußert sich sein Vertragspartner nicht, kann er nach § 323 I BGB vorgehen. Dem Vorleistungsverpflichteten ist es dann verwehrt, nachträglich die Einrede des § 321 BGB zu erheben; dies folgt aus dem Verbot widersprüchlichen Verhaltens.[221]

ff) Verhältnis von § 275 II und III BGB zum Schuldnerverzug

Mit der Modernisierung des Schuldrechts wurde eine Form der Unmöglichkeit geschaffen, die in ihrer Konstruktion dem bislang geltenden Recht unbekannt war: Nach § 275 II, III BGB soll der Schuldner berechtigt sein, die Leistung zu verweigern, wenn die genannten Voraussetzungen der Unzumutbarkeit der Leistungserbringung vorliegen. **148**

§ 275 II, III BGB bzgl. Schuldnerverzug wie „normale" Einreden zu behandeln

Diese Form der Unmöglichkeit wurde also als Einrede des Schuldners ausgestaltet. Hinsichtlich der Auswirkungen auf den Schuldnerverzug bestehen keine Besonderheiten: Das Vorliegen des Leistungshindernisses und damit das Vorliegen der Einredevoraussetzungen nach § 275 II oder III BGB führt bereits zum Ausschluss des Schuldnerverzuges. Dies jedoch nur dann, wenn der Schuldner die Einrede später geltend macht.[222] Die Geltendmachung der Einrede beendet aber den Schuldnerverzug rückwirkend auf den Zeitpunkt zurück, zu welchem der Schuldner diese Einrede erstmals hätte geltend machen können. **149**

---

219 BGH, WM 1959, 624-626 (625) = **juris**byhemmer.

220 BGH, NJW-RR 2007, 325-330 (327) = **juris**byhemmer.

221 Vgl. dazu **BGH, Life&Law 05/2010, 305 ff.** = ZNotP 2010, 98-101 = **juris**byhemmer.

222 Palandt, § 275, Rn. 32 bzw. § 286, Rn. 12.

Nach a.A. Gestaltungsrechte

Zum selben Ergebnis kommt die im Vordringen befindliche Ansicht, die § 275 II, III BGB als Gestaltungsrechte begreift.

e) Mahnung

Grundsätzlich kommt der Schuldner nur bei Mahnung des Gläubigers in Verzug, § 286 I S. 1 BGB.

aa) Inhalt

Mahnung als „letzte Aufforderung“ durch Gläubiger

Bei der Mahnung handelt es sich um eine einseitige, empfangsbedürftige Aufforderung des Gläubigers an den Schuldner, die Leistung zu erbringen. Sie dient dem Schutz des Schuldners, dem noch einmal verdeutlicht werden soll, dass er durch weiteres Nichtleisten seine Position verschlechtert.[223] 150

Rechtsgeschäftsähnliche Handlung

Bei der Mahnung handelt es sich nicht um ein Rechtsgeschäft, sondern um eine rechtsgeschäftsähnliche Handlung; es finden jedoch die Vorschriften über Rechtsgeschäfte und Willenserklärungen entsprechende Anwendung. 151

Wirksame Mahnung nur nach Fälligkeit

Die Mahnung muss gem. § 286 I S. 1 BGB nach Fälligkeit erfolgen; ausreichend ist jedoch, dass die Mahnung mit dem die Fälligkeit auslösenden Ereignis (z.B. Abruf der Leistung) zeitlich zusammenfällt. 152

Entgegen des insoweit missverständlichen Wortlauts des § 286 I S. 1 BGB kann daher die Mahnung mit der die Fälligkeit begründenden Handlung verbunden werden, sodass die Mahnung auch in einer Rechnung enthalten sein kann, selbst wenn nach den vertraglichen oder gesetzlichen Bestimmungen erst mit deren Zugang die Forderung fällig wird.[224]

hemmer-Methode: Eine Mahnung vor Eintritt der Fälligkeit ist aber nach allgemeiner Meinung unwirksam und kann auch bei späterer Fälligkeit nicht den Verzug auslösen.[225]

Einräumung eines Zahlungsziels ist grds. aber keine Mahnung

Nach Ansicht des BGH ist die Mahnung von der bloßen Einräumung eines Zahlungsziels zu unterscheiden. Die erstmalige Zusendung einer Rechnung - selbst mit Angabe eines Zahlungsziels - wird nämlich üblicherweise nicht als Mahnung verstanden.[226]

Nach Ansicht des BGH gilt dies vor dem Hintergrund des § 286 III S. 1 BGB, der dem Gläubiger Verbrauchern gegenüber eine zusätzliche Belehrung abverlangt, umso mehr. Die kalendermäßige Bestimmung eines Zahlungsziels in der Rechnung ohne Hinweis auf einen Verzugseintritt oder ähnliche Zusätze ist daher keine unzweideutige Aufforderung zur Leistung. Aus der Sicht des Schuldners kann diese Formulierung nämlich auch als Angebot zu einer Stundung oder einem pactum de non petendo interpretiert werden, das der Schuldner als ihm günstig gemäß § 151 BGB stillschweigend annehmen kann.[227]

---

223 Palandt, § 286, Rn. 16.

224 BGH, NJW 2006, 3271-3273 = **juris**byhemmer; nach Ansicht des BGH gilt dies auch im Fall des § 497 III S. 3 BGB; vgl. dazu **BGH, Life&Law 11/2010, 719 ff.**

225 Palandt, § 286, Rn. 16.

226 OLG Düsseldorf, OLG-Report 2002, 296-297 (297) = **juris**byhemmer; OLG Frankfurt, NJW-RR 2005, 701-702 = **juris**byhemmer; LG Paderborn, MDR 1983, 225; Erman, § 286 BGB, Rn. 31; MüKo, § 286, Rn. 49.

227 Vgl. **BGH, Life&Law 04/2008, 215 ff.** = NJW 2008, 50-52 = **juris**byhemmer.

hemmer-Methode: Dies kann man sicher auch anders sehen. Insbesondere ist es allgemein anerkannt, dass in einer Mahnung - anders als im Fall des § 286 III S. 1 BGB - auf die Rechtsfolgen eines Verzugs gerade nicht hingewiesen werden muss. Die Auslegung als Stundungsangebot oder pactum de non petendo ist bedenklich.
Nach anderer Ansicht soll es an einer Mahnung nur fehlen, wenn in der Rechnung kein Zahlungsziel genannt wurde bzw. die Rechnung vor Fälligkeit erteilt wird. Denn vor Eintritt der Fälligkeit ist eine Mahnung unwirksam.[228]

Mahnung muss eindeutig und bestimmt sein

Wichtig ist, dass die Mahnung und die darin liegende Leistungsaufforderung eindeutig und hinreichend bestimmt sind. Aus der Mahnung muss sich eindeutig ergeben, welche Leistung der Gläubiger erwartet. Eine besondere Form ist dabei nicht vorgeschrieben.[229] 153

hemmer-Methode: Auch in Gedichtsform ist eine Mahnung möglich, wenn hierdurch hinreichend zum Ausdruck kommt, dass der Schuldner zur Leistung aufgefordert werden soll. Höflichkeit und Eindeutigkeit schließen sich ja nicht gegenseitig aus.[230]

Bedingungsfeindlichkeit der Mahnung

Nicht hinreichend bestimmt ist eine Mahnung, die unter einer Bedingung abgegeben wird, die Mahnung ist grundsätzlich bedingungsfeindlich. Stehen dem Gläubiger gegen den Schuldner mehrere Forderungen zu, so muss er klarstellen, welche der Forderungen er anmahnt.[231] 154

Meint der Gläubiger mit der Mahnung eine andere Forderung als er objektiv erklärt, so gilt die gemeinte Forderung als gemahnt, wenn der Schuldner die Falschbezeichnung erkannt hat. Auch hier gilt also: Falsa demonstratio non nocet!

Zuwenig-Mahnung

Problematisch sind die Fälle einer Mahnung mit falscher Betragsangabe. Mahnt der Gläubiger einen zu **geringen** Betrag, treten die Verzugsfolgen nur hinsichtlich dieses geringeren Betrags ein. 155

Zuviel-Mahnung

Mahnt er einen **höheren** als den geschuldeten Betrag, so ist dies zum Schutze des Gläubigers unschädlich, wenn der Schuldner diese Mahnung als Aufforderung zur Erbringung der tatsächlich geschuldeten Leistung verstehen musste.[232]

Die Prüfung, ob eine Zuviel-Forderung zur Unwirksamkeit einer Mahnung führt, erfordert eine unter Berücksichtigung aller Umstände des Einzelfalls nach Treu und Glauben vorzunehmende Würdigung, ob der Schuldner die Erklärung als Aufforderung zur Bewirkung der tatsächlich geschuldeten Leistung verstehen muss und der Gläubiger auch zur Annahme der gegenüber seinen Vorstellungen geringeren Leistung bereit ist.[233]

hemmer-Methode: Dies gilt erst dann nicht mehr, wenn der gemahnte den tatsächlich geschuldeten Betrag erheblich übersteigt. Der Gläubiger kann demnach aus der Mahnung keine Rechte herleiten, wenn er eine weit übersetzte Forderung geltend gemacht hat.[234]

Bsp.: *A verlangt am 21.04. von B, an ihn 25.000,- € zu zahlen. Später stellt sich heraus, dass A ein fälliger Anspruch nur i.H.v. 1.250,- € zusteht. A macht ab dem 22.04. Verzugszinsen geltend.*

228 Vgl. zur Kritik an dieser Entscheidung auch die Urteilsanmerkung von Gsell in NJW 2008, 52.

229 Palandt, § 286, Rn. 19.

230 LG Frankfurt, NJW 1982, 650-651 = **juris**byhemmer.

231 Dies gilt jedoch nicht in Fällen sog. Anspruchskonkurrenz, z.B. Anspruch infolge eines Verkehrsunfalls aus § 7 I StVG, § 823 I BGB, § 823 II BGB i.V.m. StVO. Hier muss der Gläubiger nicht etwa in der Mahnung die jeweilige Anspruchsgrundlage bezeichnen!

232 Palandt, § 286, Rn. 20.

233 **BGH, Life&Law 01/2007, 13 ff.** = NJW 2006, 3271-3273 = **juris**byhemmer; BGH, NJW 2006, 769-771 = **juris**byhemmer.

234 Vgl. dazu auch BGH, NJW 1991, 1288 ff.

Es kommt ein Anspruch aus § 288 I S. 1 BGB in Betracht. Dazu müsste sich B ab dem 22.04. in Verzug i.S.d. § 286 BGB befunden haben. Zweifelhaft ist hier allein, ob eine wirksame Mahnung des A i.S.d. § 286 I S. 1 BGB vorliegt.

A hat einen Betrag von 25.000,- € und damit weit mehr als die geschuldete Forderung von 1.250,- € angemahnt. Die Mahnung eines höheren als des geschuldeten Betrages ist zwar grundsätzlich unschädlich; dies gilt jedoch dann nicht mehr, wenn der Schuldner aufgrund eines erheblich zu hohen angemahnten Betrages die Mahnung nicht mehr auf die tatsächlich geschuldete Forderung zu beziehen braucht.

Dies war hier der Fall. Damit kam B mangels wirksamer Mahnung am 22.04. nicht in Schuldnerverzug.

§ 286 I S. 2 BGB

Der Mahnung steht nach § 286 I S. 2 BGB die Erhebung der Leistungsklage durch den Gläubiger sowie die Zustellung des Mahnbescheids im Mahnverfahren (§ 693 ZPO) gleich. Die Erhebung der Klage geschieht durch Zustellung der Klageschrift durch das Gericht an den Beklagten, § 253 I ZPO.[235] 156

bb) Entbehrlichkeit der Mahnung

Entbehrlichkeit der Mahnung

§ 286 II BGB ordnet einige Fälle der Entbehrlichkeit der Mahnung für den Schuldnerverzug an.[236]

Zeit nach dem Kalender bestimmt, § 286 II Nr. 1 BGB

(1) Einer Mahnung bedarf es nach § 286 II Nr. 1 BGB nicht, wenn für die Leistung eine Zeit nach dem Kalender bestimmt ist. Dazu ist erforderlich, dass ein bestimmter Kalendertag als Leistungszeitpunkt unmittelbar oder mittelbar festgelegt ist.[237] 157

<u>Unmittelbar:</u> *Lieferung am 7. März; Lieferung an Pfingsten.*
<u>Mittelbar:</u> *Drei Wochen nach Pfingsten; Ende Juli etc.*

Bestimmung im Vertrag nötig

Eine solche Bestimmung muss aber durch Rechtsgeschäft - in der Regel in dem zugrunde liegenden Vertrag -, durch Gesetz oder in einem Urteil getroffen worden sein. Die einseitige Festlegung einer Leistungszeit durch den Gläubiger reicht, sofern dieser nicht nach § 315 BGB zur Bestimmung der Leistung berechtigt ist[238], für die Anwendung der Vorschrift nach ganz h.M. nicht aus.[239]

Das entspricht nicht nur nach den Materialien zum Bürgerlichen Gesetzbuch dem Willen des historischen Gesetzgebers, sondern auch den Vorstellungen des Reformgesetzgebers beim Erlass des Gesetzes zur Modernisierung des Schuldrechts vom 26.11.2001 sowie den Vorgaben des Europarechts.

In Übereinstimmung mit den Motiven zum BGB[240] heißt es in der Begründung zum Entwurf eines Gesetzes zur Modernisierung des Schuldrechts, dass wie bisher für § 286 II Nr. 1 BGB in der Fassung des Entwurfs eine einseitige Bestimmung nicht genügt. In Betracht komme vielmehr eine Bestimmung durch Gesetz, durch Urteil und vor allem durch Vertrag.[241]

Angesichts dieser eindeutigen gesetzgeberischen Vorgaben verbietet sich eine vom Wortlaut her nicht ausgeschlossene erweiternde Auslegung des § 286 II Nr. 1 BGB.

235 Palandt, § 286, Rn. 21.

236 Vgl. dazu Oepen, „Probleme des modernisierten Verzugstatbestandes“, ZGS 2002, 349 ff.

237 In welchen Fällen eine Mahnung entbehrlich sein kann, zeigt mit Beispielen: Palandt, § 286, Rn. 22-26.

238 Vgl. hierzu BGH, NJW 2005, 1772.

239 **BGH, Life&Law 04/2008, 215 ff.** = NJW 2008, 50-52 = **juris**byhemmer; BGH, NJW 2006, 32713273 = **juris**byhemmer; OLG Naumburg, BB 1999, 1570-1571 = **juris**byhemmer; LG Paderborn, MDR 1983, 225; Palandt, § 286, Rn. 22.

240 Mugdan, Die gesamten Materialien zum BGB für das Deutsche Reich, Bd. 2, 1899, S. 31 f.

241 BT-Drs. 14/6040 S. 145 f.

Eine einseitige Festlegung des Leistungstermins durch den Gläubiger macht demnach die Mahnung nicht gem. § 286 II Nr. 1 BGB entbehrlich.

Aufgrund der dem Gläubiger durch § 286 I und III BGB eingeräumten Möglichkeit, auf anderem Wege unschwer Verzug des Schuldners zu begründen, ist dieser auch nicht schutzwürdig.

hemmer-Methode: Diese Lösung stimmt mit den Regelungen des § 271 I BGB über die Fälligkeit der Leistung überein. Die mit § 286 BGB sachlich zusammenhängende Bestimmung einer Leistungszeit als Fälligkeitsregelung in § 271 I BGB wird einhellig als Vertragsbestandteil und nicht als einseitiges Bestimmungsrecht des Gläubigers verstanden.[242]

§ 286 II Nr. 2 BGB: Berechenbarkeit der Leistungszeit reicht aus

(2) Nach § 286 II Nr. 2 BGB bedarf es der Mahnung nun auch dann nicht, wenn der Leistung ein Ereignis voranzugehen hat und die angemessene Leistungszeit vom Zeitpunkt des Ereignisses nach dem Kalender berechnet werden kann. 158

hemmer-Methode: Beachten Sie aber, dass auch hier eine vertragliche Vereinbarung erforderlich ist. Durch eine einseitige Fristbestimmung wird der Schuldnerverzug nach § 286 II Nr. 2 BGB nicht ausgelöst.[243]

Liegt ein solcher Fall vor, kommt der Schuldner – bei Vorliegen der übrigen Verzugsvoraussetzungen – auch ohne Mahnung mit dem Zeitpunkt des Ablaufs der festgelegten Leistungszeit in Verzug.

Z.B.: „Zwei Wochen nach Lieferung"; „Zwei Wochen nach Rechnungserteilung".

Erforderlich ist aber, dass der vereinbarte (!) Zeitraum zwischen dem Ereignis und der Leistung für den Schuldner angemessen ist. So ist es beispielsweise nicht möglich, diesen Zeitraum auf Null zu reduzieren (z.B.: „Bezahlung sofort nach Lieferung"). 159

hemmer-Methode: Die Unterscheidung von der Bestimmtheit der Leistungszeit nach dem Kalender (§ 286 II Nr. 1 BGB) und bloßer Berechenbarkeit nach dem Kalender (§ 286 II Nr. 2 BGB) bereitet gerade dem angehenden Juristen erfahrungsgemäß Schwierigkeiten und ist vor allem in den Anfängerklausuren an der Universität ein „Klassiker". Machen Sie sich daher mit dem Problem vertraut. Hilfreich hierbei ist auch ein verständiges Durchlesen der Beispielsfälle im Palandt, § 286 BGB, Rn. 22.

Welche Frist angemessen ist, bestimmt sich nach dem konkreten Einzelfall, insbesondere nach dem Inhalt der geschuldeten Leistung. Allgemein lässt sich sagen, dass es dem Schuldner möglich sein muss, in dieser Zeit seine Leistungshandlung zu erbringen. Wird eine unangemessene Frist vereinbart, gilt § 286 II Nr. 2 BGB nicht, auch eine Umdeutung i.S.v. § 140 BGB kommt nicht in Betracht.

hemmer-Methode: Trotz Verwendung des identischen Begriffs der Angemessenheit liegen wesentliche Unterschiede zwischen § 286 II Nr. 2 BGB und §§ 281 I, 323 I BGB. Bei §§ 281 I, 323 I BGB kommt es für die Bestimmung der Angemessenheit auf die Zeit an, die der Schuldner zur Beendigung der Leistungshandlung noch benötigt; bei § 286 II Nr. 2 BGB ist auf den gesamten Zeitraum von Beginn bis Beendigung der Leistungshandlung abzustellen.
Bei Setzung einer unangemessenen Frist nimmt die h.M. bei §§ 281 I, 323 I BGB den Lauf einer angemessenen Frist an, was bei § 286 II Nr. 2 BGB wohl auch der Fall ist.[244]

242 Vgl. nur Staudinger, § 271, Rn. 4 ff.

243 **BGH, Life&Law 04/2008, 215 ff.** = NJW 2008, 50-52 = **juris**byhemmer.

244 Palandt, § 286, Rn. 23.

Entbehrlichkeit bei ernsthafter und endgültiger Erfüllungsverweigerung, § 286 II Nr. 3 BGB

(3) § 286 II Nr. 3 BGB ordnet an, dass eine Mahnung auch dann entbehrlich ist, wenn der Schuldner die Leistung ernsthaft und endgültig verweigert; müsste der Gläubiger auch in einem solchen Fall eine Mahnung vornehmen, würde sich dies aufgrund der offensichtlichen Erfolglosigkeit der Leistungsaufforderung als unnötige Förmelei darstellen. *160*

Fälligkeit aber auch hier zwingende Voraussetzung für Schuldnerverzug

Auch im Fall der grundlosen Erfüllungsverweigerung ist Voraussetzung des Verzugs, dass die Leistung des Schuldners fällig ist.[245] Eine grundlose endgültige Weigerung des Schuldners, eine noch nicht fällige Verpflichtung aus einem Vertragsverhältnis zu erfüllen, ist zwar eine Vertragsverletzung, die in einem gegenseitigen Vertragsverhältnis den Gläubiger berechtigen kann, schon vor Fälligkeit der Leistung des Schuldners vom Vertrag zurückzutreten (§ 323 IV BGB) oder Schadensersatz wegen Nichterfüllung zu verlangen (§§ 280 I, III, 281 BGB i.V.m. § 323 IV BGB analog bzw. §§ 280 I, III, 282 BGB).

Die Weigerung führt jedoch nicht dazu, dass die Leistung des Schuldners unabhängig von der hierfür vereinbarten Zeit oder unabhängig von den hierfür vereinbarten Umständen fällig wird und der Gläubiger vom Schuldner neben der Leistung den Ersatz eines Verzugsschadens verlangen könnte.

An eine derartige ernsthafte und endgültige Erfüllungsverweigerung sind strenge Anforderungen zu stellen. Der Schuldner muss „das letzte Wort" gesprochen haben:[246]

> *Z.B.: Schuldner bestreitet das Vorliegen eines wirksamen Anspruches oder er erklärt: „Zahlen werde ich im Leben nicht!"*

hemmer-Methode: Letztlich gelten die gleichen Voraussetzungen wie bei § 281 II Alt. 1 BGB bzw. § 323 II Nr. 1 BGB. Zur Vermeidung unnötiger Wiederholungen verweisen wir Sie daher auf die Ausführungen unter Rn. 380 und 483.

§ 286 II Nr. 4 BGB

(4) Nach § 286 II Nr. 4 BGB ist eine Mahnung auch dann entbehrlich, wenn besondere Gründe unter Abwägung der Interessen von Gläubiger und Schuldner den sofortigen Verzugseintritt rechtfertigen. *161*

z.B. Selbstmahnung oder besondere Dringlichkeit

Zu denken ist an ein die Mahnung verhinderndes Verhalten des Schuldners, etwa, indem er sich durch Untertauchen der Mahnung entzieht (Zechprellerei oder Tanken, ohne zu bezahlen[247]).

Ferner ist die Mahnung nach § 286 II Nr. 4 BGB entbehrlich, wenn es um die Herausgabe einer deliktisch erlangten (z.B.: gestohlenen) Sache geht, da dem Schädiger nicht die gleiche Schutzwürdigkeit wie jedem anderen Schuldner zukommen soll („fur semper in mora" bzw. „der Dieb ist immer in Verzug").

hemmer-Methode: Letztlich ergibt sich diese Wertung schon aus dem Deliktsrecht selbst, wie der dem § 287 S. 2 BGB nachgebildete § 848 BGB zeigt.

Die Mahnung ist auch dann entbehrlich, wenn der Schuldner die Leistung zu einem bestimmten Termin selbst angekündigt hat und damit einer Mahnung des Gläubigers zuvorgekommen ist (sog. „Selbstmahnung"). Ein Fall der Selbstmahnung liegt auch dann vor, wenn der Schuldner eine Lastschriftermächtigung erteilt hat, diese Lastschrift aber mangels Kontodeckung nicht erfolgen kann.

---

245 BGH, NJW-RR 2008, 210-211 = **juris**byhemmer; vgl. MüKo, § 323, Rn. 96.

246 Vgl. auch Palandt, § 286, Rn. 24 i.V.m. § 281, Rn. 14.

247 **BGH, Life&Law 08/2011, 542 ff.** = NJW 2011, 2871 f. = **juris**byhemmer.

Des Weiteren soll auch bei Pflichten, deren Erfüllung besonders eilig ist (z.B.: Reparatur eines Wasserrohrbruches[248]) nach § 286 II Nr.4 BGB eine Mahnung für den Verzugseintritt entbehrlich sein.

30-Tage-Regelung: § 286 III BGB

(5) Nach § 286 III S. 1 BGB kommt der Schuldner einer **Entgeltforderung** spätestens in Verzug, wenn er nicht innerhalb von 30 Tagen nach Fälligkeit und Zugang einer Rechnung oder gleichwertigen Zahlungsaufstellung leistet. 162

Auch vor Ablauf der 30 Tage kann der Schuldnerverzug nach den Absätzen 1 oder 2, d.h. vor allem durch Mahnung nach Abs. 1, begründet werden („spätestens“).

§ 286 III BGB: Nur bei Entgeltforderungen

Die Vorschrift gilt nur bei Entgeltforderungen. Dabei muss es sich um eine **Geldforderung** handeln. Diese muss andererseits ein **Entgelt** für eine Leistung des Gläubigers darstellen, also eine Gegenleistung.[249]

hemmer-Methode: Zu dieser verkorksten Formulierung, die nach h.M. so zu verstehen ist, lesen Sie Schermaier, „Der Schuldner einer Entgeltforderung“ und andere neue Rechtsbegriffe, in NJW 2004, 2501 f. Nach seiner Ansicht ist diese Sprache des Gesetzgebers für einen Deutschen schwer verständlich, für einen Europäer unverständlich und vor allem unübersetzbar. Wie Schermeier mit diesem „Machwerk gesetzgeberischer Unfähigkeit“ insgesamt abrechnet, lesen Sie am besten selbst nach auf Seite 2503, letzter Absatz. Es lohnt sich!

§ 286 III BGB ist deshalb nicht auf einseitige Geldleistungspflichten, etwa aus einem Schenkungsvertrag, oder auf Vertragsstrafen[250] anzuwenden.

Gleichwertige Zahlungsaufstellung

An Stelle der Rechnung ist eine gleichwertige Zahlungsaufstellung ausreichend. Aus einer solchen muss hervorgehen, welchen Umfang die Leistungspflicht des Schuldners nach Auffassung des Gläubigers im Einzelnen hat.[251] 163

hemmer-Methode: Weicht die Zahlungsaufstellung von der dem Gläubiger tatsächlich zustehenden Forderung der Höhe nach ab, so gilt das Gleiche wie bei einer Zuviel- bzw. Zuwenig-Mahnung (vgl. Rn. 155).

Die Vorschrift dient dem Schutz des Gläubigers, da die Rechnungsstellung nicht als verzugsbegründende Mahnung angesehen wird und die Gläubiger oft versäumten, danach gesondert zu mahnen.

§§ 187 I, 188 I BGB

Die Frist von 30 Tagen ist eine Ereignisfrist i.S.d. § 187 I BGB, sodass der Tag des Ereignisses nicht mitgerechnet wird. Ereignis ist hier das kumulative Vorliegen von Fälligkeit und Rechnung/gleichwertiger Forderungsaufstellung. Da regelmäßig die Rechnung nach Fälligkeit gestellt wird, wird der Zeitpunkt des Rechnungszugangs im Regelfall der entscheidende sein. Die Frist endet nach § 188 I BGB mit Ablauf des letzten Tages der Frist.[252] 164

> ***Bsp.:*** *Die Rechnung für die fällige Forderung wird am 01.10. gestellt. Damit liegt das „Ereignis“ i.S.v. § 187 I BGB am 01.10., die Frist beginnt am 02.10. um 0:00 Uhr zu laufen. Die Frist endet (30 Tage) gem. § 188 I BGB mit Ablauf des 31.10., weshalb der Schuldner ab dem 01.11. um 0:00 Uhr in Verzug gerät.*

---

248 Dauner-Lieb, Das neue Schuldrecht, S.85; BT-Drucks. 14/6040, S. 146.

249 OLG Karlsruhe, ZGS 2005, 279-280 (280) = **juris**byhemmer; **BGH, Life&Law 08/2010, 513 ff.**

250 Vgl. OLG Hamburg, ZGS 2004, 237-238 = **juris**byhemmer.

251 Palandt, § 286, Rn. 27 - 29.

252 Weiteres zum Zugang und zur Berechnung der Frist in Palandt, § 286, Rn. 30.

§ 286 III BGB macht nur die Mahnung entbehrlich

§ 286 III BGB entbindet lediglich vom Erfordernis der Mahnung; die übrigen Voraussetzungen des Schuldnerverzuges müssen aber vorliegen. Probleme ergeben sich, wenn vor Ablauf der 30 Tage eine der Voraussetzungen des Verzuges fehlt, aber später eintritt und im Zeitpunkt des Ablaufs der 30-Tage-Frist vorliegt.

> ***Bsp.:*** *A und B haben einen Kaufvertrag geschlossen. B bietet die verkaufte Sache nicht an, A zahlt den Kaufpreis nicht. B überreicht A eine Forderungsaufstellung i.S.v. § 286 III BGB; innerhalb von 30 Tagen bietet B dem A dann seine Leistung aus § 433 I S. 1 BGB an. Zeitpunkt des Verzugseintritts?*
>
> Nach Ablauf der 30 Tage liegen alle Voraussetzungen des Schuldnerverzuges vor; § 320 BGB wirkt nicht verzugsausschließend, da B die ihm obliegende synallagmatische Leistungspflicht aus § 433 I S. 1 BGB dem A angeboten hat. Bevor dies geschehen war, wirkte allerdings § 320 BGB verzugsausschließend. Fraglich ist deshalb, ob für die Berechnung der 30-Tages-Frist auch der Zeitraum einzurechnen ist, in dem die Verzugsvoraussetzungen noch nicht vorlagen, hier also der Zeitraum vom Zugang der Forderungsaufstellung bis zum Anbieten der Gegenleistung durch B.
>
> Die 30-Tages-Frist soll dem Schuldner die Möglichkeit einräumen, den Umfang seiner Leistungspflicht zu überprüfen. Diese Möglichkeit besteht aber auch beim Vorliegen der Voraussetzungen einer Einrede.
>
> Schließlich hätte B den A auch wirksam (da nach Fälligkeit) mahnen können; der Verzugseintritt wäre dann erst mit Wegfall der Voraussetzungen des § 320 BGB im Zeitpunkt des Anbietens der Gegenleistung durch B eingetreten. Da der Ablauf von 30 Tagen nach § 286 III BGB die Mahnung ersetzt, muss insoweit eine Gleichbehandlung erfolgen (a.A. vertretbar).
>
> Daher ist auch der Zeitraum, in dem der Verzug wegen § 320 BGB ausgeschlossen war, in die Berechnung der 30-Tages-Frist einzubeziehen.

Damit die 30-Tages-Frist aber überhaupt läuft, muss ein fälliger und wirksamer Anspruch vorliegen. Kommt dieser erst später – etwa durch Heilung nach § 311b I S. 2 BGB zustande – kann der Lauf der 30-Tages-Frist erst in diesem Zeitpunkt beginnen! 165

hemmer-Methode: Vermeiden Sie an dieser Stelle unbedingt das Auswendiglernen der verschiedenen Konstellationen! Aus dem Gesetz ergibt sich eindeutig: Die 30-Tages-Frist beginnt erst zu laufen, wenn der fragliche Anspruch fällig ist und die Rechnung bzw. Zahlungsaufstellung vorliegt. Um fällig zu sein, muss der Anspruch natürlich überhaupt wirksam sein. Der Ablauf der 30 Tage ersetzt nur die Mahnung, weshalb der Verzug erst eintritt, wenn auch die übrigen Verzugsvoraussetzungen vorliegen.

Formulierungsbeispiel für die Praxis

Beispiel für eine Formulierung:

„Hinweis zur Gesetzeslage: Die Rechnungsforderung ist bereits fällig. Wird eine Rechnung über eine fällige Forderung nicht innerhalb von 30 Tagen nach Rechnungserhalt beglichen, tritt gem. § 286 Abs. 3 S. 1 des Bürgerlichen Gesetzbuches automatisch Schuldnerverzug ein, was u.a. die Pflicht zur Zahlung von Verzugszinsen und zum Ersatz etwaiger Schäden nach sich zieht. Diese Regelung lässt das Recht des Gläubigers unberührt, den Schuldner bereits vor Fristablauf mittels Mahnung in Verzug zu setzen."

Nach berichtigender Auslegung der Norm kann dies aber nur für den Gläubiger gelten, der Unternehmer ist, da nicht einzusehen ist, dem Verbraucher die Kenntnis von der Belehrungspflicht aufzuerlegen.

hemmer-Methode: M.a.W.: Der Gläubiger muss i.R.d. § 286 III S. 1 HS 2 BGB Unternehmer und der Schuldner muss Verbraucher sein.[253]

253 Mankowski, „Der Verbraucher und das Verzugsrecht – Oder: Gut gemeint, aber zweimal nicht gut gemacht", ZGS 2002, 177 (179).

Hilfsweise auf Ztpkt. des Empfangs der Gegenleistung abzustellen, § 286 III S. 2 BGB

Oftmals wird es zwischen den Parteien umstritten sein, ob und wenn ja wann dem Schuldner die Rechnung bzw. gleichwertige Zahlungsaufstellung zugegangen ist. In diesem Fall wird der Zeitpunkt des Zugangs der Rechnung bzw. der Zahlungsaufstellung durch den Zeitpunkt des Empfangs der Gegenleistung ersetzt, § 286 III S. 2 BGB. 167

Diese Regelung gilt nicht zu Lasten eines Schuldners, der Verbraucher ist.

hemmer-Methode: Obwohl der Wortlaut insoweit nicht eindeutig ist („wenn der Zeitpunkt [...] unsicher ist"), ist dennoch auch der Fall erfasst, dass umstritten ist, ob dem Schuldner überhaupt eine Rechnung bzw. Zahlungsaufstellung zugegangen ist.

Vereinbarter Verzicht auf Mahnung

(6) Schließlich lässt es die Privatautonomie der Parteien zu, durch Vereinbarung die Erforderlichkeit einer Mahnung für den Eintritt des Schuldnerverzuges auszuschließen. 168

Dies bleibt weiterhin möglich, obwohl eine ausdrückliche Nennung dieses Falles in § 286 II BGB unterblieben ist; § 286 II BGB ist – jedenfalls in dieser Hinsicht – als nicht abschließend anzusehen.

§ 309 Nr. 4 Alt. 1 BGB beachten!

Zu beachten ist allerdings, dass eine Freizeichnung vom Erfordernis der Mahnung durch AGB nicht wirksam erfolgen kann, § 309 Nr. 4 Alt. 1 BGB.

Herausgabe deliktisch erlangter Sachen

(7) Die Mahnung ist des Weiteren entbehrlich, wenn es um die Herausgabe einer deliktisch erlangten (z.B.: gestohlenen) Sache geht, da dem Schädiger nicht die gleiche Schutzwürdigkeit wie jedem anderen Schuldner zukommen soll.[254] 169

Hierbei soll es sich um keinen ungeschriebenen Fall der Entbehrlichkeit der Mahnung, sondern ebenfalls um einen Fall des § 286 II Nr. 4 BGB handeln („fur semper in mora" bzw. „der Dieb ist immer in Verzug").[255] Letztlich ergibt sich diese Wertung schon aus dem Deliktsrecht selbst, wie der dem § 287 S. 2 BGB nachgebildete § 848 BGB zeigt.

hemmer-Methode: Bei den Voraussetzungen des Schuldnerverzuges hat sich mit der Modernisierung des Schuldrechts kaum etwas in der Sache geändert; es haben sich nur die „Hausnummern" geändert bzw. es sind von der h.M. anerkannte Fälle insbesondere bei der Entbehrlichkeit der Mahnung gesetzlich normiert worden.
Eine echte Neuerung stellt nur § 286 II Nr. 2 BGB dar, wonach auch eine kalendermäßig nur bestimmbare Leistungszeit zur Entbehrlichkeit der Mahnung führt. Die Unterscheidung zwischen kalendermäßiger Bestimmtheit (dann § 286 II Nr. 1 BGB) und kalendermäßiger Bestimmbarkeit (dann § 286 II Nr. 2 BGB) bleibt aber aufgrund der unterschiedlichen einschlägigen Normen bestehen.

f) Vertretenmüssen des Schuldners

Vertretenmüssen: §§ 276 - 278 BGB

Schuldnerverzug setzt nach § 286 IV BGB voraus, dass der Schuldner den Umstand, infolge dessen die Leistung unterbleibt, zu vertreten hat. Was der Schuldner zu vertreten hat, regeln die §§ 276 - 278 BGB. 170

Beim Anspruch auf Ersatz des Verzögerungsschadens nach den §§ 280 I, II, 286 BGB ergibt sich das Erfordernis des Vertretenmüssens aber bereits aus § 280 I S. 2 BGB und nicht erst aus § 286 IV BGB.

254 Palandt, § 286, Rn. 25; darüber hinaus Palandt, § 286, Rn. 25 unter ee).

255 Palandt, § 286, Rn. 25.

hemmer-Methode: § 280 II BGB stellt nur auf das Vorliegen der zusätzlichen, also nicht bereits in § 280 I BGB geregelten Voraussetzungen des § 286 BGB ab. Da in beiden Fällen das Vertretenmüssen aber in gleicher Weise zu prüfen ist, handelt es sich um ein rein akademisches Problem, das nicht weiter erörtert zu werden braucht.[256]

aa) Eigenes Vertretenmüssen des Schuldners

Eigenes Vertretenmüssen

Grundfall des Vertretenmüssens ist das eigene Verschulden des Schuldners, also eine Nichtleistung aufgrund von Vorsatz (§ 276 I S. 1 Alt. 1 BGB) oder Fahrlässigkeit (§ 276 I S. 1 Alt. 2, II BGB). *171*

Als Gründe für das Nichtleisten kommen tatsächliche Leistungshindernisse (z.B.: Krankheit des Schuldners; Unkenntnis von der Adresse des Gläubigers), rechtliche Leistungshindernisse (z.B. Einfuhrbeschränkungen) und Rechtsirrtümer des Schuldners in Betracht. Verschulden liegt vor, wenn der Schuldner diese Umstände, infolge derer die Leistung unterbleibt, vorsätzlich oder fahrlässig herbeigeführt hat.[257]

Rechtsirrtum

Insbesondere bei Rechtsirrtümern ist zu beachten: Bei Unklarheiten über das rechtliche Bestehen einer Leistungsverpflichtung muss der Schuldner sorgfältig die Rechtslage prüfen und nötigenfalls Rechtsrat einholen. *172*

Tut er dies nicht, liegt ein (fahrlässig) verschuldeter Rechtsirrtum und damit Vertretenmüssen vor.

Leistet er aufgrund der Meinung eines hinzugezogenen Rechtskundigen nicht, so liegt kein Entschuldigungsgrund vor, wenn sich der Schuldner das Verschulden des Rechtsanwalts nach § 278 BGB zurechnen lassen muss.[258]

bb) Strengere Haftung nach § 276 I S. 1 HS 2 BGB

Der Schuldner kann die Nichtleistung aber auch ohne eigenes Verschulden zu vertreten haben (daher nicht „Vertretenmüssen" und „Verschulden" in der Klausur gleichsetzen!). So bestimmt § 276 I S. 1 HS 2 BGB, dass sich eine schärfere Haftung auch aus dem Inhalt des Schuldverhältnisses oder der Natur der Schuld ergeben kann. *173*

Beschaffungsrisiko

Besonders erwähnt wird in der Vorschrift die Übernahme eines Beschaffungsrisikos durch den Schuldner. Dies hängt mit der Streichung des früheren § 279 BGB zusammen. So kann sich aus dem Inhalt des Schuldverhältnisses, letztlich also durch Auslegung nach den §§ 133, 157 BGB ergeben, dass der Schuldner ein Beschaffungsrisiko übernommen hat. Dies ist der Fall bei der Eingehung einer Gattungsschuld.[259] *174*

***Bsp.:** A bestellt beim Händler B 100 Rollen Geschenkpapier.*

256 Zum vermuteten Verschulden des Schuldners, insb. zur Beweislastverteilung: Palandt, § 275, Rn. 39.

257 Im entgegen gesetzten Fall läge ein Entschuldigungsgrund vor, der den Eintritt des Verzuges hindern würde. Beispiele von unverschuldeten rechtlichen und tatsächlichen Leistungshindernissen sind in Palandt, § 286, Rn. 40 und 41 aufgeführt.

258 Vgl. dazu Palandt, § 276, Rn. 22 und BGH, NJW 2007, 428-431 = **juris**byhemmer.

259 Zur Übernahme eines Beschaffungsrisikos im Falle von Gattungsschulden: Palandt, § 276, Rn. 30 ff.

„Gattungsschulden sind Beschaffungsschulden“. Wird beispielsweise – ohne dass vorher eine Konkretisierung nach § 243 II BGB stattgefunden hat – der Lagerbestand des A an Geschenkpapier durch einen Brand zerstört, liegt kein Fall der Unmöglichkeit vor, da der Leistungserfolg (Übereignung von 100 Rollen Geschenkpapier, nicht etwa Übereignung von 100 Rollen Geschenkpapier aus dem Lagerbestand des A) immer noch erbringbar ist.

Schuldner hat bei Beschaffungsrisiko Nichtleistung zu vertreten

Hat A durch die Eingehung einer Gattungsverpflichtung das Beschaffungsrisiko übernommen, so liegt es an ihm, die Ware zu beschaffen. Tut er das nicht, hat er die Nichtleistung zu vertreten und er gerät in Schuldnerverzug. 175

Dabei kommt es nicht darauf an, ob es auf seinem Verschulden beruht, die Ware von Dritten nicht beschaffen zu können (etwa: Er findet niemanden, der ihm die Ware verkaufen will), da er das entsprechende Beschaffungsrisiko übernommen hat. So kann im obigen Beispielsfall A sich nicht darauf berufen, an dem Brand kein Verschulden zu tragen: Aufgrund der Übernahme des Beschaffungsrisikos ist er zur Beschaffung der Ware durch Erwerb von Dritten verpflichtet!

Andererseits hat auch der zur Beschaffung verpflichtete Gattungsschuldner nicht jede Nichtleistung automatisch zu vertreten; maßgeblich ist der Umfang des übernommenen Beschaffungsrisikos. Es ist durch Auslegung – hilfsweise unter Heranziehung der allgemeinen Verkehrsanschauung – zu ermitteln, welche Leistungshindernisse der zur Beschaffung verpflichtete Gattungsschuldner noch zu überwinden hat und welche nicht.

So ist z.B. bei einer schweren Krankheit oder einer Freiheitsentziehung nicht mehr davon auszugehen, dass diese Umstände noch unter das übernommene Risiko fallen. In diesen außerhalb des Beschaffungsrisikos liegenden Fällen muss also das Verschulden des Schuldners i.S.v. Vorsatz oder Fahrlässigkeit festgestellt werden.[260]

Haben A und B vereinbart, dass die Lieferung aus dem Lagerbestand des A zu erfolgen habe (z.B.: besonders günstiger Räumungsverkauf durch A), so muss A nur aus dem Lagerbestand leisten. Im Falle einer solchen sog. begrenzten Gattungsschuld (Vorratsschuld) ist der Leistungserfolg nicht erbringbar, wenn der gesamte Vorrat untergeht; im obigen Fall wäre also durch den Brand Unmöglichkeit nach § 275 I BGB eingetreten, Schuldnerverzug würde mangels einer wirksamen Lieferpflicht (Befreiung nach § 275 I BGB) ausscheiden.

cc) Haftung für gesetzliche Vertreter und Erfüllungsgehilfen

§ 278 BGB

Schließlich hat der Schuldner auch das Verschulden (= Vorsatz oder Fahrlässigkeit) von gesetzlichen Vertretern oder von Erfüllungsgehilfen zu vertreten, § 278 S. 1 BGB. Bei Erfüllungsgehilfen handelt es sich um Personen, die mit Wissen und Wollen des Schuldners in dessen Pflichtenkreis auftreten.[261] 176

hemmer-Methode: Entgegen dem Wortlaut des § 278 S. 1 BGB („Verschulden“) führt § 278 S. 1 BGB nach inzwischen einhelliger Ansicht nicht nur zu einer Zurechnung fremden Verschuldens, sondern auch zur Zurechnung der Pflichtverletzung des gesetzlichen Vertreters bzw. des Erfüllungsgehilfen.

260 Palandt, § 276, Rn. 32, will darauf abstellen, ob das Leistungshindernis aus dem Geschäftskreis des Gattungsschuldners stammt; diese Betrachtung ist zu eng, da auch außerhalb des Geschäftskreises des Schuldners liegende Umstände wie z.B. Lieferschwierigkeiten des Zulieferers zum typischen Beschaffungsrisiko zählen.

261 Zum Begriff des Erfüllungsgehilfen: Palandt, § 278, Rn. 7 ff.

Bsp.: B bestellt bei A die Anfertigung und Lieferung einer speziellen Maschine, die B für die Produktion in seinem Betrieb benötigt. Da der mit der Arbeit betraute X, Angestellter im Betrieb des A, keine Lust zum Arbeiten hat, wird die Maschine zum vereinbarten Liefertermin nicht fertig. B entsteht ein Verzögerungsschaden in Form entgangenen Gewinns, § 252 BGB.

Für ein eigenes Verschulden des A i.S.v. § 276 BGB ist nichts ersichtlich. X könnte jedoch Erfüllungsgehilfe des A sein, weshalb A das Verschulden des X zuzurechnen wäre. X handelte mit Wissen und Wollen des A; er handelte auch in dessen Pflichtenkreis, da es Pflicht des A war, die Maschine herzustellen. Damit ist A das Verschulden des X nach § 278 S. 1 BGB zuzurechnen, A hat die Verzögerung i.S.d. § 286 IV BGB zu vertreten.

hemmer-Methode: Beachten Sie, dass ein Ausschluss der Haftung für eigenen Vorsatz nach § 276 III BGB nicht möglich ist (Nichtigkeit der Vereinbarung nach § 134 BGB). Die Haftung für den Vorsatz Dritter nach § 278 S. 1 BGB kann jedoch ausgeschlossen werden, da § 278 S. 2 BGB den § 276 III BGB für unanwendbar erklärt. Allerdings ist § 309 Nr. 7 BGB zu beachten.

dd) Beweislast für das Vertretenmüssen

Grundsätzlich hat jede Prozesspartei die für sie günstigen Tatsachen zu beweisen. Damit scheint derjenige, der einen Anspruch aus §§ 280 I, II, 286 BGB geltend machen will, die Beweislast für das Vertretenmüssen als Voraussetzung des Schuldnerverzuges zu tragen zu haben. 177

Umkehrung der Beweislast hinsichtlich des Vertretenmüssens

Aus der Formulierung des § 286 IV BGB („... kommt nicht in Verzug wenn...") bzw. des § 280 I S. 2 BGB („Dies gilt nicht, wenn ...") ergibt sich jedoch, dass das Gesetz nicht das Vertretenmüssen als Voraussetzung des Schuldnerverzuges, sondern vielmehr das Nicht-Vertretenmüssen als Befreiungsgrund von den Verzugsfolgen ansieht.

hemmer-Methode: Der Schuldner trägt also die Beweislast dafür, dass er die Nichtleistung nicht zu vertreten hat bzw. hatte.[262]

g) Beendigung des Schuldnerverzugs

Beendigung mit Wegfall einer Voraussetzung

Der Schuldnerverzug beginnt, wenn alle oben beschriebenen Voraussetzungen (kumulativ) vorliegen. Der Schuldnerverzug endet, wenn eine seiner Voraussetzungen wegfällt.[263] 178

Z.B.: Beendigung des Schuldnerverzugs durch: nachträgliches Entstehen einer Einrede (sofern allein das Vorliegen der Einredevoraussetzungen verzugsbeendigend wirkt); Erlöschen des Anspruches; Vornahme der Leistungshandlung.

Annahmeverzug beendet Schuldnerverzug

Der Schuldnerverzug endet außerdem dann, wenn der Schuldner seine Leistung in Annahmeverzug begründender Weise angeboten hat, da der Schuldner ja die geschuldete Leistungshandlung vorgenommen hat.[264]

hemmer-Methode: Annahmeverzug beendet Schuldnerverzug!!!

262 Zum Einwendungstatbestand des § 280 I S. 2 BGB und der Beweislastumkehr Palandt, § 280, Rn. 34 ff.

263 Ausführlich Palandt, § 286, Rn. 33.

264 Palandt, § 286, Rn. 34; BGH, NJW 2007, 2761-2762 = jurisbyhemmer.

2. Ersatzfähiger Schaden

§§ 280 I, II, 286 BGB ersetzen gem. § 280 II BGB den Schaden wegen Verzögerung der Leistung. Nach diesen Normen sind nur solche Schadensposten des Gläubigers ersatzfähig, die sich als sog. Verzögerungsschaden begreifen lassen.[265] *179*

Bei den nach § 280 II BGB ersatzfähigen Schäden muss es sich um den durch die Verzögerung entstandenen Schaden handeln. Das bedeutet: Ersetzt wird der Schaden, der dem Gläubiger infolge der Pflichtverletzung „Verzögerung der Leistung“ = Schuldnerverzuges entstanden ist, sog. Verzögerungsschaden.[266]

hemmer-Methode: Der Schadensersatzanspruch tritt als Anspruch auf den Begleitschaden neben die Primärleistungspflicht; er umfasst nicht den Schadensersatz statt der Leistung.
Hierin liegt der Unterschied zur alten Rechtslage, da der Verspätungsschaden nun nicht mehr Rechnungsposten i.R.d. Schadensersatzes statt der Leistung sein kann. Beide Ansprüche schließen sich gegenseitig aus.[267]

Kausalität zw. Schuldnerverzug und Schaden

Zwischen den Schadensposten des Gläubigers und dem Schuldnerverzug muss ein Kausal- und Zurechnungsverhältnis bestehen; der Gläubiger ist so zu stellen, wie er ohne den Verzug des Schuldners gestanden hätte. Es ist also nach der Vermögenslage des Gläubigers zu fragen, die vorgelegen hätte, wenn der Schuldner – sobald die übrigen Voraussetzungen des Schuldnerverzuges vorlagen – geleistet hätte.[268] *180*

> ***Bsp.:*** *Schneiderin A kauft bei B eine Nähmaschine. Diese soll spätestens bis zum 10.10. geliefert werden, weil A fortlaufend Kundenaufträge erledigen muss. Die Maschine wird aber schuldhaft erst eine Woche später geliefert. A will zwar weiterhin die Nähmaschine, verlangt aber Schadensersatz für das Anmieten einer anderen Nähmaschine i.H.v. 50,- €.*
>
> Ab dem 10.10. war B in Schuldnerverzug geraten (insbesondere: Entbehrlichkeit der Mahnung nach § 286 II Nr. 1 BGB). Hätte B zum 10.10., also rechtzeitig, geliefert, wären der A die Aufwendungen für die Anmietung der anderen Nähmaschine erspart geblieben. Damit handelt es sich um einen nach § 280 II BGB ersatzfähigen Verzögerungsschaden.

Zur Verdeutlichung noch ein weiteres Beispiel: *181*

> ***Bsp.:*** *A hat bei B einen gebrauchten Pkw gekauft. Da nach mehreren Wochen B noch nicht geliefert hat, schaltet A seinen Anwalt ein, der den B schriftlich zur Erfüllung seiner Verpflichtung aus § 433 I S. 1 BGB mahnt. A möchte von B die Anwaltskosten ersetzt verlangen.*
>
> Nach den §§ 280 I, II, 286 BGB ist gem. § 280 II BGB nur der durch den Verzug verursachte Schaden zu ersetzen. Die Mahnung begründete den Schuldnerverzug des B aber erst; die Kosten der Erstmahnung, sofern sie den Verzug begründet, können daher nicht als Verzögerungsschaden geltend gemacht werden, A hat gegen B keinen derartigen Anspruch.
>
> Erst nach gewonnenem Rechtsstreit vor Gericht kann A von B, sofern es sich um notwendige Kosten i.S.d. § 91 ZPO handelt, die Erstmahnungskosten als Rechtsverfolgungskosten im Wege des prozessualen Kostenerstattungsanspruches verlangen. Dies dürfte im Regelfall jedoch abzulehnen sein, da die Erstmahnung gerade nicht der Vorbereitung, sondern im Gegenteil der Vermeidung eines Rechtsstreits dient.[269]

265 Hinsichtlich des Umfanges des Schadensersatzes bei Verzögerung der Leistung gem. §§ 249 ff. BGB: Palandt, § 286, Rn. 43 ff.

266 Vgl. Canaris, „Begriff und Tatbestand des Verzögerungsschadens im neuen Leistungsstörungsrecht“, ZIP 2003, 321 ff.

267 So richtig Palandt, § 281, Rn. 17; sehr lehrreich hierzu auch Reinicke/Tiedtke, Kaufrecht, Rn. 290 f.

268 Palandt, § 286, Rn. 45.

269 Zu diesem klausurwichtigen Themenbereich: Palandt, § 286, Rn. 48.

Verjährung: § 217 BGB beachten

Zu beachten ist, dass der Anspruch auf den Verzögerungsschaden hinsichtlich der Verjährung an die Primärleistungspflicht gekoppelt ist, § 217 BGB.

3. Verzugszinsen bei Geldschulden, § 288 BGB

§ 288 I BGB

Besonderheiten sind allerdings bei dem Verzug mit einer Geldschuld zu beachten. Geldschulden sind nach § 288 I BGB während des Verzuges mit fünf Prozentpunkten über dem Basiszinssatz (§ 247 BGB) zu verzinsen.[270] 182

hemmer-Methode: Sprechen Sie in der Klausur bitte nicht von 5 % über dem Basiszinssatz, sondern von fünf Prozentpunkten.

§ 288 II BGB

Bei Rechtsgeschäften, an denen kein Verbraucher beteiligt ist, beträgt der Zinssatz für Entgeltforderungen 9 Prozentpunkte über dem Basiszinssatz.

Der Begriff der Entgeltforderung in § 288 II BGB entspricht dem in § 286 III BGB (vgl. Rn. 162). Es muss sich also um eine Geldforderung handeln, die das Entgelt für eine Leistung des Gläubigers darstellt, also eine Gegenleistung.[271]

hemmer-Methode: Dem AN stehen Zinsen nicht i.H.v. neun Prozentpunkten über dem Basiszinssatz zu, da § 288 II BGB im Verhältnis des AN zum AG nicht gilt.
Zum einen ist der AN nach Rechtsprechung des BAG Verbraucher.[272]
Zum anderen ist die Vorschrift des § 288 II BGB entstehungsgeschichtlich auf den unternehmerischen Rechtsverkehr zugeschnitten.

Verzugszinsen als Mindestschaden

Letztlich handelt es sich hierbei um eine Erweiterung des bei Schuldnerverzug ersatzfähigen Verzögerungsschadens nach § 280 II BGB. § 288 BGB ist eigentlich keine eigene Anspruchsgrundlage und wäre daher mit den §§ 280 I, II, 286 BGB zusammen zu zitieren. Zunehmend setzt sich jedoch durch, in § 288 I, II BGB eigenständige Anspruchsgrundlagen zu sehen.

Mit § 288 I, II BGB trägt der Gesetzgeber dem Umstand Rechnung, dass dem Gläubiger einer Geldschuld bei Verspätung der Zahlung typischerweise Zinsverluste entstehen. § 288 I, II BGB entbinden daher von einem konkreten Schadensnachweis.

hemmer-Methode: Als Mindestschaden[273] kann der Gläubiger einer Geldschuld bei Schuldnerverzug daher immer die Verzugszinsen geltend machen, egal, ob ihm ein Zinsverlust in dieser Höhe auch tatsächlich entstanden ist.

Bei Zession ist grundsätzlich auf den Zedenten abzustellen

Besondere Probleme stellen sich im Falle der Zession. Hier ist fraglich, ob hinsichtlich des Verzögerungsschadens auf die Person des Zedenten oder des Zessionars abzustellen ist.

Vollabtretung ⇨ Anspruch und Schaden sind beim Zessionar!

Handelt es sich um eine Vollabtretung, stehen Ansprüche auf Ersatz eines Verzugsschadens und der Verzugszinsen wegen des Wechsels der Rechtszuständigkeit (§ 398 S. 1 BGB) dem neuen Gläubiger zu. Dabei kommt es nicht darauf an, ob sich der Schuldner zum Zeitpunkt der Abtretung bereits in Verzug befunden hat oder Verzug erst nach der Zession eingetreten ist.[274]

---

270 Palandt, § 288, Rn. 2; den aktuellen Basiszinssatz finden Sie auf der Internetseite **www.basiszinssatz.de**.

271 OLG Karlsruhe, ZGS 2005, 279-280 (280) = **juris**byhemmer; **BGH, Life&Law 08/2010, 513 ff.**

272 Zur Begründung vgl. Tyroller, „Die Auswirkungen der Schuldrechtsreform auf das Arbeitsrecht", **Life&Law 02/2006, 132-141 (140)**; Benecke/Pils, „Der Arbeitsvertrag als Verbrauchervertrag", ZIP 2005, 1956 ff.; Riesenhuber/v. Vogel, „Sind Arbeitnehmer Verbraucher?", Jura 2006, 81-86.

273 Zu diesem Begriff vgl. Palandt, § 288, Rn. 4.

274 BGH, NJW-RR 1992, 219 = **juris**byhemmer.

Sicherungsabtretung

Im Falle einer Sicherungsabtretung gilt dies nicht uneingeschränkt.

Erfüllt der Sicherungsgeber trotz des Verzugs des Schuldners der Sicherungsforderung nach wie vor rechtzeitig seine Zahlungsverpflichtung gegenüber dem (Kredit-)Gläubiger und jetzigem Inhaber der Sicherungsforderung (= Sicherungsnehmer bzw. Zessionar), so besteht aus dessen Sicht kein Bedürfnis und - aufgrund der in der Sicherungsabrede getroffenen Vereinbarungen - regelmäßig mangels „Verwertungsreife" auch keine Befugnis, auf die Sicherungsforderung zuzugreifen.

In solchen Fällen ist wirtschaftlich gesehen allein der Sicherungsgeber (= Zedent) der durch den Verzug des Schuldners der Sicherungsforderung Geschädigte.[275]

Würde man bei dieser Fallgestaltung nur auf die Person des Zessionars abstellen, würde dies dazu führen, dass der Schuldner in den Genuss einer um drei Prozentpunkte geringeren Verzinsungspflicht käme, obwohl der wirtschaftlich Geschädigte der leistungstreue Sicherungsgeber ist.

Eine derartige Konsequenz ist nicht sachgerecht. Die Interessenlage bei einer Sicherungszession gebietet es vielmehr, die Verzugsschadensberechnung nach der Person des Sicherungszedenten vorzunehmen.

Belange des Schuldnerschutzes stehen dieser Beurteilung schon deshalb nicht entgegen, weil sich der Schuldner der Sicherungsforderung keiner anderen Verzugsschadensersatzforderung ausgesetzt sieht, als dies bei einer unterbliebenen Abtretung der Fall gewesen wäre.

hemmer-Methode: Die Sicherungszession darf sich nicht als „Geschenk des Himmels" für den Schuldner erweisen!

Für Bemessung des Schadens kommt es auf den Zedenten an

Für die Bemessung des Verzugsschadens ist bei der Sicherungszession jedenfalls vor Eintritt der Verwertungsreife die Person des Zedenten maßgeblich.

Problematisch ist allerdings weiter, dass dem Zedenten nach der Abtretung die Forderung nicht mehr zusteht. Mit der Abtretung des Anspruches ist aber auch der Anspruch auf den Verzugsschaden mit übergegangen, da dieser mit dem Anspruch auf die Leistung untrennbar verbunden ist. Aus diesem Grund kann der Zedent den Verzugsschaden auch nicht mehr gegenüber dem Schuldner geltend machen. Wer nicht mehr Forderungsinhaber ist, dem kann auch kein Anspruch auf den Verzugsschaden zustehen. Dieser Anspruch ist vielmehr mit abgetreten worden.

hemmer-Methode: Bei der Sicherungszession fallen vor Eintritt der Verwertungsreife Anspruch (Zessionar) und Schaden (Zedent) auseinander!

Für die Geltendmachung des Anspruchs wird auf die Grds. der Drittschadensliquidation zurückgegriffen

Dem Umstand, dass der zu ersetzende Schaden nicht in der Person des Inhabers der Sicherungsforderung eingetreten ist, wird durch eine Anwendung der **Grundsätze der Drittschadensliquidation** Rechnung getragen. Die **Drittschadensliquidation** ist ein Grenzfall, bei dem ausnahmsweise auch ohne eigenen Schaden ein Anspruch geltend gemacht werden kann. Liegen die Voraussetzungen der Drittschadensliquidation vor, so ergibt sich als Rechtsfolge, dass „der Schaden zum Anspruch gezogen wird".[276]

275 BGHZ 128, 371-379, (376 f.) = **juris**byhemmer.

276 Ausführlich hierzu Hemmer/Wüst Schadensersatzrecht III, Rn. 221 ff.

Ein allgemein anerkannter Fall der Drittschadensliquidation ist die mittelbare Stellvertretung. Wer als mittelbarer Stellvertreter (im eigenen Namen, aber für fremde Rechnung) einen Vertrag geschlossen hat, kann den Schaden des Geschäftsherrn gegen den zum Schadensersatz verpflichteten Vertragsgegner geltend machen.[277]

Die Anwendung der Drittschadensliquidation in anderen Konstellationen ist möglich, sofern die Wertung dies gebietet und das Ergebnis entsprechend begründet werden kann.

Bei der Sicherungszession ist dies nach ständiger Rechtsprechung des BGH zu bejahen. Ähnlich wie bei den Fällen der mittelbaren Stellvertretung handelt es sich bei der Sicherungszession um ein Treuhandverhältnis. I.R.v. Treuhandverhältnissen ist auch sonst allgemein anerkannt, dass der Treuhänder zur Liquidation des (Dritt)schadens des Geschäftsherrn befugt ist.[278]

hemmer-Methode: Merken Sie sich als Zusammenfassung folgenden Sound:
Bei einer Sicherungsabtretung ist hier allein auf die Person des Zedenten abzustellen, da dieser wirtschaftlicher Inhaber der Forderung bleibt. Der Zessionar kann diesen Verzögerungsschaden im Wege der Drittschadensliquidation geltend machen.[279]

Beachten: 5 % Fälligkeitszinsen

Zu beachten ist, dass nach §§ 353, 352 HGB bei beiderseitigen Handelsgeschäften 5 % Zinsen schon bei Fälligkeit der Forderung geschuldet sind. Dieser Zinssatz ist zwar geringer als bei § 288 I BGB, andererseits ist Schuldnerverzug hierfür nicht erforderlich, sondern eben nur die Fälligkeit der Forderung. 183

Höherer Schaden kann geltend gemacht werden

Dabei meint § 288 III BGB, dass ein vertraglich vereinbarter Zins auch im Falle des Verzuges maßgeblich bleibt.[280] 184

Wesentlich klausurrelevanter ist § 288 IV BGB: Hiernach kann der Gläubiger auch bei Geldschulden von dem typisierten Verzögerungsschaden nach § 288 I bzw. II BGB abweichen und einen tatsächlich entstandenen, höheren Schaden geltend machen.

V.a. bei Bankkredit

Hatte der Gläubiger einen Bankkredit in Anspruch genommen, den er aufgrund der verspäteten Leistung des Schuldners nicht rechtzeitig (wenigstens teilweise) tilgen konnte, kann er als Verzögerungsschaden die dadurch verursachten **zusätzlichen** Kreditzinsen geltend machen. Hatte der Gläubiger die Möglichkeit, einen höheren Zinssatz durch eine günstige Geldanlage zu erzielen, kann er dies dem Schuldner als entgangenen Gewinn i.S.v. § 252 BGB in Rechnung stellen.

hemmer-Methode: § 288 IV BGB erklärt nur, dass auch bei Geldschulden eine konkrete Berechnung des Verzögerungsschadens stattfinden darf. Sie müssen also genau prüfen, ob der vom Gläubiger geltend gemachte Schaden tatsächlich ein durch den Verzug verursachter Verzögerungsschaden in obigem Sinne ist.

4. Anwendbarkeit des § 288 BGB auf den Geldherausgabeanspruch des § 667 Alt. 2 BGB

Geldherausgabe ist keine gewöhnliche Geldschuld

Die Verpflichtung des Beauftragten zur Herausgabe von Geld gemäß § 667 Alt. 2 BGB (sog. „Auskehr") ist nach der Rechtsprechung des Bundesgerichtshofs **keine gewöhnliche Geldschuld.**[281] 184a

277 BGHZ 25, 250-266 (258) = **juris**byhemmer.

278 BGH, NJW 1995, 1282-1284 (1283) = **juris**byhemmer; Palandt, Rn. 115 vor § 249; Peters, „Die Schadensberechnung bei der Verletzung zedierter Forderungen", JZ 1977, 119-122 (120); Seetzen, AcP 169, 352 [354 f.]; Schwenzer, AcP 189, 214 [237 ff.]; Hoffmann, WM 1994, 1464 (1466).

279 Lesen Sie hierzu die absolut examensrelevante Entscheidung des **BGH, Life&Law 07/2006, 433 ff.** = NJW 2006, 1662-1663 = **juris**byhemmer.

280 Vgl. Palandt, § 288, Rn. 11.

281 BGH, NJW 2002, 2316-2317 = **juris**byhemmer; BGH, NJW 2003, 743-746 (744 f.) = **juris**byhemmer.

Gegenstand der Herausgabeverpflichtung ist (nur) dasjenige, was der Geschäftsführer in Ausführung des Auftrags erlangt hat. Der Beauftragte hat, anders als bei der normalen Geldschuld, zur Erfüllung seiner Verpflichtung die erforderlichen Mittel (wirtschaftlich) nicht aus seinem unabhängig von dem Auftrag bestehenden Vermögen aufzubringen.

Er ist vielmehr lediglich Durchgangsstelle für eine zwar zu seinen Händen geleistete, aber für Rechnung des Geschäftsherrn entgegen genommene Zahlung, die er ohne Inanspruchnahme seines eigenen Vermögens weiterzuleiten hat. Der entsprechende Betrag ist im Innenverhältnis zwischen den Parteien des Auftragsvertrags, wie auch § 668 BGB zeigt, bereits der Vermögens- und Risikosphäre des Auftraggebers zuzurechnen.

Hieraus sind bislang von der Rechtsprechung folgende Schlüsse gezogen worden:

§ 270 I BGB gilt nicht für die Geldherausgabeschuld

a) § 270 I BGB ist auf den Geldherausgabeanspruch aus § 667 Alt. 2 BGB nicht anzuwenden, da die Gefahr des vom Geschäftsführer nicht verschuldeten Untergangs des Leistungsgegenstandes von Anbeginn an der Geschäftsherr trägt.[282]

Bei Aufrechnung wird Geldherausgabe aber als „normale" Geldschuld behandelt

b) Wie eine „normale" Geldschuld wird der Geldherausgabeanspruch nach § 667 Alt. 2 BGB jedoch bei der Aufrechnung behandelt. Ein solcher Anspruch und die ihm entgegen gestellte Geldforderung sind nach der Rechtsprechung des Bundesgerichtshofs gleichartig i.S.v. § 387 BGB.[283] Dies gilt insbesondere dann, wenn - wie hier - der erlangte Betrag auf einem Konto eingezahlt ist.

Der Auftraggeber kann nicht nur die Abtretung der Ansprüche gegen das Kreditinstitut verlangen. Der Herausgabeanspruch ist vielmehr auf Zahlung eines der eingegangenen Summe entsprechenden Betrages gerichtet.

Problem: Verzinsungspflicht?

c) Zur Frage, ob der Geldherausgabeanspruch nach § 667 Alt. 2 BGB eine Geldforderung i.S.d. § 288 I BGB ist oder wie eine solche zu behandeln ist, gab es bislang außer der Entscheidung des OLG Bremen noch keine veröffentlichte Rechtsprechung.

Das OLG Bremen hat § 288 I BGB auf den Herausgabeanspruch nach § 667 Alt. 2 BGB angewendet, hat dies aber nicht näher begründet.[284]

In der Kommentarliteratur ist diese Problematik bislang gleichfalls nicht erörtert worden.

BGH bejaht Anwendbarkeit des § 288 BGB auf § 667 BGB

Der **BGH** bejaht nun ausdrücklich die Anwendbarkeit des § 288 BGB auf den Geldherausgabeanspruch aus § 667 BGB.[285]

Die Eigentümlichkeiten des Geldherausgabeanspruchs gemäß § 667 Alt. 2 BGB liegen nach der Rechtsprechung in der im Innenverhältnis zwischen den Parteien des Auftragsverhältnisses bestehenden Sonderung des erlangten Geldbetrags von dem Eigenvermögen des Beauftragten und der daraus folgenden, von der gewöhnlichen Geldforderung abweichenden Risikozuweisung im Fall des Untergangs des vereinnahmten Betrags.

282 Zudem wurde überwiegend vertreten, dass § 279 BGB a.F. für den Geldherausgabeanspruch des Geschäftsherrn nicht gelte (BGHZ 143, 373-380 (378) = **juris**byhemmer). Dies hat zur Folge, dass man auf die Geldherausgabeschuld § 276 I S. 1 BGB a.E. nicht anwenden darf. Geldherausgabeschulden sind demnach keine Beschaffungsschulden, für die eine allgemeine Einstandspflicht besteht.

283 BGHZ 71, 380-386 (382); BGH, NJW 1995, 1425-1430 (1426); BGH, NJW 1993, 2041-2043 (2042): **alle Entscheidungen** = **juris**byhemmer.

284 OLG Bremen, WM 1994, 153-155 (155) = **juris**byhemmer.

285 BGH, ZGS 2005, 479 = **juris**byhemmer.

Die Frage, ob der Beauftragte die geschuldete Summe ohne weiteres gemäß § 288 I BGB zu verzinsen hat, wenn er mit ihrer Leistung in Verzug kommt, oder ob der Auftraggeber seinen Schaden konkret darzulegen hat (§§ 280 I, II, 286 BGB), hat zu diesen Besonderheiten, wie auch die Situation bei der Aufrechnung, keinen Bezug.

§ 288 I BGB erleichtert dem Gläubiger die Berechnung seines Schadens, den er infolge der verspäteten Leistung eines ihm geschuldeten Geldbetrags erleidet. Die Höhe dieses Schadens und damit das Bedürfnis nach dessen pauschalierter Berechnung hängt nicht davon ab, ob der Schuldner die Mittel wirtschaftlich aus seinem eigenen Vermögen aufzubringen hat oder, wie im Fall des § 667 Alt. 2 BGB, aus dem im Innenverhältnis zwischen Beauftragtem und Auftraggeber bereits dem Letzteren zuzurechnenden Vermögen.

hemmer-Methode: § 288 I BGB ist auch auf einen auf die Herausgabe von Geld gerichteten Anspruch aus § 667 Alt. 2 BGB anzuwenden. Kommentieren Sie sich daher – soweit dies in Ihrem Bundesland zulässig ist - § 288 I BGB an den Rand von § 667 BGB.
Für den Anspruch auf Freigabe von hinterlegten Geldbeträgen ist nach Ansicht des BGH § 288 BGB ebenfalls analog anzuwenden.[286]

5. Pauschale Erstattung von Rechtsverfolgungskosten, § 288 V BGB

40,- €-Pauschale gegen unternehmerischen Schuldner, § 286 V BGB

Nach §§ 280 I, II, 286 BGB kann der Gläubiger als Verzugsschaden die Kosten, die durch die Beauftragung eines Rechtsanwalts oder eines Inkassounternehmens entstehen, als sog. Rechtsverfolgungskosten geltend machen. 184b

Dem Gläubiger einer Entgeltforderung steht dabei ein Anspruch auf Zahlung einer Pauschale in Höhe von 40,- € zu. Schuldner des Anspruchs auf eine Pauschale kann nur eine Person sein, die nicht Verbraucher ist. Anderes gilt für den Gläubiger. Dieser kann nach § 288 V S. 1 BGB auch ein Verbraucher sein.

Der Zahlungsanspruch aus § 288 V S. 1 BGB steht dem Gläubiger bereits in voller Höhe mit Verzugseintritt zu. Er ist unabhängig davon, ob tatsächlich ein entsprechender Schaden entstanden ist.

Der Anwendungsbereich dieser Regelung ist auf den Verzug bei Entgeltforderungen beschränkt, worunter – anders als bei § 271a BGB (vgl. § 271a V Nr. 1 BGB) – auch Abschlagszahlungen und sonstige Ratenzahlungen fallen, vgl. § 288 V S. 2 BGB. Dabei entsteht der Anspruch auf Ersatz der Pauschale von 40,- € bei Verzug mit jeder einzelnen Rate. Der Verzug bei einem Abzahlungsgeschäft kann für den Schuldner also sehr teuer werden.

> **Bsp.:** *Unternehmer K kauft bei V einen Kopierer, zahlbar in 48 Monatsraten zu 100,- €, fällig am ersten eines jeden Monats. K zahlt die Raten unregelmäßig und meist erst in der Mitte des Monats. Sollte K mit jeder Rate in Verzug kommen, so fällt in dieser Zeit als Pauschale ein Betrag von 1.920,- € an (48 x 40,- €).*

Anrechnung der Pauschale auf den Verzugsschaden, § 286 V S. 3 BGB

Nach § 288 V S. 3 BGB kann der Gläubiger einen weiteren Verzugsschaden geltend machen. Der Gläubiger muss sich den Pauschalbetrag aber auf seinen Verzugsschaden anrechnen lassen, wenn er Rechtsverfolgungskosten geltend macht.

286 Vgl. **BGH, Life&Law 10/2006, 661 ff.** = NJW 2006, 2398 = **juris**byhemmer.

hemmer-Methode: Ob der Arbeitgeber, der sich mit der Zahlung des Lohnes im Schuldnerverzug befindet, zur Zahlung dieser Pauschale verpflichtet ist, ist im Hinblick auf den Ausschluss von Kostenerstattungsansprüchen gem. § 12a ArbGG umstritten. Während z.B. das LAG Köln und das LAG Baden-Württemberg[287] die Ersatzpflicht bejaht haben, ist das ArbG Nürnberg[288] der Ansicht, dass § 288 V BGB keine Anwendung findet. Mit Urteil vom 25.09.2018 hat das BAG nun entschieden, dass die Vorschrift des § 12a I S. 1 ArbGG auch dem materiell-rechtlichen Kostenerstattungsanspruch nach § 288 V BGB entgegenstehe und daher dem Arbeitnehmer dieser Anspruch nicht zusteht.[289]

6. Unabdingbarkeit der § 288 I bis V BGB, wenn der Schuldner ein Unternehmer ist, § 288 VI BGB

§ 286 VI BGB

§ 288 VI BGB schränkt die Vertragsfreiheit bzgl. Vereinbarungen ein, die von § 288 BGB abweichen. *184c*

a) Nach § 288 VI S. 1 BGB ist ein vertraglicher Ausschluss des Anspruchs auf Verzugszinsen unwirksam. § 288 VI S. 1 BGB beschränkt sich bewusst auf „im Voraus" getroffene Vereinbarungen. Ziel dieser Regelung ist zu gewährleisten, dass die Vertragsparteien im Falle eines Rechtsstreits die Möglichkeit haben, zur Beilegung der Streitigkeit auf bestimmte Leistungen – etwa auf Verzugszinsen – zu verzichten.

b) § 288 VI S. 1 BGB ist auf den vollständigen Ausschluss des Verzugszinses beschränkt.

Soweit es um die Beschränkung des Anspruchs auf Verzugszinsen oder auf Ersatz des Verzugsschadens geht, gilt § 288 VI S. 2 BGB. Danach ist eine solche Beschränkung nur dann unwirksam, wenn sie im Hinblick auf die Belange des Gläubigers grob unbillig ist.

c) Nach der Beweislastregel[290] des § 288 VI S. 3 BGB sind Vereinbarungen über einen Ausschluss des Anspruchs auf die Pauschale von 40,- € und Vereinbarungen über den Ausschluss des Anspruchs auf sonstigen Schadensersatz, der in Kosten der Rechtsverfolgung begründet ist, im Zweifel grob unbillig und damit unwirksam. Für Beschränkungen gilt diese Vermutung also nicht.

Beruft sich also der Schuldner auf einen wirksamen Ausschluss des Anspruchs auf die Pauschale oder des Anspruchs auf sonstige Beitreibungskosten, so muss er die Umstände darlegen und gegebenenfalls beweisen, aus denen sich ergibt, dass dieser Ausschluss im Hinblick auf die Belange des Gläubigers nicht grob unbillig ist.

hemmer-Methode: Diese Einschränkungen sind gem. § 288 VI S. 4 BGB nicht anzuwenden, wenn sich der Anspruch gegen einen Verbraucher richtet. Dies ist sachgerecht, da kein Grund ersichtlich ist, dem Unternehmer zu verwehren, zugunsten des Verbrauchers auf Schadensersatzansprüche bei Verzug zu verzichten.

V. Ersatz des Begleitschadens nach § 280 I BGB bei Schlechterfüllung

Ein durchaus wichtiger Fall einer Pflichtverletzung im Schuldverhältnis ist, dass der Schuldner – wie es § 281 I S. 1 BGB ausdrückt – die Leistung „nicht wie geschuldet" erbringt. Der Schuldner bleibt also qualitativ hinter der geschuldeten Leistung zurück; dies bezeichnet man als Schlechterfüllung oder Schlechtleistung. *185*

287 LAG Köln, BB 2016, 2996 = jurisbyhemmer; LAG Baden-Württemberg, BB 2017, 2548 = jurisbyhemmer.

288 ArbG Nürnberg, NZA-RR 2017, 185 ff. = jurisbyhemmer.

289 BAG, Urteil vom 25.09.2018, 8 AZR 26/18 = jurisbyhemmer.

290 Nach a.A. soll es sich hierbei um eine Zweifelsregelung handeln, da eine Beweislastregelung einen streitigen Sachverhalt voraussetzt.

Schlechtleistung setzt Primärleistungspflicht voraus

Eine solche Leistungsstörung liegt nur vor, wenn eine Primärpflicht des Schuldners erfüllt werden sollte: In der Formulierung „nicht wie geschuldet“ kommt zum Ausdruck, dass auf die Leistung ein echter Anspruch des Gläubigers bestehen muss.

hemmer-Methode: Eine Schlechterfüllung von nicht leistungsbezogenen Pflichten gibt es also nicht. Damit scheidet eine Schlechterfüllung im vorvertraglichen Bereich aus, da im vorvertraglichen Schuldverhältnis i.S.d. § 311 II BGB keine Primärpflichten, sondern ausschließlich nicht-leistungsbezogene (Neben-)Pflichten bestehen.

§ 280 I BGB hat bei den Vertragstypen selbstständige Bedeutung, für die das Gesetz gesonderte Mängelrechte bzw. Gewährleistungsvorschriften nicht vorsieht, es also an einer Regelung der Rechtsfolge der Schlechterfüllung fehlt.[291] 186

***Bsp.:** A beauftragt Rechtsanwalt R, ihn gerichtlich im Prozess gegen den Kläger K zu vertreten. R vergisst, zur mündlichen Verhandlung zu erscheinen, weshalb gegen A ein Versäumnisurteil ergeht, § 331 ZPO. R versäumt es auch, rechtzeitig Einspruch einzulegen. A möchte nun von R den Betrag von 4.000,- €, zu dessen Leistung er an den K verurteilt wurde, ersetzt haben. Anspruch des A?*

In der Vereinbarung zwischen A und R ist nach h.M. ein Geschäftsbesorgungsvertrag i.S.d. § 675 I BGB zu sehen. Da durch diesen R nur zu einer Tätigkeit, nicht zur Erbringung eines bestimmten Erfolges (etwa dem Gewinnen des Prozesses) verpflichtet werden sollte, hatte dieser die Gestalt eines Dienstvertrages, §§ 675 I, 611 ff. BGB.

hemmer-Methode: Werk- und Dienstvertrag sind danach voneinander abzugrenzen, ob die Zahlung der Vergütung von der Erbringung eines bestimmten Erfolges (dann Werkvertrag, §§ 631 ff. BGB) oder nur von der Vornahme einer bestimmten Tätigkeit (dann Dienstvertrag, §§ 611 ff. BGB) abhängen soll. So kann der Vertrag mit einem Anwalt durchaus auch einen Geschäftsbesorgungsvertrag in Gestalt eines Werkvertrages darstellen, z.B. wenn der Anwalt ein Rechtsgutachten fertigen soll.

Besondere Regelungen für die Schlechtleistung des Dienstverpflichteten finden sich in den §§ 611 ff. BGB nicht. Die Schlechterfüllung einer Primärpflicht stellt jedoch eine Pflichtverletzung i.S.d. § 280 I S. 1 BGB dar. Hier hat R seine Pflicht, A im Prozess gegen K zu vertreten, zwar erfüllt, jedoch nicht „wie geschuldet“: Durch die Versäumung der mündlichen Verhandlung hat er seinem Mandanten einen erheblichen prozessualen Nachteil zugefügt. Damit liegt eine Schlechterfüllung vor.

Diese war auch rechtswidrig und schuldhaft.

Es müsste hierdurch A ein ersatzfähiger Schaden entstanden sein. A ist zur Zahlung von 4.000,- € an K verurteilt worden, die Einspruchsfrist ist ohne sein Verschulden verstrichen, weshalb ein Mitverschulden i.S.d. § 254 II BGB ausscheidet.

Das Versäumnisurteil stellt für K einen Titel dar, mit dem er in das Vermögen des A vollstrecken kann. Ein Vermögensschaden des A würde dennoch ausscheiden, wenn A auch bei ordnungsgemäßer Prozessführung durch R zur Zahlung von 4.000,- € an K verurteilt worden wäre, wenn also die Klage des K - auch unter Berücksichtigung der Beweissituation - Aussicht auf Erfolg gehabt hätte. Hierzu fehlen die Angaben im Sachverhalt.

hemmer-Methode: Ein beliebter Klausureinstieg in die Prüfung der Erfolgsaussichten einer Klage! Die Erfolgsaussichten der Klage sind zwingend beim Punkt „kausaler Schaden“ zu prüfen; dieser fehlt, wenn auch bei ordnungsgemäßem Verhalten des Anwalts der gleiche Schaden des Anspruchstellers eingetreten wäre, der Mandant im obigen Fall also ebenfalls zur Zahlung der 4.000,- € verurteilt worden wäre.

291 Beachten Sie diesbezüglich Palandt, § 280, Rn. 15.

Wo das Gesetz für den Fall der Schlechterfüllung für den jeweiligen Vertragstyp Sonderregelungen bereit hält (Kaufrecht, Werkvertragsrecht, Mietrecht, Reisevertragsrecht), verweisen gerade Kauf- und Werkvertragsrecht auf die allgemeinen Regelungen der §§ 280 ff. BGB. 187

hemmer-Methode: Dennoch bestehen einige Besonderheiten, weshalb die Anwendung der §§ 280 ff. BGB i.R.d. Schlechtleistung in diesen Fällen erst im Zusammenhang mit der Darstellung des jeweiligen Vertragstyps erfolgen soll.[292]

VI. Ersatz des Begleitschadens bei Verletzung einer nicht-leistungsbezogenen Nebenpflicht nach § 280 I BGB

Verletzung von nicht-leistungsbezogenen Pflichten

Neben der Nichtleistung wegen Unmöglichkeit, Schuldnerverzug und Schlechterfüllung kommt noch eine weitere Fallgruppe von Pflichtverletzungen in Betracht: die Verletzung „sonstiger" Pflichten aus dem Schuldverhältnis. 188

Hier soll es um die Verletzung von nicht-leistungsbezogenen Pflichten gehen, Pflichten also, auf deren Erfüllung der Gläubiger keinen Primäranspruch hat. Werden leistungsbezogene Pflichten verletzt, liegt nämlich ein Fall der Schlechterfüllung, des Schuldnerverzuges oder der Unmöglichkeit vor. Über den Begriff der nicht-leistungsbezogenen Pflicht soll § 241 II BGB näheren Aufschluss geben.

Gerade die Unterscheidung, wann die Schlechterfüllung einer leistungsbezogenen Nebenpflicht und wann die Verletzung einer nicht-leistungsbezogenen Nebenpflicht vorliegt, kann im Einzelfall Schwierigkeiten bereiten.

Zulässig dürfte in der Klausur sein, aufgrund der gleichen Rechtsfolge des § 280 I BGB bei echten Grenzfällen diese Problematik letztlich unentschieden zu lassen. Um eine übersichtliche Darstellung zu ermöglich, insbesondere um die Parallele zum bisher geltenden Leistungsstörungsrecht ziehen zu können, wird dennoch dieser Differenzierung gefolgt.

hemmer-Methode: Allein das Vorliegen einer Nebenpflicht sagt noch nicht aus, ob diese leistungsbezogen ist oder nicht. So handelt es sich bei der Abnahmeverpflichtung des Käufers nach § 433 II BGB a.E. um eine echte Schuldnerpflicht des Käufers, also um eine leistungsbezogene Pflicht. Dass es sich hier (regelmäßig) nicht um eine Haupt-, sondern um eine Nebenpflicht handelt, spielt für die obige Differenzierung keine Rolle.

Überblick

Anspruch aus § 280 I BGB bei Verletzung einer nicht-leistungsbezogenen Nebenpflicht: 189

1. Bestehen eines **Schuldverhältnisses** (vertraglich/gesetzlich)
2. **Anwendbarkeit**
3. **Verletzung einer Pflicht** i.S.v. § 241 II BGB
4. **Vertretenmüssen** des Schuldners, § 280 I S. 2 BGB

Rechtsfolge: Ersatz des durch die Pflichtverletzung entstandenen (= **kausalen**) **Schadens**

292 Die entsprechende Fortführung finden Sie in Hemmer/Wüst, Schuldrecht BT I (Kauf- und Werkvertrag) und in Hemmer/Wüst, Schuldrecht BT II (andere Vertragstypen).

1. Bestehen eines Schuldverhältnisses

Dass für einen Anspruch aus § 280 I BGB ein Schuldverhältnis vorliegen muss, ergibt sich bereits aus dem Wortlaut der Norm. 189a

a) Begriff des Schuldverhältnisses (Grundsatz)

Schuldverhältnis: v.a. Verträge

Mit „Schuldverhältnis" meint § 280 I S. 1 BGB in erster Linie Verträge, also die Gesamtheit von Rechten und Pflichten einer schuldrechtlichen Beziehung (Schuldverhältnis im weiteren Sinne) aufgrund eines Vertrages. 190

Aber auch gesetzl. Schuldverhältnisse

Gemeint sind aber auch - und das darf nicht übersehen werden! - gesetzliche Schuldverhältnisse.[293] Dieses kann eine Gesamtheit von Rechten und Pflichten, also ein Schuldverhältnis im weiteren Sinne sein.[294] 191

Z.B. das Verhältnis von Testamentsvollstrecker und Erben, §§ 2197 ff. BGB; oder: das Verhältnis zwischen Nießbrauchsberechtigtem und Eigentümer nach den §§ 1030 ff. BGB.

Bsp.: *Der Nießbraucher verletzt die Pflicht, die Sache zu erhalten, § 1041 BGB.*

Oft erschöpfen sich gesetzliche Schuldverhältnisse in einem einzigen Anspruch zwischen Gläubiger und Schuldner, der kraft Gesetzes entstanden ist. Auch solche Schuldverhältnisse im engeren Sinne sind Schuldverhältnisse i.S.d. § 280 I S. 1 BGB. 192

Z.B. Anspruch des Geschädigten gegen den Schädiger nach § 823 I BGB: gesetzliches Schuldverhältnis im engeren Sinne. Oder: Anspruch des Vermächtnisnehmers gegen den/die Erben nach § 2174 BGB.

Anfängliche Unmöglichkeit lässt Wirksamkeit des Vertrages unberührt, § 311a I BGB

Zu beachten ist, dass ein Vertrag, der auf eine anfänglich unmögliche Leistung gerichtet ist, nicht nichtig ist.[295] Zwar gilt für die Primärpflicht § 275 I - III BGB und die Gegenleistungspflicht entfällt unter den Voraussetzungen des § 326 BGB. Der geschlossene Vertrag kommt aber im Übrigen wirksam zum Entstehen, § 311a I BGB. 193

Dies hat zur Folge, dass ein Vertrag ohne primäre Leistungspflicht(en) entsteht;[296] hinsichtlich der übrigen (v.a. nichtleistungsbezogenen) Pflichten, die aus diesem Vertrag weiterhin hervorgehen, ist eine den Schadensersatzanspruch nach § 280 I BGB begründende Pflichtverletzung möglich. Auch der Vertrag ohne Primärpflicht ist ein Schuldverhältnis i.S.d. § 280 I S. 1 BGB.

---

293 Palandt, § 280, Rn. 9.

294 Palandt, § 280, Rn. 6 und 9.

295 Bis 31.12.2001 war der Vertrag nichtig, § 306 BGB a.F.

296 Canaris, „Die Reform des Rechts der Leistungsstörungen", JZ 2001, 499-528 (506); Palandt, § 311a, Rn. 5.

b) Das vorvertragliche Schuldverhältnis als Schuldverhältnis i.S.d. § 280 I S. 1 BGB

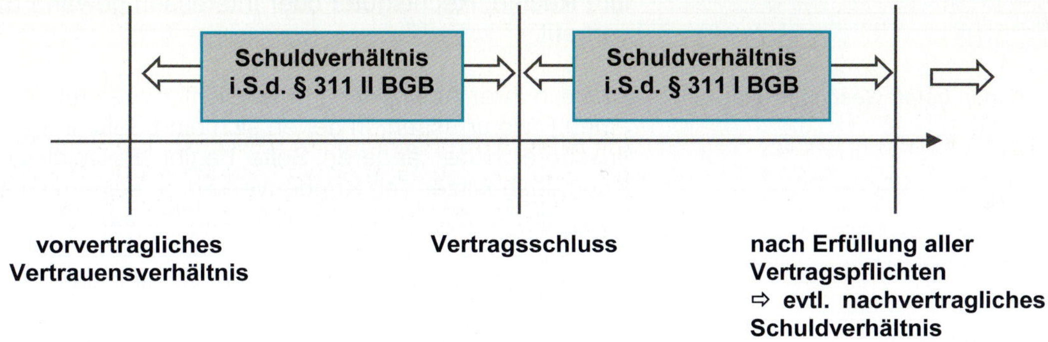

§ 311 II BGB: vorvertragliches Schuldverhältnis

Eine Vorschrift mit weit reichenden Folgen für den Anwendungsbereich des § 280 I S. 1 BGB findet sich in § 311 II BGB. Danach kann ein Schuldverhältnis auch im vorvertraglichen Bereich, d.h. vor Vertragsschluss entstehen.[297] Die Stellung des § 311 II BGB soll klarstellen, dass solche Schuldverhältnisse nur vor dem Entstehen eines rechtsgeschäftlich begründeten, nicht aber eines gesetzlichen Schuldverhältnisses bestehen können. 194

aa) § 311 II BGB i.V.m. § 280 I BGB als Normierung des gewohnheitsrechtlichen Instituts der „culpa in contrahendo" (c.i.c.)

Bloße Haftung nach §§ 823 ff. BGB im vorvertraglichen Bereich unzureichend

Da auch im vorvertraglichen Bereich gesonderte Pflichtenbeziehungen bestehen können, wäre es unbillig, nur eine Haftung nach Deliktsrecht vorzusehen. Die §§ 823 ff. BGB weisen insoweit unbillige Lücken auf, vor allem das Fehlen eines allgemeinen Vermögensschutzes in § 823 I BGB und die begrenzte Einstandspflicht für das Fehlverhalten Dritter nach § 831 BGB. 196

Daher hält die h.M. seit jeher im vorvertraglichen Bereich eine vertragsähnliche Haftung für schuldhafte Pflichtverletzungen, wobei auch § 278 BGB Anwendung findet, für gerechtfertigt. Die c.i.c. wurde also entwickelt, um Schwächen des Deliktsrechts im vorvertraglichen Bereich auszugleichen.

hemmer-Methode: Das Institut der c.i.c. ging auf Rudolf von Ihering (1869) zurück und war bis 31.12.2001 gewohnheitsrechtlich anerkannt. Durch die § 280 I BGB i.V.m. § 311 II BGB wurde dieses Gewohnheitsrecht in Gesetzesform „gegossen".

bb) Vorvertragliches Schuldverhältnis

Wann ein vorvertragliches Schuldverhältnis vorliegt, klärt § 311 II Nr. 1 bis Nr. 3 BGB. 197

§ 311 II Nr. 1 BGB: Aufnahme von Vertragsverhandlungen

(1) Durch die **Aufnahme von Vertragsverhandlungen** wird ein vorvertragliches Schuldverhältnis begründet, § 311 II Nr. 1 BGB. Wie für alle Ziffern des § 311 II BGB kommt es hierbei nicht darauf an, ob später ein entsprechender Vertrag tatsächlich geschlossen wird.[298] 198

Hierbei handelt es sich um den typischen, klassischen Fall der „culpa in contrahendo".

297 Schwab, „Grundfälle zu c.i.c., Sachwalterhaftung und Vertrag mit Schutzwirkung für Dritte nach neuem Schuldrecht", JuS 2002, 773 ff. und 872 ff.

298 Palandt, § 311, Rn. 22.

§ 311 II Nr. 2 BGB: Anbahnung eines Vertrages

(2) § 311 II Nr. 2 BGB erfasst solche Fälle, in denen Vertragsverhandlungen zwar nicht aufgenommen wurden, aber eine Partei bei **Anbahnung eines Vertrages** im Hinblick auf einen späteren Vertragsschluss der anderen Partei die Möglichkeit zur Einwirkung auf ihre Rechte, Rechtsgüter oder Interessen gewährt bzw. ihr diese anvertraut. 199

V.a.: Kunde betritt Geschäftslokal

Diese in ihrer Abstraktheit nicht leicht zu verstehende Norm soll zum einen Fälle erfassen, in denen sich eine Seite in den räumlichen Einflussbereich der anderen Seite begibt. Beispielsweise eröffnet der Kaufhausbesitzer den Kundenverkehr in seinem Geschäftslokal. Eintretende Kunden gewähren dem Kaufhausbesitzer – in der Sprache des Gesetzes – die Einwirkungsmöglichkeit auf ihre Rechtsgüter, weshalb dieser besonderen Schutzpflichten unterliegen muss.[299]

Linoleumrollen-Fall

> ***Bsp. 1 (Klassiker: Linoleumrollen-Fall)[300]:*** *Beim Umsehen in einem Kaufhaus wird eine Kundin durch eine umfallende Linoleumrolle, die unsachgemäß durch einen sonst zuverlässigen Angestellten aufgestellt war, verletzt.*
>
> Das RG gewährte der Kundin einen Schadensersatzanspruch aus c.i.c., wobei das Verschulden des Angestellten dem Kaufhausbesitzer über § 278 S. 1 Alt. 2 BGB zugerechnet werden konnte. Aufgrund der gesteigerten Pflichtenbeziehung sah das RG eine rein deliktische Haftung mit der Exkulpationsmöglichkeit nach § 831 I S. 2 BGB als unbillig an und griff daher auf das – damals gewohnheitsrechtliche – Institut der c.i.c. zurück.

Hundebiss-Fall

> ***Bsp. 2:*** *Das Ehepaar E sieht sich aufgrund einer Zeitungsannonce auf dem zum Kauf angebotenen Grundstück des S um; dabei wird Frau E von einem nicht angeketteten Hund angefallen.*
>
> Hier lag eine Vertragsverhandlung noch nicht vor, da es zwischen den Eheleuten und S noch zu keinem konkreten Verkaufsgespräch gekommen war. Die bloße Zeitungsannonce (invitatio ad offerendum) reicht nicht aus, um von einer Vertragsverhandlung sprechen zu können. Jedoch hatten die Eheleute sich mit dem Betreten des Grundstücks in den Einwirkungsbereich des S begeben, weshalb ein vorvertragliches Schuldverhältnis nach § 311 II Nr. 2 BGB entstanden war.

Einwirkungsmöglichkeit muss im Hinblick auf einen späteren Vertragsschluss erfolgen

Nicht übersehen werden darf hierbei, dass die Gewährung der „Einwirkungsmöglichkeit“ i.S.d. § 311 II Nr. 2 BGB im Hinblick auf einen späteren Vertragsschluss erfolgen muss. So reicht das Betreten eines Kaufhauses mit Kaufabsicht aus, auch wenn sich der Kunde nur allgemein umsehen will, da ein späterer Kaufvertrag nicht ausgeschlossen werden kann. Nicht ausreichend ist aber das Betreten eines Kaufhauses, um sich bei einem Platzregen kurz unterzustellen. Ebenso wenig entsteht zwischen einem Dieb und dem Geschäftsinhaber ein vorvertragliches Schuldverhältnis. 200

Auch: Probefahrt mit Pkw; allerdings genau prüfen, ob nicht bereits § 311 II Nr. 1 BGB

Ein weiterer Fall des § 311 II Nr. 2 BGB ist das „Testen“ der Ware vor ihrem Kauf, beispielsweise die Probefahrt mit einem Pkw. Allerdings ist genau zu prüfen, ob nicht bereits vorher schon Vertragsverhandlungen aufgenommen wurden; in diesem Fall gilt bereits § 311 II Nr. 1 BGB.

§ 311 II Nr. 3 BGB: Ähnliche geschäftliche Kontakte

(3) In der Rechtsprechung waren auch andere Einzelfälle vorvertraglicher Schuldverhältnisses anerkannt, bei denen weder Vertragsverhandlungen noch eine Vertragsanbahnung vorlagen, sog. **geschäftsähnliche Kontakte**. Dem trug der Reformgesetzgeber durch § 311 II Nr. 3 BGB Rechnung. In der Klausur hilft es hierbei, auf die früher gängige Definition des vorvertragliche Schuldverhältnisses zurückzugreifen. 201

---

299 Palandt, § 311, Rn. 23.

300 RGZ 78, 239.

hemmer-Methode: Ob das Gefälligkeitsverhältnis mit rechtsgeschäftlichem Charakter von § 311 II Nr. 3 BGB erfasst wird, hat der BGH bislang ausdrücklich offen gelassen[301] (vgl. dazu auch Rn. 219).

V.a.: Geschlossener, aber unwirksamer Vertrag

Unter § 311 II Nr. 3 BGB sind auch die Fälle zu subsumieren, in denen der geschlossene Vertrag – aus welchen Gründen auch immer – unwirksam ist. Dies ist zwingend, da hier – wie in Nr. 1 – Vertragsverhandlungen stattgefunden haben, die sogar schon zum erfolgreichen, wenn auch unwirksamen, Vertragsschluss geführt haben. Allerdings ist genau zu prüfen, ob die Annahme eines Haftungsanspruches aus §§ 280 I, 311 II BGB nicht der Wertung des Unwirksamkeitsgrundes zuwiderläuft.[302] 202

Das vorvertragliche Schuldverhältnis definiert sich – in jedem Fall – dadurch, dass keine Primäransprüche, sondern nur nichtleistungsbezogene (Neben-)Pflichten bestehen.

***Bsp.:** Die V-GmbH verkauft an K eine Maschine, die sich als mangelhaft erweist. Die V-GmbH arbeitet auch noch mit einer S-KG arbeitsteilig zusammen, die im Schriftverkehr zwischen dem Verkäufer V und dem Käufer K gelegentlich in Erscheinung getreten ist. Kurz vor Ablauf der Verjährungsfrist des § 438 BGB schreibt K an die S-KG, dass er Mängelrechte geltend mache und fordert diese auf, auf die Einrede der Verjährung zu verzichten.*

Die S-KG sagt den Verzicht auf die Verjährungseinrede für den Lauf der Verhandlungen zu. Im Vertrauen hierauf verlangt K von der V-GmbH erst nach 2 ¼ Jahren Minderung. Diese beruft sich nun auf Verjährung.

Hat der K gegen die S-KG Ansprüche? Dabei ist zu unterstellen, dass dem K gegen V tatsächlich Mängelrechte zustanden, diese aber nun verjährt sind.

1. Da zwischen K und der S-KG kein Kaufvertrag geschlossen wurde, stellt sich die Frage, ob man nicht unter Rechtsscheingesichtspunkten zu einer Vertragsbindung der S-KG kommen kann.

Dazu müsste die S-KG dem K gegenüber den Eindruck erweckt haben, sie sei die Vertragspartnerin des K. Die Verursachung dieses Scheins müsste ihr zurechenbar sein und K gutgläubig auf den Rechtsschein vertraut haben.

Indem die S-KG auf die Verjährungseinrede für Ansprüche aus dem Kaufvertrag verzichtete, erweckte sie zumindest den Eindruck, sie sei der Vertragspartner des K. Selbst dem rechtlichen Laien ist nämlich klar, dass nur der Vertragspartner rechtswirksam auf eine Einrede aus einem Vertragsverhältnis verzichten kann.

Der Verzicht auf die Verjährungseinrede konnte für einen objektiven Empfänger nur den Erklärungsinhalt haben, dass die von V und E vertretene Gesellschaft für den Vertrag „zuständig", mithin Vertragspartnerin ist. Darauf hat K indem er weitere Schritte gegen seinen tatsächlichen Vertragspartner unternahm, auch gutgläubig vertraut.

Beruft sich die S-KG nun darauf, sie sei gar nicht die richtige Vertragspartnerin, so tritt sie zu ihrem eigenen Vorverhalten in Widerspruch. Wer sich jedoch treuwidrig widersprüchlich verhält, muss sich das aus § 242 BGB fließende Verbot des widersprüchlichen Verhaltens „venire conta factum proprium" entgegenhalten lassen.

Fraglich ist jedoch, ob sich die S-KG hier wirklich treuwidrig widersprüchlich verhält.

301 Vgl. **BGH, Life&Law 12/2010, 791 ff.** = NJW 2010, 3087 ff. = **juris**byhemmer.

302 Dazu unten, Rn. 241 ff.

Der Vorwurf treuwidrigen d.h. rechtsmissbräuchlichen Handelns setzt nach Ansicht des BGH nämlich voraus, dass der widersprüchlich Handelnde selbst keinem Irrtum unterliegt.[303] **§ 242 BGB hilft demnach nur bei einem vorsätzlichen Selbstwiderspruch, nicht jedoch, wenn bloß fahrlässiges Handeln vorliegt.**

Da dies nicht der Fall war, ist die S-KG auch nicht gem. § 242 BGB als Vertragspartner zu behandeln.

2. Anspruch auf Schadensersatz aus **c.i.c.** gem. § 280 I BGB i.V.m. § 311 II Nr. 3 BGB.

Zunächst müsste ein vorvertragliches Schuldverhältnis zwischen K und der S-KG begründet worden sein. Wann ein solches entsteht, ist in § 311 II BGB geregelt, wobei § 311 II Nr. 3 BGB als eine Art Auffangtatbestand fungiert.

Nach § 311 II Nr. 3 BGB entsteht ein Schuldverhältnis mit den Pflichten des § 241 II BGB auch i.R. geschäftlicher Kontakte, die den in § 311 II Nr. 1 und 2 BGB aufgezählten ähnlich sind.

a) Einen ähnlichen geschäftlichen Kontakt könnte hier schon das Schreiben des K an die S-KG begründet haben.

Der Inhaber eines Anspruchs hat es jedoch nicht in der Hand, die vorvertragliche Haftung eines anderen, der nicht die Stellung eines Vertragspartners innehat, dadurch zu begründen, dass er ihn grundlos und zu Unrecht zur Leistung oder – wie im vorliegenden Fall – zu Erklärungen im Zusammenhang mit dieser auffordert.

Die Begründung einer solchen Haftung für den Fall, dass der so in Anspruch Genommene sich auf die Aufforderung nicht erklärt oder den Anspruch mit rechtlich falschen Erwägungen zurückweist, liefe auf eine allgemeine Verpflichtung hinaus, jeden Teilnehmer am Rechtsverkehr vor auch selbstverursachten Schäden zu bewahren. Eine solche allgemeine Verpflichtung kann im jetzt in § 311 II BGB normierten Institut der culpa in contrahendo keine Grundlage finden.

b) Eine andere Bewertung ist allein dann denkbar, wenn zusätzliche vertrauensbegründende Momente auf der Seite des Inanspruchgenommenen zu finden sind. Dies könnte vorliegend deshalb der Fall sein, weil S-KG und V-GmbH arbeitsteilig zusammenwirkten, die S-KG i.R.d. mit der V-GmbH geführten Schriftwechsels verschiedentlich in Erscheinung getreten war und S-KG und V-GmbH zum Verwechseln ähnliche Firmen führten.

Eine Gesamtschau dieser zusätzlichen Momente führt vorliegend zu der Annahme eines vorvertraglichen Schuldverhältnisses zwischen K und der S-KG.

Aus diesem heraus war die S-KG verpflichtet, das an sie herangetragene Begehren besonders sorgfältig zu prüfen und K über ihre Unzuständigkeit hinsichtlich des Führens von Verhandlungen über dessen Forderungen aufzuklären.

Ergebnis: Ein Anspruch auf Schadensersatz aus §§ 280 I, 311 II Nr. 3, 241 II BGB besteht daher. Der Schaden besteht darin, dass K wegen der Verjährung seine Mängelrechte nun nicht mehr gegen die V-GmbH durchsetzen kann.

hemmer-Methode: Diese Entscheidung des BGH (vgl. BGH, NJW 2001, 2716 ff.) war im Termin 2003/I in Bayern Gegenstand der 4. Zivilrechtsklausur.
Auch für alle anderen Bundesländer handelt es sich hier um ein ganz heißes Eisen für eine Examensklausur, sodass Sie sich diese Entscheidung einmal durchlesen sollten.

303 BGH, NJW 2001, 2716-2718 (2717) = jurisbyhemmer.

cc) Haftung Dritter aus §§ 280 I, 311 III BGB

Grundsätzlich Haftung nur der Parteien des vorvertraglichen Schuldverhältnisses

Die Haftung aus § 280 I BGB setzt voraus, dass gerade zwischen dem Gläubiger als Anspruchsteller und dem Schuldner als Anspruchsgegner ein Schuldverhältnis besteht. Ein Anspruch aus § 280 I BGB kommt grundsätzlich nicht in Betracht gegen eine Person, die nicht in einem Schuldverhältnis zum Anspruchsteller steht, also gegenüber diesem nicht „Schuldner" i.S.d. § 280 I BGB ist. 202a

So muss grundsätzlich auch im vorvertraglichen Bereich das vorvertragliche Schuldverhältnis gerade zwischen Anspruchsteller und Anspruchsgegner bestehen. Dennoch wird diskutiert, ob gerade im vorvertraglichen Bereich nicht eine Haftung Dritter gerechtfertigt sein kann.

hemmer-Methode: Dies hat nichts mit § 278 BGB zu tun! Diese Vorschrift führt zu einer Zurechnung des Verschuldens eines Dritten an den Schuldner, zwischen diesem und dem Anspruchssteller muss aber ein Schuldverhältnis i.S.d. § 280 I BGB bestehen. Hier geht es um etwas anderes, nämlich um die Haftung des Dritten selbst!

Haftung Dritter: § 311 III BGB

Nach § 311 III S. 1 BGB kann ein Schuldverhältnis mit Pflichten nach § 241 II BGB auch zu Personen entstehen, die nicht Vertragspartei werden sollen.

(1) Die Eigenhaftung von Vertretern und Verhandlungsgehilfen

Wesentlicher Grund für die Entwicklung der c.i.c. war die Ermöglichung der Anwendbarkeit des § 278 BGB, durch die der Geschäftsherr für jedes Verschulden seines Verhandlungsgehilfen einstehen musste, ohne dass er sich – wie bei § 831 I S. 2 BGB – exkulpieren konnte. Der Verhandlungsgehilfe selbst aber haftet grundsätzlich weiterhin nur aus den §§ 823 ff. BGB. 203

> ***Bsp.:*** *A ist Geschäftsführer der A-GmbH, an der er zugleich auch wesentlich beteiligt ist. Bei Kreditverhandlungen mit der B-Bank weist A zwar auf kurzfristige Liquiditätsschwierigkeiten der Gesellschaft hin, informiert jedoch nicht über das tatsächliche Ausmaß der Probleme der GmbH. Die B-Bank zahlt den Kredit an die A-GmbH aus, die kurz darauf insolvent wird.*
>
> Das auf Vertragsanbahnung gerichtete vorvertragliche Schuldverhältnis i.S.d. § 311 II Nr. 1 BGB entstand nur zwischen den Rechtssubjekten, die später Vertragsparteien werden sollten, also zwischen der A-GmbH und der B-Bank. I.R.e. Anspruches auf Schadensersatz nach § 280 I BGB kann der A-GmbH zwar die schuldhafte Pflichtverletzung ihres Organs A nach § 31 BGB analog zugerechnet werden; da A am vorvertraglichen Schuldverhältnis mit der B-Bank jedoch nicht beteiligt war, kommt ein Anspruch aus § 280 I BGB gegen ihn grundsätzlich nicht in Betracht, es verbleiben die §§ 823 ff. BGB.

Eigenhaftung von Vertretern/ Verhandlungsgehilfen

Um diese Schwäche der Haftung zu vermeiden, wurde die so genannte Eigenhaftung des Vertreters entwickelt.[304] Diese gilt in zwei Fallgruppen. 204

Der Vertreter oder Verhandlungsgehilfe haftet dann nach den §§ 280 I, 311 II BGB, wenn er am Vertragsschluss ein **unmittelbares, eigenes wirtschaftliches Interesse** hat oder wenn er ein **besonderes persönliches Vertrauen** in Anspruch genommen hat, das zugleich die Vertragsverhandlungen maßgeblich beeinflusst hat.

hemmer-Methode: Diese zweite Fallgruppe wird nunmehr als Regelbeispiel in § 311 III S. 2 BGB aufgeführt.

304 Allgemeines zur Eigenhaftung Dritter: Palandt, § 311, Rn. 60 ff.

Besondere Anforderungen an Eigenhaftung

Die Inanspruchnahme eines besonderen persönlichen Vertrauens setzt voraus, dass der Vertreter über das allgemeine Vertrauen hinaus eine zusätzliche, von ihm persönlich ausgehende Gewähr für die Seriosität und Erfüllung des Vertrages geboten hat.[305] 205

So besteht nach der Rechtsprechung z.B. grundsätzlich keine Eigenhaftung des Betreuers (§§ 1896 ff. BGB) gegenüber dem Vertragspartner des Betreuten, da sich aus der öffentlichen Bestellung zum Betreuer (§ 1897 BGB) „kein besonderer Vertrauensvorschuss für Dritte“ ergebe.[306]

Wirtschaftliches Eigeninteresse

Ein ausreichendes, eigenes wirtschaftliches Interesse liegt nur dann vor, wenn der Vertreter gleichsam in eigener Sache (als „Quasi-Partei“ bzw. „procurator in rem suam“[307]) tätig wird, sodass er als der eigentliche wirtschaftliche Interessenträger erscheint.[308] Nicht ausreichend sind daher das allgemeine Interesse von Gesellschaftern an den Geschäften ihrer Gesellschaft oder das bloße Provisionsinteresse des Vertreters.[309] 206

hemmer-Methode: In Zusammenhängen denken und lernen! Taucht im Sachverhalt das Stichwort „Provisionsinteresse“ auf, so muss Ihnen einfallen, dass es zwar zur Begründung einer Eigenhaftung des Vertreters nicht ausreicht, im Gegensatz dazu aber ein Interesse für eine gewillkürte Prozessstandschaft begründen kann.

1. Eine Eigenhaftung des A aufgrund einer besonderen Vertrauensstellung ist nicht ersichtlich. Allerdings kommt die Fallgruppe des gesonderten, eigenen wirtschaftlichen Interesses in Betracht. Fraglich ist, ob A „gleichsam in eigener Sache“ bei Verhandlung und Vertragsschluss mit der B-Bank tätig wurde.

Allein aus seiner Gesellschafterstellung lässt sich ein solches eigenes wirtschaftliches Interesse nicht begründen; das bloße Interesse am Wohlergehen der Gesellschaft reicht nicht aus.[310] Hier ist jedoch A wesentlich beteiligt. Ab einer gewissen Grenze der Beteiligung, in jedem Fall bei einer Alleingesellschafterstellung, ist zu bejahen, dass der Gesellschafter – wirtschaftlich gesehen – nicht nur für die Gesellschaft, sondern auch im unmittelbaren, eigenen wirtschaftlichen Interesse handelt. Ob diese Grenze hier überschritten ist, setzt nähere Sachverhaltsangaben voraus.

hemmer-Methode: Die Grenzen sind fließend. Während bei einer Ein-Mann-GmbH die Bejahung des eigenen wirtschaftlichen Interesses und damit der Eigenhaftung des Gesellschafters im vorvertraglichen Bereich nicht schwer fällt, müssen Sie im Übrigen eine Einzelfallbetrachtung anstellen: Ist der Gesellschafter in so großem Umfang beteiligt, dass er die Geschäfte der Gesellschaft wirtschaftlich als seine eigenen Geschäfte ansieht? Wenn Sie so argumentieren und dann zu einem anderen Ergebnis als die Rechtsprechung kommen, nimmt Ihnen das der Korrektor nicht übel; im Gegenteil, er wird Ihre selbstständige Argumentation honorieren!

2. Doch zeigt dieses Beispiel zugleich auch die Gefahren dieser Fallgruppe. Indem A hier aus § 280 I BGB auf Schadensersatz haftet, kommt es entgegen der gesetzlichen Regelung des § 13 II GmbHG zu einer Art Durchgriffshaftung des an der Gesellschaft maßgeblich beteiligten Geschäftsführers.[311]

Dies muss dazu beitragen, die Beteiligungsgrenze, ab der man eine Eigenhaftung annehmen darf, nach oben zu verschieben.

305 BGH, WM 1995, 298-300 = **juris**byhemmer; Palandt, § 311, Rn. 61.

306 BGH, WM 1995, 298-300 = **juris**byhemmer.

307 Palandt, § 311, Rn. 61.

308 BGH, NJW 1986, 586-588 (587) = **juris**byhemmer.

309 BGH, NJW 1990, 506-507 = **juris**byhemmer.

310 Palandt, § 311, Rn. 65.

311 Emmerich, „Zum gegenwärtigen Stand der Lehre von der culpa in contrahendo“, Jura 1987, 561-567 (565).

(2) Die Sachwalterhaftung

Sachwalterhaftung

Über Vertreter und Verhandlungsgehilfen hinaus hat die Rechtsprechung den Kreis der Personen, die neben den künftigen Vertragspartnern im vorvertraglichen Bereich haften können, auch auf die so genannten Sachwalter erstreckt. 207

Dabei handelt es sich um Personen, die wegen ihrer besonderen Sachkunde in hohem Maße das persönliche Vertrauen des anderen Teils in Anspruch nehmen und diesem erst dadurch die Gewähr für eine ordnungsgemäße Durchführung insbesondere riskanter Geschäfte geben.[312] Solche Sachwalter haften auch dann – und hierin liegt die Besonderheit gegenüber der vorigen Fallgruppe – wenn sie sich nicht direkt in die Vertragsverhandlungen eingeschaltet haben.[313]

Bspe.: *I.d.R. keine Sachwalter sind Angestellte oder Versicherungsagenten, selbst wenn sie auf ihre besondere Sachkunde eigens hingewiesen haben.[314] Sachwalter sind z.B. Vermittler von Kapitalanlagen, Baubetreuer, Kunstauktionatoren.*

Kfz-Händler

Entwickelt wurde die Sachwalterhaftung zum Kfz-Händler.[315] 208

„Agentur-Vertrag" aus steuerlichen Gründen

Lange Zeit traten nämlich die Kfz-Händler nur als Vermittler hinsichtlich des in Zahlung zu gebenden Kfz zwischen dem Käufer des Neuwagens und dem Käufer des alten (in Zahlung gegebenen) Kfz auf, um zu vermeiden, dass hinsichtlich des Verkaufes des Alt-Kfz der volle Kaufpreis der Umsatzsteuer nach § 3 I UStG unterliegt (sog. Agenturmodell).

§ 25a UStG

Allerdings hat der Gesetzgeber mit Wirkung zum 01.07.1990 die Differenzbesteuerung gem. § 25a UStG eingeführt. Dies führte dazu, dass nun hinsichtlich des erworbenen und wieder veräußerten Altwagens nur noch die Differenz zwischen Einkaufs- und Verkaufspreis umsatzsteuerpflichtig ist. Dadurch wurde gesetzlich der Zustand eingeführt, der durch das Agentur-Modell herbeigeführt werden sollte.

hemmer-Methode: Das Agentur-Modell hatte damit zwischenzeitlich seinen Zweck verloren.

seit 01.01.2002 „Renaissance" des Agenturmodells

Die Bedeutung des Agenturmodells ist seit dem 01.01.2002 aber wieder deutlich angestiegen, da ein Verkäufer beim Verkauf des angenommenen Altwagens der strengen Haftung des Verbrauchsgüterkaufs (vgl. §§ 474 ff. BGB) unterliegt. 208a

Da beim Agenturmodell aber nicht der Händler, sondern der Neuwagenkäufer der Verkäufer des Altwagens ist, kann sich der Händler dieser strengen Haftung entziehen. Ist der Neuwagenkäufer als Verkäufer des Altwagens - wie regelmäßig - Verbraucher, so können die Mängelrechte beim Verkauf des „Gebrauchten" in weitem Umfang abbedungen werden, was beim Verkauf durch den Händler nicht möglich wäre, § 476 I S. 1 BGB.

<u>Problem</u>: unzulässige Umgehung, § 476 I S. 2 BGB?

Strittig ist nun, ob in diesen Fällen eine unzulässige Umgehung der Verbrauchsgüterkaufvorschriften vorliegt, § 476 I S. 2 BGB.[316] 208b

312 BGHZ 13, 264-319 (313); BGHZ 70, 337-345; vgl. zur Sachwalterhaftung Palandt, § 311, Rn. 63.

313 BGHZ 56, 81-88 = **juris**byhemmer.

314 Palandt, § 311, Rn. 63.

315 Dazu ausführlich: Palandt, § 311, Rn. 66; lesen Sie hierzu auch **BGH, Life&Law 04/2010, 215 ff.** = NJW 2010, 858 ff. = **juris**byhemmer.

316 Zusammenfassend Tyroller, „Der Verbrauchsgüterkauf gem. § 474 BGB in der Rechtsprechung", **Life&Law 08/2006, 573 (575 f.)** = **juris**byhemmer.

In der Diskussion um die Neufassung des Kaufrechts im Zuge der Schuldrechtsmodernisierung ist für den Gebrauchtwagenhandel auf das Agenturgeschäft und die Gefahr einer Umgehung des angestrebten verstärkten Verbraucherschutzes hingewiesen worden.[317]

Der in diesem Zusammenhang erhobenen Forderung, die Möglichkeit einer Umgehung der strengen Bestimmungen des Verbrauchsgüterkaufs durch ein Ausweichen auf Agenturgeschäfte von vornherein zu verhindern, ist der Gesetzgeber nicht gefolgt.

Das lässt nur den Schluss zu, dass Agenturgeschäfte auch im Bereich des gewerblichen Handels mit gebrauchten Sachen Privater jedenfalls **nicht generell** als **Umgehungsgeschäfte** i.S.d. § 476 I S. 2 BGB angesehen werden können.[318]

a) Nach einer M.M. stellen Agenturverträge generell eine unzulässige Umgehung i.S.d. § 476 I S. 2 BGB dar.

Zulässig sollen Agenturgeschäfte nur dann sein, wenn der Agent kein unternehmerischer Verkäufer von Gebrauchtwagen sei. Als Beispiel werden die Gebrauchtwagenmärkte am Wochenende genannt, bei denen ein Geschäftsmann sein Gelände als Stellplatz für Verkäufer vermietet. Selbst wenn der Vermieter ein Unternehmer ist, ist dies unschädlich, da er kein unternehmerischer Verkäufer sei.[319]

b) Nach h.L. kann jedoch im Einzelfall eine Umgehung des für den Verbrauchsgüterkauf bezweckten Verbraucherschutzes anzunehmen sein, wenn das Agenturgeschäft missbräuchlich dazu eingesetzt wird, ein in Wahrheit vorliegendes Eigengeschäft des Unternehmers zu verschleiern.[320]

Entscheidende Bedeutung kommt hierbei auch der Frage zu, wie bei wirtschaftlicher Betrachtung die Chancen und Risiken des Gebrauchtwagenverkaufs zwischen dem bisherigen Eigentümer des Fahrzeugs und dem Fahrzeughändler verteilt sind.

aa) Hat der Händler für den „Gebrauchten", den er **„im Kundenauftrag"** als dessen Vertreter weiterveräußert, einen bestimmten Mindestverkaufspreis für das Altfahrzeug garantiert und den entsprechenden Teil des Kaufpreises für den „Neuen" gestundet, so gilt Folgendes:

Bei der gebotenen wirtschaftlichen Betrachtungsweise ist in diesen Fällen von einem Ankauf des Altfahrzeugs durch den Händler auszugehen. Das hat zur Folge, dass er beim Weiterverkauf des Gebrauchtwagens als dessen Verkäufer anzusehen ist und das gewählte Agenturgeschäft nach § 476 I S. 2 BGB als unzulässige Umgehung keine Anerkennung finden kann.

bb) Hat dagegen der Neuwagenkäufer das Risiko des Weiterverkaufs seines bisherigen Fahrzeugs zu tragen, so ist das Agenturgeschäft auch bei wirtschaftlicher Betrachtungsweise zu akzeptieren; ein Umgehungstatbestand ist dann nicht anzunehmen.

c) Der BGH hat sich dieser Auffassung in Übereinstimmung mit der Vorinstanz (OLG Stuttgart[321]) angeschlossen.[322]

---

317 Reinking, DAR 2001, 8 (10).

318 So jetzt auch Reinking/Eggert, Der Autokauf, 8. Aufl., Rn. 976.

319 Hofmann, „Agenturverträge im Gebrauchtwagenhandel", JuS 2005, 8-12 (11).

320 Müller, „Die Umgehung des Rechts des Verbrauchsgüterkaufs im Gebrauchtwagenhandel", NJW 2003, 1975-1980 (1978 f.); Bamberger/Roth/Faust, § 474 BGB, Rn. 7; MüKo, § 474, Rn. 19 und § 475, Rn. 30; Reinicke/Tiedtke, Kaufrecht, Rn. 758.

321 **OLG Stuttgart, Life&Law 11/2004, 723 ff.** = NJW 2004, 2169-2171 = **juris**byhemmer.

322 BGH, NJW 2005, 1039-1041 = ZIP 2005, 442-445 = **juris**byhemmer.

Das Agenturgeschäft stellt dann eine unzulässige Umgehung der Vorschriften des Verbrauchsgüterkaufs dar, wenn der Händler dem in Zahlung gebenden Verbraucher einen Mindestpreis garantiert und so das wirtschaftliche Risiko der Inzahlungnahme übernommen habe.[323]

Praxis-Tipp: Die Devise, die die Anwälte künftig dem Gebrauchtwagenhändler mit auf den Weg geben, wird also lauten:
1. „Bieten Sie dem privaten Anbieter eines Autos nur einen Agenturvertrag an!
2. Handeln Sie beim Verkauf in dessen Namen.
3. Nehmen Sie dem Anbieter eines Gebrauchten nicht durch Mindesterlösgarantieren das Unverkäuflichkeitsrisiko ab!“[324]
Die Frage wird sein, ob bzw. welcher Käufer sich auf eine derartige Konstruktion einlassen wird. Dies wird wohl nur dann passieren, wenn der Preis für den Neuwagen „stimmt“.

d) Nach einer weiteren Ansicht ist ein Umgehungsgeschäft in solchen Drei-Personen-Verhältnissen stets zu verneinen.

Der Verkäufer ist in den Missbrauchsfällen (Fallvariante 1) dem Dritten aber aus c.i.c gem. §§ 280 I, 311 III S. 2 BGB zum Schadensersatz verpflichtet.[325] Der dritte Käufer ist i.R. dieses Schadensersatzanspruches dann so zu stellen, als hätte er den „Gebrauchten“ von einem Unternehmer i.R. eines Verbrauchsgüterkaufs erworben.

Der Schaden des Dritten besteht im wirksamen Ausschluss der Mängelrechte. Er ist nun über §§ 280 I, 311 II, 249 I BGB so zu stellen, als ob ein Verbrauchsgüterkauf vorliegen würde. In diesem Fall wäre der Gewährleistungsausschluss wegen § 476 I S. 1 BGB nämlich nicht wirksam gewesen, sodass der Dritte z.B. mindern oder zurücktreten könnte. Der Schaden besteht also konkret in der Höhe des Wertes der ihm genommenen Mängelrechte.

hemmer-Methode: Wie Sie sich hier entscheiden, ist im Ergebnis irrelevant. Sie müssen in einer Klausur nur die Problematik einer evtl. Umgehung erkennen und argumentieren.

(3) Haftung für Wertgutachten nach §§ 280 I, 311 III BGB? Oder doch Vertrag mit Schutzwirkung zugunsten Dritter?

Mit der Regelung des § 311 III BGB hat Gesetzgeber die Frage nach dem Haftungsgrund und den Grenzen der Dritthaftung des Gutachters für Wertgutachten im Zuge der Schuldrechtsreform erneut gestellt. Umfasst § 311 II BGB zunächst die Haftung aus vorvertraglichem Schuldverhältnis (also die Fälle der c.i.c.), so ist in Abs. 3 normiert, dass ein Schuldverhältnis auch zu solchen Personen begründet werden kann, die nicht Vertragspartei werden sollen. 208c

Die Voraussetzungen einer solchen Haftung sind auch drei Jahre nach In-Kraft-Treten der Schuldrechtsreform umstritten, insbesondere, ob Ausgangspunkt des Haftungsgrundes und der Haftungsgrenzen eine selbstständige Vertrauenshaftung ist oder ob die Sonderbeziehung aus der Nähe zur Vertragshaftung folgt.

Als Beispiel für die Dritthaftung ist in § 311 III S. 2 BGB die Sachwalterhaftung angeführt (vgl. dazu Rn. 207 ff.) Ein solches Schuldverhältnis soll insbesondere dann entstehen, wenn der Dritte in besonderem Maße Vertrauen für sich in Anspruch nimmt und dadurch die Vertragsverhandlungen erheblich beeinflusst.

323 Lesen Sie die Zusammenfassung der Entscheidung des BGH, die nahezu komplett übereinstimmt mit der der Vorinstanz des OLG Stuttgart (**Life&Law 11/2004, 723 ff.** = NJW 2004, 2169-2171) nach bei Katzenmeier, „Agenturgeschäfte im Gebrauchtwagenhandel“, NJW 2004, 2632-2633.

324 Nach K. Schmidt, „Verbraucherbegriff und Verbrauchervertrag - Grundlagen des § 13 BGB“, JuS 2006, 1-8 (7).

325 So auch Katzenmeier, „Agenturgeschäfte im Gebrauchtwagenhandel“, NJW 2004, 2632-2633.

Eine Ansicht: Dritthaftung aus c.i.c. gem. §§ 280 I, 311 III S. 2 BGB

(a) Daraus wird in der Literatur z.T. geschlossen, dass die vertragsrechtliche Haftung des Gutachters gegenüber am Gutachtenvertrag unbeteiligten Dritten jetzt gesetzlich geregelt sei und aus einer originären Sonderrechtsbeziehung zwischen Gutachter und Drittem folge.[326]

Es wird daher vertreten, dass für die Fälle der vorliegenden Art eine Dritthaftung aus c.i.c. gem. §§ 280 I, 311 III S. 2 BGB in Betracht kommt.

Die Haftung des Sachverständigen sei nicht aus dem Gutachtervertrag, sondern vielmehr aus dem Vertrag zwischen dem Auftraggeber (hier: E-GmbH) und dem Geschädigten (hier: Anleger K) herzuleiten.

Der Sachverständige B fungiere ähnlich wie ein Verhandlungsgehilfe der E-GmbH, da sein Gutachten dazu diene, die Bereitschaft des K zu einem Abschluss des Zeichnungsvertrages mit der E-GmbH zu fördern. Insoweit nehme er für seine Person Vertrauen in Anspruch.[327]

Als Argument für diese Ansicht wird vorgebracht, dass die Gutachterfälle der anerkannten Sachwalterhaftung von Rechtsanwälten, Architekten, Steuerberatern, Wirtschaftsprüfern etc. ähneln würden.

H.M.: Lösung nach wie vor über VSD

(b) Nach h.M. trägt die Norm zur Lösung des Grundlagenstreits wenig bei, sodass es sich danach weiterhin um ein ungeregeltes Problem des Vertrages mit Schutzwirkung zugunsten Dritter handelt.[328]

A.A.: Lösung über VSD, der aber in § 311 III BGB verankert sei

(c) Eine dritte Meinung will die Haftung des Gutachters ebenfalls aus einem Vertrag mit Schutzwirkung zugunsten Dritter ableiten, sieht diese Konstruktion aber jetzt in § 311 III BGB verankert (vgl. dazu auch Rn. 212).[329]

(4) Die Prospekthaftung[330]

Bei Kapitalanlagegeschäften wurde die persönliche Haftung Dritter im vorvertraglichen Bereich noch weiter verschärft. 209

Prospekthaftung: Haftung für Richtigkeit der Prospektangaben bei sog. Publikumsgesellschaften

Hier ist nämlich eine umfassende Information aller Interessenten über sämtliche Chancen und Risiken der verschiedenen Anlageobjekte oberstes Gebot. Daher ließ die Rechtsprechung nicht mehr bloß die Anlagevermittler als Sachwalter haften, sondern begründete eine Haftung der Anlagegesellschaft an sich für die Richtigkeit aller von ihr in ihren Prospekten gemachten Angaben.[331]

Kreis der haftbaren Personen

Ebenfalls einstehen müssen alle Gründer und Initiatoren der Anlagegesellschaft, aber auch kreditgebende Banken, Steuerberater oder Rechtsanwälte, sofern sie aktiv an der Prospektgestaltung mitwirken oder zumindest ihren Namen zu Werbezwecken in den Prospekt aufnehmen lassen. Diese Personen trifft dann nämlich wegen ihrer besonderen Fachkunde und des von ihnen typischerweise in Anspruch genommen Vertrauens eine Art Garantenstellung für die Richtigkeit der Angaben in ihrem Werbeprospekt. 210

326 Vgl. bspw. Canaris, „Die Reform des Rechts der Leistungsstörungen", JZ 2001, 499-528 (520 f.); Finn, „Zur Haftung des Sachverständigen für fehlerhafte Wertgutachten gegenüber Dritten", NJW 2004, 3752-3754 (3754); Koch, AcP 204 (2004), 59, 70 für die Auskunftshaftung des Dritten; Schwab, „Grundfälle zu culpa in contrahendo, Sachwalterhaftung und Vertrag mit Schutzwirkung für Dritte nach neuem Schuldrecht", JuS 2002, 773-778; Schumacher/Lada, ZGS 2002, 450 ff.; Berger, ZBB 2001, 238, 246 für die Auskunftshaftung; KompaktKom-BGB/Hirse, § 311, Rn. 26.

327 Vgl. Canaris, „Schutzwirkungen zugunsten Dritter bei "Gegenläufigkeit" der Interessen", JZ 1995, 441-446 (445 f.).

328 **BGH, Life&Law 03/2005, 149 ff.** = NJW 2004, 3035-3039 = **juris**byhemmer; Eckebrecht, „Vertrag mit Schutzwirkung für Dritte - Die Auswirkungen der Schuldrechtsreform", MDR 2002, 425-428; Heppe, WM 2003, 753 (761); Jauernig/Vollkommer, § 328 BGB, Rn. 21; Palandt, § 328, Rn. 13 und § 311, Rn. 59.

329 Brox/Walker, Allgemeines Schuldrecht, 30. Aufl. 2004, S. 356; Ehmann/Sutschet, Modernisiertes Schuldrecht, 2002, § 6 III; Eckert, Schuldrecht AT, 3. Aufl.2003, S.403 aber nicht zwingend; Kittner, Schuldrecht,3. Aufl. 2003, Rn. 804; Looschelders, Schuldrecht AT, 2. Aufl. 2004, Rn. 202.

330 Hierzu ausführlich Hemmer/Wüst, Gesellschaftsrecht, Rn. 608 ff.

331 BGHZ 79, 337-349 = **juris**byhemmer.

Dies gilt selbst dann, wenn dem Anleger die Urheber der Angaben der Person nach gar nicht bekannt sind.

Letztlich ist die Haftung aus §§ 280 I, 311 II, III BGB dadurch nicht abhängig von der konkreten Beteiligung an den jeweiligen Vertragsverhandlungen; gehaftet wird nicht mehr für konkret in Anspruch genommenes, sondern für typisiertes Vertrauen.[332]

Schutz typisierten Vertrauens: Tendenz zu allg. Berufshaftung

Diese Lösungsansätze sind im Hinblick auf den schwachen Schutz des Vermögens durch die §§ 823 ff. BGB durchaus nachvollziehbar, um Haftungslücken im Bereich rechtsgeschäftlicher Sonderverbindungen über die Vermögenssorge zu vermeiden. Allerdings ist der Schutz des bloßen typisierten Vertrauens mit dem Institut der vorvertraglichen Haftung nur noch sehr schwer zu vereinbaren. 211

Das gilt umso mehr für die neuerdings zu beobachtende Tendenz, mittels der vorvertraglichen Haftung eine allgemeine Berufshaftung solcher Berufe einzuführen, die aufgrund von Ausbildung und Tradition ein besonderes Vertrauen in Anspruch nehmen und denen generell ein solches Vertrauen auch entgegengebracht wird.

hemmer-Methode: Diese Berufshaftung soll für die Richtigkeit von Auskünften, Gutachten und Zeugnissen gelten, die beispielsweise ein Rechtsanwalt erstellt.[333] Eher sachgerecht erscheint es hier, eine Lösung über eigenständige, notfalls konkludent geschlossene Auskunftsverträge zu suchen, die u.U. auch eine Schutzwirkung zugunsten Dritter haben können.

dd) Ansprüche Dritter aus c.i.c.

Vorvertragliche Haftung i.V.m. Vertrag mit Schutzwirkung zugunsten Dritter

Eine examensrelevante Ausnahme vom Prinzip der Relativität schuldrechtlicher Beziehungen, wonach ein Schuldverhältnis sich nur zwischen den Parteien des Schuldverhältnisses auswirkt, ist die Einbeziehung Dritter auf der Seite des Anspruchstellers.

Nach den Regeln des Vertrages mit Schutzwirkung zugunsten Dritter können vertragliche Sekundäransprüche auch einem Dritten, der nicht am Schuldverhältnis beteiligt ist, zustehen; ein schuldrechtlicher Vertrag hat dann ausnahmsweise Drittwirkung.

Ansprüche Dritter von § 311 III S. 1 BGB nicht gemeint

Ob mit der Formulierung im neuen § 311 III S. 1 BGB, wonach ein vorvertragliches Schuldverhältnis auch zu Personen entstehen kann, die nicht Vertragspartei werden sollen, auch diesen Fall der Einbeziehung Dritter auf der Seite des Berechtigten erfasst, ist zweifelhaft. 212

Im Hinblick auf die in § 311 III S. 2 BGB genannten Beispiele, die allesamt Fälle der Einbeziehung Dritter auf Seite des Verpflichteten betreffen, wird dies wohl eher zu verneinen sein. Ebenso spricht § 311 III S. 1 BGB gerade von einem Schuldverhältnis mit Pflichten nach § 241 II BGB, was lediglich für eine Einbeziehung Dritter auf Seiten des Verpflichteten spricht.

Der Anwendungsbereich der Regeln des Vertrages mit Schutzwirkung zugunsten Dritter ist keineswegs auf die vorvertragliche Haftung beschränkt; das Institut ist auch und gerade für den Bereich (gewöhnlicher) vertraglicher Haftung anwendbar.

Da die Variante der Verknüpfung der vorvertraglichen Haftung mit dem Institut des Vertrages mit Schutzwirkung aber besonders examensrelevant ist, hier folgendes Beispiel:

332 BGHZ 71, 284-292 = **juris**byhemmer.

333 Emmerich, „Zum gegenwärtigen Stand der Lehre von der culpa in contrahendo", Jura 1987, 561-567 (566).

Bsp.: Die Eltern E begeben sich mit ihrem fünfjährigen Kind K in ein großes Kaufhaus, das von der C-AG betrieben wird. Sie wollen dort für ihren Sprössling besonders wertvolles Kriegsspielzeug einkaufen. Als die Eltern aus lauter Begeisterung über die technisch hervorragenden Neuerungen auf dem Gebiet frühkindlicher Kampfausbildungen ihr Kind längere Zeit unbeaufsichtigt lassen, macht sich dieses auf eine Entdeckungstour. Diese findet jedoch ein jähes Ende, als das Kind unter einem Stapel von Teppichrollen begraben wird, die der Angestellte A nicht vorschriftsmäßig gestapelt hatte, weil ihm der pünktliche Beginn seines Wochenendes wichtiger war als die Sicherheit der Kunden. A war auch im Übrigen ein äußerst unzuverlässiger Angestellter. Dies ergab sich aus allen seinen Arbeitszeugnissen, die der verantwortliche Personalchef der C-AG jedoch bei der Einstellung des A aus Zeitdruck nicht gelesen hatte. Das schwer verletzte Kind K verlangt nunmehr von der C-AG Ersatz der ihm entstandenen Heilungskosten. 213

1. Vertragliche Ansprüche des Kindes scheiden mangels eines Vertragsschlusses aus. In Betracht kommt jedoch ein Anspruch des Kindes auf Schadensersatz wegen Verletzung einer vorvertraglichen Pflicht, §§ 280 I, 311 II BGB.

K nicht Partei eines vorvertraglichen Schuldverhältnisses

Problematisch ist hierbei, dass K mangels eigener Kaufabsichten nicht Partei eines auf Anbahnung eines Vertragsschlusses gerichteten vorvertraglichen Schuldverhältnisses mit der C-AG i.S.d. § 311 II Nr. 2 BGB wurde. Im Übrigen würde der Annahme eines solchen auch die Geschäftsunfähigkeit des fünfjährigen K entgegenstehen, da der Schutz des Geschäftsunfähigen nach den §§ 104 ff. BGB die selbstständige Begründung von Schuldverhältnissen durch diese verbietet. Die Haftung nach § 280 I BGB setzt aber grundsätzlich ein Schuldverhältnis zwischen Anspruchsteller und Anspruchsgegner voraus.

§§ 280 I, 311 II BGB i.V.m. VSD denkbar

2. K könnte ein Anspruch aus §§ 280 I, 311 II BGB jedoch in Verbindung mit der Rechtsfigur des Vertrages mit Schutzwirkung für Dritte zustehen. Dieses Institut ist auch im vorvertraglichen Bereich anwendbar, sofern seine Voraussetzungen vorliegen.[334]

hemmer-Methode: Ob § 311 III S. 1 BGB auch die Fälle der (früheren) c.i.c. i.V.m. Vertrag mit Schutzwirkung erfassen soll, ist letztlich nur für die Entscheidung relevant, ob man § 311 III S. 1 BGB mit zitiert oder nicht. In der Sache kommen Sie so oder so nicht daran vorbei, die Regeln des Vertrages mit Schutzwirkung zu beherrschen und im Einzelfall anzuwenden!

Voraussetzungen VSD

a) Leistungsnähe: K ist als Begleitperson der Gefahr einer Schutzpflichtverletzung seitens der C-AG in gleichem Maße ausgesetzt wie seine Eltern als Partei des vorvertraglichen Schuldverhältnisses.[335]

b) Gläubigernähe: Die Eltern sind für „Wohl und Wehe" des K verantwortlich, § 1626 BGB. In einem solchen Fall eines „personenrechtlichen Einschlages" ist die Gläubigernähe seit jeher unproblematisch anzunehmen.[336]

c) Erkennbarkeit: Die die Leistungs- als auch die Gläubigernähe begründenden Umstände waren der C-AG (bzw. ihren Organen i.V.m. § 31 BGB) ohne weiteres erkennbar.[337]

d) Schutzwürdigkeit: K ist schutzwürdig, da ihm kein anderer inhaltsgleicher und gleichwertiger (d.h. vertraglicher) Anspruch zusteht.[338]

334 Zum Vertrag mit Schutzwirkung für Dritte: Palandt, § 328, Rn. 13 ff. Nach Ansicht des BGH kommt als Dritter, der in den Schutzbereich eines Gutachtenauftrags zur Wertermittlung eines Grundstücks einbezogen ist, auch eine namentlich nicht bekannte Vielzahl privater Kreditgeber oder Kapitalanleger in Betracht, wenn der Gutachter nach dem Inhalt des ihm erteilten Gutachtenauftrags wusste oder damit rechnen musste, dass der Auftraggeber das Gutachten zur Erlangung von durch ein Grundpfandrecht an dem Grundstück gesicherten, in der Höhe begrenzten Krediten verwenden werde, vgl. BGH, NJW 2004, 3035-3039 = **juris**byhemmer.

335 Palandt, § 328, Rn. 16.

336 Vgl. BGHZ 51, 91-108 (96); BGHZ 56, 269-275 (273) = **juris**byhemmer und Palandt, § 328, Rn. 17.

337 Palandt, § 328, Rn. 18.

338 Beachte: BGHZ 129, 66-75 (69) = **juris**byhemmer.

Die Regeln des Vertrages mit Schutzwirkung für Dritte sind daher zugunsten des K anzuwenden. Dies bewirkt, dass K aus dem Schuldverhältnis, in dessen Schutz er einbezogen wurde, dieselben vertraglichen Sekundäransprüche zustehen, als wenn er selbst Partei des Schuldverhältnisses geworden wäre.

In der sorgfaltswidrigen Stapelung der Teppiche ist eine rechtswidrige und schuldhafte Schutzpflichtverletzung durch die von der C-AG eingeschaltete Hilfsperson A zu sehen. Diese muss sich die C-AG nach § 278 S. 1 Alt. 2 BGB zurechnen lassen.

3. Zu ersetzen wären dann nach § 249 I BGB die durch die Pflichtverletzung zurechenbar verursachten Heilbehandlungskosten.

Mitverschulden

4. Fraglich ist aber, inwieweit hier ein anspruchskürzendes Mitverschulden i.S.v. § 254 BGB in Betracht kommt.

a) Ein anspruchskürzendes Mitverschulden des fünfjährigen Kindes selbst gem. § 254 I BGB muss aufgrund der Wertung des § 828 I BGB unberücksichtigt bleiben.

Zurechnung nach §§ 254 II, 278 BGB?

b) In Betracht kommt jedoch eine Zurechnung des Mitverschuldens der Eltern über § 254 I BGB i.V.m. §§ 254 II S. 2, 278 BGB. Dabei ist § 254 II S. 2 BGB entgegen seiner systematischen Stellung auch auf § 254 I BGB anzuwenden; der Satz ist gewissermaßen „als Absatz 3 zu lesen". Die Verweisung auf § 278 BGB stellt nach richtiger Ansicht eine Rechtsgrundverweisung dar, es müssen die Voraussetzungen des § 278 BGB vorliegen.

Sonderverbindung erforderlich

Dies setzt eine Sonderverbindung zwischen K und der C-AG voraus (nicht zwischen den Eltern und der C-AG!!). Als solche kommt nur das vorvertragliche Schuldverhältnis i.V.m. den Regeln des Vertrages mit Schutzwirkung für Dritte in Betracht.

Vorvertragl. SV i.V.m. VSD ausreichend

c) Fraglich ist, ob dieses Verhältnis als Sonderverbindung ausreicht. Da aber K seinerseits den Vorteil aus dieser Rechtsfigur zieht, ist es durchaus billig, ihn auch mit ihren Nachteilen zu belasten und eine Zurechnung des Mitverschuldens über § 278 BGB zuzulassen.

d) Im konkreten Fall haben die Eltern als gesetzliche Vertreter (§ 278 S. 1 Alt. 1 BGB) ihre Aufsichtspflicht zumindest leicht fahrlässig verletzt und damit ihrerseits schuldhaft gehandelt. Die Haftungsbeschränkung des § 1664 BGB ist insoweit unanwendbar, da sie nur im Verhältnis Eltern-Kind gilt, eine Anwendung i.R.d. Mitverschuldenszurechnung aber gegenüber der C-AG als Außenstehende wirken würde.

Da die Eltern durch ihre Unaufmerksamkeit eine erhebliche Mitursache an der Schädigung des K gesetzt haben, kommt im konkreten Fall eine Mitverursachungsquote von 50 % in Betracht, sodass der Anspruch des K aus c.i.c. nach §§ 254 II S. 2, 278 S. 1 Alt. 1 BGB um die Hälfte zu kürzen ist.

5. K könnten deliktische Ansprüche gegen die C-AG zustehen.

a) Zu prüfen ist zunächst § 823 I BGB i.V.m. § 31 BGB unter dem Gesichtspunkt der Verkehrssicherungs- und Organisationspflichtverletzung durch die verantwortlichen Organe der AG. Die AG trifft nämlich die Pflicht, den Geschäftsablauf einschließlich des Kundenverkehrs so zu organisieren, dass die Kaufinteressenten vor Schädigungen geschützt werden.

Im vorliegenden Fall ist der AG vorzuwerfen, dass sie einen bereits als unzuverlässig ausgewiesenen Mitarbeiter mit der Stapelung der Teppiche betraut hat. Andererseits ist die Annahme einer schuldhaften Verletzung von Organisations- und Verkehrssicherungspflichten immer dann sehr problematisch, wenn es sich nur um eine einmalige und kurzfristige Übertretung durch Dritte handelt. Letztlich ist es hier wohl vertretbar, einen Anspruch aus § 823 I BGB zu bejahen.[339]

339 Ebenso ist die Gegenauffassung mit guten Argumenten vertretbar!

hemmer-Methode: Lernen Sie, klausurtaktisch zu denken! Aus dem Sachverhalt ergeben sich noch Probleme, die i.R. eines deliktischen Anspruches zu erörtern sind. Sie müssen daher zumindest einen deliktischen Anspruch durchgehen lassen. Soweit § 831 BGB mangels Exkulpation eingreift, müssen Sie i.R.d. § 823 I BGB nur gute Argumente für Ihr Ergebnis finden, das Ergebnis selbst ist dann eher nebensächlich, da Sie sich durch Bejahung des § 831 BGB alle Probleme erhalten, vgl. im Folgenden.

b) Es bleibt der Anspruch aus § 831 BGB. Der Ladenangestellte A ist weisungsgebunden für die C-AG tätig. Er hat in Ausübung einer Verrichtung für die AG rechtswidrig eine Verletzungshandlung begangen. Da die AG durch ihren verantwortlichen Personalchef bei der Auswahl und Einstellung des A nicht sorgfältig gehandelt hat, gelingt ihr die Exkulpation nicht. Sie haftet daher nach § 831 BGB.[340]

Vorvertragl. SV i.V.m. VSD auch bzgl. delikt. Anspruch als Sonderverbindung i.S.v. §§ 254 II S. 2, 278 BGB ausreichend?

c) Problematisch ist aber, inwieweit auch dieser Anspruch über § 254 II S. 2 BGB zu kürzen ist: Da es sich bei § 254 II S. 2 BGB um eine Rechtsgrundverweisung auf § 278 BGB handelt, ist für die Anwendbarkeit von § 278 BGB eine Sonderverbindung zwischen Schädiger und Geschädigtem erforderlich.

Eine unerlaubte Handlung führt aber erst zum Entstehen einer Sonderverbindung.

(aa) Es stellt sich folglich die Frage, ob im vorvertraglichen Schuldverhältnis i.V.m. Schutzwirkung zugunsten Dritter auch i.R.d. deliktischen Anspruches eine ausreichende Sonderverbindung für eine Mitverschuldenszurechnung nach §§ 254 II S. 2, 278 BGB gesehen werden kann.

(-), da durch VSD keine Schlechterstellung des Dritten

Dies ist abzulehnen, da dann K schlechter stehen würde, als wenn eine Schutzwirkung des vorvertraglichen Schuldverhältnisses überhaupt nicht in Betracht käme. Damit würden sich Sinn und Zweck der Rechtsfigur des Vertrags mit Schutzwirkung zugunsten Dritter in ihr Gegenteil verkehren. Die Rechtsfigur des Vertrags mit Schutzwirkung zugunsten Dritter soll nämlich gerade den Schutz des Dritten verbessern, nicht aber seinen Schutz im Bereich der §§ 823 ff. BGB einschränken. Nach richtiger Ansicht genügt daher das vorvertragliche Schuldverhältnis i.V.m. Schutzwirkung zugunsten Dritter i.R. deliktischer Ansprüche nicht für eine Anwendung der §§ 254 II S. 2, 278 BGB.[341]

(bb) Allerdings enthält § 254 II S. 2 BGB nach allgemeiner Meinung[342] auch eine Verweisung auf § 831 BGB. Da jedoch die Eltern nicht weisungsabhängige Verrichtungsgehilfen ihres Kindes sind, scheidet i.R.d. § 831 BGB eine Mitverschuldenszurechnung und somit auch eine Anspruchskürzung nach § 254 BGB aus.

Anspruchskürzung wg. gestörter Gesamtschuld?

d) Eine Anspruchskürzung kommt aber zuletzt noch aus dem Gesichtspunkt des gestörten Gesamtschuldnerausgleichs[343] in Frage.

(aa) Hier spielt nun die familienrechtliche Haftungsbeschränkung aus § 1664 BGB eine Rolle. An sich hätte nämlich das Kind K wegen der Aufsichtspflichtverletzung durch seine Eltern auch gegen diese deliktische Ansprüche. Qualifiziert man nun aber das Verschulden der Eltern nur als leichte Fahrlässigkeit, so entfallen diese Ansprüche, soweit die Eltern die eigenübliche Sorgfalt beachtet haben.

Drei Lösungswege möglich

(bb) Dadurch kann aber auch zwischen der C-AG und den Eltern als Mitschädiger kein Gesamtschuldverhältnis mit ungehindertem Gesamtschuldausgleich entstehen: Es liegt ein gestörtes Gesamtschuldverhältnis vor (auch: „Regressbehinderung"). Zur Lösung dieser Fallkonstellation werden drei Ansichten vertreten:

---

340 Zum Entlastungsbeweis s. Palandt, § 831, Rn. 10 ff.

341 Medicus, BR, Rn. 871.

342 Palandt, § 254, Rn. 55.

343 Vgl. dazu ausführlich Hemmer/Wüst, Schadensersatzrecht III, Rn. 267 ff.

⇨ Die Rechtsprechung lässt zumindest bei vertraglichen Haftungsbeschränkungen[344] im Innenverhältnis der Mitschädiger trotz der Haftungsbeschränkung einen Regress zu, indem sie einfach eine Gesamtschuld fingiert. Dadurch stünden die Eltern hier aber beim gesetzlichen Haftungsprivileg des § 1664 BGB als bloße Mitschädiger schlechter als wenn sie Alleinschädiger wären.

⇨ Eine weitere Möglichkeit ist es, die C-AG auf den vollen Schaden haften zu lassen und ihr auch jeden Rückgriff bei den Eltern zu versagen. Diesem Lösungsweg folgt **nunmehr** die **Rechtsprechung**[345] **bei den gesetzlichen Haftungsmilderungen**. In diesen Fällen gelte es eine gesetzliche Wertung zu beachten, die auch auf das Außenverhältnis zu Dritten durchschlage. Andererseits bliebe allerdings nun der Mitverursachungsbeitrag der Eltern völlig unberücksichtigt.

⇨ Sachgerecht ist daher eine Lösung, die zu Lasten desjenigen geht, dessen Interessen von vornherein durch die Haftungsmilderung abgewertet worden sind.[346] Dabei gibt es auch keinen triftigen Grund, zwischen vertraglichen und gesetzlichen Haftungsmilderungen zu differenzieren. Demnach muss folglich der Anspruch des K aus § 831 BGB von vornherein um den Anteil gekürzt werden, den die C-AG normalerweise im Wege des Gesamtschuldausgleichs bei den Eltern des K erstattet bekommen hätte, also um den Mitverschuldensanteil der Eltern.

e) Im Ergebnis ist daher auch der Anspruch aus § 831 BGB um 50 % zu kürzen.

hemmer-Methode: Sie sehen auch hier: Der normale Standardfall einer Zwei-Personen-Beziehung ist uninteressant. Die zur Notendifferenzierung erforderlichen Probleme lassen sich aber ganz einfach durch die Einbeziehung einer dritten Person schaffen. Dabei gehört insbesondere der gestörte Gesamtschuldausgleich zu den absolut examensrelevanten Fallkonstellationen. Hierzu müssen Ihnen die gängigen Argumentationsmuster bekannt sein!
Andererseits ist es sehr gefährlich, eine gestörte Gesamtschuld dort anzunehmen, wo keine vorliegt. Mit ihren Ausführungen verscherzen Sie es Sich dann nicht nur beim Korrektor, sondern kommen auch noch in Zeitnot.
Deshalb: Prüfen Sie zuvor genau, ob der Mitverschuldensanteil des Dritten dem Geschädigten nicht zuzurechnen ist! Ist dies der Fall, kommt eine gestörte Gesamtschuld nicht mehr in Betracht.

c) Das nachvertragliche Schuldverhältnis

Schuldverhältnis nach Beendigung eines Vertrages

Weitaus seltener und damit auch weniger klausurrelevant sind nachvertragliche Schuldverhältnisse. 214

In Rechtsprechung und Lehre ist anerkannt, dass auch nach der eigentlichen Vertragsabwicklung unter dem Gesichtspunkt von Treu und Glauben (§ 242 BGB) gewisse **nachvertragliche Handlungs- oder Unterlassungspflichten** eingreifen können, damit dem Vertragspartner nicht unverhältnismäßige Schäden entstehen, die mit der vorangegangenen Vertragserfüllung zusammenhängen.[347]

So kann auch nach Beendigung eines Vertrages eine Haftung aus § 280 I BGB im Einzelfall anzunehmen sein.

culpa post contractum finitum

hemmer-Methode: Der „culpa in contrahendo“ (§ 311 II BGB) wird damit eine sog. „culpa post contractum finitum“ gegenüber gestellt.[348]

344 BGHZ 35, 317-328 = **juris**byhemmer; BGHZ 12, 213-220 = **juris**byhemmer.

345 BGH, NJW 1988, 2667-2669 = **juris**byhemmer.

346 Medicus, BR, Rn. 933.

347 Erman, § 280 BGB, Rn. 5; Erman, § 242 BGB, Rn. 72; Palandt, § 280, Rn. 7.

348 Hübner, Allgemeiner Teil des Bürgerlichen Gesetzbuches, Rn. 1094.

Daraus kann sich das Verbot ergeben, dem Gläubiger die durch den Vertrag gewährten Vorteile wieder zu entziehen oder zu schmälern.[349] Es kann sich ferner die Pflicht ergeben, alles zu unterlassen, was den Vertragszweck gefährden oder vereiteln könnte.

Bsp.: *A wohnt bei B zur Miete. A wird zum 01.06. wegen Eigenbedarfs gekündigt. Beim Auszug vergisst er eine kostbare Vase, die er im Keller untergebracht hat. Diese wird von einem zur Reparatur des Hauses bestellten Handwerker am 05.06. grob fahrlässig zerstört. A verlangt von B Schadensersatz.*

Problematisch ist beim Anspruch aus § 280 I BGB vor allem das Bestehen eines Schuldverhältnisses i.S.d. § 280 I S. 1 BGB.

Die h.M. nimmt **gerade bei Dauerschuldverhältnissen** wie der Miete eine über den Zeitpunkt der Vertragsbeendigung hinausreichende nachvertragliche Schutzpflicht der früheren Vertragsparteien an und damit auch ein nachvertragliches Schuldverhältnis. Eine Haftung lediglich nach den §§ 823 ff. BGB wäre unbillig, da zwischen den Parteien eine besondere Nähebeziehung bestand und diese auch nach Vertragsbeendigung fortgewirkt hat.

Somit besteht ein Anspruch des A gegen B aus § 280 I S. 1 BGB, wobei B das Verschulden des Handwerkers nach § 278 BGB zu vertreten hat. Da der Handwerker grob fahrlässig handelte, ändert auch die Möglichkeit einer analogen Anwendung von § 690 BGB (Haftungsminderung im Verwahrungsvertrag) am Verschulden nichts.

Nachvertragliche Pflichten gibt es insbesondere bei Dauerschuldverhältnissen (z.B. Miet- und Arbeitsverträge).

Bspe.: *Der Vermieter muss das Hinweisschild eines umgezogenen Rechtsanwaltes noch eine gewisse Zeit nach Beendigung des Vertrages dulden.*[350]

Der Arbeitnehmer ist zur Verschwiegenheit über schutzwürdige persönliche und betriebliche Belange des Arbeitgebers verpflichtet.[351]

Bei rasch abgewickelten Austauschgeschäften des Alltagsumsatzes bedarf es im Gegensatz zu länger andauernden und gegebenenfalls auch personengebundenen Schuldverhältnissen (z.B. Miete; Arbeitsvertrag) der Entstehung von nachvertraglichen Pflichten, die den Leistungserfolg erhalten und dem Leistungszweck Bestand verleihen, i.d.R. nicht.

Ausgeschlossen ist die Entstehung nachvertraglich wirkender Nebenpflichten mit der eingangs genannten Zielrichtung aber auch hier nicht. Sie bedarf als Ausnahme aber stets einer sorgfältigen Begründung und Herleitung aus § 242 BGB.

- *Begrenztes Rückkehr- oder Wettbewerbsverbot nach einem Praxisverkauf.*[352]
- *Unterlassungspflicht des Verkäufers, das bei ihm verbliebene Restgrundstücks so zu bebauen, dass das von ihm verkaufte Wohnhaus die erstrebte Aussicht verliert.*[353]
- *Obhutspflicht des Taxifahrers hinsichtlich zurückgelassener Sachen des Fahrgastes.*[354]

349 So BGHZ 16, 4-12 (10) = **juris**byhemmer für das Urheberrecht; ebenso BGH, MDR 1967, 109-110 = **juris**byhemmer für das Markenrecht.

350 OLG Frankfurt, OLGZ 79, 338-342 (340) = **juris**byhemmer.

351 BGH, NJW 1981, 1089-1095 = **juris**byhemmer.

352 RG 113, 72; RG 117, 178.

353 „Venusberg-Fall“, RG 161, 338.

354 LG Tübingen, NJW-RR 1989, 1053-1054 = **juris**byhemmer.

Ob eine solche Pflicht besteht, ist letztlich eine Wertungsfrage, die nach den Umständen des Einzelfalles beantwortet werden muss.

hemmer-Methode: Zur nachvertraglichen Pflichtverletzung eines Käufers, der den Verkäufer zur Mängelbeseitigung aufgefordert hat, obwohl die Sache gar keinen Mangel hatte, lesen Sie BGH, Life&Law 06/2008, 366 ff. = NJW 2008, 1147 f.

d) Sonderfälle

§§ 741 ff. BGB: Kein Schuldverhältnis

aa) Die Rechtsgemeinschaft i.S.d. §§ 741 ff. BGB (z.B.: Miteigentum) ist selbst kein Schuldverhältnis. Es fehlt an einer, wenn auch nur unvollkommenen, vertraglichen oder gesetzlichen Regelung gegenseitiger Pflichten, wie es z.B. bei der Gesellschaft der Fall ist. 215

Das Gemeinschaftsverhältnis ist jedoch Grundlage gesetzlicher Schuldverhältnisse, die sich aus den §§ 742 ff. BGB ergeben und deren Verletzung Schadensersatzansprüche aus § 280 I BGB begründen kann.

Nachbarschaftliches Gemeinschaftsverhältnis: (-)

bb) Auch das sog. nachbarschaftliche Gemeinschaftsverhältnis kann nicht als Schuldverhältnis i.S.d. § 280 I S. 1 BGB begriffen werden. 216

Bsp.: X lässt durch den Architekten A direkt an der Grenze zum Nachbarn N ein Schwimmbad bauen. Aufgrund falscher Berechnungen des A kommt es dabei zum Abrutschen von Grundstücksteilen des N. Dieser fordert von X Schadensersatz

Nach e.A. bilden Nachbarn eine Gefahrengemeinschaft.[355] Dies solle zu einem vertragsähnlichen Schuldverhältnis mit wechselseitigen Schutzpflichten führen. Nach der Rechtsprechung[356] und h.M. ist lediglich eine Deliktshaftung anzunehmen (§§ 823 II, 907 BGB), sodass insbesondere § 278 BGB nicht zur Anwendung kommt. Für die Annahme eines Schuldverhältnisses liegt zwar eine Nähebeziehung, nicht aber auch eine besondere Pflichtenbeziehung vor; das nachbarliche Verhältnis ist ein „Nebeneinander, kein Miteinander". Ein Anspruch aus § 280 I BGB wegen Verletzung nachbarlicher Pflichten ist also abzulehnen.

hemmer-Methode: Ein beliebtes Problem stellt sich auch bei der Verschuldenszurechnung beim Überbau nach § 912 BGB: § 278 BGB kann nur zur Anwendung kommen, wenn der überbauende Dritte (z.B.: der den Bau beaufsichtigende Architekt) im Pflichtenkreis des Schuldners tätig wurde; dies setzt ein Schuldverhältnis zwischen den Nachbarn voraus („Sonderverbindung"). Auch hier ist mit der h.M. das nachbarliche Gemeinschaftsverhältnis als Schuldverhältnis in diesem Sinne abzulehnen; jedoch kommt eine Wissenszurechnung nach § 166 BGB analog in Betracht.

Gefälligkeitsverhältnisse

c) Problematisch ist die Anwendbarkeit des § 280 I BGB bei sog. Gefälligkeitsverhältnissen.[357] 217

Gefälligkeitsverträge

Bei echten schuldrechtlichen Verträgen, die eine Gefälligkeit zum Gegenstand haben (sog. Gefälligkeitsverträge), etwa die unentgeltliche Verwahrung, liegt ein Schuldverhältnis vor, weshalb § 280 I BGB unproblematisch zur Anwendung kommt.[358]

Rechtsbindungswille = wesentliches Abgrenzungskriterium

Oft wollen die Parteien aber keine Primärpflicht zur Erbringung der Gefälligkeit begründen. Ob dies der Fall ist, muss nach dem Rechtsbindungswillen der Parteien entschieden werden.

355 Vgl. zum Ganzen Brox, JA 1984, 122 (185).

356 Zuletzt **BGH, Life&Law 01/2012, 1 ff.** = NJW 2011, 3294-3296 = **juris**byhemmer.

357 Darstellung des Gefälligkeitsverhältnisses in Hemmer/Wüst, BGB-AT I, Rn. 70 ff.

358 Palandt, Einf. vor § 662, Rn. 5.

Dabei spricht (als Indiz) ein besonderes Interesse an der Erbringung der Gefälligkeit für ein zu erwartendes hohes Haftungsrisiko im Falle der Schlechtleistung gegen den Rechtsbindungswillen auf Eingehung eines echten Gefälligkeitsvertrages.[359]

> ***Bsp.:*** *A sagt seinem Freund B zu, ihm seinen neuen Porsche 911 zu „leihen". Hier fehlt es an dem Rechtsbindungswillen der Beteiligten, eine echte Schuldnerpflicht des A zur Überlassung des Wagens an B zu begründen.*

Reine Gefälligkeitsverhältnisse

§ 280 I BGB ist aber unstreitig **nicht anwendbar**, soweit es um die Gefälligkeit selbst geht, da eine derartige Primärpflicht gerade nicht besteht und dementsprechend auch eine Pflichtverletzung nicht vorliegen kann. 218

Wenn ein reines Gefälligkeitsverhältnis ohne Primär- und Sekundärpflichten vorliegt, scheidet die Anwendbarkeit des § 280 I BGB mangels Vorliegens eines Schuldverhältnisses aus.

> ***Bsp.:*** *Fußgänger B winkt die (ihm unbekannte) X in eine Parklücke.*

Gefälligkeitsverhältnis mit rechtsgeschäftlichem Charakter

Obwohl ein Rechtsbindungswille auf Eingehung eines Gefälligkeits- 219
vertrages fehlt (A will B keinen klagbaren Primäranspruch auf Überlassung des Porsche verschaffen), sind die Beteiligten oft daran interessiert, im Falle der Pflichtverletzung durch eine Seite eine vertragliche Haftung zu begründen. Hierbei handelt es sich um sog. **Gefälligkeitsverhältnisse rechtsgeschäftlicher Art**, Verträge also, die keine Primärpflichten, sehr wohl aber Sekundärpflichten zum Inhalt haben. Maßgeblich ist wiederum der Rechtsbindungswille.

> Im obigen Beispiel ist davon auszugehen, dass A gegen B, sollte dieser den Wagen bei dem Gebrauch schuldhaft beschädigen, einen vertraglichen Schadensersatzanspruch erhalten und sich nicht nur auf die §§ 823 ff. BGB verlassen möchte.

Fraglich ist, ob bei Gefälligkeitsverhältnissen, die keine Leistungspflicht beinhalten und bei denen der Rechtsbindungswille sich allein auf die Einhaltung von Integritätspflichten bezieht, eine Anwendung der §§ 311 II Nr. 3, 241 II BGB überhaupt möglich ist.

Von der Rechtsprechung[360] und Teilen der Lehre[361] wird eine ver- 220
tragsähnlich ausgestaltete Haftung innerhalb eines Gefälligkeitsverhältnisses grundsätzlich abgelehnt und der Geschädigte mit seinen Ansprüchen allein auf das Deliktsrecht (§§ 823 ff. BGB) verwiesen, weil ein ohne Rechtsbindungswillen der Beteiligten eingegangenes Gefälligkeitsverhältnis eine an das Vertragsrecht angelehnte Haftung nicht begründen könne.

§ 311 II Nr. 3 BGB spreche ausdrücklich von „geschäftlichen" Kontakten, sodass ein rein sozialer Kontakt nicht genügt.

Nach anderer Ansicht gibt es Gefälligkeitsverhältnisse mit rechtsgeschäftsähnlichem Charakter, bei denen gegenseitige Schutz- und Treuepflichten bestehen, deren Verletzung zu einer Haftung nach vertraglichen Grundsätzen führen kann, §§ 280 I, 311 II Nr. 3 BGB.[362]

---

359 Palandt, Einf. vor § 662, Rn. 4; vgl. auch Hemmer/Wüst, Schuldrecht BT II, Rn. 302 ff.

360 BGHZ 21, 102-112 (106 f.); BGH, NJW 1992, 2474-2476 (2475); OLG Stuttgart, NJW 1971, 660-661 (661); OLG Koblenz, MDR 1999, 1509 und NJW-RR 2002, 595-596: **alle Entscheidungen = juris**byhemmer.

361 Palandt, Einl. vor § 241, Rn. 8; Erman, vor § 598 BGB, Rn. 2; Jauernig, § 311 BGB, Rn. 45; Jauernig, § 598 BGB, Rn. 5.

362 Canaris, „Die Reform des Rechts der Leistungsstörungen", JZ 2001, 499-528 (502), Staudinger, Vorbem. zu §§ 598 ff. BGB, Rn. 11 f.; AnwK-BGB, § 311 BGB, Rn. 92; Bamberger/Roth/Grüneberg, § 311 BGB, Rn. 50; Erman, § 311 BGB, Rn. 22; Prütting/Wegen/Weinreich, § 598 BGB, Rn. 8.

Auch wenn nur ein Gefälligkeitsverhältnis vorliegt, also eine Verpflichtung der einen Partei zur Leistung nicht gewollt ist, so kann dieses Gefälligkeitsverhältnis doch ausnahmsweise rechtsgeschäftlichen Charakter haben und einen vertragsähnlichen Vertrauenstatbestand mit bestimmten Schutzpflichten begründen. Ein Rechtsbindungswille für die Begründung von Primärpflichten ist nicht erforderlich. Bei diesen Schuldverhältnissen steht die gegenseitige Rücksichtnahme auf Rechte, Interessen und Güter des anderen Teils im Vordergrund. Schutzgut ist dabei in erster Linie das Integritätsinteresse.

Insoweit wird nunmehr nach im Vordringen befindlicher Meinung auch außerhalb von Vertragsverhältnissen mit primärer Leistungspflicht die Existenz von Schutzpflichten akzeptiert und ein Schuldverhältnis i.S.d. § 280 I BGB bejaht.[363]

hemmer-Methode: Der BGH hat die Frage, ob er ein Gefälligkeitsverhältnis mit rechtsgeschäftlichem Charakter gem. § 311 II Nr. 3 BGB anerkennt, zuletzt ausdrücklich offen gelassen.[364]

2. Anwendbarkeit des § 280 I BGB

Aktueller Prüfungsstandort

Anspruch aus § 280 I BGB bei Verletzung einer nicht leistungsbezogenen Nebenpflicht: 221

1. Bestehen eines Schuldverhältnisses (vertraglich/gesetzlich)
2. **Anwendbarkeit**
3. Rechtswidrige Verletzung einer Pflicht i.S.v. § 241 II BGB
4. Vertretenmüssen des Schuldners

⇨ Rechtsfolge: Ersatz des durch die Pflichtverletzung entstandenen Schadens

Gerade bei Pflichtverletzungen im vorvertraglichen Bereich bestehen Konkurrenzsituationen, bei denen die Anwendbarkeit des § 280 BGB problematisch ist. 222

hemmer-Methode: Die (nach wie vor) bestehenden Abgrenzungs- und Anwendungsschwierigkeiten zwischen den §§ 280 ff. BGB und dem besonderem Mängelgewährleistungsrecht sollen erst im Zusammenhang mit der Erörterung des besonderen Schuldrechts geklärt werden, da die Behandlung derartiger Probleme das Verständnis der Systematik der Regelungen der jeweiligen Vertragstypen voraussetzt.

a) Vorvertragliche Pflichtverletzung und Anfechtung

hemmer-Methode: Zum Verhältnis von Anfechtung zur c.i.c. lesen Sie als Ergänzung ausführlich Tyroller, „Die Konkurrenzen im Zivilrecht - Teil I", in Life&Law 03/2010, 194 ff.

Vertragsaufhebung wg. vorvertragl. Pflichtverletzung: Verhältnis zur Anfechtung

Liegt die vorvertragliche Pflichtverletzung in der Erweckung oder Aufrechterhaltung eines Irrtums der anderen Seite, kann sich aus §§ 280 I, 311 II BGB i.V.m. § 249 I BGB ein Anspruch auf Vertragsaufhebung ergeben[365]; die auf die Vertragsaufhebung gerichtete Willenserklärung der pflichtverletzenden Partei ist die Gewährung von Schadensersatz im Wege der Naturalrestitution, § 249 I BGB.[366] 223

363 **AG Lingen, Life&Law 08/2010, 571** = NJW-RR 2010, 757-758 = **juris**byhemmer; MüKo, § 280 BGB, Rn. 2, 89; Palandt, § 280, Rn. 8.

364 **BGH, Life&Law 12/2010, 791 ff.** = NJW 2010, 3087-3088 = **juris**byhemmer.

365 Vgl. zu den Rechtsfolgen des § 280 I BGB bei vorvertraglichen Pflichtverletzungen Rn. 265 ff.

366 Palandt, § 311, Rn. 16.

hemmer-Methode: Geklagt werden müsste auf Abgabe einer entsprechenden Willenserklärung. Schon vor der Vertragsaufhebung ist der Schädiger aber aus § 249 I BGB verpflichtet, den Schuldner nicht aus dem Vertrag in Anspruch zu nehmen.
Dieses Leistungsverweigerungsrecht besteht im Falle einer deliktischen Schädigung als Arglisteinrede gemäß § 853 BGB sogar noch nach der Verjährung des Schadensersatzanspruches.

Probleme ergeben sich nun im Verhältnis zur Anfechtung.

Anfechtungsfrist und Verjährung der c.i.c sind unterschiedlich

Die Anfechtung muss gemäß § 124 I BGB innerhalb eines Jahres erfolgen und zwar ab Kenntnis der Täuschung bzw. ab dem Zeitpunkt, in welchem die Zwangslage aufhört (§ 124 II S. 1 BGB). Der Anspruch auf Schadensersatz unterliegt dagegen der dreijährigen Regelverjährung des § 195 BGB, deren Lauf am Schluss des Jahres erfolgt, in welchem der Anspruch entstanden ist und der Geschädigte vom Anspruch Kenntnis erlangt oder ohne grobe Fahrlässigkeit erlangen müsste. 224

Die Anfechtungsfrist kann also schon verstrichen sein, während der Anspruch auf Schadensersatz noch lange nicht verjährt ist.

Unterschiedliche subjektive Anforderungen

Während eine Anfechtung eine vorsätzliche Täuschung bzw. eine vorsätzliche widerrechtliche Drohung erfordert, genügt jedenfalls beim Anspruch auf Vertragsaufhebung aus §§ 280 I, 311 II BGB (c.i.c.) einfachste Fahrlässigkeit. Die strengen Anforderungen im subjektiven Tatbestand bei der Anfechtung drohen also leer zu laufen, wenn z.B. dem Käufer bei einem einfach fahrlässig hervorgerufenen Irrtum ein Anspruch auf Vertragsaufhebung zusteht.

hemmer-Methode: Dass der deliktische Anspruch auf Vertragsaufhebung aus § 823 II BGB i.V.m. §§ 263, 240 bzw. 253 StGB bzw. aus § 826 BGB neben dem Anfechtungsrecht anwendbar ist, entspricht – soweit ersichtlich – einhelliger Ansicht. Hier besteht auch nicht das oben beschriebene Spannungsverhältnis zur Anfechtung, da im subjektiven Tatbestand Vorsatz vorliegt.
Im Übrigen ist der Unterschied zwischen der Verjährung des Schadensersatzanspruches nach §§ 195, 199 BGB und der Anfechtungsfrist nach § 124 BGB zu rechtfertigen.
Zum einen ist der Betrüger bzw. Erpresser absolut nicht schutzwürdig. Im Übrigen lässt sich ein entsprechender gesetzgeberischer Wille aus § 853 BGB ableiten, wonach in diesen Fällen sogar noch nach Eintritt der Verjährung ein Leistungsverweigerungsrecht gegenüber dem Erfüllungsverlangen geltend gemacht werden kann.

Ob die §§ 280 I, 311 II, 249 I BGB neben den §§ 123, 124 BGB anwendbar sind, ist daher sehr umstritten. 225

BGH: c.i.c. (+), wenn Vermögensschaden vorliegt

aa) Der BGH geht in gefestigter Rechtsprechung davon aus, dass die auf Vertragsaufhebung gerichtete c.i.c. uneingeschränkt neben den Anfechtungsbestimmungen anwendbar ist.[367] Der Anspruch aus §§ 280 I, 311 II BGB (c.i.c.) und die §§ 123, 124 BGB haben nach Ansicht des BGH eine unterschiedliche Schutzrichtung: Während es bei § 280 I BGB um den Schutz des Vermögens geht, sollen die §§ 123, 124 BGB die freie Willensbildung schützen.

Vorliegen eines Vermögensschadens, d.h. eines wirtschaftlich nachteiligen Vertrages (str.)

Dieser Schutz über das Anfechtungsrecht ist unabhängig von der wirtschaftlichen Nachteiligkeit des Rechtsgeschäfts, während ein auf Vertragsaufhebung gerichteter Schadensersatzanspruch aus c.i.c. den Eintritt eines Vermögensschadens voraussetzt. Der BGH hat zuletzt ausdrücklich klargestellt, dass die §§ 280 I, 311 II, 249 I BGB nur dann einen Anspruch auf Vertragsaufhebung gewähren, wenn ein Vermögensschaden vorliegt:

367 Zuletzt **BGH, Life&Law 07/2013, 481 ff.**; NJW 2013, 1591 ff. =; BGH, NJW 2002, 2774-2776; BGH, NJW 1979, 1983 f.; BGH, NJW 1998, 302 ff.; BGH, WM 1999, 1034-1036 (1035): **alle Entscheidungen = juris**byhemmer.

Es muss durch die Pflichtverletzung zu einem wirtschaftlich nachteiligen Vertragsschluss und damit zu einem Vermögensschaden gekommen sein, was i.d.R. der Fall sein wird.[368]

Nur so lässt sich nach Ansicht des BGH verhindern, dass die Unterschiede zwischen §§ 280 I, 311 II BGB und § 123 BGB verwischt würden.

Aufgrund dieses Unterschieds soll **nach** Ansicht des **BGH** die **Verjährung nach §§ 195, 199 BGB nicht durch § 124 BGB** modifiziert werden.[369]

hemmer-Methode: Bei der Bejahung des Vermögensschadens ist der BGH aber großzügig. Ähnlich wie bei § 263 StGB im berühmten Melkmaschinenfall des BGH zum „subjektiven Schadenseinschlag"[370] bejaht der BGH das Vorliegen eines Vermögensschadens schon dann, wenn der Geschädigte (nur) in seinen Vermögensdispositionen beeinträchtigt ist. Dass die Leistung und die Gegenleistung aus dem geschlossenen Vertrag gleichwertig sind, lässt den Schaden nicht entfallen. Es genügt, dass die Leistung subjektiv für die Zwecke des Geschädigten nicht voll brauchbar ist. Maßgeblich ist dabei aber nicht die rein subjektiv willkürliche Sicht des z.B. Käufers; erforderlich ist vielmehr, dass auch die Verkehrsanschauung den Vertragsschluss als unvernünftig, den konkreten Vermögensinteressen nicht angemessen und damit als nachteilig ansieht.

A.A.: Vorrang des Anfechtungsrechts

bb) Während die wohl h.L. dieser Rechtsprechung zustimmt[371], gibt es auch deutlich kritische Stimmen, die dem BGH eine „Scheinargumentation" vorwerfen. Die Ausführungen zum Vermögensschaden sind äußerst zweifelhaft.

Zum einen ist für die Naturalrestitution kein Vermögensschaden erforderlich, sondern nur für den Schadensersatz in Geld, vgl. § 253 I BGB. Zum anderen ist das Argument, dass die Anfechtung einen solchen gerade nicht voraussetzt, sehr formal. Der Anfechtungsberechtigte wird freilich nur dann anfechten, wenn die fragliche Willenserklärung für ihn nachteilig ist. Dies ist zwar keine Voraussetzung der Anfechtung, in der Praxis aber die absolute Regel. Warum sollte denn sonst getäuscht werden?

Dass §§ 280 I, 311 II BGB nur das Vermögen schützen, die §§ 123, 124 BGB hingegen die freie Willensbildung, sei ebenfalls - jedenfalls seit dem 01.01.2002 nicht mehr vertretbar. Gem. § 241 II BGB ist im vorvertraglichen Schuldverhältnis auf die **Interessen des anderen Teils Rücksicht** zu nehmen. Dass es sich dabei nur um Vermögensinteressen handeln soll, ist nicht zwingend. Im Gegenteil: Auch die freie Willensbildung des Vertragspartners sei ein zu berücksichtigendes Interesse. Damit bestehe die vom BGH proklamierte unterschiedliche Schutzrichtung in Wahrheit gar nicht.[372]

hemmer-Methode: Wie Sie sich hier im Ergebnis entscheiden, ist unwichtig. Es kommt lediglich darauf an, dass Sie argumentieren.
Für den BGH, der einen Vermögensschaden zur Abgrenzung verlangt, spricht Folgendes: Liegt ein solcher nicht vor, besteht in der Tat die Gefahr, in vielen Fällen zur Vertragsaufhebung zu gelangen, die typische Fälle der Anfechtung sind.
Gegen den BGH spricht, dass die Bejahung des Schadens mit subjektivem Schadenseinschlag letztlich doch nichts anderes ist als der Schutz der freien Willensbildung. Der Vorwurf der Scheinargumentation steht also nicht zu Unrecht im Raum.

---

368 Diese Voraussetzung ist auch beim BGH nicht unumstritten; vgl. die Nachweise bei Palandt, § 311, Rn. 13.

369 BGH, NJW 2006, 845-847 (847) = **juris**byhemmer.

370 BGHSt 16, 321-330 = **juris**byhemmer; Tröndle/Fischer, 54. Auflage 2007, § 263, Rn. 87.

371 Vgl. die Nachweise bei Palandt, § 276, Rn. 65.

372 Vgl. hierzu Lorenz/Riehm, Lehrbuch zum neuen Schuldrecht, Rn. 372 [381 ff.].

Relevant wird diese Frage aber für Sie in der Klausur erst dann, wenn entweder
⇨ die Anfechtungsfrist verstrichen ist oder
⇨ nur eine fahrlässige Täuschung vorliegt.
Besteht hingegen (noch) die Möglichkeit der Anfechtung, so können Sie im Examen auch eine Scheindiskussion führen und die Entscheidung, welcher Ansicht Sie folgen - natürlich erst nach vorheriger Erörterung des Meinungsstandes - im Ergebnis auch dahinstehen lassen.

b) Vorvertragliche Pflichtverletzung und Vertretungsrecht

aa) Rechtsscheinsvollmachten

Nach wohl h.M. führt der Umstand, dass der Vertretene das Auftreten des vollmachtlosen Vertreters für ihn kennt (Duldungsvollmacht) bzw. nicht kennt, aber kennen müsste (Anscheinsvollmacht) bei Gutgläubigkeit der Gegenseite zu einer Rechtsscheinsvollmacht des Vertreters und damit zu einer Bindung des Vertretenen nach § 164 I S. 1 BGB. Dies ist bei der Duldungsvollmacht aufgrund ihrer Nähe zur konkludenten Vollmachtserteilung einhellige Meinung.[373] 226

M.M.: Anscheinsvollmacht kann vertragl. Bindung nicht bewirken; lediglich Haftung nach § 280 I BGB

Bei der Anscheinsvollmacht wird dies jedoch teilweise bestritten mit dem Argument, eine Pflichtverletzung im vorvertraglichen Bereich (Kennenmüssen des Handelns des vollmachtlosen Vertreters für den Vertretenen) könne nicht zu einer vertraglichen Bindung, sondern nur zu einem Anspruch aus c.i.c. führen.[374] Mit gleicher Argumentation wird dies nach der Modernisierung des Schuldrechts unter Hinweis auf §§ 280 I, 311 II BGB aufrechterhalten. 227

H.M.: Rechtsscheinsvollmachten führen zu vertraglicher Bindung

Diese Ansicht ist jedoch abzulehnen: Das Verhalten des Vertretenen bei der Anscheinsvollmacht geht über die bloße schuldhafte Pflichtverletzung i.S.d. § 280 I BGB hinaus. Der Vertretene hat in zurechenbarer Weise einen Rechtsschein veranlasst, an dem er sich festhalten lassen muss. 228

Er ist zum Schutz des auf den Rechtsschein vertrauenden Dritten an den Rechtsschein wirksamer Bevollmächtigung des Vertreters gebunden und muss sich so behandeln lassen, als hätte er tatsächlich Vertretungsmacht erteilt. Es besteht daher kein Grund, vom anerkannten Institut der Anscheinsvollmacht abzuweichen.

bb) Anwendbarkeit der §§ 280 I, 311 II BGB bei fehlender Vertretungsmacht

§§ 280 I, 311 II BGB gegen den Vertretenen bei fehlender Vertretungsmacht?

Das Fehlen der Vertretungsmacht führt zum Scheitern des Erfüllungsanspruches gegen den Vertretenen und zu den Regelungen über den falsus procurator, §§ 177 ff. BGB. 229

Inwieweit daneben ein Anspruch wegen vorvertraglicher Pflichtverletzung nach den §§ 280 I, 311 II BGB i.V.m. § 278 BGB bzw. § 31 BGB gegen den Vertretenen in Betracht kommt, ist umstritten.[375]

Bsp.: *Der Verein A e.V. wird durch seine Vorstände B, C und D vertreten, wobei die Vereinssatzung nach § 26 II BGB Gesamtvertretung anordnet. Der B, dem diese Beschränkung seiner rechtlichen Handlungsfreiheit schon lange ein Dorn im Auge ist, beschließt eines Tages, die Geschicke des Vereins endgültig selbst in die Hand zu nehmen.*

373 Duldungs- und Anscheinsvollmacht: Palandt, § 172, Rn. 6 ff.

374 Medicus, BR, Rn. 101.

375 Zu dieser Anspruchskonkurrenz: Palandt, § 179, Rn. 9.

Er fälscht daher die Unterschriften von C und D auf einem Formular, mit dem er bei der X-Bank einen Kredit für die seiner Meinung nach schon lange erforderliche Errichtung einer Sporthalle aufnimmt.

Die Bank zahlt den Kredit auf das Konto des Vereins aus, von wo es der B abhebt und zu eigenen Zwecken für eine Urlaubsreise verbraucht. Kann die X-Bank vom A-Verein Rückzahlung des Kredits verlangen?[376]

Mangels Vertretungsmacht kein vertraglicher Primäranspruch

1. Da B allein den Verein nicht wirksam vertreten konnte, ist ein wirksamer Darlehensvertrag zwischen der X-Bank und dem A-Verein nicht zustande gekommen. § 488 I S. 2 BGB scheidet daher als Anspruchsgrundlage aus, § 177 BGB.

§§ 179 I, 31 BGB würde der Wertung der §§ 177 ff. BGB zuwiderlaufen

2. In Betracht kommt ein Anspruch gegen den A-Verein aus § 179 I BGB. Zwar regelt diese Vorschrift die Haftung des falsus procurator, vorliegend also die Haftung des B; da B jedoch als Organ des A-Vereins i.S.d. § 31 BGB handelte, könnte dem Verein die Haftung des B aus § 179 BGB nach dieser Norm zuzurechnen sein. Hierdurch würde jedoch die Wertung des Gesetzes, den Vertretenen bei fehlender Vertretungsmacht nicht auf Erfüllung haften zu lassen, konterkariert. Ein Anspruch gegen den A-Verein aus §§ 179 I, 31 BGB ist somit abzulehnen.

3. Allerdings kommt ein Anspruch der X-Bank gegen den A-Verein aus den §§ 280 I, 311 II BGB in Betracht.

Vorvertragliches Schuldverhältnis

a) Durch die Aufnahme von Kreditverhandlungen ist zwischen der Bank und dem Verein ein vorvertragliches Schuldverhältnis i.S.d. § 311 II Nr. 1 BGB entstanden. Hierzu war eine bestehende Vertretungsmacht des B nicht erforderlich, es genügte vielmehr, dass B generell verhandlungsbefugt war.

Pflichtverletzung: Zurechnung nach § 31 BGB

b) Es müsste nunmehr eine Pflichtverletzung des A-Vereins vorliegen. Eine solche käme in Betracht, wenn seine verantwortlichen Organe (§ 31 BGB) den B nicht ausreichend kontrolliert hätten. Für ein solches Überwachungsverschulden ist vorliegend aber nichts ersichtlich.

Alleiniger Anknüpfungspunkt für eine Pflichtverletzung des A-Vereins ist daher das Verhalten des B. Dieser hat gegenüber der X-Bank als Vertreter ohne Vertretungsmacht gehandelt und zudem über das Vorliegen der Vertretungsmacht getäuscht.

Diese Pflichtverletzung ist dem A-Verein nach § 31 BGB zuzurechnen; sie war auch schuldhaft (Zurechnung ebenfalls nach § 31 BGB). Kausaler Schaden ist der Verlust der Darlehensvaluta bei der X-Bank. Damit scheint ein Anspruch aus §§ 280 I, 311 II BGB auf Rückzahlung des ausgezahlten Betrages begründet zu sein.

c) Dieses Ergebnis scheint der Wertung der §§ 177 ff. BGB zu widersprechen: Der A-Verein würde genauso gestellt, als ob B ihn wirksam verpflichtet hätte. Aus diesem Konflikt führt am besten eine vermittelnde Ansicht:

Grundsätzlich ist eine Haftung nach den §§ 280 I, 311 II BGB neben den §§ 177 ff. BGB anwendbar. Liegt aber kein eigenes Verschulden des Vertretenen vor, sondern wird ihm nur fremdes Verschulden nach § 278 BGB oder § 31 BGB zugerechnet, so sind allerdings Einschränkungen zu machen.

Zum einen müssen natürlich die Voraussetzungen der einschlägigen Zurechnungsnorm gegeben sein. Insbesondere bei § 278 BGB ist es aber nicht allein ausreichend, dass sich der in Anspruch Genommene grundsätzlich des angeblichen Vertreters als Erfüllungsgehilfen bedient. Vielmehr muss der angebliche Vertreter in die fraglichen Vertragsverhandlungen konkret eingeschaltet worden sein.[377]

Problem: Wertung des § 177 BGB

Die Frage der Haftung des Vertretenen ist aber selbst dann umstritten, weil durch diese Haftung ein Teil der Bestimmungen leer laufen kann, aus denen sich die Beschränkung der Vertretungsmacht zum Schutz des Vertretenen ergibt, insbesondere § 177 BGB.

376 Zu dieser Fallkonstellation ausführlich: Canaris, NJW 1980, 333 ff. (zu BGH, NJW 1980, 115-117 = **juris**byhemmer).

377 BGHZ 92, 164-176 (175) = **juris**byhemmer.

Andererseits führte ein absoluter Vorrang der Vertretungsordnung (§§ 177, 179 BGB) zu einer Einschränkung der Haftungspflichten auf Kosten des Geschäftspartners, die sich mit dem Wortlaut und Sinn des Gesetzes (§ 278 BGB) kaum vereinbaren lässt.

H.M. lässt c.i.c.-Haftung des Vertretenen aus §§ 280 I, 311 II BGB zu

aa) Die wohl überwiegende Meinung akzeptiert deshalb die Haftung aus §§ 280 I, 311 II, 241 II BGB i.V.m. § 278 BGB.[378]

Das Gesetz hat diese Wertung nicht abschließend vorgenommen. Denn gerade mit der Einschränkung der h.M. lässt sich ein zwingender Vorrang des Vertretungsrechts nicht mehr erkennen. Abschließend geregelt ist in §§ 177 ff. BGB allein die Tatsache, dass das Risiko des Mangels der Vertretungsmacht als solchem den Geschäftsgegner trifft.

Dass weitergehende Umstände hieran nichts ändern können, lässt sich daraus nicht schließen.

Liegen solche Umstände vor, muss die Haftung nach den allgemeinen Regeln möglich sein. Der Vertretene steht den Risiken, die sich aus den Handlungen seines Erfüllungsgehilfen ergeben, näher als der Geschäftsgegner. Wer Vertragsverhandlungen durch einen Beauftragten führen lässt, haftet auf das Vertrauensinteresse, wenn dieser ohne oder unter Überschreitung der Vollmacht einen Vertrag schließt. Die Vertreterordnung habe keinen Vorrang, da sie das Erfüllungsinteresse betreffe, die Haftung aus c.i.c. sich aber auf das Vertrauensinteresse beschränkt.

Nach a.A. darf sich Pflichtverletzung nicht in der vollmachtlosen Vertretung erschöpfen

bb) Teilweise wird diese Ansicht eingeschränkt. Die schadensstiftende Handlung soll sich nicht auf die Vortäuschung rechtsgeschäftlicher Verbindlichkeit einer Willenserklärung beschränken dürfen. Insoweit sei die Regelung der §§ 177 ff. BGB abschließend. Ansonsten würde der Anspruch aus §§ 280 I, 311 II BGB immer in Konkurrenz zu den §§ 177 ff. BGB treten.

Bei „stärkerer Aktivität“ des Vertreters indes greife die allgemeine Haftung ein. Der Schutzzweck der Vertretungsregeln steht dem nicht entgegen. Sie bezwecken einen Schutz vor rechtsgeschäftlicher Bindung, nicht aber vor einer Haftung für die schädigenden Handlungen des Erfüllungsgehilfen allgemein. Wenn sich aber durch zusätzliche Umstände weitere Pflichtverletzungen begründen lassen, kommt ein erfüllungsähnlicher Anspruch aus §§ 311 II, 280 I BGB in Betracht.

Dies war hier aufgrund der Täuschung des B über das Vorliegen seiner Vertretungsmacht der Fall. Damit ist ein solcher Anspruch der Bank gegen den A-Verein zu bejahen.

cc) Canaris[379] argumentiert von der Rechtsfolgenseite her. Führt die Anerkennung der §§ 280 I, 311 II, 241 II BGB zu einer Haftung, die der Wirksamkeit des Vertrages im Ergebnis gleichkommt, soll der Anspruch auf Schadensersatz gem. §§ 280 I, 311 II Nr. 1, 241 II BGB ausscheiden.

Er soll andererseits immer eingreifen, wenn nur ein normaler Fall des negativen Interesses zu ersetzen ist, z.B. wenn der Geschäftsgegner wegen des Vertreterhandelns ein anderes gewinnträchtiges Angebot ausgeschlagen hat.

hemmer-Methode: Die Entscheidung ist letztlich eine Wertungsfrage, wem man die Risiken aus dem vollmachtlosen Handeln zuweisen will. Der herrschenden Meinung ist i.E. zuzustimmen. Insbesondere ist es nicht unbillig, jemanden - beschränkt auf das negative Interesse - mit dem Risiko eines Vertreterhandelns zu belasten, wenn er diesem Vertreter Vertrauen entgegengebracht hatte. Der vermeintliche Vertragspartner ist dann schutzwürdiger.

378 BGH, NJW 1995, 2290-2293 = jurisbyhemmer; Medicus, Rn. 121; Staudinger, § 31 BGB, Rn. 13 ff.; Palandt, § 179, Rn. 9; § 311, Rn. 22 m.w.N.

379 Canaris, „Schadensersatz- und Bereicherungshaftung des Vertretenen bei Vertretung ohne Vertretungsmacht - BGH, NJW 1980, 115“ Jus 1980, 332-335 (334).

4. Aufgrund der Unwirksamkeit des Darlehensvertrages wurden die Darlehensvaluta von der X-Bank an den A-Verein rechtsgrundlos geleistet. Einem Rückzahlungsanspruch aus §§ 812 I S. 1 Alt. 1, 818 II BGB könnte aber eine Entreicherung des A-Vereins nach § 818 III BGB entgegenstehen.

Diese scheint, da B das Geld abgehoben hat, zu bejahen zu sein. Der A-Verein könnte sich aber bei einer verschärften Kondiktionshaftung nach den §§ 819 I, 818 IV BGB nicht auf eine etwaige Entreicherung berufen.

Kenntnis des B i.S.v. § 819 I BGB ist dem A-Verein nach §§ 166 I, 31 BGB zuzurechnen

Entscheidend ist, ob dem A-Verein die positive Kenntnis des B von der Rechtsgrundlosigkeit der Leistung i.S.v. § 819 I BGB nach §§ 166 I, 31 BGB zugerechnet werden kann, oder ob die Wertung der §§ 177 ff. BGB einer solchen Annahme entgegensteht.

Dies ist angesichts der bereits unter 3.c) vorgebrachten Argumente umstritten. Die besseren Argumente sprechen jedoch dafür, die Zurechnung zu bejahen, da eine etwaige Entreicherung nicht den Regelfall der vollmachtlosen Stellvertretung darstellt und damit kein genereller Konflikt zu den §§ 177 ff. BGB, sondern vielmehr eine Ausnahmesituation besteht. Damit besteht auch ein Rückzahlungsanspruch aus §§ 812 I S. 1 Alt. 1, 818 II BGB.

Deliktisches Handeln des B: Ebenfalls Zurechnung nach § 31 BGB

5. Schließlich hat B einen Betrug i.S.d. § 263 StGB gegenüber der X-Bank begangen. Damit haftet der A-Verein nach § 823 II BGB i.V.m. § 263 StGB auf Rückzahlung der Darlehensvaluta, wobei ihm – das ist auch in diesem Zusammenhang unstrittig – das Verschulden des B nach § 31 BGB zugerechnet wird.

hemmer-Methode: Eines der schwierigsten Abgrenzungsprobleme im Bereich der vorvertraglichen Haftung, aber in den Griff zu kriegen! Sie müssen keine Musterlösung und keine Meinungen auswendig lernen. Haben Sie einmal das zugrunde liegende Problem erkannt, so können Sie mit einer Rechts (immer anwendbar) – Links (nie anwendbar) – Mitte (mit Einschränkungen anwendbar) – Argumentation immer zu einer vertretbaren Lösung finden. Der Wert Ihrer Arbeit hängt dann nur von der Qualität Ihrer Argumente ab!

c) Vorvertragliche Pflichtverletzungen und § 134 BGB

Vorrang der Wertungen von Verbotsgesetzen, § 134 BGB

Ist ein Vertrag aufgrund Verstoßes gegen ein Verbotsgesetz nach § 134 BGB unwirksam, so ist bei der Anwendung der vorvertraglichen Haftungsregeln äußerste Vorsicht geboten: Es ist immer zu hinterfragen, ob eine Bejahung der Haftung der Wertung des Verbotsgesetzes zuwiderläuft. 230

Bsp.: A und B vereinbaren, dass der nicht in die Handwerksrolle eingetragene B für A „schwarz" dessen Haus renovieren soll. Da B die Arbeiten mangelhaft durchführt, möchte A im Wege der „Minderung" einen Teil des bereits gezahlten Lohnes zurückerstattet haben.

Ein Rückzahlungsanspruch nach erklärter Minderung nach §§ 638 I, 634 Nr. 3 BGB setzt einen wirksamen (Werk-)Vertrag zwischen A und B voraus. Der geschlossene Vertrag ist aufgrund des beiderseitigen Verstoßes gegen § 1 II Nr. 2 und 5 SchwArbG nach § 134 BGB unwirksam. Daher scheidet ein solcher Anspruch aus.

Der unwirksam geschlossene Vertrag begründet jedoch ein Schuldverhältnis i.S.d. § 311 II Nr. 3 BGB, aus dem sich zwar keine Primärpflichten, jedoch nicht leistungsbezogene Nebenpflichten ergeben, deren Verletzung zu einem Schadensersatzanspruch nach § 280 I BGB führen können.

Fraglich ist, ob die mangelhafte Leistung des B als eine solche Pflichtverletzung angesehen werden kann. Dies würde jedoch dazu führen, dass A durch einen Schadensersatzanspruch so gestellt würde, als wäre der Vertrag wirksam gewesen.

§ 1 SchwArbG hat gerade den Zweck, dem Auftraggeber Gewährleistungsansprüche bei mangelhafter Arbeit zu versagen. Ein Anspruch aus §§ 311 II Nr. 3, 280 I BGB muss daher ausscheiden.

3. Pflichtverletzung

Die Fälle der Nichtleistung wegen Unmöglichkeit, der Nichtleistung trotz Fälligkeit sowie der Schlechtleistung stellen die typischen Fälle von Pflichtverletzungen im Schuldverhältnis dar. 231

Schadensersatz wegen Unmöglichkeit und wegen Verzuges unterliegen jedoch Sonderregelungen, s.o.; auf den Schadensersatz wegen Schlechtleistung soll erst im Zusammenhang mit dem besonderen Schuldrecht eingegangen werden.

Es verbleibt somit an dieser Stelle die Darstellung der Verletzung von nicht-leistungsbezogenen Pflichten, also solcher Pflichten, die keine Primärpflicht darstellen, auf deren Erfüllung der Gläubiger also keinen Primäranspruch hat, vgl. § 241 II BGB. Gerade dem juristischen Anfänger macht es hierbei insbesondere Schwierigkeiten, derartige Pflichten überhaupt zu erkennen. Es haben sich gängige Fallgruppen in Rechtsprechung und Lehre herausgebildet, die den ausfüllungsbedürftigen Begriff der Pflicht im Schuldverhältnis etwas griffiger machen; diese werden im Folgenden dargestellt.

a) Die Regelung des § 241 II BGB

§ 241 II BGB: Konkretisierung der nicht-leistungsbezogenen Pflichten

Der durch die Modernisierung des Schuldrechts neu eingeführte § 241 II BGB stellt fest, dass das Schuldverhältnis nach seinem Inhalt zur Rücksichtnahme auf Rechte, Rechtsgüter und Interessen des anderen Teils verpflichten kann. 232

hemmer-Methode: Der Gesetzgeber wollte die Fallgruppe der sonstigen, nicht-leistungsbezogenen Pflicht im Schuldverhältnis näher konkretisieren. Die verwendeten Begriffe sind aber sehr weit und unter Bezugnahme auf den Inhalt des Schuldverhältnisses in ihrer Abstraktheit relativ vage.

Kenntnis von Fallgruppen hilfreich

Somit macht es die Neuregelung des § 241 II BGB – der auf das vorvertragliche Schuldverhältnis nach § 311 II BGB ausdrücklich Anwendung findet! – keinesfalls entbehrlich, sich mit den bisherigen Fallgruppen der (Neben-)Pflichtverletzungen vertraut zu machen.

b) Verletzung vorvertraglicher Pflichten

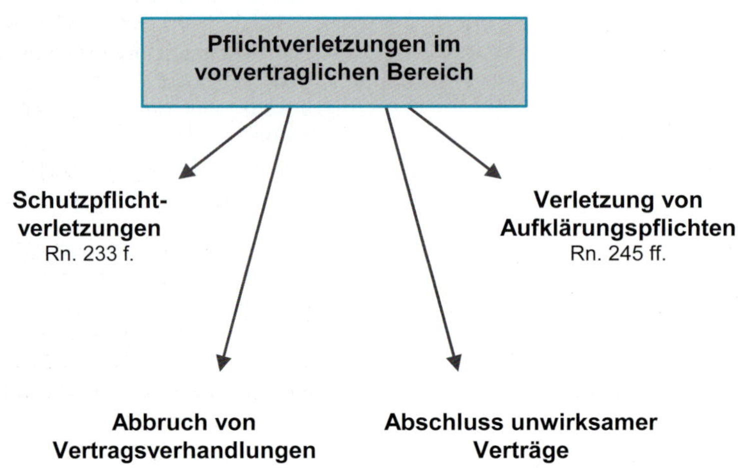

aa) Die Verletzung von Schutzpflichten

Allgemeine Schutzpflicht

Im vorvertraglichen Schuldverhältnis i.S.d. § 311 II BGB bestehen (noch) keine Primärpflichten, sondern nur nicht-leistungsbezogene Nebenpflichten. Ausgangs- und Standardfall für die c.i.c. ist die Verletzung von Schutzpflichten. Diese stellen einen wichtigen Anwendungsfall des § 280 I BGB bei Verletzung vorvertraglicher Pflichten dar. 233

Die Pflicht, auf die Unversehrtheit von Leben, Körper, Eigentum und sonstigen Rechtsgütern der anderen Seite Rücksicht zu nehmen (das ist mit Schutzpflicht gemeint), ist in **§ 241 II Var. 2 BGB** geregelt.[380] Bei den sonstigen Rechtsgütern kann man sich an § 823 I BGB orientieren.

> ***Bspe.:*** *Kunde rutscht im Kaufhaus, das er zum wöchentlichen Großeinkauf betreten hat, auf einer Bananenschale aus.*[381]
>
> *Kfz wird auf einem bewachten Parkplatz beschädigt, noch bevor der Bewachungsvertrag zustande gekommen war.*[382]
>
> *Typisches Beispiel für wechselseitige Schutz- und Obhutspflichten im vorvertraglichen Bereich bilden auch die Fälle einer Probefahrt bei einem Kfz-Händler.*[383]

In diesen Fällen wird die Schwäche des Deliktsrechts immer dann besonders augenscheinlich, wenn nicht den künftigen Vertragspartner selbst (z.B. den Inhaber des Kaufhauses) ein Verschulden traf. Deliktisch haftete er nämlich für seine Hilfspersonen nur nach § 831 BGB, könnte sich also eventuell nach § 831 I S. 2 BGB exkulpieren. 234

I.R. einer vertraglichen Haftung nach § 280 I BGB ist demgegenüber eine Verschuldenszurechnung nach § 278 S. 1 Alt. 2 BGB möglich: So sind z.B. die Ladenangestellten Erfüllungsgehilfen des Kaufhausinhabers hinsichtlich der Schutzpflicht gegenüber seinen Kunden.

bb) Der Abbruch von Vertragsverhandlungen

Grundsätzlich kein SE bei Abbruch von Vertragsverhandlungen wg. Privatautonomie

(1) Bereits aus der Wertung des § 154 BGB ergibt sich im Grundsatz, dass die Parteien bis zu dem Zeitpunkt vertraglich nicht gebunden sind, in dem sie sich über den Vertragsinhalt geeinigt haben. Daran ändert auch die Tatsache nichts, dass eine Partei in Erwartung des bevorstehenden Vertragsschlusses bereits Aufwendungen getätigt hat.[384] 235

Pflichtverletzung: Vertrauen auf Vertragsschluss geweckt, dann Abbruch ohne triftigen Grund

Aufgrund der zivilrechtlichen Privatautonomie (Art. 2 I GG) steht es in der freien Entscheidung der Privatrechtssubjekte, schuldrechtliche Verträge einzugehen oder nicht. Dem würde eine generelle Ersatzpflicht nach den §§ 280 I, 311 II BGB beim Abbruch von Vertragsverhandlungen entgegenstehen.[385] 236

---

380 Palandt, § 311, Rn. 27.

381 BGH, VersR 1968, 993-994 = **juris**byhemmer; RGZ 78, 239.

382 Emmerich, „Zum gegenwärtigen Stand der Lehre von der culpa in contrahendo", Jura 1987, 561-567 (562).

383 Medicus, BR, Rn. 199.

384 Palandt, § 311, Rn. 30.

385 Aber Achtung: Wenn man innerlich vom Vertragsschluss Abstand genommen hat, die andere Seite aber im Glauben an das Zustandekommen des Vertrages belässt, kommt wiederum eine Pflichtverletzung in Betracht. Nur ist dann die Pflichtverletzung nicht der Abbruch der Vertragsverhandlungen, sondern die nicht erfolgte Aufklärung über die entfallene Bereitschaft, den Vertrag abzuschließen.

Eine solche ist erst dann gerechtfertigt, wenn eine Partei die Verhandlungen ohne triftigen Grund abbricht, nachdem sie in zurechenbarer Weise Vertrauen auf das Zustandekommen des Vertrages geweckt hat.[386]

Dabei sind an das Vorliegen eines solchen triftigen Grundes (das heißt an die Verneinung einer Pflichtverletzung) aufgrund obiger Ausführungen geringe Anforderungen zu stellen. So soll bereits das günstigere Angebot eines Dritten ausreichen, einen triftigen Grund in diesem Sinne zu begründen.[387]

Andererseits erhöht ein qualifizierter Vertrauenstatbestand, z.B. das Hinstellen des Vertragsschlusses als sicher, die Veranlassung des Vertragspartners zu Vorleistungen oder der Beginn der Durchführung des Vertrages durch die Parteien[388], die Anforderungen an den triftigen Grund, um eine Pflichtverletzung bei Abbruch der Vertragsverhandlungen verneinen zu können.[389]

> ***Bsp.:*** *Der in Kiel wohnende K steht in Vertragsverhandlungen mit dem Münchner Antiquitätenhändler V bezüglich einer altchinesischen Vase. Nachdem K der Aufforderung des V nachgekommen war, im Hinblick auf den Kaufvertrag, mit dem „schon alles in Ordnung gehe“, einen Vorschuss von 500,- € zu überweisen, fährt er mit der Bahn nach München, um dort die Vase endgültig zu erwerben. Im Geschäft des V angekommen, weigert sich dieser, die Vase an K zu verkaufen. Als Begründung fügt er an, der K sei einfach nicht sein Typ. Ansprüche des K?*
>
> K könnte gegen V ein Anspruch aus §§ 280 I, 311 II Nr. 1, 241 II BGB auf Schadensersatz zustehen.
>
> Zwischen V und K bestand eine vorvertragliche Sonderverbindung i.S.d. § 311 II Nr. 1 BGB. Fraglich ist allein das Vorliegen einer Pflichtverletzung durch V; dieser hat ohne triftigen Grund die Verhandlungen mit K abgebrochen, nachdem er in qualifizierter Weise bei diesem das Vertrauen auf Abschluss des Kaufvertrages erweckt hat (Erklärung, es wird schon alles in Ordnung gehen; Verlangen eines Vorschusses). Hierin ist die Verletzung einer vorvertraglichen Pflicht zu sehen.
>
> K hat gegen V einen Anspruch aus §§ 311 II Nr. 1, 280 I BGB.

Ausnahme nach BGH: Formbedürftige Verträge

(2) Da eine so begründete Schadensersatzverpflichtung jedoch einen indirekten Zwang zum Vertragsschluss darstellt, gelten die dargestellten Grundsätze nach der Rechtsprechung des BGH nicht für Verträge, die kraft Gesetzes formbedürftig sind, insbesondere nach § 311b I S. 1 BGB.[390] 237

Dieser Zwang läuft nämlich dem Zweck der Formvorschriften zuwider: Der Schutzzweck der Formvorschrift will eine Bindung der Vertragsparteien ohne Einhaltung der Form gerade verhindern. Daher löst im Bereich formbedürftiger Verträge der Abbruch von Vertragsverhandlungen, deren Erfolg als sicher anzunehmen war, auch dann keine Schadensersatzansprüche aus, wenn es an einem triftigen Grund für den Abbruch fehlt.

---

386 BGHZ 71, 386-400 (395) = **juris**byhemmer; **BGH, Life&Law 07/2001, 465** = ZIP 2001, 655-657 = **juris**byhemmer; ferner Palandt, § 311, Rn. 32.

387 BGH, DB 1996, 777 = **juris**byhemmer.

388 Vgl. Palandt, § 311, Rn. 31.

389 Palandt, § 311, Rn. 32 f.

390 BGH, NJW 1996, 1884-1886 = **juris**byhemmer.

Schadensersatz nach §§ 280 I, 311 II BGB nur unter den Voraussetzungen der Unbeachtlichkeit eines Formmangels wegen Verstoßes gegen § 242 BGB

Hinsichtlich der Nichtigkeitsfolge des § 125 S. 1 BGB macht der BGH allerdings in seltenen Fällen eine Ausnahme, die möglicherweise auf dieses Problem übertragen werden kann: Die Nichtigkeitsfolge hat nach der ständigen Rechtsprechung des BGH dann zurückzutreten, wenn die Unwirksamkeit des Rechtsgeschäftes nach den gesamten Umständen mit Treu und Glauben nicht zu vereinbaren ist, das Ergebnis für die betroffene Partei also nicht bloß hart, sondern schlechthin untragbar ist.[391] 238

Von diesen Grundsätzen ist nach BGH auch bei der Beantwortung der Frage auszugehen, ob ein Vertragspartner bei Abbruch der Verhandlungen nach §§ 280 I, 311 II BGB verpflichtet ist, Aufwendungen des anderen zu ersetzen. Die Vertragspartei haftet demnach auch beim Abbruch von Verhandlungen im Hinblick auf ein formbedürftiges Rechtsgeschäft in vollem Umfang nach §§ 280 I, 311 II BGB, sofern die Berufung auf den Formmangel im konkreten Fall nach § 242 BGB unzulässig wäre.[392] 239

Voraussetzung i.d.R.: vorsätzliche Treupflichtverletzung

Der Abbruch von Vertragsverhandlungen kann also grundsätzlich nur dann einen Schadensersatzanspruch begründen, wenn sich das Verhalten des Abbrechenden als besonders schwer wiegender Treuverstoß darstellt. Dies erfordert nach BGH in der Regel eine vorsätzliche Treupflichtverletzung, wie sie z.B. im Vorspiegeln tatsächlich nicht vorhandener Abschlussbereitschaft liegt.[393] 240

hemmer-Methode: In dieser Fallgruppe besteht ein konfliktträchtiges Spannungsverhältnis zwischen Abschlussfreiheit und Vertrauensschutz. In der Examensklausur wird eben diese schwierige Grenzziehung zwischen Privatautonomie und Vertrauensschutz von Ihnen verlangt. Lernen Sie, diese Grenze durch die hier gegebenen Beispiele mit nachvollziehbarer Begründung zu ziehen!

cc) Der Abschluss unwirksamer Verträge

Pflichtverletzung: Verursachung der Unwirksamkeit bzw. mangelnde Aufklärung über Wirksamkeitshindernis

Einen weiteren wichtigen Anwendungsbereich der Haftung im vorvertraglichen Bereich stellt die Fallgruppe dar, in denen ein unwirksamer Vertrag geschlossen wird und einer Vertragspartei hierdurch Vermögensschäden entstehen. Die für eine Haftung aus § 280 I BGB erforderliche Pflichtverletzung kann hierbei in der Verursachung der Unwirksamkeit selbst, vor allem aber in der mangelnden Aufklärung über das Wirksamkeitshindernis liegen.[394] Dies stellt eine **Verletzung der Pflicht zur Rücksichtnahme auf die Interessen** der anderen Partei dar, **§ 241 II Var. 3 BGB**. 241

Besondere Anforderungen an Vorliegen einer Aufklärungspflicht zu stellen

Soll die fehlende Aufklärung der anderen Vertragspartei über das Wirksamkeitshindernis eine Pflichtverletzung darstellen, so muss eine entsprechende Aufklärungspflicht bestanden haben. Eine allgemeine Aufklärungspflicht kennt das BGB – auch nach der Modernisierung des Schuldrechts – allerdings nicht; vielmehr muss sich jede Partei grundsätzlich selbst über Chancen und Risiken, aber auch die rechtlichen Anforderungen eines Geschäfts informieren. 242

Etwas anderes kann sich aber ergeben, wenn es um Umstände geht, die zwar für beide Parteien erkennbar von Bedeutung sind (das ist bei dem Vorliegen von Unwirksamkeitsgründen unproblematisch der Fall), die aber nur eine Partei kennt oder gar: die nur eine Partei kennen kann. 243

391 Fallgruppen vgl. Palandt, § 125, Rn. 23 ff.

392 BGH, NJW 1996, 1884-1886 = **juris**byhemmer.

393 Palandt, § 276, Rn. 73; zuletzt LG Heidelberg, NJW-RR 2010, 1469-1470 = **juris**byhemmer.

394 Palandt, § 311, Rn. 33.

Hieraus kann sich eine entsprechende Aufklärungspflicht ergeben, die zu einer Haftung nach den §§ 280 I, 311 II BGB führen kann. Im neugeschaffenen § 241 II BGB lässt sich diese Pflicht auch am Merkmal „Pflicht zur Rücksicht auf die Interessen des anderen Teils" festmachen.

Das wesentliche Problem liegt bei Klausuren in diesem Bereich regelmäßig nicht darin, eine Aufklärungspflicht zu begründen; die eigentliche Schwierigkeit besteht in der Berücksichtigung der Wertung des jeweiligen Unwirksamkeitsgrundes, dem die Haftung nach §§ 280 I, 311 II BGB nicht zuwiderlaufen darf. Dies kann im Einzelfall dazu führen, dass die Schwelle, ab der die Verletzung einer Aufklärungspflicht angenommen und somit der Anspruch aus §§ 311 II, 280 I BGB bejaht werden kann, hoch angesetzt werden muss.

Zur Verdeutlichung folgender Beispielsfall: **244**

Bauer A will dem Bauern B ein Grundstück verkaufen. Zwar hat A, dessen absolute Lieblingssendung „Ratgeber Recht" ist, Bedenken im Hinblick auf etwaige Formerfordernisse. Doch denkt er, auf dem Lande gelten eben noch andere Gepflogenheiten. Er weist also B nicht auf seine Bedenken hin und schließt den Kaufvertrag mit ihm nur per Handschlag. Als B schließlich Auflassung und Eintragung verlangt, weigert sich A, der sich mittlerweile bei einem Rechtsanwalt seine Bedenken hatte bestätigen lassen, unter Berufung auf §§ 311b I, 125 S. 1 BGB. Rechte des B?

1. Anspruch aus § 433 I S. 1 BGB?

a) Der Grundstücksvertrag wurde nicht formgerecht geschlossen, § 311b I S. 1 BGB und ist daher nach § 125 S. 1 BGB unwirksam. Eine Heilung nach § 311b I S. 2 BGB ist nicht eingetreten.

b) Eine Überwindung der Formnichtigkeit nach § 242 BGB wird von der h.M. nur in äußersten Ausnahmefällen angenommen, wenn eine Seite die andere arglistig über die Formnichtigkeit täuscht oder ein sonst schlechthin untragbares Ergebnis gegeben wäre. Dies ist hier nicht der Fall.

Anspruch aus §§ 280 I, 311 II BGB?

2. Jedoch könnte sich ein Anspruch aus den §§ 280 I, 311 II BGB ergeben. Ein vorvertragliches Schuldverhältnis zwischen A und B i.S.d. § 311 II Nr. 1 BGB lag unproblematisch vor.

Unterlassene Aufklärung durch A als Pflichtverletzung

a) Eine Pflichtverletzung des A könnte allein darin gesehen werden, dass er eine Aufklärung des B über das Formbedürfnis des § 311b I S. 1 BGB unterlassen hat. Zwar haben grundsätzlich die Parteien nicht Sorge dafür zu tragen, dass die andere Seite Voraussetzungen und Folgen des Rechtsgeschäfts richtig einschätzt; im Falle eines besonders überlegenen Wissens einer Partei ist aber gerade hinsichtlich von Unwirksamkeitsgründen, die für beide Seiten naturgemäß von besonderer Wichtigkeit sind, eine solche Aufklärungspflicht anzunehmen (a.A. aber gut vertretbar). Dieser ist A nicht nachgekommen, eine Pflichtverletzung liegt grundsätzlich vor. Diese war auch schuldhaft.

Umfang des Schadensersatzanspruches

b) Probleme ergeben sich ausgehend hiervon nun aber beim Umfang des Schadensersatzanspruches: Der kausale Schaden liegt in dem nicht wirksamen Zustandekommen des Vertrages; ohne die Verletzung der Aufklärungspflicht hätten die Parteien – so ist anzunehmen – den Vertrag formwirksam i.S.d. § 311b I S. 1 BGB geschlossen. Als Naturalrestitution gem. § 249 I BGB wäre der Ersatzanspruch dementsprechend auf wirksamen Abschluss des Kaufvertrages gerichtet.

Abschluss des KV (-)

Dies widerspricht aber dem Zweck des § 311b I S. 1 BGB, ohne Einhaltung dieser Form sich nicht zur Übereignung von Grundstücken verpflichten zu können. Auf Abschluss des Kaufvertrages kann der Schadensersatzanspruch daher nicht gerichtet sein.

Negatives Interesse (+)

c) B ist das negative Interesse (Vertrauensschaden) zu ersetzen.[395]

395 Hierzu kritisch Medicus, BR, Rn. 185.

dd) Die Verletzung von Aufklärungspflichten

Aufklärungspflichten im vorvertraglichen Schuldverhältnis

Aus dem vorvertraglichen Schuldverhältnis können sich (in Verbindung mit § 241 II BGB) Aufklärungspflichten ergeben, deren Verletzung zu einer Schadensersatzhaftung nach § 280 I BGB führt. Der Schadensersatz umfasst nach § 249 I BGB dann regelmäßig die Rückgängigmachung des geschlossenen inhaltlich nachteiligen Vertrages, zu dessen Abschluss es ohne die Verletzung der Aufklärungspflicht nicht gekommen wäre.[396] 245

Die Verletzung von Aufklärungspflichten kann ein arglistiges Täuschen i.S.d. § 123 BGB darstellen; der Begriff des Täuschen schließt nämlich auch ein pflichtwidriges Verschweigen ein. Soll die Haftung aus § 280 I BGB zur Vertragsaufhebung führen, so muss zunächst auf die Anwendbarkeit des § 280 I BGB gegenüber § 123 BGB eingegangen werden.[397] 246

Abgrenzungsprobleme stellen sich auch, wenn sich die mangelnde Aufklärung auf einen Sach- oder Rechtsmangel i.S.d. §§ 434, 435 BGB bezieht. Dieses Problemfeld setzt das Verständnis der Regelungen der §§ 433 ff. BGB voraus und soll erst an dortiger Stelle dargestellt werden.[398] 247

Aufklärungspflichten v.a., wenn Vertragspartner erkennbar unerfahren bzw. bei überlegenem Sachwissen

Auch bei Vertragsverhandlungen, bei denen die Parteien entgegengesetzte Pflichten verfolgen, besteht eine Pflicht, den anderen Teil über solche Umstände aufzuklären, die den von ihm verfolgten Vertragszweck vereiteln können und daher für seinen Entschluss von wesentlicher Bedeutung sind.[399] 248

> **Bsp.:** *Der Vermieter muss den Mieter eines KfZ darüber aufklären, dass die gegnerische Haftpflichtversicherung die Mietwagenkosten bei einer unfallbedingten Anmietung nicht voll übernimmt, wenn die Anmietung zu einem Tarif erfolgt, der deutlich über dem Normaltarif auf dem ortsüblichen Markt liegt.*
>
> *Diese Verpflichtung besteht unabhängig davon, ob der Vermieter mehrere oder nur einen einheitlichen Tarif anbietet.*[400]

hemmer-Methode: Immer wieder Gegenstand von Rechtsstreitigkeiten und auch Examensfällen ist die Frage, in wie weit der Verkäufer Waren, die er vom Hersteller geliefert bekommt und an Käufer weiter veräußert, untersuchen muss bzw. den Käufer aufklären und beraten muss.
1. Eine Untersuchungspflicht hat der Verkäufer bzgl. der vom Hersteller bezogenen Ware grds. nicht.[401]
2. Die Aufklärungs- und Beratungspflicht des Verkäufers beschränkt sich auch im Fachhandel auf diejenigen - für den ihm bekannten Verwendungszweck bedeutsamen- Eigenschaften des Kaufgegenstandes, die er kennt oder kennen muss. Der Käufer kann deshalb grundsätzlich keine Aufklärung über ganz entfernt liegende Risiken erwarten, die allenfalls dem Hersteller der Ware aufgrund dessen überragender Sachkunde bekannt sind.
3. Eine Pflicht zur Erkundigung beim Hersteller über die Eigenschaften des Kaufgegenstandes trifft den Verkäufer nur dann, wenn er aufgrund konkreter Anhaltspunkte Zweifel an der Eignung der Ware für die vom Käufer beabsichtigte Verwendung hat oder haben muss.[402]

---

396 Palandt, § 241, Rn. 7; § 280, Rn. 30.

397 Lesen Sie dazu nochmals Rn. 223 ff.

398 Zum Sachmangel: Hemmer/Wüst, Schuldrecht BT I, Rn. 87 ff. und zum Rechtsmangel, Rn. 138 ff.

399 BGH, NJW 1979, 2243-2244 = **juris**byhemmer.

400 **BGH, Life&Law 11/2006, 734 ff.** = NJW 2006, 3139-3142; BGH, NJW 2006, 2618-2621; BGH, NJW 2007, 1447-1449: **alle Entscheidungen = juris**byhemmer.

401 Vgl. hierzu und zu evtl. Ausnahmen Palandt, § 280, Rn. 19.

402 Lesen Sie hierzu zuletzt BGH, NJW 2004, 2301 ff.

Insbesondere sind Aufklärungspflichten anzunehmen, wenn der Vertragspartner erkennbar in Geschäftsdingen unerfahren ist oder ein deutlich unterlegenes Sachwissen hat.

Hinweispflicht eines Juweliers auf fehlenden, aber branchenüblichen Versicherungsschutz

Bsp.:[403] *B betreibt ein Juweliergeschäft. K übergab B in dessen Geschäftsräumen diverse Schmuckstücke (Wert ca. 3.000,- €) mit der Intention, diese reparieren zu lassen. Anlässlich eines Raubüberfalls auf das Geschäft des B wurden unter anderem die Schmuckstücke des K entwendet. B war insoweit nicht versichert, worauf er in dem Gespräch mit K vor Überlassung der Schmuckstücke nicht hingewiesen hatte. K verlangt nun von B Schadensersatz für die geraubten Schmuckstücke, weil er die Schmuckstücke nicht bei B belassen hätte, wenn er von dem fehlenden Versicherungsschutz gewusst hätte.* ***Zu Recht?***

Der BGH hat im vorliegenden Fall einen Anspruch auf Schadensersatz aus vorvertraglicher Pflichtverletzung gem. §§ 280 I, 311 II Nr. 2, 241 II BGB bejaht.

Schuldverhältnis

1. K hat im Vorfeld des Zustandekommens eines Reparaturvertrages (§ 631 BGB) dem B seinen Schmuck anvertraut. Dadurch kam ein vorvertragliches Schuldverhältnis i.S.d. § 311 II Nr. 2 BGB zustande.

Pflichtverletzung

2. Fraglich ist aber, worin die Pflichtverletzung des B zu sehen ist.

Fehlender Versicherungsschutz ist keine Pflichtverletzung

a) Nach Ansicht des BGH ergibt sich eine Pflichtverletzung des B nicht bereits daraus, dass er den von K entgegengenommenen Schmuck nicht gegen das von keiner Vertragspartei zu vertretende Risiko des Verlusts durch Diebstahl oder Raub versichert hat. Denn eine generelle Versicherungspflicht besteht für den Juwelier weder für Kundenschmuck, der zur Durchführung eines Werkvertrags (§ 631 BGB), noch für solchen, der zur Abgabe eines Ankaufs- oder Reparaturangebotes (§ 311 II Nr. 2 BGB) entgegengenommen wird.

Unterlassene Aufklärung über fehlenden Versicherungsschutz als Pflichtverletzung

b) Die unterlassene Aufklärung über den fehlenden Versicherungsschutz könnte aber eine Pflichtverletzung darstellen, wenn B eine entsprechende Aufklärungspflicht treffen würde.

aa) Nach ständiger Rechtsprechung des BGH besteht bei Vertragsverhandlungen zwar keine allgemeine Rechtspflicht, den anderen Teil über alle Einzelheiten und Umstände aufzuklären, die dessen Willensentschließung beeinflussen könnten. Vielmehr ist grundsätzlich jeder Verhandlungspartner für sein rechtsgeschäftliches Handeln selbst verantwortlich und muss sich deshalb die für die eigene Willensentscheidung notwendigen Informationen auf eigene Kosten und eigenes Risiko selbst beschaffen.[404]

bb) Eine Rechtspflicht zur Aufklärung bei Vertragsverhandlungen auch ohne Nachfrage besteht allerdings dann, wenn der andere Teil nach Treu und Glauben unter Berücksichtigung der Verkehrsanschauung redlicherweise die Mitteilung von Tatsachen erwarten durfte, die für seine Willensbildung offensichtlich von ausschlaggebender Bedeutung sind.[405] Eine Tatsache von ausschlaggebender Bedeutung kann auch dann vorliegen, wenn sie geeignet ist, dem Vertragspartner erheblichen wirtschaftlichen Schaden zuzufügen.[406]

cc) Unter Berücksichtigung der vorstehenden Grundsätze kann ein Juwelier verpflichtet sein, einen Kunden auf den fehlenden Versicherungsschutz dann hinzuweisen, wenn es sich um Schmuckstücke von außergewöhnlich hohem Wert handelt. Ein solcher Fall liegt hier unter Zugrundelegung eines Wertes der übergebenen Schmuckstücke von ca. 3.000,- € noch nicht vor.

403 BGH, **Life&Law 10/2016, 695 f.** = NJW-RR 2016, 859 f. = **juris**byhemmer.

404 BGH, NJW 2001, 3331 (3332) = **juris**byhemmer.

405 BGH, NJW 1991, 1223 (1224) = **juris**byhemmer.

406 BGH, NJW 2010, 3362 ff. = **juris**byhemmer.

dd) Ferner kann der Kunde gegebenenfalls nach Treu und Glauben unter Berücksichtigung der Verkehrsanschauung (§§ 242, 133, 157 BGB) dann eine Aufklärung über das Fehlen einer Versicherung gegen das Risiko des Verlustes durch Diebstahl und Raub erwarten, **wenn** diese **Versicherung branchenüblich** ist. Branchenüblichkeit liegt vor, wenn sich innerhalb einer Gruppe von Unternehmen, die ähnliche Leistungen auf dem Markt anbieten, eine Gepflogenheit oder ein Brauch innerhalb einer bestimmten Tätigkeit entwickelt hat, der nicht nur vorübergehend besteht, sondern eine gewisse Kontinuität erkennen lässt. Dies ist für die hier in Rede stehende Versicherung zugunsten des K zu unterstellen.

Die Branchenüblichkeit kann eine berechtigte Erwartung des Kunden begründen, dass ein solcher Versicherungsschutz besteht. Dies ist für den Juwelier als Mitglied der Branche auch erkennbar. Wenn der Juwelier die deshalb möglicherweise gebotene Aufklärung unterlässt, begeht er eine Pflichtverletzung.

Vertretenmüssen

3. Das Vertretenmüssen des B wird gem. § 280 I S. 2 BGB widerlegbar vermutet. Für eine Exkulpation hat B aber nichts vorgetragen.

Kausaler Schaden

4. K hätte die Schmuckstücke nicht bei B belassen, wenn er von dem fehlenden Versicherungsschutz gewusst hätte. In diesem Fall wären die Schmuckstücke auch nicht gestohlen worden. Ein durch die Pflichtverletzung verursachter (kausaler) Schaden des K ist daher zu bejahen.

Ergebnis: Ein Anspruch des K gegen B auf Schadensersatz ist daher zu bejahen. Daher kann K von B die Kosten für die Ersatzbeschaffung verlangen, § 249 I, II BGB. Sollte eine solche tatsächlich unmöglich sein, weil es sich bei den Schmuckstücken um Unikate gehandelt hat, muss B gem. § 251 I BGB deren Wert (ca. 3.000,- €) ersetzen.

hemmer-Methode: Nach Ansicht des OLG Köln muss der Verkäufer einer hellen Polstergarnitur den Käufer darauf hinweisen, dass unbehebbare, ins Auge springende Verunreinigungen auftreten, wenn man sich mit handelsüblicher, aber nicht farbechter Kleidung auf sie setzt.[407]

Bsp.:[408] *V verkauft der K durch notariell beurkundeten Kaufvertrag im Jahr 2010 eine Eigentumswohnung zum Preis von 100.000,- €. Den Kaufpreis finanziert K vollumfänglich durch Kredit der D-Bank. Da K bei der V bereits eine andere Wohnung erworben hat, geht die geschäftlich erfahrene K stillschweigend davon aus, dass „die Finanzierung ähnlich laufen würde“ wie bei dem vorher erworbenen Objekt; dabei stützt sie sich insbesondere auf die durch den Erwerb eintretenden Steuerersparnisse. Sie nahm deshalb an, dass sich die Wohnung ab 2017 „fast von selbst tragen“ werde. Dabei berücksichtigt K allerdings nicht, dass seit dem letzten Kauf erhebliche Steuerrechtsänderungen eingetreten sind, sodass ihre Erwartung, Kosten und Einnahmen aus der Wohnung würden sich ab 2017 ausgleichen, tatsächlich nicht zutreffen.*

K verlangt nun von V Schadensersatz in Form der Aufhebung des geschlossenen Kaufvertrages. V hätte sie nicht vollständig beraten. Hätte V sie über die Steuerrechtsänderungen aufgeklärt, hätte sie den Kaufvertrag niemals geschlossen.

Ein Anspruch auf Vertragsaufhebung könnte sich aus § 280 I BGB i.V.m. § 249 I BGB ergeben. Zwischen den Parteien bestand ein vorvertragliches Schuldverhältnis i.S.d. § 311 II Nr. 1 BGB, aus dem sich Pflichten i.S.d. § 241 II BGB ergeben.

Fraglich ist allein das Vorliegen einer Pflichtverletzung durch V. Dabei kommt allenfalls die unterlassene Aufklärung der K über die für ihre Kaufpreisfinanzierung relevanten Steuerrechtsänderungen in Betracht. In dem Unterlassen dieser Aufklärung ist eine Pflichtverletzung i.S.d. § 280 I BGB nur dann zu sehen, wenn eine entsprechende Aufklärungspflicht der V bestand.

407 OLG Köln, NJW 2005, 1666 = jurisbyhemmer.

408 Nach BGH, NJW 2001, 2021-2022 = jurisbyhemmer.

Bereits im Stadium der Vertragsanbahnung besteht eine Pflicht zur Aufklärung der anderen Seite über Umstände, die für diese erkennbar von wesentlicher Bedeutung sind. Andererseits darf jedermann grundsätzlich davon ausgehen, dass sich sein künftiger Vertragspartner in eigenem Interesse selbst über Art und Umfang seiner Verpflichtungen Klarheit verschafft hat.

Dies gilt auch für Umstände, die mit der Finanzierung des Kaufpreises in Zusammenhang stehen, beispielsweise die steuerlichen Absetzungsmöglichkeiten. Eine allgemeine Pflicht, seinen künftigen Vertragspartner über möglicherweise für diesen relevante Änderungen im Steuerrecht „auf dem Laufenden zu halten“, ist deshalb nicht anzunehmen.

Etwas anderes ergibt sich auch nicht aus einem erkennbar unterlegenem Wissen der K. Diese war „in geschäftlichen Dingen erfahren“ und hatte bereits eine weitere Eigentumswohnung erworben. V musste daher nicht ohne weiteres davon ausgehen, der K wären die seit dem Kauf der letzten Eigentumswohnung eingetretenen Steuerrechtsänderungen unbekannt. Aufgrund der geschäftlichen Erfahrenheit der K war V auch im Hinblick auf den Umstand, dass in früherer Zeit bereits ein ähnlicher Kaufvertrag mit K geschlossen wurde, nicht dazu verpflichtet, K auf die geänderte Gesetzeslage hinzuweisen.[409]

Da eine Aufklärungspflicht des V insoweit nicht bestand, scheidet eine Pflichtverletzung durch die unterlassene Aufklärung aus, ein Anspruch der K gegen V aus § 280 I BGB ist nicht gegeben.

c) Verletzung vertraglicher nicht-leistungsbezogener Pflichten

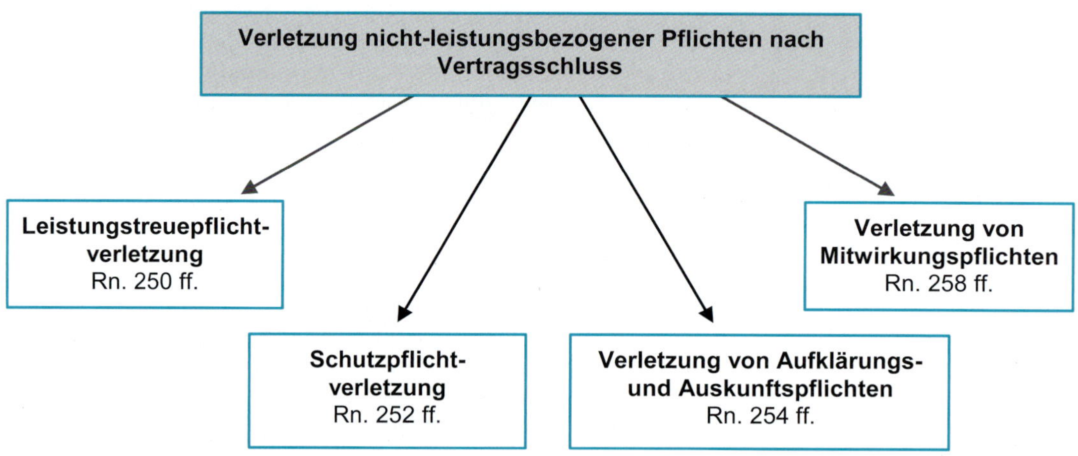

Für den Bereich vertraglicher Nebenpflichten haben sich ebenfalls Fallgruppen gebildet, die Sie sich zumindest in den jeweiligen Grundaussagen auch weiterhin einprägen sollten. Dies schon deshalb, weil solche Pflichten, anders als die Primärpflichten, nicht ausdrücklich vertraglich vereinbart sind, sondern durch Auslegung und unter Zuhilfenahme des § 241 II BGB ermittelt werden müssen. 249

aa) Leistungstreuepflichtverletzung

= Pflicht, Vertragszweck nicht zu gefährden

Ein für alle Vertragsarten wichtiger Unterfall der Nebenpflichtverletzung ist der Verstoß gegen die Leistungstreuepflicht. Für jeden Teil des Vertrages besteht die Pflicht, den Vertragszweck weder zu gefährden, noch zu beeinträchtigen bzw. alle dem Vertragszweck zuwiderlaufenden Tätigkeiten zu unterlassen.[410] 250

409 Wann jedoch bei einem Kaufvertrag Aufklärungspflichten anzunehmen sind, zeigen die Beispiele unter Palandt, § 311, Rn. 43 ff.

410 Palandt, § 280, Rn. 25.

Z.B.: Vertragsaufsage vor Fälligkeit

Wann ein solcher Verstoß gegen die Leistungstreuepflicht vorliegt, lässt sich nicht einheitlich beantworten. Einen wichtigen Unterfall einer Verletzung der Leistungstreuepflicht stellt die Vertragsaufsage vor Fälligkeit dar.[411] 251

***Bsp.:** A lässt sich bei B für 4.000,- € einen Computer speziell für seine Bedürfnisse anfertigen. Lieferung und Kaufpreiszahlung sollen am 15. Mai erfolgen. Bei Abschluss des Kaufvertrages war von Software nicht die Rede.*

Durch einen Freund misstrauisch geworden, fragt A am 10. Mai nach, ob mit dem Computer auch die entsprechende Betriebssoftware geliefert würde. Als B antwortet, dies käme nur bei einer Zuzahlung von 500,- € in Betracht, meint A, unter diesen Voraussetzungen könne man die „ganze Sache vergessen".

Da B den Computer in der Form anderweitig nicht weiterverkaufen kann, verlangt er von A die Kosten der Demontage der Einzelteile i.H.v. 800,- €.

§ 281 BGB mangels Fälligkeit (-)

1. Ein Anspruch auf Schadensersatz statt der Leistung gem. §§ 280 I, III, 281 BGB setzt zwar keinen Verzug, sehr wohl aber Fälligkeit voraus, woran es vorliegend fehlt. Ebenso scheidet ein Anspruch auf Ersatz des Verzögerungsschadens nach den §§ 280 I, II, 286 BGB mangels Schuldnerverzuges des A aus: Die ernsthafte und endgültige Erfüllungsverweigerung macht gem. § 286 II Nr. 3 BGB die Mahnung, nicht aber die Fälligkeit der Leistungspflicht entbehrlich.

2. A hat bereits vor Fälligkeit sich ernsthaft und endgültig geweigert, die ihm obliegende Leistungspflicht zu erbringen; diese Erfüllungsverweigerung war auch nicht nach § 320 BGB (analog) berechtigt, da B seine Leistung ordnungsgemäß angeboten hat: Der Vertrag bezog sich mangels entsprechender Vereinbarung nicht auf die Lieferung von Software, §§ 133, 157 BGB.

Eine solche (unberechtigte) Erfüllungsverweigerung stellt eine Pflichtverletzung i.S.d. § 280 I BGB dar.

Da auch die übrigen Anspruchsvoraussetzungen vorliegen, steht B gegen A ein Anspruch aus § 280 I BGB auf Ersatz von 800,- € (kausaler Schaden) zu.

3. Da es sich aber um einen Schaden statt der Leistung handelt, müssen gem. § 280 III BGB weitere Voraussetzungen erfüllt sein.

Die einschlägige Norm für den Schadensersatzanspruch statt der Leistung ist im Fall der Vertragsaufsage vor Fälligkeit umstritten.

a) Nach e.A. findet § 282 BGB Anwendung, da es sich um die Verletzung einer nicht-leistungsbezogenen Pflicht i.S.d. § 241 II BGB (Vertragstreuepflicht) handelt.[412]

b) Entgegen des sonstigen Gleichlaufs der §§ 281 - 283 BGB und der §§ 323 - 324 BGB gilt aber für den Rücktritt nicht § 324 BGB, sondern § 323 IV BGB.[413] Dass die Voraussetzungen des § 323 BGB voraussichtlich eintreten werden, kann bei einer Erfüllungsverweigerung vor Fälligkeit bejaht werden, da zu erwarten ist, dass der Schuldner auch nach Fälligkeit (und Fristsetzung) nicht leisten wird!

Wegen der Regelung dieser Problematik beim Rücktritt vertritt eine im Vordringen befindliche Ansicht, dass § 323 IV BGB i.R.d. Schadensersatzes statt der Leistung gem. §§ 280 I, III, 281 BGB analog angewendet werden solle.[414]

---

411 Zur Erfüllungsverweigerung: Palandt, § 280, Rn. 25 a.E.; zum verwandten Fall einer unberechtigten Kündigung: Palandt, § 280, Rn. 26.

412 Vgl. Schwab, „Leistungsstörungen im Sukzessivlieferungsvertrag nach neuem Schuldrecht", ZGS 2003, 73 ff.

413 Ganz h.M.; vgl. z.B. Palandt, § 323, Rn. 23; a.A. Schwab, „Leistungsstörungen im Sukzessivlieferungsvertrag nach neuem Schuldrecht", ZGS 2003, 73 ff.

414 Vgl. Ramming, „Vorzeitiges Rücktrittsrecht und Schadensersatz statt der Leistung", ZGS 2002, 412 (416).

hemmer-Methode: Wegen § 282 BGB besteht dafür aber kein entscheidendes Bedürfnis. Wie Sie sich hier in der Klausur entscheiden, spielt keine Rolle, sofern Sie nur die Problematik erkennen.

bb) Schutzpflichtverletzung

= Pflicht, Schädigungen der Rechtsgüter des Vertragspartners zu vermeiden

Bei der Abwicklung eines Schuldverhältnisses trifft den Schuldner weiter die (Neben-)Pflicht, sich so zu verhalten, dass Person, Eigentum und sonstige Rechtsgüter des anderen Teils nicht verletzt werden; es gilt nichts anderes als im vorvertraglichen Bereich.[415] 252

Dies hat zur Folge, dass i.R.v. Verträgen die allgemeinen Verkehrssicherungspflichten zu vertraglichen Nebenpflichten werden. Demnach haftet der Schuldner auch für schuldhafte Schutzpflichtverletzungen seines Erfüllungsgehilfen aus § 280 I BGB i.V.m. § 278 BGB.

> ***Bsp.:*** *Beim Verlegen eines neuen Teppichbodens stößt A, der Angestellte des W, fahrlässig gegen eine Vitrine des B mit Meißener Porzellan. B verlangt von W Schadensersatz.*
>
> B könnte von W Schadensersatz aus § 280 I BGB wegen Verletzung einer Pflicht des Werkvertrages verlangen. Die Zerstörung des Porzellans stellt eine Verletzung der Schutzpflicht als eine vertragliche Nebenpflicht des W dar. Jedoch trifft W selbst kein unmittelbares Verschulden an der Zerstörung, da er selbst nicht gehandelt hat.
>
> I.R. vertraglicher Schadensersatzansprüche muss sich W jedoch das Verschulden seines Erfüllungsgehilfen A gem. § 278 BGB zurechnen lassen. Somit ist der Anspruch des B gegen W aus § 280 I BGB begründet.
>
> Als deliktischer Schadensersatzanspruch kommt hier nur § 831 BGB in Betracht, der jedoch ausscheidet, sofern sich W für A gem. § 831 I S. 2 BGB exkulpieren kann.

Die Entscheidung, wann ein Dritter Erfüllungsgehilfe ist und wann demzufolge eine Verschuldenszurechnung nach § 278 BGB angenommen werden kann, bereitet mitunter Schwierigkeiten. Zur Verdeutlichung deshalb folgender Beispielsfall:[416] 253

BAG, NJW 2000, 3369 ff.

> ***Bsp. (nach BAG, NJW 2000, 3369 ff.):*** *A ist seit Jahren bei der X-AG, einem Unternehmen der chemischen Industrie, beschäftigt. A stellte sein Privatfahrzeug auf dem eigens hierfür vorgesehenen Parkplatz innerhalb des Betriebsgeländes ab. Am 26.10.2001 war die L-GmbH im Auftrag der X-AG damit befasst, drei Laugetanks von je acht Metern Höhe und 25 Metern Durchmesser neu zu lackieren. Die Arbeit wurde vom Angestellten Z der L-GmbH mit einer Spritzpistole durchgeführt.*
>
> *Dabei entstand ein Lacknebel, der aufgrund der von den Tanks aufsteigenden warmen Luft über ein 20 Meter hohes Firmengebäude hinweg auf dem ca. 200 Meter entfernten Parkplatz niederschlug. Betroffen war auch das Fahrzeug des A, die Reparaturkosten betrugen 3.500,- €.*
>
> *Die X-AG ließ durch Aushang am Schwarzen Brett mitteilen, die Schäden seien bei der Personalabteilung geltend zu machen. Dort wurde A zugesichert, „man werde sich um die Beseitigung des Schadens kümmern".*
>
> *A verlangt nun, nachdem Vollstreckungsversuche bei der L-GmbH und dem Angestellten Z erfolglos blieben, von der X-AG Schadensersatz i.H.v. 3.500,- €. Die X-AG macht geltend, die L-GmbH habe schon seit Jahren ohne jede Beanstandung derartige Arbeiten ausgeführt.*

415 Vgl. oben, Rn. 233 f.

416 Weitere wichtige Beispielsfälle in Palandt, § 280, Rn. 28.

1. A könnte gegen die X-AG ein Anspruch auf Zahlung von 3.500,- € aus § 280 I BGB zustehen.

a) Das zwischen A und der X-AG bestehende Arbeitsverhältnis stellt ein Schuldverhältnis i.S.d. § 280 I S. 1 BGB dar.

b) Fraglich ist jedoch, ob die X-AG eine Pflicht aus diesem Schuldverhältnis in von ihr zu vertretender Weise verletzt hat. Hier kommt nur die Verletzung der allgemeinen Schutzpflicht in Betracht, vgl. § 241 II BGB.

Der X-AG obliegt als Arbeitgeberin die Pflicht, das berechtigterweise in den Betrieb eingebrachte Eigentum der Arbeitnehmer in gewissem Umfang vor Verlust oder Beschädigung zu schützen.

Jedenfalls eigenes Verschulden der X-AG (i.V.m. § 31 BGB analog) (-)

Die X-AG durfte sich aber darauf verlassen, dass die Arbeiten durch die L-GmbH ordnungsgemäß durchgeführt werden; die X-AG hatte keine Veranlassung, eigene Sicherheitsvorkehrungen im Zusammenhang mit den von der L-GmbH durchgeführten Arbeiten zu treffen. Daher fehlt es jedenfalls an einem eigenen Verschulden der X-AG bzw. ihrer Organe (§ 31 BGB analog) i.S.d. § 276 BGB.

Zurechnung nach § 278 S. 1 Alt. 2 BGB?

c) Jedoch könnte ihr das Verhalten der L-GmbH und das Verhalten von deren Angestellten Z nach § 278 S. 1 Alt. 2 BGB zuzurechnen sein. Die Vorschrift führt zu einer Zurechnung der schuldhaften Pflichtverletzung des Erfüllungsgehilfen.

aa) Durch das Verhalten des Z, das der L-GmbH unproblematisch nach § 278 S. 1 Alt. 2 BGB zuzurechnen ist, wurde das Eigentum des A beschädigt. Hierbei ist jedenfalls von leicht fahrlässigem Verhalten auszugehen, da die Entstehung eines Lacknebels aufgrund des Fachwissens der L-GmbH vorhersehbar und auch (etwa durch Einsatz einer Farbrolle) vermeidbar war. Jedenfalls trifft die X-AG für ein fehlendes Verschulden der L-GmbH nach § 280 I S. 2 BGB die Darlegungs- und Beweislast; Entlastungsgründe hat sie insoweit nicht vorgetragen.

Erfüllungsgehilfe nur, wenn im Pflichtenkreis des Schuldners tätig

bb) Problematisch ist aber, ob die Voraussetzungen für eine Zurechnung dieser schuldhaften Pflichtverletzung überhaupt vorliegen. Die L-GmbH müsste Erfüllungsgehilfin der X-AG gewesen sein.

Erfüllungsgehilfe ist eine Person, die mit Wissen und Wollen der jeweiligen Partei des Schuldverhältnisses in deren Pflichtenkreis tätig wird. Die L-GmbH müsste also von der X-AG in deren Pflichtenkreis gegenüber dem Arbeitnehmer A eingebunden worden sein.

Dies wäre jedenfalls anzunehmen, wenn die X-AG die L-GmbH gerade zu dem Zweck eingeschaltet hätte, um die ihr gegenüber A obliegenden Schutzpflichten zu erfüllen, was aber nicht der Fall war. Ausreichend ist es aber auch, wenn der Dritte offensichtlich und erkennbar mit den Rechtsgütern des Betroffenen in Berührung kommt, sodass der Schuldner zumindest konkludent die Ausübung seiner Schutzpflicht dem Dritten überlässt.

Die Pflicht des Arbeitgebers, für die Sicherheit der Nutzung des Parkplatzes zu sorgen, ist allerdings auf vorhersehbare Schädigungen beschränkt.

Eigentumsverletzung für X-AG nicht vorhersehbar; L-GmbH wurde nicht zur Ausübung der Schutzpflicht eingeschaltet

Hier wurde das Eigentum des A von der Tätigkeit der L-GmbH jedoch in einer für die X-AG unvorhersehbaren Weise verletzt. Es kann nicht angenommen werden, dass die L-GmbH hinsichtlich der Schutzpflichten gegenüber A an die Stelle der X-AG treten und den Schutz des Eigentums des A für die X-AG übernehmen sollte. Damit wurde die L-GmbH nicht im Pflichtenkreis der X-AG gegenüber A tätig. Eine Zurechnung nach § 278 BGB scheidet aus.

§ 670 BGB analog?

2. In Betracht kommt allerdings ein Anspruch des A aus § 670 BGB analog.

Der Rechtsgedanke des § 670 BGB, wonach der Auftragnehmer, der unentgeltlich im Interesse des Auftraggebers tätig wird und daher die hiermit im Zusammenhang stehenden Aufwendungen und Schäden vom Auftraggeber ersetzt verlangen kann, ist auf das Verhältnis Arbeitgeber/Arbeitnehmer anwendbar: Setzt der Arbeitnehmer i.R. seiner Tätigkeit ein eigenes Fahrzeug ein, so entbindet er den Arbeitgeber von der Pflicht, ihm ein betriebseigenes Fahrzeug zur Verfügung zu stellen.

Wird das Fahrzeug dann – unabhängig von einem Verschulden des Arbeitgebers – beschädigt, ist ein Ersatzanspruch nach § 670 BGB analog gerechtfertigt.[417]

Jedoch Fahrt zum Arbeitsplatz/ nach Hause allein Sache des Arbeitnehmers

Hier hat A das Fahrzeug jedoch lediglich für die Fahrten von und zur Arbeit genutzt. Es ist die Sache des Arbeitnehmers, auf welche Weise er zu seinem Einsatzort gelangt. Damit hat A durch den Einsatz seines eigenen Fahrzeuges nichts getan, was eigentlich in den Pflichtenbereich der X-AG fiele. Deshalb ist eine analoge Anwendung des § 670 BGB nicht gerechtfertigt, da die Vorschrift gerade ein auftragsähnliches Tätigwerden im Fremdinteresse voraussetzt.

§ 670 BGB analog daher (-)

Daher scheidet ein Anspruch des A nach § 670 BGB analog aus.

3. Ein Anspruch gegen die X-AG aus § 823 I BGB i.V.m. § 31 BGB analog ist jedenfalls aufgrund fehlenden Verschuldens der Organe der X-AG zu verneinen.

§ 831 I BGB (-) wegen Exkulpation, § 831 I S. 2 BGB

Selbst wenn man die L-GmbH als weisungsabhängige Verrichtungsgehilfin der X-AG ansehen wollte, muss ein Anspruch aus § 831 I BGB jedenfalls aufgrund der Exkulpation nach § 831 I S. 2 BGB ausscheiden: Die X-AG führt an, die L-GmbH sei seit Jahren ohne jede Beanstandung für die X-AG tätig gewesen.

4. Vom BAG wurde weiter ein Anspruch aus § 906 II S. 2 BGB analog in Erwägung gezogen. Die Vorschrift bezieht sich auf grundstücksübergreifende Immissionen im privaten Nachbarrecht, die der Betroffene zu dulden hat, weshalb ihm das Gesetz einen verschuldensunabhängigen Entschädigungsanspruch zubilligt.

Eine analoge Anwendung der Vorschrift ist für den Fall anerkannt, dass der betroffene Nachbar die Immission aus tatsächlichen Gründen nicht rechtzeitig abwehren konnte und demzufolge einen Schaden erlitten hat (sog. nachbarrechtlicher Aufopferungsanspruch).

Hier aber keine vergleichbare Lage wie bei § 906 II S. 2 BGB

Die Anwendung dieser Vorschrift ist aber auf das Nachbarverhältnis beschränkt. Hier hatte A lediglich sein Fahrzeug auf dem Grundstück der X-AG abgestellt; hierdurch ist er nach h.M. nicht einmal Besitzer des genutzten Grundstücksteiles geworden. Es fehlt damit an einer für eine Analogie erforderlichen vergleichbaren Interessenlage. Ein Anspruch aus § 906 II S. 2 BGB analog ist daher zu verneinen.

Konst. Schuldanerkenntnis mangels Schriftform (-)

5. In dem Aushang am Schwarzen Brett durch die X-AG kann ein konstitutives, d.h. schuldbegründendes, Schuldanerkenntnis nicht gesehen werden. Ein solches hätte der Schriftform nach §§ 780, 781 BGB bedurft.

Deklaratorisches Schuldanerkenntnis auch formlos möglich

6. Formlos möglich ist allerdings ein deklaratorisches Schuldanerkenntnis. Dieses hat zur Folge, dass sich der Anerkennende die ihm bekannten Einwendungen und Einreden gegen den Anspruch des anderen Teiles abschneidet. Wäre ein solches hier zu bejahen, könnte der Einwand der X-AG, sie treffe an der Eigentumsverletzung weder ein eigenes noch ein zurechenbares Fremdverschulden, abgeschnitten sein.

Rechtsbindungswille maßgeblich

Die Annahme auch eines deklaratorischen Schuldanerkenntnisses hängt davon ab, ob die X-AG einen entsprechenden Rechtsbindungswillen hatte. Dieser ist nach objektiven Gesichtspunkten, insbesondere nach der vernünftigen Verständnismöglichkeit des objektiven Empfängers, zu ermitteln.

417 BAG, DB 2000, 1127-1128 = **juris**byhemmer.

Hier (-)

Aus der Erklärung, sich um die Beseitigung des Schadens kümmern zu wollen, kann nicht der Wille der X-AG entnommen werden, selbst für die Schäden verschuldensunabhängig haften zu wollen. Vielmehr ist die Erklärung als Ausübung der Fürsorgepflicht des Arbeitgebers zu verstehen, die betroffenen Arbeitgeber bei der Beseitigung der Schäden zu unterstützen und evtl. als Vermittler zwischen den Geschädigten und der L-GmbH aufzutreten.

Daher Ansprüche des A (-)

Daher ist auch ein Anspruch unter dem Gesichtspunkt des Schuldanerkenntnisses zu verneinen. A stehen gegen die X-AG keine Schadensersatzansprüche zu.

hemmer-Methode: Ein Fall, der es in sich hat! Mit Ausnahme von § 670 BGB analog handelt es sich jedoch nicht etwa um arbeitsrechtliche Spezialprobleme, sondern um allgemeines Schuldrecht!
Lesen Sie diesen im Bayerischen 2. Examen im Termin 2003 / II geprüften Fall nach unter BAG, NJW 2000, 3369 f. Empfehlenswert ist auch der (kritische) Kommentar von Kamanabrou in NJW 2001, 1187 f.

cc) Verletzung von Aufklärungs- und Auskunftspflichten

Wie auch im vorvertraglichen Bereich können für eine Partei eines Schuldverhältnis Aufklärungs- und Auskunftspflichten bestehen, die bei ihrer Verletzung einen Anspruch aus § 280 I BGB auslösen können.[418] 254

hemmer-Methode: Seltener sind Verträge, die eine Aufklärungs- oder Auskunftspflicht als Primärpflicht beinhalten; meist fehlt es am Rechtsbindungswillen. Wird hierbei die Aufklärungs-/Auskunftspflicht verletzt, liegt ein Fall der Schlechterfüllung vor; auf diesen findet aber – mangels Vorliegens von entsprechenden Regelungen im besonderen Schuldrecht – § 280 I BGB ebenso wie § 281 BGB unproblematisch Anwendung. Gleiches gilt, wenn sich die Pflicht aus dem Gesetz ergibt, z.B. nach §§ 666, 681 S. 2, 713, 1379, 2027, 2314 BGB. Denken Sie bei diesen gesetzlichen Primäransprüchen auf Auskunftserteilung im prozessualen Bereich immer auch an die Stufenklage, § 254 ZPO! 255

Spezieller Entstehungsgrund erforderlich

Da dem BGB eine allgemeine Auskunftspflicht fremd ist, bedarf es zu deren Annahme stets eines speziellen Entstehungsgrundes. Neben Auskunftsverträgen oder gesetzlichen Entstehungsgründen kommt vor allem § 242 BGB, jetzt näher ausgestaltet durch § 241 II BGB, in Betracht.[419] 256

Eine solche Nebenpflicht auf Auskunftserteilung kann vor allem dann vorliegen, wenn einer der Vertragsparteien Umstände bekannt sind, die für die andere Seite bei der Vertragsabwicklung erkennbar von Bedeutung sind.[420]

Primäranspruch auf Auskunftserteilung

Des Weiteren nimmt die h.M. einen einklagbaren Primäranspruch auf Auskunftserteilung aus § 242 BGB an, wenn 257

- zwischen den Beteiligten eine Sonderverbindung i.S. eines (zumindest dem Grunde nach bestehenden) Leistungsanspruches besteht[421],
- der die Auskunft verlangende Teil ohne Mitwirkung des anderen Teils nicht in der Lage ist, sich die entsprechende Information selbst zu verschaffen[422]

418 Palandt, § 280, Rn. 30.

419 Palandt, § 241, Rn. 7.

420 Z.B.: Aufklärungspflicht der Bank, bei der Verleitung eines Kunden, in Aktien auf Kredit zu spekulieren, BGH, NJW 1997, 1361-1362 = **juris**byhemmer; Aufklärungspflicht des Verkäufers einer Eigentumswohnung, hinsichtlich der tiefgreifenden Zerstrittenheit der Wohnungsgemeinschaft , OLG Düsseldorf, NJW 1997, 1079-1081 = **juris**byhemmer.

421 BGH, NJW-RR 1989, 450-451 = **juris**byhemmer.

422 Palandt, § 242, Rn. 37.

⇨ und wenn dem Verpflichteten die Erteilung der Auskunft zumutbar ist.[423]

Bsp.: Handelsvertreter V ist als sog. Vermittlungsvertreter für den Unternehmer U unterwegs, um dessen Baumaschinen „an den Mann zu bringen". Eines Tages gelingt es ihm, mit dem Bauunternehmer B über den Kauf diverser Maschinen im Wert von 175.000,- € handelseinig zu werden. Obwohl V aus sicherer Quelle die zweifelhafte Solvenz des B bekannt ist, informiert er U von dem Kaufinteresse des B, ohne seine ernsthaften Zweifel hinsichtlich der Bonität des B mitzuteilen, da er sich die lukrative Vermittlungsprovision nicht entgehen lassen will. Es kommt zum Vertragsschluss zwischen U und B. Wozu es nicht mehr kommt, ist die Bezahlung des Kaufpreises, da B vorher zahlungsunfähig wird und ein Insolvenzverfahren mangels Masse nicht eröffnet wird, vgl. § 26 I InsO. U verlangt nun von V Schadensersatz. 258

Ein Anspruch des U könnte sich aus § 280 I BGB wegen Pflichtverletzung des Handelsvertretervertrages mit V ergeben. Zwar ist V seinen vertraglichen Hauptpflichten gem. §§ 86, 90 HGB ordnungsgemäß nachgekommen. Möglicherweise hat er jedoch eine ihm obliegende Aufklärungspflicht über die Solvenz des B als Nebenpflicht seines Vertrages verletzt. U hat V die Vertragsanbahnung mit potenziellen Kunden des U überlassen und es war V auch erkennbar, dass die Solvenz der möglichen Vertragspartner für U einen wesentlichen Umstand darstellt.

Deshalb oblag V die vertragliche Nebenpflicht, U über begründete Zweifel an der Zahlungsfähigkeit möglicher Vertragspartner aufzuklären. Dies hat V hier schuldhaft unterlassen, obwohl ihm eine derartige Unterrichtung zumutbar war. Auf die Übernahme des sog. Delkredere-Risikos durch V (vgl. § 86b HGB) kommt es in diesem Fall gar nicht mehr an.

Somit ist der Anspruch des U auf Schadensersatz aus § 280 I BGB begründet. V hat U deshalb gem. § 249 I BGB so zu stellen, wie U ohne die Pflichtverletzung des V gestanden hätte. Ohne die Pflichtverletzung, d.h. bei ordnungsgemäßer Aufklärung wäre es nicht zum Abschluss des Kaufvertrages gekommen, er hätte also die Maschinen nicht an B geliefert und keinen Kaufpreis von diesem erhalten. Es ist aber davon auszugehen, dass V die Maschinen anderweitig an Dritte hätte verkaufen können und einen entsprechenden Kaufpreis erhalten hätte.

Nach der Differenzhypothese entspricht der Ausfall der Kaufpreisforderung daher dem zu ersetzenden Schaden. In Höhe der Kaufpreisforderung steht U gegen V ein Schadensersatzanspruch aus § 280 I BGB zu.

dd) Verletzung von Mitwirkungspflichten

Mitwirkungspflicht

Als weitere Fallgruppe der Verletzung einer nicht leistungsbezogenen Nebenpflicht im vertraglichen Schuldverhältnis kommt schließlich die Verletzung einer sog. Mitwirkungspflicht in Betracht. Darunter wird die Pflicht verstanden, im Zusammenwirken mit dem anderen Vertragsteil die Voraussetzungen für die Durchführung des Vertrages zu schaffen und evtl. Erfüllungshindernisse zu beseitigen.[424] 259

hemmer-Methode: Voraussetzung ist aber, dass das Schuldverhältnis bereits wirksam entstanden ist. Im Vorfeld des Schuldverhältnisses müssen Sie den Anspruch aus § 280 I BGB unter Zuhilfenahme von § 311 II BGB begründen.

V.a. bei Genehmigungsbedürftigkeit

Hauptsächlicher Anwendungsbereich der Mitwirkungspflichten sind die Fälle der Genehmigungsbedürftigkeit bestimmter Handlungen. Danach sind die Vertragsparteien verpflichtet, alles für die Erteilung der Genehmigung Erforderliche zu tun bzw. die Schaffung von Genehmigungshindernissen zu unterlassen.[425] 260

423 BGHZ 81, 21-35 (25) = **juris**byhemmer.

424 Palandt, § 280, Rn. 29.

425 BGHZ 67 34-38 (35) = **juris**byhemmer.

4. Keine Widerlegung des vermuteten Vertretenmüssens, § 280 I S. 2 BGB

Der Anspruch aus § 280 I S. 1 BGB besteht nicht, wenn der Schuldner die Pflichtverletzung nicht zu vertreten hat. 261

hemmer-Methode: Achten Sie - auch wenn es im Zeitdruck der Examensklausur schwer fällt - auf eine exakte Wortwahl: § 280 I BGB spricht vom *Vertretenmüssen*.
Das eigene bzw. fremde (§ 278 BGB) *Verschulden* i.S.v. § 276 I S. 1 BGB ist nur ein Unterfall des Vertretenmüssens. So kann der Schuldner eine Pflichtverletzung auch ohne „technisches" Verschulden zu vertreten haben (z.B. Haftung für Zufall gem. § 287 S. 2 BGB)!

Das Vertretenmüssen wird gem. § 280 I S. 2 BGB vermutet. Das heißt, dass sich der Schädiger für die Pflichtverletzung exkulpieren muss.

Keine Anwendung des § 280 I S. 2 BGB zum Nachteil des Arbeitnehmers, § 619a BGB

Keine Anwendung findet § 280 I S. 2 BGB aber zum Nachteil des Arbeitnehmers. § 619a BGB bestimmt nämlich, dass bei einer Pflichtverletzung des Arbeitsvertrages durch den Arbeitnehmer diesem das Vertretenmüssen der Pflichtverletzung nachgewiesen werden muss. Bei Pflichtverletzungen des Arbeitgebers ist § 280 I S. 2 BGB aber freilich anwendbar.

hemmer-Methode: Insoweit kann auf die Ausführungen zu § 286 IV BGB verwiesen werden (vgl. dort Rn. 170 ff.).
Das Problem der Exkulpation tritt auch i.R.d. § 831 I S. 2 BGB auf, wonach der Geschäftsherr für die unerlaubte Handlung seines Verrichtungsgehilfen für vermutetes Organisationsverschulden haftet.

Vertretenmüssen bezieht sich auf Pflichtverletzung

Das Vertretenmüssen muss sich auf die Pflichtverletzung, nicht aber auf den Schaden beziehen. Der schuldhaft eine Pflicht verletzende Schuldner kann somit einen Schadensersatzanspruch des Gläubigers nicht dadurch zu Fall bringen, dass er „den Eintritt dieses Schadens nicht gewollt" habe, etc. 262

Zu beachten ist an dieser Stelle, dass sich aus dem jeweiligen Schuldverhältnis Haftungsprivilegierungen ergeben können. 263

Bsp.: *Passant A hilft B, der auf der Straße ausgerutscht ist und sich das Bein gebrochen hat. Dabei beschädigt A leicht fahrlässig dessen Kleidung.*

Soweit B den A nicht mit der Hilfe beauftragt hat, kommt hier als maßgebliches Schuldverhältnis nur eine berechtigte GoA in Betracht (§§ 677, 683 BGB). Ein Ersatzanspruch des B bezüglich seiner Kleidung könnte sich daher zunächst aus einer Pflichtverletzung i.R.d. berechtigten GoA und damit aus § 280 I BGB ergeben.

Zu berücksichtigen ist aber die Haftungsmilderung des § 680 BGB, nach der bei einer GoA zur Gefahrenabwehr nur für grobe Fahrlässigkeit gehaftet wird. Da aber A nur leicht fahrlässig gehandelt hat, scheidet der Anspruch aus § 280 I BGB aus.

Weiter könnten aber Ansprüche aus den §§ 823 ff. BGB in Betracht kommen. Würde man diese hier freilich durchgehen lassen, so liefe die Haftungsprivilegierung des § 680 BGB leer. § 680 BGB muss daher auch i.R.d. Deliktsrechts angewendet werden.[426]

Zurechnung der schuldhaften Pflichtverletzung nach § 278 BGB

Einer der wesentlichen Vorteile der Haftung aus § 280 I BGB gegenüber der deliktischen Haftung nach den §§ 823 ff. BGB liegt in der Anwendbarkeit des § 278 BGB. 264

426 Palandt, § 680, Rn. 1.

Zu beachten ist, dass streng genommen **nicht nur das Verschulden**, sondern **auch die Pflichtverletzung** des Erfüllungsgehilfen nach § 278 BGB **zugerechnet werden muss**; zugerechnet wird also die schuldhafte Pflichtverletzung des Dritten.

5. Schaden

Ersatzfähiger Schaden: §§ 249 ff. BGB

a) Weitere Voraussetzung ist das Vorliegen eines ersatzfähigen Schadens. Dieser bestimmt sich nach den §§ 249 ff. BGB[427]; die regelmäßig anzustellende Berechnung des Vermögensschadens ist durch den Vergleich zweier Vermögenslagen beim Gläubiger vorzunehmen, sog. Differenzhypothese[428]: 265

Zu vergleichen ist die jetzige (tatsächliche) Vermögenslage und die (hypothetische) Vermögenslage, die jetzt ohne das schädigende Ereignis (= die Pflichtverletzung) hypothetisch bestehen würde.

hemmer-Methode: Einfach, aber ungenau und vom Korrektor nicht gern gesehen ist die Aussage, es sei der Vergleich der Vermögenslagen „vor und nach dem schädigenden Ereignis" anzustellen. Dies entspricht zwar im Ergebnis meist der obigen Differenzhypothese; Abweichungen ergeben sich aber v.a. bei der Berücksichtigung hypothetischer Umstände. 266

Zurechnung jedes Schadenspostens zur Pflichtverletzung

b) Jeder Schadensposten muss kausal und zurechenbar auf dem haftungsbegründenden Ereignis, nämlich der Pflichtverletzung, beruhen (Äquivalenz, Adäquanz, Schutzzweck der Norm). Es gelten gegenüber anderen Schadensersatzansprüchen keine Besonderheiten. 267

Jedoch keine Beschränkung auf neg. Interesse von vorne herein

Eine Beschränkung des ersatzfähigen Schadens der Höhe nach findet außer in den Fällen der §§ 122 I, 179 II BGB nicht statt! Daher ist es auch nicht vertretbar, den Anspruch auf die Höhe des Erfüllungsinteresses - wie bei §§ 122 I, 179 II BGB - zu beschränken.[429]

hemmer-Methode: Häufig ist dennoch die Argumentation anzutreffen, der Anspruch auf Schadensersatz wegen Pflichtverletzung im vorvertraglichen Bereich sei auf das negative Interesse beschränkt. Lassen Sie sich nicht verwirren; zu ersetzen ist der kausale Schaden! Man wird so gestellt, wie man ohne die Pflichtverletzung („negativ") stünde. Dieser Schaden kann aber u.U. weit über das positive Interesse hinausgehen. Eine Beschränkung der Höhe nach findet nicht statt.

Kausaler Schaden bei der c.i.c.

c) Auch bei der c.i.c. gemäß §§ 280 I, 311 II BGB ist der durch die Pflichtverletzung kausal verursachte Schaden zu ersetzen („Ersatz des hierdurch entstehenden Schadens").

Da sich die Pflichtverletzung im vorvertraglichen Bereich ereignet, ist der Gläubiger im Ergebnis regelmäßig so zu stellen, als wäre das vorvertragliche Schuldverhältnis überhaupt nicht zustande gekommen; dies entspricht dem Vertrauensschaden des Gläubigers.

§ 249 I BGB: Anspruch auf Vertragsschluss/Vertragsanpassung grds. denkbar

aa) Wäre bei Unterbleiben der Pflichtverletzung im vorvertraglichen Bereich der Vertrag mit dem vom Geschädigten erwarteten Inhalt zustande gekommen, kann sich aus § 249 I BGB ein Anspruch auf Vertragsschluss oder auf Vertragsanpassung ergeben; kausaler Schaden ist der nicht geschlossene bzw. nachteilig geschlossene Vertrag, dieser Schaden wird hierbei im Wege der Naturalrestitution „ersetzt".

427 Zum Ersatz des Begleitschadens: Palandt, § 280, Rn. 32.

428 Palandt, Vorb. 8 zu § 249.

429 Vgl. Palandt, Rn. 17 vor § 249.

Auch dies ist nicht etwa eine „Ausnahme“ von einem angeblichen „Grundsatz“ der Beschränkung auf das negative Interesse, sondern die strikte Anwendung des Kausalitätserfordernisses im haftungsausfüllenden Tatbestand. Nach der BGH-Rechtsprechung ist allerdings erforderlich, dass – obwohl dies von § 249 I BGB nicht gefordert ist – dem Geschädigten ein Vermögensschaden entstanden ist.[430]

Jedoch i.d.R. Wertungskorrekturen erforderlich

Allerdings sind hier regelmäßig Wertungskorrekturen durchzuführen, um etwa bei Nichtigkeit des geschlossenen Vertrages nicht gegen die Wertung der jeweiligen die Nichtigkeit anordnenden Norm zu verstoßen.[431]

Ist in diesen Fällen Naturalrestitution (v.a. rechtlich) nicht möglich, so ist nach § 251 I BGB Geldersatz zu leisten; dieser kann dem Erfüllungsinteresse entsprechen, sofern nicht gesetzliche Wertungen entgegenstehen.

Schaden bei Aufklärungspflichtverletzung des Verkäufers, wenn Käufer am Vertrag festhält

bb) Fraglich ist, was ein Käufer vom Verkäufer bei einer Aufklärungspflichtverletzung verlangen kann, wenn der Käufer am Vertrag festhalten will, obwohl dieser infolge der Pflichtverletzung zu für ihn ungünstigen Bedingungen zustande gekommen ist. *268*

Nicht ersatzfähig ist die Differenz zwischen dem Wert des gekauften Gegenstandes in mangelfreiem Zustandes und dem tatsächlichen Wert. Eine derartige Schadensberechnung entspräche dem positiven Interesse, welches §§ 280 I, 241 II BGB nicht ersetzt.

Möglicherweise kann der Käufer aber die Zahlung des Betrages verlangen, um den er wegen der unterlassenen Aufklärung den gekauften Gegenstand zu teuer erworben hat.

Dies wäre dann der Fall, wenn der Käufer so zu behandeln wäre, als wäre es ihm bei Kenntnis der wahren Sachlage gelungen, den Kaufvertrag zu einem günstigeren Kaufpreis abzuschließen.

BGH-Rechtsprechung uneinheitlich

Die Rechtsprechung des BGH ist hierzu uneinheitlich. *269*

„Minderungsrechtsprechung“ des 5. Senats

(1) Der fünfte Senat des BGH hat im Rahmen seiner sogenannten **„Minderungsrechtsprechung“** ausgeführt, dass dem Geschädigten - entgegen der Ansichten von Teilen der Literatur[432] - zwar kein Anspruch auf Vertragsanpassung zusteht.[433]

Der BGH räumt dem Käufer aber das Recht ein, an dem für ihn ungünstigen Vertrag festzuhalten. Geschieht das, reduziert sich der zu ersetzende Vertrauensschaden auf die berechtigten Erwartungen des Geschädigten, die durch den zustande gekommenen Vertrag nicht befriedigt werden. Es geht dann nicht darum, den Vertrag an die neue Situation anzupassen, sondern nur darum, den so reduzierten Vertrauensschaden zu berechnen.

Das geschieht bei einem Kaufvertrag in der Weise, dass der Geschädigte so behandelt wird, als wäre es ihm bei Kenntnis der wahren Sachlage gelungen, den Vertrag zu einem niedrigeren Preis abzuschließen. Schaden ist danach der Betrag, um den der Geschädigte den Kaufgegenstand zu teuer erworben hat.

430 BGH, NJW 1998, 302-305 (302) = **juris**byhemmer.

431 Dazu vgl. oben, Rn. 236 f.

432 Palandt, § 311 BGB, Rn. 57

433 BGH, **Life&Law 04/2012, 249 ff.** = NJW 2012, 846 ff.; BGH, NJW-RR 1996, 690; BGH, NJW 2001, 2875, 2877; BGH, NJW 2006, 3139 ff.: **alle Entscheidungen** = **juris**byhemmer.

Da es nur um die Bemessung des verbliebenen Vertrauensschadens und nicht um die Frage einer Anpassung des Vertrags geht, braucht der Geschädigte auch nicht nachzuweisen, dass sich der Vertragspartner auf einen Vertragsschluss zu einem niedrigeren Preis eingelassen hätte.

Nach Ansicht des 12. Senats läuft Minderungsrechtsprechung auf faktischen Kontrahierungszwang hinaus

(2) Diese Rechtsprechung des fünften Senats steht im Widerspruch zur Rechtsprechung des zwölften Senats. Der zwölfte Senat vertritt die Auffassung, dass der Geschädigte seiner Darlegungslast nicht genügt, wenn er lediglich vorträgt, dass **er selbst** einen solchen, für ihn günstigeren Vertrag, abgeschlossen hätte. Vielmehr müsse der Geschädigte auch darlegen und gegebenenfalls beweisen, dass der andere Vertragspartner ebenfalls zum Abschluss eines solchen Vertrags bereit gewesen wäre (Erfordernis des hypothetischen Zustandekommens des günstigeren Vertrags).[434]

Bei der Bemessung des Schadensersatzes wegen Verschuldens bei Vertragsschluss darf daher nicht ohne weiteres davon ausgegangen werden, der Schädiger sei bereit gewesen, den Vertrag zu anderen, für den Geschädigten günstigeren Bedingungen abzuschließen. Hierzu wäre der Schädiger nämlich aufgrund der Vertragsfreiheit auch gar nicht verpflichtet.

Es mag zwar Fälle geben, in denen aufgrund besonderer Umstände zuverlässig festgestellt werden kann, dass der Vertrag ohne die Täuschung unter denselben Vertragspartnern zu anderen, für den Getäuschten günstigeren Bedingungen zustande gekommen wäre.

Liegt ein solcher Fall aber nicht vor, so läuft die Minderungsrechtsprechung des fünften Senats letztendlich auf einen faktischen Kontrahierungszwang hinaus, der dem Privatrecht grundsätzlich fremd ist. Dem Geschädigten ist daher hinreichend gedient, wenn der Vertrag insgesamt rückabgewickelt wird.

hemmer-Methode: Angesichts der nicht miteinander in Einklang zu bringenden Urteile des fünften und des zwölften Senats des BGH hätte in der letzten Entscheidung des 5. Senates[435] hinsichtlich dieser seit Jahren umstrittenen Probleme eine Anfrage gemäß § 132 III GVG beim zwölften Senat des BGH und gegebenenfalls daraufhin eine Vorlage an den Großen Senat erfolgen müssen.
Wie Sie sich in der Klausur entscheiden, spielt keine Rolle, solange Sie die Problematik kennen und kontrovers diskutieren.

6. Verjährung

Grds. § 195 BGB

Der Anspruch aus § 280 I BGB unterliegt grds. der regelmäßigen Verjährung gem. § 195 BGB (drei Jahre). Etwas anderes kann sich jedoch im Zusammenhang mit einer im Gesetz vorgesehenen kürzeren Verjährungsfrist für bestimmte vertragliche Ansprüche ergeben (z.B. §§ 438, 548, 634a BGB). Für den Verjährungsbeginn gilt § 199 BGB.[436] *270*

7. Beweislast

Grds. alle anspruchsbegründenden Tatsachen vom Anspruchsteller zu beweisen

a) Grundsätzlich hat im Prozess der Anspruchsteller alle anspruchsbegründenden Tatsachen vorzutragen (Darlegungslast) und im Falle des Bestreitens durch die Gegenseite zu beweisen (Beweislast). *271*

434 BGH, NJW 1998, 2900 f. = **juris**byhemmer.

435 BGH, **Life&Law 04/2012, 249 ff.** = NJW 2012, 846 ff. = **juris**byhemmer.

436 Palandt, § 280, Rn. 33.

Insbesondere hinsichtlich des Vertretenmüssens des Anspruchsgegners kann er hierdurch jedoch in kaum zu überwindende Beweisschwierigkeiten geraten, da er von den Hintergründen, warum der Schuldner eine Pflicht verletzt hat, regelmäßig keine Kenntnis haben wird.[437]

Beweislastumkehr in § 280 I S. 2 BGB für Vertretenmüssen; Ausnahme: § 619a BGB

b) Gemäß § 280 I S. 2 BGB trifft den Schuldner aufgrund der negativen Formulierung („Dies gilt nicht, wenn der Schuldner die Pflichtverletzung nicht zu vertreten hat") die Beweislast für das Vertretenmüssen (sog. Beweislastumkehr). Gleichzeitig trifft den Schuldner auch die Darlegungslast für das Nicht-Vertretenmüssen, d.h. der Vortrag des Anspruchsstellers ist auch dann schlüssig, wenn er zum Vertretenmüssen des Schuldners nichts vorträgt. 272

Als Ausnahme ist für die Haftung des Arbeitnehmers gegenüber dem Arbeitgeber § 619a BGB zu beachten, der es bei der Beweislast des Arbeitgebers für das Vertretenmüssen belässt. 273

Im Übrigen Beweislast beim Gläubiger

Für die übrigen Anspruchsvoraussetzungen des § 280 I S. 1 BGB, insbesondere für das objektive Vorliegen einer Pflichtverletzung und die Kausalitätsbeziehung zwischen Pflichtverletzung und Schaden bleibt es jedoch bei der üblichen Beweislastverteilung: Den Anspruchsteller (den Gläubiger) trifft die Darlegungs- und Beweislast. 274

Ausnahmsweise Beweislastumkehr bzgl. obj. Pflichtverletzung

Die Beweislast für die objektive Pflichtverletzung hat grundsätzlich der Gläubiger zu tragen; allerdings kann beim Vorliegen einer erfolgsbezogenen Pflicht aus dem Eintritt des Schadens, sofern dieser in den Gefahr- und Verantwortungsbereich des Schuldners fiel, auf die objektive Pflichtverletzung rückgeschlossen werden, sodass den Schuldner ausnahmsweise die Beweislast für das Nichtvorliegen der Pflichtverletzung traf. 275

Im Arzthaftungsrecht wird bei groben Behandlungsfehlern die Kausalität vermutet, § 630h V S. 1 BGB

Im Arzthaftungsrecht führt ein grober Behandlungsfehler, der geeignet ist, einen Schaden der tatsächlich eingetretenen Art herbeizuführen, regelmäßig zur Umkehr der objektiven Beweislast für den ursächlichen Zusammenhang zwischen dem Behandlungsfehler und dem Gesundheitsschaden, § 630h V S.1 BGB.

<u>Beispiel</u>: § 630h I BGB

> ***Bsp.:*** *So wird z.B. beim Behandlungsvertrag (§§ 630a ff. BGB) gem.* ***§ 630h I BGB*** *ein Fehler des Behandelnden vermutet, wenn sich ein allgemeines Behandlungsrisiko verwirklicht hat.*

Ausnahmsweise Beweislastumkehr auch bzgl. Kausalität zw. Pflichtverletzung und Schaden

Bei der Verletzung von Beratungs- oder Aufklärungspflichten, insbesondere bei grober Verletzung von Berufspflichten, sollte den Schuldner nicht nur die Beweislast hinsichtlich des Vertretenmüssens, sondern auch hinsichtlich der Pflichtverletzung und der Kausalität zwischen Pflichtverletzung und Schaden treffen. Die Begründung liefert wieder die Beweisnot des Gläubigers, der mangels hinreichender Einblicke und Fachkenntnisse nicht erkennen und beweisen kann, dass der Schaden bei pflichtgemäßem Verhalten des Schuldners ausgeblieben wäre.[438] 276

<u>Beispiel</u>: § 630h V BGB

> ***Bsp.:*** *So wird z.B. beim Behandlungsvertrag (§§ 630a ff. BGB) gem.* ***§ 630h V S. 1 BGB*** *bei einem groben Behandlungsfehler dessen Kausalität für den Schadenseintritt vermutet, wenn dieser grundsätzlich geeignet ist, eine Verletzung des Lebens, des Körpers oder der Gesundheit der tatsächlich eingetretenen Art herbeizuführen.* 276a
>
> *Dies gilt nach* ***§ 630h V S. 2 BGB*** *auch dann, wenn es der Behandelnde unterlassen hat, einen medizinisch gebotenen Befund rechtzeitig zu erheben oder zu sichern, soweit der Befund mit hinreichender Wahrscheinlichkeit ein Ergebnis erbracht hätte, das Anlass zu weiteren Maßnahmen gegeben hätte, und wenn das Unterlassen solcher Maßnahmen grob fehlerhaft gewesen wäre.*

---

437 Eine ausführliche Darlegung der Beweislastregeln i.R.d. § 280 BGB findet sich in Palandt, § 280, Rn. 34 ff.

438 Palandt, § 280, Rn. 39.

Diese beweisrechtlichen Konsequenzen aus einem grob fehlerhaften Behandlungsgeschehen knüpfen daran an, dass die nachträgliche Aufklärbarkeit des tatsächlichen Behandlungsgeschehens wegen des besonderen Gewichts des ärztlichen Fehlers und seiner Bedeutung für die Behandlung in einer Weise erschwert ist, dass der Arzt nach Treu und Glauben - also aus Billigkeitsgründen - dem Patienten den vollen Kausalitätsnachweis nicht zumuten kann.

BGH: § 630h V S. 1 BGB gilt analog bei Verträgen, die dem Schutz von Leben und Gesundheit dienen

Wegen der Vergleichbarkeit der Interessenlage gelten die vorgenannten Beweisgrundsätze nach Ansicht des BGH entsprechend bei grober Verletzung sonstiger Berufs- oder Organisationspflichten, sofern diese, ähnlich wie beim Arztberuf, dem Schutz von Leben und Gesundheit anderer dienen.[439] *276b*

Wer eine besondere Berufs- oder Organisationspflicht, andere vor Gefahren für Körper und Gesundheit zu bewahren, grob vernachlässigt hat, kann nach Treu und Glauben die Folgen der Ungewissheit, ob der Schaden abwendbar war, nicht dem Geschädigten aufbürden. In derartigen Fällen kann die regelmäßige Beweislastverteilung dem Geschädigten nicht zugemutet werden.

hemmer-Methode: So hat der BGH bereits entschieden, dass ein Schwimmmeister, der durch grobe Vernachlässigung seiner Aufsichtspflicht den seiner Obhut anvertrauten Schwimmschüler in eine Gefahrenlage gebracht hat, die geeignet war, den eingetretenen Ertrinkungstod herbeizuführen, beweisen muss, dass der Verunglückte auch bei sorgfältiger Überwachung nicht hätte gerettet werden können.[440]
Auch beim Tierarztvertrag hat der BGH diese Grundsätze zuletzt herangezogen und bei groben Behandlungsfehlern eine Umkehr der Kausalitätsbeweislast bejaht.[441]

Die Voraussetzungen für die Vermutung des Kausalitätsbeweises legt der BGH wie folgt fest:

- die (vertraglichen) Pflichten müssen dem Schutz von Leben und Gesundheit dienen, diesen Schutz gerade bezwecken
- grobe Vernachlässigung der (vertraglichen) Pflichten
- generelle Eignung der Pflichtverletzung zur Herbeiführung der tatsächlich eingetretenen Schäden
- durch das grob fahrlässige Verhalten muss es zu einer Verschlechterung der Beweissituation des Geschädigten gekommen sein.

hemmer-Methode: Diese Rechtsprechung zur analogen Anwendung des § 630h V S. 1 BGB ist keinesfalls unumstritten.
Zur Kritik vgl. Tyroller, hemmer-background zu BGH, Life&Law 10/2017, 665 (670) sowie Mäsch, NJW 2017, 2080 f.

B) Schadensersatz statt der Leistung

Während für den Schadensersatz neben der Leistung (bzw. Begleitschaden) nach § 280 I BGB mit Ausnahme des Verzuges für alle Pflichtverletzungen die gleichen Anspruchsvoraussetzungen gelten, wird hinsichtlich des Anspruches auf Schadensersatz statt der Leistung in den §§ 281 ff. BGB stärker nach der Art der Pflichtverletzung differenziert. *277*

439 Vgl. **BGH, Life&Law 10/2017, 665 ff.** = NJW 2017, 2108 ff. = **juris**byhemmer.

440 BGH, NJW 1962, 959 f. = **juris**byhemmer.

441 BGH, **Life&Law 10/2016, 690 ff.** = NJW 2016, 2502 ff. = **juris**byhemmer (Tierarzt); ähnlich auch BGH, NJW-RR 2002, 1108, 1112 = **juris**byhemmer (Transportrecht); OLG Köln, VersR 1970, 229 = **juris**byhemmer (Kirmesbudenbesitzer).

I. Schadensersatz statt der Leistung bei Unmöglichkeit

Nach §§ 280 I, III, 283 S. 1 BGB kann der Gläubiger, sofern der Schuldner nach § 275 I - III BGB nicht zu leisten braucht, unter den Voraussetzungen des § 280 I BGB Schadensersatz statt der Leistung verlangen. Dies bedeutet, dass die vom Schuldner zu vertretende (§ 280 I S. 2 BGB) Unmöglichkeit (§ 275 I - III BGB) zum Anspruch auf Schadensersatz statt der Leistung führt. 278

1. Schadensersatz statt der Leistung bei anfänglicher Unmöglichkeit: § 311a II BGB

a) Abgrenzung zu §§ 280 I, III, 283 BGB

Auch § 311a II BGB sieht einen Anspruch auf Schadensersatz statt der Leistung im Falle der Unmöglichkeit vor. Dies macht eine Abgrenzung zu §§ 280 I, III, 283 BGB erforderlich. 279

§ 311a II BGB nur bei anfänglicher Unmöglichkeit

§ 311a II BGB knüpft an Abs. 1 der Vorschrift an; § 311a II BGB gilt also nur für den Fall, dass die Unmöglichkeit schon bei Vertragsschluss vorlag; gemeint ist also der Fall der anfänglichen Unmöglichkeit. Ob diese Unmöglichkeit subjektiv oder objektiv ist, spielt für die Anwendbarkeit der Vorschrift keine Rolle.[442] 280

Liegt also ein Fall anfänglicher Unmöglichkeit vor, so kommt für den Sekundäranspruch auf Schadensersatz statt der Leistung nur § 311a II BGB in Betracht; §§ 280 I, III, 283 BGB gelten somit für Fälle der nachträglichen Unmöglichkeit.[443] 281

Die Regelung zur anfänglichen Unmöglichkeit wurde nicht in den §§ 275 ff. BGB bzw. §§ 280 ff. BGB vorgenommen; diesem Weg ist der Gesetzgeber gefolgt, weil er davon ausgeht, eine anfängliche Unmöglichkeit bei gesetzlichen Ansprüchen sei nicht möglich. Die Regelung musste daher im Bereich der Begründung rechtsgeschäftlicher Schuldverhältnisse, §§ 311 ff. BGB, erfolgen. 282

Wirksamkeit des Vertrags und Schadensersatz „statt der Leistung", § 311a I BGB

b) § 311a II BGB spricht (nun) dem Gläubiger eines nach § 275 I - III BGB anfänglich unmöglichen Anspruches gegen den Schuldner einen Schadensersatzanspruch auf Schadensersatz statt der Leistung zu. 283

Ersatz des positiven Interesses

Im Unterschied zur bisherigen Rechtslage ist der Anspruch bei anfänglicher objektiver Unmöglichkeit nicht (mehr) auf das negative Interesse begrenzt. 284

Da § 311a II BGB für objektive und subjektive anfängliche Unmöglichkeit gilt, ist der Sekundäranspruch bei anfänglichem Unvermögen nun gesetzlich geregelt.[444]

Verschuldensprinzip auch bei anfänglichem Unvermögen

Die wichtigste Neuerung ist aber in § 311a II S. 2 BGB zu finden: Der Anspruch scheidet aus, wenn der Schuldner bei Vertragsschluss das Leistungshindernis nicht kannte und seine Unkenntnis auch nicht zu vertreten hatte. 285

Der Reformgesetzgeber sah das bisher von der h.M. beim anfänglichen Unvermögen vertretene Garantieprinzip als unbillig an und führte das Verschuldensprinzip ein.[445]

442 Palandt, § 311a, Rn. 3 f.

443 Palandt, § 311a, Rn. 4.

444 Palandt, § 311a, Rn. 7.

445 BT-Drucks. 14/6040, S. 165 f.; Palandt, § 311a, Rn. 9.

hemmer-Methode: Eine generelle Übernahme einer Beschaffungsgarantie durch den Verkäufer i.S.d. § 276 I S. 1 HS 2 BGB wäre mit der gesetzlichen (Neu)Regelung nicht vereinbar.[446]

b) Voraussetzungen des Anspruches nach § 311a II BGB

Übersicht

SE statt der Leistung bei anfänglicher Unmöglichkeit, § 311a II BGB: 286

1. Anfängliche Unmöglichkeit einer vertraglichen Primärleistungspflicht i.S.d. § 275 I - III BGB
2. Vertretenmüssen des Schuldners: Kenntnis/fahrlässige Unkenntnis des Schuldners, § 311a II S. 2 BGB

⇨ **Rechtsfolge: SE statt der Leistung**

hemmer-Methode: Beachten Sie: § 311a II BGB stellt eine eigenständige Anspruchsgrundlage dar; ein Hinzuzitieren des § 280 I BGB ist nicht zulässig. Denn § 311a II BGB bestimmt die Sorgfaltspflichten des Schuldners vor Vertragsschluss, anders als § 280 I BGB.[447] Zitieren Sie also § 311a II BGB immer alleine!

aa) Anfängliche Unmöglichkeit einer vertraglichen Primärleistungspflicht

Der Anspruch aus § 311a II BGB kommt nur bei anfänglicher Unmöglichkeit einer Pflicht in Betracht, die sich aus einem Vertrag ergibt. Dieses Erfordernis kommt in § 311a I BGB zum Ausdruck, auf den sich Abs. 2 bezieht. Denn das BGB geht davon aus, dass es gesetzliche Leistungspflichten, die auf eine anfänglich unmögliche Leistung gerichtet sind, nicht gibt. 287

Ferner muss es sich um eine Primärleistungspflicht handeln, da bei nicht leistungsbezogenen Pflichten, etwa der Schutzpflicht[448], eine Unmöglichkeit nicht denkbar ist.

Einrede (nach a.A. Gestaltungsrecht) nach § 275 II, III BGB muss erhoben sein

Liegt ein Fall eines nur einredeweise geltend zu machenden Leistungshindernisses i.S.v. § 275 II, III BGB vor, so muss die Einrede (nach a.A. Gestaltungsrecht) der fehlenden Leistungsfähigkeit vom Schuldner erhoben worden sein. Nur in diesem Fall braucht der Schuldner nach § 275 II, III BGB nicht zu leisten, vgl. den Wortlaut des § 311a I BGB.

Vertrag darf nicht aus anderen Gründen nichtig sein

Zu beachten ist, dass der Vertrag nicht aus einem anderen Grunde nichtig sein darf, z.B. wegen Verstoßes gegen ein gesetzliches Verbot nach § 134 BGB. Eine solche Unwirksamkeit verhindert § 311a I BGB nicht.[449] In diesen Fällen scheidet ein Anspruch nach § 311a II BGB aus. 288

In Betracht kommt jedoch ein Anspruch aus §§ 280 I, 241 II BGB, wenn einer Partei i.R.d. Fallgruppe des Abschlusses unwirksamer Verträge eine Pflichtverletzung vorgeworfen werden kann (vgl. oben Rn. 241 ff.).

446 Vgl. hierzu OLG Karlsruhe, ZGS 2004, 477-480 (479) = **juris**byhemmer.

447 Palandt, § 311a, Rn. 6.

448 Vgl. oben, Rn. 233 ff.

449 Canaris, „Die Reform des Rechts der Leistungsstörungen“, JZ 2001, 499-528 (506).

bb) Keine Widerlegung des vermuteten Vertretenmüssens, § 311a II S. 2 BGB

Auch i.R.d. Anspruches auf Schadensersatz statt der Leistung wegen anfänglicher Unmöglichkeit ist ein Vertretenmüssen des Schuldners erforderlich, wobei wiederum die Formulierung des § 311a II S. 2 BGB („Dies gilt nicht...“) eine Beweislastumkehr bewirkt.[450] 289

Vertretenmüssen bezieht sich auf Kenntnis der Unmöglichkeit bei Vertragsschluss

Der Gesetzgeber ging dabei zutreffend davon aus, dass sich das Pflichtenprogramm des Schuldners vor Abschluss eines Vertrages anders darstellt als nach Vertragsschluss. Das Vertretenmüssen bezieht sich deshalb nicht auf den Umstand, der zur Unmöglichkeit i.S.d. § 275 I - III BGB geführt hat, sondern auf die Kenntnis bzw. Unkenntnis von der Unmöglichkeit bei Vertragsschluss.

Zum einen liegt Vertretenmüssen vor, wenn der Schuldner das Leistungshindernis bei Vertragsschluss positiv kannte; zum anderen, wenn er seine Unkenntnis bei Vertragsschluss zu vertreten hat. 290

Dabei nimmt der Begriff des Vertretenmüssens auf die §§ 276 ff. BGB Bezug; der Schuldner haftet dem Gläubiger nach § 311a II BGB also auch dann, wenn er sich vor der Kenntnis vorsätzlich verschließt (= vorsätzliche Unkenntnis, selten) oder in fahrlässiger Unkenntnis vom Leistungshindernis ist, er also bei pflichtgemäß sorgfältigem Verhalten das Vorliegen des Leistungshindernisses hätte erkennen müssen (= fahrlässige Unkenntnis).

Der Schuldner muss sich auch die Kenntnis/zu vertretende Unkenntnis von Gehilfen zurechnen lassen, die er bei der Vertragsvorbereitung eingeschaltet hat. Ob als richtige Zurechnungsnorm § 278 BGB heranzuziehen ist[451], erscheint fraglich. Denn es geht nicht so sehr um die Zurechnung einer Pflichtverletzung als vielmehr um die Zurechnung von Kennen oder Kennenmüssen, weshalb die Anwendung von § 166 I BGB richtiger erscheint.

hemmer-Methode: I.R.d. § 122 II BGB kommt es beim Ausschluss des Schadensersatzes darauf an, dass der Geschädigte den Grund der Anfechtbarkeit kannte oder kennen musste. Hier wendet die ganz h.M. für die Zurechnung Dritter § 166 I BGB an.[452]

Bsp.: *K kauft beim Gebrauchtwagenhändler V einen Pkw, die Vertragsverhandlungen finden in den Geschäftsräumen des V statt. Fünf Minuten vor Vertragsschluss wird der Pkw vom Betriebsgelände des V durch Dieb D gestohlen. Anspruch des K gegen V aus § 311a II BGB?*

Abwandlung: *Wie oben; jedoch hat V vergessen, den Wagen abzuschließen.*

Es liegt ein Fall anfänglicher (subjektiver) Unmöglichkeit vor. Die Pflicht zur Leistung nach § 433 I S. 1 BGB ist damit nicht wirksam entstanden, § 275 I BGB; der Vertrag ist im Übrigen wirksam, § 311a I BGB. Fraglich ist jedoch, ob ein Fall des § 311a II S. 2 BGB vorliegt.

V (= Schuldner der unmöglich gewordenen Leistungspflicht aus § 433 I S. 1 BGB) hatte von dem Leistungshindernis (Diebstahl durch D) keine Kenntnis.

---

450 Palandt, § 311a, Rn. 9.

451 So aber Palandt, § 311a, Rn. 9.

452 MüKo, § 166, Rn. 38.

Eine fahrlässige Unkenntnis käme dann in Betracht, wenn V sich bei sorgfaltsgemäßem Verhalten rechtzeitig vor Vertragsschluss hätte von dem Leistungshindernis informieren können. Dies ist bei einem Zeitraum von fünf Minuten nicht anzunehmen; ein Anspruch aus § 311a II BGB des K gegen V scheidet aus.

hemmer-Methode: Anders wäre der Fall zu beurteilen, wenn der verkaufte Pkw bereits mehrere Tage vor Vertragsschluss durch D entwendet worden wäre. Es ist V zuzumuten, den Bestand seiner Pkw regelmäßig selbst oder durch Angestellte zu überprüfen. Ist dies nicht geschehen, liegt eine Sorgfaltspflichtverletzung und damit eine fahrlässige Unkenntnis i.S.d. §§ 311a II S. 2, 276 I S. 1 BGB vor.
Die Frage, ob bei einem Diebstahl des verkauften Gegenstandes Unmöglichkeit vorliegt, ist übrigens nicht unproblematisch: Immerhin kann der Verkäufer, der weiterhin Eigentümer ist, dem Käufer das Eigentum immer noch durch Abtretung des deliktischen Herausgabeanspruches gegen den Dieb aus § 823 I BGB bzw. § 823 II BGB i.V.m. § 242 StGB i.V.m. § 249 I BGB nach §§ 929 S. 1, 931 BGB verschaffen. Allerdings kann er dem Käufer die Sache nicht übergeben, wozu er nach § 433 I S. 1 BGB verpflichtet ist. Übergabe meint hierbei nämlich die tatsächliche Verschaffung der Herrschaftsgewalt über die Sache i.S.d. unmittelbaren Besitzes, § 854 I BGB! Insoweit liegt also Unmöglichkeit vor.

D.h. letztlich Motivirrtum

Es ist also letztlich ein Motivirrtum des Schuldners (über das Vorliegen/Nichtvorliegen des Leistungshindernisses), der zum Ersatz des positiven Interesses führt, wenn der Schuldner den Irrtum zu vertreten hat. 291

Problem: Wertungswiderspruch zur Anfechtung nach § 119 II BGB

Hat er den Irrtum über die Leistungsmöglichkeit nicht zu vertreten, scheidet nicht nur die Primärpflicht (wegen § 275 I - III BGB), sondern auch der Sekundäranspruch nach § 311a II BGB aus. Der Schuldner wird also ersatzlos frei. 292

Canaris sieht hierin einen Wertungswiderspruch zur Anfechtung nach § 119 II BGB, die – unabhängig vom Verschulden des Irrenden – zu einer Ersatzpflicht nach § 122 BGB führt.[453] Dem Vorschlag, i.R.d. § 311a II BGB im Falle der nicht zu vertretenden Unkenntnis des Schuldners vom Leistungshindernis § 122 BGB für entsprechend anwendbar zu erklären, ist der Reformgesetzgeber allerdings nicht gefolgt.[454]

Irrtum über Leistungsmöglichkeit nicht nach § 119 II BGB beachtlich

Freilich bleibt es den Parteien des Vertrages unbenommen, den nach § 311a I BGB wirksamen Vertrag nach den §§ 119 ff. BGB anzufechten und so die Ersatzpflicht nach § 311a II BGB zu beseitigen, da in diesem Fall der Vertrag wegen § 142 I BGB nicht im Übrigen wirksam wäre. Jedoch kann in dem Irrtum über die Leistungsmöglichkeit nicht ein Irrtum über eine verkehrswesentliche Eigenschaft i.S.d. § 119 II BGB gesehen werden. 293

Wäre dies der Fall, könnte der Schuldner in nahezu allen Fällen des § 311a II BGB die Schadensersatzpflicht statt der Leistung umgehen und müsste nur noch nach § 122 BGB auf das negative Interesse haften.

Im Übrigen ist auch der von Canaris angestellte Wertungsvergleich zweifelhaft: Bei § 311a II BGB geht es nicht darum, dass eine Seite die Leistungspflicht aufgrund eines Willensmangels beseitigt; vielmehr ist die Leistungspflicht schon kraft Gesetzes unwirksam, § 275 I BGB bzw. kann durch Erhebung der Einrede nach § 275 II, III BGB undurchsetzbar werden.

453 Canaris, „Die Reform des Rechts der Leistungsstörungen", JZ 2001, 499-528 (507 f.).

454 Palandt, § 311a, Rn. 14.

Eine analoge Anwendung von § 122 BGB für den Fall der nicht zu vertretenden Unkenntnis vom anfänglichen Leistungshindernis muss ausscheiden. Zudem wäre es widersprüchlich, dem Schuldner einerseits für den Fall des Irrtums über die Leistungsmöglichkeit das Anfechtungsrecht nach § 119 BGB zu versagen, ihm aber andererseits die Schadensersatzpflicht nach § 122 BGB aufzuerlegen.[455]

Garantieübernahme durch Schuldner ist möglich

Nicht ausgeschlossen ist, dass der Schuldner durch vertragliche Vereinbarung eine Garantie übernimmt. Ist dies der Fall, hat er i.S.d. § 311a II S. 2 BGB seine Unkenntnis unabhängig von einem Verschulden in Form von Vorsatz oder Fahrlässigkeit zu vertreten. *294*

Entgegen der bisher herrschenden Auffassung darf jedoch im Fall der anfänglichen subjektiven Unmöglichkeit eine solche Garantieübernahme nicht ohne weiteres angenommen werden; sie ist – um die Wertung des § 311a II S. 2 BGB nicht zu umgehen – von einer ausdrücklichen Erklärung abhängig, eine konkludente Garantieübernahme kann nur in eindeutigen Fällen angenommen werden.[456]

Lösung der Abwandlung (Rn. 290):[457]

1. Schadensersatz gemäß § 311a II BGB?

Auch in der Abwandlung hat V seine Unkenntnis vom Leistungshindernis nicht zu vertreten. Damit scheidet ein Anspruch aus § 311a II BGB aus.

2. Schadensersatz analog § 311a II BGB?

Allerdings hat V den Wagen nicht abgesperrt und damit das Leistungshindernis selbst zu vertreten. Fraglich ist, ob V deshalb zum Schadensersatz verpflichtet ist.

Nach h.L. scheidet ein Anspruch auf Schadensersatz analog § 311a II BGB in diesem Fall aus.

Da wegen § 275 I BGB nie eine Leistungspflicht bestand, konnte diese auch nicht verletzt werden.

3. Schadensersatz gem. §§ 280 I, 311 II Nr. 1 BGB?

Es liegt zwar ein vorvertragliches Schuldverhältnis vor, jedoch fehlt es an einer relevanten Pflichtverletzung.

Da es im vorvertraglichen Stadium keine Leistungspflichten gibt (vgl. § 311 II BGB, der nur auf § 241 II BGB verweist), kann es auch keine Pflichtverletzung darstellen, wenn man sich schuldhaft nicht leistungsfähig gehalten hat.

Es besteht ja schließlich auch die Möglichkeit, dass man die Vertragsbeziehungen einfach abbricht. Nur wenn man ein besonders schutzwürdiges Vertrauen erweckt hat, dass man leistungsfähig sein wird, könnte man eine Pflichtverletzung bejahen (vgl. dazu nochmals Rn. 235 ff.).

4. Schadensersatz analog § 122 I BGB?

Ein Anspruch analog § 122 I BGB scheidet aus den unter Rn. 292 und 293 genannten Gründen aus.

455 Palandt, § 311a, Rn. 14 a.E.

456 So nun ausdrücklich zum modernisierten Schuldrecht auch OLG Karlsruhe, ZGS 2004, 477-480 (479) = **juris**byhemmer.

457 Lesen Sie zur Vertiefung die Fallbesprechung in ZGS 2002, 256 (260) nach.

cc) Ersatzfähiger Schaden

§ 311a II BGB gewährt ausdrücklich den Anspruch auf Schadensersatz statt der Leistung, also das sog. positive Interesse. 295

(1) Schadensermittlung bei gegenseitigen Verträgen

Schadensberechnung und Schadensermittlung

Nach der Differenzhypothese wird berechnet, wie hoch (mathematisch) der Schaden des Gläubigers ist. Dabei wird die gegenwärtige Vermögenslage verglichen mit der Vermögenslage, die ohne das schädigende Ereignis bestehen würde.[458] 296

Davon zu unterscheiden ist die Methode der Schadensermittlung bei gegenseitigen Verträgen. Hierbei wird zwischen der Surrogations- bzw. Austauschmethode einerseits und der Differenzmethode andererseits unterschieden.

hemmer-Methode: Halten Sie die Begriffe Schadensermittlung und Schadensberechnung auch in der Klausur sauber auseinander!

Übertragung des Synallagma auf die Schadensermittlung

Bei Leistungsstörungen in gegenseitigen Verträgen muss der Auswirkung der Leistungsstörung auf die Gegenleistung Rechnung getragen werden; dies gilt auch für die Ermittlung des Schadens. Zum Begriff des gegenseitigen Vertrages vgl. oben, Rn. 76 f. 297

Surrogations- und Differenzmethode

Zur Ermittlung des positiven Interesses (Schadensersatz statt der Leistung) im gegenseitigen Vertrag sind zwei Methoden denkbar, nämlich die sog. **Surrogations- bzw. Austauschmethode** einerseits, die sog. **Differenzmethode** andererseits. 298

Surrogationsmethode

(a) Nach der Surrogationsmethode bleibt der Gläubiger zur Erbringung der Gegenleistung verpflichtet; an die Stelle der Leistung des Schuldners (als Surrogat, daher die Bezeichnung) tritt der Schadensersatzanspruch des Gläubigers, der seine eigene Leistungsverpflichtung als Rechnungsposten notwendigerweise mit umfasst.[459] 299

Differenzmethode

(b) Anders nach der Differenzmethode: Danach erlöschen die gegenseitigen Leistungsverpflichtungen, vor allem auch die Pflicht des Gläubigers zur Erbringung der Gegenleistung. Der Schaden besteht dann vor allem in der Differenz zwischen Leistung und Gegenleistung, daher die Bezeichnung als Differenzmethode. Freilich fließen weitere kausale Schadensposten in die Berechnung des Schadens ein.[460] 300

Zur Veranschaulichung folgendes Beispiel: 301

Briefmarkensammler S tauscht sein Motorrad mit B gegen die seltene Briefmarke „Blaue Flunder“, da er gerade kein Geld zur Verfügung hat. B, der die Briefmarke geerbt hat und sie nicht gebrauchen kann, kommt dies gerade recht, da er einen fahrbaren Untersatz benötigt. Der Wert des Motorrads beträgt 2.500,- €, der der Briefmarke 2.900,- €. B hatte die Briefmarke allerdings vor Vertragsschluss verloren, was ihm bei Vertragsschluss bewusst war. S verlangt Schadensersatz.

Abwandlung: *S hat B das Motorrad bereits übereignet.*

S steht gegen B ein Anspruch auf Schadensersatz statt der Leistung nach § 311a II S. 1 BGB zu: Infolge des Verlustes der Briefmarke war die Pflicht des B zu deren Übereignung und Übergabe anfänglich unmöglich, § 275 I BGB. B hatte hiervon bei Vertragsschluss Kenntnis, § 311a II S. 2 BGB.

458 Vgl. Rn. 307 ff.

459 Palandt, § 281, Rn. 18.

460 Palandt, § 281, Rn. 19 ff.

1. Schadensermittlung nach der Surrogationsmethode:

Die Pflicht des B (Schuldner) zur Übereignung und Übergabe der Briefmarke an S (Gläubiger) aus §§ 480, 433 I S. 1 BGB ist anfänglich (subjektiv) unmöglich; eine entsprechende Primärleistungspflicht besteht nicht, § 275 I BGB. Nach der Surrogationsmethode wäre S weiterhin zu Übereignung und Übergabe des Motorrades an B verpflichtet.

Sein Schadensersatzanspruch berechnet sich nach der Differenzhypothese dann wie folgt: Wie bei ordnungsgemäßer Erfüllung hat S 2.500,- € (Motorrad) „verloren", anders als bei ordnungsgemäßer Erfüllung aber die 2.900,- € (Briefmarke) nicht erhalten. Der Vergleich beider Vermögenslagen ergibt eine Differenz von 2.900,- €. In dieser Höhe beläuft sich sein (Surrogations-)Schaden.

2. Schadensermittlung nach der Differenzmethode:

Nach der Differenzmethode besteht eine Pflicht zur Erbringung der Gegenleistung nicht. Der Vergleich der hypothetischen mit der tatsächlichen Vermögenslage nach der Differenzhypothese ergibt: B hätte (bezogen auf den Wert der Gegenstände) 2.500,- € geleistet und 2.900,- € erhalten. Tatsächlich muss er 2.500,- € nicht leisten, erhält aber die 2.900,- € nicht. Sein Differenzschaden beträgt 400,- €.

hemmer-Methode: Differenz- und Surrogationsmethode haben nichts mit dem Problem Schadensersatz statt der Leistung und Schadensersatz statt der ganzen Leistung (= „großer" Schadensersatz) zu tun. Während es bei der Schadensermittlung um die Frage geht, ob der Gläubiger seine Gegenleistung erbringen muss/darf, geht es beim großen/kleinen Schadensersatz um die Frage, ob der Gläubiger die Leistung behält (kleiner Schadensersatz) oder die Leistung zurückgibt und hinsichtlich der gesamten ausgefallenen Leistung den sog. „großen" Schadensersatz statt der ganzen Leistung verlangt. (Vgl. dazu Rn. 314 ff.)

Grds. Wahlrecht des Gläubigers

Das eigentliche Problem ist nun, welche Art der Schadensermittlung anzuwenden ist. Grundsätzlich ist dem Gläubiger des Schadensersatzanspruches ein Wahlrecht zuzugestehen, ob er von der Surrogations- oder der Differenzmethode Gebrauch machen will. 302

Anwendbarkeit der Surrogationsmethode trotz Ausschluss der Gegenleistungspflicht nach § 326 I S. 1 BGB

Problematisch erscheint die Anwendung der Surrogationsmethode bei § 311a II BGB, wenn der Gläubiger seine **Gegenleistung noch nicht erbracht** hat. Gem. § 326 I S. 1 BGB ist er zur Erbringung der Gegenleistung nicht verpflichtet. Es ist aber davon auszugehen, dass der Gläubiger trotz des Freiwerdens nicht daran gehindert sein soll, seine Gegenleistung zu erbringen. Er soll so gestellt werden, wie er bei ordnungsgemäßer Erfüllung stünde. Dann hätte er seine Gegenleistung erbringen dürfen, ja sogar müssen. Also ist die Surrogationsmethode nach überzeugender Ansicht anwendbar. 303

Surrogationsmethode bei bereits erbrachter Gegenleistung

Erst recht ist die Surrogationsmethode anwendbar, wenn der Gläubiger die **Gegenleistung bereits erbracht** hat, vgl. obige Abwandlung zum Beispielsfall. Zwar kann eine wegen § 326 I BGB nicht geschuldete Gegenleistung aufgrund des § 326 IV BGB nach §§ 346 bis 348 BGB (auch ohne Rücktrittserklärung) zurückgefordert werden. Allerdings handelt es sich hierbei um ein Recht, nicht aber um eine Pflicht. Es wäre unsinnig, wenn der Gläubiger zur Rücknahme der Leistung verpflichtet wäre, um nach der Differenzmethode den Schaden zu ermitteln. 304

Es ist daher zulässig, dem Schuldner die Gegenleistung zu belassen und den Schaden unter Anwendung der Surrogationsmethode zu ermitteln.[461]

461 So wie hier überzeugend Palandt, § 311a, Rn. 7, § 281, Rn. 20; Füssenich, „Differenz- und Surrogationsmethode im neuen Schuldrecht", JA 2004, 403-405; Arnold, „Rücktritt und Schadensersatz", ZGS 2003, 427 (429 f.); a.A. Dauner-Lieb, Das neue Schuldrecht, S. 34; Wilhelm, JZ 2001, 861 (868).

§ 326 IV BGB steht Surrogationsmethode nicht entgegen

Dem steht auch nicht entgegen, dass der Gläubiger einen Anspruch auf Rückerstattung der erbrachten Gegenleistung nach § 326 IV BGB hat. Wählt er die Surrogationsmethode, so setzt er hinsichtlich seiner Gegenleistung die Anwendung des § 326 BGB außer Kraft.

Differenzmethode bei bereits erbrachter Gegenleistung

Hat der Gläubiger die Gegenleistung erbracht, würde andererseits die Wahl der Differenzmethode dazu führen, dass der Schuldner die geleistete Gegenleistung (im Beispiel: das Motorrad) zurückgeben müsste. So würde der Gläubiger insoweit die Rechtsfolgen des Rücktritts herbeiführen. 305

Die Herbeiführung der Rücktrittsfolgen durch Wahl der Differenzmethode hält das Gesetz aber an anderer Stelle ausdrücklich für zulässig, vgl. §§ 281 I S. 2, 3, 281 IV BGB, die für den Fall der Teilunmöglichkeit auch über § 311a II S. 2 BGB Anwendung finden. Vor allem lässt § 325 BGB ein Nebeneinander von Schadensersatz statt der Leistung und Rücktritt zu.

Demnach kann der Gläubiger **sowohl vor als auch nach Erbringung der Gegenleistung** zwischen Surrogations- und Differenzmethode **wählen**.

Bei Geld Differenzierung i.d.R. nicht von Bedeutung

Bei Geld als Gegenleistung spielt die Differenzierung zwischen beiden Schadensermittlungsmethoden keine große Rolle, da dann aufgrund der Möglichkeit der Aufrechnung (§§ 387 ff. BGB) von Schadensersatz und Gegenleistung beide Methoden zum gleichen Ergebnis gelangen.[462] 306

(2) Schadensberechnung

Schadensberechnung nach der Differenzhypothese

Der Gläubiger des Schadensersatzanspruches ist so zu stellen, wie er stehen würde, wenn der Schuldner ordnungsgemäß erfüllt hätte. Die Schadensberechnung erfolgt also auch hier nach der Differenzhypothese. 307

(a) Es ist daher die jetzige Vermögenslage des Gläubigers mit der Vermögenslage zu vergleichen, die bei Erfüllung durch den Schuldner – unter Hinwegdenken des Leistungshindernisses – jetzt bestehen würde. 308

> ***Bsp.:*** *Wieder wird der an K verkaufte Pkw des V vor Vertragsschluss gestohlen; hiervon hat V im Zeitpunkt des Vertragsschlusses Kenntnis. Der Wagen ist 2.500,- € wert, der vereinbarte Kaufpreis beträgt 2.000,- €.*
>
> Die Voraussetzungen des § 311a II S. 1 BGB liegen vor. Zu ersetzen ist der Schaden statt der Leistung, also das positive Interesse. Wäre es – unter Hinwegdenken des Leistungshindernisses – zur ordnungsgemäßen Erfüllung durch den Verkäufer gekommen, hätte K einen Wagen im Wert von 2.500,- € erhalten und 2.000,- € bezahlt, sein Vermögen wäre um die Differenz von 500,- € gewachsen. Wegen § 275 I BGB und § 326 I S. 1 BGB kommt es aber nicht zum Austausch der Leistungen (strenge Differenztheorie), das Vermögen des K bleibt gleich. Damit beträgt der nach der Differenzhypothese berechnete ersatzfähige Schaden 500,- €.

hemmer-Methode: Die Berechnung des positiven Interesses kann gerade im Falle anfänglicher objektiver Unmöglichkeit Schwierigkeiten bereiten: Wie soll etwa der Wert eines herzustellenden Gegenstandes, der gar nicht hergestellt werden kann, angesetzt werden (Bsp.: Herstellung eines „perpetuum mobile“[463])?
Hier muss wohl von den Vorstellungen der Parteien über den (hypothetischen!) Wert der vereinbarten Leistung ausgegangen werden, wobei im Regelfall eine Orientierung an der Höhe der vereinbarten Gegenleistung zu erfolgen hat.

---

462 Vgl. Medicus, BR, Rn. 287.

463 Dieses Beispiel führt an: Canaris, „Die Reform des Rechts der Leistungsstörungen“, JZ 2001, 499-528 (505).

Jedenfalls wäre eine generelle Beschränkung auf das Vertrauensinteresse mit dem Gesetzeswortlaut nicht vereinbar[464]; sachgerechter erscheint es, das hypothetische positive Interesse zu berechnen und andererseits hohe Abzüge nach § 254 BGB vorzunehmen.[465]

Neben dem durch die Nichterfüllung entgangenen Gewinn i.S.d. § 252 BGB (im Beispiel: 500,- €) zählen vor allem die Mehrkosten eines Deckungsgeschäfts des Gläubigers zu den typischen Schadensposten. *309*

So kann beispielsweise der Käufer bei Unmöglichkeit der Leistungspflicht des Verkäufers eine der Kaufsache vergleichbare Sache erwerben und die Mehrkosten (also: die Differenz Deckungs-Kaufpreis/vereinbarter Kaufpreis) i.R.d. Schadensersatzes statt der Leistung geltend machen.

Eine Pflicht zur Vornahme eines Deckungskaufes besteht grundsätzlich nicht; jedoch kann sich eine solche im Einzelfall aus der Schadensminderungspflicht des § 254 II BGB ergeben.[466]

hemmer-Methode: Genau genommen handelt es sich bei der „Schadensminderungspflicht“ nicht um eine Pflicht des Schadensersatzgläubigers, sondern um eine Obliegenheit. Deren Verletzung führt nämlich nicht zu (Schadensersatz-)Verpflichtungen gegenüber dem Schuldner, sondern lediglich zur Minderung eigener Rechte (Kürzung des SE-Anspruchs). Da der Begriff der Schadensminderungspflicht aber allseits gebräuchlich ist, dürfen auch Sie ihn verwenden. Sollte ein Prüfer an dieser Stelle in der mündlichen Prüfung „nachhaken“, wissen Sie jedenfalls Bescheid.

Abstrakte Schadensberechnung

(b) Da bei einem Schadensersatz statt der Leistung regelmäßig ein durch die Nichterfüllung entgangener Gewinn im Raume steht, muss die Möglichkeit beachtet werden, den Schaden nach § 252 S. 2 Alt. 1 BGB („nach dem gewöhnlichen Lauf der Dinge“) abstrakt zu berechnen. Auf den konkret entgangenen Gewinn kommt es dann nicht an. *310*

Die Möglichkeit abstrakter Schadensberechnung soll, so wird teilweise behauptet, nur bei Kaufleuten und Gewerbebetreibenden möglich sein.[467] Ob sich aus dem gerade bei diesen vorhandenen Interesse, die eigenen Berechnungsgrundlagen nicht offen legen zu wollen, wirklich eine solche Einschränkung ergibt, erscheint fraglich. Jedenfalls kann i.d.R. überhaupt nur bei Kaufleuten und sonstigen Gewerbetreibenden (ebenso: bei Freiberuflern!) ein abstrakter Schaden berechnet werden, da Privatleute regelmäßig nur einmalige Geschäfte tätigen und somit ein „gewöhnlicher Lauf der Dinge“ nicht zu ermitteln ist. Dies ist aber keine Frage der Anwendbarkeit des § 252 S. 2 Alt. 1 BGB, sondern eine Frage des Vorliegens der Voraussetzungen der Norm!

Als Schadensposten kann der Gläubiger des unmöglichen Anspruches also den branchenüblichen Gewinn im Wege der abstrakten Schadensberechnung geltend machen; Hauptanwendungsfall ist der Kauf: Der abstrakte Schaden ermittelt sich insoweit aus der Differenz zwischen Markt- und Vertragspreis bzw. zwischen Vertrags- und Weiterverkaufspreis.[468] *311*

---

464 Grunewald, JZ 2001, 432 (434).

465 So Dauner-Lieb, S. 54.

466 BGH, NJW 1989, 290-292 (291) = jurisbyhemmer.

467 So BGH, NJW 1980, 1742-1743 = jurisbyhemmer.

468 Palandt, § 252, Rn. 7.

Es kommt also nicht darauf an, ob der Gläubiger tatsächlich die Möglichkeit hatte, bei ordnungsgemäßer Erfüllung den fraglichen Gewinn tatsächlich zu erzielen. Insoweit gibt die abstrakte Schadensberechnungsmöglichkeit eine Beweiserleichterung.

Problem: Kenntnis bzw. Kennenmüssen der Unmöglichkeit auf Gläubigerseite

In § 311a II BGB fehlt eine Regelung für den Fall, dass der Anspruchsgläubiger (= der Gläubiger des unmöglich gewordenen Primäranspruches) ebenfalls die Unmöglichkeit bei Vertragsschluss kannte oder kennen musste. 312

§ 254 I BGB ist anwendbar

Diese vermeintliche Lücke kann nicht zur Folge haben, dass sich dieser Umstand nach neuer Gesetzeslage nicht auf den Schadensersatzanspruch nach § 311a II BGB auswirkt; vielmehr ist auf die allgemeine Vorschrift des § 254 I BGB zurückzugreifen.

„Verschulden" wird hierbei nicht im technischen Sinn des § 276 BGB verstanden, der nur das Verschulden des Schuldners regelt. Vielmehr kommt es auf ein treuwidriges „Verschulden gegen sich selbst" an. Ein solches ist darin zu sehen, dass der Gläubiger den Vertrag schließt, obwohl er die Unmöglichkeit der Leistungspflicht des Schuldners kennt. 313

Dies ermöglicht, je nach Grad des Verschuldens der Beteiligten, eine flexible Handhabung der Schadensersatzfolge, die sich etwa bei nur leicht fahrlässiger Unkenntnis des Schuldners einerseits, aber positiver Kenntnis des Gläubigers andererseits auf Null mindert.

hemmer-Methode: Der Umfang der Kürzung wegen Mitverschuldens hängt – von dem eben genannten extremen Beispiel abgesehen – vom Einzelfall ab und lässt sich kaum jemals genau bestimmen. Dennoch sollten Sie in der Klausur, sofern Sie ein Mitverschulden festgestellt haben, einen Vorschlag zum Umfang der Anspruchskürzung unterbreiten, etwa mit der Formulierung „... hierbei erscheint eine Kürzung des Anspruches um 20 % sachgerecht". So zeigen Sie dem Korrektor, dass sie mit dem Einzelfall umgehen können.

dd) Sonderfall: Teilunmöglichkeit

Verweisung des § 311a II S. 3 BGB: Teilweise anfängliche Unmöglichkeit

In § 311a II S. 3 BGB werden § 281 I S. 2, 3 BGB und § 281 V BGB für entsprechend anwendbar erklärt. Hierdurch soll der Schadensersatzanspruch statt der Leistung bei anfänglicher teilweiser Unmöglichkeit geregelt werden.[469] 314

(1) § 281 I S. 2, 3 BGB betreffen den Fall, dass eine Pflicht nur teilweise nicht erfüllt wird, dass der Schuldner also eine Leistung erbringt, diese aber nicht vollumfänglich der geschuldeten Leistung entspricht. In § 281 I S. 2 BGB geht es um die teilweise Nichtleistung und in § 281 I S. 3 BGB um die Schlechtleistung (die immer nur teilweise pflichtwidrig ist, da der Schuldner ja eine Leistung, wenn auch eine schlechte, erbringt), also die teilweise Nichterfüllung einmal in quantitativer, einmal in qualitativer Hinsicht.[470] 315

Hat der Schuldner teilweise oder nicht wie geschuldet geleistet, kann der Gläubiger Schadensersatz statt der ganzen Leistung nur unter besonderen Voraussetzungen verlangen.

Mit dem Schadensersatz statt der ganzen Leistung ist gemeint, dass der Gläubiger die teilweise erbrachte Leistung zurückgeben muss, §§ 281 V, 346 ff. BGB, und dafür Schadensersatz statt der gesamten Leistung, also auch hinsichtlich der zunächst erbrachten Teilleistung, erhält.

469 Palandt, § 311a, Rn. 7 bzw. § 281, Rn. 36 ff., 40 ff.

470 Canaris, „Die Reform des Rechts der Leistungsstörungen", JZ 2001, 499-528 (513).

(2) Diese Form des Schadensersatzes statt der Leistung ist dem Schuldner nicht ohne weiteres zumutbar, da er schließlich eine Teilleistung erbracht hat. *316*

Nur wenn das Interesse des Gläubigers an der geschuldeten (Gesamt-)Leistung es erfordert, muss der Schuldner nach § 281 I S. 2 BGB den Schadensersatz statt der ganzen Leistung dulden.

Ist dies nicht der Fall, kann der Gläubiger Schadensersatz statt der Leistung nur hinsichtlich des nicht erbrachten Leistungsteiles verlangen.

Geringer sind die Anforderungen, wenn die Teilunmöglichkeit in einer Schlechtleistung liegt: Nach § 281 I S. 3 BGB scheidet ein Anspruch auf Schadensersatz statt der ganzen Leistung nur aus, wenn die Pflichtverletzung unerheblich ist.

hemmer-Methode: Eine die Geltendmachung von Schadensersatz statt der ganzen Leistung ausschließende nur unerhebliche Pflichtverletzung ist beim Kaufvertrag nach Ansicht des BGH in der Regel zu verneinen, wenn der Verkäufer über das Vorhandensein eines Mangels arglistig täuscht.[471]

(3) Die Verweisung des § 311a II S. 3 BGB bedeutet also, dass in den Fällen, in denen in quantitativer Hinsicht nur ein Teil der Leistung unmöglich ist, Schadensersatz statt der **ganzen** Leistung nur unter den Voraussetzungen des § 281 I S. 2 BGB verlangt werden kann. *317*

Ist die Erbringung einer Leistung wie geschuldet anfänglich unmöglich (v.a.: von Anfang an bestehender unbehebbarer Mangel), dann gibt es Schadensersatz statt der ganzen Leistung unter den geringeren Anforderungen des § 281 I S. 3 BGB.

Bsp.: *Nach dem Tode des Weinliebhabers E verkauft dessen Erbe V die geerbten 100 Flaschen Wein an K. Bei Abschluss des Vertrages waren jedoch 40 Flaschen durch falsche Lagerung ausgelaufen gewesen, was V wusste. Anspruch des K gegen V?*

1. Hinsichtlich der 40 Flaschen ist V zur Übereignung und Übergabe nicht verpflichtet, § 275 I BGB, da es sich nicht um eine Gattungs- sondern um eine Vorratsschuld handelt. Die Voraussetzungen des § 311a I S. 1 BGB liegen vor.

Jedenfalls kann K hinsichtlich der 40 Flaschen Schadensersatz statt der Leistung verlangen. Das bedeutet, dass er z.B. Mehrkosten, die durch den Kauf der Flaschen von einem Dritten entstehen, ersetzt verlangen kann. Hat er seinerseits auch hinsichtlich der 40 Flaschen den Kaufpreis bereits entrichtet, kann er diesen (teilweisen) Schadensersatzanspruch statt der Leistung auch nach der Surrogationsmethode berechnen und so den Kaufpreis, der auf die 40 Flaschen entfällt, als Schadensposten geltend machen.

2. Fraglich ist allerdings, ob K auch Schadensersatz statt der ganzen Leistung verlangen kann. Das würde bedeuten, dass er V die gelieferten 60 Flaschen zurückerstatten muss bzw. bei noch nicht erfolgter Lieferung den Anspruch auf die (nicht unmöglichen) 60 Flaschen verliert. Dafür erhält er Schadensersatz, als wenn die gesamte Verpflichtung zur Lieferung von 100 Flaschen unmöglich geworden wäre. So könnte K auch die Mehrkosten eines Deckungskaufes von 100 Flaschen bei einem Dritten ersetzt verlangen.

a) Löst man diesen Fall strikt nach dem Gesetz, so liegt das Ergebnis auf der Hand. Die Zu-Wenig-Lieferung ist gem. **§§ 433 I S. 2, 434 III BGB** eine **nicht vertragsgemäße Leistung**.

471 **BGH, Life&Law 07/2006, 439 ff.** = NJW 2006, 1960-1962 = **juris**byhemmer; kritisch zu diesem Urteil Lorenz, „Arglist und Sachmangel - Zum Begriff der Pflichtverletzung in § 323 V S. 2 BGB“, NJW 2006, 1925-1927.

Diese ist im vorliegenden Fall auch erheblich (Mengenabweichung von 40 %), sodass der Schadensersatz statt der ganzen Leistung gem. §§ 311a II S. 3, 281 I S. 3 BGB möglich wäre.[472]

b) Allerdings setzt § 281 I S. 2 BGB bei einer **Teilleistung** voraus, dass das Interesse des Gläubigers den Schadensersatz statt der ganzen Leistung erfordert. Das wäre nur der Fall, wenn die erbrachte Leistung und der Schadensersatz statt der Restleistung in ihrer Addition das Leistungsinteresse des Gläubigers nicht in ausreichendem Maße decken würden.[473]

Hier besteht ein Interesse des Gläubigers darin, dass er 60 Flaschen von V erhält und nur hinsichtlich der zerstörten 40 Flaschen Schadensersatz erhält. Nicht ersichtlich ist ein Interesse hinsichtlich eines Schadensersatzes bzgl. aller 100 Flaschen. § 281 I S. 2 BGB scheidet aus, K erhält Schadensersatz statt der Leistung nur hinsichtlich der 40 Flaschen.

Verhältnis von § 281 I S. 2 zu § 281 I S. 3 BGB

c) Fraglich ist nun das Verhältnis von § 281 I S. 2 BGB zu § 281 I S. 3 BGB, wenn wegen § 434 III BGB bei einer Zu-Wenig-Lieferung nach dem Besonderen Schuldrecht eigentlich ein Mangel vorliegt.

aa) Damit die Lösung solcher Fälle sowohl vor als auch nach Gefahrübergang übereinstimmt, wird daher von einer im Vordringen befindlichen Ansicht vorgeschlagen, dass man die Zuwenig-Lieferung im Mängelrecht gem. § 434 III BGB natürlich als Mangel zu behandeln hat, im Allgemeinen Schuldrecht aber nach wie vor als Teilleistung.[474]

bb) Für die Behandlung einer Zu-Wenig-Lieferung als nicht vertragsgemäße Leistung spricht allerdings, dass der Gläubiger bei der Teilleistung diese wegen § 266 BGB ja nicht entgegen nehmen müssen. Der Gläubiger ist daher weniger schutzwürdig, wenn er diese zunächst annimmt. Daher sind die Anforderungen an den Schadensersatz statt der ganzen Leistung strenger und setzen den Interessenfortfall voraus, § 281 I S. 2 BGB.

Bei einer Zu-Wenig-Lieferung, bei der nicht offen gelegt wird, dass nicht alles geliefert wird, hat der Gläubiger nicht die Möglichkeit, von § 266 BGB Gebrauch zu machen.

Nur diese verdeckte Zu-Wenig-Lieferung fällt aber unter § 434 III BGB. Für die Gleichstellung der Zu-Wenig-Lieferung mit einem Sachmangel nach § 434 III BGB ist es nämlich erforderlich, dass der Verkäufer die Leistung zur (vollständigen) Erfüllung seiner Pflicht aus § 433 I S. 1 BGB erbringt.[475] Abzustellen ist dabei auf den objektiven Empfängerhorizont des Käufers. § 434 III BGB ist daher nicht anzuwenden, wenn der Verkäufer erkennbar eine Teilleistung erbringt.

hemmer-Methode: § 434 III BGB gilt nicht für die offene Teillieferung!

In Fall einer verdeckten Zu-Wenig-Lieferung ist der Käufer aber schutzwürdiger, da er in diesem Fall die Möglichkeit der Zurückweisung nach § 266 BGB faktisch nicht hatte. Daher erschein es gerechtfertigt, dem Käufer auch unter den leichteren Voraussetzungen des § 281 I S. 3 BGB das Recht zu gewähren, Schadensersatz statt der ganzen Leistung verlangen zu können.

Die Anforderungen sind bei § 281 I S. 3 BGB deshalb geringer, da die Beweislast für die Unerheblichkeit der Pflichtverletzung und damit für den Ausschluss des Anspruches auf Schadensersatz statt der Leistung beim Verkäufer liegt und außerdem die Erheblichkeit der Pflichtverletzung weniger strengen Anforderungen unterliegt als der Interessenfortfall beim Gläubiger.

Ergebnis: K kann daher Schadensersatz satt der ganzen Leistung verlangen (a.A. vertretbar).

---

472 So offenbar Palandt, § 281, Rn. 36 ff.

473 Vgl. hierzu unten Rn. 412 ff.

474 So Grigoleit/Riehm, „Grenzen der Gleichstellung von Zuwenig-Leistung und Sachmangel", ZGS 2002, 115 ff. sowie Canaris, Canaris, „Die Reform des Rechts der Leistungsstörungen", JZ 2001, 499-528 (513); Lorenz, „Zur Abgrenzung von Teilleistung, teilweiser Unmöglichkeit und teilweiser Schlechtleistung im neuen Schuldrecht", NJW 2003, 3097 (3099).

475 Palandt, § 434, Rn. 53b.

hemmer-Methode: Was Sie hierzu in der Klausur vertreten, ist unerheblich. Sie sollten aber in der Lage sein, im obigen „Weinbeispiel" zu erkennen, dass eine Zuwenig-Lieferung sowohl als Teilleistung i.S.d. §§ 281 I S. 2, 323 V S. 1 BGB als auch als nicht vertragsgemäße Leistung i.S.d. §§ 281 I S. 3, 323 V S. 2 BGB angesehen werden kann und je nachdem unterschiedliche Rechtsfolgen eintreten.
Empfehlenswert ist der Aufsatz von Griegoleit/Riem, Grenzen der Gleichstellung von Zuwenig-Leistung und Sachmangel, in ZGS 2002, 115 ff. Vgl. Sie dazu auch das Fallbeispiel bei Hemmer/Wüst, Schuldrecht BT I, Rn. 137.

Abwandlung: *K hatte die 100 Flaschen gekauft, um ein Bankett zu veranstalten; 60 Flaschen reichen hierfür nicht aus. Bei dem Wein handelt es sich um einen besonderen Qualitätswein, der von Dritten nicht zu beschaffen ist.*

In diesem besonderen Fall hat V kein Interesse, die 60 Flaschen zu erhalten. Aufgrund seines besonderen Interesses an der vollständigen Erfüllung ist ein Schadensersatz statt der ganzen Leistung ausnahmsweise gerechtfertigt.

Auf das Verhältnis von § 281 I S. 2 BGB zu § 281 I S. 3 BGB kommt es nicht an, da nach beiden Vorschriften Schadensersatz statt der ganzen Leistung möglich ist.

Keine Besonderheiten bzgl. Schadensermittlung

(4) Bei der Teilunmöglichkeit im gegenseitigen Vertrag gilt, sofern Schadensersatz statt der unmöglichen Teilleistung verlangt wird (also nicht Schadensersatz statt der ganzen Leistung) hinsichtlich der Wahl der Schadensermittlungsmethode das oben Gesagte entsprechend, es bestehen keine Besonderheiten. 318

Surrogationsmethode bei SE statt der ganzen Leistung (-)

Sofern der Gläubiger beim Schadensersatz statt der ganzen Leistung zur Schadensermittlung die Surrogationsmethode wählt, kann dies nicht bedeuten, dass der Schuldner nun doch den noch möglichen Leistungsteil zu erbringen hat. Dann würde es sich nämlich um nichts anderes als um Schadensersatz statt der unmöglichen Teilleistung, nicht statt der ganzen Leistung handeln.

Vielmehr erlischt nach § 281 IV BGB analog die gesamte Leistungspflicht des Schuldners, der Gläubiger hat seine Gegenleistung zu erbringen und erhält Schadensersatz statt der ganzen Leistung des Schuldners. Dass § 311a II S. 2 BGB auf § 281 IV BGB nicht verweist, muss als gesetzgeberisches Versehen eingestuft werden.

c) Der Anspruch auf das Surrogat, § 285 BGB

Vgl. unten

Dem Gläubiger steht nach § 285 BGB auch bei anfänglichem Ausschluss der Leistungspflicht nach § 275 I - III BGB der Anspruch auf die Herausgabe des stellvertretenden commodums zu. 319

hemmer-Methode: Zum Umfang dieses Anspruches und zum Verhältnis zum Schadensersatzanspruch nach § 311a II BGB vgl. die Ausführungen zu § 283 BGB, Rn. 341 ff.

2. Schadensersatz statt der Leistung bei nachträglicher Unmöglichkeit: §§ 280 I, III, 283 BGB

§ 283 S. 1 als Rechtsgrundverweisung auf § 280 I BGB

Im Fall nachträglicher Unmöglichkeit besteht nach §§ 280 I, III, 283 BGB ein Anspruch des Gläubigers auf Schadensersatz statt der Leistung. Aufgrund des eindeutigen Wortlauts sind die Voraussetzungen des § 280 I BGB zu prüfen, es handelt sich um eine Rechtsgrundverweisung. 320

a) Anspruchsvoraussetzungen der §§ 280 I, III, 283 BGB

Zitieren Sie bei der Anspruchsgrundlage unbedingt § 280 I BGB mit; dies ist die eigentliche Anspruchsgrundlage, § 283 S. 1 BGB ist nur eine Verweisungsnorm!

Übersicht

SE statt der Leistung bei nachträglicher Unmöglichkeit, §§ 280 I, III, 283 BGB: *321*

1. **Nachträgliche Unmöglichkeit** einer Primärleistungspflicht
2. **Vertretenmüssen** des Schuldners: Bezieht sich auf das die Unmöglichkeit bewirkende Leistungshindernis

   ⇨ **Rechtsfolge: SE statt der Leistung**

b) Nachträgliche Unmöglichkeit einer Primärleistungspflicht

Bei anfänglicher Unmöglichkeit: § 311a II BGB

Zentrale Voraussetzung ist die nachträgliche Unmöglichkeit einer Leistungspflicht. Die Unmöglichkeit muss nachträglich sein, weil für den Fall anfänglicher Unmöglichkeit § 311a II BGB eine Spezialregelung bereit hält und als lex specialis den § 283 S. 1 BGB verdrängt. *322*

Nur bei leistungsbezogenen Pflichten

aa) Es muss sich auch hier um eine echte leistungsbezogene Pflicht handeln, da eine nicht-leistungsbezogene (Neben-)Pflicht nicht unmöglich werden kann. Entscheidendes Kriterium ist, ob der Gläubiger auf die Leistung einen Anspruch hatte, den er auch klageweise geltend machen konnte.[476] *323*

Bspe.:

- *nicht-leistungsbezogen: Schutzpflichten als vertragliche Nebenpflichten, Rücksichtnahmepflichten*

  ⇨ § 283 BGB ist nicht anwendbar

- *leistungsbezogen: Rückgabepflicht des Mieters nach 546 BGB, Pflicht des Verkäufers zur Übereignung und Übergabe, § 433 I S. 1 BGB.*

  ⇨ § 283 BGB ist anwendbar

Unerheblich, ob synallagmatische Pflicht oder nicht

bb) Unerheblich für die Anwendbarkeit der §§ 280 I, III, 283 BGB ist, ob es sich um eine Pflicht handelt, die mit einer Pflicht der anderen Vertragspartei im Gegenseitigkeitsverhältnis steht. *324*

Die Regelung gilt also sowohl für synallagmatische als auch für nicht-synallagmatische Pflichten.[477]

§ 283 BGB findet im Unterschied zu § 311a II BGB auch auf gesetzliche Leistungspflichten Anwendung. Allerdings ist gerade bei gesetzlichen Ansprüchen immer genau zu überprüfen, ob der Gesetzgeber für den Fall der Unmöglichkeit Sonderregelungen getroffen hat.

hemmer-Methode: So stellen z.B. die §§ 818 II, III BGB bzw. §§ 989, 990 BGB Sondervorschriften über die Unmöglichkeit der Herausgabe einer Bereicherung nach den §§ 812 ff. BGB bzw. der Sache gem. § 985 BGB dar, was einen Rückgriff auf die allgemeinen Vorschriften insoweit verbietet.

476 Palandt, § 283, Rn. 3.

477 Palandt, § 275, Rn. 3.

Bei § 275 II, III BGB muss Einrede erhoben worden sein (nach a.A. Gestaltungsrecht)

cc) § 283 S. 1 BGB spricht nicht ausdrücklich von Unmöglichkeit, sondern davon, dass der Schuldner aufgrund von § 275 I - III BGB nicht zu leisten braucht. 325

Das heißt: Die Leistungspflicht muss nach § 275 I oder II, III BGB ausgeschlossen sein. Dies ist aber bei § 275 II und III BGB erst dann der Fall, wenn der Schuldner sein Leistungsverweigerungsrecht (nach a.A. Gestaltungsrecht) nach dieser Vorschrift geltend macht. Tut er dies nicht, ist § 283 S. 1 BGB nicht anwendbar, der Gläubiger muss nach § 281 BGB vorgehen.

hemmer-Methode: Orientieren Sie sich am Gesetzeswortlaut: Der Schuldner braucht erst dann nach § 275 II oder III BGB nicht zu leisten, wenn er sich auf § 275 II bzw. III BGB beruft.

c) Keine Widerlegung des vermuteten Vertretenmüssens durch den Schuldner

Vertretenmüssen des Schuldners wg. §§ 283 S. 1, 280 I S. 2 BGB

§ 283 S. 1 BGB verweist auf die Voraussetzungen des gesamten § 280 I BGB. Aus § 280 I S. 2 BGB ergibt sich, dass der Schuldner die Pflichtverletzung zu vertreten haben muss. 326

Für den Anspruch aus §§ 280 I, III, 283 BGB bedeutet das, dass der Schuldner die Unmöglichkeit (genauer: das Leistungshindernis nach § 275 I - III BGB) zu vertreten haben muss.[478]

Umkehrung von Darlegungs- und Beweislast

§ 280 I S. 2 BGB ist aufgrund seiner Formulierung („dies gilt nicht, wenn [...]") zu entnehmen, dass der Schuldner für das Vertretenmüssen die Darlegungs- und Beweislast trägt. Er hat sich also zu entlasten, indem er darlegt und nötigenfalls beweist, die Unmöglichkeit nicht zu vertreten zu haben.[479]

***Bsp.:** V verkauft K seinen gebrauchten Pkw. Der Pkw wird nach Vertragsschluss durch einen von V fahrlässig verursachten Brand vollständig zerstört. K erhebt gegen V Klage auf Zahlung von Schadensersatz statt der Leistung. Im Termin zur mündlichen Verhandlung erscheint weder V noch sein Anwalt. K beantragt Erlass eines Versäumnisurteils. Er trägt lediglich vor, der Pkw sei nach Vertragsschluss zerstört worden; dies rechtfertige einen Anspruch auf Schadensersatz statt der Leistung. Entscheidung des Gerichts?*

Die Voraussetzungen der Säumnis liegen vor, vgl. §§ 332 ff. ZPO (soll hier nicht näher vertieft werden). Ein Versäumnisurteil gegen den Beklagten darf jedoch *nur* ergehen, wenn der mündliche Vortrag des Klägers schlüssig ist, d.h. wenn dieser seinen Antrag rechtfertigt, § 331 II ZPO.

Hier hat der Kläger vorgetragen, der Pkw sei nach Vertragsschluss zerstört worden. Dies rechtfertigt die Annahme einer nachträglichen Unmöglichkeit der Verkäuferpflicht aus § 433 I S. 1 BGB. Nichts hat der Kläger jedoch zum Vertretenmüssen des Beklagten nach §§ 283 S. 1, 280 I S. 2 BGB vorgetragen. Dies ist aber nicht erforderlich: Es ist Sache des Beklagten (d.h. des Schuldners), Tatsachen vorzutragen, die gegen sein Vertretenmüssen sprechen; § 280 I S. 2 BGB verlagert die Darlegungslast auf den Schuldner. Damit ist der Antrag des Klägers schlüssig. Es ergeht ein Versäumnisurteil gegen den Beklagten nach § 331 ZPO.

hemmer-Methode: Ebenso wird durch § 280 I S. 2 BGB die Beweislast umgekehrt: Ist das Vertretenmüssen streitig, so hat der Schuldner Beweis dafür zu erbringen, dass er die Unmöglichkeit nicht zu vertreten hat. Kann er dies nicht, ist der Anspruch aus §§ 280 I, III, 283 BGB begründet. Der Beklagte wird entsprechend verurteilt.[480]

478 Palandt, § 283, Rn. 4.

479 Palandt, § 280, Rn. 35 ff.

480 Wiederholen Sie die äußerst klausurrelevante Beweislastumkehr i.R.d. § 280 I S. 2 BGB anhand der obigen Ausführungen unter Rn. 170 ff. erneut.

Vor allem: Eigenes Verschulden und Zurechnung des Verschulden von Erfüllungsgehilfen

Was der Schuldner zu vertreten hat, ergibt sich vor allem aus den §§ 276 - 278 BGB. Neben eigenem Verschulden (§ 276 I S. 1 BGB) hat er vor allem auch ein Verschulden seiner Erfüllungsgehilfen zu vertreten, § 278 BGB. 327

§ 287 S. 2 BGB: Zufallshaftung

Im Zusammenhang mit dem Vertretenmüssen ist die Regelung des § 287 S. 2 BGB zu beachten: Danach haftet der Schuldner während des Schuldnerverzuges wegen der Leistung auch für Zufall, es sei denn, dass der Schaden auch bei rechtzeitiger Leistung eingetreten sein würde. 328

Der Schuldner hat damit auch ein zufälliges nachträglich eingetretenes Leistungshindernis zu vertreten, wenn dies während des Verzuges mit der fraglichen Leistung eintritt.[481]

§ 287 S. 2 HS 2 BGB ⇨ Verzug muss zeitlich kausal sein

Der zweite Halbsatz von § 287 S. 2 BGB schließt die Zufallshaftung aus, wenn der Schaden auch bei rechtzeitiger Leistung eingetreten sein würde. Die Zufallshaftung setzt daher voraus, dass der Schuldnerverzug zeitlich kausal für den Schadenseintritt war.

Stellt der Eintritt des Leistungshindernisses bereits eine adäquate Folge des Schuldnerverzuges dar, so hat der Schuldner es ohnehin zu vertreten, eines Rückgriffes auf § 287 S. 2 BGB bedarf es dann nicht (z.B.: Untergang leicht verderblicher Ware).

> ***Bsp.:*** *Y leiht sich in der Stadtbibliothek S ein Buch, das er laut Stempel am 10.10 wieder zurückgeben muss. Y verschläft den Termin. Als er das Buch am 15.10. schließlich zurückbringen will, wird es ihm unterwegs gestohlen. S verlangt von Y Schadensersatz.*
>
> Ein Anspruch der S gegen Y ergibt sich hier aus §§ 604 I, 280 I, III, 283 S. 1 BGB i.V.m. § 287 S. 2 BGB, denn Y war am 15.10. bereits im Verzug mit der Rückgabe (§ 286 II Nr. 1 BGB). Es bedarf eines Rückgriffs auf § 287 S. 2 BGB, da das Leistungshindernis nicht bereits adäquat kausal durch den Schuldnerverzug eingetreten ist (a.A. vertretbar mit dem Argument, dass der Diebstahl am 10.10. nicht passiert wäre.

Zufall = weder von Schuldner noch von Gläubiger zu vertretendes Ereignis

Ein Ereignis ist dann zufällig i.S.v. § 287 S. 2 BGB, wenn es weder vom Schuldner noch vom Gläubiger zu vertreten ist. Darunter fallen natürlich unvorhersehbare Naturereignisse (z.B. Blitzschlag), aber auch ein schuldhaftes Verhalten Dritter, das keiner der Parteien zuzurechnen ist (z.B.: Verkaufte Sache wird von Drittem gestohlen). 329

Zusammentreffen von Schuldner- und Gläubigerverzug

Einen Spezialfall stellt das Zusammentreffen von Schuldner- und Gläubigerverzug dar. 330

> ***Abwandlung:*** *Wieder hat Y den Rückgabetermin versäumt. Als er das Buch am 15.10. zurückbringen will, lehnt die zuständige Angestellte die Rücknahme des Buches ab. Auf der Rückfahrt verursacht Y leicht fahrlässig einen Unfall, bei dem das Buch zerstört wird.*
>
> Ein Anspruch der S gegen Y könnte sich aus §§ 604 I, 283 S. 1, 280 I BGB ergeben.
>
> **1.** Durch die Zerstörung des Buches des Y ist die Erfüllung der Rückgabepflicht aus § 604 I BGB nachträglich unmöglich geworden.
>
> **2.** Fraglich ist allein das Vertretenmüssen des Y.
>
> **a)** Nach § 276 I S. 1 BGB hat Y als Schuldner der Rückgabepflicht eigenen Vorsatz und eigene Fahrlässigkeit zu vertreten. Das Verhalten, das zu dem die Unmöglichkeit bewirkenden Ereignis führte, war laut Sachverhalt leicht fahrlässig; Y hat damit die Unmöglichkeit grundsätzlich zu vertreten.

481 Palandt, § 287, Rn. 3.

b) Eine Haftungsbeschränkung könnte sich jedoch aus § 300 I BGB ergeben. Hiernach hat der Schuldner während des Annahmeverzuges nur Vorsatz und grobe Fahrlässigkeit, nicht aber die hier vorliegende einfache Fahrlässigkeit zu vertreten. Fraglich ist, ob die Voraussetzungen des Annahmeverzuges seitens der Gläubigerin S vorliegen.

Y hat der S die Leistung, nämlich die Rückgabe des entliehenen Buches, tatsächlich angeboten; er bot die Leistung auch „so, wie sie zu bewirken ist" i.S.d. § 294 BGB an, da allein die Verspätung der Leistung noch keinen Ablehnungsgrund darstellt und auch kein Interessenfortfall seitens der S zu erkennen ist. S nahm die Leistung nicht an; sie geriet daher in Annahmeverzug i.S.d. §§ 293 ff. BGB. Gem. § 300 I BGB hat Y die Unmöglichkeit also grundsätzlich nicht zu vertreten.

c) Fraglich ist, ob sich aus § 287 S. 2 BGB ein anderes ergibt. Y befand sich zunächst mit der Rückgabepflicht im Schuldnerverzug, eine Mahnung war wegen der Terminbestimmung nach § 286 II Nr. 1 BGB entbehrlich. § 287 S. 2 BGB und § 300 I BGB sind hinsichtlich ihrer Rechtsfolge miteinander unvereinbar.

Mit Eintritt des Annahmeverzuges könnte der Schuldnerverzug jedoch geendet haben. Der Schuldnerverzug endet, wenn eine seiner Voraussetzungen nachträglich wegfällt. Wesentliche Voraussetzung des Schuldnerverzuges ist die Nichtleistung, d.h. die Nichtvornahme der Leistungshandlung. Diese hat Y durch das Anbieten der Buchrückgabe vorgenommen. Mit dem den Annahmeverzug begründenden Angebot endete somit der Schuldnerverzug und damit auch die Wirkung des § 287 S. 2 BGB. Daher war von diesem Zeitpunkt an nur noch § 300 I BGB anzuwenden. Ein Anspruch der S aus §§ 280 I, III, 283 BGB besteht nicht.

hemmer-Methode: Der Merksatz „Annahmeverzug beendet Schuldnerverzug" trifft zwar im Ergebnis zu, bringt aber in der Klausur mangels Begründung keine Punkte. *331*
Das scheinbare Konfliktverhältnis der beiden Verzugsformen, das in den §§ 287 S. 2, 300 I BGB offen zutage tritt, ist einfach zu lösen: Der Schuldnerverzug endet mit dem Wegfall einer seiner Voraussetzungen! Bietet der Schuldner dem Gläubiger die Leistung i.S.d. § 294 BGB tatsächlich an, liegt eine Nichtleistung nicht mehr vor; der Schuldner führt die Leistungshandlung aus, weshalb der Schuldnerverzug endet.

Jedenfalls ab Annahmeverzug Nichtleistung nicht mehr schuldhaft

Wird der Annahmeverzug in anderer Weise als durch tatsächliches Angebot begründet (vgl. §§ 295, 296 BGB), so wird regelmäßig eine Leistungshandlung des Schuldners noch nicht vorliegen. Den Schuldnerverzug kann man dann aber aus einem anderen Grunde verneinen: Sobald der Schuldner die Leistung in Annahmeverzug begründender Weise angeboten hat, ist die Nichtleistung des Schuldners nicht mehr schuldhaft, er hat sie nicht mehr zu vertreten. *332*

Damit fällt jedenfalls die Voraussetzung des Vertretenmüssens gem. § 286 IV BGB bei Eintritt des Annahmeverzuges weg, Schuldnerverzug scheidet von diesem Zeitpunkt an aus!

d) Schadensermittlung

Vgl. oben zu § 311a II BGB

Bei gegenseitigen Verträgen wirft das durch die Unmöglichkeit gestörte Synallagma – wie bereits bei § 311a II S. 1 BGB erörtert[482] – die Frage nach der Schadensermittlungsmethode auf. *333*

Wie bei § 311a II S. 1 BGB steht es dem Gläubiger bei §§ 280 I, III, 283 BGB zu, zwischen Differenz- und Surrogationsmethode frei zu wählen.

482 Vgl. oben, Rn. 296 ff.

e) Schadensberechnung

Der Gläubiger ist so zu stellen, wie er stünde, wenn ordnungsgemäß erfüllt worden wäre. Es gelten gegenüber dem zu § 311a II S. 1 BGB Gesagten keine Besonderheiten.[483] 334

Zu beachten ist, dass nur das Interesse an der unmöglich gewordenen Leistung zu ersetzen ist. Im Übrigen bleibt der Vertrag bestehen. Einzige Ausnahme ist im gegenseitigen Vertrag, dass die Unmöglichkeit Auswirkungen auf die synallagmatische Gegenleistung nach § 326 BGB hat. Nur im gegenseitigen Vertrag muss daher bei der Schadensberechnung die Gegenleistung - je nach gewählter Schadensermittlungsmethode - berücksichtigt werden.

f) Sonderfall 1: Teilunmöglichkeit

Teilunmöglichkeit wie bei § 311a II BGB

Für den Fall nur teilweiser Unmöglichkeit wird in § 283 S. 2 BGB auf § 281 I S. 2, 3 BGB und § 281 V BGB verwiesen. Es bestehen keine Unterschiede zur anfänglichen Teilunmöglichkeit, vgl. dazu oben Rn. 314 ff. 335

g) Sonderfall 2: Beiderseitig zu vertretende Unmöglichkeit

Beiderseitig zu vertretende Unmöglichkeit nach wie vor nicht gesetzlich geregelt

Nach h.L. immer noch nicht gesetzlich geregelt und damit weiterhin examensrelevant ist die Konstellation der beiderseitig zu vertretenden Unmöglichkeit. Gemeint sind die Fälle, in denen der Schuldner das Leistungshindernis i.S.d. § 275 I - III BGB i.S.d. §§ 283 S. 1, 280 I S. 2 BGB zu vertreten hat und der Gläubiger i.S.d. § 326 II BGB für diesen Umstand ebenfalls verantwortlich ist bzw. sich im Zeitpunkt des Eintritts des Leistungshindernisses im Annahmeverzug befindet. 336

hemmer-Methode: Beachten Sie: Befindet sich der Gläubiger im Annahmeverzug, ist zugunsten des Schuldners § 300 I BGB anzuwenden. Ist dem Schuldner nur leichte Fahrlässigkeit vorzuwerfen, liegt das Problem der beiderseitig zu vertretenden Unmöglichkeit gar nicht vor!

Keine Lösung der Problematik durch § 326 II S. 1 BGB „weit überwiegend“

§ 326 II S. 1 BGB erklärt allerdings die Erhaltung der Gegenleistung für den Fall, dass der Gläubiger für das Leistungshindernis allein oder weit überwiegend verantwortlich ist. 337

Mit der Alternative 1 scheint der Fall der beiderseitig zu vertretenden Unmöglichkeit geregelt worden zu sein. So wird beispielsweise vertreten, dass alle Fälle, die nicht unter § 326 II S. 1 Alt. 1 BGB subsumierbar seien, unter § 326 I BGB fallen würden.[484]

Dies ist jedoch nicht richtig: Der Fall weit überwiegender Verantwortlichkeit des Gläubigers ist bei Lösung der Problematik über § 254 BGB (s.u.) dem Fall alleiniger Verantwortlichkeit des Gläubigers gleichzustellen.[485]

Jedenfalls fehlt eine Regelung für den Fall, in dem der Gläubiger das Leistungshindernis mit zu verantworten hat, ohne weit überwiegend verantwortlich zu sein.

---

483 Vgl. oben, Rn. 307 ff.

484 So unzutreffend Gruber, „Schuldrechtsmodernisierung 2001/2002 – Die beiderseits zu vertretende Unmöglichkeit“, JuS 2002, 1066-1071 (1067 und 1071); lesen Sie dazu aber auch das „vernichtende“ Echo von Prof. von Olshausen in JuS 2003, 312, der Grubers Ansicht als abenteuerliche Lösung scharf kritisiert und entschieden zurückweist.

485 Diese Gleichstellung findet ab einer Verursachungsquote des Gläubigers von ca. 80 – 90 % statt, Palandt, § 326, Rn. 9.

hemmer-Methode: Merken Sie sich: Die Fälle, in denen unterhalb der Schwelle der „weit überwiegenden Verantwortung" das Vertretenmüssen des Gläubigers liegt, sind damit weiterhin rechtlich nicht geregelt, sodass die zur beiderseitigen Unmöglichkeit vertretenen Auffassungen nach wie vor Geltung beanspruchen.

Bsp.: *V verkauft K ein Bild. K holt das Bild aber nicht rechtzeitig ab und gerät in Annahmeverzug. Während des Verzugs wird das Bild aufgrund grober Fahrlässigkeit des V zerstört.*

1. Auch bei Beschränkung der Haftung des Schuldners V nach § 300 I BGB hat dieser aufgrund der groben Fahrlässigkeit die Unmöglichkeit zu vertreten, er müsste nach §§ 280 I, III, 283 BGB haften. Andererseits führt der Annahmeverzug des K zur Aufrechterhaltung der Gegenleistungspflicht nach § 326 II S. 1 BGB.

Hält man sich strikt an den Gesetzeswortlaut, wäre § 326 II S. 1 Alt. 2 BGB aber wegen der groben Fahrlässigkeit des V nicht anwendbar. Weil der Wortlaut, der ausdrücklich auf eine vom Schuldner nicht zu vertretende Unmöglichkeit abstellt, insoweit eindeutig ist, erscheint es naheliegend, den Fall über § 326 I BGB zu lösen (kein Kaufpreisanspruch) und dem Käufer einen Schadensersatzanspruch aus §§ 280 I, III, 283 BGB zu gewähren.[486]

2. Die wohl h.M.[487] nimmt an, dass in dieser Situation (Annahmeverzug des Käufers und grobe Fahrlässigkeit des Verkäufers) ein Fall der beiderseits zu vertretenden Unmöglichkeit vorliegt.

a) Jedenfalls eine wertungsmäßige Betrachtung des Falles führt dazu, dass entgegen des Wortlauts des § 326 II S. 1 Alt. 2 BGB die besseren Gründe dafür sprechen, der h.M. zu folgen. Zu bedenken ist nämlich, dass die i.R.d. Annahmeverzugs relevante Grenze zwischen einfacher Fahrlässigkeit und grober Fahrlässigkeit schwer zu ziehen und fließend ist.

Würde man sich hier stur am Wortlaut des Gesetzes orientieren, so würde in einem Fall, in dem „gerade noch" einfache Fahrlässigkeit vorliegt, der Käufer über § 326 II S. 1 Alt. 2 BGB die alleinige Last tragen, da er ohne Schadensersatz zu erhalten den vollen Kaufpreis zahlen müsste. In einem Fall aber, in dem die Grenze zur groben Fahrlässigkeit knapp überschritten ist, wäre der Verkäufer „das Opfer", da er über §§ 280 I, III, 283 BGB u.U. voll haften würde und mangels Anwendbarkeit des § 326 II BGB auch keinen Kaufpreisanspruch erhielte, § 326 I S. 1 HS 1 BGB.

Es erscheint etwas fraglich, ob dieses „Alles oder Nichts" vom Gesetzgeber wirklich so gewollt war. Sachgemäßer ist eine weniger starre Lösung, bei der die Mitverantwortungsanteile beider Parteien miteinander in Beziehung gesetzt werden.

Nach überzeugender Ansicht ist daher jedenfalls bei wertender Betrachtung ein Fall beiderseits zu vertretender Unmöglichkeit gegeben.

b) Wie die Problematik der beiderseits zu vertretenden Unmöglichkeit in der Sache zu behandeln ist, ist umstritten.

Nach e.A. besteht Schadensersatz gem. §§ 280, 283 BGB, berechnet nach der Surrogationsmethode

aa) Nach der vor der Schuldrechtsmodernisierung h.M. steht dem Käufer gem. §§ 280 I, III, 283 BGB ein Anspruch auf Schadensersatz statt der Leistung zu. 338

Um Unbilligkeiten zu vermeiden, ist nach diesem Ansatz die **Gegenleistung (Kaufpreis)** vom Käufer **geschuldet.**

486 Vgl. MüKo/Ernst, § 326, Rn. 77 ff. m.w.N.

487 Vgl. stellvertretend OLG Oldenburg, NJW 1975, 1788-1790 (1789) = jurisbyhemmer.

(1) Dies wird nach einer Ansicht dadurch erreicht, dass der Schaden nach der **Surrogations- bzw. Austauschmethode** ermittelt wird. Mit Austausch- oder Surrogationstheorie ist gemeint, dass die Verpflichtung des Gläubigers (K) zur Gegenleistung gemäß §§ 433 II, 326 II S. 1 BGB bestehen bleibt und an die Stelle der Leistung des Schuldners (V) deren Wert im Rahmen des Schadensersatzes nach §§ 280 I, III, 283 BGB tritt.

Letzteren kann der Käufer im Austausch gegen seine Gegenleistung verlangen. Dieser Schadensersatzanspruch ist dabei um den Mitverschuldensanteil des Käufers gem. **§ 254 BGB** zu kürzen. Die Gegenleistung, die der Käufer nach der Surrogationsmethode erbringen muss, ist dabei aber ungekürzt anzusetzen. Es findet daher eine Verrechnung (nach a.A.: Aufrechnung) mit dem vollen Anspruch des Schuldners gegen den Gläubiger auf die Gegenleistung **und** dem (geminderten) Schadensersatz statt der Leistung **§§ 280 I, III, 283 BGB** statt.

(2) Nach a.A. muss § 326 II BGB analog angewendet werden.[488]

Lösung nur gerecht, wenn Preis und Wert übereinstimmen

bb) Stimmen Preis und Verkehrswert der Kaufsache überein, so ist diese Vorgehensweise gerecht und in sich stimmig. Weichen aber Preis und Wert der unmöglich gewordenen Leistung voneinander ab, so ergeben sich nach der Rechtsprechung Unstimmigkeiten.

Moderner Ansatz: Schadensersatz des Verkäufers gem. §§ 280 I, 241 II BGB wegen des Erlöschens des Kaufpreises

(1) Daher wird von einer im Vordringen befindlichen Ansicht die beiderseits zu vertretenden Unmöglichkeit so gelöst, dass dem Verkäufer ein Anspruch auf **Schadensersatz nach §§ 280 I, 241 II BGB** wegen einer Schutzpflichtverletzung des Käufers eingeräumt wird.

Da § 326 II S. 1 BGB nicht eingreift, bleibt es bei § 326 I S. 1 HS 1 BGB, sodass der Anspruch des Verkäufers auf den Kaufpreis erloschen ist. Genau dieser Verlust des Anspruches auf den Kaufpreis ist der Schaden, den der Verkäufer erleidet.

Dieser Schaden beruht auf der Verletzung einer nicht leistungsbezogenen Pflicht seitens des Käufers, auf die Vermögensinteressen des Verkäufers angemessen Rücksicht zu nehmen, § 241 II BGB.

Durch die Herbeiführung der Unmöglichkeit hat K die Erfüllung mit vereitelt. Der Schaden des Verkäufers (= Verlust des Anspruches auf den Kaufpreis gem. § 326 I S. 1 BGB) beruht damit auf der Verletzung einer nicht leistungsbezogenen Pflicht seitens des K, auf die Vermögensinteressen des Verkäufers angemessen Rücksicht zu nehmen, insbesondere alles zu unterlassen, was zu einem Erlöschen des Kaufpreisanspruches führen könnte, § 241 II BGB.

Gemäß §§ 280 I, 241 II BGB schuldet der Käufer daher Schadensersatz, der gem. § 254 I BGB um den Verschuldensanteil des Verkäufers zu kürzen ist.

(2) Wenn nun der Kaufpreis günstiger war als der objektive Wert des Kaufgegenstandes bzw. dem Käufer ein sonstiger Schaden (z.B. entgangener Gewinn aus „geplatztem" Weiterkauf) entstanden ist, kann der Käufer diesen Schaden vom Verkäufer als Schadensersatz statt der Leistung gem. §§ 280 I, III, 283 BGB verlangen.

Dieser Anspruch wird aber um den Mitverschuldensanteil des Käufers gem. § 254 I BGB gekürzt.

(3) Der Anspruch des V gegen K aus §§ 280 I, 241 II BGB und der Anspruch des K gegen V aus §§ 280 I, III, 283 BGB stehen sich dann als gleichartige Ansprüche aufrechenbar gegenüber, §§ 387 ff. BGB.

hemmer-Methode: Der BGH hat diese Frage zuletzt offen gelassen, weil sie im konkreten Fall nicht entscheidungserheblich war.[489] Der Umstand, dass der BGH diesen Anspruch in seiner letzten Entscheidung zu der beiderseits zu vertretenden Unmöglichkeit aber andiskutiert, spricht dafür, dass der BGH diesem Ansatz nicht abgeneigt ist.

488 Vgl. hierzu Brade, JA 2013, 413 (414 f.).

489 **BGH, Life&Law 07/2015, 475 ff.**

h) Der Anspruch auf das Surrogat gem. § 285 BGB[490]

§ 285 BGB bei Unmöglichkeit

Der Gläubiger kann bei einer Leistungsbefreiung des Schuldners nach § 275 I - III BGB dasjenige vom Schuldner herausverlangen, was dieser in Folge des zum Leistungshindernis führenden Umstandes erlangt hat. 341

Ausschluss der Leistungspflicht nach § 275 I - III BGB

(1) Es muss ein Ausschluss der Leistungspflicht des Schuldners nach § 275 I - III BGB vorliegen. In den Fällen der Absätze 2 und 3 bedeutet dies, dass der Schuldner die dort erwähnte Einrede erhoben haben muss. Das bloße Bestehen der Möglichkeit, nach § 275 II, III BGB den Ausschluss der Leistungspflicht zu bewirken, berechtigt noch nicht zur Forderung des Surrogats nach § 285 I BGB. 342

Vertretenmüssen des Schuldners nicht erforderlich

Unbeachtlich ist, ob der Schuldner das Leistungshindernis zu vertreten hat bzw. ob er im Fall des § 311a II BGB von dem anfänglichen Bestehen des Leistungshindernisses Kenntnis hatte bzw. dieses kennen musste. § 285 BGB gibt einen verschuldensunabhängigen Anspruch auf Herausgabe des Surrogats.

Problem: Was gilt nach Verjährung?

Problematischer ist die Rechtslage, wenn der Schuldner die Sache nach Eintritt der Verjährung des Leistungsanspruches an einen Dritten veräußert.

Da § 285 BGB aus Erwägungen der Billigkeit und mit Rücksicht auf den vermuteten Parteiwillen eine unrichtig gewordene tatsächliche Verteilung der Vermögenswerte ausgleichen soll, ist es grundsätzlich richtig, dem Gläubiger auch einen Anspruch auf den Ersatzwert zu versagen, wenn er den ursprünglichen Erfüllungsanspruch wegen dessen Verjährung nicht mehr hätte durchsetzen können, vgl. § 214 I BGB.

Etwas anderes gilt jedoch dann, wenn bei erfolgsbezogenen Schuldverhältnissen die Leistung, d.h. der Eintritt des Leistungserfolgs, unmöglich wird, nachdem der Schuldner die ihm obliegende Leistungshandlung bereits vollständig vorgenommen hat.

Hat der Schuldner das zur Herbeiführung des Leistungserfolgs seinerseits Erforderliche getan, dann kann er den Rechtserwerb des Gläubigers nicht mehr durch die Geltendmachung eines Leistungsverweigerungsrechts gemäß § 214 I BGB verhindern. Ist der Schuldner somit nach Vornahme der Leistungshandlung nicht mehr dazu berechtigt, den Eintritt des Leistungserfolgs zu verhindern, dann gebührt der Leistungsgegenstand im Verhältnis der Vertragsparteien untereinander bereits dem Gläubiger.

Das bedeutet: Veräußert der Schuldner nach Eintritt der Verjährung des Anspruchs auf Übereignung den Gegenstand an einen Dritten, so kann der Gläubiger den Erlös jedenfalls dann herausfordern, wenn der Schuldner zum Veräußerungszeitpunkt die ihm obliegenden Erfüllungshandlungen (beim Grundstück z.B. Auflassung und Bewilligung der Grundbuchumschreibung) bereits vorgenommen hatte.[491]

Stellvertretendes commodum

(2) Herauszugeben ist das, was der Schuldner aufgrund des Leistungshindernisses als Ersatz für den geschuldeten Gegenstand erlangt hat, sog. stellvertretendes commodum. 343

490 Zur Vertiefung vgl. Lehmann/Zschache, „Das stellvertretende commudum“, JuS 2006, 502 ff.

491 Vgl. dazu BGH, NJW-RR 2005, 241-243 = **juris**byhemmer.

Hierbei kann es sich um Ansprüche des Schuldners gegen seine Versicherungsgesellschaft handeln, die er z.B. aufgrund der Zerstörung der zu übereignenden Kaufsache erlangt hat. Handelt es sich bei dem Surrogat um einen Anspruch, so muss der Schuldner ihn nach § 285 I BGB an den Gläubiger i.S.v. § 398 BGB abtreten. Hat die Versicherung bereits gezahlt, so ist der gezahlte Betrag herauszugeben.[492]

Ebenso erfasst sind Ansprüche des Schuldners auf Schadensersatz gegen einen Dritten, z.B. wenn dieser die zu übereignende Sache zerstört hat.

hemmer-Methode: In diesen Fällen ist aber genau zu überprüfen, ob dem Schuldner überhaupt ein Schadensersatzanspruch zusteht. Zerstört ein Dritter beim Versendungskauf die Kaufsache nach deren Absendung und liegt kein Verbrauchsgüterkauf vor (vgl. § 475 II BGB), hat der Verkäufer infolge der Zerstörung seines Eigentums keinen Schaden, da er nach § 447 I BGB weiterhin den Anspruch auf die Kaufpreissumme behält. In diesem Fall kommt jedoch eine Drittschadensliquidation in Betracht, bei der mit einer Analogie zu § 285 BGB gearbeitet wird.

Auch rechtsgeschäftliche Surrogate

§ 285 BGB umfasst aber auch solche Surrogate, die der Schuldner durch Rechtsgeschäft erworben hat (sog. commodum ex negotiatione im Gegensatz zum commodum ex re). 344

Danach kann der Gläubiger sogar mehr als den Sachwert verlangen. Dieser Mehrwert steht – so wird argumentiert – ebenso wie die ausgeschlossene Primärleistung eher dem Gläubiger als dem Schuldner zu.

> **Bsp.:** *V hat eine Sache (Wert: 100,- €) an K zu 100,- € verkauft, K hat den Kaufpreise gezahlt. Vor Gefahrübergang meldet sich bei V ein dritter Interessent D, der zur Zahlung eines höheren Kaufpreises bereit ist. V verkauft und übereignet die Sache an D zum Preis von 120,- €.*
>
> Die Leistungspflicht des V aus § 433 I S. 1 BGB ist mit der Übereignung an D nach § 275 I BGB ausgeschlossen (nachträgliche subjektive Unmöglichkeit). K kann nach § 285 BGB als Surrogat für die geschuldete Kaufsache den von D gezahlten Kaufpreis von 120,- € herausverlangen.

Wirtschaftliche Identität erforderlich

Häufig übersehen wird, dass zwischen dem Gegenstand, dessen Leistung nach § 275 I - III BGB ausgeschlossen ist und dem Gegenstand, für den der Schuldner Ersatz erlangt hat, wirtschaftliche Identität bestehen muss.[493] 345

> **Bsp.:** *Der steinreiche Graf D hat für die Zeit seines vierwöchigen Hawaii-Urlaubes seine Rassehündin „Ida" nach vorangegangenem Zeitungsinserat bei Student S „in Pflege" gegeben.*
>
> *Vertraglich wurde eine Vergütung von 500,- € pro Tag vereinbart. S nutzl die Gelegenheit und verkauft und übergibt das Tier für 25.000,- € an X. Kann D von S aufgrund § 285 BGB Herausgabe der 25.000,- € verlangen?*

hemmer-Methode: In der Klausur müssten Sie freilich weitere Ansprüche prüfen: Unproblematisch ergibt sich ein Anspruch auf Herausgabe der 25.000,- € aus angemaßter Eigengeschäftsführung, §§ 687 II S. 1, 681 S. 2, 667 Alt. 2 BGB.
Beim Anspruch aus § 816 I S. 1 BGB wird in der Klausur regelmäßig problematisch sein, ob der Anspruch den erhaltenen Kaufpreis auch dann voll umfasst, wenn dieser höher ist als der Wert der verkauften Sache (so die h.M.). Des Weiteren ist beim Anspruch aus §§ 989, 990 I BGB zu diskutieren, ob aufgrund des „Aufschwingens zum Eigenbesitzer" seitens des S eine Vindikationslage vorlag. Dies wird von der h.M. verneint, weil der nicht so berechtigte Besitz kein EBV begründet.

492 Zum Begriff des stellvertretenden commodums mit zahlreichen Veranschaulichungen: Palandt, § 285, Rn. 7.

493 Palandt, § 285, Rn. 8; § 285, Rn. 21; BGH, ZIP 2005, 1136-1138 = jurisbyhemmer.

1. § 285 I BGB setzt zunächst voraus, dass eine Leistungspflicht des Schuldners nach § 275 I - III BGB ausgeschlossen ist. S und D haben einen Verwahrungsvertrag i.S.d. §§ 688 ff. BGB geschlossen (vgl. § 90a S. 3 BGB); der hierzu erforderliche Rechtsbindungswille der Parteien ist zum einen aufgrund der besonderen Wichtigkeit der Primärleistung für D, zum anderen aufgrund der vereinbarten Vergütung unproblematisch anzunehmen.

D steht aus dem Verwahrungsvertrag gegen S ein Rückgabeanspruch nach § 695 BGB zu. Durch die Weggabe der Hündin durch S an den Dritten X wurde ihm die Rückgabe unmöglich, seine Leistungspflicht ist nach § 275 I BGB ausgeschlossen.

2. Fraglich ist allerdings, ob die von D verlangten 25.000,- € als Ersatz i.S.d. § 285 I BGB für den geschuldeten Gegenstand anzusehen sind.

a) Unbeachtlich ist, dass S das Surrogat aufgrund einer rechtsgeschäftlichen Vereinbarung mit X erhalten hat. § 285 I BGB erfasst auch das sog. commodum ex negotiatione.

b) Jedoch muss zwischen dem Gegenstand, dessen Leistung nach § 275 I - III BGB ausgeschlossen ist, und dem Gegenstand, für den der Schuldner Ersatz erlangt hat, Identität bestehen. Hier hat S sich als Eigentümer der Hündin ausgegeben und das Tier an X zum Preis von 25.000,- € verkauft. Zu der Vereinbarung dieser Summe war X bereit, um das Eigentum an der Hündin zu erlangen. Die 25.000,- € stellen daher das Surrogat für das Eigentum an dem Tier dar.

Keine Identität bei Anspr. auf Besitzverschaffung und Eigentumssurrogat

Allerdings war S nicht zur Übereignung an D, sondern nur zur Rückgabe, d.h. zur Besitzverschaffung verpflichtet. Daher ist der Gegenstand der unmöglich gewordenen Leistung (Besitz) nicht identisch mit dem Gegenstand, für den das Surrogat erlangt wurde (Eigentum). Ein Anspruch des D auf Herausgabe der 25.000,- € nach § 285 BGB scheidet daher aus.[494]

hemmer-Methode: Bei einer Doppelvermietung kommt ein Anspruch des nichtbesitzenden Erstmieters gegen den Vermieter auf Herausgabe der durch die weitere Vermietung erzielten Miete nach § 285 BGB jedenfalls dann nicht in Betracht, wenn der nichtbesitzende Mieter die Mietsache nicht in der Weise hätte nutzen dürfen wie der Zweitmieter. Insoweit fehlt es an der gem. § 285 BGB erforderlichen Identität zwischen geschuldetem und dem Gegenstand, für den Ersatz erlangt worden ist.[495]

II. Schadensersatz statt der Leistung in anderen Fällen

Verletzungen leistungsbezogener Pflichten können zum Anspruch des Gläubigers auf Schadensersatz statt der Leistung nur unter den Voraussetzungen des § 281 BGB führen. § 281 I S. 1 BGB eröffnet nach dem Wortlaut seinen Anwendungsbereich für Fälle der Nichtleistung sowie der Leistung „nicht wie geschuldet". 346

Zwar könnte unter Nichtleistung grundsätzlich auch der Fall der Nichtleistung wegen Unmöglichkeit subsumiert werden, jedoch besteht in § 283 S. 1 BGB eine Spezialregelung für diesen Fall, die als lex specialis vorrangig und ausschließlich anzuwenden ist.

hemmer-Methode: Für den Fall der Unmöglichkeit wäre eine Anwendung von § 281 BGB sinnlos: Wozu sollte der Gläubiger dem Schuldner einer unmöglichen bzw. unmöglich gewordenen Leistung eine Frist zur Leistungserbringung setzen, wenn der Schuldner die Leistung doch gerade nicht erbringen kann?

494 Dazu Palandt, § 285, Rn. 8; falsch daher die Lösung von Witt, Der praktische Fall – Bürgerliches Recht, „Gutgläubiger Erwerb antiquarischer Bücher" in JuS 2003, 1091 ff.

495 Vgl. BGH, NJW 2006, 2323-2326 = jurisbyhemmer; kritisch hierzu Wackerbarth, „§ 285 BGB und die Lehre vom effizienten Vertragsbruch", ZGS 2006, 369 ff.

Daher verweist § 283 S. 1 BGB lediglich auf die Voraussetzungen des § 280 I BGB, der das Erfordernis einer Nachfristsetzung nicht enthält.[496]

§ 282 BGB: Verletzung nicht-leistungsbezogener Pflichten

In § 282 BGB geht es um den Anspruch auf Schadensersatz statt der Leistung wegen der Verletzung „einer Pflicht nach § 241 II BGB". Gemeint sind nicht-leistungsbezogene Pflichten, vor allem die allgemeine Schutzpflicht.[497] *347*

Hier muss anderes als in § 281 BGB gelten: Das Wesen nicht-leistungsbezogener Pflichten ist gerade, dass der Gläubiger auf ihre Erfüllung keinen Primäranspruch hat; lediglich im Falle ihrer Verletzung kommen Sekundäransprüche aus § 280 I BGB oder § 282 BGB in Betracht. Dem würde es zuwiderlaufen, müsste der Gläubiger dem Schuldner zur Erfüllung solcher Pflichten eine Nachfrist setzen; auch eine Leistung „nicht wie geschuldet" wäre begrifflich widersprüchlich.[498] *348*

§ 281 BGB: Verletzung leistungsbezogener Pflichten; insb. Schlechtleistung

§ 281 BGB regelt den Schadensersatz statt der Leistung wegen der Verletzung einer leistungsbezogenen Pflicht mit Ausnahme der Unmöglichkeit, für die ausschließlich § 283 BGB anzuwenden ist. Die von § 281 BGB erfassten Pflichtverletzungen sind demnach die Nichtleistung (trotz Möglichkeit), die Zuwenig-Leistung, die Schlechtleistung und auch die Leistung eines anderen Gegenstandes, eines aliud („Andersleistung"). *349*

hemmer-Methode: Sie müssen die Systematik der §§ 280 - 283 BGB unbedingt beherrschen! Noch einmal in Kurzform: § 280 I BGB ersetzt den Begleitschaden für alle Arten von Pflichtverletzungen; hinsichtlich des Schadensersatzes statt der Leistung differenzieren die §§ 281 - 283 BGB nach der Art der Pflichtverletzung.

Zu beachten ist, dass im Kauf- und im Werkvertragsrecht die Zuwenig-Leistung und die Aliud-Leistung der Schlechtleistung gleichgestellt wird, §§ 434 III, 633 II S. 3 BGB. *350*

Allerdings hat der Gesetzgeber bewusst offen gelassen, ob sich diese Gleichstellung auch auf § 281 BGB auswirken soll, ob v.a. bei einer Zuwenig-Lieferung bei Kauf- oder Werkvertrag § 281 I S. 3 BGB und nicht § 281 I S. 2 BGB anzuwenden ist.

hemmer-Methode: Lesen Sie dazu nochmals das Beispiel bei Rn. 317 nach! Sollte die Differenzierung zwischen diesen beiden Vorschriften wirklich einmal erheblich sein, sind sicherlich bis zu einer gefestigten Rechtsprechung des BGH beide Ansichten vertretbar.

Schuldnerverzug nach § 281 BGB nicht mehr erforderlich

Vorliegen von Schuldnerverzug ist keine Tatbestandvoraussetzung des § 281 BGB. Erforderlich ist lediglich das Faktum der Nichtleistung trotz Möglichkeit und das erfolglose Verstreichen der vom Gläubiger zu setzenden Frist. Das Erfordernis des Vertretenmüssens ergibt sich aus der Verweisung des § 281 I S. 1 BGB auf § 280 I S. 2 BGB. Häufig wird aber auch gleichzeitig Verzug vorliegen, wenn in der Fristsetzung eine Mahnung gesehen werden kann. Eine Ablehnungsandrohung fordert § 281 BGB allerdings nicht (mehr).

496 Wiederholen Sie die obige Rn. 320.

497 Vgl. oben, Rn. 233 ff. und Rn 252 f.

498 Palandt, § 282, Rn. 1 ff.

1. Anspruch nach §§ 280 I, III, 281 BGB

§ 281 I S. 1 BGB wohl selbstständige Anspruchsgrundlage

Nach der Gesetzesbegründung soll die eigentliche Anspruchsgrundlage in den Fällen des § 281 BGB aufgrund der Verweisung in § 281 I S. 1 BGB der § 280 I BGB sein.[499] Dies erscheint zweifelhaft, da § 281 I S. 1 BGB auf die Voraussetzungen des § 280 I BGB, nicht aber auf dessen Rechtsfolge verweist; vielmehr ordnet § 281 I S. 1 BGB die Rechtsfolge, nämlich den Anspruch auf Schadensersatz statt der Leistung, selbst an. Dennoch erscheint es sinnvoll, die §§ 280 I, III, 281 BGB zusammen zu zitieren.[500] 351

Übersicht

352

SE statt der Leistung nach §§ 280 I, III, 281 I BGB:

1. **Fällige, wirksame und einredefreie Leistungspflicht**
2. **Möglichkeit** der Leistung: Kein Ausschluss der Leistungspflicht nach § 275 I - III BGB
3. **Nichtleistung**/Leistung „**nicht wie geschuldet**"
4. **Fristsetzung** bzw. Entbehrlichkeit
5. **Erfolgloser Fristablauf**
6. **Vertretenmüssen** des Schuldners
7. Im gegenseitigen Vertrag: **Eigene Vertragstreue**

⇨ **Rechtsfolge: SE statt der Leistung**

a) Fällige, wirksame und einredefreie Leistungspflicht

Die Anwendbarkeit des § 281 BGB setzt eine fällige Leistungspflicht des Schuldners voraus. 353

hemmer-Methode: In Fällen der Vertragsaufsage vor Fälligkeit ist die Anspruchsgrundlage für den Schadensersatz statt der Leistung umstritten.
Nach e.A. findet § 282 BGB Anwendung, da es sich um die Verletzung einer nicht-leistungsbezogenen Pflicht i.S.d. § 241 II BGB (Vertragstreuepflicht) handelt.[501]
Entgegen des sonstigen Gleichlaufs der §§ 281 - 283 BGB und der §§ 323 - 324 BGB gilt aber für den Rücktritt nicht § 324 BGB, sondern § 323 IV BGB.[502]
Dass die Voraussetzungen des § 323 BGB voraussichtlich eintreten werden, kann bei einer Erfüllungsverweigerung vor Fälligkeit bejaht werden, da zu erwarten ist, dass der Schuldner auch nach Fälligkeit (und Fristsetzung) nicht leisten wird!
Wegen der Regelung dieser Problematik beim Rücktritt vertritt eine im Vordringen befindliche Ansicht, dass § 323 IV BGB i.R.d. Schadensersatz statt der Leistung gem. §§ 280 I, III, 281 BGB analog angewendet werden solle.[503]
Wegen § 282 BGB besteht dafür aber kein entscheidendes Bedürfnis, es sei denn, man versteht die Vertragsaufsage vor Fälligkeit als die Verletzung einer leistungsbezogenen Pflicht. Wie Sie sich hier in der Klausur entscheiden, spielt keine Rolle, sofern Sie nur die Problematik erkennen.

§ 281 BGB gilt nur für leistungsbezogene Pflichten, auf deren Erbringung der Gläubiger einen Primäranspruch hat.[504]

---

499 BT-Drucks. 14/6040, S. 137.

500 I.d.S. wohl auch Palandt, § 281, Rn. 3 a.E.

501 Vgl. Schwab, „Leistungsstörungen im Sukzessivlieferungsvertrag nach neuem Schuldrecht", ZGS 2003, 73 ff.; Ramming, „Vorzeitiges Rücktrittsrecht und Schadensersatz statt der Leistung", ZGS 2002, 412 (416).

502 Ganz h.M.; vgl. z.B. Palandt, § 323, Rn. 23; a.A. Schwab, „Leistungsstörungen im Sukzessivlieferungsvertrag nach neuem Schuldrecht", ZGS 2003, 73 ff.

503 Jaensch, „Der Gleichlauf von Rücktritt und Schadensersatz", NJW 2003, 3613-3615; ders. in ZGS 2004, 134 ff.

504 Für das Merkmal der Fälligkeit gilt das zum Schuldnerverzug oben bereits Gesagte, Rn. 137 f.

Die Leistungspflicht muss auch wirksam sein; hiervon geht § 281 BGB als selbstverständlich aus. § 281 BGB ist also beispielsweise unanwendbar, wenn der geschlossene Vertrag formnichtig ist, § 125 BGB, oder gegen ein gesetzliches Verbot verstößt, § 134 BGB. In diesem Fall kommt ein Anspruch nur nach § 280 I BGB wegen Verletzung vorvertraglicher Pflichten in Betracht.[505]

Einredefreiheit als ungeschriebene Voraussetzung des § 281 BGB!

Problematisch ist jedoch, dass § 281 BGB nicht ausdrücklich die Einredefreiheit der fraglichen Forderung voraussetzt. Wer seine Verurteilung durch eine Einrede abwenden könnte, kann durch die Nichtleistung keine nachteiligen Folgen zu tragen haben.

Auf § 281 BGB zugeschnitten bedeutet dies: Wer seine Verurteilung zur Primärleistung durch Erhebung einer Einrede abwenden könnte, kann nicht zum Schadensersatz verpflichtet sein, nur weil er nicht (vollständig) geleistet hat.

Das Erfordernis der Einredefreiheit gilt daher für den Anspruch aus § 281 BGB in gleichem Maße wie für den Schuldnerverzug.[506] Die Einredefreiheit muss bereits im Zeitpunkt der Fristsetzung gegeben sein.[507]

hemmer-Methode: Aus Wertungsgründen ist das Erfordernis der Einredefreiheit der Primärleistung als ungeschriebene Anspruchsvoraussetzung des § 281 BGB anzusehen. Hierbei handelt es sich nicht um die Übernahme einer Voraussetzung des Schuldnerverzuges, sondern um die Anwendung eines dem Schuldnerverzug wie dem § 281 BGB allgemein zugrunde liegenden Gedankens.

Auch bei nicht-synallagmatischen Pflichten

Unerheblich ist, ob die fragliche Pflicht mit einer Gegenleistung des Gläubigers im Synallagma steht. § 281 BGB gilt in gleicher Weise für synallagmatische wie nicht-synallagmatische Pflichten. 354

Bspe.:

1. Rückgabepflicht des Entleihers nach § 604 BGB

Keine synallagmatische Pflicht, insbesondere nicht im Synallagma zur Pflicht des Verleihers, dem Entleiher den Gebrauch der Sache zu gestatten (§ 598 BGB), denn: Der Verleiher übergibt dem Entleiher nicht die Sache um sie zurückzuerhalten.

Aber echte Leistungspflicht des Entleihers, da dem Verleiher Anspruch auf Rückgabe nach § 604 BGB zusteht

⇨ § 281 BGB anwendbar.

2. Pflicht zur Abnahme der Sache nach § 433 II BGB a.E.

Regelmäßig keine synallagmatische Pflicht, da keine „do ut des"-Beziehung: Der Verkäufer verpflichtet sich nicht deshalb zu Übereignung und Übergabe, damit der Käufer die Sache abnimmt. Ausnahmen können im Einzelfall aber bestehen, z.B. bei Verderblichkeit der Ware.

Dennoch keine reine Obliegenheit des Gläubigers der Sachleistung zur Annahme (bei Verletzung nur §§ 293 ff. BGB), sondern echte Leistungspflicht des Käufers, auf die der Gläubiger einen Anspruch nach § 433 II BGB a.E. hat

⇨ § 281 BGB anwendbar.

---

505 Hierzu vgl. oben, Rn. 233 ff.

506 Palandt, § 281, Rn. 8.

507 Zur Einredefreiheit bei Schuldnerverzug vgl. oben, Rn. 139 ff.

3. Pflicht zur Abnahme des Werkes nach § 640 BGB

Abnahme beim Werkvertrag nach h.M. im Synallagma zur Werkleistungspflicht des Werkunternehmers, § 631 BGB, da Abnahme Voraussetzung für Fälligkeit ist, § 641 BGB.[508] Ob synallagmatisch oder nicht: Für Anwendbarkeit des § 281 BGB unerheblich; erforderlich ist lediglich eine leistungsbezogene Pflicht, bei Abnahme des Werkes (+)

⇨ § 281 BGB anwendbar.

4. Allgemeine Aufklärungspflicht über vertragswesentliche Gesichtspunkte

Die allgemeine Aufklärungspflicht ist nicht leistungsbezogen: Der Gläubiger kann nicht auf ihre Erfüllung klagen, er hat keinen Primäranspruch; bei Verletzung lediglich Sekundäranspruch nach § 280 I BGB möglich.

Für nicht-leistungsbezogene Pflichten ist § 281 BGB unanwendbar. Schadensersatz statt der Leistung wird nur unter den Voraussetzungen des § 282 BGB gewährt.

5. Auskunftspflicht aufgrund eines Auskunftsvertrages bzw. aufgrund des Auskunftsanspruch aus § 242 BGB

Allgemeine Auskunftspflicht ist grundsätzlich nicht leistungsbezogen; jedoch: Aufgrund der Privatautonomie können Auskunftsverträge geschlossen werden, die eine Primärpflicht zu einer bestimmten Auskunft zum Inhalt haben; § 675 II BGB steht dem nicht entgegen.

Bei Auskunftsverträgen ist die Auskunft leistungsbezogene Pflicht.

⇨ § 281 BGB anwendbar!

§ 281 BGB auch auf Anspruch aus § 1004 BGB anwendbar

Wird ein Beseitigungsanspruch gemäß § 1004 I BGB nicht innerhalb einer gesetzten Frist erfüllt, so ist umstritten, ob der Berechtigte Schadensersatz statt der Leistung **analog** §§ 280 I, III, 281 I BGB fordern kann, oder ob er darauf verwiesen werden muss, einen Titel auf Beseitigung der Störung zu erwirken, um nach § 887 ZPO vorzugehen. *354a*

hemmer-Methode: Wie bereits bei Rn. 131 BGB erläutert wurde, stellt der dingliche Anspruch aus § 1004 I BGB kein Schuldverhältnis i.S.d. §§ 241 ff. BGB dar. In Ermangelung einer gesetzlichen Verweisung können die Vorschriften des allgemeinen Schuldrechts auf dingliche Ansprüche richtiger Weise allenfalls nur im Wege einer Analogie angewendet werden.[509]

Das OLG Karlsruhe[510] vertritt mit einigen namhaften Stimmen in der Literatur[511] die Auffassung, dass auch bei einem Beseitigungsanspruch gem. § 1004 I BGB unter den Voraussetzungen der §§ 280 I, III, 281 I BGB Schadensersatz statt der Leistung gefordert werden kann.

Die analoge Anwendung von § 281 BGB ist für den Eigentümer dann von Interesse, wenn der Eigentümer bereit wäre, die Beeinträchtigung seines Eigentums hinzunehmen, aber dafür eine Entschädigung haben möchte, die der Störer nicht zu zahlen bereit ist. Mit Hilfe von § 281 BGB könnte der Gläubiger den Störer dazu zwingen, eine entsprechende Entschädigung zu zahlen.

Auch wenn der Eigentümer die vorhandene Störung seines Eigentums selbst beseitigt und die Kosten beim Störer liquidieren möchte, besteht ein Bedürfnis für die Anwendbarkeit des § 281 I BGB.

508 Palandt, § 640, Rn. 6.

509 So zutreffend MüKo/Ernst, 7. Auflage 2016, Einleitung vor § 241 BGB, Rn. 32.

510 **OLG Karlsruhe, Life&Law 04/2012, 531 f.** = NJW 2012, 1520 ff. = **juris**byhemmer.

511 Palandt, § 1004 BGB, Rn. 48; Staudinger, § 1004 BGB, Rn. 159 und 168.

Hat der Eigentümer die Störung selbst beseitigt, ergibt sich zwar sein Anspruch bereits aus §§ 677 ff. BGB (bzw. aus § 812 I BGB, wenn man einen Fremdgeschäftsführungswillen ablehnt). Dieser Anspruch erfordert aber, dass der Eigentümer mit seinen eigenen finanziellen Mitteln selbst die Beseitigung herbeigeführt hat.

Für diese Fallkonstellation bietet § 281 I BGB eine sachgerechte und angemessene Lösung. Verweigert der Störer wie hier nach Fristsetzung standhaft die Beseitigung der Störung, so kann der Eigentümer gemäß § 281 I BGB Schadensersatz statt der Leistung verlangen, wenn der Schuldner die Pflichtverletzung zu vertreten hat.

Die Pflichtverletzung des Störers liegt hierbei nicht in der ursprünglichen Beeinträchtigung des fremden Eigentums, die nicht verschuldet sein muss, sondern in der schuldhaften Nichtbeseitigung der Störung. Der Eigentümer ist im Wege des Schadensersatzes so zu stellen, wie er stünde, wenn der Störer seine Pflicht erfüllt hätte. Das sind die - zu erwartenden oder bereits getätigten - Aufwendungen des Geschädigten für die Beseitigung der Störung.

Anders als bei einem Anspruch auf Erstattung der Kosten gemäß §§ 677, 683, 670 BGB muss der Eigentümer die Störungsbeseitigung also noch nicht vorgenommen haben. Dies ist wichtig, weil der Eigentümer womöglich auf Grund seiner wirtschaftlichen Verhältnisse hierzu gar nicht in der Lage ist, in Vorlage zu treten und die Kosten sodann gemäß §§ 677, 683 BGB oder im Wege der Rückgriffskondiktion gemäß § 812 I BGB einzuklagen.

§ 281 BGB ist eine daher angemessene und auch praktikable Lösung für die Fälle, in denen sich der Störer von Anfang an standhaft weigert, die Beseitigung vorzunehmen oder ersatzweise die Kosten hierfür zu tragen.

__Problem__: Anwendbarkeit der §§ 280 I, III, 281 BGB auf den Anspruch aus § 985 BGB?

Seit langem umstritten ist die Frage, ob auch im Fall des § 985 BGB der Eigentümer berechtigt ist, in **analoger** Anwendung der §§ 280 I, III, 281 I BGB statt der Herausgabe Schadensersatz zu verlangen. 354b

hemmer-Methode: Da der dingliche Anspruch aus § 985 BGB kein Schuldverhältnis i.S.d. §§ 241 ff. BGB darstellt (Rn. 131), kommt allenfalls eine analoge Anwendung der §§ 280 I, III, 281 BGB in Betracht.

M.M. verneint Anwendbarkeit

(1) In Teilen der Literatur wird eine analoge Anwendbarkeit mangels vergleichbarer Interessenlage aus grundsätzlichen Erwägungen verneint. Der vindikatorische Herausgabeanspruch habe eine andere Funktion als schuldrechtliche Ansprüche. Er diene der Rechtsverwirklichung nur, soweit er Eigentum und Besitz zusammenführe. In Verbindung mit §§ 280 I, III, 281 BGB diene er dagegen der Verwertung der Sache. Dies sei mit seinem Zweck nicht vereinbar. Das Eigentum könne nicht wie ein sonstiger Erfüllungsanspruch zu Gunsten der Wahl von Schadensersatz wegfallen.

Eine Anwendung der §§ 280 I, III, 281 BGB gefährde zudem den durch die Regelungen des Eigentümer-Besitzer-Verhältnisses intendierten Schutz des redlichen Besitzers.[512]

Nach a.A. sind die §§ 280 I, III, 281 BGB anwendbar; dies aber analog § 990 II BGB nur zu Lasten des Bösgläubigen

(2) Die wohl überwiegende Auffassung in Rechtsprechung und Literatur geht grds. von einer analogen Anwendbarkeit der §§ 280 I, III, 281 BGB auf den Herausgabeanspruch des § 985 BGB aus. Einschränkend seien allerdings die gesetzgeberischen Wertungen des Eigentümer-Besitzer-Verhältnisses (§§ 987 ff. BGB) zu beachten, weshalb ein Eigentümer über die genannten Vorschriften nur gegenüber einem verschärft haftenden Besitzer vorgehen dürfe.[513]

512 So z.B. MüKo, § 985 BGB, Rn. 83 ff. Kohler, NZM 2014, 729, 738; Gursky, Jura 2004, 433 ff.

513 OLG Rostock, NJW-RR 2012, 222 (223); Palandt, 75. Aufl., § 985 BGB, Rn. 14 sowie § 281 BGB, Rn. 4; Weiss, JuS 2012, 965, 967.

Teilweise wird vertreten, dass die §§ 280 I, III, 281 BGB analog § 990 II BGB nur auf den bösgläubigen Besitzer angewendet werden können.[514]

***Ansicht des BGH:** §§ 280 I, III, 281 BGB anwendbar zu Lasten des verklagten oder bösgläubigen Besitzers*

(3) Der **BGH**[515] bejaht die analoge Anwendung der §§ 280 I, III, 281 BGB auf den Anspruch aus § 985 BGB und beruft sich dabei u.a. auf seine Rechtsprechung zur Anwendbarkeit des § 275 BGB auf den Anspruch aus § 1004 BGB.[516]

Außerdem bejaht der BGH ein praktisches Bedürfnis für die Anwendbarkeit der §§ 280 I, III, 281 BGB. Der Eigentümer hat gleichermaßen wie ein obligatorischer Herausgabegläubiger, insbesondere bei Ungewissheit über die Erfolgsaussichten der Vollstreckung des Herausgabeanspruchs, ein Interesse an der Möglichkeit eines rechtssicheren Übergangs zum Schadensersatz.

Diesen könnte der Eigentümer bei einer bloßen Herausgabeverweigerung mit gleichzeitiger Unauffindbarkeit der Sache für den Gerichtsvollzieher nicht verlangen. Bei fehlgeschlagener Vollstreckung des Herausgabetitels bliebe ihm nur ein neuer, nunmehr auf die §§ 989, 990 BGB gestützter (Schadensersatz-)Prozess. Dies widerspräche den Vorstellungen des Gesetzgebers. Danach soll der Gläubiger nach Setzung einer angemessenen Frist zur Erbringung der Leistung sicher sein, bei Vorliegen der weiteren Voraussetzungen Schadensersatz statt der Leistung verlangen zu können. Es ist nicht einleuchtend, dass der dingliche Gläubiger bei seiner Rechtsverfolgung schlechter stehen soll als der schuldrechtliche.

Allerdings darf die Anwendung der §§ 280, 281 BGB auf den dinglichen Herausgabeanspruch nach § 985 BGB nicht dazu führen, dass die verschärften Haftungsvoraussetzungen der §§ 989, 990 BGB mit ihrer Privilegierung des gutgläubigen, unverklagten Besitzers unterlaufen werden. Deren Wertungen sind vielmehr einschränkend zu berücksichtigen, sodass Schadensersatz analog §§ 280 I, III, 281 BGB nur im Falle der Rechtshängigkeit des Herausgabeanspruchs oder der Bösgläubigkeit des Besitzers gewährt werden kann.

Der Eigentümer einer Sache kann daher, wenn der bösgläubige oder verklagte Besitzer seine Herausgabepflicht nach § 985 BGB trotz Fristsetzung nicht erfüllt, nach §§ 280 I, III, 281 BGB Schadensersatz statt der Leistung verlangen.

hemmer-Methode: Gegen die Rechtsprechung des BGH kann Folgendes eingewendet werden: Wenn die Vorschriften des Schuldnerverzugs gem. § 990 II BGB nur für den bösgläubigen Besitzer zur Anwendung kommen, so müsste dies aus dogmatischen Gründen erst recht für §§ 280, 281 BGB gelten.
Zwar ist Verzug keine Tatbestandsvoraussetzung des § 281 BGB, jedoch ist kein Fall denkbar, in dem der Tatbestand des § 281 I BGB vorliegt, ohne dass sich der Schuldner auch im Verzug befindet.[517]
Für den BGH spricht aber, dass bei Anwendung der §§ 280, 281 BGB auf den verklagten Besitzer der Eigentümer seine Klage auf Schadensersatz gemäß §§ 280 I, III, 281 BGB für den Fall des fruchtlosen Ablaufs der von dem Gericht zur Erfüllung des Herausgabeanspruchs gesetzten Frist (vgl. § 255 ZPO) unter den Voraussetzungen des § 259 ZPO bereits zusammen mit der Herausgabeklage erheben kann.
Lesen Sie zu dieser interessanten Kombination von §§ 280 I, III, 281, 985 BGB mit §§ 255, 259 ZPO auch BGH, Life&Law 05/2018, 303 ff.[518]

514 Gruber/Lösche, NJW 2007, 2815 (2817 f.); Gebauer/Huber, ZGS 2005, 103 ff.; Wieling, Sachenrecht, Band I, 2. Auflage, § 12 I 2 e).

515 **BGH, Life&Law 10/2016, 747 ff.** = **juris**byhemmer.

516 BGH, **Life&Law 09/2008, 589 ff.** = NJW 2008, 3122 ff. = **juris**byhemmer; BGH, **Life&Law 09/2010, 588 ff.** = NJW 2010, 2341 ff. = **juris**byhemmer.

517 Vgl. Tyroller, „Die Konkurrenzen im EBV (Teil 1)“, **Life&Law 02/2011, 128 (130 f.).**

518 Vgl. auch NJW 2018, 786 ff. = **juris**byhemmer.

b) Möglichkeit der Leistung: Kein Ausschluss der Leistungspflicht nach § 275 I - III BGB

Ist die Leistungspflicht wegen Unmöglichkeit nach § 275 I - III BGB ausgeschlossen, fehlt es an einer wirksamen Leistung, § 281 BGB ist unanwendbar. Sobald die Leistung unmöglich wird, ist nicht mehr § 281 BGB, sondern nur noch § 283 S. 1 BGB anzuwenden. 355

Dies muss jedenfalls dann gelten, wenn bis zum Ablauf der Nachfrist das Leistungshindernis eintritt.

Problem: Unmöglichkeit nach Ablauf der Nachfrist vor SE-Verlangen

Problematisch ist allerdings der Fall, dass das Leistungshindernis nach Ablauf der Nachfrist, aber vor dem Verlangen des Schadensersatzes statt der Leistung durch den Gläubiger nach § 281 IV BGB eintritt. In diesem Zeitraum besteht nämlich die Leistungspflicht noch, sie ist nicht etwa ipso iure mit fruchtlosem Fristablauf erloschen. 356

Dann wohl § 283 S. 1 BGB i.V.m. § 280 I BGB

Da die Leistungspflicht mit dem fruchtlosen Fristablauf nicht erlischt, ist es weiterhin möglich, dass ein Leistungshindernis eintritt, das zur Nichterreichbarkeit des weiterhin geschuldeten Leistungserfolges führt, mit anderen Worten: Unmöglichkeit kann begrifflich auch jetzt noch eintreten. 357

Daher erscheint es sachgerecht, bei Eintritt des den Ausschluss der Leistungspflicht nach § 275 I - III BGB bewirkenden Leistungshindernisses im Zeitraum zwischen Fristablauf und Schadensersatzverlangen nach § 281 IV BGB den § 283 S. 1 BGB i.V.m. § 280 I BGB als richtige Anspruchsgrundlage heranzuziehen.

hemmer-Methode: Sollte die Unmöglichkeit schuldlos eingetreten sein, ist dies wegen § 287 S. 2 BGB regelmäßig kein Problem, da der sich regelmäßig im Schuldnerverzug befindliche Schuldner auch für Zufall haftet.

Dennoch wird die Ansicht vertreten, dass der Anspruch aus § 281 BGB in diesem Fall neben demjenigen aus § 283 BGB bestehen kann, da es unbillig wäre, wenn der einmal tatbestandlich erfüllte Anspruch auf Schadensersatz gem. §§ 280 I, III, 281 BGB nachträglich untergehen könnte.

Aus Gründen der Kausalität handelt es sich hierbei auch nicht lediglich um ein Scheinproblem. Wenn z.B. nach abgelaufener Frist zur Leistung ein Deckungskauf vorgenommen wird und erst danach dem Schuldner seine Leistungspflicht unmöglich wird, kann die Anspruchsgrundlage nicht § 283 BGB sein, weil der Schaden nicht kausal auf der Unmöglichkeit beruht! Ein Rückgriff auf §§ 280 I, III, 281 I BGB muss daher weiterhin möglich sein.[519]

hemmer-Methode: Es wird eine Zeit dauern, bis sich bei rein dogmatische Fragen, die sich nach neuem Recht stellen, eine „herrschende Meinung" herausbilden wird. Dies hat für Sie in der Fallbearbeitung aber auch einen entscheidenden Vorteil: Solange alle Ansichten vertretbar sind, müssen Sie nur vernünftig und möglichst nahe am Gesetz argumentieren; das Ergebnis ist zweitrangig. Klausurtaktische Erwägungen müssen aber natürlich immer auch eine Rolle spielen!

519 Nach der wenig überzeugenden Auffassung von MüKo, § 281, Rn. 89 f. soll der Anspruch aus §§ 280 I, III, 281 BGB mit Eintritt der Unmöglichkeit entfallen.

Hat der Schuldner die Einrede nach § 275 II oder III BGB nicht erhoben, so ist die Primärleistungspflicht nicht ausgeschlossen. Allerdings ist bei Vorliegen von Einredevoraussetzungen – also auch bei Vorliegen der Voraussetzungen von § 275 II oder III BGB – § 281 BGB mit der gleichen Argumentation wie beim Schuldnerverzug[520] nicht anzuwenden, vgl. dazu unten, Rn. 394 ff. 358

c) Pflichtverletzung: Nichtleistung oder Leistung „nicht wie geschuldet“

Auch § 281 BGB knüpft die Rechtsfolge des Schadensersatzes an eine Pflichtverletzung des Schuldners; § 281 BGB nennt als solche die Nichtleistung und die Leistung „nicht wie geschuldet“. 359

Als Leistung „nicht wie geschuldet“ ist eine Leistung zu begreifen, die dem Inhalt der geschuldeten Leistungspflicht nicht bzw. nur zum Teil entspricht.[521] Hierunter fallen mehrere Konstellationen:

aa) Aliud

Leistung eines aliud als Unterfall

Eine Leistung „nicht wie geschuldet“ liegt vor, wenn der Schuldner einen anderen als den geschuldeten Leistungsgegenstand erbringt. Er leistet ein sog. „aliud“ (lat.: ein Anderes) anstelle des geschuldeten Gegenstandes.[522] 360

hemmer-Methode: Im Kaufrecht ist dieser Fall in § 434 III BGB geregelt, im Werkvertragsrecht in § 633 II S. 3 BGB.

> ***Bsp. 1:*** *Anstelle des verkauften gebrauchten Mercedes SLK übereignet und übergibt der Verkäufer dem Käufer seinen gebrauchten fünfzehn Jahre alten VW Golf.*
>
> ***Bsp. 2:*** *S schenkt seinem Sohn X durch wirksamen Schenkungsvertrag (§§ 516 ff. BGB) eine Forderung gegen D i.H.v. 10.000,- €. Anstelle dieser Forderung tritt S dem X durch wirksamen Abtretungsvertrag (§ 398 BGB) eine Forderung gegen E i.H.v. 1.000,- € ab.*

Leistung an Erfüllungs Statt schließt § 281 BGB aus

Zu beachten ist allerdings, dass eine Leistung „nicht wie geschuldet“ nicht vorliegt, wenn der Gläubiger die andere Leistung als erfüllungstauglichen Gegenstand akzeptiert. In diesem Fall nimmt er sie an Erfüllungs Statt i.S.d. § 364 I BGB an, die Leistungspflicht erlischt. Eine Nachfristsetzung i.S.d. § 281 I S. 1 BGB kommt dann nicht mehr in Betracht, da der Schuldner aufgrund der Erfüllungswirkung nicht mehr zur Leistung verpflichtet ist. 361

Im Übrigen würde sich der Gläubiger auch in treuwidriger Weise widersprüchlich verhalten, einerseits das aliud als erfüllungstauglichen Gegenstand zu akzeptieren, andererseits aber die ursprünglich geschuldete Leistung zu verlangen; es würde sich um ein gegen § 242 BGB verstoßendes venire contra factum proprium handeln.[523]

hemmer-Methode: Wird der Gegenstand erfüllungshalber (vgl. § 364 II BGB) geleistet, tritt Erfüllung zunächst nicht ein; dies erfolgt erst, wenn sich der Gläubiger aus dem geleisteten Gegenstand befriedigt hat. Dennoch liegen ab dem Zeitpunkt der Hingabe des Leistungsgegenstandes erfüllungshalber die Voraussetzungen des § 281 BGB nicht mehr vor: In dieser Handlung ist eine ausreichende Leistungshandlung des Schuldners zu sehen. Die nach § 281 BGB erforderliche Leistung nicht wie geschuldet liegt dann nicht mehr vor!

---

520 Dazu vgl. oben, Rn. 139 ff.

521 Palandt, § 281, Rn. 8.

522 Zur Lieferung eines aliud: Palandt, § 434, Rn. 52.

523 Palandt, § 242, Rn. 55 - 57.

bb) Zuwenig-Lieferung

Leistung „nicht wie geschuldet" auch bei Zuwenig-Lieferung?

Denkbar wäre, eine Leistung „nicht wie geschuldet" auch bei quantitativen Abweichungen von der geschuldeten Leistungsmenge anzunehmen. 362

Relevant wird dies im Regelfall nur bei einer Zuwenig-Lieferung, da eine Zuviel-Lieferung ja die ordnungsgemäße Leistung enthält und darüber hinaus geht.[524]

Bsp.: Anstelle der geschuldeten 100 Rollen Geschenkpapier liefert die V-GmbH (Verkäuferin) an den Kaufmann K nur 95 Rollen.

Eher teilweise Nichtleistung

Richtigerweise ist die Zuwenig-Leistung jedoch nicht als Unterfall der Leistung „nicht wie geschuldet" i.S.d. § 281 I S. 1 Alt. 2 BGB, sondern als Fall der teilweisen Nichtleistung i.S.d. § 281 I S. 1 Alt. 1 BGB anzusehen. Diese Alternative erfasst nämlich nicht nur den Fall vollständiger, sondern auch den Fall teilweiser Nichtleistung, was aus dem Wort „soweit" (§ 281 I S. 1 BGB a.E.) eindeutig hervorgeht.

Diese Unterscheidung ist von Bedeutung dafür, unter welchen besonderen Voraussetzungen Schadensersatz statt der ganzen Leistung verlangt werden kann: § 281 I S. 2 BGB betrifft den Fall der Teilleistung, § 281 I S. 3 BGB den Fall der Leistung nicht wie geschuldet. 363

Bei einer Zuwenig-Lieferung ist daher § 281 I S. 2 BGB, nicht § 281 I S. 3 BGB anzuwenden.[525]

Beim Kauf führt § 434 III BGB allerdings zu einer Gleichstellung der Zuwenig-Lieferung mit einer mangelhaften Leistung; in diesem Falle handelt es sich daher bei der Zuwenig-Lieferung ebenfalls um eine Leistung „nicht wie geschuldet" i.S.d. § 281 I S. 1 Alt. 2, S. 3 BGB. Nach a.A. handelt es sich trotz § 434 III BGB im Allgemeinen Schuldrecht dennoch um eine Teilleistung.

hemmer-Methode: Arbeiten Sie zu dieser Streitfrage nochmals den Beispielsfall unter Rn. 317 nach.
Bei § 434 III BGB ist allerdings zu beachten, dass die Vorschrift nur dann eingreift, wenn der Verkäufer aus der Sicht des objektiven Empfängers vertragsgemäß (d.h.: vollständig) leisten wollte. Erklärt er bei der Lieferung offen, nur eine Teilleistung zu erbringen, kommt § 434 III BGB nicht zur Anwendung.

Bei Quantitätsfehlern: § 434 III BGB und § 377 HGB beachten!

Wegen der Gleichstellung in § 434 III BGB gilt zudem: Wird bei einem beiderseitigen Handelskauf zu wenig geliefert, trifft den Käufer deshalb auch insoweit die Rügeobliegenheit des § 377 HGB. 364

Da von der Erkennbarkeit des Mengenfehlers im obigen Beispiel auszugehen ist (anderenfalls: vgl. § 377 II HS. 2 HGB), muss K die Lieferung untersuchen und den Mengenfehler unverzüglich rügen, § 377 I HGB i.V.m. § 434 III BGB. Versäumt er das, gilt die gelieferte Ware als genehmigt, § 377 II HGB. Dies bedeutet im Ergebnis, dass K sich so behandeln lassen muss, als wären die vereinbarten 100 Rollen geliefert worden. Ein Anspruch aus § 281 BGB scheidet daher ebenso aus wie ein Anspruch auf Ersatz des durch die Verzögerung hinsichtlich der nicht gelieferten fünf Rollen entstandenen Schadens nach §§ 280 II, 286 BGB.

---

524 Palandt, § 434, Rn. 53.

525 Hierzu vgl. Rn. 412 ff.; Palandt, § 281, Rn. 36 ff.

hemmer-Methode: Da bereits im BGB nach § 434 III BGB die Lieferung eines aliud oder einer Zuwenig-Lieferung einem Sachmangel gleichgestellt wird, bedurfte es der Spezialregelung des § 378 HGB a.F. nicht mehr. Die Vorschrift wurde demzufolge gestrichen. Anders als in § 378 HGB a.F. kommt es bei § 434 III BGB nicht auf die Genehmigungsfähigkeit an!

cc) Schlechtleistung

Schlechtleistung als Unterfall der Leistung „nicht wie geschuldet“

Wichtigster Fall der Leistung „nicht wie geschuldet“ ist die Schlechtleistung. Hiermit sind Abweichungen in der Qualität der erbrachten von der geschuldeten Leistung gemeint. 365

Die Pflicht, die Leistung auch qualitativ in richtiger Weise zu erbringen, ergibt sich bereits aus dem Schuldverhältnis selbst und nicht erst aufgrund gesetzlicher Anordnung. 366

Dennoch stellen z.B. § 433 I S. 2 BGB für den Fall des Sachkaufes, § 535 I S. 2 HS 1 BGB beim Mietvertrag, § 633 I BGB beim Werkvertrag sowie § 651c I BGB beim Reisevertrag klar, dass eine Pflicht des Verkäufers, Vermieters, Werkunternehmers bzw. Reiseveranstalters zur mangelfreien Leistung besteht.

Schlechtleistungen kommen bei jeder Art vertraglicher Leistungspflichten, aber auch bei Primärpflichten aus gesetzlichen Schuldverhältnissen in Betracht. 367

hemmer-Methode: Examensrelevant ist vor allem die Schlechtleistung im Bereich des Kaufes, des Werkvertrages, des Reisevertrages und des Mietvertrages. Im Bereich dieser Vertragstypen existieren Sonderregeln, deren nähere Erläuterung erst im Zusammenhang mit der Darstellung dieser Vertragstypen erfolgen soll.[526]

d) Fristsetzung

Setzung einer angemessenen Leistungsfrist

Der Anspruch nach §§ 280 I, III, 281 I BGB setzt voraus, dass der Gläubiger dem Schuldner eine angemessene Frist zur Leistung oder Nacherfüllung bestimmt hat. 368

Auf welche Handlung des Schuldners sich diese Fristsetzung beziehen muss, hängt maßgeblich von der Pflichtverletzung des Schuldners ab: Hat dieser beispielsweise nur eine Teilleistung (Zuwenig-Lieferung) erbracht, ist die Fristsetzung auf die Erbringung des Leistungsrestes zu beziehen; hat der Schuldner ein aliud geliefert, muss die Frist auf die Leistung des richtigen Leistungsgegenstandes bezogen werden. Erforderlich ist also die Setzung einer Frist zur Beseitigung der Pflichtverletzung des Schuldners. 369

aa) Zeitpunkt für die Fristsetzung

Für den frühesten Zeitpunkt einer zulässigen Fristsetzung in § 281 BGB ist auf den Zeitpunkt der Fälligkeit der Leistung abzustellen; jedoch geht aus dem Wortlaut nicht klar hervor, ob die Fristsetzung nach dem Fälligwerden zu erfolgen hat, oder ob sie gleichzeitig mit Fälligwerden oder gar davor bereits zulässig ist. 370

Nach nahezu allgemeiner Meinung in der Literatur kann die Nachfrist erst gesetzt werden, wenn die Leistung fällig ist, ansonsten ist die Fristsetzung unbeachtlich.[527]

526 Hemmer/Wüst, Schuldrecht BT I; Hemmer/Wüst, Schuldrecht BT II.

527 Zu § 323 I BGB vgl. BGH, **Life&Law 10/2012, 699 ff.** = ZIP 2012, 1463 ff. = **juris**byhemmer.

Eine Fristsetzung vor Fälligkeit der Leistung kann nicht beachtlich sein, da der Schuldner nicht mit der Wirkung des § 281 BGB zu einer Leistung aufgefordert werden kann, die er mangels Fälligkeit noch gar nicht zu erbringen braucht.

Dabei ist es nicht relevant, ob der Endtermin der gesetzten Frist vor oder nach dem Fälligwerden liegt; entscheidend ist auf den Zeitpunkt der Fristsetzung abzustellen. Diese kann vor Fälligkeit der Leistung nicht wirksam erfolgen.

Anerkannt ist aber, dass die Fristsetzung zeitlich mit dem Zeitpunkt der Fälligkeit zusammenfallen darf. Lediglich für die Frage der Angemessenheit muss berücksichtigt werden, wie weit der Fälligkeitstermin im Zeitpunkt der Fristsetzung bereits zurückliegt:

Liegt zwischen Fälligwerden der Leistung und der Fristsetzung bereits ein erheblicher Zeitraum, dürfte eine deutlich kürzere Frist angemessen i.S.d. § 281 BGB sein als bei zeitlicher Nähe der Fristsetzung zum Fälligkeitstermin. Dies ist also ein weiterer Umstand, der für die Frage der Angemessenheit zu berücksichtigen ist.

bb) Rechtsnatur der Fristsetzung

Rechtsgeschäftsähnliche Handlung

Bei der Fristsetzung handelt es sich um eine rechtsgeschäftsähnliche Handlung, auf welche die Vorschriften über die Willenserklärungen der §§ 104 ff. BGB zumindest entsprechende Anwendung finden; die Erklärung ist einseitig und empfangsbedürftig (§ 130 BGB). *371*

Ebenso wie eine Mahnung ist auch die Fristsetzung durch einen beschränkt Geschäftsfähigen wirksam, da sie allein rechtliche Vorteile bringt. Daher ist auch § 111 BGB nicht analog anwendbar, da eine Einwilligung demnach gerade nicht erforderlich ist.

hemmer-Methode: Die Fristsetzung eines Geschäftsunfähigen ist hingegen nach § 105 I BGB unwirksam.[528]

cc) Inhalt der Fristsetzung nach § 281 I BGB

Inhalt der Fristsetzung unklar

Über den notwendigen Inhalt lässt das Gesetz den Rechtsanwender im Unklaren. Fraglich ist, ob der Gläubiger in der Erklärung dem Schuldner konkret mitteilen muss, welche Handlung genau dieser innerhalb der Frist zur Vermeidung des Schadensersatzanspruches aus § 281 BGB vorzunehmen hat. *372*

Zum Schutz des Schuldners ist wenigstens zu fordern, dass der Gläubiger dem Schuldner die jeweilige Pflichtverletzung mitteilt, an die er die Fristsetzung knüpft.[529] Die Wahrung einer bestimmten Form ist allerdings nicht erforderlich.

> ***Bsp.:*** *V hat dem Privatkunden K am 02.01.2002 50 Rollen einer bestimmten Tapete verkauft, geliefert werden aber nur 49. Die Erklärung des K: „Verlange bis zum 20.04.2002 vollständige Lieferung" dürfte für eine Fristsetzung nach § 281 BGB nicht ausreichen, da V nicht wissen wird, inwieweit die Lieferung unvollständig war. Ausreichend wäre „Verlange bis zum 20.04.2002 Lieferung der noch nicht geleisteten einen Rolle".*

528 Palandt, § 281, Rn. 9.

529 So wohl auch Palandt, § 281, Rn. 9.

Andererseits dürfen die Anforderungen an den Inhalt der Fristsetzung auch nicht überspannt werden; die Frage, auf welche Handlung sich die Fristsetzung bezieht, kann auch – sofern möglich – durch Auslegung ermittelt werden, §§ 133, 157 BGB. Ist dem Schuldner bekannt oder musste er wissen, dass und inwieweit er nicht bzw. nicht wie geschuldet i.S.d. § 281 BGB geleistet hat, muss die konkrete Pflichtverletzung nicht ausdrücklich Inhalt der Fristsetzungserklärung werden, da sie sich bereits aus deren Auslegung ergibt.[530]

„Ablehnungsandrohung" nicht erforderlich

Der Gläubiger hat den Schuldner in eindeutiger Weise zur Leistung bzw. zur Vervollständigung der teilweise erbrachten Leistung aufzufordern.[531] *373*

Nicht nötig ist jedoch nach dem ausdrücklichen Willen des Gesetzgebers, dass der Gläubiger dem Schuldner zu erkennen gibt, dass bei fruchtlosem Ablauf der gesetzten Frist dieser mit Schadensersatzansprüchen zu rechnen habe. Eine solche nach früherem Recht erforderliche Ablehnungsandrohung sollte nach der neuen Rechtslage gerade entbehrlich werden.

P: Ist eine Ablehnungsandrohung zulässig?

Zu den umstrittensten Problemen des neuen Schuldrechts gehört die Frage, ob der Gläubiger den Schuldner mit einer Ablehnungsandrohung unter Druck setzen und für den Ablauf der Frist bereits mit Ausspruch der Frist Schadensersatz verlangen bzw. den Rücktritt erklären darf. *374*

Nach überzeugender Ansicht handelt es sich bei dem mit der Fristsetzung gekoppelten Schadensersatzverlangen um eine Bedingung. Da es sich bei der Fristsetzung um eine rechtsgeschäftsähnliche Handlung handelt (vgl. Rn. 370), findet § 158 I BGB analoge Anwendung, sodass eine derartige Bedingung zulässig sein könnte.

Allerdings ist zu bedenken, dass sowohl die Rücktrittserklärung wie auch das Schadensersatzverlangen Gestaltungswirkung hat (vgl. § 281 IV BGB) und damit eine derartige Bedingung wegen der Bedingungsfeindlichkeit der Gestaltungsrechte ausgeschlossen sein könnte.[532]

Zulässig sind hingegen Bedingungen, die nicht zur Rechtsunsicherheit führen. Hierzu gehören insbesondere Bedingungen, deren Eintritt vom Verhalten des Erklärungsempfängers abhängig ist.[533]

Teilweise wird die Möglichkeit einer vorzeitigen Gestaltungserklärung für den Fall der Nichterfüllung generell verneint, während andere sie für möglich halten.[534]

Eine dritte Auffassung sieht das Problem im allgemein anerkannten Grundsatz der Bedingungsfeindlichkeit von Gestaltungserklärungen und will zwischen völliger Untätigkeit des Schuldners (dann zulässige Potestativbedingung) und den Fällen von Schlechterfüllung oder Teilerfüllung (dann unzulässige Bedingung) differenzieren.[535]

---

530 Vgl. dazu **BGH, Life&Law 07/2010, 431 ff**. = NJW 2010, 2200-2201 = **juris**byhemmer.

531 Palandt, § 281, Rn. 9.

532 Palandt, Einf v § 158, Rn. 13.

533 Palandt, Einf v § 158, Rn. 13.

534 Vgl. Palandt, § 281, Rn. 50; Wieser, „Gleichzeitige Klage auf Leistung und auf Schadensersatz aus § 281 BGB", NJW 2003, 2432-2434 (2433) und ders., „Bedingtes Schadensersatzverlangen nach § 281 BGB", NJW 2003, 3458-3459; Hennsler/v.Westphalen-Dedek, § 281 BGB, Rn. 18; MüKo, § 281, Rn. 96.

535 Derleder/Zenker, „Das Verhältnis von Fristsetzung, Schadensersatzverlangen und Rücktritt", NJW 2003, 2777-2783 (2781 ff.).

Daher ist die mit einer Fristsetzung zur (Nach-)Erfüllung verbundene Erklärung, dass schon jetzt für den Fall fruchtlosen Fristablaufs Schadensersatz verlangt oder das Rücktrittsrecht ausgeübt werde, jedenfalls für den Fall wirksam, dass der Schuldner während des Laufs der Frist keinerlei Erfüllungsanstrengung unternimmt (sog. Potestativbedingung[536]).

Für alle übrigen Fälle defizitärer Leistung während der Frist ist umstritten, ob eine solche Erklärung wegen der darin enthaltenen aufschiebenden Bedingung wirksam ist.

hemmer-Methode: Lesen Sie zu dieser wichtigen und neuen Problematik den Aufsatz von Derleder, Der ungeduldige Gläubiger und das neue Leistungsstörungsrecht, in NJW 2003, 2777 ff. sowie Wieser, Bedingtes Schadensersatzverlangen nach § 281 BGB, in NJW 2003, 3458 f.
Zur Frage, ob eine gleichzeitige Klage auf Leistung und auf Schadensersatz aus § 281 BGB möglich ist, lesen Sie den Aufsatz von Wieser, in NJW 2003, 2432 ff.

dd) Angemessenheit der Fristsetzung nach § 281 I BGB

Angemessenheit

Der Gläubiger hat dem Schuldner eine angemessene Frist zu setzen. Die Angemessenheit bestimmt sich nach objektiven Maßstäben. Zu berücksichtigen sind Art und Natur des Rechtsgeschäfts. 375

Dabei muss die Frist aber nur solange bemessen sein, dass eine bereits angefangene Leistung beendet werden kann.[537] Nicht notwendig ist, dass der Schuldner in der fraglichen Frist die Zeit hat, überhaupt erst mit der Leistung zu beginnen und sie dann noch vollenden zu können. Insbesondere bei der vollständigen oder teilweisen Nichtleistung ist auch zu berücksichtigen, wie lange diese bereits andauert.

> ***Bsp.:*** *B bestellt bei Künstler C eine von diesem anzufertigende Statue. Für die Herstellung gibt B dem C ein halbes Jahr Zeit bis zum 01.03. C kommt wegen Arbeitsüberlastung nicht dazu, die Statue herzustellen. Am 20.03. fordert B den C zur Leistung innerhalb einer Frist von einem Monat auf. C meint, er habe noch nicht beginnen können; die Herstellung benötige drei Monate, weshalb die Frist unangemessen sei.*
>
> Die Frist von einem Monat wäre nicht angemessen i.S.d. § 281 I S. 1 BGB, wenn sie dem C Zeit für eine völlige Neuherstellung der Statue gewähren müsste. Jedoch ist Sinn der Fristsetzung nach § 281 BGB, dem Schuldner eine letzte Möglichkeit zur Vollendung der Leistung zu geben.
>
> Dass C hier mit der Anfertigung der Statue überhaupt noch nicht begonnen hat, fällt allein in dessen Risiko. Eine bereits begonnene Statue hätte durchaus innerhalb von einem Monat fertig gestellt werden können; insofern ist die gesetzte Frist angemessen i.S.d. § 281 BGB.

hemmer-Methode: Die Frage, ob eine Frist angemessen ist, wird in Klausuren gerne thematisiert. Hier kann der Bearbeiter vor allem zeigen, sich mit den Einzelheiten des konkreten Sachverhaltes auseinander setzen zu können.
Die Problematik der Angemessenheit der Frist ist deshalb bei den Klausurerstellern so beliebt, weil sich auf diese Weise Klausuren noch etwas „strecken" lassen, vor allem aber auch weil die Entscheidung, ob eine Frist angemessen ist oder nicht, für das Ergebnis regelmäßig keine Bedeutung hat, vgl. dazu im Folgenden.

536 So absolut überzeugend Wieser, „Bedingtes Schadensersatzverlangen nach § 281 BGB", NJW 2003, 3458-3459.

537 Palandt, § 281, Rn. 10.

Bei Unangemessenheit wird angemessene Frist in Gang gesetzt

Ist die vom Gläubiger gesetzte Frist nicht angemessen, sondern unangemessen kurz, so ist nicht etwa – wie man meinen könnte – die Fristsetzung unwirksam. Die Frist wird vielmehr auf eine objektiv angemessene Zeit verlängert[538]; die Rechtsfolgen des § 281 BGB treten dann mit Ablauf der angemessenen Frist ein. Die Setzung einer unangemessenen Frist setzt also den Lauf einer angemessenen Frist in Gang. 376

Ausnahme: Frist wurde durch AGB gesetzt ⇨ Verbot der geltungserhaltenden Reduktion beachten!

Eine wichtige Ausnahme hiervon besteht, wenn die Frist durch allgemeine Geschäftsbedingungen gesetzt wird. Dann würde die Annahme einer angemessenen Frist bei Setzung einer unangemessenen Frist eine geltungserhaltende Reduktion darstellen, die im Bereich allgemeiner Geschäftsbedingungen nicht zulässig ist.[539]

***Problem**: „Umgehendes" oder „sofortiges" Leistungsverlangen*

Problematisch ist der Fall, wenn der Gläubiger die sofortige bzw. umgehende Leistung verlangt. Ob hier auch eine Frist in Gang gesetzt wird, ist umstritten. 377

Nach e.A. wird keine angemessene Frist in Gang gesetzt

Die überwiegende Meinung in der Literatur verlangt für eine Fristsetzung gemäß § 281 I BGB die **Bestimmung eines konkreten Zeitraums**, entweder durch Mitteilung eines bestimmten Termins, zu dem die Frist abläuft, oder durch die Angabe bestimmter Zeiteinheiten, die dem Schuldner für die Leistung eingeräumt werden.[540] 378

Nach dieser Auffassung genügt die Aufforderung zur „sofortigen" bzw. „unverzüglichen" oder - wie hier – „umgehenden" Leistung nicht. Dies wird damit begründet, dass nach dem Wegfall der nach früherem Recht vorgesehenen Ablehnungsandrohung allein die Fristsetzung die Warnfunktion gegenüber dem Schuldner erfülle und an sie deshalb strenge Anforderungen zu stellen seien.

Dem Gläubiger wird zwar „geholfen", wenn er eine Frist gesetzt hat, diese jedoch unangemessen kurz war. Ist die gesetzte Frist zu kurz, so ist die Fristsetzung nämlich nicht unwirksam. Die Frist wird vielmehr auf eine objektiv angemessene Zeit verlängert.[541] Die Setzung einer unangemessenen Frist setzt also den Lauf einer angemessenen Frist in Gang.

Wenn der Gläubiger allerdings die sofortige Leistung verlangt, wird überhaupt keine Frist in Gang gesetzt. Wenn überhaupt keine Frist gesetzt wurde, kann auch keine angemessene Frist in Gang gesetzt werden.

Nach Ansicht des BGH wird auch bei sofortigem Leistungsverlangen eine angemessene Frist in Gang gesetzt

Nach inzwischen gefestigter **Rechtsprechung des BGH** reicht auch eine Aufforderung zur **unverzüglichen Leistung** für das Vorliegen einer Fristsetzung aus.[542] 378a

Wortlaut des § 281 I BGB

Auszugehen ist vom Wortlaut des Gesetzes. Dem Begriff der Fristsetzung lässt sich nicht entnehmen, dass die maßgebliche Zeitspanne nach dem Kalender bestimmt sein muss oder in konkreten Zeiteinheiten anzugeben ist. Eine in dieser Weise bestimmte Frist verlangt § 281 I BGB - anders als § 286 II, Nr. 1, 2 BGB für den Verzugseintritt ohne Mahnung - nicht. 378b

Vielmehr kann die Dauer einer Frist grundsätzlich auch durch einen unbestimmten Rechtsbegriff bezeichnet werden; dies ist insbesondere bei rechtsgeschäftlichen Fristen häufig der Fall.

---

538 BGH, NJW 1985, 2640-2642 = **juris**byhemmer; Palandt, § 281, Rn. 10.

539 OLG Hamm, NJW-RR 1995, 503-504 = **juris**byhemmer.

540 MüKo, § 323 BGB, Rn. 68; Palandt, § 281, Rn. 9.

541 BGH, NJW 1985, 2640-2642 = **juris**byhemmer; Palandt, § 281, Rn. 10.

542 **BGH, Life&Law 10/2016, 673 ff.** = **juris**byhemmer; **BGH, Life&Law 07/2015, 471 ff.** = **juris**byhemmer; **BGH, Life&Law 11/2009, 721 ff.** = NJW 2009, 3153-3154 = **juris**byhemmer.

Nach allgemeiner Meinung ist eine Frist ein Zeitraum, der bestimmt oder bestimmbar ist.[543] Mit der Aufforderung, die Leistung oder die Nacherfüllung „in angemessener Zeit", „umgehend" oder „so schnell wie möglich" zu bewirken, wird eine zeitliche Grenze gesetzt, die aufgrund der jeweiligen Umstände des Einzelfalls bestimmbar ist.

Zweck der Fristsetzung

Auch der Zweck der Fristsetzung gemäß § 281 I BGB erfordert es nicht, dass der Gläubiger für die Nacherfüllung einen bestimmten Zeitraum oder einen genauen (End-)Termin angibt. 378c

Dem Schuldner soll mit der Fristsetzung vor Augen geführt werden, dass er die Leistung nicht zu einem beliebigen Zeitpunkt bewirken kann, sondern dass ihm hierfür eine zeitliche Grenze gesetzt ist.

Dieser Zweck wird bereits durch die Aufforderung, innerhalb „angemessener Frist", „unverzüglich" oder - wie hier – „umgehend" zu leisten, hinreichend erfüllt.

Für eine Fristsetzung nach § 281 I BGB genügt es deshalb, wenn der Gläubiger durch das Verlangen nach sofortiger, unverzüglicher oder umgehender Leistung oder durch vergleichbare Formulierungen deutlich macht, dass dem Schuldner für die Erfüllung nur ein begrenzter Zeitraum zur Verfügung steht. 378d

Europarechtskonforme Auslegung des § 323 I BGB beim Verbrauchsgüterkauf jetzt nicht mehr erforderlich

hemmer-Methode: Mit dieser Rechtsprechung des BGH hat sich ein Problem zum Verbrauchsgüterkauf erledigt. Art. 3 V der VerbrGK-RL verlangt für das Rücktritts- und Minderungsrecht nur, dass der „Verkäufer nicht innerhalb einer angemessenen Frist Abhilfe geschaffen hat". Eine Fristsetzung ist danach für den Rücktritt vom Vertrag bzw. die Minderung nicht erforderlich (vgl. dazu Rn. 480a, b). Eine angemessene Frist beginnt vielmehr ipso iure mit dem Abhilfeverlangen des Gläubigers bzw. der Mängelanzeige durch den Käufer. Nach h.M. hat das frühere Verständnis einer Fristsetzung in den Fällen des Verbrauchsgüterkaufs i.S.v. § 474 I BGB gegen die Richtlinie verstoßen.[544]
Das Bedürfnis nach einer europarechtskonformen Auslegung des § 323 I BGB beim Verbrauchsgüterkauf besteht jetzt nicht mehr. Zwar muss nach Art. 3 V der VerbrGK-RL die Nacherfüllung nicht ausdrücklich verlangt werden. Allerdings wird ein Käufer, der dem Verkäufer den Mangel anzeigt, nicht lediglich stumm auf diesen hinweisen, sondern den Verkäufer zur Nacherfüllung auffordern. Und genau das reicht nach Ansicht des BGH als Fristsetzung aus.
Da der BGH auch außerhalb des Verbrauchsgüterkaufs die strengen Anforderungen an eine Fristsetzung aufgegeben hat, bedarf es künftig lediglich eines eindeutigen (Nach-)Erfüllungsverlangens, wenn sich daraus für den Verkäufer ergibt, dass er nur eine gewisse Zeit für die Behebung des Problems hat.
Listet der Käufer ohne Nacherfüllungsverlangen hingegen lediglich einzelne Mängel auf, so stellt dies wieder nach Ansicht des BGH keine Fristsetzung dar. Auch eine europarechtskonforme Auslegung würde dann aber nicht weiterhelfen, da der Käufer auch danach die „Abhilfe" (so die Diktion der Verbrauchsgüterkaufrichtlinie) verlangt haben muss.

ee) Entbehrlichkeit der Fristsetzung

Entbehrlichkeit der Fristsetzung

Es gibt Fälle, in denen die Fristsetzung entbehrlich ist. In einem solchen Fall entsteht der Anspruch aus § 281 BGB – bei Vorliegen seiner übrigen Voraussetzungen – jedoch nicht sofort, sondern erst mit seiner Geltendmachung durch den Gläubiger. 379

543 RGZ 120, 355 (362); Palandt, § 186, Rn. 3.

544 Mayer/Schürnbrand, JZ 2004, 545 [551 f.]; Canaris, JZ 2001, 499 [510]; MüKo, § 323 BGB, Rn. 248; Schultz, in: H. P. Westermann, Schuldrecht 2002, S. 91; Bamberger/Roth, § 437 BGB, Rn. 17.

Erst dann erlischt auch gem. § 281 IV BGB der Primäranspruch.[545] Anderenfalls könnte der Schuldner durch eine ernsthafte und endgültige Erfüllungsverweigerung den Primäranspruch zum Erlöschen bringen.

(1) Ernsthafte und endgültige Erfüllungsverweigerung

Ernsthafte und endgültige Erfüllungsverweigerung

§ 281 II Alt. 1 BGB erklärt die Entbehrlichkeit der Fristsetzung im Falle der ernsthaften und endgültigen Erfüllungsverweigerung des Schuldners. Der Schuldner muss „das letzte Wort gesprochen" haben, es gelten die gleichen Anforderungen wie bei § 286 II Nr. 3 BGB.[546] 380

***Bsp.:** V schuldet dem K aus Kaufvertrag Übereignung und Übergabe von 500 Flaschen eines bestimmten Weines; V liefert nur 400 Flaschen, mit dem Hinweis: „Den Rest kriegst Du nicht, auch wenn Du Dich auf den Kopf stellst".*

Hier hat V teilweise nicht geleistet, § 281 I S. 1 Alt. 1 BGB. Grundsätzlich hätte K vor Geltendmachung des Anspruches auf Schadensersatz statt der Leistung aus § 281 BGB zunächst V eine angemessene Frist zur Leistung der restlichen 100 Flaschen Wein zu setzen.

Eine solche Fristsetzung wäre aber unsinnig und überflüssig, da V bereits endgültig verweigert hat, seine Leistung zu vervollständigen. Dem trägt § 281 II BGB dadurch Rechnung, dass im Falle der ernsthaften und endgültigen Erfüllungsverweigerung des Schuldners die Setzung der Nachfrist des § 281 I S. 1 BGB ausnahmsweise entbehrlich ist.

hemmer-Methode: Erforderlich für den Anspruch aus § 281 BGB ist jedoch die Fälligkeit der Forderung. Liegt also eine ernsthafte und endgültige Erfüllungsverweigerung des Schuldners bereits vor Fälligkeit vor, kann der Gläubiger den Anspruch aus § 281 BGB eigentlich nicht geltend machen.
Dennoch ist die Anspruchsgrundlage in den Fällen der Vertragsaufsage vor Fälligkeit umstritten. Nach e.A. findet § 282 BGB Anwendung, da es sich um die Verletzung einer nicht-leistungsbezogenen Pflicht i.S.d. § 241 II BGB (Vertragstreuepflicht) handelt.[547] Entgegen des sonstigen Gleichlaufs der §§ 281 - 283 BGB und der §§ 323 - 324 BGB gilt aber für den Rücktritt nicht § 324 BGB, sondern § 323 IV BGB.[548] Dass die Voraussetzungen des § 323 BGB voraussichtlich eintreten werden, kann bei einer Erfüllungsverweigerung vor Fälligkeit bejaht werden, da zu erwarten ist, dass der Schuldner auch nach Fälligkeit (und Fristsetzung) nicht leisten wird!
Wegen der Regelung dieser Problematik beim Rücktritt vertritt eine im Vordringen befindliche Ansicht, dass § 323 IV BGB i.R.d. Schadensersatz statt der Leistung gem. §§ 280 I, III, 281 BGB analog angewendet werden solle.[549] Wegen § 282 BGB besteht dafür allerdings aber kein entscheidendes Bedürfnis.
Wie Sie sich letztlich entscheiden, ist eine reine Geschmacksfrage. Wichtig ist nur, dass Sie die Problematik als solche erkennen.

(2) Verzicht

Entbehrlichkeit der Fristsetzung bei Verzicht

Die Fristsetzung kann aufgrund eines zwischen den Beteiligten vereinbarten Verzichts entbehrlich sein. Ein solcher ist aufgrund der allgemeinen Privatautonomie möglich, auch wenn die Möglichkeit eines Verzichts in § 281 II BGB nicht ausdrücklich genannt wird. Der Verzicht kann vom Schuldner auch einseitig erklärt werden.[550] 381

545 Palandt, § 281, Rn. 49.

546 Palandt, § 281, Rn. 14.

547 Vgl. Schwab, „Leistungsstörungen im Sukzessivlieferungsvertrag nach neuem Schuldrecht", ZGS 2003, 73 ff.; Ramming, „Vorzeitiges Rücktrittsrecht und Schadensersatz statt der Leistung", ZGS 2002, 412 (416).

548 Ganz h.M.; vgl. z.B. Palandt § 323, Rn. 23; a.A. Schwab, „Leistungsstörungen im Sukzessivlieferungsvertrag nach neuem Schuldrecht", ZGS 2003, 73 ff.

549 Jaensch, „Der Gleichlauf von Rücktritt und Schadensersatz", NJW 2003, 3613-3615; ders., ZGS 2004, 134 ff.; a.A. Ramming, „Vorzeitiges Rücktrittsrecht und Schadensersatz statt der Leistung", ZGS 2002, 412 (416).

550 Palandt, § 326, Rn. 20, insbesondere BGH, NJW 1982, 1036-1037 = **juris**byhemmer.

(3) Vorliegen besonderer Umstände

Entbehrlichkeit nach § 281 II Alt. 2 BGB

§ 281 II Alt. 2 BGB erklärt die Fristsetzung auch dann für entbehrlich, wenn besondere Umstände vorliegen, die unter Abwägung der beiderseitigen Interessen die sofortige Geltendmachung des Anspruchs aus §§ 280 I, III, 281 BGB rechtfertigen.[551] 382

Letztlich Fall des § 242 BGB

Letztlich sind Fälle gemeint, in denen dem Gläubiger das Setzen einer Nachfrist aufgrund besonderer Umstände nicht zugemutet werden kann; würde die gesetzliche Regelung fehlen, müsste man über § 242 BGB zu gleichen Ergebnissen kommen.

Entbehrlichkeit der Fristsetzung beim Behandlungsvertrag, §§ 630a ff. BGB

Im Arzthaftungsrecht muss – nach fehlerhafter Behandlung – der Patient den Arzt nicht zur Nacherfüllung auffordern, wenn er anschließend Schadensersatz und Schmerzensgeld von dem behandelnden Arzt wegen dessen Behandlungsfehler verlangt.

Der Eigenart des Arzt-Patienten-Verhältnisses und dem Inhalt der nach dem Behandlungsvertrag gem. §§ 630a ff. BGB geschuldeten Leistung widerspräche es, wenn der Patient nach fehlerhafter Behandlung Nacherfüllung verlangen müsste.

Die Beziehung eines Arztes zu seinem Patienten basiert auf einer besonderen Vertrauensstellung. Diese Vertrauensstellung ist unwiderruflich gestört, wenn dem Patienten bekannt wird, dass dem Arzt ein Behandlungsfehler unterlaufen ist, sei es ein Befunderhebungsfehler, ein Diagnosefehler oder ein Fehler bei der Durchführung der Behandlung. Der Patient vertraut dem Arzt sein höchstes Gut an, nämlich das der körperlichen Integrität. Es ist ihm daher aufgrund der besonderen Umstände i.S.d. § 281 II Alt. 2 BGB nicht zumutbar, dieses Gut dem Arzt noch einmal anzuvertrauen, nur um diesem eine „zweite Chance“ zu gewähren, seinen Fehler auszumerzen.

Daher ist von der Entbehrlichkeit der Fristsetzung gem. § 281 II Alt. 2 BGB auszugehen.[552]

hemmer-Methode: Für diese Begründung spricht letztlich auch die Norm des § 627 BGB. Danach kann selbst bei Nichtvorliegen eines Behandlungsfehlers ohne weitere Voraussetzungen eine Kündigung vom Vertrag erfolgen. Warum dann bei Vorliegen eines Behandlungsfehlers im Rahmen des Schadensersatzes zunächst eine Fristsetzung erfolgen sollte, lässt sich kaum begründen.

Nicht gemeint: Absolutes Fixgeschäft

Ein besonderes, das Interesse des Schuldners an der Nachholung bzw. Vervollständigung der Leistung überwiegendes Interesse des Gläubigers auf sofortige Geltendmachung des Schadensersatzanspruches aus §§ 280 I, III, 281 BGB ist nicht anzunehmen bei Vorliegen eines absoluten Fixgeschäftes: Mit Ablauf der Leistungsfrist tritt (objektive nachträgliche) Unmöglichkeit der Leistungspflicht gem. § 275 I BGB ein, der Schadensersatzanspruch des Gläubigers ergibt sich bereits aus §§ 280 I, III, 283 BGB. 383

Relatives Fixgeschäft?

Ob beim Vorliegen eines relativen Fixgeschäfts die Entbehrlichkeit der Nachfristsetzung nach § 281 II Alt. 2 BGB angenommen werden kann, ist sehr umstritten. Dagegen sprechen systematische Gründe: 384

Das Gesetz ordnet für den Fall des Rücktritts bei Leistungsverzögerung in § 323 II Nr. 2 BGB die Rücktrittsmöglichkeit beim relativen Fixgeschäft ausdrücklich an; hätte der Gesetzgeber Entsprechendes bei § 281 BGB gewollt, hätte er dort ebenfalls eine ausdrückliche Normierung vorgenommen.[553]

551 Palandt, § 281, Rn. 15.

552 Vgl. dazu **OLG Jena, Life&Law 10/2012, 705 ff.** = NJW 2012, 2357 ff. = **juris**byhemmer.

553 Palandt, § 281, Rn. 15 a.E.; MüKo, § 281, Rn. 59.

Nach a.A. soll § 281 II Alt. 2 BGB beim relativen Fixgeschäft hingegen immer anwendbar sein.[554]

Gegen diese pauschale Lösung spricht aber, dass § 376 HGB den Anspruch auf Schadensersatz statt der Leistung beim relativen Fixgeschäft ohne weitere Nachfristsetzung gerade als Besonderheit des Handelsrechts vorsieht; die Vorschrift wäre überflüssig, würde die Fristsetzung beim relativen Fixgeschäft schon nach der allgemeinen Regelung des § 281 II BGB entbehrlich sein.

hemmer-Methode: Wenn ein Fixhandelskauf vorliegt, müssen Sie an § 376 HGB denken! Dieser sieht auch nach der Modernisierung des Schuldrechts einige Erleichterungen für den Gläubiger im Vergleich zu den allgemeinen Vorschriften vor.

*Bei relativem Fixgeschäft **kann** § 281 II Alt. 2 BGB vorliegen*

Nach einer im Vordringen befindlichen Ansicht soll zwar kein völliger Gleichlauf von § 323 II BGB und § 281 II BGB stattfinden.

Allerdings sei § 281 II Alt. 2 BGB bei einem relativen Fixgeschäft regelmäßig erfüllt.[555] Im Unterschied zu § 323 II Nr. 2 BGB muss aber stets eine Abwägung im Einzelfall stattfinden, ob eine Fristsetzung nach Abwägung der beiderseitigen Interessen wirklich entbehrlich ist.

„just-in-time“-Verträge

Ein Anwendungsfall des § 281 II Alt. 2 BGB sollen nach der amtlichen Begründung[556] jedenfalls die sog. „just-in-time“-Verträge sein, bei denen dem Gläubiger im Falle der Leistungsverzögerung enorme Schäden zu entstehen drohen.[557] 385

***Bsp.:** Autohersteller M benötigt zur Fertigung der Pkw verschiedenste Einzelteile, die er zur effektiven Nutzung des Firmengeländes nicht bei sich einlagert, sondern ständig von den Herstellern der Einzelteile liefern lässt. So vereinbart er mit X die Lieferung von 5.000 Katalysatoren zum 02.06. „just in time“. X liefert nicht. M verlangt sofort Schadensersatz statt der Leistung nach §§ 280 I, III, 281 BGB.*

Grundsätzlich kann M Schadensersatz statt der Leistung erst nach erfolglosem Ablauf der gesetzten Nachfrist gem. § 281 I S. 1 BGB verlangen. Jedoch könnte die Fristsetzung nach § 281 II Alt. 2 BGB entbehrlich sein. Dies setzt ein überwiegendes Interesse des M an sofortiger Geltendmachung des Schadensersatzes voraus.

M drohen infolge der Nichtleistung des X hohe finanzielle Verluste, da er die Produktion ohne die benötigten Katalysatoren nicht fortsetzen kann. Er ist daran interessiert, sofort von Dritten Ersatz zu beschaffen; ihm wäre es angesichts des drohenden erheblichen Vermögensschadens nicht zumutbar, zunächst X eine Frist zur Nachholung der Leistung zu setzen. Daher ist er nach § 281 II Alt. 1 BGB sofort zur Geltendmachung des Schadensersatzanspruches und damit zur Abstandnahme von der Primärforderung gegenüber X (vgl. § 281 IV BGB) berechtigt.

Arglist

Einschlägig ist § 281 II Alt. 2 BGB auch im Fall der Arglist des Schuldners. Entschieden wurde dies vom BGH für den Fall des vom Verkäufer arglistig verschwiegenen Mangels. In solch einem Fall ist es dem Käufer nicht mehr zumutbar, den arglistig handelnden Verkäufer zur Nacherfüllung aufzufordern.[558]

---

554 Jaensch, Der Gleichlauf von Rücktritt und Schadensersatz“, NJW 2003, 3613 [3614 f.]; Jaensch, „Schadensersatz beim vorweggenommenen Vertragsbruch und beim relativen Fixgeschäft“, ZGS 2004, 134 [141]; a.A. Weiss, Das Verhältnis von Rücktritt und Schadensersatz statt der Leistung, NJW 2015, 3393 ff.

555 Herresthal, ZIP 2006, 883 (885); Lorenz/Riehm, Lehrbuch zum neuen Schuldrecht, Rn. 203; Bamberger/Roth/Grüneberg, § 281 BGB, Rn. 26.

556 BT-Drucks. 14/6040, S. 140.

557 Vgl. auch Palandt, § 281, Rn. 15; an dieser Stelle kann auf die Fallvarianten des § 326 II BGB a.F. zurückgegriffen werden; vgl. deshalb BGH, NJW-RR 1998, 1489-1492 = **juris**byhemmer bzw. Palandt, § 326, Rn. 21.

558 **BGH, Life&Law 03/2007, 214** = NJW 2007, 835-837 = **juris**byhemmer sowie BGH, ZIP 2008, 460-462 = **juris**byhemmer.

Hat der Verkäufer beim Abschluss eines Kaufvertrags eine Täuschungshandlung begangen, so ist in der Regel davon auszugehen, dass die für eine Nacherfüllung erforderliche Vertrauensgrundlage beschädigt ist. Dies gilt insbesondere (aber nicht nur) dann, wenn die Nacherfüllung durch den Verkäufer selbst oder unter dessen Anleitung im Wege der Mängelbeseitigung erfolgen soll. In solchen Fällen hat der Käufer ein berechtigtes Interesse daran, von einer weiteren Zusammenarbeit mit dem Verkäufer Abstand zu nehmen, um sich vor eventuellen neuerlichen Täuschungsversuchen zu schützen.

Dem stehen regelmäßig keine maßgebenden Interessen des Verkäufers gegenüber. Eine „zweite Chance", den mit der Rückabwicklung verbundenen wirtschaftlichen Nachteil abzuwenden, verdient der Verkäufer nur dann, wenn ihm der Mangel bei Abschluss des Kaufvertrags nicht bekannt war. Kannte er ihn, so kann er ihn vor Abschluss des Vertrages beseitigen und die Sache in einem vertragsgemäßen Zustand leisten. Die Chance, eine spätere Rückabwicklung des Vertrages zu vermeiden, wird dem Verkäufer daher in diesem Fall bereits im Vorfeld der vertraglichen Beziehungen eingeräumt.

Entschließt sich der Verkäufer jedoch, den Mangel nicht zu beseitigen und die Sache in einem vertragswidrigen Zustand zu veräußern, so besteht keine Veranlassung, ihm nach Entdeckung des Mangels durch den Käufer eine zweite Chance zu gewähren. Der so handelnde Verkäufer verdient keinen Schutz vor den mit der Rückabwicklung des Vertrages verbundenen wirtschaftlichen Nachteilen.[559]

hemmer-Methode: Lesen Sie dazu auch Hemmer/Wüst, Schuldrecht BT I, Rn. 222a ff.

(4) Abmahnung statt Fristsetzung

Abmahnung statt Fristsetzung, § 281 III BGB

Keinen „echten" Fall der Entbehrlichkeit der Fristsetzung regelt § 281 III BGB. Danach tritt an die Stelle der (erforderlichen) Fristsetzung die Abmahnung, wenn nach der Art der Pflichtverletzung eine Fristsetzung unsinnig wäre. Die Fristsetzung ist danach also nicht entbehrlich, sondern wird lediglich durch eine andere notwendige Handlung des Gläubigers ersetzt.[560] 386

V.a. bei Unterlassungspflichten

Die Regelung soll nach der amtlichen Begründung vor allem bei Unterlassungspflichten zur Anwendung kommen.[561] Ist die Primärleistungspflicht nicht auf ein positives Tun, sondern auf ein Unterlassen des Schuldners gerichtet, macht eine Fristsetzung keinen Sinn. In diesem Fall kommt nur eine Abmahnung in Frage.

Diese muss, um den Anforderungen des § 281 III BGB zu genügen, nicht etwa mit einer Androhung der Geltendmachung von Schadensersatz statt der Leistung im Falle des erneuten Verstoßes gegen die Unterlassungspflicht verbunden sein. Erforderlich ist aber, dass der Schuldner bereits mindestens einmal gegen die Unterlassungspflicht verstoßen hat.[562]

> ***Bsp.:** Ausreichend: Aufforderung, die zu unterlassende Tätigkeit künftig zu unterlassen. Ebenfalls wohl ausreichend: Erklärung, in der der Gläubiger wegen der verletzten Unterlassungspflicht ausdrücklich abmahnt.*

559 So auch LG Bonn, NJW 2004, 74-76 (75) = **juris**byhemmer; Palandt, § 440, Rn. 8; differenzierend Lorenz, NJW 2004, 26f und NJW 2006, 1925-1927 (1927); MüKo, § 281, Rn. 60 und § 323, Rn. 130.

560 Palandt, § 281, Rn. 13.

561 BT-Drucks. 14/7052, S. 185.

562 Palandt, § 281, Rn. 13.

Um zum bloßen (für § 281 III BGB nicht genügenden) Hinweis auf die Pflichtverletzung abzugrenzen, sollte dann aber vom Gläubiger auch das Wort „Abmahnung“ verwendet werden.

Fraglich erscheint jedoch, wann es eines Schadensersatzes statt der Leistung für den Fall eines Unterlassens überhaupt bedarf. Ausreichend ist im Regelfall der Ersatz des durch die pflichtwidrige Tätigkeit verursachten Schadens; dieser wird bereits nach § 280 I BGB gewährt. Für § 281 III BGB dürfte daher kaum Anwendungsraum bestehen. 387

***Bsp.:** Die Händler A und B schließen einen Kooperationsvertrag mit Gebietsschutzklausel, d.h.: Sie verpflichten sich, im Gebiet des anderen nicht als Händler aufzutreten, während sie überregional zusammenarbeiten. A tritt vertragswidrig im Gebiet des B auf, wodurch B Gewinn entgeht. B mahnt A ab; A tritt jedoch weiter im Gebiet des B auf.* 387a

1. Den durch das jeweilige vertragswidrige Auftreten des A konkret entgangenen Gewinn kann B von A bereits nach § 280 I BGB i.V.m. § 252 BGB ersetzt verlangen, da es sich um einen durch eine Pflichtverletzung verursachten kausalen Schaden handelt.

2. Hinsichtlich eines zukünftigen vertragswidrigen Auftretens des A im Gebiet des B steht B allerdings ein Schadensersatzanspruch aus § 280 I BGB noch nicht zu, da es insoweit noch an einer Pflichtverletzung des A fehlt.

Jedoch kann B von A Schadensersatz statt der gesamten Leistung, also hinsichtlich der gesamten Unterlassungspflicht nach § 281 I BGB verlangen: An die Stelle der Fristsetzung tritt die Abmahnung nach § 281 III BGB; es ist wohl § 281 I S. 2 BGB anzuwenden, dessen Voraussetzungen jedoch vorliegen.

Ersatzfähig ist daher das gesamte positive Interesse an der Unterlassungspflicht des A; dies schließt auch einen in Zukunft entgehenden Gewinn durch „Nichtleistung“ des Unterlassens, also durch Auftreten des A im Gebiet des B ein.

hemmer-Methode: Dass bei § 281 III BGB gewisse Schwierigkeiten auftreten, überrascht angesichts der Entstehungsgeschichte dieses Absatzes nicht: Der Bundesrat und ihm folgend zunächst auch die Bundesregierung wollten Fälle der Verletzung von nicht-leistungsbezogenen Nebenpflichten in den § 281 BGB „hineinpacken“ und § 282 BGB streichen. Da bei nicht-leistungsbezogenen Pflichten oftmals eine Abmahnung sachgerechter als eine Fristsetzung ist, wurde gleichzeitig die Einführung des § 281 III BGB vorgeschlagen. Schließlich entschloss sich der Gesetzgeber dann aber doch zur Differenzierung zwischen leistungs- und nicht-leistungsbezogenen Pflichten in den §§ 281 und 282 BGB; § 281 III BGB blieb bei diesem Hin und Her allerdings „hängen“, ohne dass recht überlegt wurde, ob er überhaupt noch Sinn machte.

e) Erfolgloser Fristablauf

Erfolgloser Fristablauf: Auf Leistungshandlung abstellen

Der Anspruch aus § 281 BGB setzt voraus, dass die gesetzte angemessene Frist erfolglos verstrichen ist. Dies ist der Fall, wenn der Schuldner die geschuldete Leistung innerhalb der Frist nicht erbringt bzw. die nur teilweise erbrachte Leistung nicht vervollständigt. 388

Beachten Sie aber nochmals, dass die Leistungspflicht allein mit dem fruchtlosen Fristablauf nicht erlischt. Daher ist es weiterhin möglich, dass ein Leistungshindernis eintritt, das zur Nichterreichbarkeit des weiterhin geschuldeten Leistungserfolges führt, mit anderen Worten: Unmöglichkeit kann begrifflich auch jetzt noch eintreten.

hemmer-Methode: Zum Spannungsverhältnis zwischen §§ 280 I, III, 281 BGB und §§ 280 I, III, 283 BGB lesen Sie nochmals Rn. 356 f.

Für die Rechtzeitigkeit kommt es allein auf die Vornahme der Leistungshandlung an[563]; ob der Leistungserfolg noch innerhalb der Frist eintritt, ist unerheblich. 388a

Dies rechtfertigt sich daraus, dass der Schuldner bereits durch die Leistungshandlung die Pflichtverletzung beseitigt; danach ist für die Anwendung des § 281 BGB kein Raum mehr.[564]

P.: Rechtsfolge nach Fristablauf ⇨ Schwebezustand bis zur Gestaltung

Ist die vom Käufer mit angemessener Länge gesetzte Frist zur Nacherfüllung abgelaufen, hat dieser aber noch nicht nach § 281 IV BGB erklärt, dass er Schadensersatz verlange, liegt eine sog. „Schwebelage" vor. 388b

Dieser Schwebezustand ist dadurch gekennzeichnet, dass der Käufer nach Fristablauf noch seinen Nacherfüllungsanspruch hat und diesen auch einklagen kann.

Wenn der Gläubiger nach erfolglosen Fristablauf zunächst weiter Erfüllung verlangt bzw. sogar auf Erfüllung klagt, so geht dadurch das einmal begründete Recht, Schadensersatz statt der Leistung nach § 281 BGB zu verlangen (oder nach § 323 I BGB zurückzutreten) nicht wieder unter.[565]

Der Käufer hat es nun also (allein) in der Hand,

⇨ die Erklärung nach § 281 IV BGB abzugeben, damit den Erfüllungsanspruch zum Erlöschen zu bringen und stattdessen Schadensersatz statt der Leistung nach § 280 I, III BGB i.V.m. § 281 I S. 1 BGB zu verlangen,

⇨ oder vom Schuldner weiterhin Erfüllung zu verlangen.

Bis zur Abgabe der Erklärung nach § 281 IV BGB muss der Verkäufer also mit der Inanspruchnahme auf Nacherfüllung rechnen und sich folglich leistungsbereit halten. Grundsätzlich fallen diese Bereithaltekosten dem Schuldner zur Last. 388c

Der Schuldner, der damit zunächst weiterhin verpflichtet ist, kann daher auch ermutigt sein, von sich aus seine Leistung auch nachträglich noch anzubieten, wenn ihm dies möglich ist.

Die zu klärende Kardinalfrage lautet daher: „Muss der Gläubiger nach Ablauf der Frist ein nachträgliches Leistungsangebot des Schuldners noch annehmen, wenn er bis dahin noch nicht gem. § 281 IV BGB gestaltet hat"?[566] 389

aa) Der Schuldner könnte berechtigt sein, dem Gläubiger eine Entscheidungsfrist zu setzen. 389a

Wahlschuld nach h.M. abzulehnen

Dies wäre aber nur dann zu bejahen, wenn § 264 II BGB anwendbar wäre, es sich also um eine Wahlschuld i.S.d. §§ 262 ff. BGB handelt und nicht um eine elektive Konkurrenz.

Diese unterscheiden sich darin, dass bei einer Wahlschuld nur eine Forderung mit alternativem Inhalt besteht (vgl. die ex tunc Wirkung des § 263 II BGB), während bei einer elektiven Konkurrenz dem Gläubiger wahlweise mehrere, inhaltlich verschiedene Ansprüche zustehen.[567]

563 Palandt, § 281, Rn. 12; BGHZ 12, 267-270 (269) = **juris**byhemmer.

564 Palandt, § 281, Rn. 12.

565 Lesen Sie dazu **BGH, Life&Law 06/2006, 367 ff.** = NJW 2006, 1198 ff. = **juris**byhemmer.

566 Lesen Sie dazu ausführlich Tyroller, Life&Law 2005, 641 ff.

567 Vgl. Palandt, § 262, Rn. 6.

Gegen die Annahme einer Wahlschuld spricht, dass der Gesetzgeber dem Schuldner bewusst die zunächst angedachte Möglichkeit einer Fristsetzung genommen hat, weil dieser aufgrund der Pflichtverletzung weniger schutzwürdig ist.[568] 389b

Auch kommt der Erklärung des Gläubigers nach § 281 IV BGB nicht die gleiche Wirkung wie bei einer Wahlschuld zu. Zum einen passt die Rückwirkung des § 263 II BGB nicht, zum anderen bestanden im Zeitpunkt der Wahl zwei Ansprüche, von denen aber nur einer durchsetzbar ist (andernfalls würde das Leistungsinteresse des Gläubigers doppelt befriedigt).

h.M.: Elektive Konkurrenz

bb) Demnach nimmt die h.M. zu Recht ein Verhältnis elektiver Konkurrenz an.[569] 389c

Fraglich ist, ob der sich im Verzug befindliche Schuldner berechtigt ist, durch die Erfüllung gemäß § 362 I BGB den Schuldnerverzug zu beenden.

Hat der Gläubiger ein Zurückweisungsrecht?

Dürfte der Gläubiger die nachträglich angebotene Erfüllung nun nicht zurückweisen, verlöre er damit sein Recht, Schadensersatz statt der Leistung zu verlangen bzw. den Rücktritt zu erklären.

hemmer-Methode: Das Sachproblem besteht in folgendem Konflikt: Einerseits erhält der Gläubiger mit der Leistung – wenn auch nach Ablauf der von ihm gesetzten Frist – das, worauf er einen Anspruch hat. Er bedarf daher nicht mehr seines Gestaltungsrechts aus § 281 IV BGB bzw. § 323 I BGB, um sein Leistungsinteresse weiter zu verfolgen. Andererseits kann der Gläubiger bereits im Vertrauen auf den (noch zu erklärenden) Rücktritt bzw. Schadensersatz statt der Leistung disponiert haben (z.B. durch Vornahme eines Deckungsgeschäfts).

Fraglich ist, welche Position schutzwürdiger ist.

e.A.: Gläubiger muss Leistung noch annehmen

(1) Nach einer Ansicht ist es vorzugswürdig, dass die Verzugsbeendigung auch das Gestaltungsrecht des Gläubigers beseitigt. Denn schließlich habe es der Gläubiger selbst in der Hand, das Rücktrittsrecht auszuüben bzw. Schadensersatz statt der Leistung zu wählen. Der Schuldner hingegen tue nur das, was das Schuldverhältnis von ihm verlange.[570] 390

wohl h.M.: Keine generelle Pflicht zur Annahme des Gläubigers bei verspäteter Leistung des Schuldners

(2) Dem ist zu widersprechen: Zwar ist der Anspruch noch erfüllbar, doch tut der Schuldner nicht das, was das Schuldverhältnis von ihm verlangt. Denn dann hätte er innerhalb der Frist leisten müssen. 390a

Ferner könnte der Schuldner nach dieser Ansicht das Wahlrecht des Gläubigers ähnlich wie über den nicht anwendbaren § 264 II BGB einschränken. Dies hat der Gesetzgeber aber gerade bewusst abgelehnt (s.o.).

Überdies würde man aus dem Recht zur zweiten Andienung ein Recht zur „dritten Andienung“ machen. Dies würde der Fristsetzung den Erfüllungsdruck nehmen.[571]

Aber: Verwirkung im Einzelfall denkbar, § 242 BGB

(3) Allerdings darf der Gläubiger mit der Erklärung nach § 281 IV BGB bzw. der Rücktrittserklärung nicht nach Belieben abwarten. 390b

568 Vgl. BT-Drs. 14/6040, S. 140.

569 **BGH, Life&Law 06/2006, 367 ff.** = NJW 2006, 1198 ff. = **juris**byhemmer; vgl. auch Palandt, § 281, Rn. 50; Bressler, NJW 2004, 3382 (3383).

570 Vgl. MüKo, § 323 BGB, Rn. 171; ebenso Derleder/Hoolmans, NJW 2004, 2787 ff.

571 Finn, ZGS 2004, 32 (34 f.); Gsell, in: Jahrbuch Junger Zivilrechtswissenschaftler 2001, 115; Schwab, JR 2003, 133 (134).

Wenn auch der Gesetzgeber die Möglichkeit einer Fristsetzung durch den Schuldner (außer in den Fällen eines vertraglichen Rücktrittsrechts, vgl. § 350 S. 1 BGB) bewusst abgelehnt hat, so gilt doch der aus Treu und Glauben (§ 242 BGB) abzuleitende Grundsatz der Verwirkung.[572]

Ein Recht ist verwirkt, wenn sich der Schuldner über einen gewissen Zeitraum hin wegen der Untätigkeit des Gläubigers bei objektiver Beurteilung darauf einrichten durfte und auch eingerichtet hat, dieser werde sein Recht nicht mehr geltend machen, und deswegen die verspätete Geltendmachung gegen Treu und Glauben verstößt.[573]

Das Verstreichen eines längeren Zeitraums allein genügt dafür aber nicht. Auch bestehen keine allgemeinen Grundsätze, sodass es auf die Umstände des Einzelfalls ankommt.

Demnach ist der Gläubiger erst dann (wieder) zur Annahme des nach Ablauf der gesetzten Nachfrist gelieferten Gegenstandes verpflichtet, wenn die Abgabe der Rücktrittserklärung bzw. der Erklärung mit dem Inhalt des § 281 IV BGB verwirkt ist. Eine Zurückweisung ist dann unberechtigt.

Demnach ist es überzeugender, dass der Gläubiger nach erfolglosem Ablauf der Nachfrist die nun angebotene (ordnungsgemäße) Nacherfüllung grundsätzlich innerhalb der Grenzen der Verwirkung zurückweisen kann. Aufgrund des § 254 II S. 1 BGB erfasst der Verzögerungsschaden damit nur die bis dahin angefallenen Posten. Durch die Abgabe einer Erklärung nach § 281 IV BGB hat es der Gläubiger aber in der Hand, künftige Posten als Schadensersatz statt der Leistung ersatzfähig zu stellen. 391

hemmer-Methode: Sollte das Zurückweisungsrecht des Gläubigers verwirkt sein, so entsteht eine recht verzwickte Situation, die Derleder/Hoolmans zu Recht mit „Vom Schuldnerverzug zum Gläubigerverzug und zurück" betiteln (vgl. NJW 2004, 2787 ff.).
Der Gläubiger, der unter Verstoß gegen § 242 BGB nun nicht annimmt, gerät nämlich seinerseits nun in Annahmeverzug und dies beendet dann automatisch den Schuldnerverzug mit der Lieferung.
Nach Eintritt des Gläubigerverzugs kann der Gläubiger den Schuldner durch eine erneute Fristsetzung wieder in Schuldnerverzug setzen und seinen Annahmeverzug beenden.
Er kann aber erst nach Ablauf dieser (erneuten) Frist Schadensersatz nach § 281 BGB verlangen oder nach § 323 BGB zurücktreten.[574]

f) Vertretenmüssen des Schuldners

§ 281 BGB setzt Vertretenmüssen voraus

Der Anspruch aus § 281 BGB bewirkt keine verschuldensunabhängige Haftung; vielmehr verweist § 281 I S. 1 BGB auf § 280 I BGB und damit auch auf das Erfordernis des Vertretenmüssens nach § 280 I S. 2 BGB. 392

Bezugspunkt problematisch

Problematisch ist aber, worauf sich das Vertretenmüssen zu beziehen hat: Der Wortlaut des § 281 I S. 1 BGB scheint durch die Verweisung auf § 280 I BGB darauf hinzudeuten, dass der Schuldner nur die Nichtleistung bzw. die Leistung „nicht wie geschuldet" zu vertreten haben muss. 393

572 So auch Hanau, „Der Schuldner in der Hand des Gläubigers?", NJW 2007, 2806 (2808 f.); Lorenz, Neues Leistungsstörungs- und Kaufrecht: Eine Zwischenbilanz, 2004, S. 12.

573 BGH, NJW 2002, 669-670 (670) = jurisbyhemmer; BGHZ 146, 217-228 (220) = jurisbyhemmer.

574 Vgl. Derleder/Hoolmans, NJW 2004, 2787 (2791).

Es erscheint aber angebracht, die Pflichtverletzung, an die § 281 BGB die Schadensersatzpflicht knüpft, nicht lediglich in der bloßen Nichtleistung bzw. Leistung nicht wie geschuldet zu sehen, sondern in der Nichtleistung/Leistung nicht wie geschuldet trotz Ablaufs einer vom Gläubiger gesetzten angemessenen Frist.[575] 394

An diese Pflichtverletzung hat das Vertretenmüssen anzuknüpfen. Der Schuldner hat die Pflichtverletzung i.S.d. §§ 281 I S. 1, 280 I S. 2 BGB zu vertreten, wenn er die Nichtleistung bzw. die Leistung „nicht wie geschuldet" bis zum Ablauf der Frist zu vertreten hat.[576]

So sind Fälle denkbar, in denen der Schuldner ohne Fahrlässigkeit oder Vorsatz eine unvollständige (insbesondere: mangelhafte) Leistung erbringt. Setzt der Gläubiger dem Schuldner dann die angemessene Nachfrist i.S.d. § 281 I BGB, erhält der Schuldner Kenntnis von seiner unzureichenden Leistung. Stehen der Leistung bzw. der Vervollständigung der Leistung dann keine das Verschulden ausschließende Hindernisse entgegen, ist ein Vertretenmüssen zu bejahen. 395

hemmer-Methode: Merken Sie sich also: Es ist nicht zwingend, dass der Schuldner im Zeitpunkt der ersten Leistungserbringung die Nichtleistung/unvollständige Leistung bereits zu vertreten hat.

g) Im gegenseitigen Vertrag: Eigene Vertragstreue des Gläubigers

Erfordernis eigener Vertragstreue als Ausfluss des Synallagma

Verhält sich der Gläubiger hinsichtlich der von ihm zu erbringenden Gegenleistung vertragswidrig, so können ihm Leistungsstörungsrechte gegen den Schuldner wegen einer Verletzung von dessen Leistungspflicht nicht zustehen.[577] 396

Dies wird aus dem Gegenseitigkeitsverhältnis („tu quoque") im gegenseitigen Vertrag abgeleitet:

Dieser Gedanke ist auch nach der Modernisierung des Schuldrechts aufrechtzuerhalten; die fehlende Normierung des Erfordernisses eigener Vertragstreue sagt über die Anwendbarkeit desselben nichts aus: Der Gesetzgeber wollte die Anwendung und Fortentwicklung dieses Grundsatzes weiterhin Rechtsprechung und Literatur überlassen.[578] 397

Nur bei synallagmatischer Hauptleistungspflicht

Zu beachten ist, dass eigene Vertragstreue des Gläubigers nur bei Verletzung einer synallagmatischen Hauptleistungspflicht durch den Schuldner zu fordern ist, da sich dieses Erfordernis gerade aus dem Synallagma rechtfertigt.[579] 398

hemmer-Methode: Gerade im allgemeinen Leistungsstörungsrecht bleibt – trotz Änderungen in Systematik und Wortlaut des Gesetzes – vieles „beim Alten". Wer das alte Schuldrecht auch hinsichtlich seiner Wertungen durchdrungen hatte, wird mit dem neuen Schuldrecht – jedenfalls im allgemeinen Leistungsstörungsrecht – schnell zurechtkommen.

575 So auch Palandt, § 281, Rn. 16.

576 Palandt, § 281, Rn. 16.

577 Palandt, § 323, Rn. 29 und BGH, NJW 1971, 1747 = **juris**byhemmer; BGH, NJW 1984,869-870 = **juris**byhemmer.

578 Nach Palandt, § 281, Rn. 35 soll die eigene Vertragstreue keine zusätzliche Voraussetzung des Anspruches aus §§ 281, 280 I, III BGB bei gegenseitigen Verträgen darstellen; vielmehr fehle in aller Regel schon eine geschriebene Anspruchsvoraussetzung; in den übrigen Fällen solle man mit § 242 BGB arbeiten.

579 Palandt, § 281, Rn. 35.

Oftmals fehlen bereits übrige Voraussetzungen des § 281 BGB

In vielen Fällen führt das vertragswidrige Verhalten des Gläubigers bereits dazu, dass die Voraussetzungen des § 281 BGB entfallen. Dann muss auf die eigene Vertragstreue nicht besonders Bezug genommen werden; die richtige Rechtsfolge ergibt sich bereits aus dem Gesetz. 399

***Bsp.:** Verkäufer V übergibt und übereignet die Kaufsache nach Vertragsschluss an den Dritten D und fordert von K nun Schadensersatz statt der Leistung gem. §§ 280 I, III, 281 BGB, da dieser trotz ordnungsgemäßer Fristsetzung den Kaufpreis nicht entrichtet hat.*

Der Anspruch aus §§ 280 I, III, 281 BGB setzt voraus, dass bis zum Zeitpunkt der Geltendmachung des Schadensersatzanspruches durch den Gläubiger (vgl. § 281 IV BGB) die Leistungspflicht wirksam besteht. Hier ist der Anspruch des V gegen K aus § 433 II BGB auf Kaufpreiszahlung nach § 326 I S. 1 HS. 1 BGB erloschen: Durch wirksame Übereignung der Kaufsache an den Dritten K wurde die Leistungspflicht des V gegenüber K aus § 433 I S. 1 BGB nachträglich unmöglich und erlosch gem. § 275 I BGB. Dies führte zum Erlöschen der synallagmatischen Gegenleistungspflicht des K gegenüber V auf Kaufpreiszahlung.

Damit ist ein Anspruch des V gegen K aus §§ 280 I, III, 281 BGB ausgeschlossen. Einer Heranziehung des Erfordernisses eigener Vertragstreue des V ist daher nicht erforderlich.

Bei Zug-um-Zug-Leistung: Häufig § 281 BGB (-) wg. Einredevoraussetzungen des § 320 BGB

Ist die fragliche Leistung des Schuldners nur Zug um Zug gegen die Gegenleistung des Gläubigers zu erbringen und ist der Gläubiger zur Gegenleistung nicht bereit, entfällt § 281 BGB bereits deshalb, weil die Einredevoraussetzungen des § 320 BGB zugunsten des Schuldners vorliegen. Die Einredefreiheit ist bei § 281 BGB ebenso wie beim Schuldnerverzug als ungeschriebene Voraussetzung zu beachten.[580] Oftmals kann die nachträgliche Belastung eines zu verkaufenden Grundstücks mit einem beschränkten dinglichen Recht durch den Verkäufer als Fall der fehlenden eigenen Vertragstreue des Gläubigers behandelt werden: 400

***Bsp.:** V verkauft K ein Grundstück. Nach Abschluss des Kaufvertrages, aber vor Übereignung an K bestellt V dem G eine Grundschuld an dem Grundstück. Da K trotz Fristsetzung den fälligen Kaufpreis nicht zahlt, will V Schadensersatz aus §§ 280 I, III, 281 BGB geltend machen.*

Da das Grundstück durch die Belastung mit der Grundschuld einen nicht behebbaren Rechtsmangel (§ 435 BGB) hat, steht dem Käufer ein Anspruch wegen nachträglicher Teilunmöglichkeit auf Schadensersatz statt der Leistung gem. §§ 437 Nr. 3, 283 S. 1, 280 I, III BGB zu.[581]

1. K macht Schadensersatz statt der unmöglichen Teilleistung geltend, ermittelt nach der Differenzmethode. Seine Pflicht zur Erbringung der Kaufpreisforderung aus § 433 II BGB ermäßigt sich nach §§ 326 I S. 1 HS 2, 441 III BGB. Nur in Höhe der ermäßigten Kaufpreisforderung ist § 281 BGB für den Verkäufer noch anwendbar. Da das vertragswidrige Verhalten des V bereits zur Ermäßigung der Gegenleistungspflicht geführt hat, bedarf es einer weiteren Einschränkung des § 281 BGB wegen fehlender eigener Vertragstreue nicht.

2. Anders, wenn K den Schadensersatz nach der Surrogationsmethode ermittelt: In diesem Fall bleibt er zur Erbringung der vollen Gegenleistung verpflichtet. Soweit die Kaufpreisforderung des V nach § 326 I S. 1 HS 2 BGB zu ermäßigen wäre, ist § 281 BGB mangels eigener Vertragsuntreue des V unanwendbar. Damit gilt das gleiche Ergebnis wie im Fall 1: Nur hinsichtlich des von der Leistungsstörung nicht betroffenen Teiles der Gegenleistung bleibt § 281 BGB anwendbar.

580 Vgl. oben, Rn. 139 ff.

581 Zum Begriff des Rechtsmangels Palandt, § 435, Rn. 5.

3. K macht Schadensersatz statt der ganzen Leistung geltend. Hierbei muss er nach der Differenzmethode den Schaden ermitteln[582]; dies führt zum vollständigen Ausschluss des K von der Leistungspflicht aus § 433 II BGB. Daher ist mangels wirksamer Leistungspflicht ein Anspruch des V gegen K aus § 281 BGB ausgeschlossen, ohne dass auf das Kriterium der fehlenden eigenen Vertragstreue des V zurückgegriffen werden müsste.

Eigene Vertragstreue: Relevant bei Vorleistungspflicht des Schuldners und fehlender Leistungsbereitschaft des Gläubigers

Ein echter Anwendungsfall des Erfordernisses eigener Vertragstreue liegt beispielsweise vor, wenn der Gläubiger bei Vorleistungspflicht des Schuldners diesem ankündigt, zur Erbringung seiner Gegenleistung nicht bereit oder imstande zu sein. Hier findet nämlich § 320 BGB zugunsten des Schuldners keine Anwendung, da diese Vorschrift eine Leistungsverpflichtung Zug-um-Zug voraussetzt. *401*

hemmer-Methode: Greifen Sie also nicht vorschnell auf eine fehlende Vertragstreue des Gläubigers zurück, da die meisten Pflichtverletzungen des Gläubigers bereits aufgrund des Wegfalls einer der Voraussetzungen des § 281 BGB zu dessen Ausschluss führen.
Verhält sich der Gläubiger im Widerspruch zu seiner synallagmatischen Vertragspflicht, müssen Sie immer überprüfen, ob sich diese Pflichtverletzung nach ihrer Lösung in irgendeiner Weise auf die Ansprüche des Gläubigers ausgewirkt hat. Nur wenn dies nicht der Fall ist, kann das Kriterium eigener Vertragstreue Bedeutung gewinnen. Führen Sie bei entsprechender Konstellation daher am Ende Ihrer Lösungsskizze einen entsprechenden „Wertungs-Check“ durch!

h) Ersatzfähiger Schaden

Zu ersetzen ist der Schadensersatz statt der Leistung. Dies bedeutet unter Zugrundelegung der Differenzhypothese: Der Gläubiger ist so zu stellen, wie er stünde, wenn ordnungsgemäß erfüllt worden wäre.[583] *402*

Kein Ersatz des Verzögerungsschadens

aa) Ordnungsgemäße Erfüllung heißt auch rechtzeitige Erfüllung. Fraglich ist, ob dem Gläubiger auch der Schaden zu ersetzen ist, der durch die bloße Verzögerung der Leistung entsteht. *403*

Dies ist (anders als nach der bis zum 31.12.2001 geltenden Rechtslage) mit der ganz h.M. zu verneinen. Der Verspätungsschaden ist nämlich eine Schadensposition, die auch durch eine ordnungsgemäße Nacherfüllung nicht entfiele.

Aus diesem Grund kann der Verspätungsschaden nicht i.R.d. Schadensersatzes statt der Leistung geltend gemacht werden.[584]

V.a.: Mehrkosten aus Deckungsgeschäft des Gläubigers

bb) Zu ersetzen ist (bei konsequenter Anwendung der Definition zum Schaden statt der Leistung) dem Gläubiger insbesondere auch der Schaden, der ihm durch ein Deckungsgeschäft entstanden ist.[585] *404*

Bsp.: *K kauft bei V eine für den Betrieb des K benötigte Walzmaschine. Der vorleistungspflichtige Verkäufer liefert trotz Fälligkeit die Ware nicht, woraufhin K ihm eine angemessene Frist setzt. K erwirbt noch während des Laufes dieser Frist eine vergleichbare Maschine von D, um mit deren Einsatz im Betrieb möglichst bald beginnen zu können. K muss allerdings an D 1.000,- € mehr zahlen. Danach läuft die Frist erfolglos ab. K will von V nach §§ 280 I, III, 281 BGB Ersatz der Mehrkosten i.H.v. 1.000,- €.*

582 Vgl. oben, Rn. 300.

583 Palandt, § 281, Rn. 19.

584 So wie hier auch Palandt, § 281, Rn. 17 a.E.

585 Palandt, § 281, Rn. 27.

1. K hat gegen V einen fälligen, einredefreien Anspruch aus § 433 I S. 1 BGB. Da er ihm erfolglos eine angemessene Frist zur Nachholung der Leistung gesetzt hat, liegen die Voraussetzungen des § 281 BGB grundsätzlich vor. Dabei wird das Vertretenmüssen des V für die Nichtleistung trotz Nachfristsetzung nach §§ 281 I S. 1, 280 I S. 2 BGB vermutet.

Bei Deckungsgeschäft vor Fristablauf evtl. fehlende eigene Vertragstreue

2. Allerdings hat K noch während des Laufes der gesetzten Frist bei D eine vergleichbare Maschine erworben. Hierin könnte ein vertragswidriges Verhalten des K zu sehen sein. Bei fehlender eigener Vertragstreue des K wäre ein Anspruch aus § 281 BGB zu verneinen. Das Kriterium eigener Vertragstreue ist auch grundsätzlich anwendbar, da es sich bei der fraglichen Pflicht des V aus § 433 I S. 1 BGB um eine synallagmatische Hauptleistungspflicht handelt.

(-), da weitere Umstände hinzutreten müssen

In der Vornahme eines Deckungsgeschäftes vor Fristablauf ist jedoch ein vertragswidriges Verhalten des K nicht ohne weiteres zu sehen. Dies wäre nur dann der Fall, wenn K hierdurch konkludent zu erkennen gegeben hätte, bei noch erfolgender Lieferung des V seine Pflichten, insbesondere die Pflicht zur Kaufpreiszahlung, nicht erfüllen zu wollen. Zu einer solchen Annahme reicht die bloße Vornahme eines Deckungsgeschäftes nicht aus. Es ist nicht ausgeschlossen, dass K trotz des Deckungsgeschäftes bereit war, die Lieferung des V weiterhin anzunehmen und den Kaufpreis zu entrichten.

Damit fehlt es nicht an der Vertragstreue des K. Die tatbestandlichen Voraussetzungen des Anspruchs aus §§ 280 I, III, 281 I BGB sind gegeben.[586]

3. K ist i.R.d. Schadensersatzes statt der Leistung so zu stellen, wie er bei rechtzeitiger Leistung des V stünde. Hätte V zum Zeitpunkt der Fälligkeit geleistet, hätte K das Deckungsgeschäft nicht vornehmen müssen, die Mehrkosten von 1.000,- € wären nicht angefallen.

Unbeachtlich ist, dass die Vornahme des Deckungsgeschäftes vor Ablauf der gesetzten Frist stattfand.

Da für eine Verletzung der Schadensminderungspflicht des K nach § 254 II S. 1 BGB keine Anhaltspunkte bestehen, steht ihm gegen V ein Schadensersatzanspruch aus §§ 280 I, III, 281 I BGB i.H.v. 1.000,- € zu.

hemmer-Methode: Mehrkosten durch ein Deckungsgeschäft können nur im Wege des Schadensersatzes statt der Leistung ersetzt werden; es handelt sich nicht um einen nach §§ 280 I, II, 286 BGB ersatzfähigen Verzögerungsschaden!

Schadensermittlung: Differenz-/Surrogationsmethode

cc) Im gegenseitigen Vertrag stellt sich – wie bereits bei § 311a II BGB und §§ 280 I, III, 283 BGB erörtert – wiederum die Problematik der Schadensermittlung. Auch hier ist grundsätzlich eine Berechnung nach der Differenz- oder nach der Surrogationsmethode möglich. 405

hemmer-Methode: Lesen Sie dazu nochmals zur Vertiefung die Randnummern 296 ff. nach!

Nach § 326 I S. 2 HS. 2 BGB a.F. führte der fruchtlose Fristablauf zum automatischen Erlöschen der Primärleistungspflicht. Daher war nach h.M. die Surrogationsmethode nicht anzuwenden (strenge Differenztheorie)[587], da bei Erlöschen der Primärleistungspflichten der für die Surrogationsmethode wesentliche Leistungsaustausch nicht mehr stattfinden konnte. 406

586 So zuletzt auch BGH, JZ 2010, 44-46 = **juris**byhemmer.

587 BGH, NJW 1994, 3351 = **juris**byhemmer; BGH, NJW 1999, 3115-3117 = **juris**byhemmer.

Wahl der Surrogationsmethode nach neuem Recht möglich

Nach neuer Gesetzeslage entfällt der Primäranspruch des Gläubigers noch nicht mit Fristablauf, jedoch mit Geltendmachung des Schadensersatzes statt der Leistung, § 281 IV BGB. Dies scheint darauf hinzudeuten, dass – wie nach alter Rechtslage – der Gläubiger, der Schadensersatz nach §§ 280 I, III, 281 BGB fordert, den Leistungsaustausch nicht mehr verlangen und damit die Surrogationsmethode nicht wählen kann. 407

Andererseits erscheint kein Grund ersichtlich, warum er nicht weiterhin das Recht haben soll, die von ihm geschuldete Gegenleistung zu erbringen und im übrigen Schadensersatz zu verlangen. Daher kann der Gläubiger nach richtiger Auffassung durchaus die Surrogationsmethode wählen[588]; wegen § 281 IV BGB tritt allerdings an die Stelle der vom Schuldner zu erbringenden synallagmatischen Leistungspflicht der Anspruch des Gläubigers auf Schadensersatz statt der Leistung gem. §§ 280 I, III, 281 BGB. Den nach § 281 IV BGB erloschenen Primäranspruch kann der Gläubiger nicht „im Gewande des Schadensersatzanspruches“ fordern.

hemmer-Methode: Allerdings hat der Gläubiger die Möglichkeit, Schadensersatz statt der Leistung nicht zu verlangen und stattdessen weiter die Primärleistung zu fordern. Dann steht ihm lediglich – sofern die Voraussetzungen hierfür vorliegen – ein Anspruch auf den Verzögerungsschaden nach §§ 280 I, II, 286 BGB zu.

Differenzmethode auch dann zulässig, wenn Gegenleistung bereits erbracht, sofern Gläubiger zugleich zurücktritt

Hat der Gläubiger seine Gegenleistung bereits erbracht, so führt die Wahl der Differenzmethode zu der Pflicht des Schuldners, die erbrachte Gegenleistung des Gläubigers zurückzugewähren. Dies ist aufgrund der nun zulässigen Kumulation von Rücktritt und Schadensersatz (§ 325 BGB) möglich. 408

Das bedeutet: Kann der Gläubiger nach den §§ 323 ff. BGB vom Vertrag zurücktreten, kann er nach erfolgtem Rücktritt die erbrachte Gegenleistung nach § 346 I BGB zurückverlangen und im Übrigen Schadensersatz nach der Differenzmethode wählen. Sofern er allerdings nicht/nicht wirksam zurücktritt, ist die Wahl der Differenzmethode unzulässig, da auf diese Weise ein rücktrittsähnliches Ergebnis erzielt würde.[589]

Surrogationsmethode auch bei erbrachter Gegenleistung zulässig

Die Surrogationsmethode ist unproblematisch auch dann anwendbar, wenn der Gläubiger seine Gegenleistung bereits erbracht hat. Den Anspruch auf die gestörte Leistung des Schuldners verliert der Gläubiger jedoch mit Geltendmachung des Schadensersatzes nach § 281 IV BGB. 409

Strenge Differenztheorie unabhängig davon, ob Gegenleistung erbracht wurde

Dies führt zu folgendem Ergebnis: Wie beim Fall der Unmöglichkeit kann der Gläubiger zwischen Differenz- und Surrogationsmethode wählen; dies ist unabhängig davon, ob er seine Gegenleistung schon erbracht hat oder nicht. 410

§ 281 IV BGB: Ausschluss der Primärleistung bei Geltendmachung des SE-Anspruches

dd) Zu beachten ist die Regelung des § 281 IV BGB: Danach führt das Verlangen des Schadensersatzes statt der Leistung durch den Gläubiger zum Erlöschen der Primärleistungspflicht des Schuldners. 411

Freilich kommt ein Ausschluss nach § 281 IV BGB nur in Betracht, wenn das Schadensersatzverlangen des Gläubigers berechtigt ist, wenn er also dem Grunde nach einen Anspruch aus §§ 280 I, III, 281 BGB hat. Unerheblich ist allerdings, ob er diesen der Höhe nach richtig berechnet.

588 So wohl auch Palandt, § 281, Rn. 21.

589 Palandt, § 281, Rn. 22.

Verlangt der Gläubiger Schadensersatz statt der Leistung aus §§ 280 I, III, 281 BGB i.H.v. 5.000,- €, steht ihm ein solcher aber nur i.H.v. 3.000,- € zu, so ist die Primärleistungspflicht des Schuldners ebenfalls nach § 281 IV BGB ausgeschlossen. Steht ihm allerdings mangels Vorliegens der Voraussetzungen des § 281 BGB ein Anspruch überhaupt nicht zu, ist § 281 IV BGB unanwendbar. Verlangt der Gläubiger nur allgemein „Schadensersatz", so muss ausgelegt werden, ob es sich nicht nur um ein Schadensersatzverlangen nach § 280 I BGB handelt: Macht der Gläubiger lediglich seinen Begleitschaden geltend, steht dieser neben dem Primäranspruch und schließt diesen nicht nach § 281 IV BGB aus.

hemmer-Methode: § 281 IV BGB ist ein Gebot der Logik: Der Gläubiger kann nicht zugleich Schadensersatz statt der Leistung und die Leistung selbst verlangen; dies scheidet schon begrifflich aus, da der Schadensersatz statt, d.h. anstelle der Leistung gewährt wird!
Anderes gilt für den Ersatz des Begleitschadens, dieser tritt neben den Primäranspruch.

i) Sonderfall: Schadensersatz statt der ganzen Leistung nach § 281 I S. 2 und 3 BGB

Im Falle einer Teilleistung oder einer Leistung „nicht wie geschuldet" liegt, anders als bei der vollständigen Nichtleistung, eine Leistung des Schuldners vor, die allerdings dem Schuldverhältnis nicht vollständig entspricht. Der Gläubiger hat unproblematisch die Möglichkeit, nach § 281 I S. 1 BGB für den nicht erbrachten Leistungsteil Schadensersatz statt der Leistung zu verlangen. 412

Differenzierung zwischen Teil- und Schlechtleistung

Will er aber Schadensersatz statt der ganzen Leistung, müssen zusätzliche Voraussetzungen vorliegen, die sich aus § 281 I S. 2 und 3 BGB ergeben. Hierbei differenziert das Gesetz bewusst zwischen der Teilleistung und der Leistung „nicht wie geschuldet"; diese erst im späteren Verlauf des Gesetzgebungsverfahrens aufgenommene Unterscheidung beruht auf einer Angleichung an die entsprechende Vorschrift im Bereich des Rücktritts, § 323 V BGB. 413

hemmer-Methode: Zur Abgrenzung im Mängelrecht lesen Sie nochmals Rn. 317!

§ 281 I S. 2 BGB: Teilleistung
⇨ Interessenfortfall erforderlich

Ist eine Teilleistung bewirkt worden, so kann der Gläubiger Schadensersatz statt der ganzen Leistung nur dann verlangen, wenn er an dem erbrachten Leistungsteil kein Interesse hat, § 281 I S. 2 BGB; anders ausgedrückt: Er kann Schadensersatz statt der ganzen Leistung nur fordern, wenn er Interesse nur an der ganzen, d.h. vollständigen Leistung hat. 414

§ 281 I S. 3 BGB: Schlechtleistung
⇨ Erheblichkeit der Pflichtverletzung

Bei Leistung „nicht wie geschuldet" sind die Anforderungen geringer. Der Gesetzgeber hielt es für nicht sachgerecht, den Gläubiger gerade im Falle der Schlechtleistung an der mangelhaften Leistung festzuhalten. Daher kann Schadensersatz statt der ganzen Leistung nur dann nicht verlangt werden, wenn die Pflichtverletzung unerheblich ist, § 281 I S. 3 BGB.[590] 415

Bei der Unerheblichkeit handelt es sich um einen unbestimmten Rechtsbegriff, dessen Auslegung sicherlich stets von den Umständen des Einzelfalls abhängen wird. Zunächst bietet es sich an, durch prozentuale Größenordnung eine Klärung zu versuchen.

10%-Grenze bei Abweichung der Ist- von der Sollbeschaffenheit

Bei einer rein objektiven Betrachtung ist eine Abweichung der Ist- von der Sollbeschaffenheit von 10% und mehr als erheblich anzusehen.[591]

590 Zum Schadensersatz statt der Leistung bei einer Teilleistung; Palandt, § 281, Rn. 36 ff.

591 So gibt es beispielsweise zur Frage des Spritverbrauchs Rechtsprechung zur Erheblichkeit; vgl. BGH, NJW 1996, 1337-1339 = jurisbyhemmer.

hemmer-Methode: Bei einer Abweichung von lediglich 5% hat das OLG Düsseldorf die Erheblichkeit des Mangels verneint.[592]

5%-Grenze für Aufwand zur Mängelbeseitigung

Bei einem behebbaren Mangel ist nach Ansicht des BGH aber im Rahmen der Interessenabwägung nicht mehr von einer Geringfügigkeit des Mangels und damit nicht von einer Unerheblichkeit der Pflichtverletzung gemäß § 323 V S. 2 BGB auszugehen, wenn der Mangelbeseitigungsaufwand einen Betrag von fünf Prozent des Kaufpreises übersteigt.[593]

Nicht immer ist eine Anknüpfung an objektive Kriterien möglich bzw. sinnvoll. Geht nämlich das Interesse am Erhalt der fehlenden Leistung über das reine Interesse am Erhalt der Leistung hinaus, dann kann auch eine objektiv geringfügige Pflichtverletzung erheblich sein.

Erheblichkeit bei arglistiger Täuschung

Eine die Geltendmachung von Schadensersatz statt der ganzen Leistung ausschließende nur unerhebliche Pflichtverletzung ist beim Kaufvertrag in der Regel zu verneinen, wenn der Verkäufer über das Vorhandensein eines Mangels arglistig täuscht. 416

Das arglistige Verschweigen eines Mangels modifiziert auch in anderen Bereichen die Haftung stark zu Lasten des Verkäufers. So behält beispielsweise der Käufer seine Mängelrechte trotz grob fahrlässiger Nichtkenntnis vom Mangel, wenn der Verkäufer den Mangel arglistig verschwiegen hat, § 442 I S. 2 BGB.

hemmer-Methode: Der BGH wurde für diese Entscheidung bereits kritisiert.[594] Nach dieser Ansicht verlange § 281 I S. 3 BGB nach der Erheblichkeit der Pflichtverletzung. Das sei die Schlechtleistung. Also müsse der Mangel erheblich sein, weshalb die Täuschung als nicht leistungsbezogene Rücksichtnahmepflichtverletzung für diese Frage irrelevant sei.
Diese Ansicht ist jedoch nicht überzeugend. Zum einen bezieht sich die Täuschung auf die Pflichtverletzung (Mangel). Zum anderen entspricht es der h.L., dass auch die Umstände des Einzelfalls für die Beurteilung der Erheblichkeit maßgeblich sein können, so z.B., wenn die Parteien eine gesonderte Beschaffenheitsvereinbarung hinsichtlich des Mangels vorgenommen hatten.

§ 281 V BGB: Rechtsfolgenverweisung auf §§ 346 ff. BGB

Bei Verlangen des Schadensersatzes statt der ganzen Leistung ist der Schuldner zur Rückforderung des von ihm erbrachten Leistungsteiles nach § 281 V BGB berechtigt; die Vorschrift verweist als Rechtsfolgenverweisung auf die Regelungen des Rücktrittsrechts, §§ 346 ff. BGB. 417

Hinsichtlich der Schadensermittlung im gegenseitigen Vertrag gilt das zu § 311a II BGB Gesagte entsprechend[595], es bestehen keine Besonderheiten.

hemmer-Methode: Übersehen Sie nicht, dass Schadensersatz statt des nicht erbrachten Leistungsteiles unproblematisch nach § 281 I S. 1 BGB möglich ist! Dies ergibt sich bereits aus dem dort verwendeten Wort „soweit“!

592 OLG Düsseldorf, vgl. NJW 2005, 3504 f. = **juris**byhemmer.

593 **BGH, Life&Law 09/2014, 629 ff.** = **juris**byhemmer.

594 Lorenz, „Arglist und Sachmangel - Zum Begriff der Pflichtverletzung in § 323 V 2 BGB“,NJW 2006, 1925-1927.

595 Siehe oben, Rn. 307 ff.

2. Anspruch nach §§ 282, 280 I, III BGB

a) Anwendungsbereich

Verletzung nicht-leistungsbezogener Nebenpflichten nach § 241 II BGB

§ 282 BGB gibt nach seinem Wortlaut Schadensersatz statt der Leistung bei der Verletzung von Pflichten nach § 241 II BGB. Gemeint sind hierbei die nicht-leistungsbezogenen Pflichten, auf die der Gläubiger keinen Primäranspruch hat.[596] 418

Liegt die Verletzung einer leistungsbezogenen Pflicht vor, kommt Schadensersatz statt der Leistung nur nach §§ 280 I, III, 281 BGB, bzw. bei Unmöglichkeit nach §§ 280 I, III, 283 BGB oder § 311a II S. 1 BGB in Betracht.

Vorvertragliche Pflichtverletzung reicht nicht aus

Zu beachten ist, dass das Bestehen eines vorvertraglichen Schuldverhältnisses nicht ausreichen kann. Dieses hat keine Primärleistungspflichten, weshalb auch ein Schadensersatz statt der Leistung nicht in Betracht kommt.[597] 419

hemmer-Methode: Die Parallelregelung zum Rücktritt bei Verletzung nicht-leistungsbezogener Nebenpflichten i.S.d. § 241 II BGB findet sich in § 324 BGB.

§ 282 BGB gilt auch bei nicht synallagmatischen Verträgen

§ 282 BGB regelt diese Fallkonstellation jetzt ausdrücklich. Voraussetzung ist ebenfalls, dass dem Gläubiger das Festhalten am Primärschuldverhältnis infolge der Pflichtverletzung durch den Schuldner nicht mehr zuzumuten ist. Dieses Recht ist seit dem 01.01.2002 nicht mehr auf gegenseitige Verträge beschränkt. 420

b) Voraussetzungen des Anspruchs nach §§ 282, 280 I, III BGB

§§ 282, 280 I BGB zusammen zu zitieren

§ 282 BGB spricht die Rechtsfolge des Anspruches auf Schadensersatz statt der Leistung aus und stellt daher nach umstrittener Ansicht eine eigenständige Anspruchsgrundlage dar. Dennoch sollten § 282 BGB und § 280 I, III BGB zusammen angeführt werden. 421

hemmer-Methode: Wenn der Korrektor davon ausgeht, dass § 282 BGB selbst die Anspruchsgrundlage bildet, ist die Zitierung „§§ 282, 280 I BGB“ nicht falsch, da § 282 BGB hinsichtlich seiner Voraussetzungen teilweise auf § 280 I BGB verweist.

422

Schadensersatz statt der Leistung, §§ 280 I, III, 282 BGB:

1. Bestehen eines **Schuldverhältnisses**
2. Vom Schuldner zu vertretende **Verletzung einer Pflicht i.S.d. § 241 II BGB**
3. **Unzumutbarkeit** für den Gläubiger
4. Im gegenseitigen Vertrag: **Eigene Vertragstreue**

⇨ **Rechtsfolge**: SE statt der Leistung

aa) Bestehen eines Schuldverhältnisses

Bestehen eines Schuldverhältnisses

Es muss ein Schuldverhältnis zwischen Anspruchsteller und Anspruchsgegner bestehen. Ein vorvertragliches Schuldverhältnis genügt nicht, vgl. oben, Rn. 417. 423

596 Vgl. die Ausführungen zu § 280 BGB, Rn. 232 ff.

597 Nach einer nicht überzeugenden M.M. soll es ausreichen, dass der Vertrag später geschlossen wurde (vgl. Mankowski, ZGS 2003, 91 (92)).

bb) Vom Schuldner zu vertretende Verletzung einer Pflicht i.S.d. § 241 II BGB

Schuldhafte Pflichtverletzung des Schuldners

Ferner ist eine Verletzung einer nicht-leistungsbezogenen Pflicht i.S.v. § 241 II BGB durch den Schuldner erforderlich.[598] 424

Der Schuldner muss gem. §§ 282, 280 I S. 2 BGB diese Pflichtverletzung auch zu vertreten haben.

cc) Unzumutbarkeit für den Gläubiger

Unzumutbarkeit

Infolge der Pflichtverletzung muss das Festhalten des Gläubigers an der Primärleistung für diesen unzumutbar sein. Hieran sind nach wie vor hohe Anforderungen zu stellen; nicht bei jeder Nebenpflichtverletzung kann der Gläubiger berechtigt sein, Schadensersatz statt der Leistung zu verlangen. Es hat eine umfassende Abwägung stattzufinden.[599] 425

Hier können aus dem Arbeitsrecht i.R.d. Zulässigkeit verhaltensbedingter Kündigungen bekannte Grundsätze ergänzend herangezogen werden:

I.d.R. vorherige Abmahnung erforderlich

Grundsätzlich ist eine einmalige Pflichtverletzung des Schuldners nicht ausreichend, um eine Unzumutbarkeit für den Gläubiger i.S.d. § 282 BGB zu begründen. Der Gläubiger muss den Schuldner hinsichtlich dieser Pflichtverletzung abmahnen. Erst wenn es zu weiteren Pflichtverletzungen der gleichen Art kommt, kann eine Unzumutbarkeit bejaht werden. 426

Die Unzumutbarkeit kann sich aber auch daraus ergeben, dass sich der Schuldner zahlreiche Pflichtverletzungen verschiedenster Art zu Schulden kommen lässt. Dann ergibt sich die Unzumutbarkeit allgemein aus der Unzuverlässigkeit des Schuldners, die sich in den verschiedenen Pflichtverletzungen objektiv manifestiert hat.

Abmahnung entbehrlich bei schwer wiegenden Pflichtverletzungen

Ausreichend kann eine einmalige Pflichtverletzung sein, wenn sie hinreichend schwer wiegend ist. Hier sind insbesondere vorsätzliche Schädigungen des Gläubigers, insbesondere die Begehung von Straftaten (Körperverletzung, Sachbeschädigung, Diebstahl) gegenüber dem Gläubiger oder diesem nahe stehenden Personen zu nennen. 427

Bsp.: *Maler M wurde von K zum Neuanstrich der Wohnung beauftragt. M ist Kettenraucher und kann sich den Zigarettengenuss auch während der Arbeit nicht verkneifen. K, der unter starkem Asthma leidet, fordert M mehrfach auf, das Rauchen in seiner Wohnung zu unterlassen. Da M hierzu nicht bereit ist, will K einen anderen Maler beauftragen, der allerdings 500,- € mehr kostet. K will von M Ersatz der Mehrkosten. Daneben war für K – veranlasst durch den Zigarettenrauch des M – ein Arztbesuch erforderlich geworden. Auch diese Kosten verlangt er von M ersetzt.*

1. Ein Anspruch auf Ersatz der durch die Beauftragung des anderen Malers zu erwartenden Mehrkosten könnte sich einzig aus §§ 282, 280 I, III BGB ergeben. Bei den Mehrkosten aufgrund eines Deckungsgeschäftes handelt es sich um einen Schadensposten, der nur als Schadensersatz statt der Leistung ersetzt werden kann.

a) Zwischen M und K besteht ein Schuldverhältnis in Form eines Werkvertrages, §§ 631 ff. BGB. Aus § 631 BGB ergibt sich die Pflicht des M zum Anstrich der Wände.

598 Beispiele unter Palandt, § 282, Rn. 3.

599 Palandt, § 282, Rn. 4.

b) Das Zigarettenrauchen des M stellt eine Verletzung einer nichtleistungsbezogenen Nebenpflicht des M gegenüber K dar. Aus § 241 II BGB ergibt sich insbesondere die Pflicht, den anderen Teil des Schuldverhältnisses nicht an seiner Gesundheit zu schädigen (allgemeine Schutzpflicht); da das Rauchen für den asthmakranken K eine Gesundheitsbeeinträchtigung darstellt, liegt eine objektive Pflichtverletzung vor. Diese war jedenfalls ab der Aufforderung durch K, das Rauchen zu unterlassen, von M i.S.d. §§ 282, 280 I S. 2 BGB zu vertreten, vgl. § 276 I BGB.

c) Fraglich ist allerdings, ob infolge dieser Pflichtverletzung des M es für K nicht mehr zumutbar war, an der Leistung durch M festzuhalten. Hier hat eine umfassende Interessenabwägung stattzufinden.

M war es zumutbar, zumindest für die Dauer der Tätigkeit in der Wohnung des K das Rauchen einzustellen; schließlich konnte er seine Arbeit auch für kurze „Raucherpausen“ außerhalb der Wohnung unterbrechen. Andererseits hatte K bei Einatmen des Rauches Gesundheitsbeschädigungen zu befürchten, die sich schließlich auch tatsächlich eingestellt haben. Damit war für K das Festhalten an der Erbringung der Werkleistung durch M nicht mehr zumutbar. Etwas anderes könnte sich eventuell ergeben, wenn K auch eine andere Wohnung hätte nutzen können. Hierfür fehlen im Sachverhalt die Angaben.

d) Damit hat M dem K die 500,- € zu ersetzen, sobald K das Deckungsgeschäft getätigt, also den anderen Maler tatsächlich beauftragt hat.

2. Bei den Arztkosten handelt es sich um den durch die schuldhafte Pflichtverletzung des M kausal verursachten Begleitschaden. Dieser ist nach § 280 I BGB zu ersetzen.

dd) Im gegenseitigen Vertrag: Eigene Vertragstreue

Im gegenseitigen Vertrag: Eigene Vertragstreue des Gläubigers erforderlich

Im gegenseitigen Vertrag ist zusätzlich zu den in § 282 BGB aufgeführten Voraussetzungen die eigene Vertragstreue des Gläubigers zu fordern. 428

Wie bei § 281 BGB erörtert (Rn. 399), entfällt diese nicht schon allein aufgrund der Vornahme eines Deckungsgeschäftes, obgleich die Unzumutbarkeit für den Gläubiger noch nicht gegeben war.

ee) Rechtsfolge

Der Gläubiger hat Anspruch auf Schadensersatz statt der Leistung; Leistung ist hierbei die Leistungspflicht des Schuldners, auf die sich die verletzte Nebenpflicht bezieht.[600] 429

§ 281 IV BGB analog

Nicht in § 282 BGB geregelt wurde die Frage, in welchem Verhältnis der Anspruch auf Schadensersatz statt der Leistung und der Primärleistungsanspruch stehen. Jedenfalls können nicht beide Ansprüche vom Gläubiger nebeneinander geltend gemacht werden. 430

Primärleistung erlischt mit SE-Verlangen

Es erscheint sachgerecht, die vergleichbare Regelung in § 281 IV BGB analog anzuwenden. Hat der Gläubiger also den ihm nach § 282 BGB tatsächlich zustehenden Schadensersatzanspruch statt der Leistung geltend gemacht, erlischt sein Anspruch auf die Primärleistung.

600 Palandt, § 282, Rn. 6.

3. Aufwendungsersatz nach § 284 BGB[601]

§ 284 BGB gibt dem Gläubiger die Möglichkeit, anstelle von Schadensersatz statt der Leistung Ersatz der Aufwendungen zu verlangen, die er im Vertrauen auf den Erhalt der Leistung gemacht hat. 431

Aufwendungen im Vertrauen auf ordnungsgemäße Leistung nicht von SE statt der Leistung umfasst

Derartige Aufwendungen sind nicht bereits vom Anspruch auf Schadensersatz statt der Leistung umfasst. Bei diesem ist der Gläubiger so zu stellen, wie er bei ordnungsgemäßer Leistung stünde. In diesem Falle hätte er aber die Aufwendungen ebenfalls vorgenommen. 432

Bsp.[602]: *Der eingetragene Verein M e.V. plant eine politische Veranstaltung (Eintritt frei) am 23.09. Zu diesem Zweck mietet er die von der X-GmbH betriebene Stadthalle bei dieser an. Aufgrund eines internen Behördenfehlers beim Landesamt für Verfassungsschutz erhält die X-GmbH von diesem die der Wahrheit nicht entsprechende Mitteilung, wonach die politische Grundhaltung des M e.V. als rechtsextrem einzustufen sei. Entsetzt hierüber erklärt A, Geschäftsführer der X-GmbH, gegenüber dem Vorstand des M e.V., vom Mietvertrag zurückzutreten. „Rechtes Gesindel" toleriere er in „seiner" Stadthalle nicht. Hiervon nimmt er auch nicht nach Aufklärung des Irrtums Abstand, da er immer noch einen „Verdacht des Rechtsextremismus" als gegeben ansieht. Der Vorstand des M e.V. erklärt nun, unter diesen Umständen komme „eine Zusammenarbeit nicht in Betracht". Er beansprucht im Namen des M e.V. jedoch Ersatz der Kosten des gedruckten und nun nutzlos gewordenen Werbematerials i.H.v. 12.000,- €.*

1. Ein derartiger Anspruch könnte sich aus § 280 I BGB ergeben.

a) Der M e.V. (rechtsfähig gem. § 21 BGB) hat mit der X-GmbH (rechtsfähig nach § 13 I GmbHG) einen Mietvertrag i.S.d. §§ 535 ff. BGB geschlossen. Dass es sich bei der Stadthalle möglicherweise um eine öffentliche Einrichtung i.S.d. Landesgemeindeordnungen[603] handelt, ändert nichts an der privatrechtlichen Natur dieses Vertrages: Jedenfalls dann, wenn der Betreiber ein Rechtssubjekt des Privatrechts ist (hier: die GmbH als juristische Person des Privatrechts), kann nur ein privatrechtlicher Nutzungsvertrag vorliegen, da Privatrechtssubjekte keine öffentlichrechtlichen Verträge schließen können.

b) Die für einen Anspruch aus § 280 I BGB erforderliche Pflichtverletzung könnte in den Äußerungen des Geschäftsführers A gegenüber dem M e.V. zu sehen sein; eine eventuelle Pflichtverletzung wäre der X-GmbH nach § 31 BGB analog zuzurechnen. 433

In einem vertraglichen Schuldverhältnis besteht - gesetzlich verankert in § 241 II BGB – die allgemeine Pflicht, solche Handlungen zu unterlassen, die geeignet sind, den Vertragszweck zu gefährden. Hierzu zählt insbesondere die Ankündigung, die eigenen vertraglichen Pflichten nicht erfüllen zu wollen.[604]

Eine solche pflichtwidrige Vertragsaufsage wäre in dem Verhalten des A jedoch dann nicht zu sehen, wenn er wirksam den Rücktritt vom Vertrag erklärt hätte. Ein hierzu erforderlicher Rücktrittsgrund könnte sich allenfalls nach den Grundsätzen der Störung der Geschäftsgrundlage ergeben, § 313 BGB.[605] Würde es sich bei dem M e.V. tatsächlich um eine rechtsextreme Vereinigung handeln, könnte die Geschäftsgrundlage für den Mietvertrag mit der insoweit gutgläubigen X-GmbH fehlen. Die politische Ausrichtung des M e.V. und seiner Mitglieder ist aber gar nicht rechtsextrem; dieser Irrtum der X-GmbH beruht auf einer Fehlinformation.

601 Vgl. auch Tyroller, Kurzaufsatz zu Problemen des § 284 BGB, in Life&Law 11/2005, 790 ff.; Gsell, „Aufwendungsersatz nach § 284 BGB", NJW 2006, 125 ff.; Ellers, „Zu Voraussetzungen und Umfang des Aufwendungsersatzes gem. § 284 BGB", JURA 2006, 201 ff.

602 Nach BGH, NJW 1987, 831-835 = **juris**byhemmer.

603 Z.B. Art. 21 BayGO.

604 Wdh. Sie erneut die Vertragsaufsage als Verletzung einer Leistungstreuepflicht unter Rn. 251.

605 Grundsätze der SGG: unten Rn. 607 ff.

Damit ist die Geschäftsgrundlage des Mietvertrages nicht gestört, die X-GmbH ist nicht wirksam vom Vertrag zurückzutreten. In der unberechtigten Rücktrittserklärung ist eine Vertragsaufsage der GmbH und damit eine Pflichtverletzung i.S.d. § 280 I BGB zu sehen.

hemmer-Methode: Schöpfen Sie den Sachverhalt aus! Der Irrtum über die politische „Lagerangehörigkeit" des M e.V. war nicht ohne Grund im Sachverhalt angegeben. Taucht im Sachverhalt ein Irrtum auf, ist dieser für die Lösung meist auch relevant.

Vertretenmüssen (+)

c) Die Pflichtverletzung war auch schuldhaft; zumindest ab der Aufklärung des Irrtums hätte A die Vertragsaufsage zurücknehmen müssen. Weiterhin auf der Vertragsauflösung zu beharren, ist zumindest als Fahrlässigkeit i.S.v. § 276 I S. 1 BGB anzusehen. Das Verschulden des A ist der X-GmbH nach § 31 BGB analog zuzurechnen. 434

Jedoch Kausalität (-)

d) Es fehlt jedoch an dem Vorliegen eines ersatzfähigen Schadens: Die vom M e.V. geltend gemachten Kosten für das Werbematerial wären auch bei pflichtgemäßem Verhalten der X-GmbH angefallen. Der Vergleich mit der hypothetischen Vermögenslage bei Hinwegdenken der Pflichtverletzung führt zu keiner Vermögensdifferenz. Also liegt ein Schaden nicht vor.

Es besteht kein Anspruch auf Ersatz der Werbekosten aus § 280 I BGB.

hemmer-Methode: Sie hätten das offensichtliche Fehlen der Kausalität auch „nach vorne ziehen" und § 280 I BGB auf diese Weise schnell verneinen können. Dadurch hätten Sie sich keine Probleme abgeschnitten, da das Vorliegen einer Pflichtverletzung (und daher auch die Frage des Rücktritts wegen Störung der Geschäftsgrundlage) ebenso i.R.d. § 282 BGB geprüft werden muss.

2. Als einschlägige Anspruchsgrundlage kommt des Weiteren §§ 280 I, III, 282 BGB in Betracht. 435

a) Die X-GmbH hat durch die Vertragsaufsage die nichtleistungsbezogene Pflicht zur Unterlassung vertragszweckgefährdender Handlungen gegenüber dem M e.V. schuldhaft verletzt.

hemmer-Methode: Nach a.A. gilt hierfür § 281 I BGB, wobei § 323 IV BGB analog angewendet wird. Lesen Sie dazu nochmals die hemmer-Methode zu Rn. 251!

b) Für den M e.V. ist ein Festhalten am Vertrag mit der X-GmbH nicht mehr zumutbar; dies ergibt sich bereits aus der Vertragsaufsage, jedenfalls aber aus den abfälligen Äußerungen des A, die sich die X-GmbH nach § 31 BGB zurechnen lassen muss.

c) Beim Schadensersatz statt der Leistung ist der Gläubiger so zu stellen, wie er bei ordnungsgemäßer Leistung stünde. Bei pflichtgemäßem Verhalten der X-GmbH hätte der M e.V. die Werbekosten ebenfalls zu tragen gehabt; diese sind vom Schadensersatz statt der Leistung deshalb nicht umfasst.

3. Allerdings handelt es sich bei den Kosten für das Werbematerial um vergebliche Aufwendungen des M e.V., die diesem nach §§ 282, 280 I, III BGB i.V.m. § 284 BGB zu ersetzen sind (dazu ausführlich Rn. 440 ff.).

Das Problem des Ersatzes vergeblicher Aufwendungen ist dort problematisch, wo das Gesetz nur einen Anspruch auf Schadensersatz statt der Leistung vorsieht. Hat beispielsweise ein Käufer im Vertrauen auf die Mangelfreiheit der Kaufsache Aufwendungen getätigt und stellte sich dann ein Mangel heraus, kann er diese grds. nicht nach §§ 437 Nr. 3, 281, 283, 311a II BGB geltend machen, da es auch bei ordnungsgemäßer Erfüllung zu den Aufwendungen gekommen wäre. 436

Rentabilitätsvermutung

Deshalb behilft sich die Rechtsprechung mit der sog. **Rentabilitätsvermutung**:[606] Dabei wird (widerleglich) vermutet, dass sich bei ordnungsgemäßer Erfüllung der getätigte Aufwand später „rentiert" hätte, dass also durch den Erlös aus der Verwendung der Kaufsache der Aufwand gedeckt worden wäre.[607] 437

In solchen Fällen kann die Aufwendung also i.R.d. Schadensersatzes statt der Leistung als positives Interesse geltend gemacht werden.

Bsp.: *Beim Kauf einer Kneipe werden Maklerkosten, Grunderwerbssteuer, Notargebühren und Grundbuchkosten fällig (= Aufwand). Später stellt sich Mangelhaftigkeit des Gebäudes heraus, da es mit Asbest verseucht ist.*

I.R.d. Schadensersatzes statt der Leistung wird vermutet, dass in Höhe des getätigten Aufwandes der Käufer durch die Nutzung als Gaststätte einen Gewinn erwirtschaftet hätte. Dieser entgangene Gewinn ist als Schadensersatz statt der Leistung ersetzbar.

Nicht möglich allerdings bei Verfolgung eines immateriellen Zweckes

Auf diesem Wege kann der getätigte Aufwand in Gestalt des vermuteten entgangenen Gewinnes in den Schadensersatz statt der Leistung aufgenommen werden. 438

Allerdings gilt die Rentabilitätsvermutung nur dann, wenn der Geschädigte lediglich den Mindestschaden, also den Minderwert (= Wert mangelfrei abzüglich Wert mangelhaft) geltend macht.[608]

Rentabilitätsvermutung gilt nur für unmittelbare Erwerbskosten

Die **Rentabilitätsvermutung** ist aber **nur anwendbar auf** die **Investitionen, die unmittelbar mit dem Erwerb zusammenhängen** (z.B. Notarkosten, Grundbuchamt, Maklerkosten).

Die Rentabilitätsvermutung bezieht sich aber nicht auf Kosten, die erst durch weitere Folgeverträge entstehen, die wegen der künftigen Verwendung der Sache geschlossen wurden.[609]

Rentabilitätsvermutung gilt nicht für ideelle Aufwendungen

Die **Rentabilitätsvermutung** ist auch dann nicht anwendbar, **wenn** der Zweck des Aufwandes nicht die Ermöglichung der Erzielung von Einnahmen war, also nicht ein materieller, sondern ein immaterieller Zweck verfolgt wurde (sog. **„ideelle Aufwendungen"**).

Fortsetzung des Beispielfalles (Rn. 432): *Es sollten bei der Durchführung der vom M e.V. geplanten Veranstaltung keine Gewinne erzielt werden; es sollte nur die Vermittlung politischer Inhalte stattfinden, also ein immaterieller Zweck verfolgt werden.*

Dann kann mit der Rentabilitätsvermutung nicht gearbeitet werden, da diese letztlich einen vermuteten entgangenen Gewinn ersetzt; ein entgangener immaterieller Gewinn ist aber wegen § 253 BGB nicht ersatzfähig.

Um eine Ungleichbehandlung von materieller und immaterieller Zwecksetzung der Aufwendung auszuschließen, regelt § 284 BGB in Erweiterung der Rentabilitätsvermutung generell die Ersatzfähigkeit sog. frustrierter Aufwendungen.

606 Vgl. hierzu Meier/Jocham, Die Rentabilitätsvermutung als Schaden?, JuS 2018, 1168 ff.; Palandt, § 281, Rn. 23.

607 RGZ 127, 254 (248) ; BGH, NJW 1983, 442-444 = **juris**byhemmer; BGH, NJW 1979, 2034-2036 (2035) = **juris**byhemmer; Canaris, „Die Reform des Rechts der Leistungsstörungen", JZ 2001, 499-528 (516).

608 Lesen Sie diese wichtige Einschränkung der Rentabilitätsvermutung nach bei BGH, Life&Law 05/2000, 307 (310 f.) = NJW 1999, 3625 ff. = **juris**byhemmer.

609 BGHZ 114, 193-202 (196) = **juris**byhemmer; Palandt, § 281, Rn. 24; Lorenz, NJW 2004, 26 (27); a.A. Meier/Jocham, JuS 2018, 1168 (1172).

a) Vorliegen der tatbestandlichen Voraussetzungen eines Anspruches auf Schadensersatz statt der Leistung

Nach dem Wortlaut der Vorschrift („anstelle") müssen die tatbestandlichen Voraussetzungen eines Anspruches auf Schadensersatz statt der Leistung vorliegen.[610] 439

Tatbestand des Anspruchs auf Schadensersatz statt der Leistung muss erfüllt sein

§ 284 BGB ist demnach auf die Fälle anwendbar, in denen die Voraussetzungen eines „Schadensersatzes statt der Leistung" vorliegen, dem unmittelbaren Wortlaut nach also nur auf §§ 281, 282, 283 BGB und § 311a II BGB.

hemmer-Methode: Allerdings müssen nur die tatbestandlichen Voraussetzungen eines Anspruches auf Schadensersatz statt der Leistung vorliegen.
Da gemäß § 284 BGB der Aufwendungsersatz an die Stelle des Schadensersatzes treten soll, ist das Vorliegen eines ersatzfähigen Schadens gerade keine Voraussetzung für § 284 BGB.

Gilt § 284 BGB auch außerhalb der §§ 281, 282, 283, 311a II BGB?

Fraglich ist, ob § 284 BGB auch in anderen Fällen, in denen das positive Interesse als Schadensersatz wegen Nichterfüllung ersetzt wird, anwendbar ist.

So regeln beispielsweise die §§ 523 II S. 1, 524 II S. 2, 536a, 651f BGB, § 376 I S. 1 HGB Fälle des Schadensersatzes wegen Nichterfüllung. „Schadensersatz statt der Leistung" ist in der Sache aber dasselbe wie der frühere Begriff „Schadensersatz wegen Nichterfüllung".

Die unterschiedliche Terminologie ist klar erkennbar ein rein sprachliches Problem, das daraus resultiert, dass noch nicht alle Schadensersatzvorschriften der Diktion des neuen Schuldrechts angepasst wurden.

Dies ist auch bei §§ 523 II S. 1, 524 II S. 2, 536a, 651f BGB, § 376 I S. 1 HGB der Fall, auch wenn dort nur vom Anspruch auf Schadensersatz die Rede ist.

hemmer-Methode: Dass § 284 BGB auch auf § 536a BGB anwendbar sein muss, zeigt der Vergleich mit der Situation, die gilt, wenn es (zum Beispiel) wegen eines unbehebbaren Mangels des Mietobjekts nicht zur Überlassung desselben kommt:
Wegen des Wortlauts von § 536 BGB, auf den § 536a BGB verweist, wäre dann nicht § 536a BGB, sondern § 311a II S. 1 BGB anwendbar. Auf diesen wiederum ist § 284 BGB ausdrücklich anwendbar.
Die Zufälligkeit, ob es zur Überlassung der mangelhaften Mietsache kommt oder eben nicht, kann aber unmöglich darüber entscheiden, ob solche Aufwendungen des Mieters ersatzfähig sind oder nicht.

Es ist daher davon auszugehen, dass § 284 BGB nicht nur auf die §§ 281, 282, 283 und 311a BGB anwendbar ist, sondern auch auf § 536a BGB sowie auf all die Vorschriften, in denen der Gesetzgeber den Begriff „Schadensersatz wegen Nichterfüllung" hat stehen lassen.[611]

b) Aufwendung im Vertrauen auf die Leistung

Wohl auf freiwillige Vermögensopfer beschränkt

Aufwendungen sind freiwillige Vermögensopfer[612]; ob wie bei § 670 BGB auch unfreiwillige Schäden vom Aufwendungsbegriff erfasst sein können, dürfte i.R.d. § 284 BGB kaum jemals eine Rolle spielen: Derartige Vermögensopfer werden jedenfalls nicht i.S.v. § 284 BGB „im Vertrauen auf die Leistung gemacht". 440

610 Palandt, § 284, Rn. 4.

611 MüKo, vor § 281, Rn. 1 sowie § 284, Rn. 12 und 13.

612 Palandt, § 284, Rn. 5.

§ 284 BGB soll nach dem Willen des Reformgesetzgebers gerade diejenigen Aufwendungen ersetzen, die i.R.d. Schadensersatzes statt der Leistung („wegen Nichterfüllung“ nach alter Diktion) nicht ersatzfähig waren.

§ 284 BGB gilt also gerade auch für solche Verträge und solche Aufwendungen, die nicht unter die Rentabilitätsvermutung fallen; gerade in diesen Fällen ist doch die Anwendung des § 284 BGB sinnvoll und erforderlich.

Vergeblichkeit der Aufwendung

Vergeblich sind Aufwendungen, die sich wegen der Nichtleistung oder der nicht vertragsgerechten Leistung des Schuldners als nutzlos erweisen.

Aufwendungen des Käufers auf eine gekaufte Sache, die sich später als mangelhaft herausstellt, sind demnach in der Regel vergeblich, wenn der Käufer die Kaufsache wegen ihrer Mangelhaftigkeit zurückgibt oder sie jedenfalls nicht bestimmungsgemäß nutzen kann und deshalb auch die Aufwendungen nutzlos sind.

Denn Eigentum, Besitz und Nutzung einer mangelfreien Kaufsache sind die Leistung, auf deren Erhalt der Käufer vertraut und die er zum Anlass für Aufwendungen auf die Kaufsache nimmt.

hemmer-Methode: Ob Zubehörteile, die der Käufer in das später wegen Mangelhaftigkeit zurückgegebene Fahrzeug hat einbauen lassen, für ihn anderweitig verwendbar wären, ist für die Ersatzpflicht des Verkäufers grundsätzlich ohne Bedeutung.

Aufwendung im Vertrauen auf die Leistung

Es sind allerdings nur solche Aufwendungen ersatzfähig, die der Gläubiger im Vertrauen auf die Leistung tätigt. Der Aufwendungsersatzanspruch stellt somit einen Teil des sog. Vertrauensschadens (negatives Interesse, vgl. § 122 BGB) dar, ist aber aufgrund des Erfordernisses eines freiwilligen Vermögensopfers enger als dieser.

Bei § 284 BGB ist nicht jedes, sondern **nur berechtigtes Vertrauen** schutzwürdig.[613]

Ergebnis zum Beispielsfall (Rn. 432): *Die Kosten für die nutzlos gedruckten Werbeflyer sind daher nach § 284 BGB ersatzfähig.*

Die Voraussetzungen eines Anspruches auf Schadensersatz statt der Leistung lagen – mit Ausnahme eines ersatzfähigen Schadens – vor. Die Aufwendungen erfolgten auch im Vertrauen auf die Durchführung der Veranstaltung.

Der M e.V. kann daher Ersatz der Kosten i.H.v. 12.000,- € verlangen.

Daraus ergibt sich, dass die **Aufwendungen vor Vertragsschluss** grundsätzlich **nicht** ersatzfähig sind.[614] Denn erst mit Vertragsschluss entsteht ein schutzwürdiges Vertrauen auf den Erhalt der Leistung.

Bspe.: *Reisekosten wegen Besichtigung des anvisierten Objekts (z.B. Grundstück) oder Führung von Vertragsverhandlungen sind demnach nicht ersatzfähig.*

Bei einen Vermächtnisanspruch (§ 2174 BGB) bedeutet dies, dass das Vertrauen erst ab Eintritt des Todesfalls schutzwürdig ist. Denn vorher kann der Erblasser das Testament ändern und der Erwerber kann von keiner schutzwürdigen Position (wie bei einem Vertrag[615]) ausgehen.

613 Vgl. Gsell, in: Dauner-Lieb/Konzen/K. Schmidt, Das neue Schuldrecht in der Praxis, 2003, S. 331.

614 Palandt, § 284, Rn. 6.

615 Pacta sunt servanda.

hemmer-Methode: Beachten Sie aber bitte, dass solche Kosten u.U. einen kausalen Schaden i.R.d. c.i.c. gem. §§ 280 I, 311 II, 241 II BGB darstellen können.

Nach dem Willen des Gesetzgebers sollen auch bereits die **Vertragskosten** (Notarkosten, Kosten für die Grundbucheintragung; Grunderwerbssteuer etc.) nach § 284 BGB ersatzfähig sein.[616]

> ***Bsp.:*** *Die Kosten für einen Makler werden danach auch im Vertrauen auf den (ordnungsgemäßen) Erhalt der Leistung gemacht. Zwar wird der Maklervertrag vor dem Mietvertrag abgeschlossen. Der Anspruch des Maklers hängt jedoch gemäß § 652 I BGB von einem wirksam zustande gekommenen Mietvertrag ab.*

Aufwendungen ausgeschlossen, die in krassem Missverhältnis zum angestrebten Zweck stehen

Einschränkend setzt § 284 BGB voraus, dass der Gläubiger die Aufwendung billigerweise machen durfte. Hier dürfen jedoch nicht zu hohe Anforderungen gestellt werden; ausgeschlossen werden sollen lediglich solche Aufwendungen, die in krassem Missverhältnis zum angestrebten Zweck stehen. 441

Sinn und Zweck der Vorschrift ist es, den Schuldner vor der missbräuchlichen Abwälzung von Fehlinvestitionen des Gläubigers zu schützen.

Demnach sind vom Aufwendungsersatz nicht von vornherein aus objektiver Betrachtung überflüssige, überhöhte, luxuriöse oder ähnliche Aufwendungen auszunehmen.

Vielmehr gebietet die Anwendung des Rechtsgedankens des § 254 BGB, dass den Gläubiger die Obliegenheit trifft, dem anderen Teil ein überhöhtes Haftungsrisiko anzuzeigen.[617]

Die Ersatzfähigkeit der Aufwendungen darf aber der Höhe nach nicht auf das positive Interesse begrenzt werden, da sich dem Wortlaut des § 284 BGB eine solche Begrenzung nicht entnehmen lässt.

Bei § 284 BGB handelt es sich um einen Fall der Haftung für enttäuschtes Vertrauen. Der identische Haftungsgrund besteht bei der c.i.c. gem. §§ 280 I, 311 II BGB, bei welcher auch keine Beschränkung auf das positive Interesse erfolgt.

Der Umkehrschluss aus §§ 122 I, 179 II BGB belegt gerade, dass eine Beschränkung auf das positive Interesse eine absolute Ausnahme darstellt.

Demnach besteht auch bei § 284 BGB keine pauschale Begrenzung auf den Wert des positiven Interesses.[618]

Exkurs:
Ist eine Beschränkung durch AGBen möglich?

Fraglich ist, ob § 284 BGB durch AGBen ausgeschlossen werden kann. Dies bestimmt sich zunächst nach dem Klauselverbot des § 309 Nr.7b BGB, wonach bei Schäden, die nicht Vermögensschäden sind, ein Haftungsausschluss für leichte Fahrlässigkeit möglich ist.

---

616 Palandt, § 284, Rn. 5; Canaris, ZRP 2001, 329 (333); a.A. Huber/Faust, a.a.O., Kapitel 4, Rn. 14.

617 Vgl. Huber/Faust, a.a.O., Kapitel 4, Rn. 30; Canaris, „Die Reform des Rechts der Leistungsstörungen“, JZ 2001, 499-528 (517) und Grigoleit, ZGS 2002, 122 (124) schlagen eine strenge Anwendung des § 254 BGB vor.

618 Vgl. Canaris, „Die Reform des Rechts der Leistungsstörungen“, JZ 2001, 499-528 (517); Gsell, a.a.O., S. 335.

Allerdings ist auch ein Ausschluss für leicht fahrlässig verursachte Schäden gem. § 307 II Nr. 2 BGB unwirksam, wenn dabei gegen Kardinalpflichten verstoßen wird und vertragstypische Risiken von der Haftung nicht abgedeckt werden.[619]

Aus diesem Grund ist ein vollständiger Ausschluss des § 284 BGB auch bei leichter Fahrlässigkeit wohl ein Verstoß gegen die Grundgedanken des BGB und damit also solcher gem. § 307 BGB unwirksam.[620]

Eine Beschränkung der Höhe nach sollte dagegen in AGBen möglich sein. Es wird vorgeschlagen, den Aufwendungsersatz auf „bescheidene Ansprüche" zu beschränken.[621]

Eine so formulierte Klausel wäre allerdings wegen Verstoßes gegen das Transparenzgebot des § 307 I S. 2 BGB unheilbar nichtig. Um die Klausel „AGB-sicher" zu machen, müsste genau beschrieben werden, welche Aufwendung im Falle einfacher Fahrlässigkeit erstattet wird und welche nicht.

Exkurs Ende

c) Keine Ungeeignetheit der Aufwendung zur Zweckerreichung

Bei ordnungsgemäßer Leistung müsste Zweck erreicht worden sein

⇨ Widerlegung der Vermutung gem. § 284 BGB a.E. ist möglich

Ausgeschlossen ist nach § 284 BGB a.E. der Ersatz solcher Aufwendungen, deren Zweck auch ohne die Pflichtverletzung nicht erreicht worden wäre. Es ist also danach zu fragen, ob bei ordnungsgemäßer Leistung durch den Schuldner die Aufwendung den durch sie verfolgten Zweck erreicht hätte oder nicht. 442

Bsp.: *M fliegt nach München, um AC/DC bei ihrem Konzert im Circus Krone zu bewundern. Aufgrund eines Versehens des technischen Personals reicht die Stromversorgung für die Bühnenshow nicht aus, sodass das Konzert ausfällt. M hätte allerdings ohnehin nicht zum Konzert kommen können, da er den Abend wegen einer Magen-Darm-Grippe im Hotel verbringt. Die Hotel- und Flugkosten können nach § 284 BGB nicht ersetzt verlangt werden, da diese Aufwendungen für M auch dann „frustriert" gewesen wären, wenn AC/DC aufgetreten wäre.*

hemmer-Methode: Im Beispiel nach Rn. 432 würde der Ersatz der Werbekosten beispielsweise ausscheiden, wenn die Veranstaltung aufgrund mangelnden Interesses nicht hätte durchgeführt werden können. Dann wäre auch bei pflichtgemäßem Verhalten der X-GmbH der mit der Aufwendung verfolgte Zweck, politische Inhalte zu vermitteln, nicht erreicht worden.

Beweislast für Widerlegung beim Schuldner

Aufgrund der Negativformulierung („es sei denn") trägt der Schuldner die Beweislast für die ihn entlastenden Voraussetzungen. Prozessual handelt es sich damit um eine Einwendung.[622]

Durch die Umkehrung von Darlegungs- und Beweislast wird letztlich das gleiche Ergebnis wie nach der Rentabilitätsvermutung erzielt.

hemmer-Methode: Im Unterschied zur Rentabilitätsvermutung besteht allerdings die Möglichkeit, auch Ersatz für solche Aufwendungen zu verlangen, die einen immateriellen Zweck verfolgen.

619 Vgl. dazu BGH, NJW 2001, 292-302 (302) = jurisbyhemmer.

620 So ausdrücklich Grigoleit, ZGS 2002, 122 (124).

621 Grigoleit, ZGS 2002, 122 (124).

622 Palandt, § 284, Rn. 9.

d) Verhältnis zum Anspruch auf Schadensersatz statt der Leistung

Der Gläubiger kann nur alternativ Schadensersatz statt der Leistung oder Aufwendungsersatz nach § 284 BGB verlangen („anstelle"); ihm steht ein Wahlrecht zu. Dieses ius variandi verliert er nicht bereits durch Geltendmachung einer der Ansprüche, § 281 IV BGB gilt nicht analog. 443

Hat nach entsprechender Aufforderung durch den Gläubiger der Schuldner einen der Ansprüche erfüllt, so erlischt auch der andere Anspruch des Gläubigers.

Auch wird mit der rechtskräftigen Verurteilung des Schuldners zur Erbringung eines der Ansprüche der Verlust des ius variandi des Gläubigers anzunehmen sein.

Bezweckt wird mit dieser Alternativstellung, dass der Geschädigte wegen ein und desselben Vermögensnachteils nicht sowohl Schadensersatz statt der Leistung als auch Aufwendungsersatz und damit doppelte Kompensation verlangen kann.[623]

e) Verhältnis zum Schadensersatz neben der Leistung

Schadensersatz neben der Leistung und § 284 BGB kumulativ möglich

Aufwendungsersatz ist eine Alternative allein zum Schadensersatz statt der Leistung, nicht zum Schadensersatz schlechthin. 444

Ein geltend gemachter Anspruch auf Schadensersatz neben der Leistung steht dem Aufwendungsersatzanspruch nach § 284 BGB nach einhelliger Auffassung nicht entgegen, weil Schadensersatz neben der Leistung nicht in einem Alternativverhältnis zum Aufwendungsersatz nach § 284 BGB steht.[624]

Der Aufwendungsersatzanspruch nach § 284 BGB entfällt also nicht, wenn der Gläubiger Schadensersatz neben der Leistung erhalten hat. Es ist demnach möglich, den Aufwendungsersatzanspruch mit einem Begleitschaden zu kombinieren.

Sonderproblem bei §§ 536a, 651f BGB

Bei §§ 536a, 651f BGB besteht nun die Besonderheit, dass diese Vorschriften sowohl den eigentlichen Mangelschaden als auch die Mangelfolgeschäden ersetzen.[625]

hemmer-Methode: Die Unterscheidung zwischen Schadensersatz statt der Leistung (Mangelschäden) und Schadensersatz neben der Leistung (Mangelfolgeschäden) ist damit i.R.d. § 536a BGB gänzlich entbehrlich.
Bei § 651f BGB ist die Unterscheidung zumindest entbehrlich für die Anspruchsgrundlage auf Schadensersatz.[626]
Dies vereinfacht das Schadensersatzrecht beim Miet- bzw. Reisevertrag gegenüber dem Schuldrecht-AT oder dem kauf- bzw. werkvertraglichen Mängelrecht erheblich.

Diese „Zweigleisigkeit" der §§ 536a, 651f BGB hat zur Konsequenz, dass § 284 BGB für den Fall der Geltendmachung von Mangelfolgeschäden neben den §§ 536a, 651f BGB anwendbar ist.

---

623 Staudinger, § 284, Rn. 1.

624 **BGH, Life&Law 11/2005, 719 ff.** = NJW 2005, 2848-2851 = **juris**byhemmer; Huber/Faust, a.a.O., 4. Kap., Rn 48 f.; Reim, NJW 2003, 3662 (3667).

625 Palandt, § 536a, Rn. 16 bzw. § 651f., Rn. 5.

626 Hinsichtlich der unterschiedlichen Anspruchsvoraussetzungen bei Mangel- und Mangelfolgeschäden i.R.d. § 651f BGB vgl. den nächsten Anmerkungskasten.

Wird dagegen über §§ 536a, 651f BGB der Mangelschaden geltend gemacht, so kann Aufwendungsersatz nach § 284 BGB nur alternativ hierzu verlangt werden.

hemmer-Methode: Bei § 651f BGB gibt es in diesem Zusammenhang noch ein weiteres Problem. Dem Wortlaut ist zu entnehmen, dass der Reisende unbeschadet der Minderung oder der Kündigung Schadensersatz wegen Nichterfüllung verlangen kann.
Damit soll klargestellt werden, dass sich Minderung/Kündigung einerseits und Schadensersatz andererseits gegenseitig nicht ausschließen.
Fraglich ist nun, ob auch die Voraussetzungen von Minderung/Kündigung für die Geltendmachung des Anspruches auf Schadensersatz erforderlich sind. Das Wort „unbeschadet" könnte nämlich darauf hindeuten, dass der Schadensersatzanspruch evtl. anderen Voraussetzungen unterliegt.
Nach Ansicht des BGH soll durch diese Formulierung aber nur das Nebeneinander beider Ansprüche ausgedrückt werden, sodass die Voraussetzungen für Schadensersatz mit denen der Minderung/Kündigung übereinstimmen.[627]
Allerdings müssen Sie nun beachten, dass bei der Geltendmachung von Mangelfolgeschäden eine Mängelanzeige mit Abhilfeverlangen und entsprechender Fristsetzung hierfür wegen Unmöglichkeit der Abhilfe entbehrlich ist, vgl. § 651e II S. 2 Alt. 1 BGB.

f) Anwendbarkeit des § 284 BGB neben dem Verwendungsersatzanspruch nach § 347 II BGB[628]

Fraglich ist, ob im Fall einer infolge Rücktritts erfolgten Rückabwicklung des Kaufvertrages § 284 BGB für Aufwendungen des Käufers, die im Wesentlichen Verwendungen auf die Kaufsache darstellen, überhaupt anwendbar ist. *444a*

§ 347 II BGB grds. „lex specialis" für Verwendungsersatz

§ 347 II BGB könnte nämlich für die im Falle des Rücktritts entstehenden Ersatzansprüche eine abschließende Spezialregelung für Verwendungen auf die Kaufsache darstellen, die andere denkbare Anspruchsgrundlagen verdrängt.

§ 347 II BGB verdrängt aber nicht § 284 BGB!

Dies hat der BGH aber zu Recht verneint.[629] § 347 II BGB bestimmt, dass im Falle des Rücktritts Aufwendungen nur zu ersetzen sind, soweit sie notwendige Verwendungen darstellen (S. 1) oder der andere Teil durch sie bereichert ist (S. 2).

Die Bestimmung ist zwar als abschließende Regelung anzusehen, soweit Aufwendungen **allein** als Folge eines Rücktritts i.R. und auf der Grundlage eines Rückgewährschuldverhältnisses nach §§ 346 ff. BGB ersetzt verlangt werden.

Grund: § 325 BGB!

Hat der Gläubiger aber **daneben** (§ 325 BGB) einen Anspruch auf Schadens- oder Aufwendungsersatz, so tritt dieser Anspruch - hier in Gestalt der Alternative Aufwendungsersatz - neben den Aufwendungs- und Verwendungsersatzanspruch nach § 347 II BGB.[630]

Aus der Formulierung des § 284 BGB, dass Aufwendungsersatz „anstelle" des Schadensersatzes statt der Leistung gewährt werden kann, folgt, dass dieser auch gem. § 325 BGB neben dem Rücktritt möglich sein muss.

627 BGHZ 92, 177-184 = **juris**byhemmer.

628 Vgl. auch Stoppel, „Zum Verhältnis von § 284 BGB z den Regelungen über die Rücktrittsfolgen", ZGS 2006, 254 ff.

629 Lesen Sie dazu die absolut examensrelevante Entscheidung des **BGH, Life&Law 11/2005, 719 ff.** = NJW 2005, 2848 ff. = **juris**byhemmer.

630 Staudinger, § 347 BGB, Rn. 62; Palandt, § 347, Rn. 4.

Die gegenteilige Auffassung liefe im Ergebnis darauf hinaus, den Gläubiger, der wegen einer Pflichtverletzung des Schuldners vom Vertrag zurücktritt und zugleich nach § 284 BGB anstelle des Schadensersatzes statt der Leistung den Ersatz vergeblicher Aufwendungen verlangt, schlechter zu stellen, als wenn er vom Rücktritt abgesehen und sich auf das Aufwendungsersatzbegehren beschränkt hätte.

hemmer-Methode: Diese (dem früheren Recht entsprechende) Alternativität von Rücktritt und Schadensersatz sollte durch die Regelung des § 325 BGB gerade überwunden werden.[631]
Und diese Kombinationsmöglichkeit gilt folgerichtig nach zutreffender Ansicht des BGH auch für den Aufwendungsersatz nach § 284 BGB.

g) Anwendbarkeit des § 284 BGB auf erwerbswirtschaftliche Aufwendungen

Eigenständige Bedeutung erlangt § 284 BGB vor allem in den Fällen einer immateriellen Zweckverfolgung. Fraglich ist daher, ob § 284 BGB nur für ideelle Aufwendungen anwendbar ist, für die die Rentabilitätsvermutung nicht eingreift. *444b*

M.M.: § 284 BGB gilt nicht für erwerbswirtschaftliche Aufwendungen

aa) Zum Teil wird vertreten, dass eine Einschränkung des § 284 BGB dahingehend vorzunehmen sei, dass diese Regelung auf Verträge, die zu erwerbswirtschaftlichen Zwecken geschlossen wurden, nicht anwendbar sei, weil in solchen Fällen ohnehin die sog. Rentabilitätsvermutung eingreife.

Nach dieser Ansicht ist § 284 BGB auf Aufwendungen beschränkt, mit denen - anders als im vorliegenden Fall - nichtkommerzielle (ideelle oder konsumtive) Zwecke verfolgt werden.

h.M./BGH: § 284 BGB gilt für alle Aufwendungen

bb) Überzeugender erscheint aber die Annahme eines Wahlrechts des Gläubigers zwischen dem Vorgehen über die Rentabilitätsvermutung und dem nach § 284 BGB, weil auch dies zu angemessenen Lösungen führt, die zudem den Vorteil haben, eher dem Gesetzeswortlaut zu entsprechen.

Nach dem Willen des Gesetzgebers soll zwar die Vorschrift des § 284 BGB eine Gesetzeslücke schließen, indem sie auch für nichtkommerzielle (ideelle oder konsumtive) Aufwendungen einen Ersatzanspruch statuiert.

Darüber hinaus sollte aber auch die früher unter Schadensersatzgesichtspunkten erforderliche, auf der sog. **Rentabilitätsvermutung** beruhende Unterscheidung zwischen Aufwendungen für kommerzielle und solchen für andere Zwecke überflüssig werden.[632]

Diese gesetzgeberische Absicht deutet gerade auf einen weiten Anwendungsbereich des § 284 BGB hin.[633]

§ 284 BGB ist daher nach Ansicht des BGH Anspruchsgrundlage **auch für** den Ersatz solcher **Aufwendungen,** die für **kommerzielle Zwecke** getätigt worden sind.[634] Dies entspricht auch der inzwischen einhelligen Auffassung des Schrifttums.[635]

631 Begründung zum Koalitionsentwurf des Schuldrechtsmodernisierungsgesetzes, BT-Drucks. 14/6040, S. 188.

632 BT-Drucks. 14/6040, S. 142 ff. [144].; Huber/Faust, Schuldrechtsmodernisierung, 4. Kapitel, Rn. 7; MüKo, § 284, Rn 16.

633 Gegen eine Beschränkung des Anwendungsbereiches spricht auch, dass §§ 437, 284 BGB nach der Gesetzesbegründung den § 467 S. 2 BGB a.F. ablösen sollte, wonach der Verkäufer dem Käufer auch die Vertragskosten nach erfolgter Wandlung zu ersetzen hatte. Dies galt sowohl für ideelle als auch kommerzielle Verträge. Es ist nichts dafür ersichtlich, dass der Gesetzgeber durch die Schuldrechtsmodernisierung hier eine Beschränkung auf ideelle Zwecke verfolgte. Auch dies spricht daher dafür, § 284 BGB auch auf solche Verträge, die zu Erwerbszwecken geschlossen werden, Anwendung finden muss.

634 Lesen Sie dazu **BGH, Life&Law 11/2005, 719 ff.** = NJW 2005, 2848-2851 = **juris**byhemmer; so bereits auch das **LG Bonn, Life&Law 04/2004, 217 ff.** = NJW 2004, 74-76 = **juris**byhemmer sowie das **OLG Stuttgart, Life&Law 01/2005, 1 ff.** = ZGS 2004, 434-437 = **juris**byhemmer.

635 MüKo, § 284, Rn. 5; Palandt, § 284, Rn. 4; Lorenz, „Schadensersatz statt der Leistung, Rentabilitätsvermutung und Aufwendungsersatz im Gewährleistungsrecht", NJW 2004, 26 (27); Gsell in Dauner-Lieb/Konzen/K. Schmidt, Das neue Schuldrecht in der Praxis, 2003, S. 321 (324).

C) Sonderproblem: Leistungsstörungen bei Sukzessivlieferungsverträgen

Zwei Arten von Sukzessivlieferungsverträgen

Besondere Probleme ergeben sich bei Leistungsstörungen im Sukzessivlieferungsvertrag. Dabei sind die beiden Spielarten dieses Vertragstyps zu unterscheiden:[636] 445

Ratenlieferungsvertrag

Beim Ratenlieferungsvertrag (auch: „echter" Sukzessivlieferungsvertrag) steht der Umfang der Gesamtlieferung fest; die Lieferung wird in Teilen (Raten) erbracht. 446

> **Bsp.:** *Möbelhändler A erwirbt von B 1000 Stühle der Marke „Maestro". Jeden Monat soll eine Lieferung von 100 Stühlen erfolgen.*

Dauerbezugsvertrag

Beim Dauerbezugsvertrag (auch: „unechter" Sukzessivlieferungsvertrag, Bezugsvertrag oder Dauerlieferungsvertrag) steht demgegenüber die zu liefernde Gesamtmenge nicht fest; festgelegt wird lediglich, wann welche Raten geliefert werden sollen. 447

> **Bsp.:** *Bierlieferungsvertrag mit der Verpflichtung, monatlich eine Menge von 150 Litern abzunehmen.*

Nur Dauerbezugsvertrag ist Dauerschuldverhältnis

Nur beim Dauerbezugsvertrag handelt es sich um ein Dauerschuldverhältnis. Ein solches ist nämlich dann anzunehmen, wenn sich der Gesamtumfang der Leistungspflicht der Parteien nach dem Faktor Zeit bestimmt, also von der Dauer des Bestands des Vertrages abhängt. 448

I. Ratenlieferungsvertrag bzw. „echter Sukzessivlieferungsvertrag"

hemmer-Methode: Sehr ausführlich zu dieser Problematik auch Schwab, „Leistungsstörungen im Sukzessivlieferungsvertrag nach neuem Schuldrecht", in ZGS 2003, 73 ff.

1. Rechte bzgl. der einzelnen Rate

Unproblematisch kann der Gläubiger die sich aus der Leistungsstörung im Zusammenhang mit der einzelnen Rate ergebenden Rechte nach den allgemeinen Vorschriften geltend machen: 449

Geltendmachung der Einzelrechte nach allgemeinen Vorschriften des Leistungsstörungsrechts möglich

Wird die Lieferung einer einzelnen Rate unmöglich, kommt ein Anspruch aus §§ 280 I, III, 283 BGB hinsichtlich dieser Rate in Betracht; bei Verspätung der Leistung oder Leistung nicht wie geschuldet kann sich hinsichtlich dieser Rate ein Anspruch auf Schadensersatz statt der Leistung aus § 281 I, 280 I BGB („soweit") ergeben. 450

Befindet sich der Schuldner mit einer Rate im Verzug, kommt (zusätzlich) ein Anspruch auf den Verzögerungsschaden nach §§ 280 I, II, 286 BGB in Betracht.

Es bestehen insoweit also keine Besonderheiten; im Übrigen bleibt der Vertrag (hinsichtlich der übrigen Raten) unangetastet.

2. Rechte bzgl. der bereits erbrachten Raten

Jedoch kann es im Interesse des Gläubigers liegen, Schadensersatz statt der Leistung nicht nur hinsichtlich der einzelnen Rate, sondern hinsichtlich des gesamten Vertrages zu verlangen.[637] 451

636 Vgl. Palandt, vor § 241, Rn. 17.

637 Palandt, vor § 311, Rn. 31 ff.

Beschränkung des Schadensersatzes statt der ganzen Leistung auf den noch nicht abgewickelten Vertragsteil

Derartige Gesamtrechte beziehen sich nach der Rechtsprechung des BGH allerdings nur auf die noch ausstehenden Raten; der bereits abgewickelte Teil des Vertrages bleibt in jedem Falle unberührt.[638]

Diese Rechtsfolge ordnet hinsichtlich der erbrachten Teilleistungen des Schuldners § 281 I S. 2 BGB bzw. § 323 V S. 1 BGB ausdrücklich an.

Der Schadensersatz statt der ganzen Leistung bzw. der Rücktritt vom ganzen Vertrag ist ausgeschlossen, da der Gläubiger an der erbrachten Teilleistung i.d.R. ein Interesse haben wird.

hemmer-Methode: Lediglich wenn dieses fehlt, kann der bereits abgewickelte Teil des Vertrages rückgängig gemacht werden (echte Ausnahme).[639]

3. Rechte wegen der übrigen noch ausstehenden Raten

Unmöglichkeit

a) Ist die Lieferung einer einzelnen Rate unmöglich geworden, so kann der Gläubiger nur unter den besonderen Voraussetzungen des § 281 I S. 2 BGB Schadensersatz statt der ganzen Leistung, also hinsichtlich des gesamten Vertrages verlangen, § 283 S. 2 BGB. Erforderlich ist, dass der Gläubiger an der Teillieferung kein Interesse hat. *452*

Hierfür ist es allerdings bereits ausreichend, dass es für den Gläubiger günstiger ist, im Ganzen neu abzuschließen.[640]

Verspätung der Leistung

b) Bei der Nichtleistung einer Rate durch den Schuldner bedarf es zur Geltendmachung des Schadensersatzes statt der ganzen Leistung ebenfalls des Vorliegens der Voraussetzungen des § 281 I S. 2 BGB. *453*

Zwar ist für die Fristsetzung nach § 281 I BGB eine Ablehnungsandrohung grds. nicht erforderlich. Dennoch genügt es nicht, wenn der Gläubiger dem Schuldner die Frist für die Erbringung der verspäteten Rate setzt. Es ist vielmehr eine besondere, für die gesamten noch ausstehenden Lieferungen formulierte Fristsetzung erforderlich, die dem Schuldner klarmacht, dass bei fruchtlosem Fristablauf evtl. Schadensersatz statt der gesamten Leistung verlangt wird.[641]

hemmer-Methode: Letztlich wird damit eine zumindest konkludente Ablehnungsandrohung gefordert.

Schlechtleistung

c) Wurde eine Rate mangelhaft erbracht, so sind an einen Schadensersatzanspruch statt der ganzen Leistung nach §§ 281 I, 280 I BGB (unter Beachtung der §§ 437 ff. BGB) ebenfalls besondere Anforderungen zu stellen. *454*

Dabei gilt § 281 I S. 3 BGB nur bezüglich der mangelhaften Rate; im Übrigen ist § 281 I S. 2 BGB anzuwenden.

hemmer-Methode: Einen völlig anderen Weg (aber im Ergebnis genauso überzeugend) geht Schwab: Nach seiner Ansicht sei die Grundlage für die Totalrechte außerhalb der §§ 281, 323, 437 BGB zu suchen.[642]

---

638 BGH, NJW 1976, 1354-1355 = **juris**byhemmer ; BGH, NJW 1991, 2699-2700 = **juris**byhemmer.

639 Schwab, „Leistungsstörungen im Sukzessivlieferungsvertrag nach neuem Schuldrecht“, ZGS 2003, 73 (74 f.).

640 BGH, NJW 1990, 2550-2553 = **juris**byhemmer.

641 Palandt, vor § 311, Rn. 31: „Die Geltendmachung dieser Totalrechte setzt aber eine entsprechend formulierte Fristsetzung voraus“.

642 Schwab, „Leistungsstörungen im Sukzessivlieferungsvertrag nach neuem Schuldrecht“, in ZGS 2003, 73 (75 ff.):

Die relevante Pflichtverletzung sei die, dass sich der Schuldner als generell unzuverlässiger Vertragspartner erwiesen habe. Der Käufer kann daher wegen der künftigen, später fälligen Raten nach § 282 BGB Schadensersatz statt der Leistung fordern und nach § 324 BGB zurücktreten, wenn die Besorgnis gerechtfertigt ist, dass auch künftige Raten ausbleiben bzw. mangelhaft sein werden.
Voraussetzung ist, dass das Festhalten am Vertrag unzumutbar ist.
Dies setzt eine vorherige Abmahnung voraus, die dem Vertragspartner die Möglichkeit der Geltendmachung der Totalrechte vor Augen führen muss. Letzteres läuft faktisch auf das Erfordernis einer Ablehnungsandrohung hinaus.

II. Dauerbezugsvertrag

Bzgl. einzelner Raten: Keine Besonderheiten

Bei Dauerbezugsverträgen gilt hinsichtlich der einzelnen Rate dasselbe wie beim Ratenlieferungsvertrag; aus der Tatsache, dass der Gesamtlieferungsumfang nicht fest bestimmt ist, ergeben sich für den Fall einer Leistungsstörung bzgl. einer einzelnen Rate keine Besonderheiten.[643] 455

Schadensersatz statt der ganzen Leistung nicht möglich

Anders ist dies für die Geltendmachung von Gesamtrechten: Schadensersatz statt der ganzen Leistung setzt voraus, dass die Leistung bekannt ist. Bei Dauerbezugsverträgen steht aber der Gesamtleistungsumfang nicht fest, es handelt sich um ein Dauerschuldverhältnis. Daher ist das Erfüllungsinteresse nicht zu ermitteln. 456

Nur Kündigungsrecht

Will sich der Gläubiger aufgrund einer Leistungsstörung im Dauerbezugsvertrag vom Vertrag lösen, hat er allein die Möglichkeit, nach § 314 BGB zu kündigen.[644] Die Kündigung führt zum Erlöschen der noch nicht erfüllten bzw. zum Nichtentstehen der künftigen Ansprüche; bereits erfüllte Ansprüche bleiben unangetastet.[645] 457

Evtl. Schadensersatz wegen schuldhafter Herbeiführung der Kündigung

Der Gläubiger kann jedoch Schadensersatz wegen schuldhafter Herbeiführung der Kündigung seitens des Schuldners verlangen.[646] 458

643 BGH LM § 242 (Bc) Nr. 10 und 23.

644 Schwab, „Leistungsstörungen im Sukzessivlieferungsvertrag nach neuem Schuldrecht“, ZGS 2003, 73 (79); Zu den Kündigungsvoraussetzungen: unten Rn. 578 ff. und Palandt, § 314, Rn. 4 - 7.

645 Daneben kommt ein Rücktritt nach den §§ 323 ff. BGB nicht in Betracht, vgl. zu § 314 BGB, unten Rn. 583.

646 Vgl. Palandt, vor § 311, Rn. 34 sowie § 314, Rn. 11.

§ 4 RÜCKTRITT

A) Allgemeines

Neben den Schadensersatzansprüchen stellt das Rücktrittsrecht des Gläubigers ein weiteres wichtiges Sekundärrecht bei Leistungsstörungen des Schuldners dar.[647] 459

Parallelität zu §§ 281 - 283 BGB

Der Gesetzgeber hat sich bei der Normierung der §§ 323 ff. BGB ersichtlich um Parallelität zu den §§ 281 - 283 BGB bemüht: Differenziert wird nach der Art der Pflichtverletzung. 460

Bei einer nicht oder nicht vertragsgemäß erbrachten Leistung regelt § 281 BGB den Anspruch auf Schadensersatz statt der Leistung; das entsprechende Rücktrittsrecht findet sich in § 323 BGB.

Bei Verletzung einer Pflicht i.S.v. § 241 II BGB regelt § 282 BGB den Anspruch auf Schadensersatz statt der Leistung, das entsprechende Rücktrittsrecht findet sich in § 324 BGB.

Und schließlich im Falle der Unmöglichkeit ist der Anspruch auf Schadensersatz statt der Leistung in § 283 BGB, das Rücktrittsrecht in § 326 V BGB geregelt.

461

	SE statt der Leistung	Rücktritt
Nicht-/ Schlechtleistung	§§ 281, 280 I, III BGB	§ 323 BGB
Verletzung einer Pflicht i.S.d. § 241 II BGB	§§ 282, 280 I, III BGB	§ 324 BGB
Unmöglichkeit	§§ 283, 280 I, III BGB bzw. § 311a II BGB	§ 326 V BGB

Rechtsfolgen

Die Rechtsfolgen eines wirksamen Rücktritts sind in den §§ 346 ff. BGB geregelt und gelten für gesetzliche wie vertragliche Rücktrittsrechte in gleicher Weise. Die wesentliche Rechtsfolge ist, dass die bereits ausgetauschten Leistungen zurückzugewähren sind (⇨wirksamer Rücktritt als Anspruchsvoraussetzung, § 346 I BGB) und die noch nicht erfüllten Ansprüche erlöschen (⇨ wirksamer Rücktritt als rechtsvernichtende Einwendung).[648] 462

463

Voraussetzungen eines wirksamen Rücktritts:

1. **Rücktrittserklärung** (§ 349 BGB)
2. **Rücktrittsgrund** (v.a. §§ 323 ff. BGB; ebenso: vertraglich vereinbartes Rücktrittsrecht!)

647 Die Neuregelungen des Rücktritts ist auch Thema in Hemmer/Wüst, BGB-AT, Rn. 477.

648 Zu den Rechtsfolgen im Einzelnen vgl. unten, Rn. 545 ff.

Rücktrittserklärung

Die Rücktrittserklärung i.S.v. § 349 BGB ist eine formlose, empfangsbedürftige Willenserklärung, die der Rücktrittsberechtigte gegenüber dem Rücktrittsgegner abzugeben hat; eine Angabe des Rücktrittsgrundes ist dabei nicht erforderlich.[649] 464

§§ 323 ff. BGB als gesetzliche Rücktrittsrechte

Problematischer ist in der Klausur regelmäßig die zweite Voraussetzung, nämlich das Vorliegen eines Rücktrittsgrundes. Hier ist das Vorhandensein eines gesetzlichen bzw. vertraglichen Rücktrittsrechtes zu prüfen. Im Folgenden sollen vorrangig die Rücktrittsrechte des Gläubigers bei Pflichtverletzungen des Schuldners nach den §§ 323 ff. BGB behandelt werden; hierbei handelt es sich um gesetzliche Rücktrittsrechte. 465

B) Die einzelnen Rücktrittsrechte, §§ 323 ff. BGB

I. Rücktritt wegen nicht oder nicht wie geschuldet erbrachter Leistung, § 323 BGB

Für den Rücktritt nach § 323 BGB müssen folgende Voraussetzungen erfüllt sein: 466

1. Vorliegen eines gegenseitigen Vertrages 467
2. Fällige, durchsetzbare und einredefreie Leistungspflicht
3. Keine/nicht vertragsgemäße Leistung
4. Fristsetzung oder Ausnahme, v.a. § 323 II BGB (bzw. § 440 S. 1)
5. Erfolgloser Fristablauf
6. Eigene Vertragstreue des Gläubigers
7. Kein Ausschluss des Rücktrittsrechts, § 323 VI BGB
8. Kein Ausschluss des Rücktrittsrechts gem. § 218 I S. 1 BGB

1. Vorliegen eines gegenseitigen Vertrages

Ggs. Vertrag bei §§ 320 ff. BGB erforderlich

Die in den §§ 323 ff. BGB normierten Rücktrittsrechte sind nur bei gegenseitigen Verträgen anwendbar, vgl. die Überschrift des Zweiten Titels vor § 320 BGB. In § 323 I BGB wird dieses Erfordernis noch einmal ausdrücklich wiederholt.[650] 468

2. Fällige, durchsetzbare und einredefreie Leistungspflicht

Verletzte Leistungspflicht muss nicht synallagmatisch sein

Die Pflichtverletzung (zu dieser unten, Rn. 473 ff.) muss sich auf eine Leistungspflicht des Schuldners aus dem gegenseitigen Vertrag beziehen. 469

hemmer-Methode: Diese Pflicht muss aber nicht selbst im Synallagma stehen! Ausreichend ist auch eine einseitige Pflicht, sofern sie nur auf einem gegenseitigen Vertrag beruht.

Bsp.: *Abnahmepflicht des Käufers, § 433 II BGB a.E.*

649 Palandt, § 349, Rn. 1.

650 Palandt, § 323, Rn. 3 und Einf. 4 ff. vor § 320.

Diese ergibt sich aus dem Kaufvertrag als gegenseitigem Vertrag. Jedoch steht sie selbst (i.d.R.) nicht im Synallagma.[651] Dies ist jedoch für die Anwendung des § 323 I BGB unbeachtlich. Nimmt der Käufer die Ware also verspätet ab, kommt ein Rücktrittsrecht des Verkäufers nach § 323 I BGB in Betracht.

Es muss sich um eine echte Leistungspflicht handeln, also um eine Pflicht, auf deren Erfüllung der Gläubiger einen Primäranspruch hat. Bei nicht leistungsbezogenen Pflichten gilt allein § 324 BGB.[652] 470

Fälligkeit und Durchsetzbarkeit der Leistungspflicht

Die Leistungspflicht muss, genau wie bei § 281 BGB, fällig und durchsetzbar sein.[653] Ob - wie bei § 281 BGB - bereits das Vorliegen von Einredevoraussetzungen den § 323 BGB ausschließt, sofern der Schuldner die Einrede später erhebt, erscheint fraglich. Denn für den Fall der Verjährung des Anspruches, wegen dessen Nichterfüllung zurückgetreten wird, hat das Gesetz in § 218 BGB eine Sonderregelung getroffen. 471

Allerdings wird diese Vorschrift mit denselben Argumenten wie beim Ausschluss des Schuldnerverzuges und des § 281 BGB im Falle des Vorliegens von Einredevoraussetzungen begründet.[654] Dieser Rechtsgedanke kann daher auf alle Einreden über die Verjährungseinrede hinaus erweitert werden.

hemmer-Methode: Die Einredefreiheit des Anspruches ist also wie beim Schuldnerverzug und bei § 281 BGB Voraussetzung des Rücktrittsrechtes nach § 323 I BGB.[655] Die Sonderregelung des § 218 BGB ist demnach eigentlich überflüssig.

Abgrenzung zu § 326 V BGB

Ist die Leistung dem Schuldner unmöglich und seine Leistungspflicht deshalb nach § 275 I - III BGB ausgeschlossen, kann mangels Vorliegens einer wirksamen Leistungspflicht § 323 I BGB nicht zur Anwendung kommen. § 323 I BGB erfasst also nicht die Fälle, in denen wegen Unmöglichkeit die Leistung nicht erbracht wird. Hier ist allein § 326 V BGB einschlägig. 471a

§ 323 IV BGB: Rücktrittsrecht vor Fälligkeit

Als Besonderheit beim Erfordernis der Fälligkeit ist § 323 IV BGB zu beachten: Der Gläubiger kann danach auch bereits vor Fälligkeit zurücktreten, wenn offensichtlich ist, dass die Voraussetzungen des Rücktritts eintreten werden. 472

Bsp. (vgl. oben, Rn. 251): *A lässt sich bei B für 4.000,- € einen Computer speziell für seine Bedürfnisse anfertigen. Lieferung und Kaufpreiszahlung sollen am 15. Mai erfolgen. Bei Abschluss des Kaufvertrages war von Software nicht die Rede.*

Durch einen Freund misstrauisch geworden, fragt A am 10. Mai nach, ob mit dem Computer auch die entsprechende Betriebssoftware geliefert würde. Als B antwortet, dies käme nur bei einer Zuzahlung von 500,- € in Betracht, meint A, unter diesen Voraussetzungen könne man die „ganze Sache vergessen". B möchte nun vom Vertrag zurücktreten.

1. Ein Rücktrittsrecht nach § 323 I BGB kommt grundsätzlich nicht in Betracht, da der Anspruch des B gegen A auf Zahlung der Vergütung nach §§ 650 S. 1, 433 II BGB noch nicht fällig ist. Fälligkeit sollte nach der vertraglichen Vereinbarung erst am 15. Mai eintreten.

651 Hierzu Palandt, § 433, Rn. 43.

652 Zur Differenzierung vgl. oben, Rn. 353 f.

653 Zu § 281 BGB vgl. oben, Rn. 353 f.

654 Vgl. BT-Drucks. 14/6040, S. 124.

655 Palandt, § 323, Rn. 11.

2. Jedoch könnte sich das Rücktrittsrecht des B aus § 323 IV BGB ergeben: Bereits vor Fälligkeit der Leistungspflicht kann der Gläubiger nach dieser Vorschrift zurücktreten, wenn offensichtlich ist, dass die Rücktrittsvoraussetzungen eintreten werden.[656]

Aufgrund des Verhaltens des A kann hier Folgendes erwartet werden:

A wird sich weigern, den Kaufpreis für den Computer zu zahlen; ein Zurückbehaltungsrecht nach § 320 BGB würde ihm allerdings nicht zustehen, weil die von A gewünschte Software nicht Vertragsgegenstand wurde. A wird also trotz Fälligkeit und Durchsetzbarkeit des Anspruches aus § 433 II BGB nicht leisten; dies wird auch nicht innerhalb einer von B gesetzten Nachfrist geschehen. Damit ist offensichtlich, dass die Rücktrittsvoraussetzungen des § 323 I BGB eintreten werden.

B kann daher sofort ohne Fristsetzung nach § 323 IV, I BGB vom Vertrag zurücktreten.

hemmer-Methode: Die Pflichtverletzung des A, vor Fälligkeit die zukünftige Erfüllung des Vertrages zu verweigern, stellt eigentlich eine Pflichtverletzung nach § 241 II BGB dar, sog. Vertragsaufsage vor Fälligkeit. Dennoch ergibt sich das Rücktrittsrecht nicht aus § 324 BGB, sondern wegen Abs. 4 aus § 323 BGB.[657] Deshalb wird auch vertreten, dass die Vertragsaufsage vor Fälligkeit die Verletzung einer leistungsbezogenen Pflicht sei.
Hier besteht ein Unterschied zum SE statt der Leistung: Die Vertragsaufsage vor Fälligkeit führt dort zur Anwendbarkeit des § 282 BGB, da bei § 281 BGB eine § 323 IV GB vergleichbare Vorschrift nicht existiert. Dennoch befürworten manche Stimmen in der Literatur, die die Vertragsaufsage vor Fälligkeit als Verletzung einer leistungsbezogenen Pflicht begreifen (z.B. Jaensch), eine analoge Anwendung des § 323 IV BGB i.R.d. Schadensersatzes statt der Leistung gem. §§ 280 I, III, 281 BGB.[658]

Rücktritt nach § 323 IV BGB kann nach Eintritt der Fälligkeit nicht mehr ausgeübt werden

Das Rücktrittsrecht nach § 323 IV BGB kann aber dann nicht mehr ausgeübt werden, wenn die Leistung fällig geworden ist. Die Wirksamkeit eines Rücktritts bestimmt sich ab diesem Zeitpunkt nach § 323 I und II BGB.[659] 472a

§ 323 IV BGB gewährt dem Gläubiger bereits vor dem Eintritt der Fälligkeit ein Rücktrittsrecht, wenn offensichtlich ist, dass die Voraussetzungen des Rücktritts eintreten werden. Damit hat der Gesetzgeber im Falle der **Erfüllungsgefährdung** dem Gläubiger eine gesetzliche Möglichkeit verschafft, den Rücktritt schon vor der Fälligkeit zu erklären. Diese Möglichkeit besteht aber nicht mehr, wenn die Fälligkeit eingetreten ist. Denn in diesem Zeitpunkt liegt kein Tatbestand der Erfüllungsgefährdung mehr vor.

Vielmehr hat sich die Pflichtverletzung nunmehr erwiesen. Für diesen Fall stellt das Gesetz in § 323 I BGB aber die Regel auf, dass ein Rücktritt grundsätzlich erst dann möglich ist, wenn eine Frist zur Leistung oder Nacherfüllung gesetzt wird und diese erfolglos abgelaufen ist.

Es besteht kein Grund, demjenigen Gläubiger, der die Erleichterung des § 323 IV BGB nicht in Anspruch nimmt, noch die Möglichkeit des Rücktritts ohne eine Fristsetzung einzuräumen.[660]

656 Palandt, § 323, Rn. 23.

657 Vgl. Jaensch, NJW 2003, 3613-3615 bzw. in ZGS 2004, 134 (135, Fußnote 1).

658 Vgl. dazu schon oben Rn. 353.

659 BGH, Life&Law 10/2012, 699 ff. = ZIP 2012, 1463 ff. = **juris**byhemmer.

660 Der BGH vergleicht die Rechtslage mit der Regelung des Art. 72 UN-Kaufrecht, auf die die Gesetzesbegründung zu § 323 IV BGB Bezug genommen hat (BT-Drucks. 338/01, S. 431). Hierzu wird einhellig die Auffassung vertreten, dass der Gläubiger das Rücktrittsrecht aus Art. 72 I UN-Kaufrecht nur bis zum Erfüllungstermin ausüben kann und danach auf die sonstigen Behelfe des UN-Kaufrechts zurückgreifen muss (BGH, NJW 1995, 2101 ff. = **juris**byhemmer).

3. Keine Leistung/nicht vertragsgemäße Leistung

Nichtleistung/nicht vertragsgem. Leistung als Anknüpfungspunkt

Jeder der in den §§ 323 ff. BGB geregelten gesetzlichen Rücktrittsgründe knüpft an eine bestimmte Pflichtverletzung an. Bei § 323 I BGB ist das entsprechend zu § 281 BGB die Nichtleistung bzw. die nicht vertragsgemäße Leistung. 473

Kein Vertretenmüssen erforderlich!

§ 323 I BGB setzt ebenso wie § 281 BGB keinen Schuldnerverzug voraus. Die Besonderheit des § 323 I BGB ist jedoch: Ein Vertretenmüssen des Schuldners ist nicht erforderlich! § 323 I BGB normiert – ebenso wie § 324 BGB und § 326 V BGB – ein verschuldensunabhängiges Rücktrittsrecht.[661] 474

hemmer-Methode: Anders ist dies aber bei einem entgeltlichen Abzahlungskauf eines Verbrauchers von einem Unternehmer. Hier regeln §§ 506 I, 508 S. 1 BGB i.V.m. § 498 BGB ein spezielles, von einem qualifizierten Verzug abhängiges Rücktrittsrecht des Unternehmers, das insoweit „lex specialis" ist.

Zu den beiden Alternativen der Pflichtverletzung bei § 323 I BGB gilt das Gleiche wie bei § 281 I BGB:[662] 475

⇨ Nichtleistung ist die vollständige Nichterbringung der Leistung trotz Fälligkeit. 476

Bsp.: Verkäufer V soll die Kaufsache bis spätestens zum 31.12. liefern. Am 02.01. ist die Kaufsache beim Käufer K immer noch nicht angelangt.

Anders als § 281 I BGB („soweit") spricht § 323 I BGB die **teilweise Nichtleistung** nicht an. Diese ist von § 323 I BGB jedoch ebenfalls erfasst, **vgl. § 323 V BGB**.

⇨ Ferner berechtigt § 323 I BGB zum Rücktritt bei nicht vertragsgemäßer Leistung. Hiermit sind die Fälle der Schlechtleistung gemeint (im Kaufrecht z.B. die Lieferung einer mangelhaften Sache, §§ 434, 435 BGB).[663] 477

4. Fristsetzung

a) Allgemeines

Grundsätzlich hat der Gläubiger dem Schuldner eine angemessene Nachfrist zur Nachholung bzw. Vervollständigung seiner Leistung zu setzen. Zum Inhalt dieser Erklärung sowie zum Kriterium der Angemessenheit gilt das zu § 281 BGB Gesagte, vgl. Rn. 374 ff.[664] 478

Fristsetzung vor Fälligkeit ist unwirksam

Nach nahezu allgemeiner Meinung in der Literatur kann die Nachfrist erst gesetzt werden, wenn die Leistung fällig ist, ansonsten ist die Fristsetzung unbeachtlich.[665]

Der Fall der sogenannten Erfüllungsgefährdung, bei der bereits vor Fälligkeit der Leistung ernsthafte Zweifel an der Leistungsfähigkeit oder der Leistungswilligkeit des Schuldners bestehen, ist von § 323 I BGB nicht erfasst,[666] sondern als „Sonderfall" in § 323 IV BGB geregelt.

661 Palandt, § 323, Rn. 1.

662 Hierzu Rn. 359 ff.

663 Palandt, § 323, Rn. 10.

664 Palandt, § 323, Rn. 12 - 16.

665 BGH, Life&Law 10/2012, 699 ff. = **juris**byhemmer; Palandt, § 323 BGB, Rn. 12; jurisPK-BGB, § 323 BGB, Rn. 27 = **juris**byhemmer.

666 Vgl. dazu Staudinger/Otto/Schwarze [2009], § 281 BGB, Rn. B 185 ff.; Ernst in MünchKomm, 6. Aufl., § 323 BGB, Rn. 132.

hemmer-Methode: Allerdings ist es anerkannt, dass der Gläubiger für den Fall, dass bereits vor Fälligkeit der Leistung ernsthafte Zweifel an der Leistungsfähigkeit oder der Leistungswilligkeit des Schuldners bestehen, ein schützenswertes Interesse daran hat, Klarheit über den Vertrag zu erlangen.[667]
Zwar kann der Gläubiger dem Schuldner vor Fälligkeit der Leistung eine angemessene Frist zur Erklärung eigener Leistungsbereitschaft und zum Nachweis fristgerechter Erfüllung des Vertrags setzen, wenn die rechtzeitige Erfüllung durch Hindernisse ernsthaft in Frage gestellt ist, die im Verantwortungsbereich des Schuldners liegen, und dem Gläubiger ein weiteres Zuwarten nicht zuzumuten ist. Nach fruchtlosem Ablauf dieser Frist liegen die Voraussetzungen des § 323 IV BGB vor und der Gläubiger kann vor Fälligkeit vom Vertrag zurücktreten.[668]

Dieses Klärungsbedürfnis rechtfertigt es aber nicht, dem Gläubiger die Möglichkeit einzuräumen, dem Schuldner bereits - sozusagen auf Vorrat - vor Fälligkeit der Leistung eine Nachfrist zu setzen mit der Folge, dass nach Ablauf dieser Frist das Rücktrittsrecht entsteht.[669] Das würde dem erklärten Willen und der Systematik des Gesetzgebers entgegenstehen, der das Rücktrittsrecht daran anknüpft, dass die Frist in einem Zeitpunkt gesetzt wird, in dem die Leistung fällig ist.

Ist offensichtlich, dass die Voraussetzungen des Rücktritts vorliegen, kann der Gläubiger ohnehin sofort vom Vertrag zurücktreten, § 323 IV BGB. Ist das nicht der Fall, ist es nicht gerechtfertigt, bei der entsprechenden unsicheren Prognose bereits in einem Zeitpunkt, in dem die Leistung noch nicht fällig ist, eine Nachfrist zu setzen, weil damit die mit der Nachfristsetzung verbundene Warnfunktion nicht auf einer ausreichenden Grundlage beruht.

§ 323 III BGB: Abmahnung statt Fristsetzung

Wie bei § 281 BGB (dort Abs. 3) kann nach der Art der Pflichtverletzung an die Stelle der Nachfristsetzung eine Abmahnung treten, § 323 III BGB. Dies kommt insbesondere bei einer Primärpflicht auf Unterlassen in Betracht.[670] 479

Bsp. (vgl. oben, Rn. 387a): *Die Händler A und B schließen einen Kooperationsvertrag mit Gebietsschutzklausel, d.h. sie verpflichten sich, im Gebiet des anderen nicht als Händler aufzutreten, während sie überregional zusammenarbeiten. A tritt vertragswidrig im Gebiet des B auf, wodurch B Gewinn entgeht. Kann B vom Kooperationsvertrag nach § 323 I BGB zurücktreten?* 480

1. Bei dem geschlossenen Vertrag handelt es sich um einen gegenseitigen Vertrag i.S.v. § 323 I BGB: Die wechselseitigen Verpflichtungen, nicht ihm Gebiet des anderen Vertragspartners als Händler aufzutreten, stehen im Gegenseitigkeitsverhältnis.

2. A hat die ihm obliegende Unterlassungspflicht trotz Fälligkeit nicht bzw. nicht vertragsgemäß erfüllt.

3. Grundsätzlich müsste B dem A zunächst eine angemessene Nachfrist setzen. Eine solche macht jedoch bei Unterlassungsansprüchen wenig Sinn, da das vertragsgemäße Verhalten gerade in einem Unterlassen besteht, der Schuldner durch eine Fristsetzung aber zu einem positiven Tun veranlasst werden soll. Daher ordnet § 323 III BGB an, dass an die Stelle der Fristsetzung die Abmahnung tritt.

Da kein Ausnahmefall des § 323 II BGB ersichtlich ist, muss B den A zunächst abmahnen. Erst wenn A danach weiterhin gegen seine Unterlassenspflicht verstößt, ist B nach § 323 I BGB zum Rücktritt berechtigt.

667 Staudinger/Otto/Schwarze [2009], § 281 BGB, Rn. B 182.

668 MüKo, § 323 BGB, Rn. 135.

669 Ramming, ZGS 2009, 209, 210.

670 BT-Drucks. 14/7052, S. 192; Palandt, § 323, Rn. 17.

b) Besonderheit beim Verbrauchsgüterkauf

Art. 3 V der Verbrauchsgüterkaufrichtlinie setzt keine Fristsetzung voraus

Fraglich ist aber, ob für den Rücktritt von einem Verbrauchsgüterkauf überhaupt eine Frist gesetzt werden muss. So verlangt nämlich Art. 3 V der Verbrauchsgüterkaufrichtlinie für das Rücktritts- und Minderungsrecht nur, dass der „Verkäufer nicht innerhalb einer angemessenen Frist Abhilfe geschaffen hat". *480a*

Eine **Fristsetzung** ist danach **nicht erforderlich**. Eine angemessene Frist beginnt vielmehr ipso iure mit dem Abhilfeverlangen des Gläubigers.

Demgegenüber stellt das nationale Recht in § 323 I BGB grundsätzlich die zusätzliche Voraussetzung auf, dass der Gläubiger diese Frist **setzen** muss. Tut er dies nicht, kann er nicht zurücktreten. Mithin stellt das nationale Recht strengere Voraussetzungen an den Rücktritt und die Minderung als die Richtlinie.

Nachdem schon die Regierungsbegründung zum Schuldrechtsmodernisierungsgesetz an der Richtlinienkonformität des Fristsetzungserfordernisses zweifelte, besteht inzwischen Einigkeit darüber, dass das Fristsetzungserfordernis des § 323 I BGB in den Fällen des Verbrauchsgüterkaufs i.S.v. § 474 I BGB richtlinienwidrig ist.[671] *480b*

Fraglich und umstritten ist allein, auf welchem Weg dies zu korrigieren ist.

Eine Ansicht löst dies über § 323 II Nr. 3 BGB und nimmt „besondere Umstände" i.S.d. Norm an. Eine andere Ansicht reduziert § 323 I BGB richtlinienkonform und wendet das Fristsetzungserfordernis aufgrund des Anwendungsvorranges des Europarechts nicht an.

Diskussion weitgehend erledigt durch Rechtsprechung zum Fristsetzungserfordernis

Diese Diskussion zur europarechtskonformen Auslegung des § 323 I BGB hat sich durch die Rechtsprechung des BGH zum Fristsetzungserfordernis erledigt.

Für eine Fristsetzung nach § 281 I BGB genügt es nach Ansicht des BGH nämlich, wenn der Gläubiger durch das Verlangen nach sofortiger, unverzüglicher oder umgehender Leistung oder durch vergleichbare Formulierungen deutlich macht, dass dem Schuldner für die Erfüllung nur ein begrenzter Zeitraum zur Verfügung steht.[672]

Das Bedürfnis nach einer europarechtskonformen Auslegung des § 323 I BGB beim Verbrauchsgüterkauf besteht damit nicht mehr. Zwar muss nach Art. 3 V der Verbrauchsgüterkaufrichtlinie die Nacherfüllung nicht ausdrücklich verlangt werden. Allerdings wird ein Käufer, der dem Verkäufer den Mangel anzeigt, nicht lediglich stumm auf diesen hinweisen, sondern den Verkäufer zur Nacherfüllung auffordern. Und genau das reicht nach Ansicht des BGH als Fristsetzung aus.

hemmer-Methode: Lesen Sie hierzu nochmals die Randnummern 377 bis 378d nach.

---

671 Mayer/Schürnbrand, JZ 2004, 545 (551 f.); Canaris, „Die Reform des Rechts der Leistungsstörungen", JZ 2001, 499-528 (510); MüKo, § 323, Rn. 248; Schultz, in: H. P. Westermann, Schuldrecht 2002, S. 91; Bamberger/Roth, § 437 BGB, Rn. 17.

672 **BGH, Life&Law 10/2016, 673 ff.** = **juris**byhemmer; **BGH, Life&Law 07/2015, 471 ff.** = **juris**byhemmer; **BGH, Life&Law 11/2009, 721 ff.** = NJW 2009, 3153-3154 = **juris**byhemmer.

c) Ausnahmen vom Fristsetzungserfordernis

Entbehrlichkeit der Fristsetzung

Besonders klausurrelevant sind die Fälle der Entbehrlichkeit des Fristsetzungserfordernisses. Diese sind – sofern § 323 III BGB einschlägig ist – entsprechend auf die danach erforderliche Abmahnung zu übertragen. 481

aa) Verzicht

Vgl. § 281 BGB

Wie bei § 281 BGB[673] ist die Fristsetzung entbehrlich, wenn der Schuldner auf sie verzichtet hat oder die Vertragsparteien das Fristsetzungserfordernis abbedungen haben. 482

Dies ergibt sich zum einen aus der Vertragsautonomie der Parteien, zum anderen daraus, dass durch die Nachfristsetzung der Schuldner geschützt werden soll, dieser aber auf diesen Schutz verzichten kann.[674]

hemmer-Methode: In AGBen ist aber eine Abbedingung nicht wirksam, vgl. § 309 Nr.4 BGB.

bb) Ernsthafte und endgültige Erfüllungsverweigerung, § 323 II Nr. 1 BGB

Schuldner muss „das letzte Wort gesprochen" haben

Wie bei § 281 BGB (dort Abs. 2 Alt. 1) macht eine ernsthafte und endgültige Erfüllungsverweigerung seitens des Schuldners die Fristsetzung entbehrlich; sie würde eine unnötige Förmelei darstellen. 483

Voraussetzung ist, dass der Schuldner „das letzte Wort" gesprochen hat.[675]

> ***Bsp.:*** *V verkauft K am 01.03. einen Gebrauchtwagen zum Preis von 8.000,- €. Die Parteien vereinbarten Zahlung zum 01.05. K bittet den V schon am 15.04. um eine Verlängerung der Zahlungsfrist, da er bis zum 01.05. nicht so viel Geld habe. V verweigert die Bitte.*
>
> ***Variante 1:*** *Am 15.05. teilt K dem V daher mit, er werde den Kaufpreis nicht bezahlen, da er ohnehin schon beträchtliche Schulden habe und keine Besserung der Vermögenslage in Aussicht steht. Daher könne er sich den Wagen nun nicht mehr leisten.*
>
> ***Variante 2:*** *Wie ist die Lage, wenn K dem V dies bereits am 25.04. mitgeteilt hätte?*
>
> zu Variante 1:
>
> Die bloße Bitte des K am 15.04. um Zahlungsaufschub ist keine ernsthafte und endgültige Erfüllungsverweigerung. Mit seiner Bitte, später zahlen zu dürfen, bringt er gerade zum Ausdruck, dass er am Vertrag weiterhin festhalten will.
>
> Anders ist dies jedoch mit der Mitteilung am 15.05. Hier drückt K unmissverständlich aus, dass er die Zahlungspflicht nicht erfüllen werde. Es liegt eine ernsthafte und endgültige Erfüllungsverweigerung des K vor.
>
> V ist somit gem. § 323 I, II Nr. 1 BGB zum Rücktritt berechtigt.[676]

---

673 Dort vgl. Rn. 381.

674 Zur Reichweite der Abdingbarkeit des § 323 BGB: Palandt, § 323, Rn. 2.

675 Im Einzelnen vgl. Rn. 380; Palandt, § 323, Rn. 18.

676 Daneben befand sich K außerdem im Verzug, vgl. § 286 BGB; etwaige Schadenspositionen aufgrund der Verzögerung bleiben bei Erklärung des Rücktritts bestehen.

zu Variante 2:

Auch hier war erst in der Mitteilung vom 25.04. eine ernsthafte und endgültige Erfüllungsverweigerung durch K zu sehen.

Ohne Bedeutung ist dabei, dass diese Weigerung schon vor Fälligkeit der Zahlungsverpflichtung erfolgte. K muss sich an seiner Erklärung festhalten lassen.

Nach Eintritt der Fälligkeit hat V daher die Möglichkeit, nach § 323 I, II Nr. 1 BGB zurückzutreten.

Vor Eintritt der Fälligkeit ergibt sich sein Rücktrittsrecht aus § 323 IV BGB i.V.m. § 323 I, II Nr. 1 BGB.

hemmer-Methode: Zu § 323 II Nr. 1 BGB lesen Sie auch den skurrilen „Horrorhaus-Kauf-Fall" des OLG Naumburg in NJW 2004, 2022 = Life&Law 11/2004, 718 ff.

cc) Entbehrlichkeit der Fristsetzung beim relativen Fixgeschäft, § 323 II Nr. 2 BGB

§ 323 II Nr. 2 BGB betrifft relatives Fixgeschäft

§ 323 II Nr. 2 BGB betrifft den Fall des relativen Fixgeschäftes.[677] Leistet der Schuldner bei einem solchen innerhalb des vereinbarten Leistungszeitraumes nicht, kann der Gläubiger ohne weitere Fristsetzung vom Vertrag nach § 323 I, II Nr. 2 BGB zurücktreten.[678] 484

Nicht gemeint: Absolutes Fixgeschäft

Nicht gemeint ist das absolute Fixgeschäft.[679] Bei diesem tritt mit Verstreichen des Leistungszeitraumes Unmöglichkeit ein, § 323 I BGB ist nicht anwendbar.[680] 485

hemmer-Methode: § 323 II Nr. 2 BGB ist eine feste gesetzliche Regelung.[681] Allerdings: Sollte sich durch Auslegung der Vereinbarung ergeben, dass die Parteien am Erfordernis der Fristsetzung festhalten wollen, geht freilich diese Vereinbarung vor, da § 323 II Nr. 2 BGB vertraglich abbedungen werden kann.

Das „Stehen und Fallen" des Rechtsgeschäfts mit der termingerechten Leistung (relatives Fixgeschäft) kann sich aus einer entsprechenden Mitteilung des Gläubigers vor Vertragsschluss (Fall 1) oder aus den sonstigen Umständen (Fall 2) ergeben. 486

dd) Vorliegen besonderer Umstände, § 323 II Nr. 3 BGB

Schließlich kann die nach § 323 I BGB grds. erforderliche Fristsetzung auch bei Vorliegen besondere Umstände unter Abwägung der beiderseitigen Interessen entbehrlich sein, § 323 II Nr. 3 BGB.[682] 487

hemmer-Methode: Angesichts der Spezialregelungen in § 440 S. 1, 3. Var. BGB (Kaufrecht) bzw. § 636 3. Var. BGB (Werkvertragsrecht) hat diese Neufassung vor allem außerhalb des kauf- und werkvertraglichen Mängelrechts Bedeutung.

Diese Generalklausel soll der gerichtlichen Praxis als Auffangtatbestand dienen[683]; die Entbehrlichkeit der Fristsetzung müsste anderenfalls direkt § 242 BGB entnommen werden.

677 Palandt, § 323, Rn. 19.

678 § 323 II Nr. 2 BGB tritt an die Stelle des § 361 BGB a.F.: vgl. Palandt, § 323, Rn. 19.

679 Zur Abgrenzung vgl. oben, Rn. 30 ff.

680 § 323 I BGB setzt die Möglichkeit der Leistung voraus, vgl. Rn. 471a.

681 A.A. Weiss, Das Verhältnis von Rücktritt und Schadensersatz statt der Leistung, NJW 2015, 3393 ff.

682 Vgl. hierzu BGH, NJW-RR 2008, 1052-1053 = jurisbyhemmer.

683 BT-Drucks. 14/6040, S. 186.

just-in-time-Verträge

Als einschlägige Fallgruppe führt die amtliche Gesetzesbegründung[684] die Fälle an, in denen ein Fixgeschäft zwar nicht vereinbart wurde, der Gläubiger dennoch ein gesteigertes Interesse an der fristgemäßen Lieferung hat, sodass ihm ein Rücktritt erst nach Fristsetzung nicht zuzumuten ist, v.a. bei sog. „just in time"-Verträgen.[685] 488

> ***Bsp.:*** *Der verspätet gelieferte Dünger wird für die Feldbestellung unverwendbar; Saisonware wird wegen Zuspätlieferung unverkäuflich; ein Exportgeschäft wird undurchführbar, weil der ausländische Käufer wegen der Zuspätlieferung keine Importlizenz mehr bekommen kann.*[686]

§ 323 II Nr. 3 BGB seit dem 13.06.2014 nur bei Schlechtleistung anwendbar

Durch das Gesetz zur Umsetzung der Verbraucherrechterichtlinie und zur Änderung des Gesetzes zur Regelung der Wohnungsvermittlung wurde die Entbehrlichkeit der Fristsetzung aufgrund besonderer Umstände nach § 323 II Nr. 3 BGB mit Wirkung zum 13.06.2014 auf die **nicht vertragsgemäße Leistung (Schlechtleistung) beschränkt**. 488a

Im Falle einer nicht erbrachten Leistung ist die Fristsetzung also nur noch dann entbehrlich, wenn ein Fall des § 323 II Nr. 1 BGB bzw. des § 323 II Nr. 2 BGB vorliegt.

hemmer-Methode: Soweit nach der Gesetzesbegründung darüber hinaus eine Nachfristsetzung gem. § 242 BGB entbehrlich sein kann, ist dies jedenfalls bei Verbraucherverträgen im Hinblick auf den Wortlaut der Verbraucherrechterichtlinie (Art. 18 II) zweifelhaft.[687]

5. Erfolgloser Fristablauf

Wie bei § 281 BGB

Der Gläubiger kann vom Vertrag gem. § 323 I BGB erst dann zurücktreten, wenn die dem Schuldner gesetzte Frist erfolglos abgelaufen ist. Hier gilt wiederum das zu § 281 BGB bereits Gesagte entsprechend.[688] Abzustellen ist auf den Zeitpunkt der Leistungshandlung. 489

6. Eigene Vertragstreue

Die eigene Vertragstreue des Gläubigers ist – wie für den Schadensersatzanspruch aus § 281 BGB – auch für den Rücktritt nach § 323 BGB erforderlich. Dieses ungeschriebene Merkmal ist allerdings nur zu prüfen, wenn nicht das Gesetz selbst bereits die Folgen eines „vertragsuntreuen" Verhaltens des Gläubigers für dessen Rücktrittsrecht geregelt hat, so z.B. in § 323 VI BGB. 490

Z.B. Verweigerung der Gegenleistung bei Vorleistungspflicht des Schuldners

Beispielsweise kommt ein Ausschluss von § 323 BGB aufgrund fehlender eigener Vertragstreue des Gläubigers in Betracht, wenn zwar der Schuldner vorleistungspflichtig ist, der Gläubiger jedoch bereits jetzt ankündigt, die ihm obliegende Leistung nicht erbringen zu werden. Dies muss sein Rücktrittsrecht nach § 323 BGB ausschließen; demgegenüber ist der Schuldner (= Gläubiger der Gegenleistung) dann zum Rücktritt nach § 323 BGB wegen § 323 IV BGB berechtigt. 491

684 BT-Drucks. 14/6040, S. 186.

685 Beispiele siehe unter Palandt, § 323, Rn. 22.

686 BGH, WM 1957, 1342 (1343 f.).

687 Palandt, 73. Auflage 2014, § 323, Rn. 36.

688 Vgl. Rn. 388.

hemmer-Methode: Letztlich gilt das Gleiche wie bei § 281 BGB: Zunächst ist zu untersuchen, ob durch das Verhalten des Gläubigers bereits eine der Voraussetzungen des Rücktrittsrechts nach § 323 BGB entfällt. Nur wenn das nicht der Fall ist, gewinnt das Merkmal „eigene Vertragstreue“ eigenständige Bedeutung. Nehmen Sie keine freien Wertungen vor, die der Gesetzgeber ausdrücklich gesetzlich getroffen hat!

7. Kein Ausschluss des Rücktrittsrechts nach § 323 VI BGB[689]

Schließlich darf das Rücktrittsrecht des Gläubigers nicht nach § 323 VI BGB ausgeschlossen sein. 492

493

Ausschluss des Rücktrittsrechts, § 323 VI BGB:

- ⇨ Gläubiger ist für den zum Rücktritt berechtigenden Umstand allein/weit überwiegend verantwortlich
- ⇨ Annahmeverzug des Gläubigers

Die Vorschrift entspricht inhaltlich § 326 II S. 1 BGB. Es wird der Grundgedanke dieser Vorschrift erweitert: Die Gläubigerverantwortung soll auch dann nicht unberücksichtigt bleiben, wenn die Nichtleistung auf anderen Gründen als Unmöglichkeit beruht.

Dies gilt umso mehr, als der Anwendung des § 323 I BGB nicht vom Schuldner entgegengesetzt werden könnte, infolge des Verhaltens des Gläubigers habe er die Nichtleistung nicht zu vertreten. Denn § 323 I BGB setzt kein Vertretenmüssen seitens des Schuldners voraus.

a) Verantwortlichkeit des Gläubigers

Ist der Gläubiger für den zum Rücktritt nach § 323 I BGB berechtigenden Umstand allein oder weit überwiegend verantwortlich, so kann er nicht nach § 323 I BGB zurücktreten.[690] Dies ist ein Gebot von Treu und Glauben. 494

hemmer-Methode: Zum Begriff der Verantwortlichkeit vgl. das zu § 326 II S. 1 Alt. 1 BGB Gesagte, vgl. Rn. 80 ff.

> ***Bsp.:*** *V hat K sein Motorrad verkauft; dieses soll einige Tage später bezahlt und übereignet werden. Da K vom Vertrag Abstand nehmen will, kommt ihm eine Idee: Er bricht nachts in die Garage des V ein und zieht den Zündschlüssel vom Motorrad ab. Nach einer Woche fordert er V zur Leistung auf und setzt ihm eine angemessene Nachfrist, die – da V die ganze Zeit verzweifelt nach dem Schlüssel sucht – erfolglos verstreicht. K erklärt den Rücktritt vom Kaufvertrag.*

b) Annahmeverzug des Gläubigers

§ 323 VI Alt. 2 BGB lässt konsequenter Weise den Rücktritt auch dann entfallen, wenn der zum Rücktritt berechtigende Umstand (also die tatsächlichen Grundlagen des § 323 I - V BGB) während des Annahmeverzuges des Gläubigers eintreten. Es wäre nicht billig, wenn der Gläubiger bei Unmöglichkeit während seines Annahmeverzuges zwar die Gegenleistung erbringen müsste (§ 326 II S. 1 Alt. 2 BGB), sich aber durch einen Rücktritt nach § 323 BGB dieser Gegenleistungspflicht wieder entziehen könnte. 495

---

689 Vgl. hierzu ausführlich Fest, „Der Umfang des Ausschlusses des Rücktrittsrechts gem. § 323 VI Alt. 1 BGB“, ZGS 2006, 173 ff.

690 Zu der Alt. 1 des § 323 VI BGB: Palandt, § 323, Rn. 29.

Mit dem Annahmeverzug soll der Gläubiger das Risiko des Eintritts jeder Art von Leistungshindernissen tragen, auch wenn sie nicht die Schwelle der Unmöglichkeit nach § 275 BGB erreichen.[691]

Kein Vertretenmüssen des Schuldners

Voraussetzung ist allerdings, dass der Schuldner diesen Umstand nicht zu vertreten hat, § 323 VI Alt. 2 BGB. Hierbei ist die Haftungsprivilegierung des Schuldners nach § 300 I BGB zu beachten. 496

> ***Bsp.:*** *Im obigen Beispiel hat V dem K das Motorrad ordnungsgemäß angeboten, K wies es allerdings zu Unrecht zurück. Nun überlegt es sich K anders und setzt dem V eine angemessene Nachfrist. V versäumt diese leicht fahrlässig, weil er den täglichen Blick in seinen Terminkalender unterlässt.*
>
> Zwar sind die Voraussetzungen des § 323 I BGB eingetreten. Dies geschah jedoch während des Annahmeverzuges des Gläubigers K. V hat das Eintreten der Rücktrittsvoraussetzungen auch nicht zu vertreten: Nach § 300 I BGB muss er nur für grobe Fahrlässigkeit und Vorsatz einstehen. Daher ist nach § 323 VI Alt. 2 BGB das Rücktrittsrecht des K ausgeschlossen.

hemmer-Methode: Ist während des Annahmeverzuges des Gläubigers ein Sachmangel i.S.v. § 434 I BGB an der Kaufsache ohne Verschulden des Verkäufers aufgetreten, scheint ebenfalls § 323 VI BGB einschlägig zu sein.
Dies ist jedoch nicht der Fall: Für die Frage des Vorliegens eines Sachmangels ist auf den Zeitpunkt des Übergehens der Preisgefahr auf den Käufer abzustellen, vgl. § 434 I S. 1 BGB. Die Preisgefahr geht aber mit Annahmeverzug des Käufers auf diesen über, § 446 S. 3 BGB. Das heißt: Da die Kaufsache in diesem Zeitpunkt noch mangelfrei war, liegt schon ein Sachmangel i.S.d. § 434 BGB nicht vor; ein Rücktritt nach §§ 437 Nr. 2, 440, 323 BGB scheidet schon deshalb aus.

c) Andere Fälle des Preisgefahrüberganges (z.B. §§ 446, 447 BGB)

Andere Fälle des Preisgefahrüberganges

Auch in anderen Fällen des Preisgefahrüberganges auf den Gläubiger muss das Rücktrittsrecht ausgeschlossen sein. 496a

§ 323 VI BGB, der dem Wortlaut des § 326 II S. 1 BGB entspricht, zeigt gerade, dass in den Fällen, in denen die Preisgefahr auf den Käufer übergegangen ist, der Rücktritt ausgeschlossen ist.

Daher kann man entweder in anderen Fällen des Gefahrüberganges (z.B. im Fall des § 447 I BGB) den § 323 VI BGB analog heranziehen oder aber das Rücktrittsrecht im Wege einer teleologischen Reduktion ausschließen.[692]

hemmer-Methode: Die teilweise vertretene Ansicht, in diesem Fall bereits die Pflichtverletzung abzulehnen[693], ist wenig überzeugend, da der Preisgefahrübergang nichts daran ändert, dass der Erfolgseintritt unmöglich geworden ist. Gerade dies stellt die relevante Pflichtverletzung dar. Diese Ansicht vermengt daher Fragen der Preisgefahr mit denen der Leistungsgefahr.

8. Kein Ausschluss des Rücktrittsrechts nach § 218 I S. 1 BGB

Der Rücktritt nach § 323 BGB ist ausgeschlossen, wenn der Leistungsanspruch (bzw. im Falle mangelhafter Leistung der Nacherfüllungsanspruch) verjährt ist und der Schuldner die Einrede der Verjährung erhoben hat, § 218 I S. 1 BGB.[694] 497

691 Palandt, § 323, Rn. 30 f.

692 Vgl. Staudinger, § 326, Rn. 31; Meier, JURA 2002, 118 [124]; Lettl, JuS 2004, 314 [315]; Hennrichs/Kordes, JA 2005. 269 [271].

693 Mansel/Sürner, JuS 2006, 608 [610].

694 Palandt, § 218, Rn. 1.

§ 218 I BGB als Ausschlusstatbestand

Der Rücktritt ist kein Anspruch, sondern ein Gestaltungsrecht und kann demzufolge auch nicht verjähren, vgl. § 194 I BGB.[695] § 218 I BGB normiert für den Rücktritt einen Ausschlusstatbestand, der an die Verjährung des Leistungs- bzw. Nacherfüllungsanspruches geknüpft ist. 498

hemmer-Methode: Nicht exakt wäre es, von einer Ausschlussfrist zu sprechen. Denn der Ausschluss des Rücktrittsrechts nach § 218 I S. 1 BGB ist nicht nur vom Ablauf der Verjährungsfrist, sondern zusätzlich von der Erhebung der Verjährungseinrede (§ 214 I BGB) durch den Schuldner abhängig. Die Bezeichnung als Ausschlusstatbestand bzw. Unwirksamkeitsgrund ist daher treffender.

§ 216 II S. 2 BGB beim Eigentumsvorbehalt

Eine wichtige examensrelevante Ausnahme findet sich in §§ 218 I S. 3, 216 II S. 2 BGB für den Fall des Eigentumsvorbehaltes. 499

Bsp.: *K hat bei V eine Dampfwalze unter Eigentumsvorbehalt gekauft. Für die Zahlung war Ende April vereinbart. K zahlt jedoch nicht; V setzt ihm deshalb eine Nachfrist bis Ende Mai, die ebenfalls erfolglos abläuft. Aufgrund hoher Arbeitsbelastung vergisst V im Folgenden die Forderung gegen K. Erst über vier Jahre später erinnert sich V an die Forderung und verlangt die Dampfwalze heraus. K beruft sich auf Verjährung.*

1. V könnte gegen K ein Anspruch auf Rückgabe der Dampfwalze (unter Aufhebung des Eigentumsvorbehalts) nach § 346 I BGB zustehen.

a) Die nach § 349 BGB erforderliche Rücktrittserklärung kann in dem Herausgabeverlangen des V gesehen werden, §§ 133, 157 BGB.

b) Erforderlich ist das Vorliegen eines Rücktrittsgrundes. Als solcher kommt nur § 323 I BGB in Betracht. K hat die sich aus dem Kaufvertrag als gegenseitigem Vertrag ergebende Kaufpreiszahlungspflicht gem. § 433 II BGB trotz Fälligkeit und Durchsetzbarkeit nicht geleistet. Die K von V gesetzte angemessene Nachfrist ist erfolglos verstrichen.

c) Jedoch könnte der Rücktritt nach § 218 I S. 1 BGB ausgeschlossen sein. Dies ist grundsätzlich der Fall, da die Kaufpreiszahlungspflicht unterdessen gem. §§ 195, 199 I BGB verjährt ist und K auch die Einrede der Verjährung gem. § 214 I BGB erhoben hat.

Allerdings war die Dampfwalze unter Eigentumsvorbehalt verkauft worden. Hier bestimmt § 216 II S. 2 BGB, dass der Verkäufer auch bei Verjährung der gesicherten Kaufpreisforderung noch vom Vertrag zurücktreten kann.[696]

Damit war der Rücktritt hier wirksam, V kann von K Rückgabe der Dampfwalze verlangen.

2. Des Weiteren könnte V gegen K ein Herausgabeanspruch nach § 985 BGB zustehen.

a) K ist unmittelbarer Besitzer der Dampfwalze. V ist Eigentümer der Dampfwalze geblieben: Die Übereignung an K fand nur unter der aufschiebenden Bedingung vollständiger Kaufpreiszahlung statt, §§ 929 S. 1, 158 I BGB. Diese Bedingung ist nicht eingetreten, da K den Kaufpreis nicht gezahlt hat.

b) Zwar hatte K aufgrund des geschlossenen Kaufvertrages mit V zunächst ein (schuldrechtliches) Recht zum Besitz i.S.v. § 986 I S. 1 BGB. Durch den wirksamen Rücktritt seitens des V wurden der Vertrag und das Besitzrecht jedoch beseitigt, sodass K nunmehr unberechtigter Besitzer ist.

Damit besteht auch ein Herausgabeanspruch des V gegen K gem. § 985 BGB.

695 Palandt, § 194, Rn. 3.

696 Rechtsprechung hierzu unter Palandt, § 216, Rn. 4.

9. Besonderheiten bei Teilleistung und Schlechtleistung

Erhöhte Anforderungen an Rücktritt vom gesamten Vertrag, § 323 V BGB

Besonderheiten für den Rücktritt vom Vertrag bestehen, wenn der Schuldner (innerhalb der vom Gläubiger gesetzten Nachfrist, es sei denn die Fristsetzung war entbehrlich)[697] nicht vollständig bzw. nicht vertragsgemäß geleistet hat, § 323 V BGB. 500

Es geht also um Fälle der Teilleistung und der Schlechtleistung des Schuldners. § 323 V BGB normiert erhöhte Anforderungen für den Rücktritt vom gesamten Vertrag, die zusätzlich zu den übrigen Voraussetzungen des § 323 BGB zu prüfen sind. Diese zusätzlichen Voraussetzungen entsprechen denjenigen für Schadensersatz statt der gesamten Leistung, § 281 I S. 2 und 3 BGB.[698]

Schutz des Leistungsinteresses des Schuldners

Durch die erhöhten Anforderungen an den Rücktritt vom gesamten Vertrag wird das Leistungsinteresse des Schuldners geschützt. Immerhin hat dieser einen Teil seiner Leistungspflicht erfüllt.

a) Teilleistung, § 323 V S. 1 BGB

Prüfungsschema zum Rücktritt vom ganzen Vertrag bei Teilleistung

501

Voraussetzungen des Rücktritts vom ganzen Vertrag bei Teilleistung des Schuldners:

1. Vorliegen eines gegenseitigen Vertrages
2. Fällige und einredefreie Leistungspflicht
3. Nicht vollständige (= Teil-)Leistung
4. Fristsetzung oder Ausnahme, v.a. § 323 II BGB
5. Erfolgloser Fristablauf
6. Eigene Vertragstreue
7. Kein Interesse an der Teilleistung, § 323 V S. 1 BGB
8. Kein Ausschluss des Rücktrittsrechts, § 323 VI BGB
9. Kein Ausschluss des Rücktrittsrechts gem. § 218 I S. 1 BGB
10. ⇨ **Rechtsfolge: Rücktritt vom ganzen Vertrag möglich**

Teilrücktritt ist vorrangig

§ 323 V S. 1 BGB erhöht die Anforderungen für den Rücktritt vom ganzen Vertrag bei Teilleistung des Schuldners. Hat der Schuldner (trotz gesetzter Nachfrist) nicht vollständig geleistet, so ist der Teilrückritt grundsätzlich als „milderes Mittel“ vorrangig.[699] 502

§ 323 V S. 1 BGB gilt daher nur für den Rücktritt vom gesamten Vertrag (vgl. Wortlaut).[700] Voraussetzung ist allerdings, dass der Gläubiger die Teilleistung überhaupt angenommen und nicht nach § 266 BGB abgelehnt hat. In diesem Fall liegt nämlich eine vollständige Nichtleistung vor, der Gläubiger kann bei Vorliegen der übrigen Voraussetzungen nach § 323 I BGB ohne weiteres vom gesamten Vertrag zurücktreten.

Teilbarkeit der Leistung erforderlich

Grundsätzliche Voraussetzung für den Vorrang des Teilrücktritts ist aber, dass die geschuldete Leistung überhaupt teilbar ist. 503

697 Zur Entbehrlichkeit der Fristsetzung oben, Rn. 480 ff.

698 Dazu oben, Rn. 412 ff.

699 Palandt, § 323, Rn. 24.

700 Vgl. BT-Drucks. 14/6040, S. 186.

Das Regelungskonzept des § 323 V S. 1 BGB setzt gedanklich voraus, dass der als Regelfall gedachte Teilrücktritt möglich ist. Das ist bei dem typischen Anwendungsfall der Erbringung einer teilbaren Sachleistung gegen Entgelt regelmäßig der Fall. Hier führt der Teilrücktritt zu dem angestrebten Ergebnis, dass sich die wechselseitigen Rechte und Pflichten aus dem Vertrag auf den durchgeführten Teil beschränken.

Auch Gegenleistung muss teilbar sein, damit Teilrücktritt „funktioniert"

Anders liegt es aber dann, **wenn der teilbaren Leistung des Schuldners eine nicht teilbare Leistung des Gläubigers gegenübersteht**.

In einer solchen Konstellation lässt sich das mit dem Teilrücktritt angestrebte Ergebnis einer Beschränkung „des Vertrags" auf den durchgeführten Teil nicht erreichen.

Der Gläubiger kann nämlich seine unteilbare Leistung nicht auf einen Teil beschränken, welcher der Teilleistung des Schuldners entspricht. Er kann sie entweder nur ganz erbringen oder ganz davon absehen.

hemmer-Methode: Mit anderen Worten setzt § 323 V S. 1 BGB voraus, dass nicht nur die Leistung des Schuldners teilbar ist, sondern auch die des Gläubigers.[701]
Lesen Sie hierzu vertiefend BGH, Life&Law 02/2010, 73 ff. = NJW 2010, 146 ff.

Voraussetzung für den Rücktritt vom ganzen Vertrag ist Interessenfortfall bzgl. der Teilleistung

Sind Leistung und Gegenleistung teilbar, so setzt der Rücktritt vom ganzen Vertrag voraus, dass der Gläubiger an der Teilleistung **kein Interesse** hat. Dies ist z.B. der Fall, wenn nur die vollständige Leistung für ihn brauchbar ist.[702] 504

Bsp.[703]***:*** *K hat beim Lieferant V 50 blaue Fliesen bestellt, die er zur Renovierung seines Bades benötigt. K hat bereits gezahlt. V liefert nur 40 und entschuldigt sich damit, dass er zur Zeit Probleme mit seinen Zulieferern habe. K will nun nach erfolglosem Ablauf einer gesetzten angemessenen Nachfrist vom gesamten Vertrag zurücktreten. Denn wenn die gesamten Fliesen nicht aus derselben Partie stammen, besteht die Gefahr der Farbabweichung.*

Die Voraussetzungen des § 323 I BGB liegen vor. V hat lediglich eine Teilleistung erbracht.

1. Ohne zusätzliche Voraussetzungen kann er vom noch nicht erfüllten Vertragsteil zurücktreten. Damit würde hinsichtlich der restlichen zehn Fliesen sein Lieferungsanspruch aus § 433 I S. 1 BGB erlöschen, andererseits müsste und könnte K nach § 346 I BGB den auf die zehn Fliesen entfallenden Kaufpreisanteil von V zurückverlangen. K will aber gerade vom gesamten Kaufvertrag zurücktreten.

2. Dies ist nach § 323 V S. 1 BGB nur möglich, wenn K kein Interesse an der erbrachten Teilleistung hat. Grundsätzlich ist dies abzulehnen, denn K könnte die für die Renovierung noch benötigten Fliesen ja auch bei einem Dritten erwerben.

Hier besteht jedoch die Besonderheit, dass die Fliesen aus derselben Partie stammen müssen, da anderenfalls die Gefahr von Farbabweichungen besteht. Daher hat V hier ausnahmsweise kein Interesse an einem Festhalten am teilweise abgewickelten Vertrag. Er kann vom ganzen Kaufvertrag zurücktreten.

Er hat dann nach § 346 I BGB die 40 gelieferten Fliesen an V zurückzuübereignen und erhält nach § 346 I BGB den bereits gezahlten (gesamten) Kaufpreis zurück. Sein Lieferungsanspruch auf die restlichen zehn Fliesen erlischt.

701 So auch Palandt, § 323, Rn. 25.

702 Palandt, § 323, Rn. 25.

703 Vgl. BT-Drucks. 14/6040, S. 216.

V.a. beim Ratenlieferungsvertrag

Besonders relevant ist § 323 V S. 1 BGB bei Ratenlieferungsverträgen.[704] 505

***Bsp.:** K hat bei V für seine Gastwirtschaft 1.000 Pfund Hackfleisch bestellt. Die Lieferung sollte in wöchentlichen Raten zu je 100 Pfund erfolgen; K hat bei Vertragsschluss im Voraus bezahlt. Die ersten beiden Lieferungen erfolgen ordnungsgemäß; die dritte Lieferung bleibt allerdings trotz Ablaufs einer von K gesetzten angemessenen Frist aus. K möchte vom gesamten Vertrag zurücktreten, da er die 1.000 Pfund Hackfleisch bei D insgesamt günstiger erhalten kann.*

1. Ein Teilrücktritt bzgl. der dritten Rate ist ohne zusätzliche Voraussetzungen möglich. K möchte aber gerade vom gesamten Vertrag zurücktreten.

2. Dazu müssten die zusätzlichen Anforderungen des § 323 V S. 1 BGB vorliegen. K müsste an der Teilleistung kein Interesse mehr haben. Ein solches fehlendes Interesse ist nach h.M. beim Ratenlieferungsvertrag auch dann zu bejahen, wenn der Gläubiger der Sachleistung insgesamt günstiger abschließen könnte. Dies ist hier der Fall, sodass K vom gesamten Vertrag zurücktreten kann.

Strittig: Ist bei § 434 III BGB § 323 V S. 1 oder 2 BGB anzuwenden?

Im Bereich des Kaufvertrages ist § 434 III BGB zu beachten: Diese Vorschrift stellt die Zuwenigleistung einem Sachmangel gleich. Die Zuweniglieferung ist gem. **§§ 433 I S. 2, 434 III BGB** eine **nicht vertragsgemäße Leistung**, sodass § 323 V S. 2 BGB einschlägig sein müsste.[705] 506

Fraglich ist nun das Verhältnis von § 323 V S. 1 BGB zu § 323 V S. 2 BGB, wenn wegen § 434 III BGB bei einer Zuweniglieferung nach dem Besonderen Schuldrecht eigentlich ein Mangel vorliegt.

hemmer-Methode: Lesen Sie dazu nochmals das Beispiel unter Rn. 317! Vgl. Sie dazu auch Hemmer/Wüst, Schuldrecht BT I, Rn. 137.

Im obigen Beispielsfall mit den Fliesen[706] lag ein solcher Fall der Gleichstellung nach § 434 III BGB jedoch nicht vor, sodass (unstreitig) § 323 V S. 1 BGB anzuwenden war.

Denn die Gleichstellung der Zuweniglieferung mit einem Sachmangel erfolgt nur, wenn der Verkäufer aus dem objektiven Empfängerhorizont des Käufers die gesamte geschuldete Menge liefern will.[707]

Hier hat V sich bei der Lieferung für die unvollständige Leistung entschuldigt, er wollte erkennbar nur einen Teil von 40 Fliesen liefern. Dies ist kein Fall des § 434 III BGB.

b) Schlechtleistung, § 323 V S. 2 BGB

Prüfungsschema zum Rücktritt vom ganzen Vertrag bei Schlechtleistung

Voraussetzungen des Rücktritts vom ganzen Vertrag bei Schlechtleistung des Schuldners: 507

1. Vorliegen eines gegenseitigen Vertrages
2. Fällige und einredefreie Leistungspflicht
3. Nicht vertragsgemäße (= Schlecht-) Leistung v.a.: Vorliegen eines Sach-/Rechtsmangels (beim Kauf: §§ 434, 435 BGB)
4. Fristsetzung oder Ausnahme, v.a. § 323 II BGB
5. Erfolgloser Fristablauf

704 Zu den beiden Formen des Sukzessivlieferungsvertrages und der Behandlung beim Schadensersatz statt der Leistung vgl. oben, Rn. 445 ff.

705 So offenbar Palandt, § 281, Rn. 38.

706 Vgl. Rn. 504a.

707 BT-Drucks. 14/6040, S. 216.

6.	Eigene Vertragstreue des Gläubigers
7.	Pflichtverletzung nicht nur unerheblich, § 323 V S. 2 BGB
8.	Kein Ausschluss des Rücktrittsrechts, § 323 VI BGB
9.	Kein Ausschluss des Rücktrittsrechts gem. § 218 I S. 1 BGB
⇨	**Rechtsfolge: Rücktritt vom ganzen Vertrag möglich**

Bestandteil der Leistungspflicht des Schuldners ist auch die Mangelfreiheit der Leistung. Dies ordnet für den Kauf § 433 I S. 2 BGB ausdrücklich an. 508

§ 323 I BGB auf Schlechtleistung anwendbar

Leistet der Schuldner mangelhaft, so hat er teilweise seine Leistungspflicht nicht erfüllt. Dass § 323 I BGB anwendbar ist, ergibt sich unmittelbar aus dem Wortlaut der Vorschrift („oder nicht vertragsgemäß"). Der Gläubiger (z.B.: der Käufer) kann also grundsätzlich zurücktreten, wenn der Schuldner (z.B.: der Verkäufer) mangelhaft leistet und trotz angemessener Fristsetzung den Mangel nicht im Wege der Nacherfüllung beseitigt.[708] 509

Nacherfüllung muss möglich sein, sonst Rücktritt nach § 326 V BGB

Ist die Nacherfüllung z.B. aufgrund eines unbehebbaren Mangels nicht möglich, findet § 323 BGB keine Anwendung. § 323 BGB setzt die Möglichkeit der noch ausstehenden Leistung bzw. des noch ausstehenden Leistungsteiles voraus.[709] Bei Unmöglichkeit der Nacherfüllung findet allein § 326 V BGB Anwendung.[710] 510

Für den Fall der Schlechtleistung wird die Schwelle für den Rücktritt vom ganzen Vertrag nicht so hoch wie bei der Teilleistung angesetzt. Nach § 323 V S. 2 BGB scheidet der Rücktritt vom ganzen Vertrag nur dann aus, wenn die Schlechtleistung **unerheblich** ist. 511

Bsp.: Die gelieferte Schrankwand hat links unten einen kleinen Kratzer.

hemmer-Methode: Eine den Rücktritt und die Geltendmachung von Schadensersatz statt der ganzen Leistung ausschließende nur unerhebliche Pflichtverletzung ist beim Kaufvertrag nach Ansicht des BGH in der Regel zu verneinen, wenn der Verkäufer über das Vorhandensein eines Mangels arglistig täuscht.[711]

Im Mängelrecht anwendbar über § 437 Nr. 2 bzw. § 634 Nr. 3 BGB

Das Rücktrittsrecht nach § 323 BGB (bzw. für den Fall der Unmöglichkeit der Nacherfüllung: § 326 V BGB) findet über die Verweisung des § 437 Nr. 2 BGB im Kauf- bzw. über die Verweisung des § 634 Nr. 3 BGB im Werkvertragsrecht Anwendung. 512

Kein Teilrücktritt möglich

Ein Teilrücktritt bei mangelhafter Leistung ist – anders bei der Teilleistung – nicht möglich. Will der Käufer die mangelhafte Leistung akzeptieren und nur einen entsprechenden Teil des Kaufpreises zurückerhalten, findet nicht § 323 BGB, sondern § 441 BGB Anwendung: Er kann den Kaufpreis nach dieser Vorschrift mindern. Dass das Gesetz das Minderungsrecht ausdrücklich vorsieht, zeigt, dass es sich hierbei nicht um einen Teilrücktritt handelt.[712] 513

Ein Teilrücktritt kommt auch dann nicht in Betracht, wenn eine einem Sachmangel gleichzustellende Zuwenigleistung i.S.v. § 434 III BGB vorliegt. Auch hier ist nur das Minderungsrecht des Käufers nach § 441 BGB einschlägig. 514

708 Zu den beiden Formen der Nacherfüllung (Nachbesserung und Nachlieferung) vgl. beim Kauf § 439 BGB.

709 Vgl. bereits oben, Rn. 471a.

710 Dazu unten, Rn. 536.

711 **BGH, Life&Law 07/2006, 439 ff.** = NJW 2006, 1960-1962 = **juris**byhemmer; kritisch zu diesem Urteil Lorenz, NJW 2006, 1925-1927.

712 Für den Fall des Werkvertrages: § 638 BGB.

II. Rücktritt wegen Verletzung einer Pflicht i.S.v. § 241 II BGB

Auch bei einer nicht-leistungsbezogenen Pflicht kommt ein Rücktrittsrecht des anderen Vertragsteils im gegenseitigen Vertrag in Betracht. Dieses ist in § 324 BGB geregelt.[713] 515

516

Voraussetzungen des Rücktritts nach § 324 BGB:

1. Gegenseitiger Vertrag
2. Verletzung einer Pflicht i.S.d. § 241 II BGB (Abgrenzung zu § 323 BGB; kein Vertretenmüssen erforderlich)
3. Unzumutbarkeit für Gläubiger, am Vertrag festzuhalten

1. Gegenseitiger Vertrag

§ 324 BGB ist nur bei Vorliegen eines gegenseitigen Vertrages anwendbar, vgl. dazu oben Rn. 76 f. 517

2. Verletzung einer Pflicht i.S.d. § 241 II BGB

Nur bei nicht leistungsbezogenen Pflichten

Voraussetzung ist, dass der Schuldner eine Pflicht i.S.v. § 241 II BGB verletzt hat, wobei es sich um eine nicht-leistungsbezogene Pflicht handeln muss. Bei Verletzung einer echten Leistungspflicht kommt § 323 BGB zur Anwendung. Hier ist die gleiche Abgrenzung durchzuführen wie zwischen § 281 BGB und § 282 BGB. 518

hemmer-Methode: Im Einzelnen kann insoweit auf die Ausführungen zu § 280 BGB verwiesen werden.[714]

Gilt § 324 BGB auch bei vorvertraglicher Pflichtverletzung?

Dass nicht leistungsbezogene Pflichten i.S.d. § 241 II BGB im vorvertraglichen Stadium bestehen, ergibt sich unmittelbar aus § 311 II BGB. Fraglich ist, ob § 324 BGB auch bei einer vorvertraglichen Pflichtverletzung (z.B. einer fahrlässigen Täuschung bei Vertragsverhandlungen) zur Anwendung kommen kann. 518a

Wortlaut

§ 324 BGB setzt die Verletzung einer Pflicht **„bei“** einem gegenseitigen Vertrag voraus. Dieser **Wortlaut** ist in Bezug auf die zeitliche Anwendbarkeit nicht eindeutig, **spricht** aber eher **dafür, dass der gegenseitige Vertrag im Zeitpunkt der Pflichtverletzung schon geschlossen sein muss**.[715]

hemmer-Methode: Kein Zweifel bestünde, wenn der Gesetzgeber die Formulierung „in einem gegenseitigen Vertrag“ gewählt hätte. So lässt sich dem Wortlaut also kein zwingender Schluss entnehmen.

Systematische Auslegung

Auch die systematische Stellung der Vorschrift innerhalb der §§ 320 ff. BGB spricht für die ausschließliche Anwendung bei bereits geschlossenen Verträgen. Denn alle weiteren Vorschriften des Titels setzen unstreitig einen solchen voraus.

Teilweise wird aber vertreten, dass § 324 BGB auch im vorvertraglichen Bereich anwendbar sein soll.[716] 518b

---

713 Zur Abgrenzung leistungsbezogene/nicht-leistungsbezogene Pflicht, Rn. 353.

714 Vgl. Rn. 232 ff.

715 In diesem Sinne auch Mankowski, ZGS 2003, 91 (93).

716 Für eine Anwendung auf vorvertragliche Pflichtverletzungen auch Staudinger, § 324 BGB, Rn. 16; MüKo, § 324 BGB, Rn. 6; Bamberger/Roth, § 324 BGB, Rn. 5; Grunewald , FS Wiedemann, 2002, S. 75, 76 f.

Zweck des § 324 BGB sei es, den Schutz des Gläubigers vor Pflichtverletzungen des Schuldners zu vervollständigen: Während § 323 BGB bei der Verletzung leistungsbezogener Pflichten die Möglichkeit des Rücktritts eröffnet, regelt § 324 BGB diese für den Fall der Verletzung nichtleistungsbezogener Pflichten.

Für die Schutzwürdigkeit des Gläubigers macht es aber keinen Unterschied, ob nichtleistungsbezogene Pflichten vor oder nach Vertragsschluss verletzt werden.

Konkurrenzsituation

Selbst wenn man § 324 BGB bei einer vorvertraglichen Pflichtverletzung als einschlägig betrachtet, so muss das Rücktrittsrecht hinter den Anfechtungsregeln zurücktreten.[717] **518c**

Verschuldenserfordernis

Ein deutlicher Unterschied zeigt sich schon bei der Frage des Verschuldens: Das Recht zur Arglistanfechtung gem. § 123 I Alt. 1 BGB erfordert eine vorsätzliche Täuschung, eine Haftung über die c.i.c. ist schon bei Fahrlässigkeit gegeben. Im Unterschied hierzu setzt § 324 BGB gar kein Verschulden voraus. Wenn das Vorsatzerfordernis des § 123 BGB schon als Argument gegen die Anwendung der c.i.c. herangezogen wird, dann dient dies erst recht als Argument gegen die Anwendung des § 324 BGB.

§ 324 BGB gibt kein Rücktrittsrecht bei Pflichtverletzungen im vorvertraglichen Bereich

Da für § 324 BGB geringere Voraussetzungen erfüllt sein müssen als für § 123 BGB, ist ein Rücktritt über § 324 BGB wegen vorvertraglicher Aufklärungspflichtverletzung aus Konkurrenzgründen gesperrt.[718]

3. Unzumutbarkeit für den Gläubiger

Schutz des Leistungsinteresses des Gläubigers

Der Gläubiger der verletzten Pflicht i.S.v. § 241 II BGB kann nur zurücktreten, wenn ihm ein weiteres Festhalten am Vertrag nicht zumutbar ist. Hierdurch wird das Leistungsinteresse des Schuldners geschützt: Ein Rücktritt soll nicht bereits bei jeder Kleinigkeit möglich sein, zumal § 324 BGB keine schuldhafte Pflichtverletzung erfordert. **519**

Vertretenmüssen nicht erforderlich, jedoch in Zumutbarkeitsprüfung zu berücksichtigen

Zwar setzt § 324 BGB – wie auch die übrigen Rücktrittstatbestände § 323 BGB und § 326 V BGB – ein Vertretenmüssen des Rücktrittsgegners nicht voraus; die Pflichtverletzung muss also gerade nicht schuldhaft sein. **520**

Jedoch ist i.R.d. Zumutbarkeitsprüfung bei § 324 BGB auch ein etwaiges Verschulden des pflichtverletzenden Schuldners zu dessen Lasten zu berücksichtigen.

Wann ein Festhalten am Vertrag trotz der Pflichtverletzung seitens des Schuldners für den Gläubiger unzumutbar ist, stellt eine Wertungsfrage dar; es hat eine umfassende Abwägung der wechselseitigen Interessen stattzufinden. Hierbei spielen regelmäßig folgende Kriterien eine Rolle:

- ⇨ Vertretenmüssen der Pflichtverletzung seitens des Schuldners **521**
- ⇨ Grad des Verschuldens des Schuldners
- ⇨ Schwere der Beeinträchtigung des Gläubigers durch die Pflichtverletzung
- ⇨ (Mit-)Verantwortlichkeit des Gläubigers für die Pflichtverletzung
- ⇨ vorherige Abmahnung durch den Gläubiger

717 Ausführlich hierzu Tyroller/Nath/Lanzinner, „Die fahrlässige Täuschung – Rücktritt nach § 324 BGB als neue Lösung"?, Life&Law 04/2009, 270 ff.

718 Vgl. dazu auch Tyroller, „Die Konkurrenzen im Zivilrecht Teil I: Das Verhältnis von Anfechtung zur c.i.c. bzw. zum Rücktrittsrecht nach § 324 BGB", Life&Law 03/2010, 194 (199 ff.).

hemmer-Methode: Beachten Sie aber, dass das Vertretenmüssen grds. keine Voraussetzung für den Rücktritt ist. Es kann aber bei der Zumutbarkeit i.R.d. § 324 BGB den Rücktritt „erleichtern".

Eigene Vertragstreue: Kann bei Unzumutbarkeit mitgeprüft werden

Das Kriterium eigener Vertragstreue als eigenständige Voraussetzung des § 324 BGB dürfte kaum eine Rolle spielen. Denn ein vertragswidriges Verhalten des Gläubigers kann i.R.d. Unzumutbarkeitsprüfung ausreichend berücksichtigt werden. 522

hemmer-Methode: Dass die Pflichtverletzung während eines Annahmeverzuges des Gläubigers eintrat, soll für den Rücktritt nach § 324 BGB ohne Bedeutung sein.[719] Vertretbar erscheint es jedoch, die Wertung der §§ 323 VI Alt. 2, 326 II S. 1 Alt. 2 BGB in die Zumutbarkeitsprüfung als abwägungsrelevanten Gesichtspunkt einfließen zu lassen.

Bsp.: *Der Maler M soll aufgrund eines mit V geschlossenen Werkvertrages dessen Räume streichen. Er beschädigt dabei mehrfach die Eingangstür des V.* 523

Variante 1: *M handelt grob fahrlässig und die Tür ist schwer beschädigt.*

Variante 2: *M handelt leicht fahrlässig. Zu der Beschädigung kam es, weil V im Eingangsbereich leere Kartons abgestellt hatte, die dem M im Weg standen.*

In Betracht kommt ein Rücktrittsrecht des V allein nach § 324 BGB. Die Beschädigung der Eingangstür stellt eine Verletzung einer nicht leistungsbezogenen Nebenpflicht des M aus dem Werkvertrag i.S.v. § 241 II BGB dar. Auf ein Vertretenmüssen des M kommt es dabei nicht an.

zu Variante 1:

I.R.d. Zumutbarkeitsprüfung sind alle abwägungsrelevanten Belange zu berücksichtigen. Zu Lasten des M geht hier, dass er schuldhaft i.S.d. § 276 BGB gehandelt hat. Auch geschah die Eigentumsbeschädigung nicht nur leicht, sondern grob fahrlässig. Ebenfalls zu Lasten des M ist die Schwere der Beschädigung an der Eingangstür zu berücksichtigen. Dies führt zur Annahme von Unzumutbarkeit i.S.v. § 324 BGB. V kann vom Vertrag zurücktreten.

zu Variante 2:

Hier hat M zwar auch die Pflichtverletzung in Form leichter Fahrlässigkeit zu vertreten. Jedoch trifft V für die Pflichtverletzung eine Mitverantwortlichkeit (vgl. §§ 323 VI Alt. 1, 326 II S. 1 Alt. 1 BGB), da er den Eingangsbereich mit Kartons zugestellt und daher die Beschädigung der Tür durch M mit verursacht hat. Die Abwägung fällt daher zu Lasten des V aus, er kann nicht nach § 324 BGB zurücktreten. Jedenfalls hätte V den M zuvor abmahnen müssen.

III. Rücktritt bei Unmöglichkeit, §§ 326 V, 323 BGB

Ist schließlich die Leistung dem Schuldner nicht möglich und daher gem. § 275 I - III BGB ausgeschlossen, sieht § 326 V BGB mit seiner Verweisung auf § 323 BGB ein Rücktrittsrecht des Gläubigers vor. 524

Allerdings ist bei Unmöglichkeit der Leistung eine Fristsetzung durch den Gläubiger überflüssig, da der Schuldner seine Leistung ja nicht erbringen kann. Daher erklärt § 326 V BGB das Erfordernis der Fristsetzung nach § 323 I BGB für entbehrlich.

Ebenfalls zu verzichten ist auf das Merkmal des § 323 I BGB, wonach es sich um eine fällige und durchsetzbare Leistungspflicht handeln muss. Denn bei Unmöglichkeit existiert diese wegen § 275 I- III BGB nicht. 525

719 BT-Drucks. 14/7052, S. 192 f.

Voraussetzungen des Rücktritts nach §§ 326 V, 323 BGB: 526

1. Gegenseitiger Vertrag
2. Unmöglichkeit einer Leistungspflicht des Schuldners
3. Kein Ausschluss des Rücktrittsrechtes nach §§ 326 V, 323 VI BGB
4. Kein Ausschluss des Rücktrittsrechtes wegen Verjährung nach § 218 I S. 1, 2 BGB

1. Gegenseitiger Vertrag

Auch § 326 V BGB ist nur im gegenseitigen Vertrag anwendbar.[720] 527

2. Unmöglichkeit einer Leistungspflicht des Schuldners

Unmöglichkeit einer Leistungspflicht

Das Rücktrittsrecht nach den §§ 326 V, 323 BGB kommt nur zur Anwendung, wenn dem Schuldner eine Primärleistungspflicht aus einem gegenseitigen Vertrag nach § 275 I - III BGB unmöglich ist. 528

Ob die Unmöglichkeit vom Schuldner zu vertreten ist, spielt dabei keine Rolle.

3. Kein Ausschluss des Rücktritts nach §§ 326 V, 323 VI BGB

§ 326 V BGB verweist auch auf § 323 VI BGB. Der Rücktritt scheidet also aus, wenn der Gläubiger für das die Unmöglichkeit verursachende Leistungshindernis allein bzw. weit überwiegend verantwortlich ist oder dieses während seines Annahmeverzuges mit derselben Leistungspflicht eingetreten ist. Hierbei ist letztlich nichts anderes zu prüfen als bei § 326 II S. 1 Alt. 1 und Alt. 2 BGB.[721] 529

hemmer-Methode: Bei § 326 II S. 1 BGB geht es darum, dass die Gegenleistung trotz Unmöglichkeit der Sachleistung bestehen bleibt. Die Zulässigkeit des Rücktritts hängt damit insoweit zusammen, als eine Loslösung vom Vertrag widersinnig wäre, wenn die Gegenleistung erbracht werden muss.

4. Kein Ausschluss des Rücktritts nach § 218 I S. 1, 2 BGB

Der Gesetzgeber hat nicht übersehen, den Ausschluss des Rücktrittsrechts wegen Verjährung des Leistungs- bzw. Nacherfüllungsanspruches auch im Falle der Unmöglichkeit dieser Ansprüche zu normieren. 530

§ 218 I S. 1 BGB wäre direkt nicht anwendbar

Auch in diesen Fällen muss der Rücktrittsgegner vor einem Rücktritt nach allzu langer Zeit geschützt werden. Allerdings ist § 218 I S. 1 BGB direkt nicht anwendbar, da bei Unmöglichkeit des Leistungs- bzw. Nacherfüllungsanspruches diese Ansprüche nach § 275 I - III BGB unwirksam sind und daher nicht mehr verjähren können. 531

Daher ist gem. § 218 I S. 2 BGB hypothetisch darauf abzustellen, ob der unmögliche Leistungs- bzw. Nacherfüllungsanspruch, wäre er möglich, bereits verjährt wäre. 532

720 Zum gegenseitigen Vertrag, Rn. 76 f.

721 Dazu Rn. 80 ff.

hemmer-Methode: Hätte der Gesetzgeber § 218 I S. 2 BGB nicht ausdrücklich normiert, müsste man § 218 I S. 1 BGB analog anwenden. Es besteht kein Grund, zwischen § 323 BGB und § 326 V BGB zu differenzieren.

5. Einige Fallgruppen zu §§ 326 V, 323 BGB

Gegenleistung entfällt bereits nach § 326 I S. 1 BGB

Auf den ersten Blick scheint das Rücktrittsrecht nach §§ 326 V, 323 BGB überflüssig zu sein: Die Pflicht des Gläubigers zu Erbringung der Gegenleistung erlischt ja bereits nach § 326 I S. 1 HS. 1 BGB. 533

Erlischt sie wegen § 326 II S. 1 BGB nicht, kann der Gläubiger auch nicht nach § 326 V BGB zurücktreten, da § 323 VI BGB in diesen Fällen den Rücktritt für unzulässig erklärt.

Bleibt die Gegenleistung wegen anderer Vorschriften (z.B. §§ 446, 447 BGB) bestehen, kann auch der Rücktritt nach §§ 326 V, 323 BGB nicht zulässig sein. Anderenfalls würden diese Vorschriften umgangen.

hemmer-Methode: Dies lässt sich mit einer Analogie des § 323 VI BGB begründen bzw. mit dem Sinn und Zweck der Preisgefahrübergangsvorschriften.

Wichtige Fallgruppen des § 326 V BGB

Dennoch existieren einige Fallgruppen, in denen die Ausübung des Rücktritts nach §§ 326 V, 323 BGB Sinn macht.

a) „Vernichtung“ weiterer nicht synallagmatischer Vertragspflichten

Interesse an Beseitigung des Vertrages im Übrigen

Durch den Ausschluss der Leistungspflicht (§ 275 I - III BGB) und das Entfallen der Gegenleistungspflicht (§ 326 I S. 1 BGB) entfallen nur diese synallagmatischen Pflichten. Der Vertrag bleibt im Übrigen aber bestehen. 534

Der Gläubiger kann daher ein Interesse haben, den Vertrag auch im Übrigen durch Rücktritt zu beseitigen, etwa wenn ihn weitere Pflichten aus dem Vertrag treffen, die nicht wegen Unmöglichkeit nach § 275 I - III BGB ausgeschlossen sind.

Das Rücktrittsrecht gibt dem Gläubiger daher die Möglichkeit einer kompletten Vertragsstornierung.[722] 535

> ***Bsp.:*** *K kauft den Lkw des V. Da V zurzeit keinen Führerschein besitzt, vereinbaren sie im schriftlichen Kaufvertrag, dass K den V abholen und zum Fuhrpark des V bringen soll. Dort soll die „förmliche Übergabe“ des Lkw stattfinden. Jedoch wurde der Lkw durch einen Blitzschlag zerstört.*
>
> 1. Die Verschaffungspflicht des V ist nach § 275 I BGB, die Pflicht des K zur Kaufpreiszahlung ist nach § 326 I S. 1 BGB erloschen.
>
> 2. Allerdings ist K weiterhin dazu verpflichtet, den V zu dessen Fuhrpark zu fahren. Zwar macht diese Pflicht keinen Sinn mehr, jedoch ist sie weiterhin dem K möglich i.S.d. § 275 I - III BGB. Um diese Pflicht zu beseitigen, kann K nach §§ 326 V, 323 BGB vom Vertrag zurücktreten.

b) Unmöglichkeit der Nacherfüllung bei Schlechtleistung

Wichtigster Anwendungsfall des § 326 V BGB

Der wohl wichtigste Anwendungsfall des § 326 V BGB ist die Unmöglichkeit der Nacherfüllung bei einer Schlechtleistung durch den Schuldner, z.B. bei einem unbehebbaren Sachmangel. 536

722 MüKo, § 326, Rn. 104.

Gegenleistung erlischt nicht teilweise, § 326 I S. 2 BGB

Hier erlischt – um keine Minderung kraft Gesetzes zu bewirken – die Gegenleistung nicht teilweise nach § 326 I S. 1 HS. 2 BGB, vgl. § 326 I S. 2 BGB.[723] 537

Der Gläubiger kann nun – sofern ein Minderungsrecht gesetzlich normiert ist – die Gegenleistung mindern oder aber vom Vertrag nach § 326 V BGB zurücktreten. In diesem Fall muss er die erhaltene mangelhafte Leistung zurückgewähren, erhält aber die vollständige Gegenleistung zurück bzw. die noch nicht erbrachte Gegenleistungspflicht erlischt. 538

Voraussetzungen des § 323 V S. 2 BGB müssen vorliegen

Damit ein Rücktritt bei Unmöglichkeit der Nacherfüllung gem. §§ 326 V, 323 BGB erfolgen kann, müssen allerdings die Voraussetzungen des § 323 V S. 2 BGB vorliegen, die Schlechtleistung darf also nicht nur unerheblich sein. Denn § 326 V BGB verweist auch auf § 323 V BGB. 539

hemmer-Methode: Bei Unmöglichkeit der Nacherfüllung ist nicht § 323 BGB, sondern allein § 326 V BGB anzuwenden. § 323 BGB setzt die Möglichkeit des noch ausstehenden Leistungsteiles voraus.[724]

c) Teilunmöglichkeit

Gegenleistung erlischt nur teilweise

Ist die Leistung des Schuldners nur teilweise unmöglich, erlischt die Gegenleistung des Gläubigers nach § 326 I S. 1 HS 2 BGB ebenfalls nur teilweise. 540

§ 323 V S. 1 BGB muss gegeben sein

Der Gläubiger kann nun das Interesse haben, sich vom gesamten Vertrag zu lösen. Dies kann er über §§ 326 V, 323 BGB. Dazu müssen also – wie bei der teilweisen Nichtleistung – die erhöhten Voraussetzungen des § 323 V S. 1 BGB vorliegen.[725]

Erfolgt der Rücktritt wirksam, muss der Gläubiger die erhaltene Teilleistung zurückgewähren (§ 346 I BGB). Hat er die Gegenleistung bereits erbracht, erhält er sie (komplett) nach § 346 I BGB zurück. Anderenfalls erlischt die Gegenleistungspflicht.

hemmer-Methode: Noch einmal zur Erinnerung: Der Rücktritt bewirkt zum einen die Pflicht zur Rückgewähr der bereits ausgetauschten Leistungen nach § 346 I BGB. Zum anderen bewirkt er das Erlöschen der noch nicht erbrachten Leistungen. Der Rücktritt führt also zum einen zu Rückgewähransprüchen, zum anderen zu einer rechtsvernichtenden Einwendung gegen die jeweilige Primärleistungspflicht.

C) Nebeneinander von Rücktritt und Schadensersatz, § 325 BGB

Keine Alternativität von SE und Rücktritt mehr

Der Gläubiger kann gem. § 325 BGB neben dem Rücktritt auch Schadensersatz verlangen, sofern die Voraussetzungen des jeweiligen Schadensersatzanspruches vorliegen. Mit anderen Worten: Die wirksame Erklärung des Rücktritts schließt Ansprüche auf Schadensersatz nicht aus.[726] 541

Voraussetzungen der SE-Anspruchsgrundlage müssen vorliegen

§ 325 BGB regelt nicht die Frage, ob der Gläubiger einen Anspruch auf Schadensersatz hat. Dies ist nur der Fall, wenn die Voraussetzungen einer entsprechenden Anspruchsgrundlage, v.a. der §§ 281 - 283 BGB vorliegen. 542

723 Hierzu oben, Rn. 118.

724 Vgl. Rn. 471a.

725 Dazu bereits Rn. 501 ff.

726 Palandt, § 325, Rn. 1 f.

Berücksichtigung der Rücktrittsfolgen bei Schadensberechnung

I.R.d. Schadensberechnung müssen aufgrund des Rücktritts nach den §§ 346 ff. BGB entstehende bzw. erlöschende Ansprüche mit berücksichtigt werden. Dies kann im Einzelnen zu komplizierten Berechnungen führen. 543

Problematisch: Rücktritt und Schadensermittlung nach Surrogationsmethode

Problematisch erscheint die Rechtslage, wenn der Gläubiger vor Erbringung der Gegenleistung zunächst Rücktritt erklärt hat und nun – z.B. bei Vorliegen der Voraussetzungen des § 281 BGB – Schadensersatz im Wege der Surrogationsmethode verlangt. 544

Denn nach der Surrogationsmethode bliebe der Gläubiger zur Erbringung seiner Gegenleistung verpflichtet[727]; durch den Rücktritt erlischt aber eigentlich die Gegenleistungspflicht.

Hier ist dennoch die Möglichkeit der Berechnung nach der Surrogationsmethode anzunehmen, der Gläubiger kann – kondiktionsfest – seine Gegenleistung erbringen. Denn durch **§ 325 BGB sollen die Rechte des Gläubigers erweitert und nicht beschränkt werden**.

D) Die Rechtsfolgen des wirksamen Rücktritts[728]

Rechtsfolgen: §§ 346 ff. BGB

Die Rechtsfolgen eines wirksamen Rücktritts sind in den §§ 346 ff. BGB geregelt. Diese Vorschriften gelten für gesetzliche und vertragliche Rücktrittsrechte in gleicher Weise. 545

Im Wesentlichen zwei Wirkungen

Die wirksame Ausübung eines Rücktrittsrechts bewirkt im Wesentlichen zweierlei:

1. **Erlöschen der noch nicht erfüllten Leistungspflichten** (Rücktritt als rechtsvernichtende Einwendung) 546
2. **Rückgewähr der bereits erbrachten Leistungen** (Rücktritt als anspruchsbegründende Voraussetzung)

I. Rücktritt als rechtsvernichtende Einwendung

Noch nicht erfüllte Leistungspflichten erlöschen

Durch einen wirksamen Rücktritt erlöschen die vertraglichen Leistungspflichten, die bis zum Zeitpunkt des Rücktritts noch nicht erfüllt wurden. 547

Diese Wirkung des Rücktritts als rechtsvernichtende Einwendung ist von der ganz h.M. anerkannt[729] und stellt letztlich eine Selbstverständlichkeit dar, wird im Gesetz jedoch nirgends ausdrücklich festgestellt.

Bsp.: *Die von K bei V gekaufte Wanduhr ist mangelhaft; K tritt nach §§ 437 Nr. 2, 323 I, V S. 2 BGB wirksam vom Kaufvertrag zurück. Den Kaufpreis hat er noch nicht gezahlt.*

Durch den Rücktritt erlöschen die noch nicht erfüllten vertraglichen Ansprüche; dies gilt auch für den Anspruch des V gegen K auf Kaufpreiszahlung, § 433 II BGB. K muss den Kaufpreis also nicht mehr zahlen.

---

727 Zur Differenz- und Surrogationsmethode vgl. oben, Rn. 296 ff.

728 Vgl. zur Vertiefung Annuss, „Die Folgen des Rücktritts (§§ 346 ff. BGB)“, Jura 2006, 184 ff.

729 Vgl. nur Palandt, vor § 346, Rn. 2.

II. Rückabwicklung der ausgetauschten Leistungen

Nach § 346 I BGB sind nach wirksamer Erklärung des Rücktritts die empfangenen Leistungen herauszugeben. Soweit das Schuldverhältnis im Zeitpunkt des Rücktritts bereits abgewickelt war, wandelt es sich in ein Rückgewährschuldverhältnis um[730] („Gestaltungswirkung" des Rücktritts[731]). Nur im Übrigen erlischt es (vgl. oben). 548

hemmer-Methode: Ein grober Fehler ist es also, wenn in der Klausur nach erfolgtem Rücktritt der Anspruch auf Rückgewähr aus § 812 I S. 2 Alt. 1 BGB (nachträglicher Wegfall des Rechtsgrundes) hergeleitet wird. Denn das Schuldverhältnis erlischt insoweit nicht, sondern wandelt sich in ein Rückgewährschuldverhältnis um.

Erfüllung Zug-um-Zug, §§ 348, 320 I, 322 I BGB

Die beiderseitigen Verpflichtungen sind gem. §§ 348, 320 I, 322 I BGB Zug-um-Zug zu erfüllen.

Auch gleichartige Ansprüche werden daher nicht automatisch saldiert, sondern stehen sich aufrechenbar gegenüber.[732]

1. Rückgewähr der empfangenen Leistung in natura, § 346 I BGB

Nach erfolgtem Rücktritt haben beide Seiten (der Rücktrittsberechtigte und der Rücktrittsgegner) einen Anspruch auf Rückgewähr der von ihnen bereits erbrachten Leistungen, § 346 I BGB. Der Käufer kann also den gezahlten Kaufpreis, der Verkäufer die übereignete und übergebene Kaufsache zurückverlangen.[733] 549

Leistungen müssen in Natur herausgegeben werden können

§ 346 I BGB ist nur einschlägig, wenn die Herausgabe in Natur möglich ist. Ist dies nicht der Fall, kommt nur Wertersatz nach § 346 II S. 1 Nr. 1 bzw. Nr. 3 BGB in Betracht. 550

Bsp.: Erbrachte Dienstleistungen; oder: die Kaufsache ist vor Rücktritt zerstört worden.

2. Wertersatz statt Rückgewähr, § 346 II BGB

Die Pflicht zum Wertersatz nach § 346 II S. 1 BGB tritt an die Stelle der Rückgewährpflicht nach § 346 I BGB (vgl. § 346 II S. 1 BGB: „statt" der Rückgewähr). 551

a) § 346 II S. 1 Nr. 1 BGB

Herausgabe aufgrund Beschaffenheit des Geleisteten von vornherein nicht möglich

Wertersatz ist nach § 346 II S. 1 Nr. 1 BGB zu leisten, wenn die Rückgewähr der Leistung aufgrund der Natur des Erlangten nicht möglich ist. Es geht also um solche Leistungen, die aufgrund ihrer Beschaffenheit von vorne herein nicht zurückgewährt bzw. herausgegeben werden können. 552

V.a. Dienst- und Werkleistungen

Hierunter fallen insbesondere erbrachte Dienstleistungen oder gewährte Gebrauchsvorteile (z.B. gefahrene Kilometer mit dem Auto[734]). Häufig einschlägig ist die Vorschrift auch bei vielen Werkleistungen, die ihrer Natur nach nicht zurückgewährt werden können, z.B. Gutachten, Beförderung, Theater- oder Konzertaufführungen.[735]

730 Palandt, vor § 346, Rn. 2; darüber hinaus Palandt, § 346, Rn. 4 und 5 bzw. Einf. vor § 346, Rn. 6.

731 Palandt, § 346, Rn. 4.

732 Vgl. dazu Henne/Zeller, JuS 2006, 891 (892).

733 Palandt, § 346, Rn. 5.

734 Vgl. dazu OLG Karlsruhe, NJW 2003, 1950-1951 = jurisbyhemmer.

735 Vgl. Palandt, vor § 631, Rn. 16 f.; Palandt, § 346, Rn. 8.

Keine Besonderheit bei Verbrauchsgüterkauf

Im Fall der Nachlieferung beim Verbrauchsgüterkauf ist gem. § 475 III S. 1 BGB die Vorschrift des § 439 V BGB mit der Maßgabe anzuwenden, dass Nutzungen nicht herauszugeben oder durch ihren Wert zu ersetzen sind. 552a

hemmer-Methode: Hintergrund dieser Gesetzesänderung war eine Entscheidung des EuGH, wonach eine Nutzungsersatzpflicht für die ausgetauschte mangelhafte Sache gem. §§ 439 V, 346 II S. 1 Nr. 1 BGB nicht mit der Unentgeltlichkeit der Nacherfüllung nach Art. 3 der Richtlinie 1999/44/EG des Europäischen Parlaments und des Rates vom 25. Mai 1999 (Verbrauchsgüterkaufrichtlinie) vereinbar ist.

Gedanke des § 475 III S. 1 BGB ist nicht übertragbar

Auf den Fall des Rücktritts sind diese Überlegungen nach zutreffender Ansicht des BGH aber nicht übertragbar.[736]

Nach Ansicht des EuGH soll die dem Verkäufer auferlegte Verpflichtung, die Herstellung des vertragsgemäßen Zustands des Verbrauchsguts unentgeltlich zu bewirken, den Verbraucher vor drohenden finanziellen Belastungen schützen, die ihn ansonsten davon abhalten könnten, seine Ansprüche geltend zu machen.

Bei der Rückabwicklung des Kaufvertrages, erhält der Käufer aber - anders als bei der Nacherfüllung - den gezahlten Kaufpreis nebst Zinsen zurück. Er ist somit selber wieder „flüssig“.

Auch in der Literatur wird - soweit ersichtlich - nicht vertreten, dass die Verbrauchsgüterkaufrichtlinie einer Regelung wie § 346 BGB entgegensteht, die den Käufer im Fall des Rücktritts verpflichtet, gezogene Nutzungen herauszugeben (§ 346 I BGB) oder hierfür Wertersatz gemäß § 346 II BGB zu leisten.

b) § 346 II S. 1 Nr. 2 BGB

Eine Rückgewähr in Natur ist nicht mehr möglich, wenn der zur Rückgewähr Verpflichtete (z.B. beim Kauf bzgl. der Kaufsache: der Käufer) den empfangenen Gegenstand verbraucht, veräußert, belastet, verarbeitet oder umgestaltet hat. Auch in diesem Fall ist nach § 346 II S. 1 Nr. 2 BGB Wertersatz zu leisten.[737] 553

hemmer-Methode: Zur Pflicht zum Wertersatz bei Verbrauch und Veräußerung lesen Sie Benicke in ZGS 2002, 369 ff.

Abgrenzung zu § 346 II S. 1 Nr. 1 BGB

Es geht also um den Wertersatz für einen empfangenen Gegenstand, der zunächst in Natur hätte herausgegeben werden können (also kein Fall des § 346 II S. 1 Nr. 1 BGB); eine Rückgewähr ist nun aber infolge der in Nr. 2 beschriebenen Handlungen des Rückgewährschuldners nicht mehr möglich.[738]

Beispiel zur Belastung

Bsp.: *V hat K sein Grundstück verkauft und übereignet. Da das Grundstück mit Giftstoffen verseucht ist (unbehebbarer Mangel ⇨ Unmöglichkeit der Nacherfüllung), tritt K wirksam vom Kaufvertrag zurück, §§ 437 Nr. 2, 440, 326 V, 323 I, 323 V S. 2 BGB. Als V die Rückübereignung des Grundstückes von K verlangt, stellt er fest, dass K das Grundstück unterdessen mit einer Grundschuld zugunsten des D belastet hat.* 554

1. Die Belastung des zurückzugewährenden Gegenstandes mit einer Hypothek könnte zu einer Wertersatzpflicht nach § 346 II S. 1 Nr. 2 BGB.

736 **BGH, Life&Law 01/2010, 10 ff.** = ZIP 2009, 2158-2159 = **juris**byhemmer.

737 Vgl. dazu Benicke, „Pflicht zum Wertersatz im neuen Rücktrittsrecht bei Verbrauch und Veräußerung“, ZGS 2002, 412 (416).

738 Palandt, § 346, Rn. 8 unter Punkt b).

2. Der Anspruch auf den Wertersatz tritt an die Stelle des Rückgewähranspruches nach § 346 I BGB, vgl. § 346 II S. 1 BGB a.A. („statt"). Fraglich erscheint aber, ob V vorrangig die Rückübereignung Grundstücks im unbelasteten Zustand, also vorrangig von K die Beseitigung der Grundschuld verlangen muss.

Nach e.A. ist § 346 II S. 1 Nr. 2 BGB einschlägig

a) Nach einer Auffassung besteht der Wertersatzanspruch des § 346 II S. 1 Nr. 2 BGB immer dann, wenn einer der dort genannten Tatbestände vorliegt, der empfangene Gegenstand also veräußert, **belastet**, verarbeitet oder umgestaltet wurde. *554a*

Da das Grundstück (= empfangener Gegenstand) mit einer Grundschuld belastet wurde, ist der Wortlaut des § 346 II S. 1 Nr. 2 BGB erfüllt.

Der Anspruch auf Wertersatz hängt nach dieser Ansicht nicht davon ab, dass es dem Rückgewährschuldner unmöglich ist, den Gegenstand in dem Zustand herauszugeben, in welchem er ihn empfangen habe. Eine Verpflichtung zur Wiederherstellung des früheren Zustands ist dem Gesetz nicht zu entnehmen.

Dem Rückgewährschuldner steht aber ein diesbezügliches Wahlrecht zu. Der Rückgewährschuldner ist also zur Beseitigung einer Belastung berechtigt und kann dann den Gegenstand lastenfrei zurückgewähren.[739] Tut er dies nicht, so schuldet er Wertersatz gem. § 346 II S. 1 Nr. 2 BGB.

Nach h.L. setzt § 346 II S. 1, Nr. 2 BGB die Unmöglichkeit der Beseitigung der Belastung voraus

b) Nach der wohl überwiegenden Auffassung kommt ein Wertersatzanspruch nur in Betracht, wenn es dem Rückgewährschuldner unmöglich ist, den empfangenen Gegenstand in seiner ursprünglichen Form zurückzugeben. *554b*

Die Rückgewähr in Natur ist nach dieser Ansicht gegenüber der Verpflichtung zum Wertersatz vorrangig. § 346 II S. 1 Nr. 2 BGB muss daher um das ungeschriebene Tatbestandsmerkmal der Unmöglichkeit ergänzt werden.[740]

BGH folgt h.L.

c) Der BGH schließt sich in dieser Entscheidung der zuletzt genannten Auffassung an. Dem Einwand der Gegenansicht, dass sich dem Gesetz eine Verpflichtung zur Beseitigung der Belastung nicht entnehmen lässt, tritt der BGH mit folgender Begründung entgegen.[741] *554c*

Unmöglichkeit der Rückgewähr ist ungeschriebene Voraussetzung des § 346 II BGB

aa) Das Gesetz knüpft die Verpflichtung zum Wertersatz in § 346 II BGB an Fälle an, in denen die empfangene Leistung typischerweise überhaupt nicht oder nur in veränderter Form zurückgewährt werden kann.

Die Aufzählung der Fälle, in denen Wertersatz geschuldet wird, ist dabei nicht abschließend zu verstehen. Vielmehr kommt in Satz 1 Nr. 1 bis 3 der Norm ein allgemeiner Rechtsgedanke des Inhalts zum Ausdruck, dass der Rückgewährschuldner **in allen Fällen, in denen** ihm die **Rückgewähr** der empfangenen Leistung **unmöglich ist**, zum **Wertersatz** verpflichtet ist.[742]

Dieses Verständnis rechtfertigt umgekehrt den Schluss, dass auch in Bezug auf die in § 346 II S. 1 BGB genannten Fälle ebenfalls allein die Folgen objektiver und subjektiver Unmöglichkeit geregelt werden sollten.

Zwar verwendet § 346 II BGB nicht ausdrücklich den Begriff der Unmöglichkeit. Aufgrund des systematischen Zusammenhangs mit Absatz 1 und im Hinblick auf die Funktion des Wertersatzanspruchs, einen Rücktritt auch dann zu ermöglichen, wenn der Rücktrittsberechtigte zur Rückgewähr der empfangenen Leistung außerstande ist, kann aber nicht zweifelhaft sein, dass es der Sache nach um die Unmöglichkeit geht, den empfangenen Gegenstand überhaupt oder in der ursprünglichen Form zurückzugeben.

---

739 Benicke, ZGS 2002, 369 (371); Annuß, JA 2006, 184 (186); Lorenz, NJW 2005, 1889 (1892 f.); Arnold, Jura 2002, 154 (157).

740 Palandt, § 346, Rn. 8a; Schwab, JuS 2002, 630 (632); Looschelders, Schuldrecht Allgemeiner Teil, 5. Aufl., Rn. 840; Schulze/Ebers, JuS 2004, 366.

741 **BGH, Life&Law 02/2009, 75 ff.** = NJW 2009, 63-66 = **juris**byhemmer.

742 BGH, NJW 2008, 2028-2031 (2030) = **juris**byhemmer.

Ist die Beseitigung der Belastung hingegen möglich, kommt ein Anspruch des Rückgewährgläubigers auf Wertersatz nicht in Betracht.

Vorrang der Rückgewähr folgt aus § 346 I BGB

bb) Die primären Rückgewährpflichten nach § 346 I BGB gehen der Verpflichtung zum Wertersatz nach § 346 II BGB vor. Die Vorschrift verpflichtet die Vertragspartner in erster Linie zur Rückgewähr der empfangenen Leistungen in Natur.[743]

Diese Verpflichtung beschränkt sich nicht auf die Herausgabe einer noch vorhandenen Bereicherung, sondern zielt auf die Herstellung eines Zustands ab, der im Wesentlichen am negativen Interesse der Vertragsparteien ausgerichtet ist.[744]

hemmer-Methode: Das entspricht der Regelung im Bereicherungsrecht. Dort ist anerkannt, dass die Pflicht zum Wertersatz (§ 818 II BGB) nur dann an die Stelle der primären Pflicht zur Herausgabe des Erlangten (§ 818 I BGB) tritt, wenn die Unmöglichkeit zur Herausgabe feststeht. Weder der Bereicherungsschuldner noch der Bereicherungsgläubiger können hier zwischen der Herausgabe in Natur und der Abfindung durch Wertersatz wählen.[745] Nichts anderes kann damit für das Verhältnis von § 346 I und II BGB gelten.

Die Rückgewährverpflichtung umfasst dabei auch Beschaffungselemente. So hielt der BGH einen Grundstückskäufer, dem zusätzlich der Pachtbesitz eingeräumt worden war, für verpflichtet, dem Verkäufer den Pachtbesitz wieder zu verschaffen, auch wenn dies die Zustimmung des Verpächters, also die Mitwirkung eines Dritten, erforderte.[746] Ebenso wenig zweifelhaft war das Bestehen eines primären Rückgewähranspruchs, wenn der Rückgewährschuldner einen fälligen Anspruch auf Herausgabe des Leistungsgegenstandes gegen einen Dritten hat.[747]

Sofortige Wertersatzpflicht liefe auf Schadensersatz statt der Rückgabe hinaus

cc) Würde V von K statt der Beseitigung der Grundschuld sofort Wertersatz wegen der Belastung verlangen können, so liefe dies faktisch auf einen Anspruch auf Schadensersatz statt der Leistung hinaus. Schadensersatz statt der Rückgewähr kommt gem. § 346 IV BGB bei Möglichkeit der Rückgabe in Natur aber nur unter den zusätzlichen Voraussetzungen der §§ 280 I, III, 281 BGB in Betracht.

Damit führt der Vorrang der primären Leistungspflichten nicht dazu, dass der Anspruch des Rückgewährgläubigers auf Beseitigung der Grundschuld auf unbestimmte Zeit hinausgeschoben wäre.

Der Rückgewährgläubiger V kann einen auf Geld gerichteten Anspruch nämlich ganz einfach dadurch erlangen, dass er dem Rückgewährschuldner K eine Frist zur Beseitigung der Belastung setzt und nach deren fruchtlosem Ablauf Schadensersatz statt der Leistung verlangt, §§ 346 IV, 280 I, III, 281 I S. 1 BGB.

Im Hinblick darauf, dass die sich aus dem Rücktritt ergebenden Verpflichtungen Zug um Zug zu erfüllen sind (§§ 348, 320 BGB), muss er zuvor allerdings die Rückgewähr der von ihm empfangenen Leistungen in einer den Annahmeverzug begründenden Weise anbieten. Andernfalls fehlt es an einer Pflichtverletzung des Rückgewährschuldners im Sinne des § 346 IV BGB.

hemmer-Methode: Mit § 346 IV BGB stellt der Gesetzgeber wie in § 280 III BGB klar, dass die Erfüllung - beim Rücktritt also die Rückgewähr gem. § 346 I BGB – dem Schadensersatz statt der Leistung vorgeht. Anderenfalls liefe das in § 281 I S. 1 BGB geregelte Fristsetzungserfordernis leer.

743 MüKo, § 346, Rn. 16.

744 BGH, NJW 2008, 911-912 = jurisbyhemmer.

745 BGHZ 168, 220-245 (231) = jurisbyhemmer; BGH, NJW 1995, 53-56 (55) = jurisbyhemmer.

746 BGH, NJW-RR 1993, 626-628 (627) = jurisbyhemmer.

747 BGHZ 56, 308-312 (311) = jurisbyhemmer.

Verpflichtung zur Beseitigung dient dem Schutz des Rückgewährschuldners

dd) Die Verpflichtung zur Beseitigung der Belastung und die damit verbundene Ungleichartigkeit zum Anspruch auf Rückzahlung des Kaufpreises führen dazu, dass diese beiden Ansprüche der Aufrechnung nicht zugänglich sind.

Der Ausschluss der Aufrechnung ist der Rückabwicklung in tatsächlicher Hinsicht sogar förderlich. Der Rückgewährschuldner K, der über keine freien Mittel zur Ablösung der Grundschuld verfügt, kann dem Grundpfandgläubiger (der Bank) nämlich anbieten, die gesicherte Kaufpreisforderung durch Abtretung seines Anspruchs auf Rückgewähr des Kaufpreises ganz oder zumindest teilweise zu erfüllen.

Könnte der Rückgewährgläubiger V dagegen ohne weiteres Wertersatz verlangen und gegen den Kaufpreisrückzahlungsanspruch des K aufrechnen, hätte K den Anspruch auf Rückzahlung des Kaufpreises verloren und damit keine Möglichkeit mehr, diesen zur Beseitigung der Belastung einzusetzen.

Ergebnis: Nach Ansicht des BGH steht V wegen der Grundschuldbestellung kein Anspruch auf Wertersatz gem. § 346 II S. 1 Nr. 2 BGB, sondern gem. § 346 I BGB ein Anspruch auf Rückgewähr des Grundstücks und Beseitigung der Grundschuld zu.

c) § 346 II S. 1 Nr. 3 BGB

Klausurrelevant ist § 346 II S. 1 Nr. 3 BGB: Hat sich der Gegenstand verschlechtert oder ist er untergegangen, so muss der Rückgewährschuldner Wertersatz leisten. 555

Bsp.: K tritt vom Kaufvertrag zurück. V muss feststellen, dass das übereignete Auto zuvor bei einem von K nicht verschuldeten Unfall völlig zerstört wurde.

Bei der Verschlechterung stellt sich wiederum die Frage, ob der Rückgewährgläubiger dennoch die „verschlechterte" Sache zurückverlangen und nur im Übrigen Wertersatz nach § 346 II S. 1 Nr. 3 BGB verlangen kann. Dies ist mit obiger Argumentation (**„soweit"**; Rn. 554) auch hier anzunehmen. 556

hemmer-Methode: Die teilweise vorgeschlagene analoge Anwendung des § 254 BGB ist damit überflüssig.[748]

Unbeachtlich: Verschlechterung wg. bestimmungsgemäßer Ingebrauchnahme

Unbeachtlich und damit nicht Wertersatz begründend ist eine Verschlechterung infolge bestimmungsgemäßer **Ingebrauchnahme** des zurückzugewährenden Gegenstandes, § 346 II Nr. 3 HS. 2 BGB. 557

§ 346 II S. 1 Nr. 3 HS. 2 BGB differenziert dabei nicht zwischen dem Rücktrittsberechtigten und dem Rücktrittsgegner, sodass beiden diese Privilegierung zugutekommt.[749]

Ersatzfähig ist aber auch nicht die durch den weiteren Gebrauch entstehende Wertminderung, da insoweit § 346 II S. 1 Nr. 1 eine vorrangige Sonderregelung für die Herausgabe gezogener Nutzungen darstellt.[750]

Bsp.: Nicht ersatzfähig: Neuwagen wird durch Zulassung zum Gebrauchtwagen, § 346 III S. 1 Nr. 3 HS 2.

Zu ersetzen aber: Die zurückzugewährenden Reifen sind wegen übermäßigem Verschleiß im Verhältnis zur Laufleistung weitgehend abgefahren (z.B. Einsatz beim Autorennen), § 346 III S. 1 Nr. 3 HS 1.

748 Vgl. Annuss, „Die Folgen des Rücktritts (§§ 346 ff. BGB)", Jura 2006, 184 (187 re.Sp.).

749 Staudinger, § 346, Rn. 147.

750 Palandt, § 346, Rn. 9.

d) Verhältnis zur Unmöglichkeit i.S.v. § 275 I BGB

Bei § 346 II S. 1 Nr. 1 - 3 BGB handelt es sich streng genommen um Fälle der Unmöglichkeit des Naturalherausgabeanspruches gem. § 346 I BGB. 558

Hat der Rückgewährschuldner die Unmöglichkeit der Naturalherausgabe zu vertreten, so tritt neben den Wertersatzanspruch aus § 346 II BGB eine Schadensersatzpflicht aus §§ 346 IV, 280 I, III, 283 BGB. Schadens- und Wertersatz sind nebeneinander anwendbar.[751] 559

hemmer-Methode: Die Verweisung in § 346 IV BGB dient eigentlich nur der Klarstellung. Denn das Rückgewährschuldverhältnis stellt ein Schuldverhältnis mit echten Leistungspflichten dar, sodass allein deshalb schon die §§ 280 ff. BGB anwendbar sind.
Nicht möglich ist hingegen ein Rücktritt vom Rückgewährschuldverhältnis nach den §§ 323 ff. BGB. Denn beim Rückgewährschuldverhältnis handelt es sich nicht um einen gegenseitigen Vertrag.

Strittig, ob § 285 BGB anwendbar ist

Äußert umstritten ist die Frage, ob § 285 BGB bei Unmöglichkeit der Rückgewähr anwendbar ist und damit eine „Gewinnabschöpfung" im Rückgewährschuldverhältnis möglich ist. 559a

Nach h.M. ist § 285 I BGB dann anwendbar, wenn sich die mit der Unmöglichkeit der Rückgewähr einhergehende Gewinnerzielung nach Erklärung des Rücktritts ereignet hat.

Vor Erklärung des Rücktritts soll nach Ansicht des BGH die Vorschrift des § 285 BGB jedenfalls beim vertraglichen Rücktrittsrecht anwendbar sein.[752]

Beim gesetzlichen Rücktrittsrecht wird in der Literatur vertreten, dass § 285 BGB jedenfalls ab positiver Kenntnis vom Rücktrittsrecht anwendbar sein soll.[753]

e) Höhe des Wertersatzes

Betrag der Gegenleistung zugrunde zu legen; wenn (-): obj. Wert maßgeblich

Die Höhe des Wertersatzes bestimmt sich vorrangig nach der Höhe einer im Vertrag bestimmten Gegenleistung, § 346 II S. 2 BGB. Nur wenn eine solche fehlt, ist der Wertersatz wie bei § 818 II BGB nach objektiven Maßstäben zu bestimmen. Maßgebend ist dann der objektive Wert im Zeitpunkt der Erbringung der Leistung durch den Rückgewährgläubiger.[754] 560

hemmer-Methode: § 346 II S. 2 BGB setzt nicht voraus, dass auch der Geldwert der Gegenleistung in der Vereinbarung bestimmt worden ist. Haben die Vertragsparteien den Geldwert der vereinbarten Gegenleistung - wie etwa bei einem Tausch - nicht beziffert, so steht dies der Anwendung des § 346 II S. 2 BGB nicht entgegen. Es reicht vielmehr aus, wenn der Geldwert der Gegenleistung durch Auslegung der Vereinbarung - notfalls unter Zuhilfenahme einer Schätzung (§ 287 ZPO) - bestimmbar ist.

Gilt § 346 II S. 2 BGB auch bei einem Rücktritt wegen Zahlungsverzugs?

Fraglich ist, ob § 346 II S. 2 BGB auch im Fall des Rücktritts wegen Zahlungsverzuges des Schuldners anwendbar ist. 560a

751 Palandt, § 346, Rn. 7, 15.

752 BGH, NJW 1983, 929 ff.

753 Kaiser, JZ 2016, 151 (156); ablehnend Eichel/Fritzsche, Gewinnabschöpfung im Rückgewährschuldverhältnis, NJW 2018, 3409 (3413).

754 Zur Ermittlung des Wertersatzes: Palandt, § 346, Rn. 10.

Nach einer M.M. ist § 346 II S. 2 BGB nicht anwendbar

Nach teilweise vertretener Ansicht soll die Vorschrift des § 346 II S. 2 BGB im Falle des Rücktritts eines Geldgläubigers wegen Zahlungsverzugs des Schuldners keine Anwendung finden, **wenn** der **Wert der Leistung**, für die Wertersatz geschuldet ist, **höher ist als der Wert der Gegenleistung**.[755]

Begründet wird diese Ansicht mit einer teleologischen Reduktion des § 346 II S. 2 BGB, da diese Vorschrift nicht bezwecke, den sich im Zahlungsverzug befindlichen Schuldner bei einem Missverhältnis von objektivem Wert und Wert der Gegenleistung zu privilegieren. Durch die wortgetreue Anwendung von § 346 II S. 2 BGB würde der Rücktritt ansonsten zum „stumpfen Schwert“, weil der Wertersatzanspruch dann dieselbe Höhe hätte wie der Kaufpreisanspruch und der Rücktritt damit sinnlos wäre.

Außerdem leuchte es nicht ein, dass der vom Vertrag zurücktretende Verkäufer sich an einem für ihn schlechten Geschäft (Verkauf zu einem unter dem Verkehrswert liegenden Kaufpreis) solle festhalten lassen müssen, obwohl er sein Geld nicht bekommen habe.

Nach BGH und h.L. gilt § 346 II S. 2 BGB auch in diesem Fall

Nach Ansicht des **BGH**[756] und der überwiegenden Meinung in der Literatur[757] findet § 346 II S. 2 BGB auch in diesem Fall Anwendung. Zur Begründung führt der BGH aus, dass weder der Wortlaut noch der Sinn und Zweck des § 346 II S. 2 BGB es rechtfertigen, die Vorschrift für den Fall des Rücktritts wegen Zahlungsverzugs nicht anzuwenden.

Wortlaut des § 346 II S. 2 BGB

Die gesetzliche Regelung differenziert ihrem **Wortlaut** nach nicht zwischen verschiedenen Arten von Rücktrittsgründen und erfasst damit auch den Rücktritt wegen Zahlungsverzugs.[758] Insbesondere sind keine Anhaltspunkte dafür ersichtlich, dass der Gesetzgeber gerade den Rücktritt wegen Zahlungsverzugs nach § 323 BGB, einen Hauptfall des gesetzlichen Rücktritts, bei seiner Wertentscheidung, die Gegenleistung für die Bemessung des Wertersatzes zugrunde zu legen, übersehen hätte.

Keine teleologische Reduktion

Soweit die Forderung nach einer teleologischen Reduktion des § 346 II S. 2 BGB für den Fall des Zahlungsverzugs damit begründet wird, dass der Rücktritt durch die wortgetreue Anwendung von § 346 II S. 2 BGB zum „stumpfen Schwert“ würde, weil der Wertersatzanspruch dann dieselbe Höhe hätte wie der Kaufpreisanspruch und der Rücktritt damit sinnlos wäre, so überzeugt dies nicht.

Der Rücktritt bietet dem rücktrittsberechtigten Verkäufer nämlich auch bei einer Orientierung am Wert der Sache keinen finanziellen Vorteil, wenn der Kaufpreis dem Wert der Sache entspricht oder höher als dieser ist. Im Übrigen haben die Regelungen über die Rückabwicklung eines Vertrages aufgrund eines vertraglichen oder gesetzlichen Rücktritts auch keinen Sanktionscharakter.

Bewertung von Leistung und Gegenleistung soll nach Rücktritt weiterhin maßgeblich sein

Auch die weitere Kritik der M.M, wonach es nicht einleuchte, dass der vom Vertrag zurücktretende Verkäufer sich an einem für ihn schlechten Geschäft solle festhalten lassen müssen, obwohl er sein Geld nicht bekommen habe, überzeugt ebenfalls nicht. Er steht im eindeutigen Gegensatz zu der in § 346 II S. 2 BGB zugrunde liegenden Wertentscheidung des Gesetzgebers.

755 So Canaris, Festschrift für Herbert Wiedemann, 3 (22 f.); Anwaltskommentar BGB, § 346 BGB, Rn. 47.

756 BGH, NJW 2009, 1068 ff. = **juris**byhemmer.

757 Palandt, § 346, Rn. 10.

758 Auch die Gesetzesmaterialien enthalten keinen Hinweis darauf, dass der Wert der Gegenleistung entgegen dem Wortlaut der Vorschrift im Falle eines Rücktritts wegen Zahlungsverzugs nicht maßgeblich sein sollte, vgl. Begründung des Regierungsentwurfs zum Schuldrechtsmodernisierungsgesetz, BT-Drs. 14/6040, S. 196.

Nach der Gesetzesbegründung erscheint es interessengerecht, die Parteien an den vertraglichen Bewertungen von Leistung und Gegenleistung festzuhalten.

hemmer-Methode: Die objektiven Wertverhältnisse sollen dagegen nur ausnahmsweise dann maßgebend sein, wenn eine Bestimmung der Gegenleistung als privatautonom ausgehandelte Entgeltabrede fehlt.[759]

Es entspricht somit der gesetzgeberischen Intention, dass der Käufer als Rückgewährschuldner beim Wertersatz begünstigt wird, wenn der Kaufpreis hinter dem objektiven Wert der Sache zurückbleibt, er also ein „Schnäppchen" gemacht hat.[760] Der Verkäufer, der eine Sache unter Wert verkauft, wird dadurch aus der Sicht der gesetzlichen Regelung nicht benachteiligt, weil er mit Abschluss des Kaufvertrages gezeigt hat, dass die Sache für ihn keinen höheren Wert hat als den vereinbarten Kaufpreis. Er kann daher im Fall der Unmöglichkeit der Rückgewähr auch keinen höheren Wertersatz beanspruchen.

Angesichts dieser eindeutigen gesetzgeberischen Wertentscheidung ist eine teleologische Reduktion des § 346 II S. 2 BGB beim Rücktritt eines Geldgläubigers wegen Zahlungsverzugs nicht gerechtfertigt.

Da die Entgeltabrede unabhängig von der zum Rücktritt berechtigenden Pflichtverletzung ist, muss diese unabhängig von der zum Rücktritt berechtigenden Pflichtverletzung relevant bleiben.

Klassiker: Rücktritt bei mangelhafter Sache

Ein klassisches Problem ist die Berechnung des Wertersatzes, wenn die veräußerte bzw. untergegangene Sache mangelhaft war. *560b*

Bsp.: *V verkauft K seinen gebrauchten Mercedes für 12.000,- €. Der objektive Wert mangelfrei beträgt 10.000,- €. Der tatsächliche Wert beträgt dagegen wegen des Vorliegens eines Mangels nur 8.000,- €. Der Wagen wird kurz nach der Übereignung an K zerstört. K tritt wirksam vom Vertrag zurück und verlangt Rückzahlung des Kaufpreises. V meint, er rechne mit einem Wertersatzanspruch in gleicher Höhe auf.*

Wie ist die Rechtslage?

1. Da eine Rückgewähr gem. § 346 I BGB wegen der Weiterveräußerung nicht in Betracht kommt, schuldet K gem. § 346 II S. 1 Nr. 3 BGB Wertersatz für den zerstörten Pkw.

2. Mit diesem Anspruch hat V gegen den Kaufpreisrückzahlungsanspruch des K aus § 346 I BGB aufgerechnet, sodass der Rückzahlungsanspruch des K erloschen sein könnte, § 389 BGB. Fraglich ist nun, in welcher Höhe dem V gegen K ein aufrechenbarer Wertersatzanspruch zustand.

a) Gem. § 346 II S. 2 BGB ist die vereinbarte Gegenleistung, also 12.000,- €, zugrunde zu legen.

b) Eine Wertersatzpflicht des K in dieser Höhe wäre jedoch unbillig, da der objektive wahre Wert des Wagens im mangelfreien Zustand tatsächlich 20 % weniger wert gewesen wäre (10.000,- € im Verhältnis zu 8.000,- €).

Auch bzgl. des Wertersatzes ist eine Kürzung der nach § 346 II S. 2 BGB zu Grunde zu legenden 12.000,- € um 20 % zwingend, damit die Wertung des § 441 III BGB nicht unterlaufen wird. Der Betrag der Gegenleistung ist nämlich bei der Wertersatzbemessung lediglich zugrunde zu legen! Hier muss die Wertung des § 441 III BGB Berücksichtigung finden.

hemmer-Methode: In § 346 II S. 2 BGB ist also § 441 III BGB „hineinzulesen".[761]

---

759 Vgl. BT-Drs. 14/6040, S. 196.

760 Staudinger, § 346, Rn. 159 m.w.N.

761 Einhellige Meinung; vgl. statt aller Arnold, „Das neue Recht der Rücktrittsfolgen", Jura 2002, 154-160 (157).

Ergebnis: V stand damit ein Wertersatzanspruch gem. §§ 346 II S. 2, 441 III BGB in Höhe von 80 % der Gegenleistung (12.000,- €) zu. Dies sind 9.600,- €, sodass nach erfolgter Aufrechnung dem K noch ein Anspruch in Höhe von 2.400,- € gegen V gem. § 346 I BGB zusteht.

3. Ausschluss der Wertersatzpflicht, § 346 III BGB

Ausnahmetatbestände zu § 346 II BGB

§ 346 III BGB nennt wiederum abschließend die Fälle, in denen die Wertersatzpflicht nach § 346 II BGB ausgeschlossen ist. Es handelt sich also um Ausnahmetatbestände zu § 346 II BGB. 561

hemmer-Methode: Damit ist die Prüfungsreihenfolge in der Klausur fest vorgegeben: Sie müssen zunächst das grundsätzliche Bestehen der Wertersatzpflicht gem. § 346 II S. 1 Nr. 1 - 3 BGB feststellen, um einen Ausschluss der Wertersatzpflicht nach § 346 III BGB diskutieren zu können. Zeigen Sie dem Korrektor - auch durch Verwendung entsprechender Zwischenüberschriften - dass Sie die Systematik verstanden haben!

a) § 346 III S. 1 Nr. 1 BGB

Mangel zeigt sich erst bei Verarbeitung/Umgestaltung

§ 346 III S. 1 Nr. 1 BGB bezieht sich auf die Fälle des Rücktritts wegen Mangelhaftigkeit des Gegenstandes (nach § 323 I, V S. 2 BGB bzw. nach §§ 326 V, 323 I, V S. 2 BGB). Zeigt sich der Mangel erst während der Verarbeitung oder Umgestaltung des empfangenen Gegenstandes, ist die Wertersatzpflicht ausgeschlossen. Die Vorschrift normiert einen Ausnahmetatbestand zu § 346 II S. 1 Nr. 2 BGB.[762] 562

b) § 346 III S. 1 Nr. 2 BGB

Vertretenmüssen des Gläubigers

Hat der Rückgewährgläubiger die Verschlechterung oder den Untergang des empfangenen Gegenstandes zu vertreten, ist eine Wertersatzpflicht des Rückgewährschuldners ebenfalls ausgeschlossen, § 346 III S. 1 Nr. 2 Alt. 1 BGB. Zum Vertretenmüssen des Gläubigers gilt das zu § 323 VI Alt. 1 BGB bzw. § 326 II S. 1 Alt. 1 BGB Gesagte entsprechend.[763] Es handelt sich um eine Ausnahmevorschrift zu § 346 II S. 1 Nr. 3 BGB. 563

Schaden wäre beim Gläubiger gleichfalls eingetreten

Ebenfalls keinen Wertersatz muss der Rückgewährschuldner in Ausnahme zu § 346 II S. 1 Nr. 3 BGB leisten, wenn die Verschlechterung bzw. der Untergang bei dem Rückgewährgläubiger gleichfalls eingetreten wäre, § 346 III S. 1 Nr. 2 Alt. 2 BGB. Abzustellen ist auf die hypothetische Lage, wenn dieser die Leistung gar nicht erbracht hätte. Der Gläubiger soll nicht besser stehen, als er ohne Erbringung der Leistung stünde.[764] 564

Bsp.: *K ist vom Kaufvertrag mit V (beide wohnhaft in München) über den Pkw des V wirksam zurückgetreten. Zuvor war aufgrund eines ungewöhnlich heftigen Hagelsturmes der Pkw vollkommen zerstört worden.*

Die Wertersatzpflicht ergibt sich aus § 346 II S. 1 Nr. 3 BGB. Allerdings könnte die Ausnahmevorschrift des § 346 III S. 1 Nr. 2 Alt. 2 BGB eingreifen. Dies hängt von der (hypothetischen) Frage ab, ob der Pkw auch zerstört worden wäre, wenn V ihn an K nicht übereignet und übergeben hätte.

Hat V keine Garage oder hätte sich der Pkw aus anderen Gründen bei dem Hagelsturm ebenfalls ungeschützt im Freien befunden, wäre die Wertersatzpflicht nach § 346 III S. 1 Nr. 2 Alt. 2 BGB ausgeschlossen.

762 Palandt, § 346, Rn. 11.

763 Vgl. Rn. 80 ff.

764 Palandt, § 346, Rn. 12.

Anders wäre es, wenn V nachweisen kann, dass er den Pkw an D aus Hamburg verkauft und übereignet und dieser den Wagen sofort mitgenommen hätte. Dann wäre der Pkw nicht bei dem Hagelsturm zerstört worden, die Pflicht des K zum Wertersatz nach § 346 II S. 1 Nr. 3 BGB bliebe erhalten.

hemmer-Methode: Hier besteht in der Praxis die Gefahr, dass der Rückgewährgläubiger durch Vorspiegeln falscher Tatsachen versucht, den Ausschluss der Wertersatzpflicht nach § 346 III S. 1 Nr. 3 BGB zu umgehen. Mit diesem Problem der Praxis müssen Sie sich allerdings (noch) nicht auseinander setzen.

c) § 346 III S. 1 Nr. 3 BGB

Privilegierung des Rücktrittsberechtigten beim gesetzlichen Rücktrittsrecht

Sehr examensrelevant ist schließlich § 346 III S. 1 Nr. 3 BGB. Danach muss in Ausnahme zu § 346 II S. 1 Nr. 3 BGB der Rücktrittsberechtigte beim gesetzlichen Rücktrittsrecht bei Verschlechterung oder Untergang keinen Wertersatz leisten, wenn er die eigenübliche Sorgfalt angewendet hat, § 277 BGB (sog. diligentia quam in suis). 565

Nach der ständigen Rechtsprechung des BGH findet eine Haftungsbeschränkung auf die eigenübliche Sorgfalt gemäß § 277 BGB im Straßenverkehr nicht statt. Denn wie § 1 StVO zeigt, besteht im Straßenverkehr „kein Raum für individuelle Sorglosigkeit“.[765]

Allerdings gilt dies nur für die Straßenverkehrsteilnehmer untereinander, nicht für bloße vermögensrechtliche Beziehungen des Fahrers zu seinen Gegenständen. Demnach kann § 277 BGB i.R.d. § 346 III S. 1 Nr. 3 BGB immer angewendet werden.[766]

hemmer-Methode: Zur Auswirkung des Eigentumsvorbehalts auf das Haftungsprivileg und zur entsprechenden Anwendung des § 346 III S. 1 Nr. 3 BGB im Deliktsrecht lesen Sie Sittard/Blattner, ZGS 2006, 339 ff.

Hintergrund der Privilegierung

Diese Privilegierung rechtfertigt sich daraus, dass beim gesetzlichen Rücktrittsrecht der Rücktrittsberechtigte regelmäßig zunächst gar keine Kenntnis davon hat, zurücktreten zu können; er behandelt die empfangene Sache also so, als ob sie ihm auf Dauer gehören wird. 566

Daher soll er auch nur für eigenübliche Sorgfalt haften. Behandelt er die empfangene Sache übermäßig schlecht (im Vergleich zu anderen ihm gehörenden Sachen), so bleibt die Wertersatzpflicht nach § 346 II S. 1 Nr. 3 BGB erhalten.

Beim vertraglichen Rücktrittsrecht hingegen weiß der Rücktrittsberechtigte immer, dass er die empfangene Sache möglicherweise später zurückgeben muss; dieses Risiko hat er durch die Vereinbarung des Rücktrittsrechts bewusst in Kauf genommen.[767]

Fraglich ist, ob diese Privilegierung beim gesetzlichen Rücktrittsrecht nach Kenntnis des Rücktrittsberechtigten vom Rücktrittsgrund entfällt. 567

Nach e.A. teleologische Reduktion des § 346 III S. 1 Nr. 3 BGB nach Kenntnis

Teilweise wird vorgeschlagen, § 346 III S. 1 Nr. 3 BGB sei teleologisch zu reduzieren. Kennt der Rücktrittsberechtigte das Bestehen des Rücktrittsgrundes und ist er gewillt, das Rücktrittsrecht auszuüben, darf er nicht mehr darauf vertrauen, dass sein Erwerb rechtsbeständig ist und er mit der Sache nach Belieben verfahren darf.

765 BGHZ 46, 313-319 (316 f.) = **juris**byhemmer; BGHZ 53, 352-357 (355) = **juris**byhemmer.

766 So jetzt auch überzeugend **OLG Karlsruhe, Life&Law 06/2008, 379 ff.** = NJW 2008, 925-928 = **juris**byhemmer.

767 Ausführliche Darstellung erfolgt in Palandt, § 346, Rn. 13.

Wer sein Rücktrittsrecht kennt, muss mit der Sache genauso sorgfältig umgehen wie jemand, der vertraglich zum Rücktritt berechtigt ist.[768] Es besteht somit ab diesem Zeitpunkt kein Unterschied mehr zu einem vertraglichen Rücktrittsrecht.[769]

Nach a.A. bleibt das Privileg nach Kenntnis vom gesetzlichen Rücktrittsrecht bestehen.

Nach a.A. bleibt das Privileg nach Kenntnis vom gesetzlichen Rücktrittsrecht bestehen. Der Unterschied zum vertraglichen Rücktrittsrecht besteht darin, dass das gesetzliche Rücktrittsrecht das Vorliegen einer Pflichtverletzung voraussetzt.

Allein die Kenntnis von der Pflichtverletzung ändert aber nichts am Vorliegen einer solchen. Daher muss die Haftungsprivilegierung bestehen bleiben.[770]

hemmer-Methode: Wie Sie sich hier entscheiden, ist für die Bewertung Ihrer Arbeit irrelevant, solange Sie dieses Problem erkennen und diskutieren!

Die Voraussetzungen sind also:

1. Rücktritt aufgrund eines **gesetzlichen** Rücktrittsrechts 568
2. Verschlechterung/Untergang der Rückgewährpflicht des **Rücktrittsberechtigten**
3. Hierbei **keine Verletzung der eigenüblichen Sorgfalt** (§ 277 BGB) durch den Rücktrittsberechtigten

Bsp.: A kauft bei Fahrradhändler F ein gebrauchtes Fahrrad. Nachdem A das Rad bei F abgeholt und den Kaufpreis gezahlt hat, ereignet sich auf dem Heimweg infolge eines Bremsenversagens ein Unfall. Bei diesem wird das Fahrrad vollständig zerstört. 569

A erklärt wegen der mangelhaften Bremsen des Fahrrads den Rücktritt vom Kaufvertrag und will von F sein Geld zurück. F wendet ein, A müsste ihm den Wert des Fahrrads ersetzen.

1. In Betracht kommt ein Rückzahlungsanspruch des A aus § 346 I BGB infolge des erklärten Rücktritts nach §§ 437 Nr. 2, 326 V, 323 I, V S. 2 BGB.

Dies wäre der Fall, wenn die Pflicht des F zur Nacherfüllung (wegen der defekten Bremsen) gem. § 439 BGB unmöglich wäre. Denn § 326 V BGB setzt die Unmöglichkeit der zu erbringenden Leistung voraus.[771] Die Nacherfüllung ist von F auch noch nicht erfüllt worden (F hatte die Bremsen nicht repariert) und konnte daher noch i.S.v. § 275 I - III BGB unmöglich werden. Dies ist infolge des Unfalls aufgrund der Zerstörung des Fahrrades nach § 275 I BGB geschehen.

Auch ist der Mangel (defekte Bremsen) nicht unerheblich, sodass § 323 V S. 2 BGB dem Rücktritt nicht entgegensteht.

2. Allerdings könnte F gegen A ein Anspruch auf Wertersatz zustehen.

a) Ein solcher ergibt sich zunächst aus § 346 II S. 1 Nr. 3 BGB. Vor der Erklärung des Rücktritts ist das nach § 346 I BGB zurückzugewährende Fahrrad infolge des Unfalls untergegangen.

b) Diese Wertersatzpflicht entfällt hier jedoch nach § 346 III S. 1 Nr. 3 BGB:

768 Rheinländer, „Die Haftung des Zurücktretenden bei Kenntnis der Rücktrittsberechtigung", ZGS 2004, 178 ff.

769 Lorenz, NJW 2005, 1889 (1893).

770 Palandt, § 346, Rn. 13b

771 Zu § 326 V BGB bereits Rn. 528.

Denn F hat als Rücktrittsberechtigter bei Rücktritt aufgrund eines gesetzlichen Rücktrittsrechts (§§ 437 Nr. 2, 326 V, 323 I, V S. 2 BGB, s.o.) bei dem Unfall die eigenübliche Sorgfalt i.S.d. § 277 BGB beachtet. Hier wäre ihm nicht einmal ein gewöhnlicher Fahrlässigkeitsvorwurf i.S.d. § 276 BGB zu machen.

Ergebnis: A kann von F den gezahlten Kaufpreis zurückverlangen. Ein Wertersatzanspruch des F gegen A besteht hingegen nicht.

d) Herausgabe einer verbleibenden Bereicherung, § 346 III S. 2 BGB

Rechtsfolgenverweisung auf §§ 818 ff. BGB

Verbleibt dem Rückgewährschuldner, der aufgrund von § 346 III S. 1 Nr. 1 - 3 BGB zum Wertersatz nicht verpflichtet ist, eine Bereicherung, so muss er diese herausgeben, § 346 III S. 2 BGB. Dies ist als Rechtsfolgenverweisung auf die §§ 818 ff. BGB zu verstehen.[772] 570

***Bsp.:** Der Rücktrittsberechtigte hat wegen der Verschlechterung oder des Untergangs einen Ersatzanspruch gegen einen Dritten. Auch dieser ist gem. § 346 III S. 2 BGB durch Abtretung herauszugeben.*

Bereicherung ist jeder vermögenswerte Vorteil

Unter „Bereicherung" ist jeder vermögenswerte Vorteil zu verstehen, der sich aufgrund des zu beurteilenden Vorgangs im Vermögen des potentiellen Schuldners niederschlägt.

Es ist anerkannt, dass eine Bereicherung grundsätzlich auch darin bestehen kann, einen Anspruch gegen einen Dritten erlangt zu haben. Ist der Dritte eine Versicherung, die ihre Einstandspflicht noch prüft, hat der Rücktrittsberechtigte noch nichts erlangt.

Bei Versicherung erst (+), wenn Zahlung erfolgt oder Einstandspflicht anerkannt wurde

Nach Ansicht des BGH ist daher eine Verbesserung der Vermögenslage noch nicht eingetreten. Von einer Bereicherung kann vielmehr nur dann ausgegangen werden, wenn sich ein Vorteil im Vermögen konkret manifestiert habe und dadurch eine Verbesserung der Vermögensverhältnisse eingetreten sei.

Solange der Rücktrittsberechtigte weder eine Zahlung von der Versicherung erlangt, noch die Versicherung ihre Einstandspflicht anerkannt hat, ist dies nicht der Fall. Eine bloße Aussicht auf eine Verbesserung der Vermögenssituation sei kein vermögenswerter Vorteil.[773]

4. Schadensersatzansprüche, § 346 IV BGB

Anwendbarkeit der §§ 280 - 283 BGB

Da es sich bei den Rückgewährpflichten um echte Leistungspflichten handelt, ist es nahe liegend, auf diese das allgemeine Leistungsstörungsrecht anzuwenden. Zur Klarstellung erklärt daher § 346 IV BGB die §§ 280 - 283 BGB für anwendbar. 570a

***Bsp.:** Käufer K tritt vom Kaufvertrag mit V wirksam nach § 323 I, V S. 2 BGB zurück. V fordert von ihm Rückübereignung und Rückgabe der Kaufsache und setzt ihm eine angemessene Frist.*

Nach erfolglosem Fristablauf kann V Schadensersatz statt der Leistung gem. §§ 346 IV, 281 I S. 1, 280 I BGB verlangen.

Haftung insbesondere nach §§ 280 I, III, 283 BGB und § 280 I BGB

Ist die Herausgabe der erhaltenen Leistung nicht möglich, so haftet der Rückgewährschuldner nach §§ 280 I, III, 283 BGB. Ist der erhaltene Leistungsgegenstand verschlechtert worden, so folgt die Haftung unmittelbar aus § 280 I BGB (Schlechtleistung der Rückgewährpflicht). In beiden Fällen ist jedoch das Vertretenmüssen des Rückgewährschuldners erforderlich, § 280 I S. 2 BGB. 570b

772 BT-Drucks. 14/6040, S. 196. Palandt, § 346, Rn. 14.

773 BGH, Life&Law 08/2015, 556 ff. = NJW 2015, 1748 ff. = **juris**byhemmer.

§ 311a II BGB nicht anwendbar

Fraglich ist, ob auch eine Pflichtverletzung vor Ausübung des Rücktrittsrechts zu der beschriebenen Haftung führen. *570c*

Hiergegen spricht, dass es vor Erklärung des Rücktritts noch gar keine Pflicht nach § 346 I BGB gibt, die verletzt werden könnte.

Außerdem verweist § 346 IV BGB nicht auf § 311a II BGB, sodass es nach der Vorstellung des Gesetzgebers eine anfängliche Unmöglichkeit der Pflicht aus § 346 I BGB auch nicht geben kann.

Daher wird vertreten, dass vor Ausübung des Rücktrittsrechts alleine § 346 II - III BGB und erst danach entsprechend § 346 IV BGB das allgemeine Leistungsstörungsrecht anzuwenden ist.[774]

Dagegen spricht allerdings, dass das Rückgewährschuldverhältnis zwar erst mit Ausübung des Rücktrittsrechts entsteht, jedoch gilt es schon mit Vertragsschluss als latent vorhanden. Geht also nach Vertragsschluss, aber vor Erklärung des Rücktritts beim Empfänger der Leistungsgegenstand unter, ist dies ein Fall nachträglicher, nicht anfänglicher Unmöglichkeit. Dies erklärt die fehlende Verweisung auf § 311a BGB.

Außerdem kann das Argument, dass erst mit der Erklärung des Rücktrittsrechts das Rückgewährschuldverhältnis entsteht, nur erklären, dass vorher keine leistungsbezogenen Pflichten bestehen. Warum aber auch keine nicht leistungsbezogenen Pflichten i.S.d. § 241 II BGB bestehen sollen, ist damit nicht geklärt.

hemmer-Methode: Auch im vorvertraglichen Bereich gibt es ja das Schuldverhältnis aus § 311 II BGB. Auch hier existieren noch keine Leistungspflichten, aber nicht leistungsbezogene Schutz- und Rücksichtnahmepflichten nach § 241 II BGB.

Daher sprechen die wohl besseren Argumente dafür, dass § 346 IV BGB auch schon vor Erklärung des Rücktritts anwendbar ist.

Voraussetzung ist allerdings, dass sich die Entstehung eines Rückgewährschuldverhältnisses wenigstens andeutet und später auch zur Entstehung kommt, dass also der Rücktritt auch erklärt wird.[775]

**hemmer-Methode: Ein Teil der Literatur bezeichnet diese Sorgfaltspflichten als „Vorwirkung des Rückgewährschuldverhältnisses".[776]
Da § 346 IV BGB jedoch nur deklaratorisch ist, ist es dogmatisch vorzugswürdig § 280 I BGB ohne Rückgriff auf § 346 IV BGB anzuwenden, da das Rückgewährschuldverhältnis erst mit Ausübung des Rücktritts entsteht.**

a) Haftung beim vertraglichen Rücktrittsrecht

§§ 276 ff. BGB gelten uneingeschränkt

Da die Parteien bei Vereinbarung eines vertraglichen Rücktrittsrechts jederzeit mit der Rückabwicklung des Vertrages rechnen müssen[777], gelten auch schon vor Ausübung des Rücktrittsrechts uneingeschränkt die §§ 276 ff. BGB. *570d*

Der Rückgewährschuldner hat also beispielsweise nach §§ 280 I, III, 283 BGB zu haften, wenn er ohne Rückerwerbsmöglichkeit den empfangenen Gegenstand an einen Dritten weiterveräußert hat.

774 Perkams, „Die Haftung des Rücktrittsberechtigten im neuen Schuldrecht", Jura 2003, 150-153 (152); Reischl, „Grundfälle zum neuen Schuldrecht", JuS 2003, 667-674 (672 li.Sp.); Lorenz/Riehm, Lehrbuch zum neuen Schuldrecht, Rn. 434.

775 Palandt, § 346, Rn. 15 ff.

776 So Huber/Faust, Schuldrechtsmodernisierung, 2002, Kap. 10 Rn. 47.

777 Palandt, § 346, Rn. 16.

b) Haftung beim gesetzlichen Rücktrittsrecht

Anders ist die Situation bei gesetzlichen Rücktrittsrechten, insbesondere also bei den §§ 323 ff. BGB. Hier rechnen die Parteien gerade nicht ohne Weiteres mit einer späteren Rückabwicklung. *570e*

aa) Haftung des Rücktrittsgegners

Beim Rücktrittsgegner: §§ 276 ff. BGB gelten uneingeschränkt

An den Rücktrittsgegner sind, da er den Rücktritt verursacht und daher letztlich für die Rückabwicklung verantwortlich ist, hohe Sorgfaltsmaßstäbe i.R.d. § 276 BGB anzulegen. Es erscheint sachgerecht, die §§ 276 ff. BGB uneingeschränkt anzuwenden auch für die Zeit vor Erklärung des Rücktritts bzw. vor Kenntnis des Rücktrittsgegners vom Rücktrittsgrund. *570f*

Bsp.: *Käufer K hat die Kaufsache erhalten, aber an den Verkäufer V noch nicht den Kaufpreis bezahlt. Infolge unsachgemäßer Handhabung wird die Kaufsache zerstört. Da K auch nach Ablauf einer von V gesetzten Frist weiterhin nicht zahlt, erklärt V wirksam den Rücktritt nach § 323 I BGB und verlangt von K „Schadensersatz".*

1. Da ein Anspruch auf Naturalherausgabe nach § 346 I BGB wegen des Untergangs der herauszugebenden Kaufsache nicht in Betracht kommt, könnte V gegen K ein Wertersatzanspruch aus § 346 II BGB zustehen.

Dies ist der Fall: § 346 II S. 1 Nr. 3 BGB sieht für den vorliegenden Fall einen Wertersatzanspruch vor. Das Haftungsprivileg des § 346 III S. 1 Nr. 3 BGB kommt K nicht zugute, da nicht er, sondern V „Berechtigter" i.S. der Vorschrift ist; hiermit ist der zum Rücktritt Berechtigte gemeint.

2. Daneben könnte V gegen K ein Anspruch aus §§ 346 IV, 283, 280 BGB zustehen.

a) Bei der Rückgewährpflicht gem. § 346 I BGB handelt es sich um eine echte Leistungspflicht, auf welche die Vorschriften über die Unmöglichkeit Anwendung finden. Geht die zurückzugewährende Sache zwischen Vertragsschluss und Rücktritt unter, so handelt es sich auch hierbei um einen Fall nachträglicher Unmöglichkeit, weil das Rückgewährschuldverhältnis in diesem Zeitraum bereits latent vorhanden ist. Daher wird durch § 346 IV BGB auch nicht auf den für die Fälle anfänglicher Unmöglichkeit geltenden § 311a II BGB verwiesen.

b) Fraglich ist allein das Vertretenmüssen des K i.S.d. §§ 276 ff. BGB. Denkbar wäre, zugunsten des K zu berücksichtigen, dass er im Zeitpunkt der Zerstörung der Kaufsache noch nicht mit dem Rücktritt rechnete, sodass eine Beschränkung der Haftung auf die eigenübliche Sorgfalt i.S.d. § 277 BGB sachgerecht erscheinen könnte.

Dies ist jedoch zu verneinen: K hat als Rücktrittsgegner die Rückabwicklung verursacht; der Vergleich mit § 346 III S. 1 Nr. 3 BGB ergibt, dass dem Rücktrittsgegner ein Haftungsprivileg nicht zuzugestehen ist. Somit finden die §§ 276 ff. BGB uneingeschränkt Anwendung; die unsachgemäße Behandlung der Kaufsache stellt Fahrlässigkeit i.S.d. § 276 I S. 1 BGB dar.

Somit hat K dem V neben der Wertersatzpflicht auch Schadensersatz statt der Leistung gem. §§ 346 IV, 283, 280 I BGB zu erbringen.

bb) Haftung des Rücktrittsberechtigten

Beim Rücktrittsberechtigten: § 346 III S. 1 Nr. 3 BGB analog

Anders ist die Situation beim Rücktrittsberechtigten: Dieser hat den Rücktritt nicht zu verantworten, weshalb eine uneingeschränkte Anwendung der §§ 276 ff. BGB nicht gerechtfertigt erscheint: Der Rücktrittsberechtigte geht ja zunächst zu Recht davon aus, die Sache auf Dauer behalten zu dürfen. *570g*

Ab Kenntnis vom Rücktrittsgrund jedoch Verlust dieses Haftungsprivilegs

Daher ist seine Haftung entsprechend § 346 III S. 1 Nr. 3 BGB auf die eigenübliche Sorgfalt i.S.d. § 277 BGB zu beschränken. 570h

Nach a.A. entsteht erst ab Kenntnis vom gesetzlichen Rücktrittsrecht das Schuldverhältnis i.S.d. § 346 IV BGB

Eine andere Möglichkeit besteht darin, dass beim gesetzlichen Rücktrittsrecht vor der Erklärung des Rücktritts ein Schuldverhältnis i.S.d. § 346 IV BGB erst dann bejaht wird, wenn der Rücktrittsberechtigte Kenntnis vom Rücktrittsgrund hat.

Denn erst ab diesem Zeitpunkt darf er nicht mehr ohne weiteres mit dem Fortbestand des Leistungsaustausches rechnen, sodass dieser Zeitpunkt ein sinnvoller Anknüpfungspunkt für die Entstehung nicht leistungsbezogener Sorgfaltspflichten und damit eines verletzungsfähiges Schuldverhältnis i.S.d. § 346 IV BGB wäre.[778]

hemmer-Methode: Einen interessanten Ansatz vertritt Kohler. Danach sei die „Vorwirkung“ der Schadensersatzhaftung auf die Gedanken der §§ 160, 820 I S. 2 BGB zu stützen.
Hier können Sie so gut wie alles vertreten, wenn Sie die Problematik nur erkennen. Lesen Sie hierzu zur Vertiefung Tyroller/Fest, Probleme des gesetzlichen Rücktrittsrechts, in Life&Law 03/2005, 198 ff.

III. Ersatz von Nutzungen und Verwendungen

Ferner ist in den §§ 346, 347 BGB auch die Ersatzpflicht für Nutzungen und Verwendungen im Falle des Rücktritts geregelt. 571

1. Nutzungen

Gezogene Nutzungen: Herausgabe bzw. Wertersatz nach § 346 I - III BGB

a) Hat eine der Vertragsparteien aus der empfangenen Leistung Nutzungen, also gem. § 100 BGB Früchte oder Gebrauchsvorteile, gezogen, so muss sie diese nach § 346 I BGB herausgeben. 572

Auch hierfür gilt § 346 II und III BGB, allerdings dürfte bei den Gebrauchsvorteilen allein § 346 II S. 1 Nr. 1 BGB und kein Ausschlusstatbestand einschlägig sein. Bei den Früchten kommen alle Tatbestände des § 346 II und III BGB in Betracht.[779]

hemmer-Methode: Ist die Gewährung von Gebrauchsvorteilen Vertragsgegenstand (z.B. bei Miete oder Leihe), handelt es sich bei dem Gebrauchsvorteil um die empfangene Leistung i.S.d. § 346 I BGB und nicht um eine Nutzung. Rechtlich hat dies jedoch keine weiteren Auswirkungen.

§ 347 I BGB bei nicht gezogenen Nutzungen

b) Nicht gezogene Nutzungen muss der Rückgewährschuldner nur ersetzen, wenn er sie nach den Regeln einer ordnungsgemäßen Wirtschaft hätte ziehen müssen, § 347 I S. 1 BGB.[780] 573

> ***Bsp.:*** *Die verkaufte Kuh wird trächtig; obwohl beim Kalben Komplikationen auftreten, zieht der Käufer K keinen Tierarzt hinzu und hilft der Kuh auch in sonstiger Weise nicht, sodass das Kalb verendet.*
>
> Bei dem Kalb handelt es sich um eine „Frucht“ i.S.v. § 100 BGB und damit um eine Nutzung. Diese hätte K bei ordnungsgemäßer Bewirtschaftung ziehen müssen, sodass er dem Verkäufer zum Wertersatz verpflichtet ist, § 347 I S. 1 BGB.

Privilegierung des Rücktrittsberechtigten beim gesetzlichen Rücktrittsrecht

Wiederum wird der Rücktrittsberechtigte im Falle eines gesetzlichen Rücktrittsrechts privilegiert: Nach § 347 I S. 1 BGB hat er die nicht gezogenen Nutzungen nur dann zu ersetzen, wenn das Nicht-Ziehen der Nutzungen einen Verstoß gegen die eigenübliche Sorgfalt i.S.v. § 277 BGB dargestellt hätte. 574

---

778 Zum Meinungsstreit; Palandt, § 346, Rn. 18.

779 Zum Ersatz der Nutzungen: Palandt, § 346, Rn. 6.

780 Palandt, § 347, Rn. 3.

Würde K im obigen Fall seine eigenen Kühe genauso behandeln, hat er nicht gegen die eigenübliche Sorgfalt (es sei denn, man nähme grobe Fahrlässigkeit an, vgl. § 277 BGB) verstoßen. Dann würde die Wertersatzpflicht nach § 347 I S. 1 BGB wegen S. 2 nicht bestehen.

hemmer-Methode: Bei § 347 I S. 2 BGB stellt sich wiederum das Problem, ob diese Norm nur vor Kenntnis vom Rücktrittsrecht anwendbar ist oder auch danach. Vgl. dazu nochmals Rn. 567.[781]

§ 346 III BGB nicht anwendbar

Aus systematischen Gründen und aufgrund der mangelnden Schutzwürdigkeit des Rückgewährschuldners finden bei zu ersetzenden **nicht** gezogenen Nutzungen i.S.v. § 347 I BGB die Ausschlusstatbestände des § 346 III BGB keine Anwendung. *575*

2. Verwendungen

a) Sofern der Schuldner den empfangenen Gegenstand zurückgibt, Wertersatz leistet oder seine Wertersatzpflicht nach § 346 III Nr. 1 oder Nr. 2 BGB ausgeschlossen ist, sind ihm notwendige Verwendungen zu ersetzen, die er auf den empfangenen Leistungsgegenstand gemacht hat, § 347 II S. 1 BGB.[782] *576*

Ersatz notwendiger Verwendungen

Verwendungen sind Vermögensaufwendungen, die dem empfangenen Leistungsgegenstand zugutekommen.[783] Sie sind notwendig, wenn sie zu dessen Erhaltung, ordnungsgemäßen Bewirtschaftung oder Wiederherstellung erforderlich sind.[784]

Bsp.: *Fütterungskosten eines Tieres; Reparaturkosten.*

hemmer-Methode: Bei § 994 BGB ist umstritten, ob eine Verwendung auch dann vorliegt, wenn die Sache grundlegend verändert wird, v.a. beim Bau eines Hauses auf einem Grundstück. Derartige Aufwendungen sind aber jedenfalls nicht notwendig i.S.v. § 347 II S. 1 BGB.

Ersatz sonstiger Aufwendungen, § 347 II S. 2 BGB

b) Andere Aufwendungen sind nur zu ersetzen, wenn der Gläubiger durch sie noch bereichert ist, § 347 II S. 2 BGB. Hier finden die §§ 818 ff. BGB Anwendung. *577*

Für die Frage der Bereicherung ist nach h.M. auf die subjektive Sicht des Gläubigers abzustellen.[785]

Bsp.: *V hat K seinen Wachhund verkauft. Nach erfolgtem Rücktritt stellt V fest, dass K dem Hund Kunststücke beigebracht hat und mit ihm im Zirkus aufgetreten ist. K will insoweit Verwendungsersatz von V.*

Das Beibringen von Kunststücken stellt keine notwendige Verwendung, sondern allenfalls eine sonstige Aufwendung des K i.S.v. § 347 II S. 2 BGB dar. Diese ist nur zu ersetzen, wenn K noch bereichert ist. Hierbei ist § 818 BGB heranzuziehen. Abzustellen ist nach h.M. auf die subjektive Perspektive des Gläubigers, sodass nach den Grundsätzen der aufgedrängten Bereicherung V nicht als bereichert anzusehen ist. Somit besteht kein Ersatzanspruch des K gegen V aus § 347 II S. 2 BGB.

hemmer-Methode: Auch ein Anspruch aus § 994 BGB scheidet aus, da K nicht unrechtmäßiger Besitzer des Hundes im Zeitpunkt der Verwendung war. § 994 BGB setzt aber grundsätzlich das Bestehen eines Eigentümer-Besitzer-Verhältnisses („Vindikationslage") im Zeitpunkt der Verwendung voraus.

781 Vgl. auch Reischl, „Grundfälle zum neuen Schuldrecht" in JuS 2003, 667-674 (669).

782 Palandt, § 347, Rn. 4.

783 Palandt, § 994, Rn. 2.

784 Palandt, § 994, Rn. 5.

785 Zu den Problemfällen sog. aufgedrängter Bereicherung vgl. Hemmer/Wüst, Bereicherungsrecht, Rn. 471 ff.

§ 5 KÜNDIGUNG VON DAUERSCHULDVERHÄLTNISSEN NACH § 314 BGB

A) Allgemeines

Begriff des Dauerschuldverhältnisses

Von einem Dauerschuldverhältnis ist die Rede, wenn sich der Gesamtumfang der von den Parteien zu erbringenden (Haupt-) Leistungspflichten nach dem Faktor Zeit bestimmt.[786] Hierzu zählen Miete, Dienst- bzw. Arbeitsvertrag, auch Gesellschaftsverträge. Bei den Sukzessivlieferungsverträgen stellt nur der Dauerbezugsvertrag (auch: unechter Sukzessivlieferungsvertrag) ein Dauerschuldverhältnis dar, nicht jedoch der Ratenlieferungsvertrag.[787] 578

Allgemeines Kündigungsrecht aus wichtigem Grund bereits nach altem Recht h.M.

Bei den gesetzlich geregelten Dauerschuldverhältnissen sieht das Gesetz häufig ein Recht zur Kündigung aus wichtigem Grund vor, vgl. z.B. §§ 490, 498, 543, 569, 626, 648a und 723 BGB. 579

Spezialregelungen gehen vor

Im Allgemeinen Schuldrecht ist in § 314 BGB ein generelles Recht zur außerordentlichen Kündigung aus wichtigem Grund normiert. Im Dauerschuldverhältnis besteht für jeden Vertragsteil ein Recht zur (fristlosen) Kündigung aus wichtigem Grund. 580

Sofern jedoch Spezialvorschriften greifen (vgl. Rn. 579), sind diese als leges speciales heranzuziehen. § 314 BGB hat damit nur für atypische, gesetzlich nicht geregelte Dauerschuldverhältnisse Bedeutung.

hemmer-Methode: Hierzu zählt insbesondere der Dauerbezugsvertrag, z.B. in Form eines Bierlieferungsvertrages, oder der typengemischte Fitnessstudiovertrag.[788]

§ 314 BGB aber anwendbar zur Lückenschließung

Allerdings wird auch bei speziellen außerordentlichen Kündigungsrechten auf § 314 BGB zurückgegriffen, sei es im Wege einer gesetzlichen Verweisung, sei es im Wege einer Analogie.

§ 314 II BGB gilt i.R.d. § 626 BGB analog

- *So ist es z.B. im Rahmen des § 626 BGB unstreitig, dass vor Ausspruch einer außerordentlichen Kündigung die Abmahnung als milderes Mittel vorrangig ist. Dies kommt aber in der Vorschrift des § 626 BGB nicht zur Sprache. Daher wird **§ 314 II BGB i.R.d. § 626 BGB analog** angewendet*

§ 490 III BGB verweist auf § 314 BGB

- *Das außerordentliche Kündigungsrecht des Darlehensgebers in § 490 BGB ist nicht abschließend. § 490 III BGB verweist ausdrücklich auf §§ 313, 314 BGB.*

§ 648a III BGB verweist auf § 314 II, III BGB

- *In § **648a BGB**, wonach bei allen Werkverträgen das Recht besteht, diesen aus wichtigem Grund ohne Einhaltung einer Frist zu kündigen, wird in § 648a III BGB auf § 314 II BGB (Vorrang der Abmahnung) und § 314 III BGB (Einhaltung einer angemessenen Kündigungserklärungsfrist) verwiesen.*

Nur bei vertraglichen Dauerschuldverhältnissen

§ 314 BGB gilt nur für vertragliche, nicht auch für gesetzliche Dauerschuldverhältnisse. Dies belegt die systematische Stellung (Untertitel 3: „Anpassung und Beendigung von Verträgen") und der Wortlaut der Norm („jeder Vertragsteil"). 581

---

786 BT-Drucks. 14/6040, S. 176 f.; Palandt, § 314, Rn. 2.

787 Zur Abgrenzung vgl. oben, Rn. 445 ff.

788 Vgl. hierzu **BGH, Life&Law 08/2016, 521 ff.** = **juris**byhemmer.

Neben dem in § 314 BGB geregelten Kündigungsgrund setzt eine wirksame Kündigung auch eine Kündigungserklärung voraus. Hierbei handelt es sich – ähnlich wie bei der Rücktrittserklärung nach § 349 BGB[789] - um eine einseitige empfangsbedürftige Willenserklärung.

hemmer-Methode: Als Gestaltungsrecht ist die Kündigung grds. bedingungsfeindlich.[790]

Wirkung nur für Zukunft, keine Rückabwicklung

Rechtsfolge der Kündigung ist die Beseitigung des Vertrages nur für die Zukunft. Es kommt – anderes als beim Rücktritt – nicht zu einer Rückabwicklung. Für die Vergangenheit verbleibt es beim erfolgten Leistungsaustausch. 582

hemmer-Methode: Dies ist auch interessengerecht, da es gerade bei bereits länger bestehenden Dauerschuldverhältnissen zu enormen Rückabwicklungsschwierigkeiten käme.

Kein Rücktritt nach den §§ 323 ff. BGB möglich

Nicht ausdrücklich klargestellt wird das Verhältnis zum Rücktritt nach den §§ 323 ff. BGB. Durch Schaffung des Kündigungsrechtes sollen die Rückabwicklungsprobleme, die bei einem Rücktritt regelmäßig auftreten würden, vermieden werden. 583

Die Kündigung wirkt nur für die Zukunft, nicht für die Vergangenheit, sodass eine Rückabwicklung nicht erfolgt und damit auch Rückabwicklungsschwierigkeiten nicht auftreten.

§ 314 BGB verdrängt daher grundsätzlich die §§ 323 ff. BGB.[791]

Als gesetzliche Wertung für dieses Vorrangverhältnis kann § 313 III S. 1 und S. 2 BGB herangezogen werden.

hemmer-Methode: Ein Rücktritt kommt aber dann in Betracht, wenn ein berechtigtes Interesse der Partei besteht, bereits erbrachte Leistungen rückgängig zu machen oder wenn eine vollständige Rückabwicklung unschwer möglich und nach der Interessenlage sachgerecht ist.[792]

Anwendbarkeit der §§ 323 ff. BGB vor Invollzugsetzung

Richtigerweise können die §§ 323 ff. BGB auf Dauerschuldverhältnisse ausnahmsweise dann angewendet werden, wenn das Dauerschuldverhältnis noch nicht in Vollzug gesetzt wurde, wenn also ein Leistungsaustausch noch nicht stattgefunden hat.[793] Dann ist nichts rückabzuwickeln, sodass die befürchteten Rückabwicklungsschwierigkeiten nicht bestehen. 583a

Bsp.: *M und V schließen einen Mietvertrag über eine Eigentumswohnung des V. Trotz mehrfacher Aufforderung versäumt es V, M die Wohnung zu überlassen. M fragt, ob er den Vertrag „kündigen“ kann oder ob zuvor eine Fristsetzung erforderlich ist.*

1. Rücktrittsrecht nach § 323 BGB:

In Betracht kommt ein Rücktrittsrecht des M aus § 323 I BGB; beim geschlossenen Mietvertrag handelt es sich unproblematisch um einen gegenseitigen Vertrag.

V hat als Schuldner der Überlassungspflicht aus § 535 I S. 1 BGB eine fällige Leistungspflicht nicht erbracht. Jedoch fehlt es an einer Fristsetzung des M gem. § 323 I BGB, Entbehrlichkeitsgründe i.S.d. § 323 II BGB sind nicht ersichtlich.

789 Hierzu bereits Rn. 464.

790 Palandt, Einf. vor § 158, Rn. 13.

791 BT-Drucks. 14/6040, S. 177; Palandt, § 314, Rn. 12.

792 BGH, NJW 1998, 2004 (2006); BGH, NJW 2002, 1870-1872 = **juris**byhemmer.

793 Vgl. Annuss, „Die Folgen des Rücktritts (§§ 346 ff. BGB)“, Jura 2006, 184; Palandt, § 323, Rn. 4, § 314, Rn. 12.

Fraglich ist zudem die Anwendbarkeit von § 323 BGB, da es sich bei dem geschlossenen Mietvertrag um ein Dauerschuldverhältnis handelt und für dieses der Gesetzgeber das Kündigungsrecht nach § 314 BGB vorgesehen hat. Dieses wurde geschaffen, um die durch einen Rücktritt zu befürchtenden Rückabwicklungsschwierigkeiten zu vermeiden. Allerdings hat vorliegend ein Leistungsaustausch noch nicht stattgefunden, sodass Rückabwicklungsschwierigkeiten nicht zu befürchten sind. Für den Fall des noch nicht in Vollzug gesetzten Dauerschuldverhältnisses bleiben daher die §§ 323 ff. BGB weiterhin anwendbar.

M kann also nach § 323 I BGB zurücktreten, sobald er V eine angemessene Frist gesetzt hat und diese erfolglos abgelaufen ist.

2. Kündigungsrecht nach § 314 BGB:

In Betracht kommt jedoch auch eine Kündigung des Mietvertrages durch M nach § 314 BGB.

a) Fraglich ist zunächst die Anwendbarkeit des § 314 BGB. Zwar handelt es sich bei dem Mietvertrag um ein Dauerschuldverhältnis; allerdings sind aufgrund der fehlenden Invollzugsetzung auch die §§ 323 ff. BGB anwendbar, sodass ein Konkurrenzproblem besteht. Es besteht die Gefahr der Umgehung der Voraussetzungen von § 323 I BGB.

Es erscheint zunächst sachgerecht, § 314 BGB zwar anzuwenden; liegen jedoch die Voraussetzungen der §§ 323 ff. BGB nicht vor, so kommt ein wichtiger Grund i.S.d. § 314 BGB nicht in Betracht. Anderenfalls könnten die Voraussetzungen der §§ 323 ff. BGB umgangen werden.

b) Zwar ist es denkbar, in dem Unterlassen der Gebrauchsüberlassung durch V trotz mehrfacher Aufforderung einen wichtigen Grund i.S.d. § 314 BGB zu sehen. Den obigen Ausführungen entsprechend müssen jedoch die Voraussetzungen des parallel anwendbaren § 323 I BGB vorliegen. Da dies bislang nicht der Fall ist, scheidet eine Kündigung nach § 314 BGB derzeit aus.

Ergebnis: M kann wahlweise nach § 323 I BGB zurücktreten oder nach § 314 BGB kündigen, sobald er dem V eine angemessene Nachfrist i.S.d. § 323 I BGB gesetzt hat und diese erfolglos abgelaufen ist.

hemmer-Methode: Bis sich in diesem Bereich eine „h.M." herausgebildet haben wird, zählt in der Klausur alleine, das Problem zu erkennen und nachvollziehbar zu argumentieren.

Bzgl. einzelner Raten beim Dauerlieferungsvertrag §§ 323 ff. BGB anwendbar (Teilrücktritt)

Gerade beim Dauerbezugsvertrag sind die §§ 323 ff. BGB hinsichtlich der Einzelleistungen (also: der einzelnen Raten) jedoch uneingeschränkt anwendbar. Hier gilt das Gleiche wie beim Anspruch auf Schadensersatz statt der Leistung. 584

Der Gläubiger kann also - sofern die Voraussetzungen der §§ 323 ff. BGB vorliegen - hinsichtlich der einzelnen Rate zurücktreten. Ein Rücktritt vom gesamten Vertrag ist jedoch grundsätzlich ausgeschlossen. Der Gläubiger kann allenfalls gem. § 314 BGB kündigen (zur Ausnahme des noch nicht in Vollzug gesetzten Dauerschuldverhältnisses vgl. oben, Rn. 583a).[794]

***Bsp.:** Gastwirt G schließt mit der Brauerei B einen Bierbezugsvertrag über zehn Jahre ab. Nach sieben Jahren treten bei der Brauerei Lieferschwierigkeiten auf, sodass B zweimal hintereinander die wöchentliche Bierlieferung nicht erbringt. Möglichkeiten des G?*

1. Hinsichtlich der einzelnen Raten sind die §§ 323 ff. BGB anwendbar. Setzt G dem B hinsichtlich dieser nicht geleisteten Raten eine angemessene Nachfrist i.S.d. § 323 I BGB, kann er hinsichtlich dieser Raten zurücktreten. Dann bleibt das Bierbezugsverhältnis im Übrigen bestehen; der Anspruch des G gegen B auf diese beiden Raten erlischt ebenso wie der Anspruch des B gegen G auf Bezahlung dieser Raten.

794 Vgl. Rn. 445 ff.

2. Sofern die Voraussetzungen der §§ 280 I, III, 281 I S. 1 BGB vorliegen, kann G von B Schadensersatz statt der Leistung bezüglich der zwei Raten verlangen. Auch kommt ein Anspruch auf Ersatz des Verzögerungsschadens nach §§ 280 I, II, 286 BGB in Betracht.

3. Allerdings kann G nicht vom gesamten Vertrag zurücktreten. § 323 V BGB gilt hier nicht. Denn eine Rückabwicklung eines Dauerschuldverhältnisses kommt generell nicht in Betracht; an die Stelle des Rücktritts tritt das Kündigungsrecht nach § 314 BGB.

Ebenso kann nicht nach §§ 280 I, III, 281 I S. 2 BGB Schadensersatz statt der ganzen Leistung, also bezüglich der gesamten Leistungspflicht des B verlangt werden.[795] Denn da der Gesamtumfang der Leistungspflicht des B nicht feststeht, kann auch das positive Interesse nicht ermittelt werden.

4. Für die Frage, ob der für eine Kündigung nach § 314 BGB erforderliche wichtige Grund vorliegt, fehlen weitere Angaben im Sachverhalt. Dies kann z.B. angenommen werden, wenn G aufgrund der Zuspätlieferungen große Schäden entstanden sind oder wenn hierdurch das Vertrauensverhältnis zu B nachhaltig gestört wurde.

B) Voraussetzungen des Kündigungsrechtes nach § 314 BGB

§ 314 BGB regelt Kündigungsgrund; daneben Kündigungserklärung erforderlich

§ 314 BGB liefert nur den für eine wirksame Kündigung erforderlichen Kündigungsgrund. Zusätzlich ist aber auch eine wirksame Kündigungserklärung erforderlich, was im Gesetz (leider) nicht ausdrücklich erwähnt wird. Wie beim Rücktritt bedarf die Kündigungserklärung keiner Angabe des Kündigungsgrundes.[796] 585

<u>Voraussetzungen des Kündigungsrechtes nach § 314 BGB:</u> 586

1. Bestehen eines Dauerschuldverhältnisses
2. Kündigung innerhalb einer angemessenen Frist
3. Vorliegen eines wichtigen Grundes

I. Bestehen eines Dauerschuldverhältnisses

Zwischen den Parteien muss ein vertragliches Dauerschuldverhältnis bestehen.[797] Dieses muss wirksam sein; ein unwirksames Dauerschuldverhältnis kann nicht gekündigt werden. 587

II. Kündigung innerhalb angemessener Frist

Die Vertragsparteien können ihre Kündigung nicht auf jedes noch so weit in der Vergangenheit liegende Ereignis stützen; zum Schutz der anderen Seite ordnet § 314 III BGB daher an, dass die Kündigung nur innerhalb einer angemessenen Frist nach Kenntnis vom Kündigungsgrund erfolgen kann.[798] 588

Zwingende Prüfungsreihenfolge

Die Einhaltung dieser Frist ist vor der Frage des tatsächlichen Vorliegens eines wichtigen Grundes zu prüfen. 589

795 Hierzu bereits Rn. 456.

796 Vgl. Rn. 464.

797 Zum Begriff des Dauerschuldverhältnisses vgl. auch Rn. 448.

798 Palandt, § 314, Rn. 10.

Fristbeginn mit Kenntnis

Wie bei § 626 II BGB beginnt die Frist in dem Zeitpunkt, in dem der Kündigende Kenntnis von den Tatsachen hat, die den wichtigen Grund ausmachen. Anders gesagt: Alle Tatsachen, von denen schon länger als die „angemessene Frist" Kenntnis besteht, können für sich genommen zur Begründung eines wichtigen Grundes nicht herangezogen werden. 590

Bsp.: *G will den Bierbezugsvertrag kündigen, da zum einen die letzte Bierlieferung mit Quecksilberrückständen verseucht war, zum anderen weil der Bierlieferant homosexuell ist. Von der Homosexualität hat G allerdings schon seit drei Jahren Kenntnis.*

1. Ob die Homosexualität des B für sich genommen einen wichtigen Grund i.S.d. § 314 BGB darstellt (was natürlich abzulehnen wäre), kann offen bleiben: Insoweit würde eine Kündigung jedenfalls nicht mehr innerhalb angemessener Frist gem. § 314 III BGB erfolgen, da G bereits seit drei Jahren hiervon Kenntnis hat.

2. Da erst seit kurzer Zeit Kenntnis von der verseuchten Bierlieferung besteht, könnte eine Kündigung hierauf noch gestützt werden, die Frist des § 314 III BGB ist noch nicht verstrichen. Nun ist zu prüfen, ob es sich hierbei um einen wichtigen Grund handelt (dazu im Folgenden).

hemmer-Methode: Halten Sie unbedingt diese Prüfungsreihenfolge ein. Wenn bereits die angemessene Frist verstrichen ist, scheidet eine Kündigung nach § 314 BGB gestützt auf diese Tatsache aus. Erst wenn Sie die Einhaltung des § 314 III BGB bejaht haben, dürfen Sie zur Prüfung des § 314 I, II BGB übergehen.

Abzustellen auf Person des Kündigungsberechtigten

Es ist auf die Person des Kündigungsberechtigten abzustellen. Unbeachtlich ist, ob ein Angestellter des Kündigungsberechtigten Tatsachenkenntnis hat.[799] 591

hemmer-Methode: Auch über § 166 BGB findet keine Wissenszurechnung statt. Denn der Angestellte tritt nicht bei der Kündigung als Vertreter des Kündigungsberechtigten auf. Nur wenn dies der Fall ist (z.B. bei einem kündigenden Personalchef), kann auch seine Kenntnis eine Rolle spielen.

Besonderheit bei Dauertatbeständen

Soll nicht aufgrund eines punktuellen Ereignisses, sondern aufgrund eines Dauertatbestandes gekündigt werden, so genügt es für die Einhaltung des § 314 III BGB, wenn dieser Dauertatbestand bis zu einer angemessenen Zeit vor Ausspruch der Kündigung angehalten hat.[800] 592

Bsp.: *Der Bierlieferant ist bereits ein Jahr mit seiner Lieferpflicht in Verzug.*

Auch jetzt noch kann die Kündigung auf die Leistungsverzögerung gestützt werden. Denn die Kündigung erfolgt auf der Leistungsverzögerung bis jetzt, sodass Kenntnis insoweit auch erst jetzt vorliegen kann.

hemmer-Methode: Aufgrund der geringen Examensrelevanz des § 314 BGB soll die Darstellung hier nicht zu sehr ausgedehnt werden. Hinsichtlich des Zeitpunktes der Kenntnis gilt das Gleiche wie bei § 626 II BGB. Hierzu ausführlich Hemmer/Wüst, Arbeitsrecht, Rn. 100 ff.

Angemessenheit der Frist

Im Unterschied zu § 626 II BGB verzichtet § 314 III BGB auf eine genaue Bestimmung der Dauer der Erklärungsfrist. Die Kündigung muss innerhalb angemessener Frist erfolgen. 593

799 Vgl. hierzu ausführlich Hemmer/Wüst, Arbeitsrecht, Rn. 102 f.

800 Vgl. Hemmer/Wüst, Arbeitsrecht, Rn. 106.

Diese Unbestimmtheit beruht auf der Vielgestaltigkeit möglicher Dauerschuldverhältnisse und muss im Einzelfall ermittelt werden. Es ist zu fragen, ob der andere Vertragsteil bereits darauf vertrauen konnte, dass aufgrund der fraglichen Tatsachen keine Kündigung mehr ausgesprochen wird.

hemmer-Methode: Sollten hier in einer Klausur Probleme liegen, werden Sie selten einen Grenzfall zu entscheiden haben. Es wird i.d.R. offensichtlich sein, ob die Erklärungsfrist des § 314 III BGB eingehalten wurde oder nicht.

Zeitpunkt des Zugangs der Kündigungserklärung maßgeblich

Für die Einhaltung der Frist ist auf den Zeitpunkt des Wirksamwerdens der Kündigungserklärung, also i.d.R. auf den Zeitpunkt ihres Zugangs (§ 130 I S. 1 BGB), abzustellen.

Keine Anwendbarkeit des § 314 III BGB auf** außerordentliche Kündigung eines Wohnraummietverhältnisses gem. **§ 543 BGB

Strittig ist, ob § 314 III BGB auf die außerordentliche Kündigung eines Wohnraummietverhältnisses Anwendung findet. Während dies in der Literatur[801] teilweise vertreten wird, lehnt der BGH die Anwendbarkeit des § 314 III BGB auf die außerordentliche Kündigung eines Wohnraummietverhältnisses ab.[802]

Der Wortlaut der §§ 543, 569 BGB spricht gegen eine zeitliche Schranke für den Ausspruch einer fristlosen Kündigung. Eine zeitliche Beschränkung für den Ausspruch der Kündigung schreiben diese Bestimmungen weder vor noch wird auf § 314 III BGB verwiesen.

Nach Ansicht des BGH sind die §§ 543, 569 BGB über die fristlose Kündigung eines Wohnraummietverhältnisses daher als **abschließende spezielle Regelung** konzipiert.

hemmer-Methode: Die Argumentation, dass weder in § 543 BGB noch in § 569 BGB auf § 314 III BGB verwiesen wird, ist grds. nicht zwingend, da der Besondere Teil des Schuldrechts nicht auf den Allgemeinen Teil des Schuldrechts verweist.
Allerdings kann man im Umkehrschluss aus Vorschriften wie § 490 III BGB bzw. aus § 648a III BGB n.F. (ab 01.01.2018) schließen, dass der Gesetzgeber einen Rückgriff auf § 314 BGB nur in den Fällen zulassen will, in denen er selbst auf § 314 BGB verweist.
Hiergegen spricht wiederum, dass i.R.d. § 626 BGB der in § 314 II BGB geregelte Vorrang der Abmahnung nach allgemeiner Meinung analog angewendet wird.
In der Klausur müssen Sie an solchen Stellen einfach argumentieren. Das Ergebnis ist für die Bewertung Ihrer Klausur nicht interessant.

III. Vorliegen eines wichtigen Grundes

Zweistufige Prüfung

Wie bei § 626 BGB sollte die Prüfung des Vorliegens eines wichtigen Grundes i.S.v. § 314 BGB in zwei Schritten erfolgen[803]: 594

Prüfungsreihenfolge „wichtiger Grund" i.S.v. § 314 BGB: 595

1. Vorliegen eines als Kündigungsgrund generell geeigneten Sachverhalts
2. Umfassende Interessenabwägung im konkreten Einzelfall

801 Häublein, ZMR 2005, 1 ff

802 **BGH, Life&Law 12/2016, 827 ff.** = **juris**byhemmer.

803 Auch an dieser Stelle kann auf die arbeitsrechtlichen Grundsätze zurückgegriffen werden. Lesen Sie deshalb unbedingt Hemmer/Wüst, Arbeitsrecht, Rn. 110 ff.

1. Vorliegen eines als Kündigungsgrund generell geeigneten Sachverhalts

Zunächst ist danach zu fragen, ob ein Sachverhalt vorliegt, der generell zum Ausspruch einer Kündigung nach § 314 BGB berechtigen kann. 596

Hier sollen lediglich vorab solche Sachverhalte ausgeschieden werden, die ersichtlich niemals die Kündigung rechtfertigen können.

Bsp.: G will den Bierlieferungsvertrag kündigen, weil er erfahren hat, dass B Anhänger des FC Bayern München ist.

hemmer-Methode: Es geht hier nur um die evidenten Fälle; daher verbieten sich in der Klausur lange Ausführungen an dieser Stelle. Sofern Sie Zweifel haben, ob der Sachverhalt für eine Kündigung nach § 314 BGB nicht doch ausreicht, müssen Sie die Prüfung fortsetzen. Dennoch werden – gerade Praktiker – bei Einhaltung der zweistufigen Prüfung des wichtigen Grundes erfreut sein.

2. Umfassende Interessenabwägung im konkreten Einzelfall

Der Schwerpunkt der Prüfung des wichtigen Grundes liegt in einer umfassenden Abwägung der beiderseitigen Interessen.[804] 597

Ein wichtiger Grund liegt dann vor, wenn dem Kündigenden die Fortsetzung des Vertrages bis zum vereinbarten Ende oder dem Ablauf der ordentlichen Kündigungsfrist nicht mehr zugemutet werden kann, § 314 I S. 2 BGB.[805]

a) Abgrenzung nach Risikosphären

Wichtiger Grund muss im Risikobereich des Kündigungsgegners liegen

Ein wichtiger Grund ist dabei grds. nur dann anzunehmen, wenn die **Gründe**, auf die die Kündigung gestützt wird, **im Risikobereich des Kündigungsgegners liegen.** 598

In den meisten Fällen wird der Kündigungsgegner seine vertraglichen Pflichten erheblich verletzt haben.

Vertretenmüssen nicht zwingend erforderlich

Die Pflichtverletzung muss nicht unbedingt schuldhaft sein, um zur Kündigung nach § 314 BGB zu berechtigen. Allerdings wird eine vom Schuldner nicht zu vertretende Pflichtverletzung regelmäßig nicht für die Annahme einer Unzumutbarkeit i.S.v. § 314 I S. 2 BGB genügen. Dies kann allenfalls dann anders sein, wenn die Pflichtverletzung sehr schwerwiegend ist und zu hohen Schäden auf Seiten des Gläubigers führt. Hierbei handelt es sich allerdings um seltene Ausnahmefälle.

hemmer-Methode: Sind die vertraglich vereinbarten ordentlichen Kündigungsfristen relativ kurz, so müssen an die Unzumutbarkeit höhere Anforderungen gestellt werden.

Wichtiger Grund aus Person des Vertragspartners

Der wichtige Grund wird sich regelmäßig aus der Person des Vertragspartners ergeben. 599

Bsp.: Ein streng katholisches Nonnenkloster, getragen vom Verein N e.V., hat mit G einen Dauerbezugsvertrag zur Lieferung von (nichtalkoholischen) Getränken. Es stellt sich heraus, dass D mehrfach wegen sexueller Vergehen gegenüber Kindern vorbestraft ist. Der N e.V. will den Vertrag kündigen. Liegt ein wichtiger Grund i.S.d. § 314 BGB vor?

---

804 Hier ist es besonders wichtig sämtliche Besonderheiten des Einzelfalles als individuellen Vertragstyp zu erfassen und gegenseitig abzuwägen. Dazu auch Palandt, § 314, Rn. 7.

805 BGH, NJW 1993, 1972-1974 = **juris**byhemmer und BGH, NJW 1999, 1177-1179 = **juris**byhemmer.

1. Die kriminelle Vorgeschichte des G ist grundsätzlich geeignet, einen Kündigungsgrund i.S. eines wichtigen Grundes nach § 314 BGB darzustellen. Denn hierdurch kann das Vertrauensverhältnis nachhaltig gestört und damit ein Festhalten am Vertrag unzumutbar sein.

2. Es ist eine umfassende Interessenabwägung im Einzelfall vorzunehmen. Grundsätzlich kann bei einem Getränkebezugsvertrag dem Belieferten die kriminelle Vorgeschichte des Lieferanten egal sein. Hier handelt es sich jedoch um Straftaten, die mit der religiösen Ausrichtung des Belieferten in eklatantem Missverhältnis stehen. Der N e.V. müsste ein nachteiliges Bild in der Öffentlichkeit befürchten, würde er weiter am Vertrag mit G festhalten. Daher ist hier ein wichtiger Grund i.S.d. § 314 I BGB gegeben.

Absolute Ausnahme: Kündigungsgrund aus Sphäre des Kündigenden

Wird der Kündigungsgrund hingegen aus Vorgängen hergeleitet, die dem Einfluss des Kündigungsgegners entzogen sind und aus der eigenen Interessensphäre des Kündigenden herrühren, rechtfertigt dies nur in ganz engen Ausnahmefällen die fristlose Kündigung.[806] 600

Die Abgrenzung der Risikobereiche ergibt sich dabei aus dem Vertrag, dem Vertragszweck und den anzuwendenden gesetzlichen Bestimmungen.

hemmer-Methode: Letztlich liegt dieser Abgrenzung auch die Überlegung zu Grunde, dass der Grundsatz „pacta sunt servanda“ nicht aus einseitigen ökonomischen oder rein praktikablen Erwägungen heraus aufgeweicht werden soll.
Diese Erwägungen finden sich auch in § 313 BGB wieder, der besonders hohe Anforderungen an eine Vertragsanpassung oder Vertragsauflösung stellt und daneben ebenfalls die Verteilung des jeweiligen Risikos berücksichtigt.

So trägt nach gefestigter Rechtsprechung des BGH der Kunde, der einen längerfristigen Vertrag über die Erbringung einer Dienstleistung abschließt, grundsätzlich das Risiko, diese aufgrund einer Veränderung seiner persönlichen Verhältnisse nicht mehr nutzen zu können.

Etwas anderes gilt nur, wenn ihm aus Gründen, die er nicht beeinflussen kann, eine weitere Inanspruchnahme der Leistungen des anderen Vertragspartners nicht mehr zumutbar ist.

Krankheit (+)

Bsp.: *Bei einem Vertrag über die Nutzung eines Fitnessstudios kann ein solcher - nicht in seinen Verantwortungsbereich fallender - Umstand etwa in einer Erkrankung des Kunden gesehen werden.*[807]

Wohnortwechsel (-)

*Ein **Wohnortwechsel** stellt hingegen grundsätzlich keinen wichtigen Grund für eine außerordentliche Kündigung eines Fitnessstudiovertrags dar. Die Gründe für einen Wohnortwechsel - sei er auch berufsbedingt - liegen in aller Regel allein in der Sphäre des Kunden. Der Wohnortwechsel ist vom Kunden - anders als von dem Anbieter der Leistungen - nämlich eindeutig beeinflussbar.*[808]

hemmer-Methode: Die Ungleichbehandlung beider Sachverhalte ist gerechtfertigt. Während die Krankheit ein unfreiwilliger Zustand ist, erfolgte der Umzug des A im vorliegenden Fall bewusst und willentlich. Müsste der Fitnessstudio-Kunde aber aus gesundheitlichen Gründen z.B. in ein Heim umziehen, wären beide Fälle wieder vergleichbar.
Schwieriger wird der Vergleich mit dem Fall, in dem eine Schwangerschaft die weitere Nutzung bis zum Ende der vereinbarten Vertragslaufzeit unzumutbar macht. Hier hat der BGH ein außerordentliches Kündigungsrecht bejaht, obwohl eine Schwangerschaft bzw. deren Verhinderung genauso beeinflussbar ist wie ein Wohnsitzwechsel.[809]

806 Vgl. BGH, ZMR 1996, 309 (311) = **juris**byhemmer; BGH, NJW 1996, 714 f. = **juris**byhemmer.

807 BGH, NJW 2012, 1431 = **juris**byhemmer; BGH, NJW 1997, 193, 195 = **juris**byhemmer.

808 **BGH, Life&Law 08/2016, 521 ff.** = **juris**byhemmer; BGH, NJW-RR 2011, 916 = **juris**byhemmer.

809 BGH, NJW 2012, 1431 = **juris**byhemmer; vgl. auch BVerfG, NJW 2005, 2383 = **juris**byhemmer.

Nach Ansicht des BGH wirkt sich aber bei der Schwangerschaft der besondere Schutz des Art. 6 IV GG und dessen Bedeutung auch auf die Frage der Zurechenbarkeit des Kündigungsgrundes aus.

***Ausnahme**: § 48 VIII S. 3 TKG*

Im Jahr 2010 hat der BGH entscheiden, dass der Inhaber eines DSL-Anschlusses kein Recht zur außerordentlichen Kündigung des mit dem Telekommunikationsunternehmen geschlossenen Vertrags vor Ablauf der vereinbarten Laufzeit hat, wenn er an einen Ort umzieht, an dem keine Leitungen verlegt sind, die die Nutzung der DSL-Technik zulassen.[810]

Als Reaktion auf diese Entscheidung des BGH hat der Gesetzgeber mit § 46 VIII S. 3 TKG[811] ein Sonderkündigungsrecht für den Nutzer unter Einhaltung einer Kündigungsfrist von drei Monaten geschaffen, wenn die Telekommunikationsleistung am neuen Wohnort nicht angeboten wird.

*§ 48 VIII S. 3 TKG ist **nicht analogiefähig***

Diese Vorschrift ist nach Ansicht des BGH nicht analogiefähig.[812] Wie sich aus den §§ 626 I, 543 I und 314 I BGB ergibt, stellt sich die Frage der Kündigung wegen eines Wohnortwechsels nicht nur in Fallkonstellationen der vorliegenden Art, in denen es um eine Lösung von einem Fitnessstudiovertrag geht, sondern bei vielen anderen Dauerschuldverhältnissen, etwa bei einem befristeten Wohnraummiet- oder sonstigen Dienstvertrag.

Dass der Gesetzgeber die Problematik des Wohnortwechsels für all diese Fälle übersehen hat und bei entsprechender Kenntnis neben den bereits bestehenden Kündigungsvorschriften für alle entsprechenden BGB-Verträge ein Sonderkündigungsrecht i.S.d. § 46 VIII S. 3 TKG hätte schaffen wollen, ist nicht ersichtlich.

b) Vorrang der Abmahnung, § 314 II BGB

Bei Pflichtverletzung § 314 II BGB beachten ⇨ Vorrang der Abmahnung

Der hauptsächliche Anwendungsbereich des § 314 BGB ist die Kündigung aufgrund einer Pflichtverletzung des Vertragspartners (s.o.). 601

Im Rahmen der Prüfung, ob ein wichtiger Grund vorliegt, ist hierbei insbesondere § 314 II BGB zu beachten: Nach § 314 II S. 1 BGB kann eine Kündigung wegen Pflichtverletzung grundsätzlich erst erfolgen, wenn der Kündigende dem anderen Vertragsteil erfolglos eine Nachfrist gesetzt bzw. ihn **abgemahnt** hat. Dies ist Ausdruck des sog. ultima ratio-Prinzips.[813]

hemmer-Methode: Die Kündigung aus wichtigem Grund soll immer der letzte Ausweg sein. Der Kündigende muss zunächst nach milderen Mitteln suchen.
Solche mildere Mittel stellen die Fristsetzung und die Abmahnung dar; dem Schuldner soll erst die Chance gegeben werden, sich in Zukunft pflichtgemäß zu verhalten (Abmahnung) bzw. sein pflichtwidriges Verhalten zu beseitigen (Nachfristsetzung).

---

810 BGH, **Life&Law 03/2011, 164 ff.** = WM 2011, 81 ff. = **juris**byhemmer.

811 **<u>§ 48 VIII des Telekommunikationsgesetzes (TKG) lautet</u>:**

„[1]Der Anbieter von öffentlich zugänglichen Telekommunikationsdiensten, der mit einem Verbraucher einen Vertrag über öffentlich zugängliche Telekommunikationsdienste geschlossen hat, ist verpflichtet, wenn der Verbraucher seinen Wohnsitz wechselt, die vertraglich geschuldete Leistung an dem neuen Wohnsitz des Verbrauchers ohne Änderung der vereinbarten Vertragslaufzeit und der sonstigen Vertragsinhalte zu erbringen, soweit diese dort angeboten wird. [2]Der Anbieter kann ein angemessenes Entgelt für den durch den Umzug entstandenen Aufwand verlangen, das jedoch nicht höher sein darf als das für die Schaltung eines Neuanschlusses vorgesehene Entgelt. [3]**Wird die Leistung am neuen Wohnsitz nicht angeboten, ist der Verbraucher zur Kündigung des Vertrages unter Einhaltung einer Kündigungsfrist von drei Monaten zum Ende eines Kalendermonats berechtigt.**“

812 **BGH, Life&Law 08/2016, 521 ff.** = **juris**byhemmer.

813 Das ultima ratio-Prinzip ist einer der in der Praxis enorm wichtigen Grundsätze. Es geht hauptsächlich darum, dem Gekündigten eine stärkere Position einzuräumen. Besonders deutlich wird dies im Arbeitsrecht als „Arbeitnehmerschutzrecht“. Hierzu Hemmer/Wüst, Arbeitsrecht, Rn. 123 ff.

Dies hätte § 314 II BGB eigentlich nicht ausdrücklich anordnen müssen. Denn bei pflichtwidrigem Verhalten ist ein Festhalten am Vertrag für den anderen Vertragsteil eben erst dann unzumutbar, wenn auch eine Fristsetzung bzw. Abmahnung erfolglos geblieben ist. Dies wäre somit bereits bei § 314 I BGB zu prüfen.[814]

Hinweisfunktion

Die Anforderungen, die an eine Abmahnung zu stellen sind, folgen letztlich aus deren Funktion. Der Schuldner soll auf ein Fehlverhalten hingewiesen werden (**„Hinweis- und Dokumentationsfunktion“**). Außerdem soll der Schuldner gewarnt werden, dass im Wiederholungsfall die Kündigung des Dauerschuldverhältnisses droht (**„Warnfunktion“**). 601a

Der Schuldner muss einer Abmahnung zweifelsfrei entnehmen können, was ihm vorgeworfen wird und wie er sein Verhalten in Zukunft einzurichten hat. Die Vorwürfe dürfen nicht schlagwortartig und pauschal sein, sondern sie müssen den Vorfall genau und exakt bezeichnen. Außerdem muss der Schuldner deutlich und ernsthaft aufgefordert werden, ein genau bezeichnetes Fehlverhalten zu ändern.

Strittig: Erfordert die Warnfunktion die Androhung von Konsequenzen?

Strittig ist, ob eine Abmahnung nach § 314 BGB die - gegebenenfalls konkludente - Androhung vertragsrechtlicher Konsequenzen voraussetzt oder ob die Rüge des vertragswidrigen Verhaltens ausreicht. 601b

Nach e.A. genügt Rüge der Pflichtverletzung

In der Literatur wird teilweise die Auffassung vertreten, dass im Rahmen des § 314 BGB für eine Abmahnung die bloße Rüge vertragswidrigen Verhaltens genügt.[815]

Nach BGH muss – zumindest konkludent – mit Kündigung gedroht werden

Der BGH folgt dieser Auffassung nicht und verlangt – wie das BAG bei der verhaltensbedingten Kündigung – eine sog. **„qualifizierte Abmahnung“**. Nach Ansicht des BGH muss eine Abmahnung neben dem Hinweis, dass der Schuldner vertragliche Pflichten verletzt hat, diesem für den Fall eines weiteren Vertragsverstoßes Konsequenzen androhen.[816] Die Abmahnung bedarf also eines ausdrücklichen Warnhinweises. 601c

Dabei ist zwar keine ausdrückliche Kündigungsandrohung erforderlich, jedoch muss aus der Erklärung des Gläubigers für den Schuldner deutlich werden, dass die weitere vertragliche Zusammenarbeit auf dem Spiel steht. Eine wichtige Funktion der Abmahnung besteht nämlich darin, dem Schuldner die Vertragswidrigkeit seines Verhaltens vor Augen zu führen und ihn vor den Folgen einer Fortsetzung zu warnen (**„Warnfunktion“**; s.o.). Erst die Missachtung dieser Warnung lässt die weitere Vertragsfortsetzung für den Gläubiger regelmäßig unzumutbar erscheinen.

Auch Pflichten i.S.v. § 241 II BGB gemeint

Trotz der scheinbaren Ähnlichkeit zu § 323 BGB meint § 314 II BGB mit „Pflicht aus dem Vertrag“ nicht nur leistungsbezogene Pflichten, sondern auch Pflichten i.S.d. § 241 II BGB. Werden solche nichtleistungsbezogenen Pflichten verletzt, kommt allerdings keine Nachfristsetzung, sondern nur eine Abmahnung in Betracht. 602

> ***Bsp.:*** *Bierlieferant B hat den Gastwirt G bei der Auslieferung mehrfach aufs Übelste beleidigt. G möchte nun kündigen.*
>
> Hier würde eine Fristsetzung des G gegenüber B keinen Sinn machen. G muss gegenüber B nach § 314 II S. 1 BGB daher zunächst eine Abmahnung aussprechen.

---

814 Zur Unwirksamkeit einer Kündigung ohne vorherige Abmahnung vgl. z.B. **BGH, Life&Law 03/2012, 159 ff.** = jurisbyhemmer.

815 MüKo, BGB, 5. Auflage 2007, § 314 Rn. 16; von Hase, NJW 2002, 2278-2283 (2280).

816 **BGH, Life&Law 03/2012, 159 ff.** = NJW 2012, 53-54; BGH, NJW-RR 2004, 873-874; BGH, NJW 2008, 1303; BGH, NJW 2002, 3541-3543: **alle Entscheidungen = juris**byhemmer.

Abwandlung: Das von B gelieferte Bier war immer einwandfrei. Bei der letzten Lieferung waren allerdings einige der Flaschen nicht richtig verschlossen.

Hier macht eine Fristsetzung des G gegenüber B, den Mangel der letzten Lieferung zu beseitigen, Sinn. Ebenfalls (auch: zusätzlich) kann G dem B eine Mahnung aussprechen, dass er den Vertrag kündigen werde, wenn derartige Mängel in Zukunft erneut auftreten werden.

Abmahnung verbraucht zugrunde liegenden Sachverhalt

Eine ausgesprochene Abmahnung „verbraucht“ den ihr zugrunde liegenden Sachverhalt; auf diesen kann eine Kündigung nicht mehr gestützt werden. Erst wenn der Vertragspartner nach der Abmahnung erneut eine vergleichbare Pflichtverletzung begeht, kommt eine Kündigung in Betracht. *603*

Anders bei Nachfristsetzung

Anders bei der Nachfristsetzung: Hier kann das Ausbleiben der ordnungsgemäßen Leistung bis zum Ablaufen der gesetzten Nachfrist bereits zur Kündigung berechtigen. *604*

Entbehrlichkeit nach §§ 314 II S. 2, 323 II BGB

Nachfristsetzung bzw. Abmahnung können gem. § 314 II S. 2 BGB i.V.m. § 323 II Nr. 1 und 2 BGB entbehrlich ein. *605*

Zu beachten ist auch die Generalklausel des § 314 II S. 3 BGB, wonach die Abmahnung entbehrlich ist, wenn besondere Umstände vorliegen, die unter Abwägung der beiderseitigen Interessen die sofortige Kündigung rechtfertigen. *606*

Bsp.: Bierlieferant B ärgert sich schon lange über das arrogante Gehabe des G. Um ihm bzw. seinen Gästen zu schaden, füllt er daher hochgiftiges Arsen in einige der Bierflaschen.

Hier ist es G nicht zumutbar, gegenüber B zunächst eine Abmahnung auszusprechen und letztlich darauf zu hoffen, dass es zu derartigen Fällen in Zukunft nicht mehr kommen wird. Denn die Pflichtverletzung des B (Tötungsversuch!) ist zu schwerwiegend, als dass G ein weiteres Festhalten am Vertrag mit B zugemutet werden könnte. Eine Abmahnung ist daher gem. § 314 II S. 3 BGB entbehrlich.

§ 6 STÖRUNG DER GESCHÄFTSGRUNDLAGE, § 313 BGB[817]

Um keine Leistungsstörung im eigentlichen Sinne handelt es sich bei der sog. Störung der Geschäftsgrundlage i.S.v. § 313 BGB. Diese knüpft nämlich nicht an das Vorliegen einer Pflichtverletzung an. 607

Dennoch erscheint die Störung der Geschäftsgrundlage den Leistungsstörungen zumindest verwandt: Hier wie dort geht es um eine Beeinträchtigung bzw. um eine Gefährdung des Interesses einer Partei eines Schuldverhältnisses. Daher soll eine Darstellung in diesem Skript erfolgen.

Bei der Störung der Geschäftsgrundlage geht es – vereinfacht gesagt – um das Fehlen oder den Wegfall von Umständen, die für eine Vertragspartei so wesentlich sind, dass eine Vertragsänderung oder gar eine Vertragsaufhebung erforderlich wird. Letztlich wird eine Ausnahme vom Grundsatz „pacta sunt servanda" gemacht.[818]

clausula rebus sic stantibus

Der historische Gesetzgeber hatte es 1896 zunächst abgelehnt, die mittelalterliche Lehre der „clausula rebus sic stantibus" (Vorbehalt gleich bleibender Umstände) ins BGB aufzunehmen.

Früher auf § 242 BGB gestützt

Schon die unvorstellbare Totalinflation von 1920 bis 1923 zwang zu einem Umdenken. Die Gesetzeslücke wurde dann über ein ¾ Jahrhundert als Lehre vom „Wegfall der Geschäftsgrundlage" in § 242 BGB verortet.

Erst die Modernisierung des Schuldrechts führte mit der Regelung des § 313 BGB eine gesetzliche Grundlage herbei, die dabei allerdings keine wesentlichen rechtlichen Änderungen mit sich brachte.[819]

Zu beachten ist, dass eine Störung der Geschäftsgrundlage nur bei vertraglichen Schuldverhältnissen möglich ist. Dies ergibt sich aus der systematischen Stellung des § 313 BGB im Untertitel 3: „Anpassung und Beendigung von Verträgen". 608

hemmer-Methode: Das Rechtsinstitut wurde regelmäßig als „Wegfall der Geschäftsgrundlage" bezeichnet. Dies war jedoch nicht exakt, da nach ganz h.M. auch Fälle erfasst sein sollten, bei denen die Geschäftsgrundlage von Anfang an fehlte. Die Terminologie „Störung der Geschäftsgrundlage" deckt begrifflich beide Fälle ab. Halten Sie sich - auch wenn es zunächst schwerfallen mag - an diese neue Begrifflichkeit!

A) Anwendbarkeit

Subsidiarität der Störung der Geschäftsgrundlage

Auch nach der ausdrücklichen Normierung der Störung der Geschäftsgrundlage (SGG) in § 313 BGB bleibt diese als Ausdruck einer „allgemeinen Billigkeitslehre"[820] nur für solche Fälle anwendbar, in denen das Gesetz nicht bereits eine speziellere Regelung bereithält. 609

817 Zur Störung der Geschäftsgrundlage, ihrer Entwicklung bis zur Schuldrechtsreform und zu neuen Streitfragen lesen Sie Rösler, „Störung der Geschäftsgrundlage nach der Schuldrechtsreform", ZGS 2003, 383 ff.; vgl. auch den dreiteiligen Aufsatz von Rösler, „Grundfälle zur Störung der Geschäftsgrundlage, JuS 2004, 1058 ff., fortgesetzt in JuS 2005, 27 ff.; Schluss in JuS 2005, 120 ff.; vgl. auch Riesenhuber, Der Tatbestand der Geschäftsgrundlage in § 313 BGB", JuS 2006, 208 ff.

818 Palandt, § 313, Rn. 1.

819 Vgl. dazu auch Palandt, § 313, Rn. 1, 2.

820 Medicus, BR, Rn. 151.

Während diese Subsidiarität früher aus dem Vorrang des geschriebenen Rechts vor dem Gewohnheitsrecht und dem Erfordernis einer gesetzlichen Regelungslücke begründet wurde, beruht sie nun auf dem lex-specialis-Grundsatz.

hemmer-Methode: Hier kann ein wesentlicher Schwerpunkt der Klausur liegen! Es ist daher besonders wichtig, die Störung der Geschäftsgrundlage von vornherein gleich im Zusammenhang mit solchen konkurrierenden gesetzlichen Regelungen zu lernen und zu verstehen.

I. Gesetzliche Sonderregelungen der Störung der Geschäftsgrundlage

Es existieren im BGB spezielle Normen, welche die Folgen des Fehlens oder Wegfalls eines vertragswesentlichen Umstandes ausdrücklich regeln. Diese Regelungen haben den Vorrang vor der allgemeinen Vorschrift des § 313 BGB.[821] 610

Bsp.: Vermögensverschlechterung des Darlehensnehmers, § 490 BGB; Widerruf der Schenkung bei grobem Undank des Beschenkten, §§ 530, 531 BGB; Kündigung des Reisevertrages wegen höherer Gewalt, § 651j BGB; Unwirksamkeit des Vergleichs, § 779 BGB.

II. Vorrang vertraglicher Vereinbarungen

Haben die Parteien für den Fall des Wegfalls oder anfänglichen Fehlens eines von ihnen als wesentlich erachteten Umstandes eine vertragliche Vereinbarung getroffen, so hat diese Vorrang; dies gebietet der Grundsatz der Privatautonomie. 611

Vertragliche Regelungen haben Vorrang

Bei der Störung der Geschäftsgrundlage kann es daher nur um solche Konstellationen gehen, für die die Vertragsparteien keine vertragliche Regelung getroffen haben. Vertragliche Vereinbarungen haben also Vorrang vor der Anwendung des § 313 BGB. 612

hemmer-Methode: Beim ersten Lesen des § 313 I S. 1 BGB („[...], die zur Grundlage des Vertrages geworden sind [...]“) scheint diese Aussage mit dem Wortlaut zu kollidieren. Der Wortlaut des § 313 I BGB ist zwar leicht missverständlich, bei näherem Hinsehen ist er jedoch exakt: Es geht um Umstände, die Grundlage des Vertrages, nicht aber um Umstände, die Vertragsinhalt geworden sind. In letzterem Fall hat die vertragliche Regelung absoluten Vorrang!

Zunächst Auslegung des Vertrages, §§ 133, 157 BGB

Daher muss zunächst der genaue Vertragsinhalt (auch im Wege ergänzender Auslegung) nach den §§ 133, 157 BGB ermittelt werden. 613

Bsp.: Wird in einem Stromlieferungsvertrag zwischen Energielieferant und Stromabnehmer in zulässiger Weise eine sogenannte Preisänderungsklausel vereinbart, so ist bei verändertem Marktpreis und veränderter Wirtschaftslage eine Lösung über diese Preisänderungsklausel zu suchen. Ein Rückgriff auf die Störung der Geschäftsgrundlage ist daneben unzulässig.

III. Vereinbarung einer Bedingung

Bedingung (§ 158 BGB) ebenfalls vorrangig

Wird durch vertragliche Vereinbarung ein bestimmter Umstand im Wege einer auflösenden bzw. aufschiebenden Bedingung nach § 158 BGB zum Vertragsinhalt gemacht, so ist daneben ein Rückgriff auf die Störung der Geschäftsgrundlage nach § 313 BGB nicht zulässig. 614

821 Palandt, § 313, Rn. 12 ff.

Hierbei handelt es sich freilich nur um eine spezielle Ausgestaltung des oben aufgestellten Grundsatzes vom Vorrang vertraglicher Vereinbarungen.

IV. Unmöglichkeit

Ein Umstand, dessen Vorliegen ein Leistungshindernis i.S.d. § 275 I - III BGB darstellt, würde grundsätzlich zur Vertragsanpassung bzw. Vertragsaufhebung nach § 313 BGB führen, da für den Schuldner nun ein Festhalten an seiner Leistungspflicht nicht mehr zumutbar ist. 615

Für den Fall der Unmöglichkeit finden sich aber gerade aus diesem Grunde spezialgesetzliche Regelungen, vgl. §§ 275, 283, 326 BGB. Liegt ein Fall der Unmöglichkeit vor, so ist § 313 BGB unanwendbar. Die konkrete Anwendung dieses Prinzips kann jedoch zu Abgrenzungsproblemen führen.

Zweckerreichung = Unmöglichkeit

1. Ein Fall der Unmöglichkeit i.S.d. § 275 I BGB liegt auch bei der sog. Zweckerreichung vor.[822] Unmöglichkeit ist die Nichterbringbarkeit des Leistungserfolges durch den Schuldner; bei der Zweckerreichung tritt der Leistungserfolg in anderer Weise ein und kann deshalb vom Schuldner nicht mehr erbracht werden. 616

> ***Bsp.:*** *Das vom Unternehmer zu reparierende Auto funktioniert plötzlich von selbst wieder einwandfrei.*

Zweckfortfall = Unmöglichkeit

Ebenso einen Fall der Unmöglichkeit i.S.d. § 275 I BGB stellt der sog. Zweckfortfall dar.[823] Hierbei fällt der Zweck der Leistung des Schuldners weg, wobei die Erreichung dieses Zweckes Inhalt seiner Leistungspflicht ist. 617

> ***Bsp.:*** *Das vom Unternehmer zu reparierende Auto explodiert und wird vollständig zerstört.*

SGG daher nicht anwendbar

Bei Zweckerreichung und Zweckfortfall sind nur die Vorschriften über die Unmöglichkeit anzuwenden. Für die Anwendung des nachrangigen § 313 BGB besteht kein Raum. 618

2. Liegt ein Leistungshindernis nach § 275 II, III BGB vor, so sind die Regeln der Störung der Geschäftsgrundlage ebenfalls nicht anwendbar. Dies muss auch dann gelten, wenn die Leistungspflicht des Schuldners mangels Geltendmachung des Leistungsverweigerungsrechtes aus § 275 II, III BGB (noch) nicht ausgeschlossen ist. 619

3. Abgrenzungsprobleme ergeben sich bei der „praktischen" und der „wirtschaftlichen" Unmöglichkeit. 620

SGG (-) bei „praktischer" Unmöglichkeit

> ***Bsp.:*** *A soll B einen Ring übereignen. Dieser liegt jedoch irgendwo im Atlantik auf dem Meeresgrund.*
>
> Hierbei liegt ein Fall der sog. praktischen Unmöglichkeit vor. Diese führt zum Ausschluss der Leistungspflicht nach § 275 II BGB, sofern der Schuldner von dem Leistungsverweigerungsrecht Gebrauch macht; für § 313 BGB ist kein Raum.

SGG jedoch anwendbar bei „wirtschaftlicher" Unmöglichkeit

> ***Bsp.:*** *U soll für B ein Haus errichten. Beim Ausheben der Baugrube stellt sich heraus, dass der Boden für die Errichtung eines Hauses nur nach umfangreichen Abstützarbeiten geeignet ist. Daher entstehen dem U jetzt wesentlich höhere Kosten als bei seiner ursprünglichen Kalkulation für den vereinbarten Festpreis vorgesehen.*

822 Vgl. hierzu Palandt, § 313, Rn. 13.

823 Vgl. Palandt, a.a.O.

Ein solcher Fall der Leistungserschwerung aufgrund unerwartet hoher Kosten für die Leistungserbringung (sog. wirtschaftliche Unmöglichkeit) ist kein Fall der Unmöglichkeit nach § 275 I- III BGB.

Obwohl § 275 II BGB einschlägig zu sein scheint, soll diese Vorschrift nach dem ausdrücklichen Willen des Gesetzgebers nicht Fälle der wirtschaftlichen Unmöglichkeit umfassen.[824] Hier ist der Anwendungsbereich des § 313 BGB eröffnet.

Der erforderliche Aufwand des Schuldners ist bei § 275 II BGB objektiv zu bestimmen und mit dem Leistungsinteresse des Gläubigers, das sich mindestens nach der Höhe des Verkehrswertes der Leistung, bei gegenseitigen Verträgen auch nach dem Betrag der Gegenleistung bemisst, abzuwägen.[825]

Daraus ergibt sich, dass bei Verteuerungen der Leistung (z.B. Rohölpreise) niemals ein Fall des § 275 II BGB vorliegen kann. Denn mit dem zunehmenden Aufwand des Schuldners wächst in gleichem Verhältnis auch das Leistungsinteresse des Gläubigers an.

<u>Sound</u>: Es kann bei nachträglichen Verteuerungen also gar kein Missverhältnis entstehen! In derartigen Fällen kann aber unter ganz engen Voraussetzungen (vgl. Rn. 637 ff.) ein Fall der SGG vorliegen.[826]

V. Pflichtverletzung

Die Rechtsfolgen von Pflichtverletzungen im Schuldverhältnis sind in den §§ 280 ff. BGB umfänglich geregelt worden. Ein Rückgriff auf die Störung der Geschäftsgrundlage verbietet sich daher. 621

VI. Anfechtung

Anfechtung hat Vorrang

Während für Irrtümer bei der Willensäußerung von vornherein nur die Anfechtungsvorschriften anzuwenden sind, können sich bei Irrtümern i.R.d. Willensbildung (= Motivirrtümer) die Anfechtungsregeln und das Institut der Störung der Geschäftsgrundlage überdecken. 622

Wenn Anfechtungsgrund (+), dann SGG (-)

Auch in diesem Bereich gilt aber: Soweit das Gesetz ausnahmsweise in §§ 119 II, 123 und 2078 BGB einen Motivirrtum als Anfechtungsgrund anerkennt, treten die Grundsätze über die Störung der Geschäftsgrundlage regelmäßig als subsidiär zurück. Der Anwendungsbereich der Störung der Geschäftsgrundlage ist folglich nur bei Irrtümern über Motive eröffnet, die nicht zur Anfechtung berechtigen, die aber in den dem Vertragsschluss zugrunde liegenden Geschäftswillen beider Parteien aufgenommen worden sind.

Bsp.: *V verkauft K eine alte Briefmarke. Beide wissen zwar genau, um was für ein Exemplar es sich handelt, sie gehen beide aber irrtümlich davon aus, dass dieses Exemplar einen relativ geringen Wert hat.*

1. Die Briefmarke ist nicht i.S.v. § 434 BGB mangelhaft. Auch eine Anfechtung durch eine der Parteien scheidet aus: Es liegt nämlich lediglich ein Irrtum über den Wert der verkauften Sache vor; der Wert einer Sache ist gerade keine verkehrswesentliche Eigenschaft i.S.v. § 119 II BGB.

2. Eine Anpassung des gezahlten Kaufpreises an den tatsächlichen Wert der verkauften Marke kommt daher allein über die Grundsätze vom Fehlen der Geschäftsgrundlage in Betracht, § 313 II BGB.

Str. bei beiderseitigem Motivirrtum

Umstritten ist der Vorrang der Anfechtung bei einem zur Anfechtung berechtigenden Motivirrtum beider Vertragsparteien, vgl. unten Rn. 642 ff. 623

824 BT-Drucks. 14/6040, S. 130.

825 Palandt, § 275, Rn. 27.

826 Sog. „wirtschaftlichen Unmöglichkeit“ vgl. nochmals Rn. 47; zur Abgrenzung vgl. auch Rösler, „Grundfälle zur Störung der Geschäftsgrundlage“, JuS 2004, 1058 (1062).

VII. Zweckverfehlungskondiktion, § 812 I S. 2 Alt. 2 BGB

Zweckkondiktion, § 812 I S. 2 Alt. 2 BGB

Der Kondiktionsanspruch aus § 812 I S. 2 Alt. 2 BGB unterscheidet sich schon von seinen Voraussetzungen her so wesentlich vom Institut der Störung der Geschäftsgrundlage, dass beide Institute streng genommen gar nicht miteinander konkurrieren können.[827] 624

Nach der Ansicht der Rechtsprechung soll § 313 BGB vorrangig sein als vertraglicher Rechtsbehelf und wegen seiner flexibleren Rechtsfolgen.[828]

Vereinbarung erforderlich

Umso wichtiger ist, sich die Abgrenzung klar zu machen: Das zentrale Abgrenzungskriterium liegt darin, dass bei der Störung der Geschäftsgrundlage der verfehlte Zweck nur ein „vorausgesetzter“ und nicht ein „vereinbarter“ ist; demgegenüber setzt die condictio ob rem nach § 812 I S. 1 Alt. 2 BGB eine Zweckvereinbarung voraus.[829] 625

<u>Beispiel</u>: *Mann schenkt Frau goldenen Ring mit den Worten „In Liebe und ewiger Treue, Dein Otto!“. Am nächsten Tag verlässt sie ihn. Otto will („wenigstens“) den Ring zurück.*
Scheidet die Annahme einer Bedingung wegen fehlender Vereinbarung, die Anfechtung wegen bloßen Motivs und § 812 I S. 2 Alt. 2 BGB wegen fehlender Zweckvereinbarung aus, so bleibt zur Lösung nur noch die Störung der GG.
Von Ihnen wird in der Klausur erwartet, dass Sie die Rechtsinstitute voneinander abgrenzen können. Systematisches Verständnis stellt ein wesentliches Bewertungskriterium dar!

Bsp.: *A arbeitet bei einer Konzertagentur. Sein Freund B möchte unbedingt ein von dieser Agentur veranstaltetes Konzert besuchen, das aber bereits nahezu ausverkauft ist. Deshalb schenkt B dem A eine Kiste edlen Rotweins in der von A auch erkannten Erwartung, der A werde ihm dafür eine Eintrittskarte besorgen. A nimmt den Wein an und lässt ihn sich schmecken, die Karte für B aber vergisst er.*

In derartigen Fällen besteht zwischen den Parteien der Abrede eine tatsächliche Einigung darüber, welcher besondere Zweck mit der Hingabe des Geschenkes erreicht werden soll. Wird dieser Zweck nicht erreicht, so greift nur § 812 I S. 2 Alt. 2 BGB als Anspruchsgrundlage.

B) Voraussetzungen

626

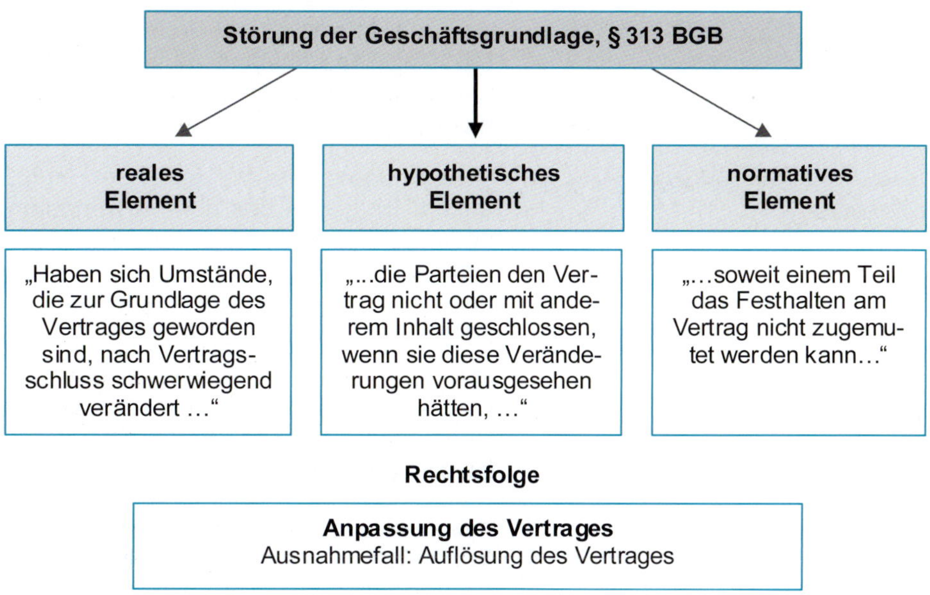

827 Medicus, BR, Rn. 163.

828 Vgl. BGHZ 84, 158-196 (190); BGH, NJW 1994, 3287-3288 = jurisbyhemmer.

829 Palandt, § 313, Rn. 15.

§ 313 I BGB zählt die einzelnen Voraussetzungen für die Bejahung einer Störung der Geschäftsgrundlage auf und gibt zugleich die Prüfungsreihenfolge vor.

I. Reales Element

Vorausgesetzt von mindestens einer Vertragspartei

Geschäftsgrundlage kann nur ein Umstand sein, dessen Bestehen bzw. Fortbestehen von mindestens einer Vertragspartei vorausgesetzt worden ist (reales Element). Dieses „Voraussetzen“ verlangt aber, dass dies für den anderen Teil erkennbar war.[830] 627

hemmer-Methode: Einseitige Erwartungen einer Partei gehören daher nur dann zur Geschäftsgrundlage, wenn sie in den dem Vertrag zugrundeliegenden gemeinsamen Willen aufgenommen wurden.

Dieses Erfordernis geht aus § 313 I BGB nicht eindeutig hervor. Das Gesetz spricht lediglich von Umständen, „die zur Grundlage des Vertrages geworden sind“. An dieser Stelle ist das reale Element zu verankern.

hemmer-Methode: Beachten Sie nochmals, dass dieser Umstand nicht Vertragsinhalt geworden sein darf!!!

II. Wegfall oder Fehlen dieses Umstandes

Sinnvoll ist es, bereits im Anschluss an die Bejahung des realen Elementes zu prüfen, ob dieser Umstand nachträglich weggefallen ist (§ 313 I BGB spricht von einer „schwerwiegenden Veränderung“) oder von Anfang an fehlte (§ 313 II BGB). 628

Anderenfalls würde sich nämlich eine weitere Prüfung erübrigen; die Ausführungen zum hypothetischen und zum normativen Element (s.u.) würden „in der Luft hängen“.

hemmer-Methode: Diese Prüfungsreihenfolge gibt nun auch das Gesetz vor, da er der gedanklichen Abfolge im Gesetzestext entspricht. Hieran sollten Sie sich halten!

III. Hypothetisches Element

hypothetisches Element

Der fragliche Umstand muss für die Partei, die ihn vorausgesetzt hat, so wesentlich sein, dass sie ohne diesen den Vertrag nicht bzw. nicht so geschlossen hätte (hypothetisches Element). 629

ausdrückliche Normierung in § 313 I BGB

Dieses Element ist nun im Gesetz in § 313 I BGB ausdrücklich verankert. Entgegen des dort verwendeten Wortlauts ist es aber nicht nötig, auf beide Parteien abzustellen; es kommen ja auch gerade Umstände in Betracht, die nur eine Partei vorausgesetzt hat, sodass das hypothetische Element auch nur auf diese angewendet werden kann.

Man fragt also hypothetisch: Hätte die Partei bei Vertragsschluss gewusst, dass der fragliche Umstand nicht besteht (§ 313 II BGB) bzw. später wegfällt (§ 313 I BGB), hätte sie dann den Vertrag überhaupt nicht bzw. anders geschlossen?

hemmer-Methode: An das Vorliegen von realem und hypothetischem Element sind regelmäßig geringe Anforderungen zu stellen; problematisch in der Klausur ist i.d.R. nur und besonders das normative Element.

830 Palandt, § 313, Rn. 3.

IV. Normatives Element

Umfassende Abwägung

Erforderlich ist nach § 313 I BGB a.E., dass einer Partei das Festhalten am unveränderten Vertrag nicht zugemutet werden kann. Hierbei handelt es sich um eine reine Wertungsfrage, die durch eine umfassende Abwägung zu entscheiden ist. Dass dies unter Berücksichtigung aller Umstände des Einzelfalls stattzufinden hat, ist eine Selbstverständlichkeit, wird aber vom Gesetz dennoch ausdrücklich angeordnet.[831] 630

Das Gesetz gibt Kriterien vor, die in die Abwägung einzustellen sind: Insbesondere ist die vertragliche oder gesetzliche Risikoverteilung zu berücksichtigen. Hierbei handelt es sich um ein wichtiges Kriterium; jedoch ist die Aufzählung nicht abschließend, die Abwägung hat unter jedem denkbaren Gesichtspunkt stattzufinden.

Bsp.: *B hat für eine Darlehensschuld des S gegenüber G eine Bürgschaft übernommen. Nach Abschluss erfährt er, dass es um die Vermögensverhältnisse des S nicht gut bestellt ist. B möchte deshalb den Bürgschaftsvertrag „rückgängig machen".* 631

1. In Betracht kommt eine Anfechtung des Bürgschaftsvertrages durch B wegen Irrtums über eine verkehrswesentliche Eigenschaft des S nach § 119 II BGB mit der Folge der ex-tunc-Nichtigkeit nach § 142 I BGB. Liegt ein entsprechender Anfechtungsgrund vor, kommt ein Rückgriff auf § 313 BGB nicht in Frage.

§ 119 II BGB erfasst auch den Irrtum über eine verkehrswesentliche Eigenschaft einer Person; dabei kann diese Person auch ein Dritter sein. Die Vermögensverhältnisse des Hauptschuldners sind bei Abschluss eines Bürgschaftsvertrages als verkehrswesentlich anzusehen, da sich hiernach das Risiko des Bürgen bestimmt, durch den Gläubiger nach § 765 BGB in Anspruch genommen zu werden.

Dennoch lehnt die h.M. eine Anfechtung nach § 119 II BGB ab. Es ist gerade das vom Bürgen im Bürgschaftsvertrag eingegangene Risiko, dass der Hauptschuldner zur Tilgung der Hauptschuld nicht imstande ist und der Gläubiger daher den Bürgen in Anspruch nimmt.

Würde der Bürge einerseits dieses Risiko durch Abschluss des Bürgschaftsvertrages eingehen, andererseits aber bei Verwirklichung des Risikos nach § 119 II BGB anfechten, würde er sich zu seinem ursprünglichen Verhalten in Widerspruch setzen. Das aus § 242 BGB abzuleitende Verbot widersprüchlichen Verhaltens (venire contra factum proprium) schließt die Anfechtung nach § 119 II BGB in diesem Fall aus.

2. Jedoch könnte das Institut der Störung der Geschäftsgrundlage zu einer Vertragsaufhebung führen, § 313 I, III BGB.

a) Fraglich ist bereits, ob § 313 BGB neben dem eigentlich einschlägigen § 119 II BGB überhaupt zur Anwendung kommt.

b) Das reale und das hypothetische Element wären zwar zu bejahen; jedenfalls ist aber das normative Element nicht gegeben: In die Abwägungsentscheidung zur Ermittlung der Frage, ob ein Festhalten am unveränderten Bürgschaftsvertrag für B unzumutbar ist, ist insbesondere die dem Bürgschaftsvertrag innewohnende Risikoverteilung einzubeziehen.

Der Bürge trägt nun aber gerade das Risiko fehlender Zahlungsfähigkeit des Hauptschuldners; gerade aus diesem Grunde wird ja der Bürgschaftsvertrag geschlossen. Daher ist B das Festhalten am unveränderten Bürgschaftsvertrag zumutbar, eine Vertragsaufhebung nach § 313 I, III BGB scheidet aus.[832]

831 Zum Begriff der Unzumutbarkeit: Palandt, § 313, Rn. 24.

832 Palandt, § 313, Rn. 47 f.

C) Wichtige Fallgruppen

Die Anwendung des Instituts der Störung der Geschäftsgrundlage i.S.d. § 313 BGB ist aufgrund der vorzunehmenden umfänglichen Abwägung stark vom konkreten Einzelfall abhängig. Dennoch haben sich einige Fallgruppen gebildet, deren Behandlung bekannt sein sollte. Maßgeblich sind aber letztlich die konkreten Umstände des Einzelfalles. 632

hemmer-Methode: In der Examensklausur und vor allem in Ihrer späteren juristischen Praxis werden Sie regelmäßig auf Fälle stoßen, bei denen eine Vertragspartei Ergebnisse aufgrund besonderer Umstände als „ungerecht" empfindet. Gehen Sie nicht zu großzügig mit dem Institut der Störung der Geschäftsgrundlage um, sondern prüfen Sie genau deren einzelne Voraussetzungen, insbesondere auch die Subsidiarität gegenüber spezialgesetzlichen Regelungen. 633
Dies auch gerade vor dem Hintergrund, dass die „Justiz" im Dritten Reich dieses Institut zum „Hinbiegen" ideologisch wünschenswerter Ergebnisse missbrauchte.
Andererseits: Schrecken Sie vor der Bejahung des § 313 BGB nicht schon deshalb zurück, weil eine der Ihnen bekannten Fallgruppen nicht gegeben ist. Die Störung der Geschäftsgrundlage ist stark einzelfallabhängig!

I. Zweckstörung

Zweckstörung

In den Fällen von Zweckerreichung und Zweckfortfall greifen ausschließlich die Regeln über die Unmöglichkeit.[833] Anders in den Fällen, in denen der geschuldete Erfolg zwar vom Schuldner noch herbeigeführt werden kann, der Gläubiger an ihm aber kein Interesse mehr hat. Bei einer solchen Zweckstörung ist keine Unmöglichkeit gegeben; der Anwendungsbereich des § 313 BGB ist eröffnet.[834] 634

Hier gilt: Grundsätzlich fällt zwar die Verwendbarkeit des Vertragsgegenstandes in den Risikobereich des Empfängers. Hat sich aber der andere Teil die geplante Verwendung soweit zu Eigen gemacht, dass auch er sie als wesentliche Grundlage des Vertrages ansieht, dann greift bei einer Zweckstörung § 313 BGB. 635

Insbesondere wird das der Fall sein, wenn die beabsichtigte Verwendung wesentlich zur Preisgestaltung i.R.d. vertraglichen Vereinbarung mitgespielt hat.

Bsp.:

- *V vermietet dem M ein Bootshaus an einem nahe gelegenen See. Da an diesem See nur noch wenige Bootshäuser frei sind, kann V einen relativ hohen Mietzins verlangen. Nach einem Monat verbietet die zuständige Behörde die Schifffahrt auf dem See.*[835]

- *K, der über gute Kontakte in den Nahen Osten verfügt, schließt mit der Brauerei B einen Bierlieferungsvertrag. Dabei soll K das von B gebraute Bier in den Iran exportieren. Nach der islamischen Revolution ist jeglicher Alkoholgenuss im Iran streng verboten.*[836]

Krönungszugfälle

Hierher gehören nach richtiger Ansicht auch die sogenannten Krönungszugfälle: Anmietung eines Zimmers, um den Krönungszug der englischen Königin verfolgen zu können. Wegen Erkrankung der Queen fällt der Krönungszug aus. 636

833 Siehe oben unter Rn. 35.

834 Siehe oben unter Rn. 35.

835 BGH, WM 1971, 1300-1304 (1303) = jurisbyhemmer.

836 BGH, NJW 1984, 1746-1748 = jurisbyhemmer.

II. Leistungserschwerung

Leistungserschwerung

Grundsätzlich trägt nach der vertraglichen Risikoverteilung der Schuldner das Risiko nachträglicher Erschwerungen seiner Leistung, die für ihn zu einem höheren Aufwand führen.[837] 637

Es gibt aber auch Fälle, in denen durch nicht im Risikobereich des Schuldners liegende Umstände Leistungserschwerungen eintreten, die über die zumutbare Opfergrenze hinausgehen.[838]

1. Beruht eine derartige Leistungserschwerung auf immateriellen Gründen, so gab die früher h.M. dem Schuldner eine Einrede unmittelbar aus § 242 BGB, nach der die Leistung jetzt verweigert werden durfte, auf Verlangen des Gläubigers aber später zu erbringen war.[839] 638

> **Bsp.:** *Die Sängerin weigert sich aufzutreten, weil ihr Kind schwer erkrankt ist.*

§ 275 III BGB hat Vorrang

Nach § 275 III BGB ergibt sich in derartigen Fällen ein Leistungsverweigerungsrecht des Schuldners.

hemmer-Methode: Da diese Vorschrift vor § 313 BGB den Vorrang genießt, kann die Fallgruppe der Leistungserschwerung aus immateriellen Gründen nur noch in den Fällen einer nicht höchstpersönlichen Leistungserbringung zur Anwendung des § 313 BGB führen.

2. Bei Erschwernissen aus wirtschaftlichen Gründen (sog. „wirtschaftliche Unmöglichkeit") kommt allein eine Anwendung von § 313 BGB in Betracht; Unmöglichkeit i.S.d. § 275 II BGB soll nach dem Willen des Gesetzgebers nicht vorliegen.[840] 639

hemmer-Methode: § 275 II BGB passt schon deshalb nicht, weil dort anhand des Leistungsinteresses des Gläubigers eine Abwägung erfolgen muss. Bei Verteuerungen kann aber gar kein Missverhältnis entstehen, da mit der Verteuerung auch das Leistungsinteresse des Gläubigers proportional mit steigt.[841]

Voraussetzung ist, dass durch die Leistungserschwerung die Zumutbarkeitsgrenze für den Schuldner überschritten wird. Dies ist nach den konkreten Umständen des Einzelfalls zu ermitteln und i.R.d. normativen Elements von Belang.

> **Bsp.:** *Ein zu reparierendes Schiff sinkt vor Eintreffen des Abschleppkahns und liegt jetzt in 30 m Tiefe auf dem Meeresgrund. Die vom Schuldner aufzuwendenden Kosten für Bergung und Reparatur steigen daher um 60 %, sodass der vorher vereinbarte Werklohn bei weitem nicht mehr kostendeckend ist.*

hemmer-Methode: Das Beispiel zeigt zugleich, wie „eng" die Abgrenzungen sind: Je nach den näheren Angaben im Sachverhalt könnte hier auch ein Zweckfortfall vorliegen, wenn sich durch Auslegung ergeben würde, dass nur Abschleppen und Reparatur, nicht aber auch Bergung geschuldet ist.

837 Palandt, § 313, Rn. 37 ff.

838 Vgl. Palandt, a.a.O.

839 Medicus, BR, Rn. 157.

840 BT-Drucks. 14/6040, S. 130.

841 Vgl. dazu nochmals Rn. 44 und 47 sowie Rösler, „Grundfälle zur Störung der Geschäftsgrundlage", JuS 2004, 1058-1062 (1062).

III. Äquivalenzstörung

Äquivalenzstörung

Bei der Fallgruppe der Äquivalenzstörungen beruht die Störung nicht auf einseitigen Erschwerungen der vom Schuldner zu erbringenden Leistung, sondern auf einer Störung des gegenseitigen Verträgen allgemein innewohnenden angemessenen Verhältnisses von Leistung und Gegenleistung.[842] 640

Hervorgerufen werden solche Äquivalenzstörungen durch die Entwertung der geschuldeten Geld- oder Sachleistung.

Dies fällt aber regelmäßig in den Risikobereich des Gläubigers, sodass eine Vertragsänderung zu seinen Gunsten nach § 313 BGB grundsätzlich nicht in Betracht kommt.[843]

Etwas anderes gilt erst in extremen, nicht vorhersehbaren Ausnahmesituationen, wie beispielsweise in der Zeit der Inflation von 1922/23. 641

Eher anzuwenden ist die Lehre von der Geschäftsgrundlage bei Verträgen, die ganz eindeutig Versorgungscharakter haben. Hier wird nämlich die zumutbare Opfergrenze für den Gläubiger wesentlich früher überschritten. 641a

Bsp.: *Bei Unterhaltsvereinbarungen nimmt die Rechtsprechung einen Wegfall der Geschäftsgrundlage bereits an, wenn eine Entwertung der Unterhaltszahlung um 10 % eingetreten ist.*[844]

IV. Doppelter Motivirrtum

Doppelter Motivirrtum

1. Irren bei Vertragsschluss beide Parteien über ein dem Vertrag zugrunde liegendes Motiv, dann ist der Anwendungsbereich des § 313 BGB grundsätzlich eröffnet.[845] 642

Bsp.: *Haben der Krankenhausträger und der Patient die gemeinsame Vorstellung, dass eine gesetzliche Krankenversicherung besteht, die die Kosten des Krankenhausaufenthalts übernimmt, und stellt sich dies als Irrtum heraus, dann fehlt dem zwischen dem Krankenhausträger und dem Patienten (hier der Mutter des minderjährigen Patienten) geschlossenen Behandlungsvertrag die Geschäftsgrundlage, § 313 II BGB.*[846]

2. Fraglich ist das nur dann, wenn der gemeinschaftliche Motivirrtum ausnahmsweise zur Anfechtung, insbesondere nach § 119 II BGB, berechtigt. 643

Die h.M. will auch derartige Fälle über die Störung der Geschäftsgrundlage lösen, da es unbillig sei, denjenigen, der zufällig als Erster seine Willenserklärung anficht, mit der Ersatzpflicht aus § 122 I BGB zu belasten.

Jedoch wird auch beim Doppelirrtum nur derjenige das Geschäft anfechten, für den es nachteilig war. Es ist keinesfalls vom Zufall abhängig, welche Partei anfechten wird: Das wird nur diejenige tun, die an der Beseitigung des Vertrages nach § 142 I BGB interessiert ist. Daher ist es auch nicht unbillig, dem Anfechtenden die Schadensersatzpflicht nach § 122 BGB aufzuerlegen.

842 Medicus, BR, Rn. 161.

843 Palandt, § 313, Rn. 29 bzw. 33.

844 Vgl. hierzu Palandt, § 313, Rn. 54.

845 RGZ 122, 203; BGHZ 25, 390-395 (392) = **juris**byhemmer.

846 BGH, NJW 2005, 2069-2072 = **juris**byhemmer.

Da die § 313 BGB gegenüber speziellen gesetzlichen Regelungen generell subsidiär ist, muss in Fällen eines nach § 119 II BGB beachtlichen Irrtums, auch im Fall des Doppelirrtums, das Recht der Anfechtung Vorrang vor der Anwendung des § 313 BGB haben.[847] 644

Bsp.: *(„Leibl/Duvenec-Fall") Verkäufer und Käufer irren sich nicht bloß über den Wert eines Bildes, sondern auch über seinen Urheber.*

Zwar berechtigt der Irrtum über den Wert nicht zur Anfechtung nach § 119 II BGB, wohl aber der Irrtum über den Maler. War das Bild in Wahrheit von einem Künstler gemalt, dessen Werke höhere Preise erzielen, so ist das abgeschlossene Geschäft nur für den Verkäufer nachteilig, weil er einen zu geringen Kaufpreis erhalten hat. Deshalb wird er das Geschäft nach § 119 II BGB anfechten. Dafür muss er dann allerdings den Vertrauensschaden des Käufers nach § 122 BGB ersetzen. Ein Rückgriff auf § 313 BGB ist entbehrlich und wegen der Subsidiarität der Störung der Geschäftsgrundlage auch nicht zulässig.

hemmer-Methode: Ist in der Klausur nach Ansprüchen des Verkäufers auf Herausgabe des Bildes gefragt, müssen Sie an § 985 BGB denken. Denn im Falle einer wirksamen Anfechtung gem. § 119 II BGB bezieht sich diese auch auf das dingliche Rechtsgeschäft, sodass der Verkäufer – ex tunc betrachtet, § 142 I BGB – Eigentümer geblieben ist und das Bild nach § 985 BGB herausverlangen kann. Daneben steht ein Anspruch aus § 812 I S. 1 Alt. 1 BGB: „Erlangtes Etwas" ist wegen der Unwirksamkeit der Übereignung nach erfolgter Anfechtung nur der Besitz am Bild.

D) Rechtsfolgen

I. Vertragsanpassung

Die primäre Rechtsfolge der Störung der Geschäftsgrundlage ist die Vertragsanpassung, vgl. § 313 I BGB. Der Vertrag ist dahingehend anzupassen, dass die im normativen Element festgestellte Unzumutbarkeit für einen Vertragsteil beseitigt wird.[848] 645

So kann bei einer wirtschaftlichen Leistungserschwerung (oben, Rn. 639) die Vertragsanpassung – wenn dies dem Interesse des Schuldners entspricht – zu einer Erhöhung der vom anderen Vertragsteil zu zahlenden Vergütung führen.

Anspruch auf Vertragsanpassung

§ 313 I BGB gibt dem Teil, dem ein Festhalten am unveränderten Vertrag unzumutbar ist, einen Anspruch auf Vertragsanpassung („so kann Anpassung des Vertrages verlangt werden"). 646

Verteidigungsmöglichkeiten des Schuldners

Der Schuldner kann dem Anspruch des Gläubigers aufgrund seines Anspruches auf Vertragsanpassung gegen die Inanspruchnahme aus dem ungeänderten Vertrag die Einrede des § 242 BGB entgegenhalten („dolo agit, qui petit, quod statim redditurus est").

Nach a.A. steht dem Schuldner aufgrund seines Anspruches auf Vertragsanpassung ein Zurückbehaltungsrecht gem. § 273 BGB zu.[849]

Vorgehen des Gläubigers des Anspruches auf Vertragsanpassung

Der Gläubiger des Anspruches auf Vertragsanpassung müsste streng genommen zunächst auf Anpassung des Vertrages im Wege der Leistungsklage klagen. 647

847 Medicus, BR, Rn. 162.

848 Palandt, § 313, Rn. 40.

849 Vgl. dazu Dauner-Lieb/Dötsch, „Prozessuale Fragen rund um § 313 BGB", NJW 2003, 921-927 (922).

Mit Rechtskraft des stattgebenden Urteils würde die hierzu erforderliche Willenserklärung des anderen Teils fingiert werden, § 894 ZPO.

Erst dann könnte aus dem geänderten Vertrag vorgegangen werden, notfalls ebenfalls im Wege der Leistungsklage.

hemmer-Methode: Dieses Problem stellt sich, wenn die Vertragsanpassung zu einem höheren Anspruch führen soll.

Diese Vorgehensweise erscheint als zu umständlich. Ein solches Ergebnis widerspricht auch dem Befund, dass der Gesetzgeber im Übrigen an den gewohnheitsrechtlichen Grundsätzen vom Wegfall der Geschäftsgrundlage sachlich nichts geändert hat.

Sofort Klage aus dem geänderten Vertrag möglich

So ist dem Vertragsteil, dem ein Anspruch auf Vertragsanpassung zusteht, die Möglichkeit zuzusprechen, sofort klageweise einen Anspruch aus dem geänderten Vertrag geltend zu machen (hierbei handelt es sich nicht um eine objektive Klagenhäufung, § 260 ZPO!).[850] 648

hemmer-Methode: Zur prozessualen Behandlung der Störung der Geschäftsgrundlage vgl. den kurzen Beitrag von Kessel und Baldus in NJW 2002, 2076 ff.
Lesenswert auch Dauner-Lieb/Dötsch, „Prozessuale Fragen rund um § 313 BGB“, in NJW 2003, 921 ff.

II. Vertragsauflösung

Ggf. Rücktritt o. Kündigung

Ausnahmsweise kann die Störung der Geschäftsgrundlage auch zu einer Auflösung des Vertrages führen: Dies ist nach § 313 III BGB der Fall, wenn die Vertragsanpassung nicht möglich oder einem Vertragsteil unzumutbar ist.[851] 649

> ***Bsp.:** A soll für B ein Haus errichten; später wird festgestellt, das aufgrund der Gefahr des Abrutschen des Hanges erheblich höhere Kosten zu erwarten sind.*
>
> Die zusätzlich erforderlichen Arbeiten und die damit verbundenen erhöhten Kosten können einen Umfang einnehmen, sodass es A nicht zumutbar ist, den Vertrag dahingehend anzupassen, dass B eine entsprechend höhere Vergütung zu zahlen und A seine Leistung weiterhin zu erbringen hat. Dann kommt nur eine Vertragsauflösung in Betracht.

Die Auflösung des Vertrages geschieht nicht automatisch, es besteht lediglich ein Recht zum Rücktritt (§ 313 III S. 1 BGB) bzw. bei Dauerschuldverhältnissen ein Kündigungsrecht (§ 313 III S. 2 BGB).

Rückabwicklung nach §§ 346 ff. BGB

Die Rechtsfolgen eines erfolgten Rücktritts sind in den §§ 346 ff. BGB geregelt; auf den nach alter Rechtslage bestehenden Streit, ob bei Vertragsauflösung wegen Störung der Geschäftsgrundlage die §§ 346 ff. BGB oder die §§ 812 ff. BGB anzuwenden seien, kommt es daher nicht mehr an. 650

850 Palandt, § 313, Rn. 41 in Anschluss an BT-Drucks. 14/6040, S. 176.

851 Palandt, § 313, Rn. 42.

WIEDERHOLUNGSFRAGEN .... Randnr.

19. § 275 II BGB, die sog. faktische Unmöglichkeit, erfasst nur überwindliche Leistungshindernisse. Nennen Sie die Voraussetzungen des § 275 II BGB! ..... *43 ff.*

20. Sind mit "Aufwand" in § 275 II BGB nur Aufwendungen in Geld gemeint? *43*

21. Mit welcher Kontrollfrage können Sie die faktische von der wirtschaftlichen Unmöglichkeit abgrenzen? *47*

22. Warum wird bei wirtschaftlicher Unmöglichkeit nicht § 275 II BGB, sondern § 313 BGB angewandt? *47*

23. Wie muss die Leistungspflicht des Schuldners beschaffen sein, damit eine moralische Unmöglichkeit i.S.d. § 275 III BGB in Betracht kommt? *51*

24. Problem: Unmöglichkeit bei Gattungsschuld und Stückschuld. Differenzieren Sie hierzu Gattungsschuld und Stückschuld! *54*

25. Wann ist bei einer Gattungsschuld Unmöglichkeit nach § 275 I BGB eingetreten? *57*

26. Welche Auswirkungen hat die sog. Konkretisierung nach § 243 II BGB? *61*

27. Ob eine Holschuld, eine Schickschuld oder eine Bringschuld vorliegt, bestimmt sich vorrangig nach der Vereinbarung der Parteien. Fehlt eine solche, gilt die Auslegungsregel des § 269 I BGB, d.h. es liegt eine Holschuld vor. Charakterisieren Sie Hol-, Schick- und Bringschuld! ..... *64 ff.*

28. Welche Anforderungen sind an das „seinerseits Erforderliche“ des Schuldners bei Hol-, Schick- bzw. Bringschuld zu stellen? ..... *63 ff.*

29. Was regelt § 300 II BGB? *68*

30. Ist ein Fall vorstellbar, in dem § 300 II BGB neben § 243 II BGB eigenständige Bedeutung hat, denn in aller Regel wird ja bereits eine Konkretisierung nach § 243 II BGB erfolgt sein? *68*

31. Wie ist die Geldschuld zu behandeln? *69*

32. Gattungsschulden sind Beschaffungsschulden, d.h. der Schuldner kann sich grds. nicht auf § 275 II BGB berufen. Wann hat er dennoch das Recht dazu? *69*

33. Sowohl § 275 BGB als auch § 326 BGB regeln das Entfallen einer Primärleistungspflicht als Folge der Unmöglichkeit. Wie sind beide Vorschriften voneinander abzugrenzen? *71*

34. Nennen Sie die Voraussetzungen eines Ausschlusses der Gegenleistungspflicht nach § 326 BGB! *75*

35. Was ist unter einem gegenseitigen Vertrag zu verstehen? ..... *76 f.*

36. Sind alle Leistungspflichten in einem gegenseitigen Vertrag auch synallagmatisch? *78*

37. Wann ist der Gläubiger i.S.d. § 326 II S. 1 Alt. 1 BGB für das Leistungshindernis "verantwortlich"? ..... *80 ff.*

38. Was ist die Folge, wenn den Gläubiger auch eine echte Leistungspflicht zur Annahme der Leistung trifft, so z.B. im Kaufvertrag, vgl. § 433 II BGB? *85*

39. Nennen Sie die Voraussetzungen des Annahmeverzugs! ..... *89 ff.*

40. Was ist unter einem tatsächlichen Angebot i.S.d. § 294 BGB zu verstehen? ..... *94 ff.*

41. Bei Unvermögen des Schuldners kommt der Gläubiger nicht in Annahmeverzug. Hat § 297 BGB überhaupt neben dem Unmöglichkeitsrecht eine eigenständige Bedeutung? ..... *100 ff.*

Die Sekundäransprüche auf Schadensersatz

Der Schadensersatz neben der Leistung

Der Schadensersatz statt der Leistung

Der Rücktritt

Die Kündigung

Die Störung der Geschäftsgrundlage, § 313 BGB

Die Zahlen verweisen auf die Randnummern des Skripts

hemmer/wüst
Verlagsgesellschaft mbH
Mergentheimer Str. 44 / 97082 Würzburg
Tel.: 09 31 /7 97 82 38 / Fax: 09 31/7 97 82 40
www.hemmer-shop.de / verlag@hemmer.de

REIHE INTELLIGENTES LERNEN

ISBN 978-3-86193

Auflage/Jahr/Euro

Grundwissen für Anfangssemester

GW10	(-732-6)	BGB-AT Theorieband zu den wicht. Fällen	9.A/18 · 9,90
GW11	(-782-1)	SchuldR-AT Theorieband zu den wicht. Fällen	8.A/18 · 9,90
GW12	(-775-3)	SchuldR-BT I Theorieband zu den wicht. Fällen	8.A/18 · 9,90
GW13	(-694-7)	SchuldR-BT II Theoriebd. zu den wicht. Fällen	7.A/18 · 9,90
GW14	(-598-8)	Sachenrecht I Theorieband zu den wicht. Fällen	7.A/17 · 9,90
GW15	(-455-4)	Sachenrecht II Theorieband zu den wicht. Fällen	6.A/16 · 9,90
GW20	(-770-8)	Strafrecht AT Theorieband zu den wicht. Fällen	8.A/18 · 9,90
GW21	(-594-0)	Strafrecht BT Theorieband zu den wicht. Fällen	6.A/17 · 9,90
GW30	(-545-2)	StaatsR Theorieband zu den wicht. Fällen	7.A/17 · 9,90
GW31	(-523-0)	VerwaltungsR Theorieband zu den wicht. Fällen	7.A/16 · 9,90

Die wichtigsten Fälle

DF1	(-700-5)	76 Fälle - BGB AT	10.A/18 · 12,80
DF2	(-613-8)	55 Fälle - Schuldrecht AT	10.A/17 · 12,80
DF3	(-691-6)	51 Fälle - Schuldrecht BT - Kauf/WerkV	10.A/18 · 12,80
DF4	(-518-6)	42 Fälle - GoA/Bereicherungsrecht	9.A/16 · 12,80
DF5	(-631-2)	45 Fälle - Deliktsrecht	8.A/17 · 12,80
DF6	(-810-1)	44 Fälle - Verwaltungsrecht	10.A/19 · 12,80
DF25	(-632-9)	30 Fälle - Verwaltungsrecht BT Bayern	5.A/17 · 12,80
DF7	(-709-8)	32 Fälle - Staatsrecht	11.A/18 · 12,80
DF8	(-763-0)	34 Fälle - Strafrecht AT	11.A/18 · 12,80
DF9	(-551-3)	44 Fälle Strafrecht BT I - Vermögensd.	10.A/17 · 12,80
DF10	(-618-3)	44 Fälle Strafrecht BT II - Nicht-Vermögensd.	9.A/17 · 12,80
DF11	(-715-9)	50 Fälle - Sachenrecht I	9.A/18 · 12,80
DF12	(-752-4)	43 Fälle - Sachenrecht II - ImmobiliarSR	10.A/18 · 12,80
DF13	(-813-2)	40 Fälle - ZPO I - Erkenntnisverfahren	9.A/19 · 12,80
DF14	(-738-8)	25 Fälle - ZPO II - ZwangsvollstreckungsV	8.A/18 · 12,80
DF15	(-707-4)	35 Fälle - Handelsrecht	8.A/18 · 12,80
DF16	(-767-8)	36 Fälle - Erbrecht	8.A/18 · 12,80
DF17	(-747-0)	26 Fälle - Familienrecht	9.A/18 · 12,80
DF18	(-680-0)	32 Fälle - Gesellschaftsrecht	7.A/18 · 12,80
DF19	(-783-8)	39 Fälle - Arbeitsrecht	8.A/18 · 12,80
DF20	(-533-9)	35 Fälle - Strafprozessrecht	6.A/16 · 12,80
DF21	(-701-2)	23 Fälle - Europarecht	6.A/18 · 12,80
DF22	(-682-4)	10 Fälle - Musterkl. Examen ZivilR	8.A/18 · 14,80
DF23	(-475-2)	10 Fälle - Musterkl. Examen StrafR	6.A/16 · 14,80
DF24	(-591-9)	8 Fälle - Musterkl. Examen SteuerR	9.A/17 · 14,80

Skripten Basics (110)

BI/1	(-776-0)	Zivilrecht I - BGB AT u.vertragl. SchuldV	11.A/18 · 16,90
BI/2	(-674-9)	Zivilrecht II - Sachenrecht/gesetzl. SV	9.A/18 · 16,90
BI/3	(-724-1)	Zivilrecht III - FamilienR/ErbR	9.A/18 · 16,90
BI/4	(-605-3)	Zivilrecht IV - ZivilprozessR	9.A/17 · 16,90
BI/5	(-777-7)	Zivilrecht V - Handels-/GesellschR	9.A/18 · 16,90
BI/6	(-522-3)	Zivilrecht VI - ArbeitsR	6.A/16 · 16,90
BII	(-542-1)	Strafrecht	7.A/17 · 16,90
BIII/1	(-751-7)	Öffentliches Recht I -VerfassR/StaatsHR	7.A/18 · 16,90
BIII/2	(-388-5)	Öffentliches Recht II - VerwaltungsR	7.A/15 · 16,90
BIV	(-733-3)	Steuerrecht - EstG & AO	10.A/18 · 16,90
BV	(-512-4)	Europarecht	9.A/16 · 16,90

Sie erhalten unser ganzes Skripten-Sortiment auch als eBooks in unserem hemmer-shop: www.hemmer-shop.de/ebooks

ISBN 978-3-86193

Auflage/Jahr/Euro

Skripten Zivilrecht (120)

1	(-727-2)	BGB-AT I, Ensteh.d.Primäranspruchs	15.A/18 · 19,90
2	(-728-9)	BGB-AT II, Scheitern des Primäranspr.	15.A/18 · 19,90
3	(-659-6)	BGB-AT III, Erlösch.d. Primäranspruchs	14.A/17 · 19,90
4	(-818-7)	Schadensersatzrecht I	9.A/19 · 19,90
5	(-492-9)	Schadensersatzrecht II	7.A/16 · 19,90
6	(-532-2)	Schadensersatzrecht III (§§ 249 ff.)	12.A/17 · 19,90
7	(-342-7)	Verbraucherschutzrecht	4.A/14 · 19,90
51	(-624-4)	Schuldrecht AT	11.A/17 · 19,90
52	(-683-1)	Schuldrecht BT I	10.A/18 · 19,90
53	(-772-2)	Schuldrecht BT II	11.A/18 · 19,90
8	(-765-4)	Bereicherungsrecht	16.A/18 · 19,90
9	(-697-8)	Deliktsrecht I	13.A/18 · 19,90
10	(-581-0)	Deliktsrecht II	10.A/17 · 19,90
11	(-619-0)	Sachenrecht I	14.A/17 · 19,90
12	(-737-1)	Sachenrecht II	12.A/18 · 19,90
12A	(-642-8)	Sachenrecht III	13.A/17 · 19,90
13	(-803-3)	Kreditsicherungsrecht	13.A/19 · 19,90
14	(-483-7)	Familienrecht	13.A/16 · 19,90
15	(-788-3)	Erbrecht	14.A/18 · 19,90
16	(-606-0)	Zivilprozessrecht I	13.A/17 · 19,90
17	(-633-6)	Zivilprozessrecht II	12.A/17 · 19,90
18	(-717-3)	Arbeitsrecht	16.A/18 · 19,90
19A	(-462-2)	Handelsrecht	11.A/16 · 19,90
19B	(-579-7)	Gesellschaftsrecht	14.A/17 · 19,90
31	(-450-9)	Herausgabeansprüche	7.A/16 · 19,90
32	(-254-3)	Rückgriffsansprüche	7.A/13 · 19,90

Skripten Strafrecht (120)

20	(-812-5)	Strafrecht AT I	14.A/19 · 19,90
21	(-671-8)	Strafrecht AT II	13.A/17 · 19,90
22	(-722-7)	Strafrecht BT I	13.A/18 · 19,90
23	(-711-1)	Strafrecht BT II	13.A/18 · 19,90
30	(-675-6)	Strafprozessordnung	12.A/17 · 19,90

Skripten Öffentliches Recht (120/130)

24	(-734-0)	Verwaltungsrecht I	14.A/18 · 19,90
25	(-630-5)	Verwaltungsrecht II	13.A/17 · 19,90
26	(-597-1)	Verwaltungsrecht III	13.A/17 · 19,90
27	(-524-7)	Staatsrecht I	12.A/16 · 19,90
28	(-791-3)	Staatsrecht II	10.A/18 · 19,90
29	(-655-8)	Europarecht	13.A/17 · 19,90
40	(-729-6)	Staatshaftungsrecht	5.A/18 · 19,90
33	(-662-6)	Baurecht/Bayern	12.A/17 · 19,90
33	(-505-6)	Baurecht/Nordrhein-Westfalen	9.A/16 · 19,90
33	(-666-4)	Baurecht/Baden-Württembg.	5.A/17 · 19,90
33	(-331-1)	Baurecht/Hessen	2.A/14 · 19,90
33	(-847-0)	Baurecht/Saarland	1.A/08 · 19,90
34	(-736-4)	Polizeirecht Bayern	11.A/18 · 19,90
34	(-698-5)	Polizei- u. Ordnungsrecht/NRW	6.A/18 · 19,90
34	(-432-5)	Polizeirecht/Baden-Württembg.	4.A/15 · 19,90
34	(-417-2)	Polizei- u. Ordnungsrecht/Hessen	2.A/15 · 19,90
34	(-028-0)	Polizei- u. Ordnungsrecht/Rheinl.-Pfalz	1.A/11 · 19,90
34	(-877-7)	Polizei- u. Sicherheitsrecht/Saarland	1.A/09 · 19,90
35	(-719-7)	Kommunalrecht/Bayern	11.A/18 · 19,90
35	(-076-1)	Kommunalrecht/NRW	8.A/11 · 19,90
35	(-541-4)	Kommunalrecht/Baden-Württembg.	5.A/17 · 19,90

hemmer/wüst
Verlagsgesellschaft mbH
Mergentheimer Str. 44 / 97082 Würzburg
Tel.: 09 31 /7 97 82 38 / Fax: 09 31/7 97 82 40
www.hemmer-shop.de / verlag@hemmer.de

Reihe intelligentes Lernen

ISBN 978-3-86193 — Auflage/Jahr/Euro

Lexikon/Definitionen

D1 (-288-8)	Definitionen Strafrecht - schnell gemerkt	4.A/14 · 19,90

Skripten Schwerpunkt (120)

P1 (-801-9)	Kriminologie	8.A/19 · 21,90
P2 (-746-3)	Völkerrecht	9.A/18 · 21,90
P4 (-349-6)	Kapitalgesellschaftsrecht	5.A/14 · 21,90
P7 (-243-7)	Rechtsgeschichte I	3.A/13 · 21,90
P8 (-119-5)	Rechtsgeschichte II	2.A/12 · 21,90
P11 (-795-1)	Einführung in die Rechtsphilosophie und Rechtssoziologie	3.A/19 · 21,90
P12 (-183-6)	Insolvenzrecht	3.A/12 · 21,90

Skripten Steuerrecht (120)

42 (-528-5)	Abgabenordnung	9.A/16 · 21,90
43 (-760-9)	Einkommensteuerrecht	9.A/18 · 21,90

Skripten für WiWi's, BWL'er & Steuerberater

W1 (-430-1)	PrivatR f. BWL'er, WiWi's & Steuerberater	8.A/15 · 19,90
W2 (-792-0)	Ö-Recht f. BWL'er, WiWi's & Steuerberater	5.A/19 · 19,90
WF1 (-472-1)	Die 74 wicht. Fälle (BGB AT, SchuldR AT/BT)	5.A/16 · 19,90
WF2 (-247-5)	Die 44 wicht. Fälle (GoA, BerR, GesR, ...)	2.A/13 · 19,90

Basics Karteikarten

BK1 (-329-8)	Basics - Zivilrecht	6.A/14 · 16,90
BK2 (-441-7)	Basics - Strafrecht	4.A/15 · 16,90
BK3 (-320-5)	Basics - Öffentliches Recht	4.A/14 · 16,90

Karteikarten Zivilrecht

KK1 (-603-9)	BGB-AT I	10.A/17 · 16,90
KK2 (-820-0)	BGB-AT II	9.A/19 · 16,90
KK3 (-539-1)	Schuldrecht AT I	10.A/17 · 16,90
KK4 (-507-0)	Schuldrecht AT II	8.A/16 · 16,90
KK5 (-807-1)	Schuldrecht BT I (Kauf-u.WerkVR)	9.A/19 · 16,90
KK6 (-480-6)	Schuldrecht BT II	7.A/16 · 16,90
KK7 (-464-6)	Arbeitsrecht	5.A/16 · 16,90
KK8 (-413-4)	Bereicherungsrecht	7.A/15 · 16,90
KK9 (-531-5)	Deliktsrecht	7.A/16 · 16,90
KK11 (-755-5)	Sachenrecht I	10.A/18 · 16,90
KK12 (-816-3)	Sachenrecht II	9.A/19 · 16,90
KK13 (-495-0)	Kreditsicherungsrecht	4.A/16 · 16,90
KK14 (-336-6)	Familienrecht	4.A/14 · 16,90
KK15 (-699-2)	Erbrecht	5.A/18 · 16,90
KK16 (-566-7)	ZPO I	7.A/17 · 16,90
KK17 (-491-2)	ZPO II	6.A/16 · 16,90
KK18 (-358-8)	Handelsrecht	5.A/14 · 16,90
KK19 (-383-0)	Gesellschaftsrecht	6.A/15 · 16,90

ISBN 978-3-86193 — Auflage/Jahr/Euro

Die Shorties (Minikarteikarten) inkl. Box

SH1 (686-2)	**Box 1:** BGB AT, Schuldrecht AT	10.A/18 · 24,90
SH2/I (735-7)	**Box 2/1:** vertragliches Schuldrecht	6.A/18 · 24,90
SH2/II (-514-8)	**Box 2/2:** gesetzliches Schuldrecht	6.A/16 · 24,90
SH3 (-804-0)	**Box 3:** Sachenrecht, ErbR, FamR	9.A/19 · 24,90
SH4 (-547-6)	**Box 4:** ZPO I/II, GesellschaftsR, HGB	7.A/17 · 24,90
SH5 (-759-3)	**Box 5:** Strafrecht	11.A/18 · 24,90
SH6 (-764-7)	**Box 6:** Grundrecht, StaatsOrgR, BauR, u.a.	9.A/18 · 24,90
SH7 (-534-6)	**Box 7:** EuropaR, StaatshaftungsR	1.A/16 · 24,90
SH8 (-513-1)	**Box 8:** ArbeitsR, StPO	1.A/16 · 24,90

Karteikarten Strafrecht

KK20 (-817-0)	Strafrecht AT I	10.A/19 · 16,90
KK21 (-673-2)	Strafrecht-AT II	9.A/17 · 16,90
KK22 (-822-4)	Strafrecht-BT I	10.A/19 · 16,90
KK23 (-696-1)	Strafrecht-BT II	9.A/18 · 16,90
KK24 (-789-0)	StPO	7.A/18 · 16,90

Karteikarten Öffentliches Recht

KK25 (-538-4)	Verwaltungsrecht I	9.A/17 · 16,90
KK26 (-758-6)	Verwaltungsrecht II	7.A/18 · 16,90
KK27 (-352-6)	Verwaltungsrecht III	6.A/14 · 16,90
KK28 (-608-4)	Staats- u. Verfassungsrecht	10.A/17 · 16,90
KK29 (-470-7)	Europarecht	4.A/16 · 16,90

Überblickskarteikarten

ÜK I (-669-5)	BGB im Überblick I	13.A/17 · 30,00
ÜK II (-536-0)	BGB im Überblick II (Nebengebiete)	8.A/17 · 30,00
ÜK III (-607-7)	StrafR im Überblick	10.A/17 · 30,00
ÜK IV (-784-5)	Öffentl.-R im Überblick	11.A/18 · 19,90
ÜK V (-725-8)	Öffentl.-R im Überblick II Bayern	9.A/18 · 19,90
ÜK VI (-468-4)	Öffentl.-R im Überblick II NRW	3.A/16 · 19,90
ÜK VII (-706-7)	Europarecht	6.A/18 · 19,90

Assessor-Basics/Theoriebände (410)

A IV (-730-2)	Die zivilrechtl. Anwaltsklausur/Teil 1	12.A/18 · 19,90
A VII (-543-8)	Das Zivilurteil	12.A/17 · 19,90
A VIII (-544-5)	Die Strafrechtskl. im Assessorexamen	8.A/17 · 19,90
A IX (-412-7)	Die Assessorklausur Öffentl. Recht	6.A/15 · 19,90

Assessor-Basics/Klausurentraining

A I (-774-6)	Zivilurteile	18.A/18 · 19,90
A II (-535-3)	Arbeitsrecht	15.A/17 · 19,90
A III (-411-0)	Strafrecht	12.A/15 · 19,90
A V (-731-9)	Zivilrechtl. Anwaltsklausuren/Teil 2	12.A/18 · 19,90

Assessorkarteikarten

AK I (-645-9)	Zivilprozessrecht im Überblick	7.A/17 · 19,90
AK II (-778-4)	Strafprozessrecht im Überblick	9.A/18 · 19,90
AK III (-721-0)	Öffentliches Recht im Überblick	6.A/18 · 19,90
AK IV (-676-3)	Familienrecht im Überblick	3.A/18 · 19,90

hemmer/wüst
Verlagsgesellschaft mbH
Mergentheimer Str. 44 / 97082 Würzburg
Tel.: 09 31 /7 97 82 38 / Fax: 09 31/7 97 82 40
www.hemmer-shop.de / verlag@hemmer.de

Sonderartikel

		Euro
	Lernkarteikartenbox (28.01)	
LB ______	Die praktische Lernbox für die Karteikarten	1,99
S 810 ____	Din A4, 80 Blatt 10er Pack	17,50
S5 ______	**Coach dich! (70.05)** Psychologischer Ratgeber	19,80
S6 ______	**Lebendiges Reden (70.06)** Psychologischer Ratgeber inkl. Audio-CD	21,80
S7 ______	**NLP für Einsteiger (71.01)** Psychologischer Ratgeber	12,80
S8 ______	**Prüfungen als Herausforderung (70.08)** Psychologischer Ratgeber	14,80
__________	**Wiederholungsmappe (75.01)** Intelligentes Lernen inkl. Handbuch und Kurzskript	9,90
__________	**Ordner byhemmer (88.20)** Ringbuchmappe für Einlagen, DIN A4	2,50

(-200-0)____ **Die wahren Paradiese** - **15 traumhafte Gärten** **29,80**

Gebunden (Hardcover) mit Schutzumschlag, 208 Seiten (275 x 255 mm)

Ein grünes Band verbindet 15 Gärtnerinnen und Gärtner aus Deutschland und Österreich, die ihre Gartenparadiese mit Hingabe und Leidenschaft angelegt haben und pflegen.
Jeder Garten wird mit einer Vielzahl von Fotos ausführlich porträtiert. Die Besitzer erzählen in diesem reizvollen Bildband ihre ganz eigene Gartengeschichte. Eine höchstpersönliche Führung durch die Traumgärten!

(-500-1)____ **Vom „Baumeland" zum Traumgarten** **24,80**

Ein ländlicher Garten mit mediterranem Charme

Gebunden (Hardcover) mit Schutzumschlag, 180 Seiten (275 x 255 mm)

Ein Buch über den eigenen Garten
Die intensive Beschäftigung mit dem Thema Garten seit mehr als zwanzig Jahren, all die Tätigkeiten im Jahreslauf, das Erleben der Natur und die Erfahrungen, die ich gemacht habe, fließen in dieses Werk über unseren Garten ein. Es werden sowohl die Entstehung der Gartenanlage als auch die vier Jahreszeiten mit den dazugehörenden Aufgaben im Garten beschrieben.

Life&LAW

		Euro
__________	Einzelheft der Life&LAW	6,80
AboLL ____	Probe-Abonnement der Life&LAW	
	Life&Law die ersten 3 Monate zum Preis von	9,80
	danach erhalten Sie die Life&Law zum Preis von	5,80
LLJ_______	Life&LAW Jahrgangsband 1999 - 2017	
__________	bitte Jahrgang eintragen	je 50,00
LLJ18______	Life&LAW Jahrgangsband 2018	80,00
LLE ______	Einband für Life&LAW Jahrgang	je 6,00

Endsumme:

Lieferung erfolgt in aktueller Auflage

Kundennummer | D | | | | | |

Prüfen Sie in Ruhe zuhause!
Alle Produkte dürfen innerhalb von 14 Tagen an den Verlag (Originalzustand) zurückgeschickt werden. Es wird ein uneingeschränktes gesetzliches Rückgaberecht gewährt. Hinweis: Der Besteller trägt bei einem Bestellwert bis 40 Euro die Kosten der Rücksendung. Über 40 Euro Bestellwert trägt er ebenfalls die Kosten, wenn zum Zeitpunkt der Rückgabe noch keine (An-) Zahlung geleistet wurde.

Die Lieferung erfolgt (ausschließlich innerhalb Deutschlands) versandkostenfrei an Ihre angegebene Adresse.
Ich weiß, dass meine Bestellung nur bearbeitet wird, wenn ich zum Einzug ermächtige. Bestellungen auf Rechnung können nicht berücksichtigt werden.
Bei fehlerhaften oder unleserlichen Angaben, sowie einer Rücklastschrift aufgrund Nichtdeckung meines Kontos wird der branchenübliche Schaden in Rechnung gestellt. Der Kunde ist berechtigt, diesem Pauschalbetrag den Nachweis entgegenzuhalten, dass nur ein geringerer Schaden entstanden ist. Die Lieferung erfolgt unter Eigentumsvorbehalt.

Name: ______________________ Vorname: ______________________

Adresse: ____

Telefon: ______________________ e-mail-adresse: ______________________

Buchen Sie die Endsumme von meinem Konto ab:

Konto-Nr.: ______________________ Bankleitzahl: ______________________

Bank: ______________________ BIC: ______________________

IBAN: | | | | | | | | | | | | | | | | | | | | | | |

Ort, Datum: ______________________ Unterschrift: ______________________